KB162668

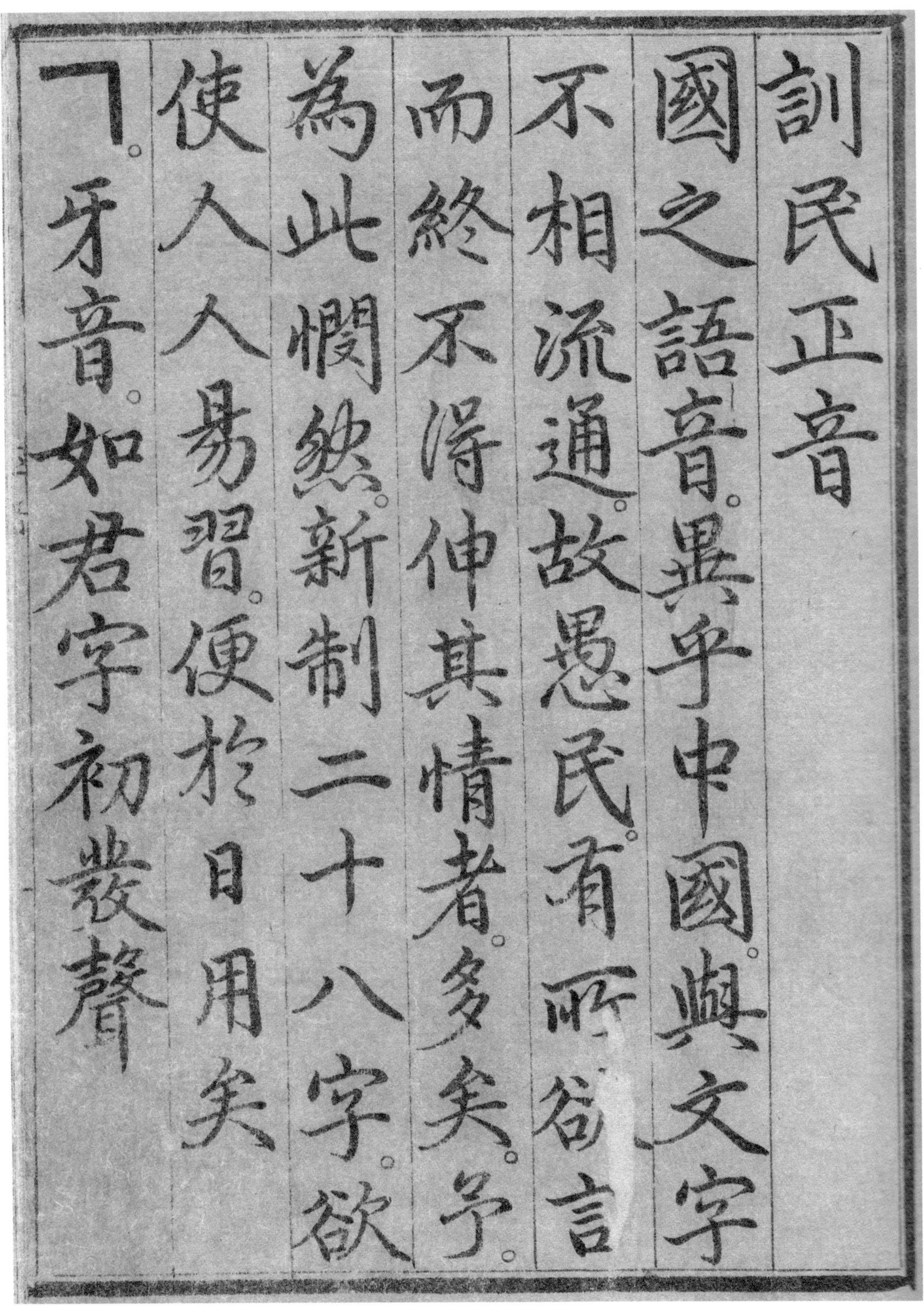
訓民正音

國之語音異乎中國與文字

不相流通故愚民有所欲言

而終不得伸其情者多矣予

爲此憫然新制二十八字欲

使人人易習便於日用矣

ㄱ牙音如君字初發聲

훈민정음 첫 부분 정음편(제1장 1면) 1446년, 국보70호, 이용준 1940년 훈민정음 보사 부분.
본책 506쪽 관련자료, [훈민정음 해례본, 간송미술문화재단, 주식회사 교보문고 발행, 2015.]

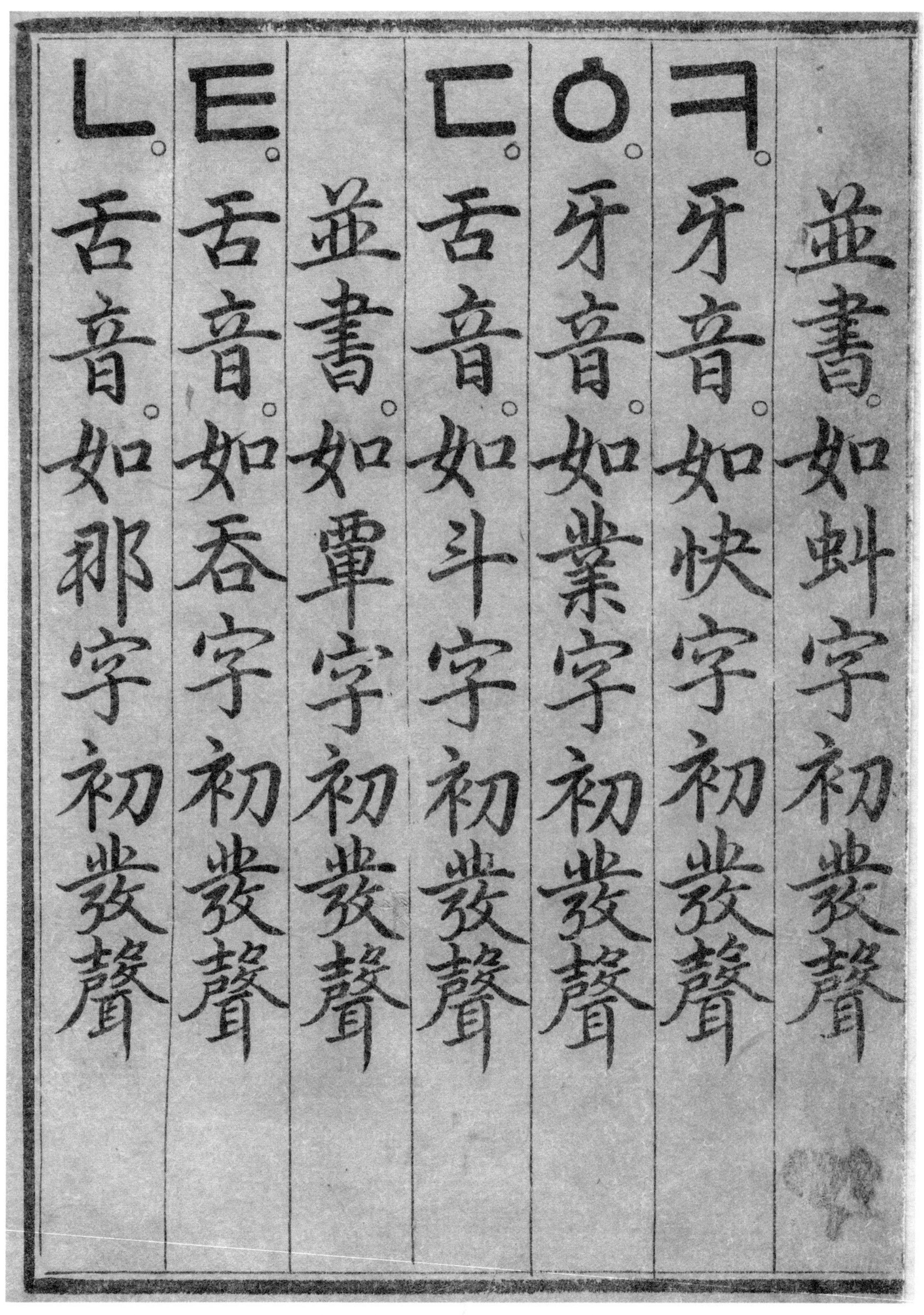

並書。如虯字初發聲

ㅋ。牙音。如快字初發聲

ㆁ。牙音。如業字初發聲

ㄷ。舌音。如斗字初發聲

並書。如覃字初發聲

ㅌ。舌音。如呑字初發聲

ㄴ。舌音。如那字初發聲

훈민정음 첫 부분 정음편(제1장 2면) 1446년, 국보70호, 이용준 1940년 훈민정음 보사 부분.
본책 507쪽 관련자료, [훈민정음 해례본, 간송미술문화재단, 주식회사 교보문고 발행, 2015.]

1997 유네스코 세계기록유산 · 국보 제70호

훈민정음 서체연구

한글 · 漢字

박병천 지음

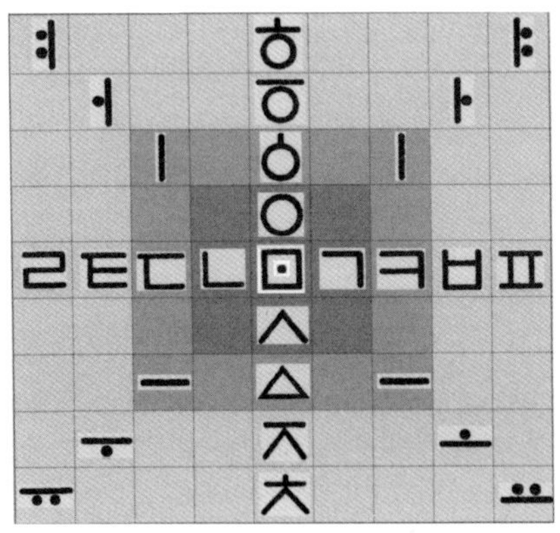

획수	1	2	3	4	5	6	7	8	9	10	11	12
01~04획	一	二	十	八	人	入	上	下	凡	斗	文	不
04~05획	牙	予	日	中	之	加	去	民	半	用	右	正
05~06획	左	平	必	乎	多	同	舌	成	如	有	耳	而
06~07획	字	此	合	君	那	步	邪	戌	伸	言	矣	即
07~09획	初	快	吞	虯	其	並	附	使	所	於	易	制
09~10획	故	急	流	相	音	者	則	促	侵	便	洪	書
10~12획	挹	訓	國	得	脣	習	連	欲	情	終	快	覃
12~13획	無	發	復	然	爲	異	虛	喉	輕	新	業	愚
13~22획	慈	語	與	漂	閭	憫	齒	彆	彌	聲	點	穰

역락

저자 소개

박 병 천(朴炳千 : 文谷, 흔슬. 1942.2.14. 충북 음성 출생) : 서예가, 서체연구가

학력 1961-1978 충주사범학교, 서울교육대학교, 경희대학교 교육대학원(미술교육)
1981-1987 중국 대만국립정치대학교 대학원(서예교육전공 : 교육학박사)

경력 1961-1978 경기 및 서울 추계초등학교 미술담당 및 연구주임 교사
1972-2004 문교부, 교육부 미술과 교육과정, 교과서 집필 · 연구 · 심의위원
1977- 현재 한국미술협회 서예분과 부위원장 및 이사 역임, 현 회원
1979- 현재 경인교육대학교 미술교육과 강사, 교수, 현 명예교수
1982-1984 중국 대만 국립역사박물관 연구교수 역임
1988-1996 예술의 전당 서예관 전시기획위원 및 서예교육원 강사
1996-2019 (사)세종대왕기념사업회 상무이사 겸 한국글꼴개발원 원장 역임
1998- 현재 한국서예학회 이사, 부회장, 자문위원 역임, 현 회원
1999-1999 중국 연변대학교 예술대학 겸직교수 역임
1989- 현재 한국서예협회 부이사장 역임, 한국동양예술학회 회장 역임, 고문
2000-2012 성균관대학교 유학대학원(서예학 전공) 강사
2006-2009 특허청 글자체 디자인 분야 자문위원 역임
2007-2013 중국 소흥 절강월수외국어대학교 동방언어학부 한국어과 석좌교수 역임
2011-2011 정부 행정안전부 제5대 국새인문부분 심사위원장 및 서울시관인 자문위원장 역임
2011- 현재 (사)세종한글서예큰뜻모임 회장 역임, 현 고문

저서 **[서예전문 저서]**

1. 1975년 한글서예(46배판, 96쪽) 시청각교육사
2. 1993년 한글궁체서법-정자쓰기편(특수판, 208쪽) 서울 일지사.
3. 1994년 한글궁체서법-흘림쓰기편(특수판, 208쪽) 서울 일지사.
4. 1997년 한글궁체서법-정자문장편(국배판, 193쪽) 서울 일지사.
5. 1997년 한글궁체서법-흘림문장편(국배판, 193쪽) 서울 일지사.
6. 1983년 한글궁체연구(46배판, 406쪽) 서울 일지사—84년도 오늘의 우수도서 선정.
7. 1999년 한글판본체연구(46판, 302쪽) 서울 일지사—2000년 학술원 우수도서 선정.
8. 1985년 서법론 연구(국판, 266쪽) 서울 일지사.
9. 1990년 중국역대명비첩연구(46배판, 311쪽) 서울 미술문화원.
10. 1994년 조선시대 한글서예사(국판, 158쪽, 박병천 외 2인 공저) 예술의 전당.
11. 2000년 한글글꼴용어사전(국판, 423쪽, 박병천 외 5인 공저) (사)세종대왕기념사업회.
12. 2007년 한글서간체연구(46배판, 550쪽) 도서출판 다운샘.
13. 2011년 한국서예문화역사(국판, 433쪽, 박병천 외 4인 공저), 국사편찬위원회, 경인출판사.
14. 2012년 조선시대 한글편지 서체자전(46배판, 2100쪽, 박병천 외 2인 공편) 도서출판 다운샘.
15. 2014년 한글서체학연구(46배판, 696쪽) 서울 (주)사회평론아카데미.

[서예교육 저서]

1. 1977년 서예교육(122쪽) 한국교육출판사.
2. 1979년 중학교 서예교과서(공저, 48쪽) 국정교과서주식회사.
3. 1983년 중학 검정서예교과서(44쪽) 및 교사용도서, 서울 삼중당.
4. 1983년 고등학교 검정서예(44쪽) 및 교사용도서, 서울 삼중당.
5. 1996년 고등학교 검정서예(48쪽) 및 교사용도서, 서울 금성교과서주식회사.
6. 2000년 중학교 미술 1. 검정교과서 및 교사용도서(공저) 대한교과서주식회사.
7. 2001년 중학교 미술 2. 검정교과서 및 교사용도서(공저) 대한교과서주식회사.
8. 2002년 중학교 미술 3. 검정교과서 및 교사용도서(공저) 대한교과서주식회사.
9. 2001년 고등학교 미술. 검정교과서 및 교사용도서(공저) 대한교과서주식회사.

수상

1. 1967년 문교부장관 표창장(전국우수교육공무원 선발)
2. 1970년 문교부장관 표창장(전국교육연구대회 우수상)
3. 1972년 문교부장관 표창장(전국교육자료전시회 우수상)
4. 1995년 교육부장관 표창장(전국교육공로상)
5. 1993년 문화체육부장관 표창장(한글 문화 발전 공로상)
6. 1996년 대통령 표창장(한글 문화발전 공로 정부표창)
7. 2000년 사단법인 한글학회장 표창(한글 문화 발전 공로 공적)
8. 2007년 황조근정훈장(교육공로)
9. 2012년 동숭학술상 본상 수상(한글서체 발굴 공로)

책을 내면서

한글·한자 서체의 극치 『훈민정음』의 문자

-『訓民正音』에 「훈민정음」이란 한글 문자가 있는가?

한글과 한글 서체의 원천문헌인 『訓民正音』의 서체미, 그리고 해례본의 한자를 쓴 주인공이 과연 누구인가를 탐색해 본다는 것은, 해례본을 구성하는 한글·한자의 발원탐구라는 면에서 의의가 있으며, 학술연구 활동에 생기를 불어 넣어주는 자못 흥미로운 주제 가운데 하나라 하겠다.

필자가 한글서체 연구에 들어선 지 어언 45년이 흘렀지만, 그 당시는 누구도 이 주제에 관심을 두지 않았던 그야말로 낯설고 외로운 시대였다. 1970년대 초 국전 입선작가로 작품활동을 하다가 1975년도에 한글서예(96쪽)라는 졸저를 처음 출간하면서 창작활동을 잠시 멈추고, 서예교육과 서예교과서 집필, 서체연구 저술활동으로 그 동안 가지 않은 새로운 길을 개척해나가게 되었다.

그 후 필자는 서체 연구 방법론 탐구를 위해 1985년 서법론 연구(226쪽), 한자 서체연구를 위해 1990년 중국 역대 명비첩 서예미 연구(311쪽 : 87년도 대만-박사학위논문 저술화)를 출간했고, 이어서 한글 서체연구의 결과를 1983년 한글궁체연구(406쪽), 1999년 한글판본체연구(302쪽), 2007년 한글서간체연구(550쪽)라는 서명으로 간행했으며, 이를 바탕으로 한글서체연구의 다양한 방법론을 종합하여 2014년에 한글서체학연구(696쪽)를 출판하였다.

이상의 연구 활동을 기반으로 『訓民正音』의 서체 연구를 2015년부터 5년간에 걸쳐 연구한 결과를 종합하여 2021년에 **'훈민정음 서체연구'** [訓民正音 書體硏究](567쪽)라는 서명의 졸저를 출간하게 되었다.

국보 70호(1962년 지정)이며 유네스코 세계기록유산(1997년)으로 등재된 『訓民正音』은 1446년에 33장 66면으로 간행된 목판본 문헌이다. 이 같은 『訓民正音』의 한글서체는 훈민정음 반포 당시 30세의 돈녕부 주부[종6품]이며 세종대왕의 이질(姨姪)인 인재 강희안(姜希顔 : 1417-1464)이 전서체 모양[倣古篆]서체로 나타낸 것으로, 한자서체는 당시 29세로 세종대왕 3자이며 송설체 대가로 평가되는 이용(李瑢 : 안평대군, 1418-1453)이 쓴 서체로 추정되는 등 최고 수준의 서체로 평가된다.

이같이 서체의 극치를 이룬 『訓民正音』은 『訓民正音』 반포 이후 조선시대에는 연구된 흔적이 없고, 최근에 이르러 소수의 관심 있는 서예가나 폰트 제작전문가들에 의하여 한글서체 분야에 한하여 개괄적인 연구만 이루어지고 있는 실정이다. 저자는 1980년대부터 서체 선명도가 낮은 『訓民正音』 영인본을 활용하여 2014년까지 한글서체에 한하여 연구결과 일부를 졸저 한글판본체연구, 한글서체학연구 등을 통해 발표하였다. 그러나 그 후 2015년에 서체 선명도가 높은 간송 복간본인 『訓民正音』 영인본이 나오면서부터 본격적인 한글-한자 서체미를 연구하게 되었다. 그래서 「훈민정음」이란 한글 문자가 없는 해례본을 구성하는 한글 229종 547자와 한자 728종 4,790자 등 모두 5,337자의 다양한 종류의 문자를 대상으로 정밀한 분석을 시도하였다.

이 책은 제Ⅰ부 총론, 제Ⅱ부 한글서체, 제Ⅲ부 한자서체 등과 부록부분으로 나누어 한글-한자서체 관련 도 262개, 표 63개 등 325개의 도표를 작성하여 해설하는 형식으로 서술하였다.

제Ⅰ부 총론편에서는 본 연구의 기본이론 겸 공통적 기저가 되는 훈민정음해례본의 서지사항과 문자개황을 도표 14개 포함 24쪽에 걸쳐 제시하였다.

제Ⅱ부 한글서체편에서는 한글문자의 개황과 한글서체의 특징을 심층 분석하였고, 한글서체를 다양하게 활용한 서체적 변용사례를 평면적 구성사례와 입체적 구성사례로 나누어 도표 136개를 포함하여 211쪽에 달하는 내용을 제시하였다.

제Ⅲ부 한자서체편에서는 한자 전체의 개황과 한자 서체의 특징을 심층 분석하였고, 변용적 활용면에서는 역대 영인본과 정본안에 대한 수정 및 개선시안을 도표 175개를 포함하여 277쪽에 걸쳐 내용을 제시하였다.

부록편에서는 훈민정음해례본 전체에 나오는 한글자모 및 합자 229종류와 한자 728종류를 집자하여 26쪽에 걸쳐 도표로 제시하였다.

이 책을 내게 된 동기는 45년간 서체연구에 몰입해온 여력으로 훈민정음의 한글-한자 서체 연구의 결과를 종합하여 내 나이 80평생을 반성하는 결과물로 남기기 위한 것이었다.

내 일생 80년 중 충북 음성의 고향생활 30년은 유소년기 18년, 귀향생활기 12년 생활이었고, 활동기인 50년은 충주, 서울, 일산, 대만 대북, 중국 연길 및 소흥 등지에서의 학업-교직-학술활동을 한 생활이었다. 귀향 생활 12년, 현재는 나의 출생지 충북 음성군 금왕읍 한내골옛글집에서 주경야독(晝耕夜讀)이 아닌 정원을 아름답게 가꾸는 조경야독(造景夜讀)의 생활을 하고 있다. 이런 생활 속에서 5년 동안에 걸쳐 이루어진 **훈민정음 서체연구**는 조경야독의 성과라고 말하고 싶다.

조경야독 속에 저술한 졸저에 대하여 훈민정음의 국어학사적 가치를 추천하여 주신 정우영 교수님, 서체미학적 가치를 인정하여 주신 안상수 교수님께 감사드립니다. 필자가 서예학 연구를 하는데 도움을 주신 우산 송하경 교수님과 훈민정음연구에 대한 조언을 주신 홍윤표 교수님께 감사를 드립니다. 그리고 훈민정음 연구에 큰 도움을 주신 김슬옹 박사님과 서체학 연구 및 창작 활동을 함께 해 오며 나의 연구 활동과 이 책 교정에 큰 도움을 준 서체전문 연구가들인 정복동, 박정숙 박사께 고마움의 뜻을 표합니다. 『訓民正音』 한자서체의 주인공을 가리는 1,2차 설문작업에 자문을 해 주신 50분[이 책 290쪽]의 전문가들이신 학자, 작가님 여러분께 감사드리는 마음을 적어둡니다.

귀향생활의 어려움을 참아가며 내조해 준 아내 한상녀 여사, 독립해 일가를 이루어 의욕적으로 살아가고 있는 아들 박승하, 며느리 이승희, 즐거움과 가족이라는 행복감을 느끼게 해주는 손자 박성원, 손녀 박서윤 귀염둥이들에게 고마움을 표한다. 그리고 행복한 가정생활을 하고 있는 딸 박은하, 도판작성에 도움을 준 사위 정연준 박사, 시드니대학 재학중인 손자 정원석, 경기영재고에 다니는 손자 정윤석에게 고마움의 뜻을 기록하여 둔다.

이 책 발행의 경제적 가치를 생각지 않고 흔쾌히 간행을 맡아주신 역락출판사 이대현 사장님, 박태훈 이사님, 어려운 편집을 잘 해주신 권분옥 편집장님, 최선주 과장님, 편집 작업 전에 내용 검토 교정을 잘해 준 이재우 박사께 감사의 인사를 드립니다.

2021년 10월 9일

훈민정음 반포 575주년을 맞이하여

한내골옛글집에서 박 병 천

추 천 사

정 우 영
동국대학교 명예교수. 문학박사.
국어학, 훈민정음 전공

"대한민국 국보 제70호" 지정(1962.12.20.), "유네스코 세계기록유산" 등재(1997.10.). 이것이 바로 '한글' 즉 훈민정음(訓民正音)의 제정(制定)을 국내외에 알리고, 그 제자 · 운용 원리를 음성학적 · 철학적 기반 등 다양한 관점에서 종합적으로 해설한 훈민정음 해례본(1446.9.)의 공식적인 국내외적 평가이다.

이 "**훈민정음 서체연구**"(한글 · 漢字)는, 1980년대부터 근 40년간 훈민정음 해례본의 한글서체를 천착해오신 박병천 교수님의 훈민정음 서체 연구의 기념비적 성과물이다. 우리는 이 책에서 선생님이 보여준 해례본 분석의 정치함에 놀라며, 훈민정음에 대한 학문적 열정과 공력, 그리고 미래를 전망하는 혜안에 놀란다.

선생님이 훈민정음과 인연을 맺은 것은, 동아시아 공용문자인 '문자(한자)'의 본고장 대만 국립정치대(政治大)에서 외국인 최초로 "中國 歷代 名碑帖 書藝美 分析과 教學上 應用研究"라는 주제로 박사학위를 취득하신 것이 계기가 되신 듯하다. 박사학위논문에서 수립한 한자 서체미학 이론을 기반으로, 한글의 원천문헌인 훈민정음 해례본의 '훈민정음' 서체에까지 영역을 확장해 선도적으로 연구해 오신 것은 우리 학계의 학문적 발전을 위해 큰 행운이었다. 교수님은 그동안 한국인(세종대왕)이 만들고 세계가 극찬하는 문자 '훈민정음'의 언어문화사적 우수성을 선양 · 확장하는 데 크게 기여해오셨다. 이 거룩한 일이야말로 선생님에게 지워진 시대적 소명의식의 소산이요 시절인연의 절묘한 과업이 아니었나 생각된다.

이 "**훈민정음 서체연구**"(한글 · 漢字)는 우리 학계에 기여할 만한 몇 가지 주제를 3부로 나누어, Ⅰ부 총론편, Ⅱ부 한글서체편, Ⅲ부 한자서체편으로 구성하였다.

Ⅰ부 총론에서는 훈민정음 해례본의 서지와 문자에 관한 현황을, 부문별 문자 구성 상황과 한자-한글 문자의 서체적 특징으로 나누어 해례본의 전체개요를 파악할 수 있게 시각 자료를 활용한 해제를 베풀었다. 아울러 Ⅱ부(한글서체)와 Ⅲ부(한자서체)에서는, 해례본에 기술되어 있는 이론 해설과 그것의 분석 검토, 그리고 각 연구대상을 응용적 측면에서 다양하게 기술하였다.

Ⅱ · Ⅲ부에 각각 3편, 총 6편의 논문이 실려 있다. 전반부 2편에서는 주로 해례본에 나오는 한글서체와 한자서체의 이론적 측면을 해설 · 분석하되, 광범위한 자료 조사와 정밀한 분석이 팽팽한 긴장감을 갖게 한다. 어떤 것은, 훈민정음 연구자들이 익히 보아온 내용임에도 마치 다른 책 내용을 보는 것처럼 낯설게 느껴지는 경우도 있다. 이는 종래 해례본을 국어학적 시각으로만 보아왔으나, 이 책에서는 그와 달리 서예학적 관점으로 새롭게 조명하였기 때문이다. 한편, Ⅱ · Ⅲ부의 후반부 논문 각 1편은 응용편으로, 훈민정음 이론을 기초로 한글서체 및 한자서체(훈민정음) 관련 현안의 문제를 다루었는데, 훈민정음 서체 연구의 과제와 대안을 제시하고 있어 자못 흥미롭다.

좀 더 구체적으로, Ⅱ부 한글서체편 "3. 훈민정음해례본 한글문자의 서체적 변용 확산"에서는 한글 자모음 및 합자의 구조적 특징의 기본요소를 점 · 선 · 원(• ㅡ ㅣ ㅅ ㅇ)으로 파악하고, 한글서체를 응용-활용한 ① 서예작품, ② 한글폰트개발, ③ 세종대왕상의 제명 도안, ④ 대한민국 국새 제작, ⑤ 한글 기념주화 제작 등 실용화를 통해 해례본에 전개된 세종의 정신을 확산하면서 미래상을 전망하였다.

한편, Ⅲ부 한자서체편 "3. 훈민정음 해례본 한자서체의 수정 및 복원"에서는 서예학 전문가의 안목으로 훈민정음 해례본(간송본. 제1,2장 앞뒷면)의 낙장 복원 문제에 관한 독특한 연구 성과를 보였다. 해례본이 1940년에 발견 · 소개되면서, 복원의 오류 문제가 제기된 이래, 여러 수정안이 제안된 바 있다. 해례본의 '정음편'은 세종의 어지(御旨)와 훈민정음 자모의 원형 및 운용규정을 국내외에 공표한 공시문으로 상징적 중요성이 아무리 강조해도 지나치지 않다. 최근에 국가학술용역사업으로 문화재청(2017) 정본안이 만들어졌는데, 낙장의 복원에 대한 저자의 견해를 제시하고, 한글서체의 표준적 원형, 구두점 문제, 병서행의 안배 문제까지를 망라해 새로운 개선안을 제안하였다. 이는 해례본(간송본) 낙장에 대한 기존 복원안의 흠결을 보완 · 개선해줄 값진 성과로서 의의가 크다. 부디 이 제안이 실물로 제작 · 복원되기를 기대한다.

아울러 해례본 낙장의 복원에서 난제에 속하는 한자(予 · 憫) 및 해서체의 대자로 복원하는 과제를 제시해 후학들과 협업할 공론의 장을 마련하였다.

우리 민족에게 백두산과 한라산은 명산이요 영산(靈山)인 것은 그에 상응하는 다양한 조건을 구비하고 있기 때문이다. 훈민정음 해례본은 언어, 문자, 철학, 음악 등 다양한 학문적 핵심 요소가 융합되어 있는 책이라, 우리나라 전적 문화재의 백두(白頭)요 한라(漢拏)라 평가할 만하다. 선생님의 이 저서에는 해례본이라는 망망대해에서 강물과 냇물, 하천 지류를 분석해낸 저자의 서예학적 참신한 안목이 반영되어 다른 훈민정음 연구서들과는 색다른 면모를 보여준다.

"산이 반드시 높지 않더라도 신선이 살면 명산이 되고, 물이 반드시 깊지 않더라도 용이 살면 영험한 물이 된다." 5대양 6대주, 고요한 아침의 나라, 대한민국 문화상징인 한글(훈민정음)! "**훈민정음 서체연구**"(한글 · 漢字)에는 이 문자의 이론과 실제에 대한 저자의 균형 있는 시각과 정밀한 분석이 온전히 응축되어 있다. 훈민정음에 관심을 둔 독자 여러분의 서가에, 오래도록 꽂아두고 참고할 만한 2020년대를 대표할 값진 연구서로 이 책을 추천하는 바이다.

한글 서체의 원천문헌인 해례본에 실린 한글과 한자 서체의 원형을 밝힌 한슬 박병천 선생님은 학문의 그늘이 느티나무 같아 그 품이 넓다. 연구서 출간에 즈음하여, 선생님의 두터운 음덕 오래도록 학계에 드리워지기를 축원드린다.

추 천 사

안 상 수
시각디자이너. 타이포그라퍼.
파티(파주타이포그라피배곳) 날개. 전 홍익대 교수

무엇보다.
문곡.선생의.’일이관지’한.노작에.머리가.숙어진다..

연구.주제와.내용에는.
저자의.철학, 정신, 관점이.배어.있는바..
무엇보다.그의.격물은.한글.사랑에.바탕한다..

한글문예.발전은.이론.연구의.기반.위에서.더.굳건해진다..
이론.연구는.여러.각도에서.이루어진다..
한글.연구는.대개.어학.분야의.성과가.단연.압도적이다..
한글과.우리말은.때로.뒤섞여.쓰인다..

한글은.글자를.말함이다..
글자는.꼴.소리.뜻이.연구대상이다..
한글꼴.연구는.대개.두.가지로.나뉜다..
서예와.활자이다..

문곡은.서예에.바탕을.둔.분이다..
한글.활자꼴에.큰.업적을.남기신.최정호.선생은.명필이셨다..
문곡.선생도.그러한.분이다.. 서예가이다..
미적.기량이.축적되어.있어.이론.연구가.겉돌.수.없다..

공부란.좁고.깊게.하는.것이라.했다..
그는.한.우물만.팠다..
한글꼴, 특히.한글.붓글씨에.집중한다..
훈민정음.서체.. 한글.글꼴.연구를.
이처럼.세세히.파헤치는.분은.처음이겠다..
한글.서예.연구의.주추를.묵묵히.다져가는.그분의.삶길이.의연하다..
이번.책에서.〈훈민정음〉.판본.한문.글씨가.
안평대군의.글씨라는.것을.뚜렷이.밝혀보였다..
'그럴.것이다.. 그렇다'라는.안이한.상식을.파고든.것이다..

사실.여러.참고.영인.자료에서.
글자.한.자.한.자를.따서.스캔하고.. 정리하며.비교하고.꼼꼼하게.따져보는.일은.
참으로.지루하고.힘든.연구노동(?)에.속한다..
문곡은.그것을.진지하고.성실하게.해내었다..
오히려.그분의.따뜻한.성정이.느껴진다..

그는.나의.선생님.뻘이다..
사실.문곡.선생은.내가.초등학교.다닐.때.오셨던.예비교사.중에.한.분이셨다..
우연히.이.사실을.알게.되고.나서.. 나는.더.그분과.가까워졌다..

한글과.인연을.맺게.되면서.
저절로.나는.그분의.책.〈한글.궁체.연구〉를.만나게.되었고..
의미있는.연구.과제를.그분과.함께.한.적도.있었다..
나이가.훨씬.위인데도.늘.나를.깍듯이.대하신다..

나는.문곡.선생에게서.늘.과분한.대접을.받아왔다..
이.책의.추천사를.쓰는.것이.특히.그러하다..

늘.모자람이.부끄럽지만.. 청탁을.거절할.수.없는.존경심에.이.글을.쓴다..

한글멋지은지.578해.봄.
ㄴㄱ.모심.

일러두기

1. 한글 자모음의 배열 순서

훈민정음해례본 순서와 서체적 조형성 분석에 적합한 순서로 나누어 활용하였음.

1. 훈민정음 자　음 순서 : ㄱ ㅋ ㆁ　ㄷ ㅌ ㄴ　ㅂ ㅍ ㅁ　ㅈ ㅊ ㅅ　ㆆ ㅎ　ㅇ ㄹ ㅿ
   [17종 : 5음별 형성 순서-정음편]
2. 훈민정음 자　음 순서 : ㄱ ㅋ ㆁ　ㄷ ㅌ ㄴ　ㅂ ㅍ ㅁ ㅸ　ㅈ ㅊ ㅅ　ㅎ ㅇ　ㄹ ㅿ
   [17종 : 6류 용자례 순서] ㆆ없음
3. 서체분석 자　음 순서 : ㄱ ㅋ　ㄴ ㄷ ㅌ ㄹ　ㅁ ㅂ ㅍ　ㅅ ㅿ ㅈ ㅊ　ㅇ ㆁ ㆆ ㅎ
   [5음별 가획형 순서]
4. 서체분석 자　음 순서 : ㄱ ㅋ　ㄴ ㄷ ㅌ ㄹ　ㅁ ㅂ ㅍ　ㅅ ㅈ ㅊ ㅿ　ㅇ ㆁ ㆆ ㅎ
   [5음별 가획형 순서]
5. 훈민정음 모　음 순서 : ㆍ ㅡ ㅗ ㅜ ㅛ ㅠ　ㅣ ㅏ ㅓ ㅑ ㅕ
   [11종 : 횡종 위치별 가점 순서-정음편)
6. 훈민정음 모　음 순서 : ㆍ ㅡ ㅣ　ㅗ ㅏ ㅜ　ㅓ　ㅛ　ㅑ ㅠ ㅕ
   [기본자-초출자-재출자 순서-정음편]
7. 서체분석 모　음 순서 : ㆍ ㅡ ㅗ　ㅛ ㅜ ㅠ　ㅣ ㅏ　ㅑ ㅓ　ㅕ
   [횡종 위치별 반복 가점 순서]
8. 훈민정음 중모음 순서 : ㅘ ㆇ ㅝ ㆊ, ㆎ ㅢ ㅚ ㅐ ㅟ ㅔ ㆉ ㅒ ㆌ ㅖ, ㅙ ㅞ ㆈ ㆋ
   [18종 : 형성순서]
9. 서체분석 중모음 순서 : ㅐ ㅒ ㅔ ㅖ, ㆎ ㅢ, ㅚ ㆉ ㅟ ㆌ, ㅘ ㆇ ㅝ ㆊ, ㅙ ㆈ ㅞ ㆋ
   [ㅗㅛㅜㅠ 3번 반복형 순서]
10. 서체분석 중모음 순서 : ㅐ ㅒ ㅔ ㅖ, ㆎ ㅢ, ㅚ ㅘ ㅙ, ㆉ ㆇ ㆈ, ㅟ ㅝ ㅞ, ㆌ ㆊ ㆋ
   [ㅗㅛㅜㅠ 각각 1번 제시형 순서]

2. 각종 용어

1. 2개 이상 어휘로 구성되는 각종 용어는 붙여 쓰기를 위주로 하였음.
   예 : 한글 글꼴 → 한글글꼴　초중종성 합자 → 초중종성합자
2. 다음 용어는 혼용하였음.
   문자, 글자, 합자

3. 도표 내용

1. 도표 순서는 총론편, 한글서체편, 한자서체편의 일련번호 순서를 편별로 따로 정하였음.
2. 도표의 분석수치는 경향을 나타내기 위한 근거자료로 제시한 것으로 정확도가 100%가 아닌 경우가 있을 수 있음.

차 례

제Ⅲ부 한자 서체

제I부 총 론

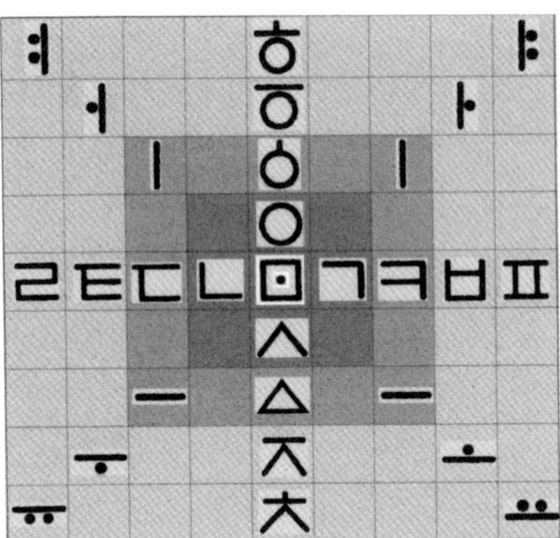

획수	1	2	3	4	5	6	7	8	9	10	11	12
01~04획	一	二	十	八	人	入	上	下	凡	斗	文	不
04~05획	牙	予	日	中	之	加	去	民	半	用	右	正
05~06획	左	平	必	乎	多	同	舌	成	如	有	耳	而
06~07획	字	此	合	君	那	步	邪	成	伸	言	矣	即
07~09획	初	快	呑	虯	其	並	附	使	所	於	易	制
09~10획	故	急	流	相	音	者	則	促	侵	便	洪	書
10~12획	挹	訓	國	淂	脣	習	連	欲	情	終	快	覃
12~13획	無	發	復	然	為	異	虛	喉	輕	新	業	愚
13~22획	慈	語	與	漂	閭	憫	齒	彆	彌	聲	點	穰

1. 훈민정음해례본의 서지 사항

1.1. 머리말

훈민정음해례본(訓民正音解例本)은 한글창제에 대한 논리적 배경을 적은 책으로 세계 문자 창제사에 있어서 유일한 문헌이다. 조선시대 서기 1443년(세종25년)에 세종대왕이 친히 창제하여 1446년(세종 28년)에 목판본으로 간행 반포한 책으로 명칭은 『訓民正音』이다.[1] 『訓民正音』은 한문본으로 첫 번째 간행한 책을 『訓民正音』 해례본이라고 하고, 이를 언문으로 풀이하여 서기 1459년(세조5년)에 간행한 책을 『訓民正音』 언해본이라고 호칭한다. 이 책은 월인석보라는 책의 첫 부분에 포함되어 간행되었는데 서명은 '세종어제훈민정음'(世宗御製訓民正音)이라고 되어 있다. 이 두 가지 훈민정음 중 본 책에서는 첫 번 간행한, 국보70호이며 1997년에 세계기록유산에 등재된 『訓民正音』에 나오는 한자와 한글 서체에 대하여 심층적으로 다루었다. 이 책에서는 『訓民正音』 원본을 '훈민정음해례본' 또는 '훈민정음'으로 지칭하고자 한다.

그동안 필자는 1980년대부터 훈민정음 한글서체연구에 관심을 두고 연구한 결과를 졸저 한글궁체연구(1983), 한글판본체연구(1997), 한글서체학연구(2014) 등 저서와 각종 학회지에 관련 논문들을 게재하였다. 이렇게 쌓아온 연구실적 위에 추가로 연구한 훈민정음 한글서체 연구내용과 새롭게 연구한 훈민정음 한자서체 연구의 내용을 통합하여 **훈민정음 서체연구**를 간행하게 되었다.

1. 한글궁체연구 : Ⅱ-1.한글의 구조고찰-훈민정음의 구조(23-65쪽)
2. 한글판본체연구 : 제2장 1. 초기판본체-훈민정음 한글서체연구(35-154쪽)
3. 한글서체학연구 : 제3장 훈민정음 한글서체와 수정방안(98-129쪽)

훈민정음에 대한 국어학적 전문 연구 서적이나 논문은 수백종에 이르고 있으나 서체관련 연구 문헌이나 논문은 극소수뿐이다. 그래서 이 책에서는 훈민정음에 나오는 한자 728종 4,790자와 한글 229종(239종[2]) 547자에 대하여 도판을 곁들여 훈민정음 서체의 조형적 특징을 구체적으로 분석하여 제시하였다.

---

1 훈민정음 : 是月上親制諺文二十八字 其字倣古篆.........訓民正音.[세종실록 권102, 세종25년(1443)12월30일]

2 훈민정음해례본에 제시된 독립된 자음, 모음, 자모음합자는 229종이지만 합자에 쓰인 자음과 모음 10종, 합하여 239종이 됨.

이 책 전체를 크게 제Ⅰ편 총론, 제Ⅱ편 한글서체, 제Ⅲ편 한자서체 등 3분야로 나누어 수치적 측정 분석과 도판 해설형식 위주로 서술하였다.

제Ⅰ편 총론에서는 훈민정음해례본의 서지사항과 문자개황을 밝히고, 제Ⅱ편 한글서체에서는 훈민정음에 나오는 한글 문자의 부분별-자모별 문자 현황을 분석 해설하였고, 한글서체의 조형적 특징을 분석하였으며, 한글서체를 이용하여 실용면-예술면에서의 활용한 사례와 확산 방향을 밝혔다. 제Ⅲ편 한자서체에서는 훈민정음 문장에 출현하는 한자의 수량과 종류를 분석하고 조형적 특징을 분석하였다. 그리고 끝부분에서는 훈민정음 역대 영인본과 정음편 복원 정본안검토 수정과 새로운 정본안 개선시안을 제시하였다.

또한 제Ⅱ편과 제Ⅲ편의 각각 부록에서는 훈민정음 전체에 나오는 한글문자 547자와 한자문자 728종류를 집자하여 판독을 할 수 있도록 체계적으로 재정리하여 제시하였다.

1.2. 훈민정음해례본의 형태서지적 특징

1.2.1. 훈민정음해례본의 판식 상황

1) 기본적인 판식 개황(표1)

훈민정음 원본의 판식을 표지 및 서두서명, 책의 규격 및 장수, 장정형식, 광곽 형식 및 규격, 행간 형식 및 규격, 행당 배자 형식 및 글자 수 등으로 나누어 분석해 보면 (표1)과 같다. 그러나 4번에 걸쳐 간행된 사진원본, 영인본이나 복간본 등의 판식에 대한 수치적인 규격은 조금씩 다르게 나타난다.

훈민정음 원본[간송미술관 소장본]의 외적 형식을 살펴보면 책의 표지서명은 없고, 원본을 직접 촬영하여 출간한 복간본에는 한자의 해행서체로 '訓民正音'이라고 세로방향으로 배자를 했고, 역시 문장 서두에도 '訓民正音'이라고 세로방향으로 나타냈다. 서두명(書頭名 : 卷頭書名)의 서체는 같은 서체이나 기본획형은 조금씩 다르게 보인다. 책 전체의 장수는 정음편은 4장, 정음해례편은 29장으로 모두 33장이고, 한 장을 반으로 접어서 꿰맨 한쪽의 크기는 가로 20.1cm, 세로 29.3cm로 1.00 : 1.46의 비율이 되는 규격이다. 오른쪽 부분 제침을 본래 5침(針)을 해야 하는데 1940년대에 낙장복원(落張復原) 할 때에 잘못 보수로 인해 4침으로 되어 있다.

원본의 내적 형식을 보면 1장을 2면으로 볼 때 1면의 판형에 나타나는 특징을 보면 다음과 같다. 한 면의 상하좌우편의 둘레 부분을 바깥부분은 굵은 선, 안쪽부분은 가는 선으로 나타낸 4주쌍변(四周雙邊)으로 꾸미되 그 규격은 22.6 × 16.1cm로 나타냈다. 한 면의 행간형식을 정음편은 1행과 7행 간격을 2~6행 간격보다 조금 작은 7행 형식이고, 정음해례편은 행간 규격이 모두 같은 8행 형식이다. 따라서 정음편은 행당 11자씩 배자하였고, 정음해례편은 13자씩 배자하여 정음편 부분이 더 크다. 이러한 판식은 왕이 지은 훈민정음 서문과 예의 문장은 큰 글자로, 신하가 훈민정음을 풀이하여 쓴 정음해례편 문장은 조금 작은 글자로 나타낸 것을 볼 수 있다.

그런데 훈민정음 연구문헌들은 저자에 따라 해례본의 규격을 (표1), (표2)에서 보는 바와 같이 조금씩 다르게 측정된 것을 찾아 볼 수 있다. 그러나 필자는 여러 규격 중에서 원본을 직접 실측했다는 안병희(1997, 진단학보84, 193쪽)의 기록을 활용했다.

(표1) 훈민정음해례본의 간행 판식 분석표

형식 / 구분	외적 형식		내적 형식		
	표지-서두서명	장수-책규격	광곽형식-규격	행간형식-규격	배자형식-자수
정음편	訓民正音 訓民正音	4장 29.3 × 20.1cm	4주 쌍변 22.6 × 16.1cm	7행 離間隔 2,4,7행 2.5cm 2~6행 2.2cm	세로배자 행당11자 배자
해례편	- 訓民正音解例	29장 -	4주 쌍변 22.6 × 16.1cm	8행 동간격 1행 2.0cm	세로배자 행당13자 배자
광곽 규격	훈민정음 연구문헌별 광곽규격				
	이상백	서병국	박종국	안병희	이근수
	한글의 기원	신강훈민정음	세종대왕과 훈민정음	진단학보84	훈민정음 신연구
	1957년 출판	1981	1982	1992	1995
	23.2×16.5cm	23.3×16.8	22.9×16.9	22.6×16.4	23.3×16.8

2) 시기별 출간 영인본의 판식(도1)

낙장복원(落張復原)한 훈민정음 원본을 기본으로 1946년부터 2015년까지 70여년 동안에 사진본 1차, 영인본 3차, 복간본 1차 등 5차에 걸쳐 간행되었다.[이하 모두를 영인본으로 지칭함].

사진본은 1957년에 통문관에서 원본을 직접 촬영하여 흑백으로 간행한 것이고, 영인본은 1946년에 조선어학회, 1997년에 한글학회, 2014년에 박물관문화재단에서 3차에 걸쳐 판식 및 서체를 대폭 수정하여 간행하였다. 이어 2015년에 원본 판식에 가장 흡사한 복간본을 간송미술문화재단에서 간행하였다.

1. 사진원본(축소사진), 1957, 8. 25. 통문관, 동아출판사. 크기 : 29.3×20.1cm
2. 제1차 영인본, 1946, 10. 9. 조선어학회. 보진재. 크기 : 30.6×21.7cm
3. 제2차 영인본, 1997, 12. 25. 한글학회, 해성사. 크기 : 28.5×20.4cm
4. 제3차 영인본, 2014, 10. 8. 국립박물관문화재단. 크기 : 30.1×20.6cm
5. 제4차 복간본, 2015, 10. 9. 간송미술문화재단. 크기 : 29.1×20.2cm

이렇게 5차에 걸쳐 간행된 영인본을 70년 동안 어떻게 변화되었고, 판식의 외적 형식과 내적 형식이 어떻게 변천되어 왔는가를 밝혀보고자 한다. 대체로 서체적으로 보면 사진본의 서체와 가장 유사하게 간행한 제1차 영인본이 나온 후 1997년부터 2014년에 간행하여 활용한 제2, 제3 영인본의 서체는 가장 서체적 수준이 뒤떨어지는 영인본이다. 그 후 2015년에 원본을 기본으로 간행한 복간본이 가장 원본에 가까운 서체로 간행되었다.

5차에 걸쳐 간행된 영인본의 판식에 대한 특징을 외적형식[도2, 도3]과 내적형식[도4, 도5]로 나누어 정리하면 다음과 같다.

(도1) 훈민정음해례본 역대 영인본의 장정 및 표지 부분 서명 형태도

종류 / 구분		사진본	제1차 영인본	제2차 영인본	제3차 영인본	제4차 복간본
		1957년 통문관	1946년 조선어학회	1997년 한글학회	2014년 국립박물관재단	2015년 교보문고
표지장정	표지제호	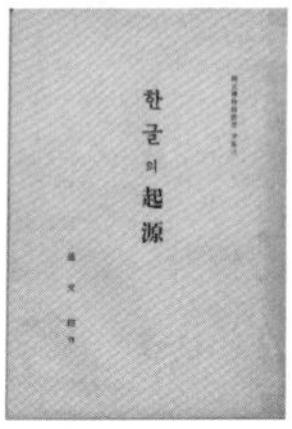				
표지규격		29.3×20.1cm	30.6×21.7cm	28.5×20.4cm	30.1×20.6cm	29.1×20.2cm
규격비율		1.46 : 1	1.41 : 1	1.40 : 1	1.46 : 1	1.44 : 1
광곽		22.6×16.4cm	23.3×16.4cm	23.2×16.6cm	23.2×16.6cm	23.2×16.6cm
광곽 비율		1.38 : 1	1.42 : 1	1.40 : 1	1.40 : 1	1.40 : 1
간행 시기		1957.8.25	1946.10.9	1997.12.25	2014.10.8	2015.10.9
발행처		통문관(通文館)	朝鮮語學會	(재)한글학회	국립박물관문화재단	간송미술문화재단
출판사		동아출판사	보진재(寶晉齋)	해성사	출판도시활판공방	(주)교보문고

* 사진원본기록 21쪽 광곽 23.2×16.5cm. 안병희 실측 광곽 22.6×16.4cm

(1) 표지 장정 및 서명 표기 형태(도2, 도3)

1차 사진본을 제외한 4차에 걸쳐 간행된 영인본은 제2, 3차 영인본은 장정 형태가 유사하다. 또한 제1차는 제2,3차와 비슷하나 점이 많고, 제4차 복간본은 제1, 2, 3차 영인본과 책의 규격 등 장정 형태를 다르게 하였다. 책의 규격으로 보면 1제차 영인본-제3차 영인본-제4차 복간본-제2차 영인본 순으로 책 크기가 작은 것으로 나타난다. 책 꿰매기 장정을 보면 제1,2,3차 영인본은 모두 5침 형식으로 하였고, 제4차 복간본은 원본과 같게 4침 형식으로 제본하였다.

(도2) 훈민정음해례본 제1장 제1면의 문자와 표지 서명의 수정 변천 비교도

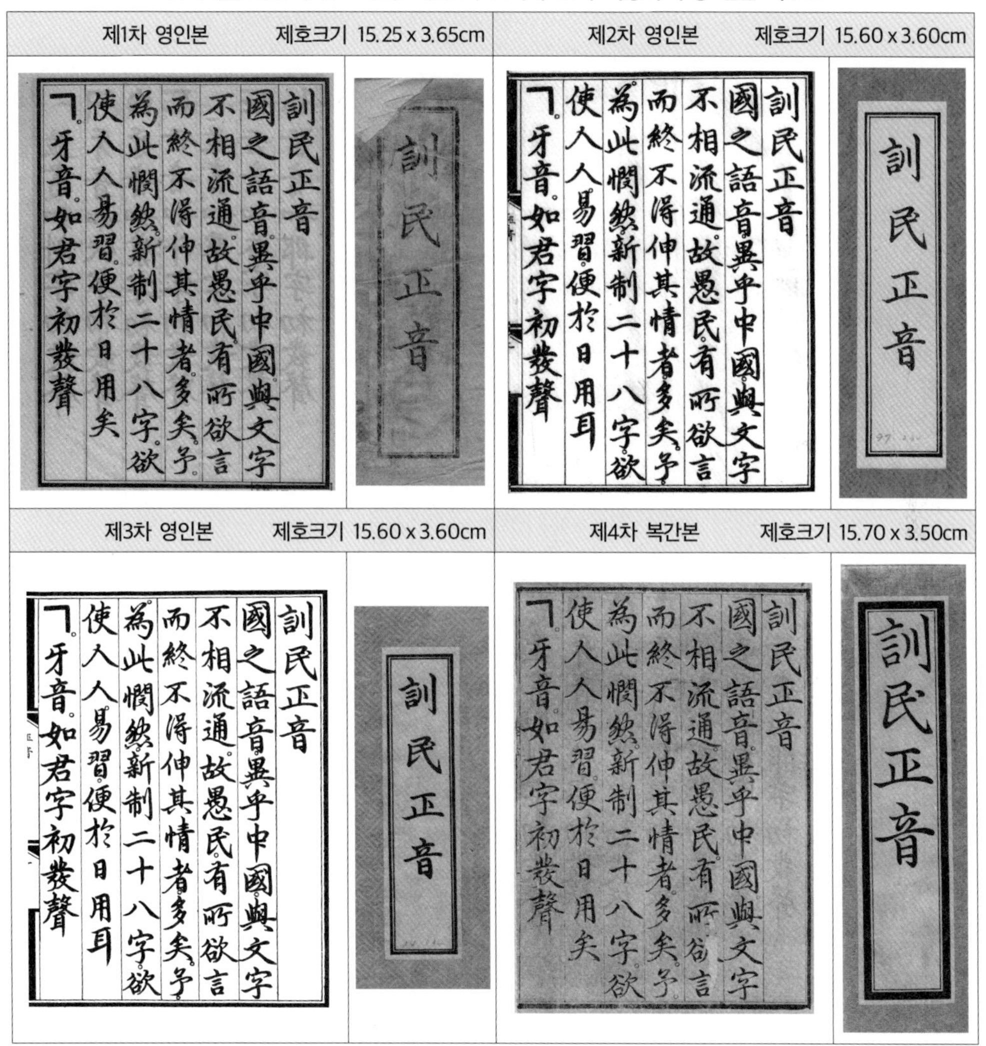

3차에 걸쳐 3종류로 간행된 영인본 '訓民正音'은 원본에 가장 가까운 형식으로 간행한 복간본(2015년 10월 9일)과 비교해 볼 때 서체와 규격이 조금씩 다르다. 제2,3차로 간행한 영인본은 서명 서체와 규격이 서로 똑 같고, 제1차 영인본은 제2,3차 영인본 서명과 비슷하되 서체의 서선이 가늘고 유연하며 서명 가장자리 4주 쌍선 규격이 작은 편이다. 이에 비하여 제4차 복간본은 제1,2,3차 영인본과는 서명서체도 다르고 4주 쌍선 크기도 다르게 보인다. 또 복간본의 서명은 4주 쌍선에 지나치게 가득하게 배자하여 조화롭게 보이지 않는다. 4종 영인본에 쓰인 訓民正音 서명의 세로폭 크기를 외곽 4주 쌍선 세로폭 크기의 68% 정도[2/3]로 아래 부분의 여백을 두어 여유로움이 풍긴다.

(도3) 훈민정음해례본 서두 및 말미 부분의 서명표기 형태도

종류 / 대상		사진본	제1차 영인본	제2차 영인본	제3차 영인본	제4차 복간본
대상		1957년 통문관	1946년 조선어학회	1997년 한글학회	2014년 국립박물관재단	2015년 간송미술재단
판식 및 표기 형태	서두 부분	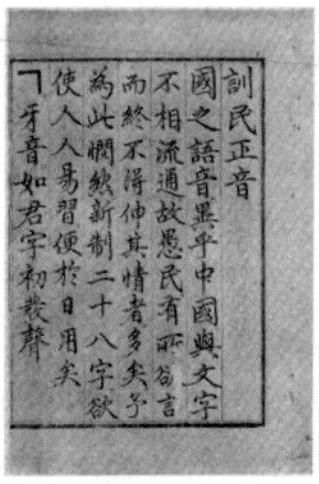	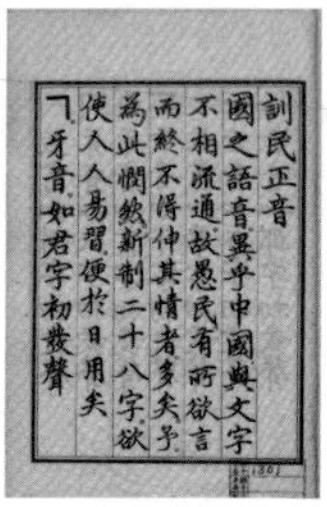	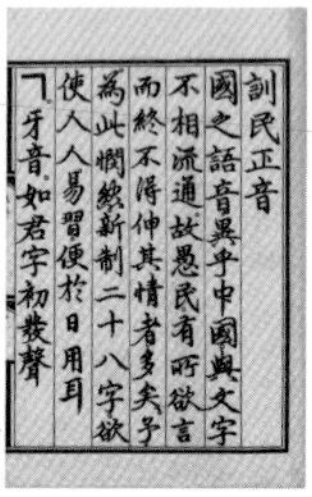	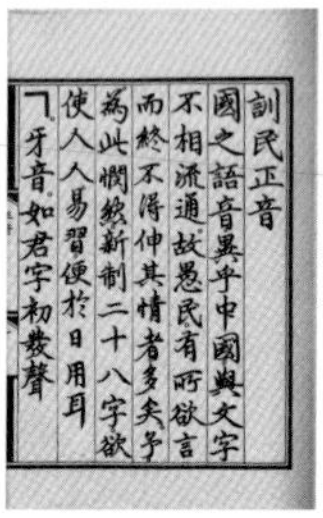	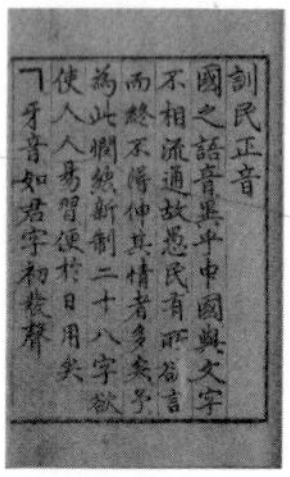
	말미 부분	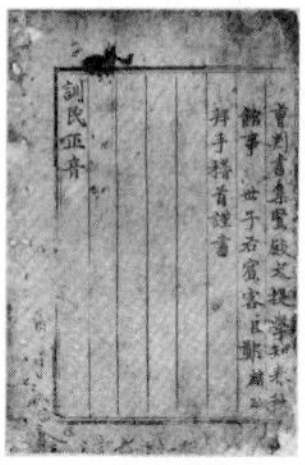	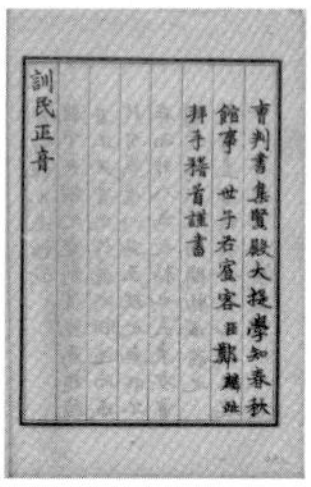	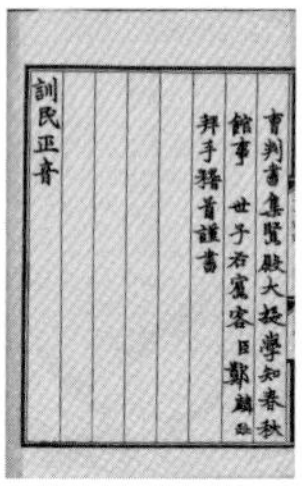	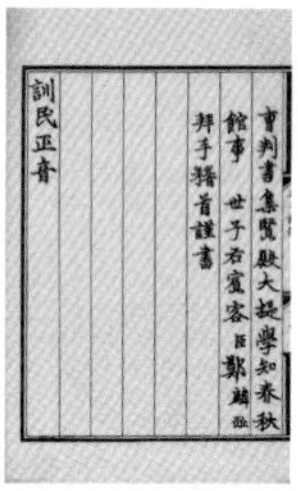	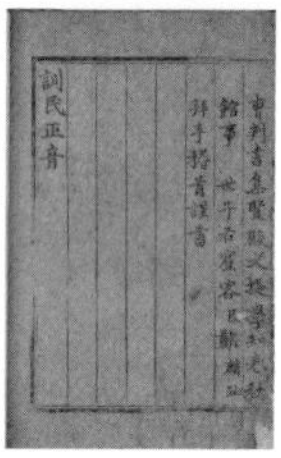
서두 서명		訓民正音 길이	訓民正音 8.4cm	訓民正音 8.4cm	訓民正音 8.4cm	訓民正音 8.5cm
말미 서명		訓民正音	訓民正音	訓民正音	訓民正音	訓民正音

* 명칭 약칭 : 국립박물관문화재단→국립박물관재단, 간송미술문화재단→간송미술재단

영인본 내부의 서두와 말미의 서명 표기방법의 특징을 분석하여 본다. 영인본의 본문 첫 장 앞쪽 첫줄인 서두부분에 쓰인 서명은 훈민정음을 보사(補寫)하는 과정에서 쓴 글씨로 해례본 제작 당시 서체가 아님이 밝혀진다. 따라서 책의 끝부분 표기 서명서체는 해례본

제작 당시 서체로 정음편 첫줄에 쓰인 서두 서체와 다르다. 말미 서명[訓民正音]은 세로폭 크기 6.7cm 정도로 표지서명 크기 8.5cm의 85% 정도로 작게 썼고, 29장 뒤쪽 제8행의 맨 위쪽에 배자하였다.

제1,2,3차 영인본의 표지서명 서체는 정음편 내면 서두 서명서체와 똑같으나 책 끝부분이 말미 서명 서체와는 다르다. 제4차 복간본의 서명서체는 서두 서체와 다르지만 책 말미 서명 서체와는 유사한 점이 발견된다.

(2) 서두부분의 광곽 및 배행 형태(도4, 도5)

4차에 걸쳐 간행한 영인본들의 정음편 서두부분과 정음해례편 서두부분의 4변 둘레의 모양인 4주 쌍변의 광곽형태와 문장의 배행-배자 형식을 부분별과 영인본 간행시기별로 나누어 비교하였다.

① 정음편과 정음해례편 서두부분 특징 비교 [제4차 복각본 비교]

정음편 서문의 판심을 '正音 一'로 나타낸 제1장 앞면의 상하좌우 부분의 직사각형 둘레의 광곽(匡廓) 형태를 보면 내변은 가는 선으로, 외변은 굵은 흑선(黑線)으로 나타냈다. 외변의 흑선 중 가로선과 세로선이 직각으로 만나는 우측 상하 모서리는 붓자국이 보여 깨끗하게 마감이 되지 않은 상태로 보여진다. 이러한 판면은 7행의 계선을 나타냈고, 제1행 맨 위에 '訓民正音' 이란 서명을 세로로 배자하였다. 판면을 7행으로 나타낸 정음편 1장 앞면의 1행과 7행의 간격은 2.5cm, 2~6행은 2.2cm 정도로 행별 간격을 다르게 나타냈다. 이러한 행간에 행당 10자씩 배자한 한자는 원형부분인 제3장 문자 크기에 비해 크게 나타내어 조화롭지 않고, 서체 수준 역시 원형부분에 비해 뒤떨어진다. 두점(讀點)의 위치 역시 제3장과 다르게 계선과의 사이를 너무 떨어지게 나타냈다.

정음해례편의 서두부분인 첫 장 판심에 '正音解例 一'이라고 제1장 번호를 밝혔고 규격은 정음편 판심과 비슷하다. 제1장의 앞쪽인 제1면을 보면 광곽 크기는 정음편과 같고 광곽의 선은 외부는 굵은 선, 내부는 가는 선으로 모서리가 정돈된 모양의 쌍선으로 나타냈다. 내부 행간은 정음편 7행에 비해 1행을 더 늘여 7개 계선을 그어 8행으로 나타냈다. 행간 크기는 정음편 보다 작은 2cm 크기로 8행 간격을 불규칙한 정음편 간격과 달리 일정하게 나타냈다. 서두 부분 제1행에는 '訓民正音解例', 제2행에 '制字解' 제목을 각각 배자하였고, 제3행부터 행당 문자수는 정음편 11자 보다 많은 13자씩 배자한 판형으로 나타냈다.

② 영인본 간행 시기별 특징 비교 [제1차 영인본~제4차 복간본]

정음편 서두부분의 영인본 4종을 간행시기별로 광곽 형태와 규격을 비교해 보면 약간의 차이점이 발견된다. 정음편부분의 내외광곽의 크기와 7행의 계선 사이 크기는 비슷하나 제2, 3차 영인본은 굵기를 지나치게 굵게 나타냈다. 외광곽의 굵은 선 모서리 모양도 제1,2,3차 영인본은 원형인 제4차 복간본과 달리 새롭게 그린 모양으로 나타냈다. 문자의 아래 또는 우측에 표시하는 구두점의 위치와 종류를 제1,2,3차 영인본은 다르게 나타냈다. 문장 배자 형식은 4개 시기 모두 비슷하지만 제2,3차 영인본의 서체는 지나치게 굵게 나타냈다.

정음해례편 부분의 광곽 규격을 보면 제1차 영인본과 제4차 복간본은 크기가 서로 비슷하지만, 제2,3차 영인본은 크기가 작은 편이다. 쌍선의 광곽에 8행의 형식으로 꾸며진 형태는 4종 영인본이 모두 비슷하지만, 제1차 영인본은 좌측 세로선을 내광곽의 가는 선으로 나타내야 할 것을 쌍선으로 잘 못 나타냈다. 문장 문자의 서체는 제2,3차 영인본은 원형인 제4차 복간본보다 굵게 나타내어 투박하게 보인다.

(도4) 훈민정음해례본 정음편의 광곽 및 문장 배자 형태도

대상 \ 종류		사진본	제1차 영인본	제2차 영인본	제3차 영인본	제4차 복간본
		1957년 통문관	1946년 한글학회	1997년 한글학회	2014년 국립박물관재단	2015년 간송미술재단
훈민정음 정음부분	광곽 계선					
	문장 전면					
외광곽		22.6×16.4cm	23.3×16.4cm	23.2×16.6cm	23.2×16.6cm	23.2×16.6cm
1~2장		1.7행 좌 2.4cm 우 2.5cm	2.4cm, 2.5cm	2.4cm, 2.5cm	2.4cm, 2.5cm	2.5cm, 2.5cm
		2~6행 2.2cm	2.2cm	2.2cm	2.2cm	2.3cm(2.2cm)
3~4장		1, 7행 2.3cm 2.5cm	2.4cm, 2.5cm	2.4cm, 2.5cm	2.4cm, 2.5cm	2.3cm, 2.3cm
		2~6행 2.3cm	2.2cm	2.2cm	2.2cm	2.2cm

(도5) 훈민정음해례본 정음해례편의 광곽 및 문장 배자 형태도

종류 / 대상		사진본	제1차 영인본	제2차 영인본	제3차 영인본	제4차 복간본
		1957년 통문관	1946년 한글학회	1998년 한글학회	2014년 국립박물관재단	2015년 간송미술재단
훈민정음 정음해례부분	광곽 계선					
	문장 전면					
외광곽		22.6×16.4cm	23.4×16.5cm	22.9×16.5cm	22.9×16.5cm	23.2×16.6cm
내광곽		22.0×16.1cm	22.7×16.1cm	22.1×16.1cm	22.1×16.1cm	22.4×15.8cm
행간		2.0cm	2.0cm	2.0cm	2.0cm	2.0cm
행간수		8	8	8	8	8

1.2.2. 훈민정음해례본의 판심 형태

1) 기본적인 판심 개황(표2)

훈민정음의 판심[3]을 형태적인 면에서 흑구형태, 어미형태, 판심제목으로 살펴보고, 이에 대한 판심규격을 상하흑구와 상하어미의 세로폭 크기를 측정하여 보았다.

훈민정음의 판심은 서명과 장수를 표시한 물고기 꼬리부분 문양을 나타낸 위쪽의 상어미(上魚尾)와 아래쪽의 하어미(下魚尾)로 나타냈고, 상어미 위 부분에는 검은 기둥 모양의 상흑구(上黑口), 하어미 아래에도 검은 기둥 모양의 하흑구(下黑口)로 나타냈다. 상하어미는 위쪽 어미와 아래쪽 어미를 각각 아래쪽으로 향하는 하향어미(下向魚尾) 형태로 나타냈는데 이러한 형태는 훈민정음 창제 직후에 판심의 위 부분을 하향어미, 아래 부분을 상향어미

3 판심(版心) : 옛 책의 1장을 2면이 되게 접어 제본했을 때 접힌 가운데 부분을 말한다. 여기에 나타내는 내용과 형태는 다양하다. 대체로 서명, 장수를 한자로 나타내고 상하위치의 주변을 문양으로 나타낸다.

형태로 간행한 월인천강지곡(1447년), 동국정운(1448년)의 판심형태와는 아주 다르다.

1면을 7행으로 배행한 정음편과 8행으로 배행한 정음해례편의 판심 형태는 같은 것으로 분석되는데 다만 다른 점은 상어미 안에 쓰는 편명을 정음편은 '正音', 정음해례편은 '正音解例'라고 쓴 것이다. 훈민정음의 판심에 표시된 '正音'은 4장, '正音解例'는 29장으로 모두 33장이 된다. 판심 전체의 규격은 세로폭이 23cm 정도, 가로폭이 0.9cm 정도이고, 상하흑구는 6.0, 5.0cm로 상흑구가 크고, 상하흑어미는 7.3, 3.7cm 정도로 상흑어미가 2배 정도로 큰 편이다.

그런데 2015년에 훈민정음을 복제한 복간본 1장과 2장 낙장복원부분 판심에는 '正音'과 장수 표시인 '一, 二' 자는 있으나 상하위치의 판심무늬는 없다. 그리고 제1영인본에는 판심이 없고, 제2,3차 영인본은 판심무늬를 보강하였다.

(표2) 훈민정음해례본의 판심형태 분석표

형식 / 구분	판심 형태			판심 규격		
	흑구 형태	어미 형태	판심 제목	외-내부 가로폭 크기	상-하흑구 세로폭 크기	상-하어미 세로폭 크기
정음편	상 대흑구 하 대흑구	상 하향어미 하 하향어미	상어미-正音 하어미-張數	0.84cm 0.39cm	6.4cm 4.7cm	7.7cm 3.4cm
해례편	상 대흑구 하 대흑구	상 하향어미 하 하향어미	상어미-正音解例 하어미-張數	0.84cm 0.39cm	6.0cm 4.7cm	7.7cm 3.7cm
비고	대상 : 복간본			대상 : 사진본		

2) 시기별 출간 영인본의 판심 형태(도6, 도7)

정음편의 판심 형태를 영인본 간행시기별로 그 특징을 살펴보면 판심 전체 세로폭은 모두 같으나 가로폭의 크기는 시기별로 서로 다른 점이 많이 발견된다. 제1차 영인본은 판심부분 형태를 전혀 나타내지 않았으나 제2,3차 영인본은 가로폭을 원본 보다 지나치게 크게 나타냈고, 제4차 복간본은 마모가 심하여 판심 형태조차 잘못 나타냈다. 제2,3차 영인본의 판심의 상어미(上魚尾) 부분에는 정음편을 '正音'이라고 나타냈고, 하어미(下魚尾) 부분에는 장수를 한 숫자로 '一'이라고 나타냈다. 원본의 상하흑구의 검은 부분 가로폭은 대체로 0.5cm 정도인데 제2,3차 영인본의 가로폭은 1.2cm 정도로 크게 잘못 나타냈다.

(도6) 훈민정음해례본 정음편의 판심 양식과 규격도

종류 / 대상 위치	사진본	제1차 영인본	제2차 영인본	제3차 영인본	제4차 복간본
	1957년 통문관	1946년 조선어학회	1998년 한글학회	2014년 박물관문화재단	2015년 간송미술재단
정음편 / 판심형식도					
가로폭 외부	0.84cm	판심 없음	1.3cm	1.25cm	0.5cm
가로폭 내부	0.39		0.8	0.85	측정 불가
세로 상흑구	6.4cm	판심부분 세로폭 22.4cm	6.1cm	6.1cm	측정 불가
세로 하흑구	4.7		5.1	5.1	"
서명 상어미	正音 7.7		正音 7.3	正音 7.3	"
장수 하어미	一 3.4		一 3.8	一 3.8	"
판심 세로폭	22.2cm		22.3cm	22.3cm	23.0cm, 23.3cm

정음해례편의 판심 형태를 영인본 간행시기별로 살펴보면 정음편과 같이 제1차 영인본은 나타내지 않았고, 제2,3차 영인본시기는 지나치게 가로폭을 크게 나타냈고, 제4차의 복간본은 원본의 형태와 비슷하게 제2,3차 영인본시기보다 좁게 나타냈다. 판심 중 위부분인 '正音解例'와 같은 책의 큰 제목을 상하향어미 칸에 넣고, 한숫자(漢數字)로 나타낸 장수를 하향어미 칸에 배치하였다. 판심 외부의 가로폭을 제4차 복간본은 0.9cm이지만 제2,3차 영인본은 1.25cm로 지나치게 크다. 그러나 판심의 상하위치의 각 부분 크기는 영인본이나 복간본이 같은 것으로 나타난다.

(도7) 훈민정음해례본 정음해례편의 판심 양식과 규격도

종류 / 대상 위치	사진본	제1차 영인본	제2차 영인본	제3차 영인본	제4차 복간본
	1957년 통문관	1946년 조선어학회	1997년 한글학회	2014년 국립박물관재단	2015년 간송미술재단
정음해례편 판심형식도					
가로폭 외부	0.84cm	판심 없음	1.25cm	1.25cm	0.9cm
가로폭 내부	0.39		0.9	0.9	0.5
세로 상흑구	6.0	판심부분 세로폭 22.3cm	6.1	6.2	6.1
세로 하흑구	4.7		5.1	5.1	좌 4.7 우 5.0
서명 상어미	正音解例 7.7		正音解例 7.3	正音解例 7.3	正音解例 7.6 7.3
장수 하어미	七 3.7		七 3.8	七 3.8	七 좌 우 3.4
판심 세로폭	22.0cm		22.3cm	22.3cm	22.6cm

2. 훈민정음해례본의 문자 개황

2.1. 훈민정음해례본의 부분별 문자 구성 상황

2.1.1. 기본적인 문자구성 체계(도8, 도9, 표3)

훈민정음 원본의 내용 구성은 1단계로 임금이 직접 지은 정음편과 신하들이 풀이한 정음해례편으로 나누고, 2단계로 정음편을 어제서문과 예의로 나누었고, 정음해례편을 해례와 정인지 서문으로 나누었다. 다시 3단계로 정음해례편만 제자해, 초성해, 중성해, 종성해, 합자해 등 5해와 용자례 1례로 나누었다.

훈민정음 원본은 전체가 33장이고 행수는 508행이 되며 여기에 한글은 547자[10.3%], 한자는 4,790자[89.7%] 전체 5,337자로 구성되어 있다. 그래서 훈민정음해례본은 한자가 90%, 한글이 10% 정도로 한자위주로 되어 있음을 보여준다.

(도8) 훈민정음해례본의 내용 체계 및 한글-한자수 통계도

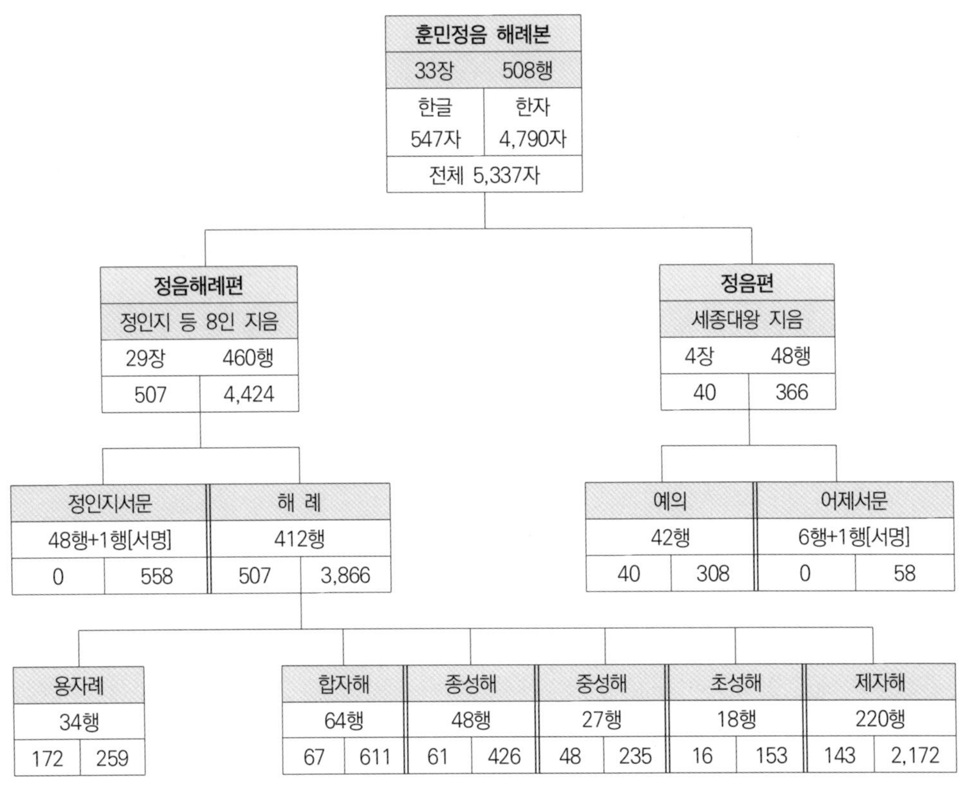

(표3) 훈민정음해례본의 구성체제별 한글-한자 구성현황 비중 분석표

구성체제-장수 \ 분석수치			행 수		한글수		한자수		총계
			행수	%	빈도	%	빈도	%	빈도
정음편 - 正音	책 제목 어제서문	1ㄱ1 1ㄱ6	6	1.2	-	-	58	1.2	58
	예 의	1ㄴ7 4ㄱ6	42 (무문8)	8.3	40	7.3	308	6.4	348
	계	1ㄱ1 4ㄴ7	48 (무문8)	9.5	40	7.3	366	7.6	406
정음해례편 - 正音解例	해례 제목	1ㄱ1	1	0.2	-	-	6	0.1	6
	제자해	1ㄱ2 14ㄴ4	219	43.1	143	26.2	2,172	45.5	2,315
	초성해	14ㄴ5 15ㄴ6	18	3.6	16	2.9	153	3.2	169
	중성해	15ㄴ7 17ㄴ1	27	5.3	48	8.8	235	4.9	283
	종성해	17ㄴ2 20ㄴ1	48	9.5	61	11.2	426	8.9	487
	합자해	20ㄴ2 24ㄴ1	64	12.6	67	12.3	611	12.8	678
	용자례	24ㄴ2 26ㄴ3	34	6.7	172	31.5	259	5.4	431
	정인지서문	26ㄴ4 29ㄴ3	48	9.5	-	-	558	11.7	558
	책끝 제목	29ㄴ8	1 (무문4)	0.2	-	-	4	-	-
	계	29장 [58면]	460행 (무문4)	90.6	507	92.7	4,424	92.4	4,931
총 계		33장 [66면]	508행 (무문12)		547	10.3%	4,790	89.7%	5,337

훈민정음 전체의 내용을 2부분으로 나누어 장수와 문자수로 그 비중을 알아보면 (표3)과 같이 정음편은 4장[12,1%], 406자[7.6%]이고, 정음해례편은 29장[87.9%], 4,931자[92.4%]가 된다.

제3단계로 분류된 정음해례편의 5해 1예 부분의 문자 구성 상황을 보면 제자해가 한자 2,172자로 45.5%, 한글 143자로 26.2%, 합계 2,315자로 43.4%로 가장 많고, 초성해가 한자 153자 3.2%, 한글 16자 2.9%로 가장 적은 것으로 분석된다. 5해 1예의 한글과 한자의 문자수를 차례로 밝혀보면 제자해-합자해-종성해-용자례-중성해-초성해 순서로 적어지는 편이다. 한글의 경우는 용자례가 가장 많고, 제자해-합자해-종성해-중성해-초성해 순서로 적어진다.

(도9) 훈민정음해례본의 한글과 한자의 부분별 비중도

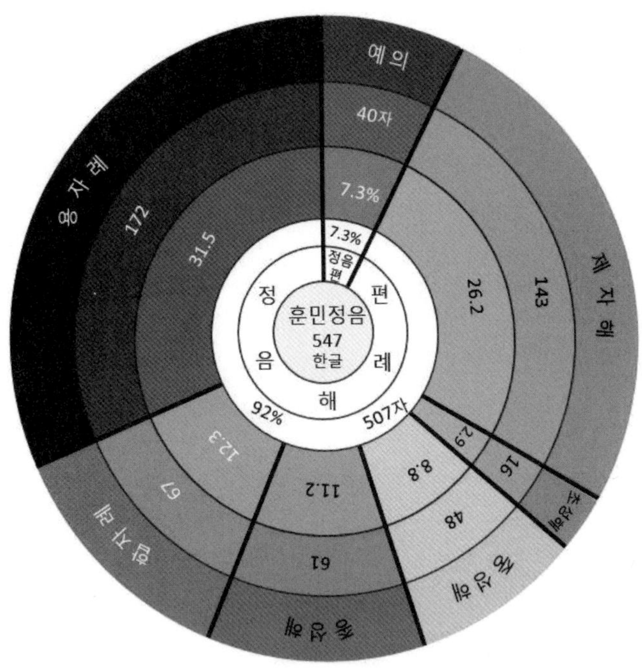

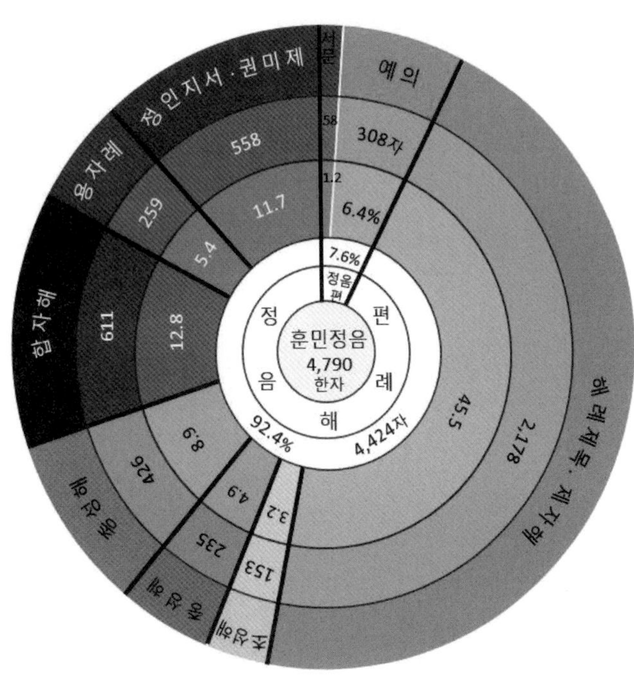

2.2. 훈민정음해례본의 한글·한자문자의 서체적 특징

2.2.1. 한글·한자 문자의 배자(도10)

훈민정음해례본에는 한글과 한자문자를 판형 1면에 가득하게 배자할 경우 정음편은 77자[11자 7행 배자]. 정음해례편은 104자[13자 8행 배자]를 혼서 할 수 있다. 한글은 붓으로 그린 듯 원획형의 돋움체[환고딕체]형으로, 한자는 붓으로 필사한 듯 판본으로 찍은 해서체 또는 해행체로 나타냈고, 문자 사이에 구점(句點, 마침표 : 오른쪽 원형점)과 두점(讀點, 쉼표 : 가운데 원형점)을 표시하여 배자하였다. 그리고 한글 왼쪽에는 방점(傍點, 상성-거성 : 본 책 54쪽 참조), 한자는 둘레에 4성점(四聲點 : 본책 273쪽 참조)을 표시하여 배자하였다. 훈민정음의 문자는 한글과 한자의 크기를 같게 나타내되 행간에 1자씩 옆 행과 동일한 위치로 배자하였는데, 일반적으로 1행에 2자씩 배자하는 방법은 취하지 않았다.

2.2.2. 한글·한자 문자의 규모 및 규격(도11)

훈민정음 문장 서체 유형은 정음편의 낙장 복원부분(1,2장)과 원형 판본부분(3,4장)과 정음해례편의 원형 판본부분(1장~29장) 등 3가지 부분으로 나눌 수 있다. 훈민정음 전체 3가지 부분의 문자는 그 크기를 대-중-소문자로 나눌 수 있고, 문자 종류는 229종 547자의 한글과 728종 4790자의 한자로 나눌 수 있다. 서체 종류로는 한글은 환고딕체(돋움체) 한가지이고, 한자는 해서체와 행서체 두 가지로 나눌 수 있다. 그 분류별 장수 분량, 크기, 분량 등은 다음과 같다.

1. 정 음 편	(낙장복원 필사부분) : 1장~ 2장)-대자-한글(돋움체)		한자(해서,행서체)
		16종 16자	72종 235자
정 음 편	(원형목판 인쇄부분) : 3장~ 4장)-중자-한글(돋움체)		한자(해서,행서체)
		13종 24자	36종 131자
2. 정음해례편	(원형목판 인쇄부분) : 1장~29장)-소자-한글(돋움체)		한자(해서,행서체)
		229종 507자	726종 4424자
총계 [957종 5,337자]		229종 547자	728종 4790자

훈민정음 앞부분 정음편(3~4장 원형부분)과 뒷부분 정음해례편(1장~29장)의 문자는 크기가 다른 것으로 나타난다. 두 편의 4변 광곽의 규격은 같으나 행수는 정음편이 7행,

정음해례편이 8행으로 되어 있어서 거기에 배자한 문자의 규격은 정음편[**중자**]이 정음해례편[**소자**] 보다 크다. 그리고 정음편 중 낙장 복원부분 1장~2장 부분의 한 면 규격은 원형부분[중자부분]과 비슷하나 행간에 쓰인 문자 크기는 복원문자[**대자**]가 약간 큰 편이다.

(도10) 훈민정음해례본 제자해 제1장 2면의 문자 배행도

理而已。理既不二。則何得不與天
地鬼神同其用也。正音二十八字。
各象其形而制之。初聲凡十七字。
牙音ㄱ。象舌根閉喉之形。舌音ㄴ。
象舌附上腭之形。脣音ㅁ。象口形。
齒音ㅅ。象齒形。喉音ㅇ。象喉形。ㅋ
比ㄱ。聲出稍厲。故加畫。ㄴ而ㄷ。ㄷ
而ㅌ。ㅁ而ㅂ。ㅂ而ㅍ。ㅅ而ㅈ。ㅈ而

* 해례편 내광곽 22.4X15.8cm 행간폭 2cm

(도11) 훈민정음해례본 정음편과 정음해례편의 문장 및 문자 규격 비교도

		훈민정음 문장	어휘문자	한글 서체	한자 서체
정음편	복원부분	내광곽 16.4×22.6cm	2.5cm	ㅋ 1.7cm ㅍ 1.6cm	聲2cm 音2cm
	원본부분	내광곽 16.0×22.6cm	2.3cm	ㅗ 1.8cm ㅠ 1.8cm	聲2cm 音1.9cm
정음해례편	원본부분	내광곽 15.8×22.4cm	2.0cm	ㅗ 1.5cm ㅠ 1.5cm	聲1.7cm 音1.6cm

* 문자의 cm 수치는 가로폭 크기임.

두 편의 한쪽 판면 내선규격 평균이 가로폭 15.8cm, 세로폭 22.5cm로 비슷하나 행간규격은 정음편이 2.3cm이지만, 정음해례편은 정음편의 85% 정도인 2.0cm 로 조금 작은 편이다. 따라서 이 행간에 쓰인 정음편의 원형부분 문자는 필사부분인 대자의 95% 정도로 작은 편이다. 그리고 소자인 정음해례편의 문자는 대자인 필사부분 문자의 80% 정도로 작은데, 중자인 정음편의 원형부분에 비해서는 84% 정도 크기가 된다.

대자 정 음 편 필사 音 자 가로폭 2.0cm(100%) **중자** 정음편 판본 音 자 1.9cm(95%)
소자 정음해례편 판본 音 자 가로폭 1.6cm(80%) **소자** 중자 音 자 가로폭의 84% 정도크기

2.2.3. 한글·한자 서체의 부류별 특징(도12)

훈민정음해례본 서체의 부류별 특징을 문장을 직접 필사체로 나타낸 정음편의 낙장복원부분인 제1부류와, 목판본으로 인쇄한 정음편 원본부분인 제2부류와, 목판본으로 인쇄한 정음해례편 원본부분인 제3부류 등 3개 부분으로 나누어 밝히게 된다. 제1부류와 제2부류는 같은 정음편 문자로 필사체와 판본체로 구분이 되고, 제2부류와 제3부류는 정음편[3,4장]과 정음해례편으로 같은 판본체라는 공통점이 있으나 문자의 크기가 달라 (도12)와 같이 구분이 된다. 그런데 3개 부류별로 구분이 되는 訓民正音의 문자는 **한글**과 漢字를 공유하기 때문에 본 책에서는 제Ⅱ부에서 한글문자, 제Ⅲ부에서 한자문자를 대상으로 서체적 특징을 세부적으로 분석하여 밝힌다.

한글 서체의 부분별 서체적 특징을 가장 큰 대자로 서체미가 뒤떨어지는 정음편 낙장 복원부분의 이용준 필사체와 자형미를 잘 나타낸 환고딕체형[돋움체]으로 나타낸 정음편의 원본 목판본체와 정음해례편의 원본 목판본체 등 3개 부분으로 나누어 밝힌다. 한글서체는 정인지 서문에 제시된 '상형이자방고전'(象形而字倣古篆)에 따른 한자 고전체(古篆體) 중의 방전(方篆) 서체를 닮은 환고딕체라고 할 수 있는데 강희안[4]이 주도하여 작성한 것이라고 추정할 수도 있다.

한자 서체의 부분별 서체 특징을 정음편 낙장 복원부분의 이용준 필사체와 정음편 원본 목판본체와 정음해례편의 원본 목판본체 등 3개 부분에 나오는 해서체와 행서체의 특징을 밝힌다. 3종 부분 서체 중 훈민정음 첫 부분인 낙장복원부분의 이용준 필사체를 제외한 해서체와 행서체로 나타낸 목판본의 판하체(版下體)를 세종대왕의 셋째 아들 안평대군[5]이 필사한 것으로 추정할 수 있다.

---

4 본책 74쪽 참조.

(도12) 훈민정음해례본 정음편과 정음해례편의 문자 서체 유형 비교도

부분	구분	서체 부류		한글 서체: 환고딕체	한자 서체 [예시문자]: 해서체	한자 서체 [예시문자]: 행서체
정음편	낙장복원부분	필사체	대자서체	이용준 필사		
정음편	낙장복원부분	필사체	대자서체	02ㄴ-7	01ㄱ-1	01ㄱ-3
정음편	낙장복원부분	필사체	대자서체	02ㄱ-1	01ㄱ-1	01ㄱ-5
정음편	원형판본부분	판본체	중자서체	강희안 서체설	안평대군 필체설	
정음편	원형판본부분	판본체	중자서체	03ㄱ-7	09ㄱ-3	07ㄱ-8
정음편	원형판본부분	판본체	중자서체	03ㄴ-5	22ㄴ-6	07ㄱ-1
정음해례편	원형판본부분	판본체	소자서체	25ㄱ-4	28ㄱ-6	29r-3
정음해례편	원형판본부분	판본체	소자서체	26ㄱ-4	01ㄱ-4	27ㄴ-8

5 본책 276쪽 참조.

제Ⅱ부 한글 서체

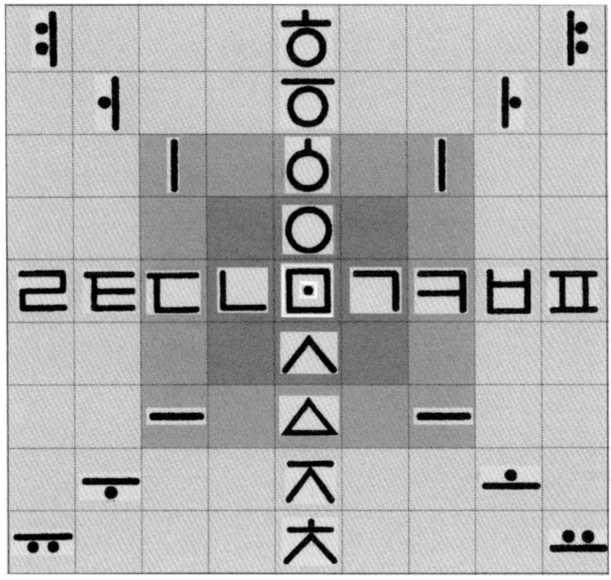

1. 훈민정음해례본의 한글문자

1.1. 훈민정음해례본의 부분별 한글문자 현황

1.1.1. 부분별 한글문자의 수량 현황(표1, 표2, 도1~도8-1,2,3)

훈민정음해례본 33장 전체 중 24장 36쪽에 걸쳐 나오는 229종 547자 한글문자의 분야별, 자모음 종류별 개황을 밝혀본다.

훈민정음해례본은 (도1)과 같이 제1편 정음편을 어제서문, 예의로 나누고, 제2편 정음해례편을 해례부분, 정인지서문 등 4개 부분으로 나누는데, 한글문자는 제1편 *正音*의 2.예의 부분과 제2편 *正音解例*의 1. 제자해, 2. 초성해, 3. 중성해, 4, 종성해, 5. 합자해, 6. 용자례 등 모두 7개 부분에 분포되어 있다.

(도1) 훈민정음해례본 부분별 한글의 종류 및 문자수 통계도

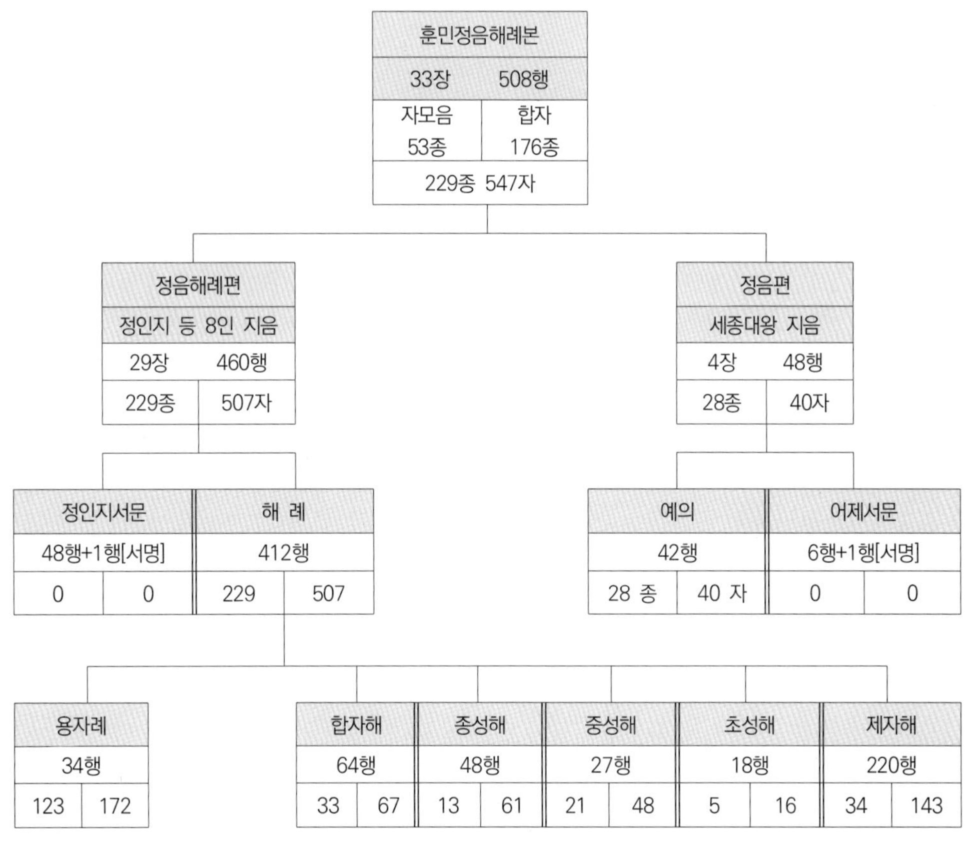

훈민정음해례본 전체 33장 중 24장에 나오는 한글문자 547자를 쪽수별로 분석한 결과를 7개 부분으로 나누어 정리하면 (표1)의 세로방향 통계와 같고, 집자는 부록1의 (도1~8)과 같다. 이를 다시 자모음, 초중성합자, 초중종성합자 3종으로 대분류하고 다시 6종 중분류 -12종 세분류하여 쪽별로 문자수를 파악하여 보면 (표1)의 가로방향 통계와 같다.

훈민정음해례본에 나오는 전체 문자 547자를 부분별로 분석한 상황을 살펴보면 정음편(예의) 40자, 제자해 143자, 초성해 16자, 중성해 48자, 종성해 61자, 합자해 67자, 용자례 172자로 용자례 31.5%, 제자해 26.2% 순으로 가장 많고, 초성해가 2.9%로 가장 적게 나오는 등 부분별로 나오는 문자 수량의 차이가 크다. 이를 다시 문자 종류별로 분석하여 보면 독립자모음은 자음 204자로 37.3%, 모음 148자 27.1%로 전체의 64%를 차지한다. 초중성합자는 94자 17%, 초중종성합자는 101자 18%로 독립자모음 문자수보다 훨씬 적게 나온다.

정음편의 예의와 제자해 두 부분에는 합자가 하나도 없이 독립자모음만 183자 33.5%가 나오고, 초성해에는 10종류 유형의 다양한 문자가 16자가 나온다. 그리고 중성해에는 5종류 48자, 종성해에는 6종류 61자, 합자해에는 9종류 67자, 용자례에는 8종류 172자 등의 다양한 문자가 (도2~도8-3)과 같이 나온다.

(표1) 훈민정음해례본의 부분별 한글 문자수 분석표

종류 / 부분		자모음				초중성합자				초중종성합자				부분별	
		자음		모음		좌우		상하		좌우하		상중하			
		기본자	병서자	단모음	복모음	좌우	좌우하	상하	상하우	좌우하	0우하	상중하	0중하	계	비중 %
정음편	1.예의	18		22										40	7.3
정음 해례편	1.제자해	61	6	76										143	26.2
	2.초성해	6	2	1	1			1	1	1	1 ㅢ	1	1 ㄷ	16	2.9
	3.중성해	6		20	19					1		2		48	8.8
	4.종성해	46						2	1	6	1 빗	5		61	11.1
	5.합자해	12		20		10	2 *	3	4	8	1 활	7		67	12.3
	6.용자례	25		11		37		25	8	36	1 심	29		172	31.5
계		174	8	150	20	47	2	31	14	52	4	44	1	547자	
종류 계		204		148		49		45		56		45			
비율 %		37.3		27.1		9.0		8.2		10.2		8.2			

* 표시부분 해당문자 : 기 긔
* 표1, 2 참조 : 박병천, 2000, 한글판본체연구, 일지사, 45, 47쪽 재구성 정리.

훈민정음해례본의 머리 부분인 정음편 예의부분(01ㄱ7~04ㄱ6)에 나오는 한글 종류수는 독립자음 17종, 병서자음 6종, 독립모음11종 등 34종이 나오는데 서로 관계 지으면 (표2)와 같다. 그러나 병서자음(並書子音) 6종은 실제 한글자형이 나오지 않는다. 그리고 독립자음 1종, 독립모음 11종이 반복하여 나온다.

예의부분에 전체적으로 실제 나오는 한글 문자수는 독립자음 18자, 독립모음 22자 등 모두 40자가 나온다.

(표2) 훈민정음해례본 정음편의 독립자모음 관계 및 문자종류 분석표

구분 / 글꼴		독립자음				병서자음				독립모음				
		자음순서	해당합자	한자표기	한글유무	해당병서	해당합자	한자표기	한글유무	모음순서	해당모음	해당합자	한자표기	한글유무
아음형	ㄱ	1	군	君	○	ㄲ	뀨 (규)	虯	○	6	ᅮ	군	君	○
	ㅋ	2	쾌	快	○									
설음형	ㄴ	6	ᄂᆞ	那	-									
	ㄷ	4	두	斗	○	ㄸ	땀 (담)	覃	○	5	ᅡ	땀 (담)	覃	○
	ㅌ	5	ᄐᆞᆫ	呑	○					1	ᆞ	ᄐᆞᆫ	呑	○
	ㄹ	16	려	閭	-									
순음형	ㅁ	9	미	彌	-									
	ㅂ	7	볋 (별)	彆	○	ㅃ	뽀 (보)	步		11	ᅧ	볋 (별)	彆	○
	ㅍ	8	표	漂	-									
치음형	ㅅ	12	슗 (술)	戌	-	ㅆ	쌰 (사)	邪		10	ᅲ	슗 (술)	戌	-
	ㅈ	10	즉	卽	○	ㅉ	ᄍᆞ (자)	慈		2	ᅳ	즉	卽	○
	ㅊ	11	침	侵	○					3	ᅵ	침	侵	○
	ㅿ	17	ᅀᅣᇰ (양)	穰	-					9	ᅣ	ᅀᅣᇰ (양)	穰	-
후음형	ㅇ	15	욕	欲	-					8	ᅭ	욕	欲	-
	ᅌ	3	ᅌᅥᆸ (업)	業	○					7	ᅥ	ᅌᅥᆸ (업)	業	○
	ᅙ	13	ᅙᅳᆸ (읍)	挹	-									
	ㅎ	14	허	虛	-	ㆅ	ᅘᅩᇰ (홍)	洪	○	4	ᅩ	ᅘᅩᇰ (홍)	洪	○
계		초성자 17자	초성관련 문자	대체 한자	○ 있음	병서자 6자		대체 한자	○ 있음	중성자 11자		중성관련 문자	대체 한자	○ 있음

* 위 표는 훈민정음해례본 정음편예의부분(1ㄱ~4ㄴ)의 자음과 모음 서술문장을 요약 통계한 것임.
* 보기 : 아음형, 설음형 등의 분류는 자음획형이 유사한 것 끼리 모아서 재분류한 것임.
  ( ) 의 한글은 현대어 발음을 표기한 문자임. 해당합자들과 병서자음 6종은 실제로 나타나 있지 않음.
  ○ - 표의 한글유무는 해례본 전체 문자에 해당합자 출현 유무를 표시한 것임.

훈민정음해례본에 나타나는 쪽별 한글문자 분포 수량의 상황을 분석해 보면 부록1의 (표1)과 같고 경향을 요약해 보면 다음과 같다.

훈민정음해례본 33장 66개 쪽 중에 나오는 한글문자는 제1장 제1쪽에서 제26장 제2쪽까지 전체 36개 쪽(전체쪽수의 54.5%)에 걸쳐 547자(전체문자 5,337자의 10.2%)가 나온다. 이것은 쪽별로 한글만 나오는 것이 아니고 행별로 한자와 혼서된 것이 어서 쪽별 한글문자수는 정음편 제1장 제1쪽의 1글자에서 가장 많게는 정음해례편 제25장 제2쪽의 45글자가 나오는 등 다양하게 나온다. 쪽별로 한글문자가 가장 많이 나오는 용자례 부분인 제25장 제2쪽의 한글문자 45자(2쪽 전체문자 104자의 43.3%)는 모음 6자와 합자 39자로 짜여있다.

정음편과 정음해례편에 나오는 문자종류별 분포를 보면 정음편 7개 쪽과 정음해례편 제자해 10개 쪽에 걸쳐 자음과 모음 등 자모음만 40자가 나오고, 정음해례편에는 19개 쪽에 걸쳐 자음과 모음자, 초중성합자와 초중종성합자 등 4가지 부분에 나오는 문자가 507자가 된다. 한글 문자를 모두 합하면 547자가 된다.

(도2) 훈민정음해례본 정음편의 초중성자 출현 분석도

구분	초성 18자					전체 문자수 40자				
	아음류		설음류				순음류			치음류
문자 위치	ㄱ	ㅋ	ㄴ	ㄷ	ㅌ	ㄹ	ㅁ	ㅂ	ㅍ	ㅅ
	01ㄱ7	01ㄴ2	01ㄴ7	01ㄴ4	01ㄴ6	02ㄴ7	02ㄱ4	02ㄱ1	02ㄱ3	02ㄴ1
류	치음류			후음류				순경음	중성	
문자 위치	ㅈ	ㅊ	ㅿ	ㅇ	ㆁ	ㆆ	ㅎ	ㅇ	ㆍ	ㆍ
	02ㄱ5	02ㄱ7	03ㄱ1	02ㄴ6	01ㄴ3	02ㄴ3	02ㄴ4	03ㄴ6	3ㄱ2	4ㄱ1
구분	중성 22자									
	점-횡모음류									
문자 위치	ㅡ	ㅡ	ㅗ	ㅗ	ㅛ	ㅛ	ㅜ	ㅜ	ㅠ	ㅠ
	03ㄱ3	04ㄱ1	03ㄱ5	04ㄱ1	03ㄴ2	04ㄱ1	03ㄱ7	04ㄱ1	03ㄴ4	04ㄱ2
류			종모음류							
문자 위치	ㅣ	ㅣ	ㅏ	ㅏ	ㅑ	ㅑ	ㅓ	ㅓ	ㅕ	ㅕ
	03ㄱ4	04ㄱ2	03ㄱ6	04ㄱ2	03ㄴ3	04ㄱ2	03ㄴ1	04ㄱ2	03ㄴ5	04ㄱ3

* 자모음 제시 순서는 서체분석용(일러두기) 순서로 제시한 것임.

(도3) 훈민정음해례본 제자해의 초성자 출현 분석도

구분	초성						전체 문자수 67자			
	아음류							설음류		
문자	ㄱ	ㄱ	ㄱ	ㄱ	ㅋ	ㅋ	ㅋ	ㄴ	ㄴ	ㄴ
위치	1ㄴ4	1ㄴ7	3ㄴ1	4ㄱ5	1ㄴ6	3ㄴ2	4ㄱ6	1ㄴ4	1ㄴ7	3ㄴ3
류	설음류									
문자	ㄴ	ㄷ	ㄷ	ㄷ	ㅌ	ㅌ	ㄹ	ㄹ	ㅁ	ㅁ
위치	3ㄴ4	1ㄴ7	1ㄴ7	3ㄴ1	1ㄴ8	3ㄴ2	2ㄱ2	3ㄴ3	1ㄴ5	1ㄴ8
류	순음류							치음류		
문자	ㅁ	ㅁ	ㅂ	ㅂ	ㅂ	ㅍ	ㅍ	ㅅ	ㅅ	ㅅ
위치	3ㄴ3	3ㄴ4	01ㄴ8	01ㄴ8	03ㄴ1	01ㄴ8	03ㄴ2	01ㄴ6	01ㄴ8	03ㄴ1
류	치음류									
문자	ㅅ	ㅅ	ㅈ	ㅈ	ㅈ	ㅈ	ㅈ	ㅊ	ㅊ	ㅿ
위치	03ㄴ6	03ㄴ6	01ㄴ8	01ㄴ8	03ㄴ1	03ㄴ6	03ㄴ6	02ㄱ1	03ㄴ2	02ㄱ3
류		후음류								
문자	ㅿ	ㅇ	ㅇ	ㅇ	ㅇ	ㅇ	ㅇ	ㅇ	ㆁ	ㆁ
위치	03ㄴ3	01ㄴ6	02ㄱ1	03ㄴ3	03ㄴ4	03ㄴ8	04ㄱ4	04ㄴ3	02ㄱ2	03ㄴ3
류	후음류									
문자	ㆁ	ㆁ	ㆆ	ㆆ	ㆆ	ㆆ	ㆆ	ㅎ	ㅎ	ㅎ
위치	03ㄴ7	04ㄱ3	02ㄱ1	02ㄱ1	03ㄴ1	04ㄴ1	04ㄴ2	02ㄱ1	03ㄴ2	04ㄴ2
류	각자병서									
문자	ㄲ	ㄲ	ㄸ	ㅃ	ㅆ	ㅉ	ㆀ			
위치	03ㄴ2	04ㄱ6	03ㄴ2	03ㄴ2	03ㄴ2	03ㄴ2	03ㄴ3	67자		

* 후음류의 ㆁ은 본래 아음류이지만 형태상 후음류에 속하도록 배치하였음.

(도4) 훈민정음해례본 제자해의 중성자 출현 분석도

구분	중성					전체 문자수 76자				
	점모음류									
문자 위치	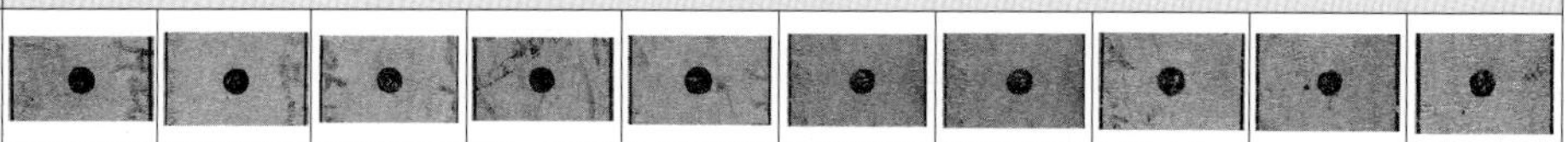									
	04ㄴ5	05ㄱ3	05ㄱ3	05ㄱ4	05ㄱ5	05ㄱ7	05ㄴ1	06ㄱ5	06ㄴ2	06ㄴ3
류		횡모음류								
문자 위치	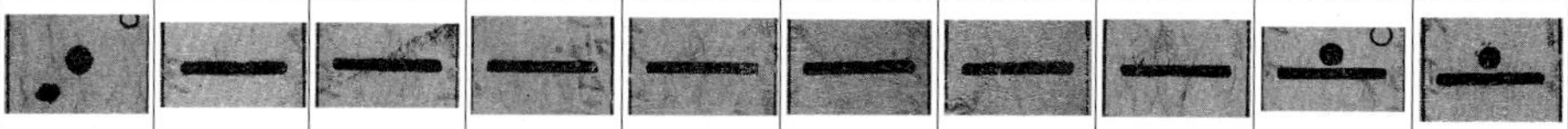									
	07ㄱ4	04ㄴ7	05ㄱ3	05ㄱ7	05ㄱ7	05ㄴ1	06ㄴ2	07ㄱ5	05ㄱ2	05ㄴ3
	횡모음류									
문자 위치										
	05ㄴ5	05ㄴ7	06ㄱ2	06ㄴ4	05ㄴ3	05ㄴ6	06ㄱ1	06ㄱ2	06ㄱ6	06ㄴ7
류	횡모음류									
문자 위치	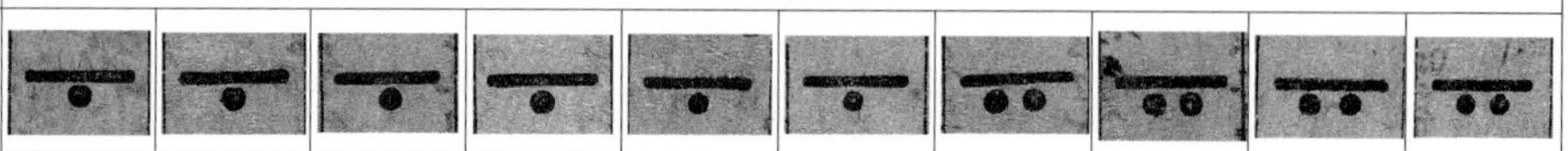									
	05ㄱ7	05ㄴ4	05ㄴ5	05ㄴ8	06ㄱ3	06ㄴ6	05ㄴ4	05ㄴ6	06ㄱ1	06ㄱ4
류			종모음류							
문자 위치	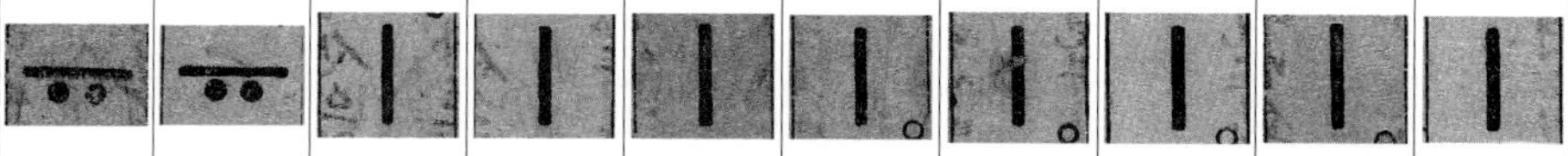									
	06ㄱ6	07ㄱ1	04ㄴ8	05ㄱ5	05ㄴ1	05ㄴ3	05ㄴ4	05ㄴ5	05ㄴ5	05ㄴ7
류	종모음류									
문자 위치	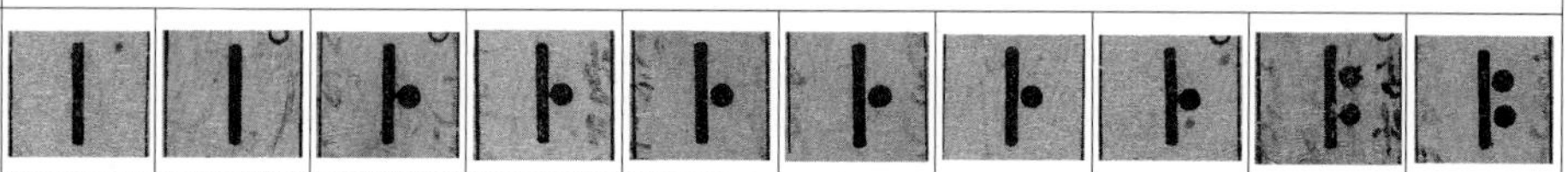									
	06ㄴ3	07ㄱ6	05ㄱ4	05ㄴ4	05ㄴ5	05ㄴ7	06ㄱ2	06ㄴ5	05ㄴ3	05ㄴ6
류	종모음류									
문자 위치	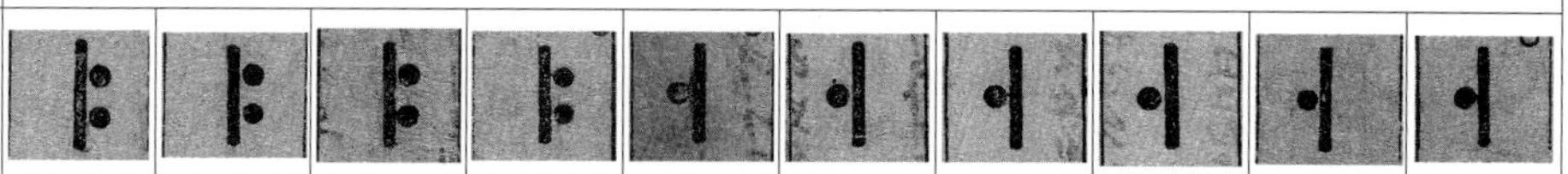									
	06ㄱ1	06ㄱ2	06ㄱ6	06ㄴ8	05ㄱ8	05ㄴ5	05ㄴ6	05ㄴ8	06ㄱ3	06ㄴ6
류	종모음류									
문자 위치	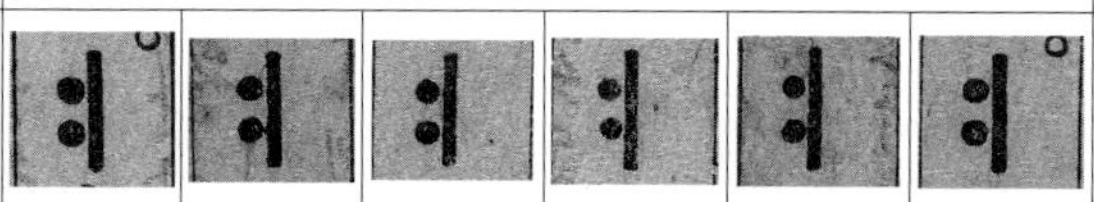									
	05ㄴ5	05ㄴ6	06ㄱ1	06ㄱ4	06ㄱ7	07ㄱ2	76자			

* 제자해에는 중모음 없음

(도5) 훈민정음해례본 초중성해의 초중성자 및 합자 출현 분석도

구분	초성해						전체 문자수 64자			
	초성자음류								중성모음류	
문자 위치	ㄱ14ㄴ8	ㄱ14ㄴ8	ㅋ15ㄱ1	ㅋ15ㄱ1	ㄲ15ㄱ2	ㄲ15ㄱ2	ㆁ15ㄱ2	ㆁ15ㄱ3	ㅠ15ㄱ2	ㅙ15ㄱ1
류	중종성모음류		초중성합자류		초중종성합자류					
문자 위치	ᅟᅮᆫ14ㄴ8	ᅟᅥᆸ15ㄱ3	뀨15ㄱ2	쾌15ㄱ1	군14ㄴ8	업15ㄱ3	초성해 12종 16자			
구분	중성해									
	중성모음류									
문자 위치	·16ㄱ1	·16ㄱ1	·16ㄱ6	ㅡ16ㄱ2	ㅡ16ㄱ2	ㅡ16ㄱ8	ㅣ16ㄱ3	ㅣ16ㄱ3	ㅣ16ㄱ7	ㅣ16ㄴ1
류	중성모음류									
문자 위치	ㅣ16ㄴ3	ㅣ16ㄴ5	ㅣ16ㄴ6	ㅗ16ㄱ6	ㅛ16ㄱ6	ㅜ16ㄱ7	ㅠ16ㄱ8	ㅏ16ㄱ6	ㅑ16ㄱ7	ㅓ16ㄱ8
구분	중성해									
	중성모음류									
문자 위치	ㅕ16ㄴ1	ㅐ16ㄴ4	ㅒ16ㄴ4	ㅔ16ㄴ4	ㅖ16ㄴ4	ㆎ16ㄴ3	ㅢ16ㄴ3	ㅚ16ㄴ3	ㆉ16ㄴ4	ㅟ16ㄴ4
류	중성모음류									
문자 위치	ㆌ16ㄴ4	ㅘ16ㄱ6	ㆇ16ㄱ7	ㅝ16ㄱ8	ㆊ16ㄴ1	ㅙ16ㄴ5	ㆈ16ㄴ5	ㅞ16ㄴ5	ㆋ16ㄴ5	중성자 29종 39자
구분	중성해									
	초성자음류			종성자음류			초중종성합자류			
문자 위치	ㅌ16ㄱ1	ㅈ16ㄱ2	ㅊ16ㄱ4	ㄱ16ㄱ3	ㄴ16ㄱ1	ㅁ16ㄱ4	ᄐᆞᆫ16ㄱ2	즉16ㄱ3	침16ㄱ4	중성해 48자

(도6) 훈민정음해례본 종성해의 종성자[자음] 및 합자 출현 분석도

구분	종성해					전체 문자수 61자				
	종성자음류									
문자 위치	ㄱ17ㄴ4	ㄱ17ㄴ4	ㄱ18ㄱ5	ㄱ18ㄴ5	ㄱ18ㄴ6	ㄱ18ㄴ6	ㄴ18ㄱ3	ㄴ18ㄱ5	ㄴ18ㄴ1	ㄴ18ㄴ7
류	종성자음류									
문자 위치	ㄷ18ㄱ5	ㄷ18ㄴ1	ㄷ18ㄴ7	ㄷ19ㄱ3	ㄷ19ㄱ3	ㄹ18ㄱ3	ㄹ18ㄱ5	ㄹ18ㄴ3	ㄹ19ㄱ1	ㄹ19ㄱ3
구분	종성해									
	종성자음류									
문자 위치	ㄹ19ㄱ4	ㅁ18ㄱ3	ㅁ18ㄱ5	ㅁ18ㄴ2	ㅁ18ㄴ7	ㅂ18ㄱ5	ㅂ18ㄴ2	ㅂ18ㄴ7	ㅅ18ㄱ5	ㅅ18ㄱ7
류	종성자음류									
문자 위치	ㅅ18ㄱ7	ㅅ18ㄴ3	ㅅ18ㄴ8	ㅿ18ㄱ3	ㅿ18ㄴ7	ㅇ18ㄱ3	ㅇ18ㄱ8	ㅇ18ㄴ8	ㆁ17ㄴ5	ㆁ17ㄴ5
구분	종성해									
	종성자음류 46자									
문자 위치	ㆁ18ㄱ3	ㆁ18ㄱ5	ㆁ18ㄴ5	ㆁ18ㄴ5	ㆁ18ㄴ6	ㆆ18ㄴ8				
류	초중성합자류 3자			초중종성합자류 12자						
문자 위치	ᅀᆞ17ㄴ4	홓17ㄴ5	의18ㄱ6	곶18ㄱ6	군18ㄴ2	옷18ㄴ3	즉17ㄴ4	홍17ㄴ5	갗18ㄱ6	볃18ㄴ1
구분	종성해									
	초중종성합자류					-				
문자 위치	빗18ㄱ6	실18ㄴ3	업18ㄴ2	엿18ㄱ6	땀18ㄴ2	종성해 61자				

(도7) 훈민정음해례본 합자해의 초중성자 및 합자 출현 분석도

구분	자음류 전체 문자수 67자									
	아음류	설음류			순음류	치음류			후음류	
문자 위치	ㄱ 20ㄴ5	ㄴ 21ㄱ2	ㅌ 20ㄴ8	ㄹ 22ㄴ7	ㅂ 21ㄱ3	ㅅ 21ㄴ7	ㅈ 21ㄱ1	ㅊ 21ㄱ1	ㅇ 22ㄴ4	ㅇ 22ㄴ7
류	후음류									
문자 위치	ㆁ 20ㄴ5	ㆆ 22ㄴ4	12자							

구분	모음류									
	기본자 점모음류			기본자 횡모음류			기본자 종모음류			
문자 위치	ㆍ 20ㄴ6	ㆍ 20ㄴ8	ㆍ 22ㄴ8	ㅡ 20ㄴ6	ㅡ 21ㄱ1	ㅡ 22ㄴ8	ㅣ 20ㄴ8	ㅣ 21ㄱ1	ㅣ 21ㄴ6	ㅣ 23ㄱ1
류	횡모음류					종모음류				
문자 위치	ㅗ 20ㄴ7	ㅛ 20ㄴ7	ㅜ 20ㄴ5	ㅜ 20ㄴ7	ㅠ 20ㄴ7	ㅏ 20ㄴ8	ㅑ 20ㄴ8	ㅓ 20ㄴ5	ㅓ 20ㄴ8	ㅕ 20ㄴ8

구분	초중성합자									
	상하위치 합자류			좌우위치 합자류						
문자 위치	구 21ㄱ3	소 21ㄱ7	쏘 21ㄱ8	다 21ㄱ7	다 21ㄱ8	사 21ㄴ7	어 21ㄱ3	여 21ㄱ6	혀 21ㄱ6	ᅇᅧ 21ㄱ7
류	좌우위치 합자류			상하우 위치 합자류				좌우하위치 합자류		
문자 위치	ᅘᅧ 21ㄱ6	ᄯᅡ 21ㄱ4	ᄣᅢ 21ㄴ2	괴 21ㄱ6	괴 21ㄱ7	과 21ㄴ1	홰 21ㄴ1	ᄀᆝ 23ㄱ3	ᄀᆜ 23ㄱ2	19자

구분	초중종성합자									
	상중하 합자류							좌우하 합자류		
문자 위치	롬 21ㄴ7	돌 21ㄴ8	몯 22ㄱ7	붇 22ㄱ1	홁 21ㄴ2	돐 21ㄴ2	ᄡᅳᆷ 21ㄱ5	갈 22ㄱ1	긷 22ㄱ5	깁 22ㄱ6
류	좌우하 합자류					상하우하				
문자 위치	낟 22ㄱ6	녑 22ㄱ5	입 22ㄱ7	낛 21ㄴ2	ᄧᅡᆨ 21ㄱ5	활 21ㄴ8	16자		전체	67자

(도8-1) 훈민정음해례본 용자례의 초중성자 및 합자 출현 분석도

구분	자음류 25자 (도8-1,2,3) 전체 문자수 172자									
	아음류			설음류						
문자 위치	24ㄴ3	26ㄱ6	24ㄴ3	24ㄴ7	26ㄱ8	24ㄴ5	26ㄱ7	25ㄱ5	26ㄴ3	24ㄴ6
류	순음류					치음류				
문자 위치	24ㄴ8	26ㄴ1	24ㄴ7	26ㄴ1	24ㄴ8	25ㄱ3	26ㄴ2	25ㄱ2	25ㄱ3	25ㄱ6
류	후음류				연서류					종모음
문자 위치	25ㄱ5	24ㄴ4	26ㄱ7	25ㄱ4	25ㄱ1	36자				26ㄱ4
구분	모음류 11자 계 자모음류 36자									
	점모음	횡모음					종모음			
문자 위치	25ㄱ7	25ㄱ8	25ㄴ3	25ㄴ8	25ㄴ5	26ㄱ3	25ㄴ2	25ㄴ4	26ㄱ1	25ㄴ7
구분	초중성합자									
	상하위치 합자류									
문자 위치	25ㄱ8	25ㄴ1	24ㄴ6	25ㄴ8	25ㄴ6	24ㄴ7	25ㄴ6	25ㄱ8	25ㄱ2	25ㄴ1
류	상하위치 합자류									
문자 위치	26ㄱ1	24ㄴ6	24ㄴ7	25ㄴ4	25ㄱ6	25ㄱ5	25ㄴ7	25ㄱ4	26ㄱ1	26ㄱ4
류	상하위치 합자류									
문자 위치	25ㄱ2	26ㄱ4	25ㄱ6	24ㄴ3	25ㄴ4					초중성 합자 70자
류	좌우위치 합자류									
문자 위치	25ㄴ3	25ㄱ7	26ㄱ2	25ㄱ8	25ㄴ6	25ㄴ7	24ㄴ6	24ㄴ4	25ㄱ1	25ㄱ5

(도8-2) 훈민정음해례본 용자례의 초중성 및 초중종성합자 출현 분석도

구분	초중성합자									
	좌우위치 합자류									
문자	비	버	벼	·벼	·피	·파	·ᄫᅵ	사	사	서
위치	26ㄱ6	25ㄴ8	25ㄴ4	26ㄱ5	25ㄴ2	24ㄴ8	25ㄱ1	25ㄱ1	25ㄴ5	24ㄴ5
류	좌우위치 합자류									
문자	서	·자	쟈	:져	ᅀᅵ	이	아	·야	어	·아
위치	25ㄴ7	25ㄱ2	26ㄱ2	26ㄱ5	25ㄱ7	25ㄴ5	25ㄱ6	26ㄱ2	25ㄱ6	25ㄴ5
류	좌우위치 합자류									
문자	·케	래	·레	·채	·체	·에	·ᅙᅦ	되	·뒤	뤼
위치	24ㄴ4	25ㄱ8	25ㄴ2	25ㄱ3	25ㄱ3	25ㄴ6	24ㄴ5	26ㄴ1	24ㄴ5	25ㄱ6
류	좌우위치 합자류									
문자	:뫼	믜	·ᄆᆡ	·뵈	·ᄒᆡ	-				
위치	25ㄱ1	26ㄱ3	25ㄴ4	25ㄱ2	25ㄱ2					
구분	초중종성합자 66자									
	상중하 위치 합자류									
문자	·골	:곰	·곱	콩	·논	·돌	·들	독	·톡	·톱
위치	24ㄴ3	26ㄱ7	26ㄴ1	24ㄴ4	25ㄴ3	26ㄴ3	25ㄴ8	26ㄱ6	25ㄱ7	25ㄴ3
류	상중하 위치 합자류									
문자	·름	·룹	·믈	·못	볼	·풀	·ᄑᆞᆺ	·ᄉᆞᆷ	·손	숫
위치	25ㄱ6	26ㄱ4	25ㄴ1	26ㄴ2	24ㄴ7	24ㄴ8	25ㄱ8	25ㄴ5	25ㄱ3	25ㄴ6
류	상중하 위치 합자류									
문자	·죵	쥭	·측	·올	욤	·울	육	율	·ᅙᅮᆯ	-
위치	25ㄴ8	26ㄱ3	25ㄴ1	26ㄱ7	25ㄴ8	25ㄴ6	25ㄱ5	26ㄱ3	24ㄴ4	
류	좌우하위치 합자류									
문자	·깃	·간	:감	감	·낟	남	닙	:닐	닥	·담
위치	25ㄴ2	26ㄱ8	24ㄴ3	26ㄱ3	25ㄴ5	26ㄱ2	24ㄴ7	25ㄴ7	26ㄱ6	24ㄴ5

(도8-3) 훈민정음해례본 용자례의 초중종성 합자 출현 분석도

구분	초중종성합자									
	좌우하위치 합자류									
문자위치										
	26ㄱ5	25ㄴ1	26ㄱ4	24ㄴ6	25ㄴ2	26ㄱ8	25ㄴ1	25ㄴ4	24ㄴ8	26ㄴ2
류	좌우하위치 합자류									
문자위치										
	26ㄴ3	26ㄱ7	26ㄱ8	26ㄱ8	26ㄱ1	26ㄱ2	26ㄴ1	25ㄱ4	26ㄴ2	26ㄱ7
류	좌우하위치 합자류						좌상하우하 합자			
문자위치								-		
	25ㄴ7	26ㄱ2	25ㄱ5	26ㄱ5	25ㄱ4	25ㄱ4	26ㄴ2			

1.1.2. 부분별 한글문자의 종류 현황

1) 자모음 종류 현황(표3, 표4)

훈민정음해례본 전체 33장 중 24장에 나오는 한글문자 547자를 7개 부분별 종류를 분석하여 보면 (표3)과 같고 분석한 결과를 문자 구조 종류별로 분석하여 정리하면 (표4)와 같다. 229종 문자를 독립자모음, 초중성합자, 초중종성합자로 3종 대분류하고 다시 6종 중분류-12종 세분류하여 문자 종류수를 파악하여 보면 (표4)와 같고, 229종 547자의 문자는 (도2)~(도8-3)과 같다.

훈민정음해례본 7개 부분에 나오는 한글문자의 구조적 유형을 분석해 보면 다음과 같이 분류된다.

(1) 독립자모음

① 자음-기본자음 : ㄱㅋㆁㄷㅌㄴㅂㅍㅁㅈㅊㅅㆆㅎㅇㄹㅿ [17종]-정음편 배열순서

자음-초성자 : ㄱㅋㆁㄷㅌㄴㅂㅍㅁㅸㅈㅊㅅㅎㅇㄹㅿ [17종]-용자례 독립초성

② 각자병서 : ㄲㄸㅃㅉㅆㆅ [6종] 연서 : ㅸ [1종]-제자해 배열순서

③ 모음- 단모음 : ㆍ ㅡ ㅣ ㅗ ㅏ ㅜ ㅓ ㅛ ㅑ ㅠ ㅕ [11종]-정음편 배열순서

④ 복모음 : ㅘㆇㅝㆊ, ㆎㅢㅚㅐㅟㅔㆉㅒㆌㅖ, ㅙㅞㆈㆋ [18종]-중성해 배열순서

(2) 초중성합자

① 좌우위치합자 : 합자방법 좌측초성자+우측중성자=가 나 다

② 좌우하　합자 : 합자방법 좌측초성자+우측중성자+하측중성자=기 긔

③ 상하위치합자 : 합자방법 상측초성자+하측중성자=오 요 우

④ 상하우위치자 : 합자방법 상측초성자+하측중성자+우측중성자=뫼 믜 미

(3) 초중종성합자

① 좌우하위치합자 : 합자방법 좌측초성자+우측중성모음+하측종성자=강안박

② ㅇ우하위치합자 : 합자방법 좌측초성없음+우측중성자+하측종성자=ᅟᅥᆸ

③ 상하우하위치합자 : 좌편상측초성+하측중성+우측중성자+하측종성자=활 심

④ ㅇ우하위치합자 : 합자방법 상측 초성없음+하측중성자+하측종성자=ᅟᅳᆮ

문자의 종류에 따른 전체적인 경향을 보면 합자가 가장 많은 부분은 123종이 나오는 용자례 부분이고 그 다음이 독립자모음만 34종이 나오는 제자해 부분이다. 예의편 예의에는 자음 기본자 17종과 단모음 11종이 있는데 이것은 제자해의 자음과 모음의 종류수와 겹치는 상황이다. 초성해부분에는 5종의 다양한 구조의 합자가 나오고, 중성해에는 모음 중의 복모음 18종이 나온다.

문자의 구조별 종류수를 보면 독립자음은 24종, 독립모음 29종이 나오고, 초중성합자는 자음과 모음을 좌-우위치로 구성한 좌우위치합자가 40종, 상-하위치로 구성한 상하위치합자기 40종이 나온다. 초중종성합자는 자모음을 좌-우-하위치로 구성한 좌우하위치합자가 50종, 상-중-하위치로 구성한 상중하위치합자가 46종이 나왔다. 이러한 구조의 문자중 특이하게 구성된 자모음으로 상-하위치 연서자인 ㅸ 자, 초중성합자로 좌우하위치 합자인 기 긔 자, 초중종성합자로 초성이 없이 중성-종성으로만 -우하위치로 이루어진 ᅟᅥᆸ 자와 -중하위치로 이루어진 ᅟᅳᆮ 자 등이 나온다.

2) 자모음 종류와 배열순서(표3, 표4)

훈민정음 33장에 나오는 자음과 모음은 생성상 발음위주로 차례를 정한 경우와 가획을 통해 배열을 한 경우 순서의 차이점이 있는 것으로 나타난다. 이렇게 해례본에 제시된 자모음의 배열순서의 차이점이 있고, 또한 필자가 서체상 분석을 위해 정해진 자모음의 배열순서는 해례본의 배열순서와 다르게 나타난다.

해례본에 제시된 기본자음 17종의 배열순서가 두 가지 종류로 나타나고, 분석용으로

재조정한 배열순서도 두 가지 종류로 정하여 4종의 순서가 대두된다.

(1) 기본자음 배열순서

해례본 예의편과 제자해에 나오는 기본자음 17종 배열순서로 아음류-설음류-순음류-치음류-후음류 등 기본음의 발음순서 5가지 종류로 분류하고 각류별로 2, 3종씩 배열하여 전체 순서를 다음과 같이 정하였다.

* 정음편 순서 (아음)ㄱ ㅋ ㆁ (설음)ㄷ ㅌ ㄴ (순음)ㅂ ㅍ ㅁ (치음)ㅈ ㅊ ㅅ(후음)ㆆ ㅎ ㅇ(이체자)ㄹ ㅿ
* 제자해 순서 (기본자)ㄱ ㄴ ㅁ ㅅ ㅇ (파생자)ㅋ ㄷ ㅌ ㅂ ㅍ ㅈ ㅊ ㆆ ㅎ (이체자)ㆁ ㄹ ㅿ
* 용자례 순서 (초성자)ㄱ ㅋ ㆁ (설음)ㄷ ㅌ ㄴ(순음)ㅂ ㅍ ㅁ ㅸ(치음)ㅈ ㅊ ㅅ(후음)ㅎ ㅇ(이체자)ㄹ ㅿ

이같은 자음배열 순서를 본 책에서는 자음 서체상의 분석을 위해 형태적으로 다음과 같이 두 가지로 배열 순서를 일부 조정하였다. 이 조정안은 해례본 배열순서에 따라 일부 순서를 이체자 3종을 형태가 비슷한 설음류 4번째에 ㄹ 을, 치음류 2번째에 ㅿ 를, 후음류 2번째에 ㆁ 를 획수에 따라 순서를 정하되 전체를 아-설-순-치-후음류 순서로 아래와 같이 한 가지로 정하였다.

* 분석용 순서 ㄱ ㅋ ㄴ ㄷ ㅌ ㄹ ㅁ ㅂ ㅍ ㅅ ㅿ ㅈ ㅊ ㅇ ㆁ ㆆ ㅎ[17종 : 가획수별 –형태적 순서]

(2) 기본모음 배열순서

해례본에 예의편 붙여쓰기[부서법]에 나오는 기본 모음 11종의 배열순서를 점모음–횡모음류–종모음류 등 형태적으로 분류한 경우와 제자해에 나오는 11종을 제자원리 순서인 기본자-초출자-재출자 순서로 제시한 경우가 있다.

* 부서법 순서 (점모음류)ᆞ (횡모음류) ㅡ ㅗ ㅜ ㅛ ㅠ (종모음류) ㅣ ㅏ ㅓ ㅑ ㅕ [붙여쓰기 순서]
* 제자법 순서 (기본자) ᆞ ㅡ ㅣ (초출자) ㅗ ㅏ ㅜ ㅓ (재출자) ㅛ ㅑ ㅠ ㅕ [제자원리 순서]

이상과 같은 해례본의 기본모음 배열방법을 기본으로 본 책의 분석용으로 활용하는 11종의 모음 배열 순서를 부서법 배열 순서와 같이 점모음–횡모음류– 종모음류 순서로 정하되 차이가 나게 배열하였다. 점의 위치가 ㅡ 를 기준으로 상–하–상–하 가 형성되는 ㅗ ㅜ ㅛ ㅠ 를 상–상–하–하로 구성하는 ㅗ ㅛ ㅜ ㅠ 순서로 바꾸고, ㅣ 를 기준으로 점이 우–좌–우–좌 순으로 구성하는 ㅏ ㅓ ㅑ ㅕ 를 우–우–좌–좌 인 ㅏ ㅑ ㅓ ㅕ 의 순서로 바꾸었다.

* 분석용 순서 ᆞ ㅡ ㅗ ㅛ ㅜ ㅠ ㅣ ㅏ ㅑ ㅓ ㅕ [횡모음류(좌측)–종모음류(우측)] : 가획 위치별순서

해례본 중성해에 제시된 중모음 18종은 기본모음이 2자씩 또는 3자씩 합하여 이루어졌는데 배열순서는 같은 획수끼리 합하여 이루진 동출합자 4종, 기본모음에 ㅣ를 상합하여 이루어진 2자 상합자 10자, 2자 상합자 모음에 ㅣ를 상합한 3자 상합자 4자 등 18자의 배열 순서는 다음과 같다.

* 중성해 순서 ㅘ ㆇ ㅝ ㆊ, ㆎ ㅢ ㅚ ㅐ ㅟ ㅔ ㆉ ㅒ ㆌ ㅖ, ㅙ ㅞ ㆈ ㆋ
동출상합자 1자 + ㅣ 상합자 2자 + ㅣ 상합자[제자원리 순서]

해례본 중성해의 중모음 배열 순서를 참고하여 본 저서의 서체적 형태분석에서는 2가지 유형의 배열순서를 설정하여 활용하였다. 종모음+종모음 으로만 이루어진 4자는 ㅏ ㅑ ㅓ ㅕ에 ㅣ를 상합하였고[ㅐ ㅒ ㅔ ㅖ], 점-횡모음+종모음으로 이루어진 14자는 ㆍ ㅡ ㅗ ㅛ ㅜ ㅠ 에 ㅣ 상합자 한것 6자[ㆎ ㅢ ㅚ ㆉ ㅟ ㆌ], ㅗㅛㅜㅠ 에 ㅏㅑㅓㅕ 를 상합한 것 4자[ㅘ ㆇ ㅝ ㆊ]에 ㅣ 를 상합한 것 4자[ㅙ ㆈ ㅞ ㆋ] 등 모두 18자이다.

* 분석용 순서 ㅐ ㅒ ㅔ ㅖ, ㆎㅢㅚㆉㅟㆌ, ㅘㆇㅝㆊ, ㅙㆈㅞㆋ [ㅗㅛㅜㅠ반복]

서체분석용으로의 중모음배열을 첫자가 ㅏ ㅑ ㅓ ㅕ 인 좌우측 관련합자 4자, 첫 자가 ㆍ ㅡ 인 좌우합자 2자, 첫 자가 ㅗ ㅛ인 상합관련자 6자, 첫 자가 ㅜㅠ인 하합관련자 6자 등 18자의 배열순서는 다음과 같다.

* 분석용 순서 ㅐ ㅒ ㅔ ㅖ, ㆎ ㅢ, ㅚ ㅘ ㅙ, ㆉ ㆇ ㆈ, ㅟ ㅝ ㅞ, ㆌ ㆊ ㆋ[ㅗㅛㅜㅠ1번제시순서]

(표3) 훈민정음해례본의 부분별 한글 문자 종류수 분석표

종류 / 부분		자모음					초중성합자				초중종성합자				부분별	
		자음			모음		좌우위치		상하위치		좌우하위치		상중하위치			
		기본자	병서자	연서자	단모음	복모음	좌우	좌우하	상하	상하우	좌우하	0우하	상중하	0중하	계	비중 %
정음	1.예의	17			11										28	12.2
정음해례편	1.제자해	17	6		11										34	14.9
	2.초성해								1	1	1	1		1	5	2.2
	3.중성해					18					1		2		21	9.2
	4.종성해								2	1	5	1	4		13	5.7
	5.합자해						9	2 *	3	3	8	1	7		33	14.4
	6.용자례		6	1			29		21	8	34	1	29		123	53.7
계		17	6	1	11	18	38	2	27	13	49	4	42	1	229종 [547자]	
종류 계		24			29		40		40		50		46			
비율 %		10.5			12.7		17.5		17.5		21.8		20.1			

* 표시부분 해당문자 : ᄀᆝ 긔 * 계 부분의 [ ] 숫자는 (표4, 5)의 비교용 문자수 통계임.

(표4) 훈민정음해례본의 부분별 한글문자 종류 분석표

구분			문자	계	
정음편	예의	독립자음	ㄱ ㅋ ㆁ ㄷ ㅌ ㄴ ㅂ ㅍ ㅁ ㅈ ㅊ ㅅ ㆆ ㅎ ㅇ ㄹ ㅿ [발음위치 순서]	28종	40자
		독립모음	ㆍ ㅡ ㅣ ㅗ ㅏ ㅜ ㅓ ㅛ ㅑ ㅠ ㅕ [기본자-초출자-재출자 : 제자원리 순서]		
			ㆍ ㅡ ㅗ ㅜ ㅛ ㅠ ㅣ ㅏ ㅓ ㅑ ㅕ [횡모음류-종모음류 : 제자원리 순서]		
정음해례편	제자해	독립자음	ㄱ ㄴ ㅁ ㅅ ㅇ ㅋ ㄷ ㅌ ㅂ ㅍ ㅈ ㅊ ㆆ ㅎ ㆁ ㄹ ㅿ [기본자-가획자-이체자]	34	143
			ㄲ ㄸ ㅃ ㅉ ㅆ ㆅ [전탁자 : 각자병서]		
		독립모음	ㆍ ㅡ ㅣ ㅗ ㅏ ㅜ ㅓ ㅛ ㅑ ㅠ ㅕ [기본자-초출자-재출자 : 제자원리 순서]		
	초성해	초중성	쾌 뀨	5	16
		중종성	ᅟᅮᆫ ᅟᅥᆸ		
		초중종성	업		
	중성해	독립중모	ㅘ ㆇ ㅝ ㆊ ㆎ ㅢ ㅚ ㅐ ㅟ ㅔ ㆉ ㅒ ㆌ ㅖ ㅙ ㅞ ㆈ ㆋ	21	48
		초중종성	ᄐᆞᆫ 즉 침 [제자원리 순서]		
	종성해	초중성	ᄌᆞ ᅘᅩ 의	13	61
		초중종성	곶 군 옷 ᅘᅩᇰ ᄀᆞᆺ 볃 엿 실 ᄇᆡᆺ 땀		
	합자해	초중성	ᄀᆞ 소 쏘 ᄃᆞ ᄉᆞ 어 여 혀 ᅇᅧ ᅘᅧ ᄯᅡ ᄣᅢ 괴 과 홰 ᄀᆝ ᄀᆜ	33	67
		초중종성	ᄅᆞᆷ 돌 몯 붇 ᄒᆞᇙ ᄃᆞᇌ ᄢᅳᆷ ᄀᆞᆯ ᄀᆡᆮ ᄀᆡᆸ ᄂᆞᆮ 녑 입 낛 ᄧᅡᆨ ᄒᆞᆯ		
	용자례	연서자음	ㅸ	1	172
		초중성	ᄀᆞ 그 고 노 누 ᄃᆞ 드 됴 두 로 무 ᄇᆞ 브 부 쇼 슈 죠 쥬 ᄉᆞ ᄋᆞ	58	
			호 키 너 리 티 러 마 비 버 벼 피 파 ᄫᅵ 서 자 쟈 져 ᅀᅵ 이 아		
			야 어 ᄏᆡ 래 레 채 체 ᄋᆡ 에 되 뒤 뤼 뫼 믜 ᄆᆡ ᄒᆡ 뵈		
		초중종성	ᄀᆞᆯ 굼 굽 콩 논 돌 들 독 톡 톱 름 룹 믈 못 볼 풀 풋 ᄉᆞᆷ 손 ᄉᆞᆺ	64	
			죵 쥭 측 올 욤 울 육 욜 율		
			깃 ᄀᆞᆮ 감 남 납 널 닥 담 뎔 력 련 텁 밀 반 발 밥 벌 범 별 ᄫᅥᆼ		
			신 싣 삽 샹 섭 셤 잣 창 셥 약 얌 엿 헝 힘 심	123	
계			예의편 28자와 제자해 34자 중 28자 중복됨	229	547

1.2. 훈민정음해례본의 자모별 한글문자 현황

1.1.항에서 분석한 결과를 전체 229종 547자를 문자 형태로 나누면 독립형 자음 24종 182자, 독립형 모음 29종 170자, 초중성합자 80종 94자, 초중종성합자 96종 101자 등으로 분류된다. 이러한 전체 문자를 통합하여 자모음종류별로 나오는 문자수를 1.2.1. (표5)에서. 종류수를 1.2.2.(표6, 표7)에서 분석하여 그 특색을 밝혀본다.

1.2.1. 자모별 한글문자의 수량 현황(표5, 도9~도14)

훈민정음의 한글문자 현황을 7가지 부분 [예의, 제자해, 초성해, 중성해, 종성해, 합자해, 용자례] 에 걸쳐 나오는 독립자모음과 초중성합자, 초중종성합자를 통합하여 자음류인 아음류, 설음류, 순음류, 치음류, 후음류와 병서류 등 자음종류별로 분류하여 문자수를 (표5)와 같이 분석하여 그 특징을 파악하였다.

훈민정음해례본 전체 33장 중 24장에 나오는 한글문자수는 초성자음별로 분석한 결과 독립자음 24종 182자, 독립모음 29종 170자, 초중종성합자 176종 195자 모두 229종 547자가 된다, 이에 해당되는 문자는 (도9~도14)에 제시되었다.

이러한 합자 전체를 초성자음 종류별로 분석하여 보면 아음류 30자, 설음류 49자, 순음류 34자, 치음류 39자, 후음류 36자, 병서류 5자, 중종성합자 2자 등 195자가 된다. 그리고 독립자음은 아음류 28자, 설음류 43자, 순음류 28자, 치음류 37자, 후음류 46자 등 182자가 된다.

아음류 중에는 ㄱ 초성자가 17, 25자로 가장 많고, 설음류 중에는 ㄷ 초성자가 11, 18자로 많고, 순음류 중에는 ㅂ 초성자가 10, 19자로 가장 많다. 치음류 중에는 ㅅ 초성자가 14, 19자로 가장 많고, 후음류에는 ㅇ 초성자가 15, 19자로 가장 많다. 독립자음으로는 초성의 기본자인 ㄱ ㄴ ㅁ ㅅ ㅇ ㆁ(꼭지)가 각각 부류에서 가장 많이 나온 것으로 분석되었다.

(표5) 훈민정음해례본 한글문자의 자음-모음종류별 문자수 통계표

자음류[독립-합자]										모음류[독립]					
소분류	문자	독립자음	초성합자 초성용	초성합자 종성용	소분류	문자	독립자음	초성합자 초성용	초성합자 종성용	소분류	문자	독립모음	소분류	문자	독립모음
아음류	ㄱ	17	23, 2	←긔! 긔	치음류	ㅊ	6	5		점	·	20	·ㅡ형류	ㆎ	1
	ㄲ	4	1			ㅿ	6	3		횡모음류	ㅡ	16		ㅢ	1
	ㅋ	7	4		후음류	ㅇ	15	19			ㅗ	11	ㅗㅛ형 중모음류	ㅚ	1
설음류	ㄴ	13	11	1 [illegible]		ㆁ	17	6			ㅛ	11		ㅘ	1
	ㄷ	11	18			ㆆ	8	0			ㅜ	12		ㅙ	2
	ㄸ	1	1			ㅎ	5	8			ㅠ	12		ㆉ	1
	ㅌ	6	5			ㆅ	1	3		종모음류	ㅣ	24		ㆇ	1
	ㄹ	12	14		병서류	ㆀ		1			ㅏ	11		ㆈ	1
순음류	ㅁ	12	9			ㅶ		1			ㅑ	11	ㅜㅠ형 중모음류	ㅟ	1
	ㅂ	10	19	1 [illegible]		ㅼ		1			ㅓ	12		ㅝ	1
	ㅃ	1	0			ㅴ		1			ㅕ	11		ㅞ	1
	ㅍ	4	4			ㅵ		1		종종모음류	ㅐ	1		ㆌ	1
	ㅸ	1	2			ㄳ			1		ㅒ	1		ㆊ	1
치음류	ㅅ	14	19			ㄺ			1		ㅔ	1		ㆋ	1
	ㅆ	1	1			ᇌ			1		ㅖ	1			
	ㅈ	9	11			소계	24종	5	3	소계				29종	
	ㅉ	1	0		계 (자)		182	195자		계	170 자		총계	547자	

(도9) 훈민정음해례본의 한글 독립자음 종류별 집자도-1

자음 \ 구분		정음편 1	정음해례편 2	3	4	5	6	7	8	9	10	계
아음류	ㄱ	**01ㄱ7**	01ㄴ4	01ㄴ7	03ㄴ1	04ㄱ5	14ㄴ8	14ㄴ8	16ㄱ3	17ㄴ4	17ㄴ4	17
	ㄲ	18ㄱ5	18ㄴ5	18ㄴ6	18ㄴ6	20ㄴ5	24ㄴ3	26ㄱ6	03ㄴ2	04ㄱ6	15ㄱ2	3
	ㄲ ㅋ	**01ㄴ2**	01ㄴ6	03ㄴ2	04ㄱ6	15ㄱ1	15ㄱ1	24ㄴ3	–	–	15ㄱ2	1 7
설음류	ㄴ	**01ㄴ7**	01ㄴ4	01ㄴ7	03ㄴ3	03ㄴ4	16ㄱ1	18ㄱ3	18ㄱ5	18ㄴ1	18ㄴ7	13
	ㄷ	21ㄱ2	24ㄴ7	26ㄱ8							26ㄱ7	1
	ㄷ	**01ㄴ4**	01ㄴ7	01ㄴ7	03ㄴ1	18ㄱ5	18ㄴ1	18ㄴ7	19ㄱ3	19ㄱ3	24ㄴ5	10
	ㄸ ㅌ ㄹ	**01ㄴ6**	01ㄴ8	03ㄴ2	16ㄱ1	20ㄴ8	24ㄴ6		03ㄴ2	25ㄱ5	26ㄴ3	1 6 2
	ㄹ	**02ㄴ7**	02ㄱ2	03ㄴ3	18ㄱ3	18ㄱ5	18ㄴ3	19ㄱ1	19ㄱ3	19ㄱ4	22ㄴ7	10
순음류	ㅁ	**02ㄱ4**	01ㄴ5	01ㄴ8	03ㄴ3	03ㄴ4	16ㄱ4	18ㄱ3	18ㄱ5	18ㄴ2	18ㄴ7	10
	ㅁ ㅂ	**02ㄱ1**	01ㄴ8	01ㄴ8	03ㄴ1	18ㄱ5	18ㄴ2	18ㄴ7	21ㄱ3	24ㄴ8	26ㄴ1	2 8
	ㅂ ㅃ	03ㄴ2								24ㄴ7	26ㄴ1	2 1
	ㅍ	**02ㄱ3**	01ㄴ8	03ㄴ2	24ㄴ8							4
	ㅸ	25ㄱ1										1

* (도9~도12)의 장-면수 표시가 **짙음**으로 나타낸 것은 정음편의 문자임.

(도10) 훈민정음해례본의 한글 독립자음 종류별 집자도-2

구분 / 문자		정음편	정음해례편									계
		1	2	3	4	5	6	7	8	9	10	
치음류	ㅅ	**02ㄴ1**	01ㄴ6	01ㄴ8	03ㄴ1	03ㄴ6	03ㄴ6	18ㄱ5	18ㄱ7	18ㄱ7	18ㄴ3	14
		18ㄴ8	21ㄴ7	25ㄱ3	26ㄴ2							
	ㅆ ㅿ	**03ㄱ1**	02ㄱ3	03ㄴ3	18ㄱ3	18ㄴ7	25ㄱ6				03ㄴ2	1 6
	ㅈ	**02ㄱ5**	01ㄴ8	01ㄴ8	03ㄴ1	03ㄴ6	03ㄴ6	16ㄱ2	21ㄱ1	25ㄱ2	03ㄴ2	9 1
	ㅊ	**02ㄱ7**	02ㄱ1	03ㄴ2	16ㄱ4	21ㄱ1	25ㄱ3					6
후음류	ㅇ	**02ㄴ6**	**03ㄴ6**	01ㄴ6	02ㄱ1	03ㄴ3	03ㄴ4	03ㄴ8	04ㄱ4	04ㄴ3	18ㄱ3	15
		18ㄱ8	18ㄴ8	22ㄴ4	22ㄴ7	25ㄱ5						
	ㆁ	**01ㄴ3**	02ㄱ2	03ㄴ3	03ㄴ7	04ㄱ3	15ㄱ2	15ㄱ3	17ㄴ5	17ㄴ5	18ㄱ3	17
		18ㄱ5	18ㄴ5	18ㄴ5	18ㄴ6	20ㄴ5	24ㄴ4	26ㄱ7				
	ㆆ	**02ㄴ3**	02ㄱ1	02ㄱ1	03ㄴ1	04ㄴ1	04ㄴ2	18ㄴ8	22ㄴ4			8
	ㅎ	**02ㄴ4**	02ㄱ1	03ㄴ2	04ㄴ2	25ㄱ4						5
	ㆅ	03ㄴ3										1

(도11) 훈민정음해례본의 한글 독립모음 종류별 집자도-1

모음 \ 구분		정음편		정음해례편								계
		1	2	3	4	5	6	7	8	9	10	
횡모음류	ㅡ	03ㄱ3	04ㄱ1	04ㄴ7	05ㄱ3	05ㄱ7	05ㄱ7	05ㄴ1	06ㄴ2	07ㄱ5	16ㄱ2	16
		16ㄱ2	16ㄱ8	20ㄴ6	21ㄱ1	22ㄴ8	25ㄱ8					
	ㅗ	03ㄱ5	04ㄱ1	05ㄱ2	05ㄴ3	05ㄴ5	05ㄴ7	06ㄱ2	06ㄴ4	16ㄱ6	20ㄴ7	11
		25ㄴ3										
	ㅛ	03ㄴ2	04ㄱ1	05ㄴ3	05ㄴ6	06ㄱ1	06ㄱ2	06ㄱ6	06ㄴ7	16ㄱ6	20ㄴ7	11
		25ㄴ8										
	ㅜ	03ㄱ7	04ㄱ1	05ㄱ7	05ㄴ4	05ㄴ5	05ㄴ8	06ㄱ3	06ㄴ6	16ㄱ7	20ㄴ5	12
		20ㄴ7	25ㄴ5									
	ㅠ	03ㄴ4	04ㄱ2	05ㄴ4	05ㄴ6	06ㄱ1	06ㄱ4	06ㄱ6	07ㄱ1	15ㄱ2	16ㄱ8	12
		20ㄴ7	26ㄱ3									
종모음류	ㅣ	03ㄱ4	04ㄱ2	04ㄴ8	05ㄱ5	05ㄴ1	05ㄴ3	05ㄴ4	05ㄴ5	05ㄴ5	05ㄴ7	24
		06ㄴ3	07ㄱ6	16ㄱ3	16ㄱ3	16ㄱ7	16ㄴ1	16ㄴ3	16ㄴ5	16ㄴ6	20ㄴ8	
		21ㄱ1	21ㄴ6	23ㄱ1	25ㄴ2							

(도12) 훈민정음해례본의 한글 독립모음 종류별 집자도-2

모음 \ 구분		정음편 1	정음편 2	정음해례편 3	4	5	6	7	8	9	10	계
종모음류	ㅏ	03ㄱ6	04ㄱ2	05ㄱ4	05ㄴ4	05ㄴ5	05ㄴ7	06ㄱ2	06ㄴ5	16ㄱ6	20ㄴ8	11
		25ㄴ4										
	ㅑ	03ㄴ3	04ㄱ2	05ㄴ3	05ㄴ6	06ㄱ1	06ㄱ2	06ㄱ6	06ㄴ8	16ㄱ7	20ㄴ8	11
		26ㄱ1										
	ㅓ	03ㄴ1	04ㄱ2	05ㄱ8	05ㄴ5	05ㄴ6	05ㄴ8	06ㄱ3	06ㄴ6	16ㄱ8	20ㄴ5	12
		20ㄴ8	25ㄴ7									
	ㅕ	03ㄴ5	04ㄱ3	05ㄴ5	05ㄴ6	06ㄱ1	06ㄱ4	06ㄱ7	07ㄱ2	16ㄴ1	20ㄴ8	11
		26ㄱ4										
점모음류	ㆍ	03ㄱ2	04ㄱ1	04ㄴ5	05ㄱ3	05ㄱ3	05ㄱ4	05ㄱ5	05ㄱ7	05ㄴ1	06ㄱ5	20
		06ㄴ2	06ㄴ3	07ㄱ4	16ㄱ1	16ㄱ1	16ㄱ6	20ㄴ6	20ㄴ8	22ㄴ8	25ㄱ7	
중모음류	ㅐ	16ㄴ4	16ㄴ4	16ㄴ4	16ㄴ4	16ㄴ3	16ㄴ3	16ㄴ3	16ㄱ6	16ㄴ5	15ㄱ1	19
	ㆉ	16ㄴ4	16ㄱ7	16ㄴ5	16ㄴ4	16ㄱ8	16ㄴ5	16ㄴ4	16ㄴ1	16ㄴ5		

(도13) 훈민정음해례본의 한글 독립합자 종류별 집자도-1

초성 \ 구분		1	2	3	4	5	6	7	8	9	10	계
		초중성합자					초중종성합자					
아음류	ㄱ											20
		25ㄱ8	25ㄴ1	24ㄴ6	25ㄴ8	21ㄱ3	25ㄴ6	21ㄱ6	21ㄱ7	21ㄴ1	24ㄴ3	

		18ㄱ6	14ㄴ8	18ㄴ2	26ㄱ7	26ㄴ1	22ㄱ5	22ㄱ6	25ㄴ2	26ㄱ8	22ㄱ1	
	ㄱ ㄲ ㅋ	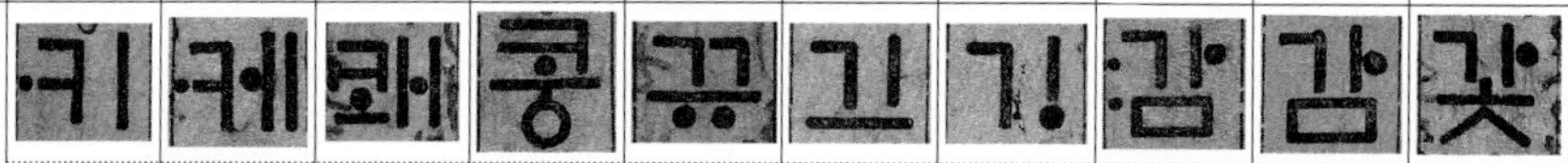										5 1 4
		25ㄴ3	24ㄴ4	15ㄱ1	24ㄴ4	15ㄱ2	23ㄱ2	23ㄱ3	24ㄴ3	26ㄱ3	18ㄱ6	
설음류	ㄴ	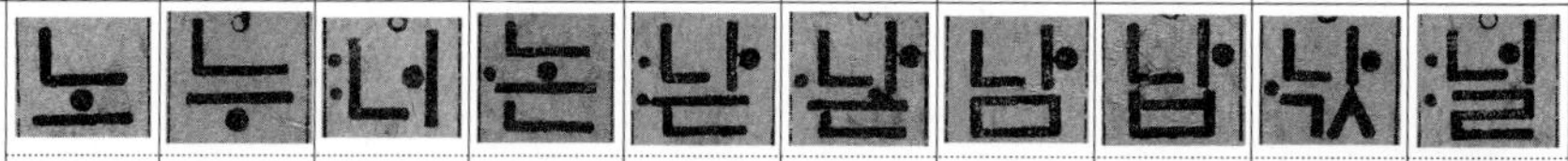										11
		24ㄴ7	25ㄴ6	25ㄱ7	25ㄴ3	22ㄱ6	25ㄴ5	26ㄱ2	24ㄴ7	21ㄴ3	25ㄴ7	
	ㄷ	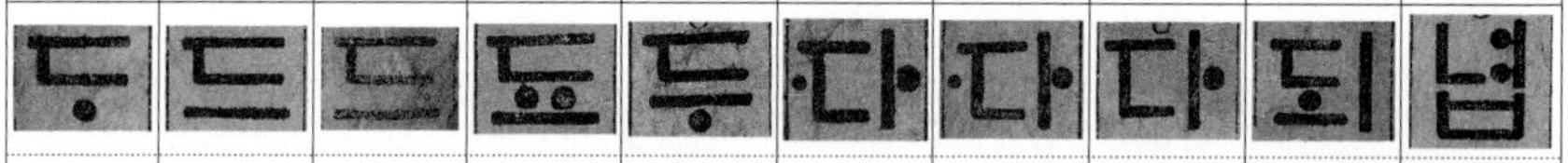										9
		25ㄱ8	25ㄱ2	25ㄴ1	26ㄱ1	24ㄴ6	21ㄱ7	21ㄱ8	26ㄱ2	26ㄴ1	22ㄱ5	
	ㄷ ㄸ	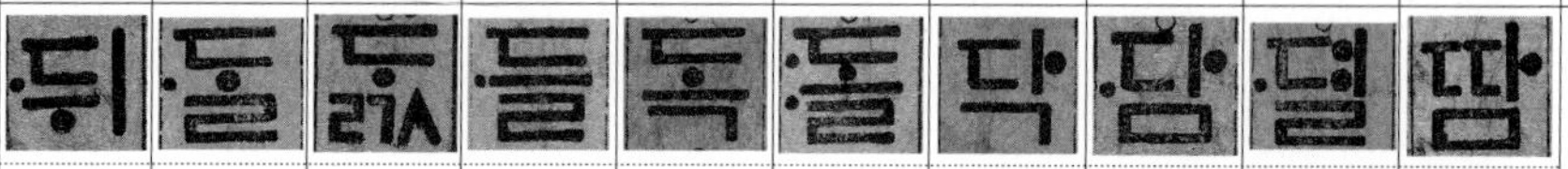										9 1
		24ㄴ5	26ㄴ3	21ㄴ3	25ㄴ8	26ㄱ6	21ㄴ8	26ㄱ6	24ㄴ5	26ㄱ5	18ㄴ2	
	ㅌ ㄹ	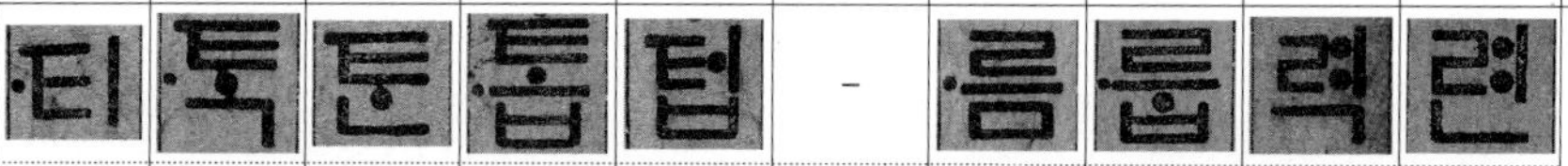					-					5 4
		24ㄴ6	25ㄱ7	16ㄱ2	25ㄴ3	24ㄴ6		25ㄱ6	26ㄱ4	25ㄴ1	26ㄱ4	
	ㄹ											10
		24ㄴ7	25ㄴ4	25ㄱ8	25ㄴ6	25ㄴ7	25ㄱ8	24ㄴ4	25ㄴ2	25ㄱ6	21ㄴ7	
순음류	ㅁ											9
		25ㄱ6	25ㄱ1	25ㄱ1	26ㄱ3	25ㄴ4	25ㄴ1	22ㄱ7	26ㄴ2	25ㄴ2		
	ㅂ											19
		25ㄱ5	25ㄴ7	25ㄱ4	25ㄱ5	26ㄱ6	25ㄴ8	25ㄴ4	26ㄱ5	24ㄴ7	22ㄱ1	
		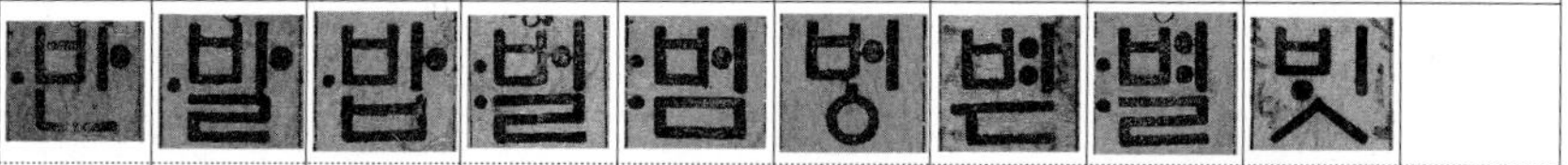										
		26ㄱ8	25ㄴ1	25ㄴ4	24ㄴ8	26ㄴ2	26ㄱ7	18ㄴ1	26ㄴ3	18ㄱ6		
	ㅍ ㅸ ㅄ ㅴ ㅵ	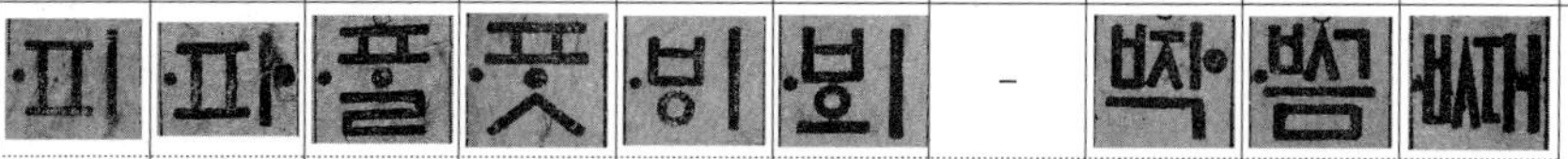						-				4 2 1 1 1
		25ㄴ2	24ㄴ8	24ㄴ8	25ㄱ8	25ㄱ1	25ㄱ2		21ㄱ5	21ㄱ5	21ㄴ3	

(도14) 훈민정음해례본의 한글 독립합자 종류별 집자도-2

구분 \ 초성		1	2	3	4	5	6	7	8	9	10	계
		초중성합자			초중종성합자			중종성합자				
치음류	ㅅ	21ㄱ7	26ㄱ1	26ㄱ4	21ㄴ7	25ㄱ1	25ㄴ5	24ㄴ5	25ㄴ7	25ㄴ5	25ㄱ3	19
	ㅅ	25ㄴ6	26ㄱ8	26ㄱ8	18ㄴ3	26ㄱ1	26ㄱ2	26ㄴ1	25ㄱ4	26ㄴ2		
	ㅿ	25ㄱ6	25ㄱ7	25ㄴ7								3
	ㅆ / ㅅㄷ	21ㄱ8	-	21ㄱ4								1 / 1
	ㅈ	17ㄴ4	25ㄱ2	26ㄱ4	25ㄱ2	26ㄱ2	26ㄱ5	16ㄱ3	17ㄴ4	26ㄱ3	26ㄴ2	10 / 1
	ㅊ	25ㄱ3	25ㄱ3	25ㄴ1	16ㄱ4	26ㄱ7					25ㄴ8	5
후음류	ㅇ	24ㄴ3	25ㄴ5	25ㄱ6	26ㄱ2	25ㄱ6	25ㄴ6	21ㄱ6	18ㄱ6	26ㄱ7	18ㄴ3	19
	ㅇㅇ	25ㄴ8	25ㄴ6	25ㄱ5	26ㄱ3	22ㄱ7	26ㄱ2	25ㄱ5	26ㄱ5	18ㄱ6	21ㄱ7	1
	ㆆ	25ㄴ5	21ㄱ3	24ㄴ5	24ㄴ4	15ㄱ3	18ㄴ2					6
	ㅎ	25ㄴ4	21ㄱ6	21ㄴ1	25ㄱ2	21ㄴ3	25ㄱ4	25ㄱ4	21ㄴ8			8
	ㆅ	17ㄴ5	21ㄱ6	17ㄴ5								3
기타류	중종합자	15ㄱ3	14ㄴ8									2

1.2.2. 자모별 한글문자의 종류 현황

훈민정음의 한글문자 종류 현황을 독립자모음과 초중성합자, 초중종성합자를 분류하고 다시 단독자모음, 합용자모음, 합자자모음으로 분류하고, 합자는 초성종류인 아음류, 설음류, 순음류, 치음류, 후음류와 병서류 등으로 (표6)과 같이 문자 종류수를 분석하여 그 특징을 파악하였다.

1) 자모음 및 합자별 한글문자의 종류수 및 특색(표6, 도15~도17)

훈민정음해례본 전체에 나오는 한글문자 547자는 229종으로 이루어진 것으로 분석되는데 종류별로 분류하면 (표6)과 같고 해당 문자는 (도15~도17)과 같이 나타난다.

(표6) 훈민정음해례본의 종류별 한글문자 분석표

종류	자수	5	10	15	20	25	계
자음	단독자음	ㄱ ㅋ ㄴ ㄷ ㅌ	ㄹ ㅁ ㅂ ㅍ ㅅ	ㅿ ㅈ ㅊ ㅇ ㆁ	ㆆ ㅎ		17
	복합자음	ㅸ ㄲ ㄸ ㅃ ㅆ	ㅉ ㆅ				7
	합자자음	ㆀ ㅺ ㅩ ㄺ ㅼ	ㄽ ㅴ ㅵ			8	-
	소계					32	24
모음	기본모음	ㆍ ㅡ ㅗ ㅛ ㅜ	ㅠ ㅣ ㅏ ㅑ ㅓ	ㅕ			11
	좌우합용	ㅐ ㅒ ㅔ ㅖ ㆎ	ㅢ ㅚ ㆉ ㅟ ㆌ	ㅘ ㆇ ㅝ ㆊ ㅙ	ㆈ ㅞ ㆋ		18
	합자모음	! _|				2	-
	소계					31	29
초중성합자	아음합자	ᄀᆞ그고구괴	과ᄀᆡ긔키케	쾌아어에			14
	설음합자	노누너ᄃᆞ드	됴두다되뒤	티로리러래	레뤼		17
	순음합자	ᄆᆞ마미믜뫼	ᄇᆞ브부비버	벼피파			13
	치음합자	소쇼슈사서	ᄌᆞ죠쥬자쟈	져채체ᄉᆞᅀᅵ			15
	후음합자	ᅌᅮ이아야어	여의에호혀	히홰			12
	병서합자	뀨쏘ᅘᅩᅘᅧᅇᅧ	ᄭᅡᄣᅢ				7
	연서합자	ᄫᅵᄫᅬ					2
	소계						80
초중종성합자	아음합자	골곶군굼굽	갇갈감갗긷	깁깃콩업울			15
	설음합자	논낟남납낛	널녑돌돐닥	담뎔독돌들	톡톤텹톰롬	름룹력련	24
	순음합자	믈몯못밀볼	붇반발밥벙	벌범볃별빗	풀풋		17
	치음합자	ᄉᆞᆷ손숫신싄	실삽샹섭셤	심즉죵쥭잣	측침창섭		19
	후음합자	올옷욤욜육	율입약얌엿	엿ᄒᆞᆰ힘형활			15
	병서합자	ᄄᆞᆷ빡ᅘᅩᆼ쁨					4
	중종합자	ᄃᆞᆫ녑					2
	소계						96
계		합자자음 8종+합자모음 2종+독립자모 및 합자 229종=239종					229

* (도15)에 위의 자모음을 독립자모음으로 집자하지 않고, 해당 합자를 제시하였음.

(도15) 훈민정음해례본의 종류별 한글문자 집자도-1

문자 \ 구분		1	2	3	4	5	6	7	8	9	10	계
자음	단독	ㄱ	ㅋ	ㆁ	ㄴ	ㄷ	ㅌ	ㄹ	ㅁ	ㅂ	ㅍ	17
		ㅅ	ㅈ	ㅊ	ㅿ	ㅇ	ㆆ	ㅎ				
	복합	ㄲ	ㄸ	ㅃ	ㅆ	ㅉ	ㆅ	ㅸ				7
	합자	ㆀ	ᆪ	ㅶ	ㄺ	ㅼ	ᇌ	ㅴ	ㅵ		32종	8
모음	기본자	· ㅡ	ㅗ	ㅛ	ㅜ	ㅠ	ㅣ	ㅏ	ㅑ	ㅓ	ㅕ	11
	좌우합용	ㅐ	ㅒ	ㅔ	ㅖ	ㆎ	ㅢ	ㅚ	ㅘ	ㅙ	ㆉ	18
		ᆄ	ᆅ	ㅟ	ㅝ	ㅞ	ㆌ	ᆑ	ᆒ		기본 ·	
	합자	!	ᆜ									2
초중성합자	아음합자	ᄀᆞ	그	고	구	괴	과	기!	ᄀᆜ	키	케	14
		쾌	아	어	에							
	설음합자	노	누	너	ᄃᆞ	드	됴	두	다	되	뒤	17
		티	로	리	러	래	레	뤼				

* (도15) 자모음 중에서 독립자모음 이외로 해당 자모음 합자를 대신 제시하였음.

(도16) 훈민정음해례본의 종류별 한글문자 집자도-2

문자 \ 구분		1	2	3	4	5	6	7	8	9	10	계
초중성합자	순음합자	무	마	ᄆᆡ	믜	뫼	ᄇᆞ	브	부	비	버	13
		벼	피	파								
	치음합자	소	쇼	슈	사	서	즈	죠	쥬	자	쟈	15
		져	채	체	ᅀᆞ	ᅀᅵ						
	후음합자	우	이	아	야	어	여	의	에	호	혀	12
		ᄒᆡ	홰									
	병서-연서	뀨	쏘	ᅘᅩ	ᅘᅧ	ᅇᅧ	ᄯᅡ	ᄣᅢ		ᄫᅵ	ᄫᅬ	7 2
초중종성합자	아음합자	ᄀᆞᆯ	곶	군	굼	굽	ᄀᆞᆫ	갈	감	갗	긷	15
		깁	깃	콩	업	울						
	설음합자	논	ᄂᆞᆮ	남	납	낛	널	념	ᄃᆞᆯ	ᄃᆞᇌ	닥	24
		담	뎔	독	돌	들	ᄐᆞᆨ	ᄐᆞᆫ	텁	톱	ᄅᆞᆼ	
		름	룹	력	련							

(도17) 훈민정음해례본의 종류별 한글문자 집자도-3

문자 \ 구분		1	2	3	4	5	6	7	8	9	10	계
초중종성합자	순음합자	믈	몯	못	밀	볼	붇	반	발	밥	벌	17
		범	벙	볃	별	빗	플	풋				
	치음합자	솜	손	숫	신	싣	실	삽	샹	섭	셤	19
		심	즉	죵	쥭	잣	측	침	창	셥		
	후음합자	올	옷	욤	울	육	율	입	약	얌	엿	15
		여ᇫ	훍	헝	힘	활						
	병서합자	땀	빡	ᅘᅩᆼ	ᄢᅳᆷ							4
	중종합자	ᆖ	ᆸ									2

자음류는 단독, 복합, 합자자음으로 나누고, 모음류는 기본, 좌우합용, 합자모음으로 나누어 문자종류를 분류하였다. 초중성 및 초중종성합자류는 아음류, 설음류, 순음류, 치음류, 후음류, 병서류, 연서류 등으로 나누어 합자를 분류한 결과가 (표6)과 같다.

훈민정음해례본에 나오는 전체 한글문자는 547자 229종이지만 합자에 포함된 초성자음을 분석해 보면 합자자음인 각자 및 합용병서 8종과 중종성합자의 모음 2종[도17 아래부분 **ᆖ, ᆸ**] 등 10종이 추가되어 자모음 및 합자의 전체 종류수는 239종이 된다.

* 합자초종성용 병서자음 : ㆀ ㅺ ㅶ ㄺ ㅼ ㅩ ㅴ ㅵ ··················· 8종

* 합자중성용 합성모음 : ㆎ ㅢ ·· 2종

초중성합자중에는 설음합자가 17종, 치음합자가 15종, 아음합자가 14종 순서로 많이 출현하는 것으로 분석되었고, 특이한 구조의 합자로는 치음합자, 병서합자, 연서합자에 나오는 것으로 나타났다.

* 치음합자- 초중성합자 : 수 ᅀᅵ

* 병서합자- 초중성합자 : ᅘᅩ ᅘᅧ ᅇᅧ ᄯᆞ ᄣᅢ

* 연서합자- 초중성합자 : ᄫᅵ ᄫᅬ

초중종성합자중에는 다음과 같은 특이 유형의 문자가 나온다.

* 치음합자- 초중종성합자 : 섭 여ᇫ

* 병서합자- 초중종성합자 : ᄧᆞᆨ ᅘᅩᇰ ᄡᅳᆷ

* 중종합자- 중종성합자 : ᆞᆫ ᅥᆸ

초성자음 32종 중 독립자음으로 나오는 ㆆ 합자는 해례본 전체 547자 중에 하나도 나오지 않는 기현상을 찾아볼 수 있다. 그런데 1459년에 간행한 훈민정음언해본인 '세종어제훈민정음'에서 음 자는 초성을 ᅙᅳᆷ 자로 쓴 것을 찾아볼 수 있다.

2) 모음종류 합자별 한글문자의 종류수 및 특색(표7, 도18, 도19)

훈민정음해례본 한글문자중 195자 중 (도18, 도19)와 같은 176종[초중성합자 80종, 초중종성합자 96종]의 합자를 대상으로 모음의 종류에 따라 재구성하여 (표7)과 같이 분석하였다.

합자의 중성을 구성하는 모음의 종류를 점모음류, 횡모음류, 종모음류, 종종모음류, ㅗ ㅛ 형 중모음류, ㅜ ㅠ 형 중모음류, ㅡ 형 중모음류 등 7 부류로 나누어 176종의 합자를 분류하였다. 아울러 합자의 방점표시 문자 종류도 (도18, 도19) 하단부와 같이 분석하였다.

횡모음류 합자중에는 중성 ㅗ 가 들어간 문자 19종, 종모음류에는 중성 ㅏ 가 들어가는 문자 26종, 중모음류에는 ㅔ 가 들어가는 문자가 5종이 나오지만 독립적인 모음으로 나오는 ㅒ ㅖ ㆉ ᆄ ᆅ ㅝ ㅞ ㆌ ᆑ ᆒ 등 10종의 중모음이 들어가는 합자는 없는 것으로 분석되었다.

176종의 합자에는 문자의 좌측에 표시한 방점이 있는데, 거성은 방점 한 개로 표시했으며 상성은 방점 두 개로 표시했다. 초중성합자에는 거성이 36종, 상성이 3종, 초중종성합자에는 거성이 36종, 상성이 14종 등 모두 거성 72종, 상성 17종이 (도18~도19)와 같이 나오는 것으로 분석되었다.

(표7) 훈민정음해례본의 모음종류별 한글합자 종류수 통계표

소분류	문자	독립모음자수	방점 문자수		중성모음 합자 종류수		소분류	문자	독립모음자수	방점 문자수		중성모음 합자 종류수	
			거성 1개	상성 2개	초중성	초중종성				거성 1개	상성 2개	초중성	초중종성
점	·	20	2 6		4	11	ㅡ·모음	ㅢ	1	2		3	
횡모음	ㅡ	16	5		4	6		ㆎ	1	2	1	2	2
	ㅗ	11	7	1	7	12	ㅗㅛ형중모음자	ㅚ	1		1	3	
	ㅛ	11	1	1	3	2		ㅘ	1	1		1	
	ㅜ	12	2 5	1	6	9		ㅙ	2	2		2	
	ㅠ	12			3	3		ㆉ	1				
종모음	ㅣ	24	5 4	3	8	10		ㆇ	1				
	ㅏ	11	6 7	2	8	18		ㆈ	1				
	ㅑ	11	1		2	3	ㅜㅠ형중모음자	ㅟ	1	1		2	
	ㅓ	12		1 3	6	10		ㅝ	1				
	ㅕ	11	4 2	1 2	6	9		ㅞ	1				
종중모음자	ㅐ	1	2		3	0		ㆌ	1				
	ㅒ	1			0	0		ㆊ	1			! 1	
	ㅔ	1	5		5	0		ㆋ	1			┘ 1	
	ㅖ	1			0	0	계	29종	170자	36자 36자	3자 14자	21-80종	13-96종
총계	자음 24종 182자, 모음 29종 170자, 합자 176종 195자 총 229종 547자									72자	17자	176종	

(도18) 훈민정음해례본의 한글 모음 종류별(방점) 초중성 합자 일람도

모음	점 횡모음자					종모음자				
	ㆍ ㅡ	ㅗ	ㅛ	ㅜ	ㅠ	ㅣ	ㅏ	ㅑ	ㅓ	ㅕ
초성 ㄱ ㅋ ㄴ ㄷ ㅌ ㄹ ㅁ ㅂ ㅍ ㅅ ㅈ ㅊ ㅿ ㅇ ㆁ ㆆ ㅎ 합자										
	4 4	7	3	6	3	8	8	2	6	6
	방점 2	-	1	2	-	5	6	1	(1)	4(1)
	중모음자									
	ㆎ ㅢ	ㅚ ㅘ		ㅟ		ᆝ ᆜ	ㅐ ㅙ		ㅔ	
		-								
	2 3	3 1		2		1 1	3 2		5	계80종
	방점 4	1(1)		1		-	4		5	계36(3)

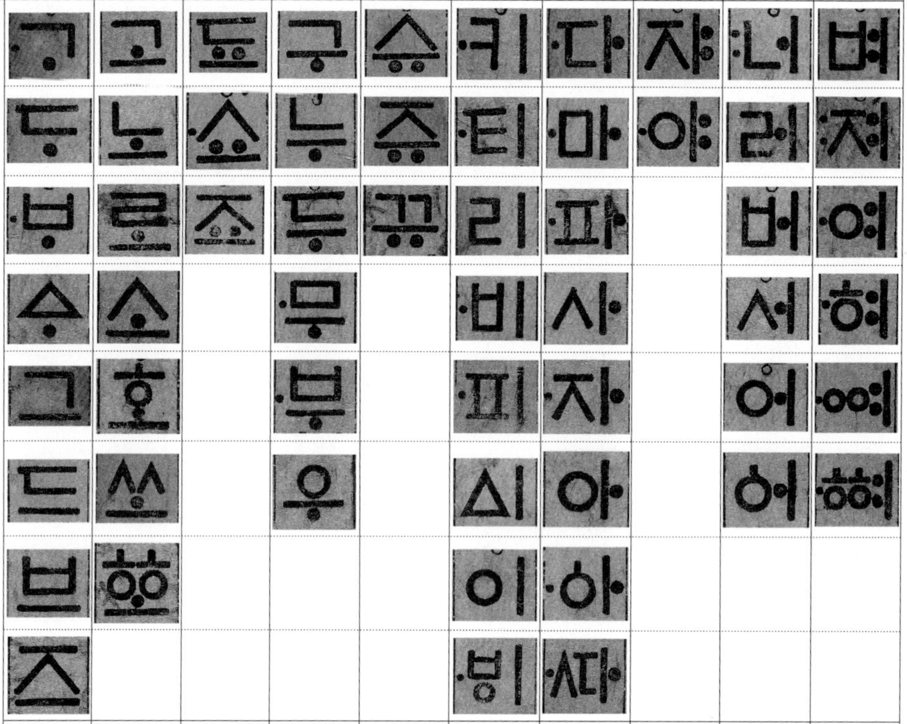

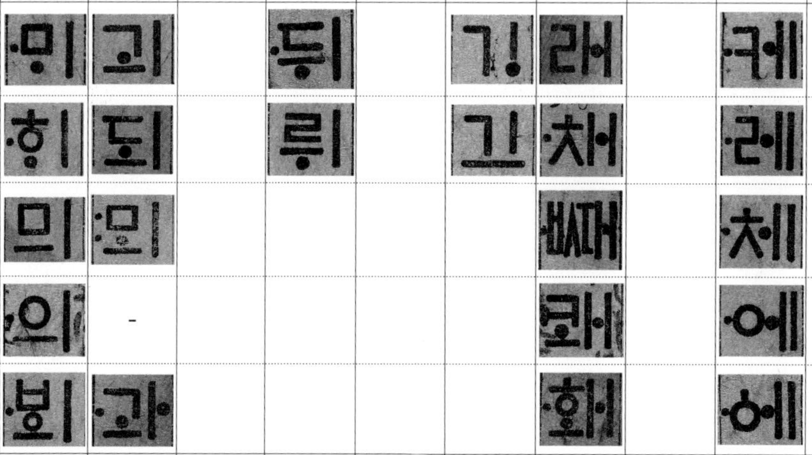

* (도18,19)의 방점 : 왼쪽 숫자는 점 1개를 표시한 거성문자수, ( ) 안 숫자는 점 2개를 표시한 상성문자의 숫자임.

(도19) 훈민정음해례본의 한글 모음 종류별(방점) 초중종성 합자 일람도

모음	점 횡모음자					종모음자				
	·	ㅡ	ㅗ	ㅛ	ㅜ ㅠ	ㅣ	ㅏ	ㅏ ㅑ	ㅓ	ㅕ
초성 ㄱ ㅋ ㄴ ㄷ ㅌ ㄹ ㅁ ㅂ ㅍ ㅅ ㅈ ㅊ ㅿ ㅇ ㆁ ㆆ ㅎ 합자				-				-		
	11	6	12	2	9 3	10	18	3	10	9
	방점6	5	7(1)	(1)	5(1)	4(3)	5(1)	2(1)	(3)	2(2)
	중모음자									
	·ㅣ ㅢ	ㆉ ㅘ		ㅟ		! ㅢ	ㅐ ㅙ		ㅔ	
	2	1								계96종
	방점 1	-						총계 72(17)		계36-1

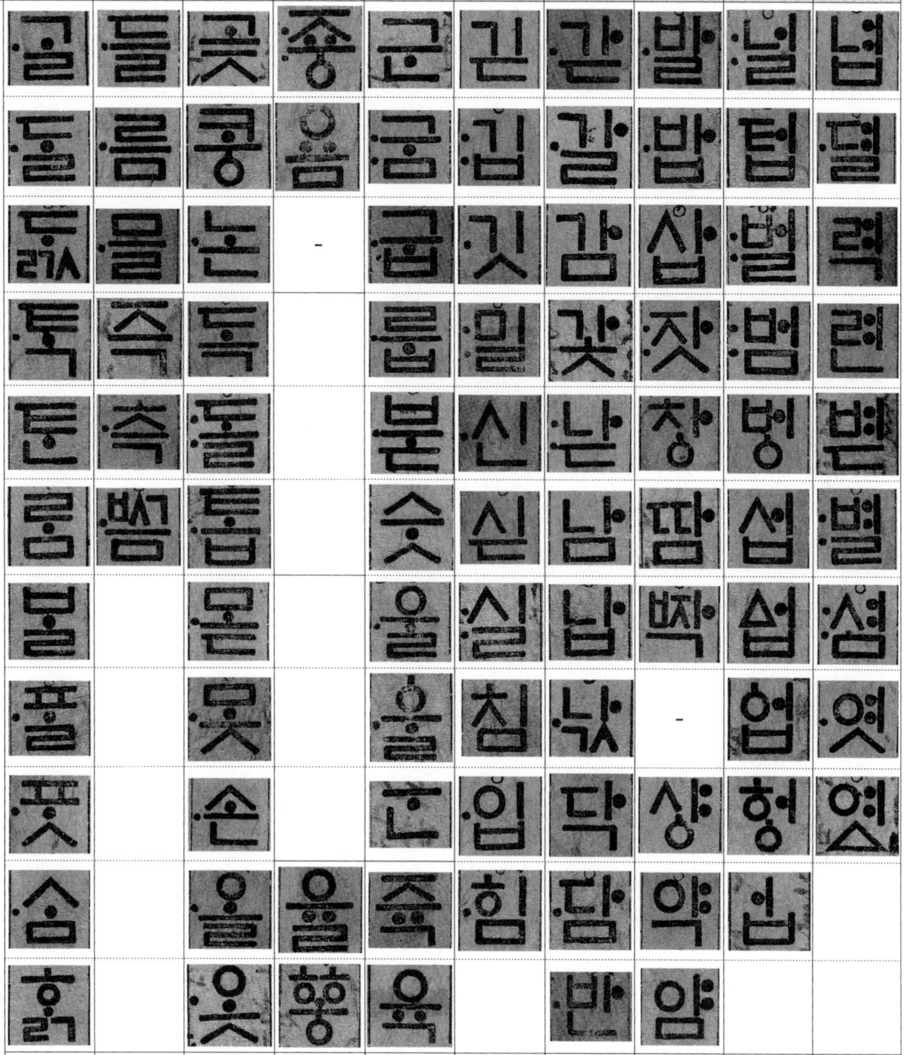

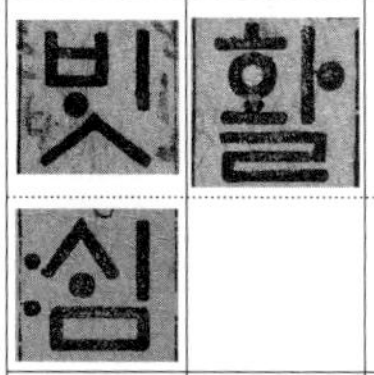

2. 훈민정음해례본의 한글서체

훈민정음 서체연구의 가장 핵심이라 할 수 있는 **2. 훈민정음해례본의 한글서체**에서는 훈민정음해례본 원본에 준하여 한글 초중성자와 합자 239종 547자에 대하여 심층 분석하고자 한다.

2.1. 훈민정음해례본의 한글 제자원리

세종대왕이 친히 창제한 훈민정음은 28자[27ㄴ5행 : 殿下創制二十八字]이다. 28자는 초성 17자와 중성 11자 합하여 28자가 된다.[6] 훈민정음해례(訓民正音解例)의 제자해[1ㄱ-14ㄴ], 초성해[14ㄴ-15ㄴ], 중성해[15ㄴ-17ㄴ], 종성해[17ㄴ-20ㄴ], 합자해[20ㄴ-24ㄴ], 용자례[24ㄴ-26ㄴ]에 나오는 239종의 547자에 대한 문자 형성원리 및 방법을 살펴보고, 이 문자들에 대한 서체적 특징을 분석 고찰하였다. 여기에 제시된 한글문자는 훈민정음해례본의 정인지 서문[27ㄴ6.7행]에 제시된 '상형이자방고전(象形而字倣古篆)' 문구에 한글의 제자원리와 방법이 축약되어 있다.

훈민정음의 한글에 대한 제자원리와 방법이 훈민정음 원본과 조선왕조실록에 제시된 사례는 다음과 같다.

* 훈민정음해례본 정인지 서문 27장 뒷면(1446년 음9월) :
  상형이자방고전(象形而字倣古篆) : 모양을 본뜨되 글자가 옛날의 전자와 비슷하다
* 세종실록 권102 세종25년(1443년 음12월 30일, 庚戌條) :
  기자방고전(其字倣古篆) : 그 글자는 옛날의 전자를 본뜨고......
* 최만리 상소문(세종실록 제103권 세종26년 음 2월 20일, 庚子條) :
  자형수방고지전문(字形雖倣古之篆文) : 글자모양이 비록 옛날의 전자를 본 받았다.

이러한 훈민정음 창제원리와 제자방법을 어떻게 이해하고 있는지 훈민정음 연구자들의 저서나 논문의 내용을 비교분석하여 보고자 한다.

---

6 초성과 중성 용어 호칭 : 초성-초성자-첫소리-자음, 중성-중성자-가운뎃소리-모음, 초성과 중성을 각각 낱자-낱소리글자[音素文字]라고 하고, 낱소리 글자가 합하여 낱내글자[音節文字]가 된다. 이 책에서는 여러 용어를 혼용한다.

2.1.1. 한글 제자원리

1) 제자해 및 초중성해의 한글 제자원리

훈민정음해례본 제자해 부분의 초성 5종에 대한 제자원리와 중성 3종의 원리를 분석해 보면 (도20)과 같고, 이를 분석하여 나타낸 체계표는 (표8, 9)와 (표11, 12)와 같다.

제자원리의 가장 중요한 핵심은 한글의 자모음 28자는 다음과 같은 문장에서 상형성이 있다고 밝힌 것이다.(도20 : 1ㄴ2행)

正音二十八字, 各象其形而制之.[정음28자는 각각 그 모양을 본떠서 만들었다.]

이어서 이 문장은 '첫소리는 모두 17자인데, 어금닛소리 ㄱ 은 혀뿌리가 목구멍을 닫는 모양을 본뜨고,' ..... 가운뎃소리는 모두 11자이다. ㆍ 는 혀가 오그라들고 소리는 깊으니, 하늘이 '자시'(子時)에서 열림인데, 그 모양이 둥근 것은 하늘을 본뜬 것이다......'라고 (도20) 아래 부분과 같이 기본자음 5종, 기본모음 3종에 대한 상형적 특징을 구체적으로 밝혔다. 그리고 기본자를 바탕으로 초성자음은 17자, 중성모음은 11자에 대한 제자방법을 밝혔다.

초성 기본자 5자[ㄱ ㄴ ㅁ ㅅ ㅇ]와 중성 기본자 3자[ㆍ ㅡ ㅣ]를 기본으로 파생되는 합성한 초성 20자, 합용한 중성 23자에 대한 제자원리를 (표8, 9)와 (표11, 12, 13)와 같이 제시하였다. 이러한 초성 기본자 5자와 중성 기본자 3자는 설문해자 '육서'에 나오는 육서법[象形, 指事, 會意, 形聲, 轉注, 假借][7]에 대응시키면 다음과 같이 성립된다. (백두현, 2012, 141쪽) 글자꼴의 형성(形成)원리 중에 제시한 것임,

⋆ 지사 : 중성 기본자 [ㆍ ㅡ ㅣ]

⋆ 상형 : 초성 기본자 [ㄱ ㄴ ㅁ ㅅ ㅇ]

⋆ 회의 : 초성 합용자 [ㅺ ㄺ ㅶ ㄺㅅ ㅴ ㅵ]

중성 합용자 [ㅘ ㅝ ㆇ ㆌ....]

---

7 육서법 풀이 : 한자의 육서(김승일 옮김, 1997, 세계의 문자, 범우사, 303쪽) 한글판본체연구, 71-72쪽.

1. 지사(指事) : 추상개념을 도형화한 것.	위 : 上 아래 : 下	기본자
2. 상형(象形) : 물건의 형태를 형상화 한 것.	사람 : 人 산 : 山	기본자
3. 형성(形聲) : 기본자의 뜻과 소리를 첨가한 것.	氵+工=江	합성자
4. 회의(會意) : 기본자를 조합하여 개념으로 표시한 것.	日+月=明	합성자
5. 전주(轉注) : 본래의 의미와는 다르게 돌려쓴 것.	老	합성자
6. 가차(假借) : 음만 빌려 쓴 것.	長	합성자

(도20) 훈민정음해례본 제자해의 초중성 기본자 제자원리 원문도

구분	중성-모음 3종 제자 원리	초성-자음 5종 제자원리
원문	・ ㅡ ㅣ	ㄱ ㄴ ㅁ ㅅ ㅇ
위치	4ㄴ-5행~5ㄱ3행	1ㄴ-2~6행
원문	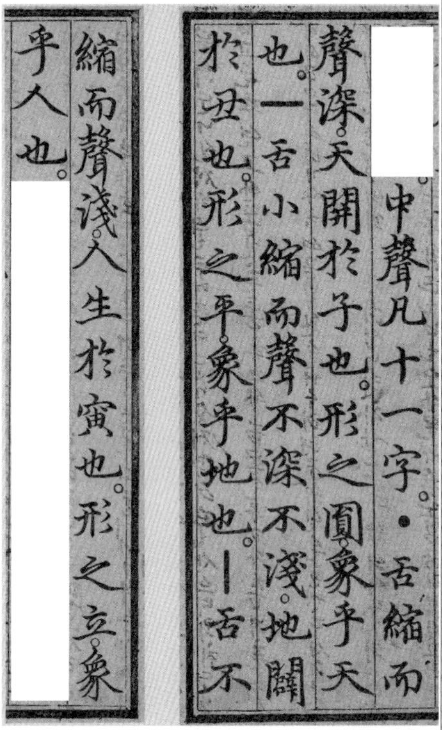	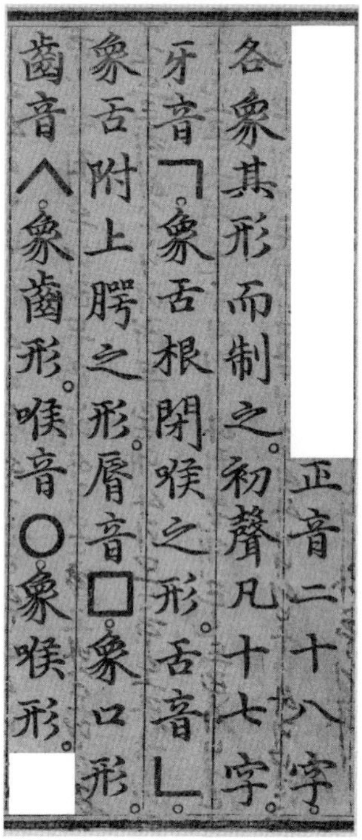
한자 문장	中聲凡十一字. ・舌縮而 聲深,天開於子也.形之圓,象乎天 也.ㅡ舌小縮而聲不深不淺,地闢 於丑也.形之平,象乎地也.ㅣ舌不 縮而聲淺,人生於寅也.形之立,象 乎人也.	正音二十八字, 各象其形而制之.初聲凡十七字. 牙音ㄱ,象舌根閉喉之形.舌音ㄴ. 象舌附上齶之形.脣音ㅁ,象口形. 齒音ㅅ,象齒形.喉音ㅇ,象喉形.
한글 판독	중성범십일자. ・설축이 성심,천개어자야.형지원,상호천 야.ㅡ설소축이성불심불천,지벽 어축야.형지평,상호지야. ㅣ설불 축이성천,인생어인야.형지립,상 호인야.	정음이십팔자, 각상기형이제지.초성범십칠자. 아음ㄱ,상설근폐후지형.설음ㄴ, 상설부상악지형.순음ㅁ,상구형. 치음ㅅ,상치형.후음ㅇ,상후형.
해설	가운뎃소리는 모두 11자이다. ・는 혀가 오그라들고 소리는 깊으니, 하늘이 '자'(子時)에서 열림인데, 그 모양이 둥근 것은 하늘을 본뜬 것이다. ㅡ는 혀가 조금 오그라들고 소리는 깊지도 얕지도 않으니, 땅이 '축'(丑時)에서 열림인데, 그 모양이 평평한 것은 땅을 본뜬 것이다. ㅣ는 혀가 오그라지지 않고 소리는 얕으니, 사람이 '인'(寅時)에서 남인데, 그 모양이 서 있음은 사람을 본뜬 것이다.	정음28자는 각각 그 모양을 본떠서 만들었다. 첫소리는 모두17자인데, 어금닛소리 ㄱ은 혀뿌리가 목구멍을 막는 모양을 본뜨고, 혓소리 ㄴ은 혀가 윗잇몸에 닿는 모양을 본뜨고, 입술소리 ㅁ은 입의 모양을 본뜨고, 잇소리 ㅅ은 이의 모양을 본뜨고, 목구멍소리 ㅇ은 목구멍의 모양을 본떴다.

* 制字解 [1ㄴ2~3행] '正音二十八字,各象其形而制之.[정음28자는 각각 그 모양을 본떠서 만들었다.]

(1) 초성 32종에 대한 제자원리

① 기본초성[자음] 17종 제자원리(표8, 표9, 도21)

훈민정음 초성자음 설·순·후음의 글자를 만든 처음 글자는 ㄴ ㅁ ㅇ 이고[8], 치음은 ㅅ 인 것으로 제자해 문구[3ㄴ4~7]에 밝히고 있다. 아음의 ㄱ 을 추가하여 초성자음을 아음 ㄱ-설음 ㄴ-순음 ㅁ-치음 ㅅ-후음 ㅇ 으로 정하여 획형과 제자원리를 다음과 같이 제시하였다.

기본자 아음[어금닛소리글자] ㄱ 은 혀뿌리가 목구멍을 막는 모양을 본떴다.[ㄱ象舌根閉喉之形(상설근폐후지형)]. 설음[혓소리글자] ㄴ 은 혀끝이 위 잇몸에 닿는 모양을 본떴다.[ㄴ象舌附上腭之形(상설부상악지형)]. 순음[입술소리글자] ㅁ은 입 모양을 본떴다.[ㅁ象口形 (상구형)]. 치음[잇소리글자] ㅅ 은 이 모양을 본떴다. [ㅅ象齒形 (상치형)]. 후음[목구멍소리] ㅇ 은 목구멍의 모양을 본떴다. [ㅇ象喉形 (상후형)] (표8 : 해례본 제자해 1ㄴ~2ㄱ)

(표8) 훈민정음해례본 제자해의 초성 5종의 자형과 제자원리 비교표

종류	자형	훈민정음 제자해[형체]	음양오행				오음
			음양	오행	오시	오방	
아음 ㄱ	ㄱ	ㄱ象舌根閉喉之形(상설근폐후지형) 어금닛소리글자ㄱ은 혀뿌리가 목구멍을 막는 모양을 본떴다.	陰小 陽多	목	춘	동	각음
설음 ㄴ	ㄴ	ㄴ象舌附上腭之形(상설부상악지형) 혓소리글자ㄴ은 혀끝이 윗 잇몸에 닿는 모양을 본떴다.	純陽	화	하	남	치음
순음 ㅁ	ㅁ	ㅁ象口形 (상구형) 입술소리글자 ㅁ은 입 모양을 본떴다.	陰陽 均一	토	*계 하	무 정	궁음
치음 ㅅ	ㅅ	ㅅ象齒形 (상치형) 잇소리글자 ㅅ은 이 모양을 본떴다.	陰多 陽小	금	추	서	상음
후음 ㅇ	ㅇ	ㅇ象喉形 (상후형) 목구멍소리 ㅇ은 목구멍의 모양을 본떴다.	純陰	수	동	북	우음

* 제자해 1ㄴ4~1ㄴ6의 내용 발췌 * 계하 : 늦여름

---

8 ㄴ ㅁ ㅇ, 其聲最不厲, 故次序雖在於後, 而象形制字則爲之始. (ㄴ ㅁ ㅇ 는 그 소리가 가장 세지 않으므로, 차례는 비록 뒤에 있으나, 모양을 본 떠 글자를 만듦에 있어서는 이것을 시초로 삼았다.) 제자해 3ㄴ의 3, 4행.

(표9) 훈민정음해례본 제자해의 기본 초성 17자의 제자원리와 방법

기본자[형체소] 제자원리				가획자 제자 방법					
기본	5음	상형(원리)		1차 가획자		2차 가획자		이체자(異體字)	
ㄱ	牙音	象舌根閉喉之形	調音方法	ㅋ	횡선-중간				
ㄴ	舌音	象舌附上齶之形	”	ㄷ	횡선-상부	ㅌ	횡선-중간	ㄹ	[ㄱ+ㄷ]
ㅁ	脣音	象口形 [地]	調音器管 象形	ㅂ	쌍종선-상	ㅍ	쌍종성-하		
ㅅ	齒音	象齒形 [人]	”	ㅈ	횡선-상부	ㅊ	종선-상부	ㅿ	[ㅅ+ㅡ]
ㅇ	喉音	象喉形 [天]	”	ㆆ	횡선-상부	ㅎ	종선-상부	ㆁ	[ㅣ+ㅇ]

초성의 기본자음 17종은 기본자 아음 ㄱ, 설음 ㄴ, 순음 ㅁ, 치음 ㅅ, 후음 ㅇ 을 기본자로 하여 1차 가획 ㅋ ㄷ ㅂ ㅈ ㆆ 등 5종, 2차 가획하여 ㅌ ㅍ ㅊ ㅎ 등 4종이 이루어지고, ㄹ ㅿ ㆁ 등 이체자 3종[9] 등이다. (표9) (해례본 제자해 1ㄴ~2ㄱ)

기본자 아음 ㄱ 의 중간에 가로선을 수평으로 가획하면 ㅋ, 설음 ㄴ 의 윗부분에 가로선을 수평으로 가획하면 ㄷ, 순음 ㅁ 의 윗부분 양 끝에 세로선을 수직으로 가획하면 ㅂ, 치음 ㅅ 의 윗부분에 가로선을 수평으로 가획하면 ㅈ, 후음 ㅇ 의 위와 사이를 두고 가로선을 수평으로 가획하면 ㆆ등 5종이 1차 가획자로 형성된다. 또 설음 ㄷ 의 중간부분에 가로선을 수평으로 가획하면 ㅌ, 순음 ㅂ 의 아래부분 양 끝에 수직선 두 개를 붙이고 90도 방향전환하면 ㅍ[10], 후음 ㆆ의 가로선 중간 위에 짧은 수직선을 붙이면 ㅎ 이 형성된다.

이상과 같은 순차적(順次的) 가획방법에 월차적(越次的) 가획방법도 생각해 볼 수 있다.

즉 이체자는 훈민정음 해례본 제자해에 가획지의(加畫之義)가 들어있지 않다고 하였으나, 제자 방법으로 볼 때는 가획한 것이 분명하다. 그것은 설음 ㄹ 은 ㄱ 과 ㄷ 을 상하위치로 붙여서 나타내고, 치음 ㅿ 은 ㅅ 의 아래 부분에 짧은 가로선을 붙이고, 아음 ㆁ 은 ㅇ 의 위에 세로획을 붙이면 해당 글자가 형성되기 때문이다. 특히 ㅂ 에서 회전을 시켜 순차적

9 필자는 이체자 ㄹ, ㅿ, ㆁ 등 3종도 아음 ㄴ, 치음 ㅅ, 후음 ㅇ 에 각각 가획하여 만든 것이므로 소리의 바탕[體]은 다르지만 가획자로 본다.
* 이체자 [2ㄱ] : " ...그 소리에 따라 획을 더한 뜻은 같으나 오직 ㆁ은 다르다. 반설음 ㄹ 과 ㅿ 도 또한 혀,이의 모양을 본떴으나, 그 '체=본성/본질'이 달라서 여기에는 '가획지의'가 없다. (....其因聲加畫之義皆同,而唯ㆁ爲異. 半舌音ㄹ.半齒音ㅿ. 亦象舌齒之形而異其體, 無加畫之義焉.) (정우영, 2016 : 65)

10 김완진(1975) 훈민정음 자음자와 가획의 원리, 어문연구 7, 한국어문교육연구회, 186-194.
'ㅍ 의 경우에는 ㅂ 에서 아래 가로획을 열고 글자를 옆으로 눕힌 것으로 보았다.
이동석, 2016, 훈민정음의 음운론적 연구 2(자음), 훈민정음 연구의 성과와 전망2, 국립한글박물관, 151쪽. 재인용.
권재선 엮음(1991) 한글연구1 우골탑, 557, 'ㅍ 은 ㅂ 에 획을 두 개 더 붙인 뒤에 옆으로 눕힌 것을 알 수 있다.'

으로 ㅍ 이 되는 과정보다는 같은 기본 순음인 ㅁ 을 기본으로 위아래 가로선 양측에 짧은 가로선을 가획하면 회전시키지 않고 ㅍ 이 형성되는 방법을 취할 수도 있다.

기본자 5종 중 더 핵심이 되는 天-地-人 3재(才)에 해당하는 ㅇ-ㅁ-ㅿ의 구조적 형체를 규격 측정을 통해 분석해 보면 (도21)과 같다. [ㅇ-ㅁ-ㅿ 기하학적 도상(圖像)-삼극-삼재도][11] 이 삼재도 이론은 훈민정음해례본에서는 나오지 않는 것임을 밝혀둔다.

(도21) 훈민정음해례본 초성자의 기본 획형 구조 분석도

구분 I 삼재		천 天	지 地	인 人
획형	기본획형	○	□	△
	관련자음	ㅇ ㆁ ㆆ ㅎ	ㅁ ㅂ ㅍ	ㅿ ㅅ ㅈ ㅊ
정상규격	가로규격	13.5 mm	13.0 mm	18.0 mm
	세로규격	13.0 mm	13.0 mm	11.0 mm
	가세비율	1.00 : 0.96	1 : 1	1.00 : 0.61
정상획형		22ㄴ-7	1ㄴ-8	18ㄱ-3
비정상		3ㄴ8	26ㄴ1	3ㄴ3

* 훈민정음해례본 [1ㄴ~2ㄱ]에 제시된 초성 단자음 17자 제자방법, ㆆ 자의 가획은 기본자와 접필하지 않음. 기본획형 3재 ㅇ ㅁ ㅿ 분류방법은 각주8) 에 의거 제시한 것임.

11 박상원, 도상체계로 본 한글창제의 철학적 원리, 동양예술 33호, 2016, 한국동양예술학회, 87쪽, 92쪽, 87쪽 (표4) 자모음 천지인 삼재도상, 92쪽 (표9) 삼재오행의 과정으로 본 자음배치도.

② 합성자음 15종 제자 원리(표10)

훈민정음 제자해에는 같은 자음 두 개를 좌우위치로 병서한 각자병서 ㄲ ㄸ ㅃ ㅆ ㅉ ㆅ 등 독립자음 6종에 대한 설명 내용은 있으나, 합자에 초성이나 종성으로 쓰인 각자병서 ㆀ 1종, 연서 ㅸ 1종, 합용병서 ㄳ ㄺ ㅄ ㅼ ㄺㅅ ㅴ ㅵ 7종에 대하여는 설명내용이 없다. (표10) (해례본 제자해 3ㄴ)(도22)

(표10) 훈민정음해례본 제자해의 합성자음 15자의 제자 방법

기본자 제자원리			합성자 제자 방법					
기본자	5음	상형(원리)	각자 병서		2자 합용- 연서		3자 합용병서	
ㄱ	牙音	象舌根閉喉之形	ㄲ	좌우반복	ㄳ	좌우합용		
ㄴ	舌音	象舌附上腭之形	ㄸ	좌우반복	ㄺ	좌우합용	ㄺㅅ	좌중우합용
ㅁ	脣音	象口形 [地]	ㅃ	좌우반복	ㅄ	좌우합용	ㅴ ㅵ	좌중우합용
ㅅ	齒音	象齒形 [人]	ㅆ ㅉ	좌우반복	ㅼ	좌우합용		
ㅇ	喉音	象喉形 [天]	ㆀ ㆅ	좌우반복	ㅸ	상하연서		

* 각자병서와 초성-종성합자에 쓰인 2자, 3자 합용병서
* 초성의 기본자는 實象形의 문자이다.(이정호, 1975, 113쪽)
* 기본자의 최초제자- ㄴ ㅁ ㅇ ㅅ 4자 形體[꼴]

  (3ㄴ4)ㄴ ㅁ ㅇ .....象形制字則爲之始.[ㄴ ㅁ ㅇ 모양을 본떠 글자를 만듦에 있어서 이것을 시초로 삼는다.] ....而ㅅ比ㅈ,聲不厲.故亦爲制字之之始[ㅅ은 ㅈ에 비하여 소리가 세지 않으므로 또한 글자 만드는 시초로 삼는다.]

③ 초성 32자 종합제자 원리(도22)

기본자음 17종을 하나의 체계도로 통합하여 철학적 근원에 따른 삼재와 오행의 도상체계(圖象體系)로 작성한 자음 배치도[12]를 참고하여 합성자음 15종을 추가하여 새로운 자음생성의 삼재관계도를 (도22)와 같이 작성하여 자음서체를 비교하여 보았다.

---

12 박상원, 2016, 전게서, 87, 92쪽. * 이 자음에 대한 삼재이론은 훈민정음해례본에는 밝혀있지 않았다.

(도22) 훈민정음해례본 초성자 생성의 삼재 관계도

삼재 / 종류		천 天 / 하늘	인 人 / 사람	지 地 / 땅			계
3분류		ㅇ	ㅿ	ㅁ			
5분류		후음(水)	치음(金)	아음(木)	설음(火)	순음(土)	
기본	기본자	ㅇ	ㅅ	ㄱ	ㄴ	ㅁ	5
가획자	1	ㆁ	ㅿ	ㅋ	ㄷ	ㅂ	13
	2	ㆆ	ㅈ		ㅌ	ㅍ	
	3	ㅎ	ㅊ	ㄲ	ㄹ	ㅸ	
병서자	각자	ㆅ	ㅆ	ㅉ	ㄸ	ㅃ	6
	합용	ㆀ	ㅼ	ㄳ*	ᆰᆺ*	ㅴ	8
				ㄺ*	ㅶ	ㅵ	
계		6	7	4	7	8	32

* (도22)의 아래 부분 합용병서 8자는 독립자가 아님, * 표시 문자는 종성자음으로 쓰인 것임.
* (도22,24) 양식은 '박병천, 2000, 훈민정음 한글서체연구, 71,79쪽' 표5,7을 참조하였음.

제자해 내용에는 같은 자음을 좌우 위치로 반복하여 제자하는 각자병서, 서로 다른 자음끼리 합성하여 이루어지는 2자, 3자 합용병서가 있는데 각자병서는 독립자음으로, 합용병서는 합자의 초종성으로 쓰였다. 병서자음의 구조적 특징을 보면 각자병서는 좌우위치의 자음크기가 서로 같으나 2, 3자가 하나의 합용병서로 이루어지는 경우는 대체로 ㅅ의 세로폭을 크게 나타낸 것을 찾아볼 수 있다. ㅂ 과 ㅇ(이응)이 상하위치로 이루어진 ㅸ 연서는 아래 이응을 가로폭의 1/2 크기로 사이를 띄어서 작게 나타냈다.

천(天) : 기본 ㅇ-기본후음 ㅇ ㆁ ㆆ ㅎ, 후음병서 ㆅ ㆀ ·················· 水 ··········· 6종[13]

인(人) : 기본 ㅿ-기본치음 ㅅ ㅿ ㅈ ㅊ, 치음병서 ㅆ ㅉ ㅼ ············ 金 ··········· 7종

지(地) : 기본 ㅁ-기본아음 ㄱ ㅋ, 아음병서 ㄲ ㅺ ·················· 木 ··········· 4종

기본 ㅁ-기본설음 ㄴ ㄷ ㅌ ㄹ, 설음병서 ㄸ ㄹㄱ ㄹㅺ ············ 火 ··········· 7종

기본 ㅁ-기본순음 ㅁ ㅂ ㅍ ㅸ, 순음병서 ㅃ ㅶ ㅴ ㅵ ······ 土 ··········· 8종

기본자 5종, 기본자음 12종, 병서-연서자음 15종 모두 32종에 이르는 자음이 훈민정음 해례본에 포함되어 있다, 3재 중 하늘(天)에 관련된 자음의 형체적 특징은 원형으로 이루어진 형체의 후음계통의 자음들이고, 인(人) 에 관련된 자음의 형태는 사선으로 이루어진 치음계통의 자음들이며, 지(地)에 관련된 자음들의 형태는 수직선과 수평선 등 직선으로 이루어진 아음, 설음, 순음 계통의 자음들로 구성되어 있다. 즉 3재 천지인의 자음형체는 원형-사향선-직선으로 이루어진 형체의 자음들로 구분이 된다.

(2) 중성 31종에 대한 제자원리

① 기본중성[모음] 11자 제자원리(표11, 표12, 도23)

중성의 기본자 ㆍ ㅡ ㅣ 획형의 제자원리를 '발음-생성, 생성장소-시기, 형체-형상' 측면에서 다음과 같이 제시하였다.

기본자 ㆍ 는 혀가 오그라들고 소리가 깊으니 하늘이 자시[11시~1시]에서 열리는 것 같다.[ㆍ舌縮而聲深,天開於子也(설축이성심 천개어자야)]. 그 모양이 둥근 것은 하늘을 본 뜬 것입니다.[形之圓,象乎天也(형지원, 상호천야)]

기본자 ㅡ 는 혀가 조금 오그라드니 그 소리가 깊지도 얕지도 않으므로 땅이 축시[밤1~3시]에서 열리는 것과 같다.[ㅡ舌小縮聲不深不淺,地闢於丑(설소축성불심불천, 지벽어축)]. 모양이 평평한 것은 땅을 본 뜬 것이다.[形之平,象乎地也(형지평, 상호지야)]

기본자 ㅣ 는 혀가 오그라지지 않고 소리는 얕으니 사람이 인시[새벽3~5시]에서 열리는

---

13 아음 꼭지가 있는 ㆁ 을 후음에서 제자한 것은 'ㆁ 은 ㅇ 소리와 비슷하고, 목구멍에서 모양을 취하였다'고 훈민정음 제자해에서 밝혔다. [....而其聲與ㅇ相似,..........今亦取象於喉,] (제자해 3ㄴ8~4ㄱ2)

것과 같다.[ㅣ舌不縮聲淺, 人生於寅.(설불축성천, 인생어인)]. 모양이 서 있는 것은 사람을 본 뜬 것이다.[形之立,象乎人也(형지립,상호인야)]

(표11) 훈민정음해례본 제자해의 중성 3종(삼재)의 자형과 제자원리 비교표

류	자형	발음-생성	생성장소-시기	형체-형상	비중
·	●	舌縮聲深. [설축성심] 혀가 오그라들고 소리가 깊음.	天開於子. [천개어자] 하늘이 자시[밤11-1시]에서 열리는 것과 같다.	形之圓,象乎天也. [형지원,상호천야] 그 모양이 둥근 것은 하늘을 본뜬 것이다. [양성]	8자 우두머리
ㅡ	━	舌小縮聲不深不淺. [설소축성불심불천] 혀가 조금 오그라들고 그 소리가 깊지도 얕지도 않음.	地闢於丑. [지벽어축] 땅은 축시[밤1-3시]에서 열리는 것과 같다.	形之平,象乎地也. [형지평,상호지야] 모양이 평평한 것은 땅을 본뜬 것이다. [음성]	8자 우두머리
ㅣ	┃	舌不縮聲淺. [설불축성천] 혀가 오그라지지 않고 소리는 얕음.	人生於寅. [인생어인] 사람이 인시[새벽3-5시]에서 열리는 것과 같다.	形之立,象乎人也. [형지립,상호인야] 모양이 서 있는 것은 사람을 본뜬 것이다. [중성]	8자 우두머리

* 8자 중성 ・ ㅡ ㅣ 3종 이외에 ㅗ ㅜ ㅏ ㅓ ㅛ ㅠ ㅕ ㅑ 등 기본모음 8종을 지칭함
* 제자해 [4ㄴ5~5ㄱ1]의 내용을 요약함. * 비중 : ・ ㅡ ㅣ 는 八聲之首[8성의 우두머리](6ㄴ3)

기본자 天-地-人 3재에 해당하는 '・ ㅡ ㅣ' 의 구조적 형체를 규격 측정을 통해 분석해 보면 (도23)과 같다.(표11, 표12)

기본자 3종은 天-地-人 3재에 해당하는데 ・ ㅡ ㅣ 를 기본자[형체소]로 (표12)와 같이 합성하여 제1차 초생(初生-初出)으로 천(天・)을 지(地 ㅡ)에 상합(上闔)[14]하여 ㅗ, 하합하여 ㅜ, 좌벽(左闢)하여 ㅓ, 우벽하여 ㅏ 자를 합성하여 만들고, 제2차 재생(再生-再出)으로 ㅛ ㅠ ㅕ ㅑ 등 8자를 합성하여 만들었다. 이같이 기본자 천지인 3자와 초출자 4자, 재출자 4자를 합하여 기본모음 11자를 만들었다.(제자해 4ㄴ5~7ㄱ1 참조)

기본모음 11자

* 기본자 : [삼재] 천 ・ 지 ㅡ 인 ㅣ
* 초출자 : [초생] 상합 ㅗ 하합 ㅜ 좌벽 ㅓ 우벽 ㅏ
* 재출자 : [재생] ㅛ ㅠ ㅕ ㅑ

---

14 합(闔) : 문 닫음의 뜻, 벽(闢) : 열다의 뜻

(도23) 훈민정음해례본 중성자의 기본 획형 구조 분석도

구분 \ 삼재		천 天	지 地	인 人
획형	기본획형	•	ㅡ	ㅣ
	관련모음	ᆞ ㅗ ㅛ ㅜ ㅠ ㅏ ㅑ ㅓ ㅕ	ㅡ ㅗ ㅛ ㅜ ㅠ	ㅣ ㅏ ㅑ ㅓ ㅕ
정상규격	가로규격	5.0mm	18.0 mm	2.0 mm
	세로규격	4.5mm	2.0 mm	14.5 mm
	가세비율	1.00 : 0.90	1.00 : 0.11 (0.90)	1.00 : 7.25
정상획형		3ㄱ-2	3ㄱ-3	5ㄴ7
비정상		4ㄱ1	16ㄱ2	20ㄴ8

(표12) 훈민정음해례본 제자해의 중성 11자의 제자원리와 방법

기본자[형체소] 제자원리					합성자 제자 방법								
기본자	3재	상 형(원리)			상합(上闔)		하합(下闔)		좌벽(左闢)		우벽(右闢)		합성
•	天	天圓	形之圓	象乎天	ㅗ	천+지	ㅜ	지+천	ㅓ	천+인	ㅏ	인+천	1차 초출
ㅡ	地	地平	形之平	象乎地	ㅛ	천+지	ㅠ	지+천					2차 재생 재출
ㅣ	人	人立	形之立	象乎人					ㅕ	천+인	ㅑ	인+천	

② 합용모음 20자 제자원리(표13)

기본자 • ㅡ ㅣ 를 기본으로 기본모음 11자를 제자하고 이를 기본으로 서로 합성시켜 합용모음 18자[2자]를 만들었다. [중성해 16ㄴ~17ㄱ]

제1차로 초출모음 • ㅡ ㅗ ㅏ ㅜ ㅓ ㅛ ㅑ ㅠ ㅕ [10자]의 우측에 ㅣ 를 상합(相合)하여 ㆎ ㅢ ㅚ ㅐ ㅟ ㅔ ㆉ ㅒ ㆌ ㅖ [10자]와 같은 2자 합용모음을 만들었다. 제2차로 초출모음 ㅗ 와 ㅏ, ㅛ 와 ㅑ, ㅜ 와 ㅓ, ㅠ 와 ㅕ 를 상합하여 ㅘ ㆇ ㅝ ㆊ 자의 2자 합용모음을 만들었고, 이어서 ㅘ ㆇ ㅝ ㆊ 자에 ㅣ를 상합하여 ㅙ ㆈ ㅞ ㆋ 자의 3자 합용모음을 만들었

다.[중성해 16ㄴ~17ㄱ 참조]

이상과 같은 2, 3자 합용모음 18자[2자]를 초출자 종류별로 분류하여 체계화하면 (표13)와 같이 나타난다.

(표13) 훈민정음해례본 제자해의 중성 20자의 제자원리와 방법

초출자	ㅗ ㅛ			ㅜ ㅠ			ㅏ ㅑ ㅓ ㅕ		ㆍ		합자모음
1.2차상합자	ㅣ ㅏ ㅑ ㅐ ㅒ			ㅣ ㅓ ㅕ ㅔ ㅖ			ㅣ		ㆍ ㅡ ㅣ		
초출자+ ㅣ합용자	ㅚ	ㅘ	ㅙ	ㅟ	ㅝ	ㅞ	ㅐ	ㅔ	ㆎ		!
재출자+ ㅣ합용자	ㆉ	ᆄ	ᆅ	ㆌ	ᆎ	ᆏ	ㅒ	ㅖ	ㅢ		_!
관련 점획수	3 4	4 6	5 7	3 4	4 6	5 7	3 4	3 4	2 2		2 2

* 2자 합용중성자 : ㅚ ㅘ ㅟ ㅝ ㅔ ㅐ ㆉ ᆄ ㆌ ᆎ ㅖ ㅒ ㅢ ㆎ ! _! [16자]
* 3자 합용중성자 : ㅙ ᆅ ㅞ ᆏ [4자]
* 합자의 모음 ! _! 는 2,3자 모음과 같이 독립된 모음이 아님. ㄱ! ㄱ_! 자에 쓰임.

③ 중성 31자 종합 제자원리(도24)

기본중성자 11종과 합용중성자 20종을 하나의 체계도로 통합하여 중성자 배치도를 작성해 보이면 (도24)와 같다.

천(天) : 기본 ㆍ- 기본모음 ㅗ ㅛ ㅏ ㅑ
- 합용모음 ㅚ ㆉ ㅘ ᆄ ㅙ ᆅ ㅐ ㅒ ! ㆎ ··········· 子 ····· 天 15종

인(人) : 기본 ㅣ- ··· 寅 ····· 人 1종

지(地) : 기본 ㅡ- 기본모음 ㅜ ㅠ ㅓ ㅕ
- 합용모음 ㅟ ㆌ ㅝ ᆎ ㅞ ᆏ ㅔ ㅖ ㅢ _! ········ 丑 ····· 地 15종

기본자 3종, 기본중성 8종, 합용중성 20종 모두 31종에 이르는 중성자가 훈민정음해례본의 제자해와 중성해에 제자방법이 포함되어 있다. 3재 중 하늘(天)에 관련된 모음의 형체적 특징은 ㅡ 의 위쪽에, ㅣ 의 오른쪽에 하늘(ㆍ)을 배획한 형체를 이루고 있다. 땅(地)에 관련된 중성의 형체적 특징은 하늘(天)과 반대로 ㅡ 의 아래쪽에, ㅣ 의 왼쪽에 하늘(ㆍ)을 상합(相合)하는 형체를 이룬다. 이러한 삼재 관계도는 인(人)을 중심으로 좌측에 14종의 천(天), 우측에 14종의 지(地)관련 중성이 배치되어 있음으로써 전체 중성들이 상호간에 대칭을 이룬다.

(도24) 훈민정음해례본 중성자의 생성 삼재 관계도

종류 \ 삼재		천 天 하늘		인 人 사람	지 地 땅		계
기본	기본자	ㆍ		ㅣ	ㅡ		3
합성자	초출자	ㅗ	ㅛ		ㅜ	ㅠ	8
	재출자	ㅏ	ㅑ		ㅓ	ㅕ	
합용자	1 자중성	ㅚ	ㆉ		ㅟ	ㆌ	
	동출상합	ㅘ	ㆇ		ㅝ	ㆊ	
	2 자중성	ㅙ	ㆈ		ㅞ	ㆋ	16 (2)
	1 자중성	ㅐ	ㅒ		ㅔ	ㅖ	
1차상합	연서자	ㆎ	ᆝ *		ㅢ	ᆜ *	
계		15		1	15		31

* (도24) 양식은 '박병천, 2000, 한글 판본체연구, 71,79쪽' 표5,7 참조.
* 표시 ᆜ ᆝ 자는 중성해에 나오는 독립적인 중성자가 아니고 합자해 [23ㄱ3] 위치에 나오는 ᄀᆝ ᄀᆜ 자의 중성자임.

2) 정인지 서문의 한글제자 원리

(1) 상형이자방고전의 해석(표14, 도25)

훈민정음의 한글 제자원리로 정음해례편 뒷부분 27장 뒷면 6행과 7행에 (도25)와 같이 쓴 정인지 서문에 밝힌 '상형이자방고전'(象形而字倣古篆)이 아주 중요한 문제로 등장하는데 그 직역에 대하여는 견해가 다양하다. 이 말은 쉽게 풀이하면 훈민정음의 '상형하되 글자는 고전(古篆)의 글꼴을 모방하였다' 는 해석인데 훈민정음을 연구한 22인의 연구자들은 (표14)와 같이 다소 차이가 나는 해석을 내 놓고 있다.

'象形而字倣古篆'을 종합적으로 해석(표14)해 보면 다음과 같다. '상형이자방고전'이란 문구를 '상형'과 '자방고전'으로 나누어 전반부 '상형'은 '모양을 본 뜸'이란 원리로 보고, 후반부 '자방고전'은 '글자의 서체와 표현방법'으로 해석했다. 이는 '.....하되 글자는 전자(篆字)와 비슷하다.'라고 2분법으로 해석한 사례가 가장 많다.

전반부의 '상형'(象形)을 '상형-모양-꼴-형-형상' 등과 같이 명사적 의미로, '모방하여, 본떠서, 시늉하여, 만들되, 본뜨되, 象하되, 模象하여, 상형하되 등의 동사적 의미로 표현했다. 이를 융합한 해석으로는 '모양-본뜸'으로 풀이한 사례가 가장 많고, 그 다음이 '상형-하다' 와 같이 '상형'을 풀이하지 않고 '하다' '만듦'을 붙여 밝힌 사례가 많았다.

후반부의 '자방고전(字倣古篆)'의 '자(字)는 '자-글자'로, '고전'(古篆)을 '고전-전자-옛전자-옛날전자-옛날의 전자-옛날의 전서' 등 여러 가지 용어로 해석했다. 두 번째 문자의 동사격인 방(倣)은 '본떴고-본받고- 비슷하고-모방했다-닮았고-같다-依倣하고-본뜨고'라고 다양하게 해석했다. 이 해석을 종합하여 풀이 한 것으로 '옛(날) 전자와 비슷함'으로 풀이한 사례가 가장 많았다.

이상의 경향은 '象形而字倣古篆'을 직역한 해석 사례인데 이를 종합하여 정리하면 '모양을 본뜨되 글자는 전자를 닮았다'라고 풀이 한 것이 지배적이라고 할 수 있다. 이같이 직역한 사례를 풀이한다면 '글자 모양은 사물의 형태를 본뜨되 서체는 전서체와 비슷하다.' 라고 할 수 있다.

'象形而字倣古篆'의 '古篆' 은 옛날에 쓰였던 의미의 '고전'이라고 하기보다는 여러 종류의 전서체를 통합 지칭하는 서체용어이므로 이에 대한 해석은 (2) 자방고전의 고전서체 해석(표15)에서 구체적으로 밝힌다.

(표14) 훈민정음해례본 제자해(27장ㄴ)의 '象形而字倣古篆' 직역 일람표

순	해석자		문구 해석(풀이)	象形而		字倣古篆		
				대상	방법	대상	서체	방법
1	강신항	1979	* 이 글자는 상형해서 만들되 글자 모양은 고전(古篆)을 본떴고	상형	만듦	글자 모양	고전	본뜸
2	金敏洙	1957	* 형상을 모방하여 글자는 옛날 전자(篆字)와 비슷하고,	형상	모방	글자	옛날 전자	비슷
3	김봉태	2002	상형하되 글자는 옛날의 전자를 본 따고,.	상형	하되	글자	옛날 전자	본뜸
4	김석환	1997	꼴을 본떠서 글자를 만들되 옛날 전자와 같다.	꼴	본뜸 만듦	글자	옛 전자	같음
5	김슬옹	2018	'상형'원리로 만들었으되 글자는 옛 '전자'를 모방하였고,	상형 원리	만듦	글자	옛 전자	모방
6	김영황 외	1982	* 발음기관의 모양을 본떴으며 글자는 옛 전자를 본받고	모양	본뜸	글자	옛 전자	본 받음
7	노마 히데기	2011	모양을 본떴으되 자(字)는 고전을 따랐다.	모양	본뜸	자	고전	따름
8	김동구	1967	꼴을 시늉하여 글자가 옛날의 전자와 비슷하고,	꼴	시늉	글자	옛날 전자	비슷
9	문효근	2015	꼴(形)을 본떴으되 옛 전자(古篆)를 모방했다.	꼴	본뜸	-	고전	모방
10	박종국	2007	상형(모양을 본 뜸)하되 글자는 옛 전자(篆字)를 모방하고(본 받았고)	상형 모양	본뜸	글자	옛 전자	모방
11	박창원	2005	이 글자는 (조음 기관의) 형태를 본떴는데, 글자(의 모양)는 (중국의) 고전(古篆)과 비슷하다.	(조음 기관) 형태	본뜸	글자(모양)	(중국의) 고전	비슷
12	方鍾鉉	1947	* 形을 象하되 字를 古篆에 依倣하고	形	象 하되	字	古篆	依倣
13	서병국	1981	象形해서 만들되, 글자 모양은 옛 篆字를 본떴고,	상형	만듦	글자 모양	옛 전자	본뜸
14	유창균	1993	상형(象形)하되 글자는 옛날의 전자(篆字)를 본따고,	상형	하되	글자	옛날의 전자	본뜸
15	이현희 외	2014	상형(象形)을 한 결과 글자는 고전(古篆)과 비슷하고,	상형	하다	글자	고전	비슷
16	이근수	1995	모양을 본뜨되 글자가 옛날의 전자(篆字)와 비슷하다.	모양	본뜸	글자	옛날 전자	비슷
17	이성구	1985	* 상형(象形)을 하되 글자는 옛날의 전자(篆字)와 비슷하고,	상형	하다	글자	옛날 전자	비슷
18	이정호	1975	형상을 본떴으되 글자는 옛 전자(篆字) 비슷하고,	형상	본뜸	글자	옛 전자	비슷
19	조규태	2010	* 모양을 본떴으되 글자는 옛 전자를 모방하였으며,	모양	본뜸	글자	옛 전자	모방
20	한글 학회	1997	모양을 본떴으되 글자는 옛 전자를 닮았고,	모양	본뜸	글자	옛 전자	닮음
21	홍기문 (전몽수)	1946	* 形狀을 模象하야 글자는 古篆에 본ᄯᅳ고 (본뜨고)	형상	模象	글자	고전	본뜸
22	홍윤표	2017	상형하였으되 글자는 고전[옛날의 전서]을 본 떴다.	상형	하다	글자	옛날 전서	본뜸

* 표 문구는 '이현희 외, 2014, 훈민정음의 한 이해, 역락, 241-243쪽' 게재내용 인용함.

(도25) 상형이자방고전(象形而字倣古篆) 관련 서체도

훈민정음 27장 후면(정인지 서문) 6,7행	象形而字倣古篆
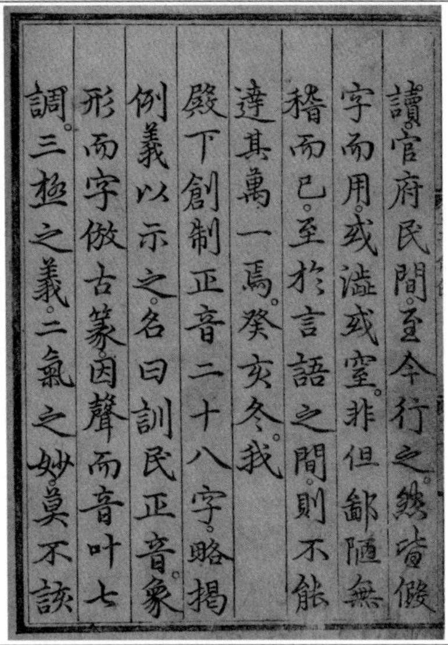 讀官府民間至今行之然皆假 字而用或澁或窒非但鄙陋無 稽而已至於言語之間則不能 達其萬一焉癸亥冬我 殿下創制正音二十八字略揭 例義以示之名曰訓民正音象 形而字倣古篆因聲而音叶七 調三極之義二氣之妙莫不該	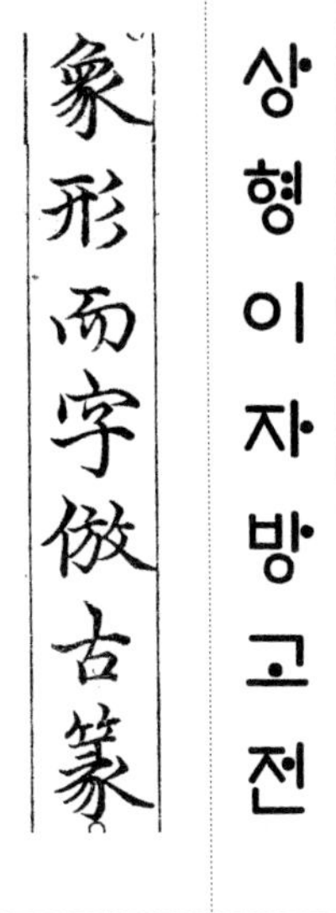 象形而字倣古篆 상형이자방고전

(2) 자방고전의 고전서체 해석

① 고전서체 해석(표15)

'상형이자방고전 (象形而字倣古篆)'설 중 '字倣古篆' 설만을 떼어서 논리전개를 한 경우가 있다. (2) 자방고전의 고전서체 해석'에서는 '고전'에 대한 해석을 어떻게 했는가를 살펴보고자 한다.

'자방고전' 이란 용어는 훈민정음해례본 정인지 서문중의 '상형이자방고전'(象形而字倣古篆)의 뒷부분인데 이와 유사한 것으로 세종실록 25년조에 제시된 '....其字倣古篆...'과 세종실록 26년조에 최만리 상소문 가운데 제시된 '...卽倣古之篆文..'으로 제시한 사례[15]가 있다. 이같이 나오는 '방고전' [倣古之篆文]의 의미와 고전-전문의 서체가 무엇인가를 구체적으로 파악하는 것 큰 의의가 있다. 그 이유는 훈민정음의 한글서체 형성의 형태적 근원이 무엇인가를 밝혀내야 하기 때문이다.

'古篆' 풀이의 명사격인 서체명칭을 보면 (표15)에서 같이 '옛' 자를 붙인 '옛전자-옛전

15 1. 세종실록 세종25년 계해(1443년 12월 30일(경술) 조 줄거리에 是月上親制諺文二十八字 **其字倣古篆**分爲初中終聲合之然後乃成字凡于文字及本....훈민정음. 그 글자는 옛날의 전(篆) 자를 본뜨고,(이근수 해석)
2. 세종실록 최만리 상소문,세종실록 권103, 세종26년 (1444) 2월 20일 .....卽字形雖**倣古之篆文**.... 글자의 꼴은 비록 옛 전문을 본떴을지라도.... 자형이 비록 옛 전자를 본 받았다.(이근수 해석) ['곧 자형(字形)은 비록 옛날의 전문(篆文)을 모방하였더라도.....(손주일 해석)]

자체-옛전서체' 가 있는가 하면, '소'자를 붙인 '소전체-소전문', '전'자를 붙인 '전서-전자-전서체' 등도 있다. 이중 '소전체-소전문'으로 풀이한 사례가 5인으로 가장 많다. '倣' 풀이를 제시한 사례를 분석해 보면 동사격인 표현방법으로 '모방' '모방해 만듦'으로 해석한 사람이 가장 많았고, 그 다음으로 '보았음-같음-취함-말함-근거를 둠-가리킴-본받음' 등이 있는 것으로 나타난다.

② 고전의 직역과 고전의 해석 관계 비교(표14, 표15)

(표14)의 (1)고전에 대한 직역과 (표15)의 (2)고전에 대한 해설에서 '고전' 을 어떻게 풀이했는가를 비교해 보면 같은 용어 '고전'을 되풀이 하거나 다르게 밝힌 경우가 있다.

그 예로 이근수의 '옛날 전자→옛 전자', 문효근의 '옛 전자→소전문', 박종국의 '옛 전자→옛 전자체', 이정호의 '옛 전자→소전체', 홍윤표의 고전[옛날의 전서]→전서[소전체] 라고 아주 다르거나 비슷하게 통일성 없게 제시한 사례들이 있다. 특히 '고전'을 '소전체-소전문'으로 해석한 사례도 5인에 이른다.

학계 전문가들의 '상형이자방고전'의 '고전'에 대한 직역을 (표14)에서와 같이 대부분이 '옛(날) 전자(전서)'라고 하였으나 (표15)에서 '고전'에 대한 해석을 무려 11인 중 8종류의 서체명으로 서로 다르게 해석하였다.

③ 고전서체의 올바른 직역과 해석(도29)

이러한 해설 가운데 '고전'[전서체]를 '소전체'라고 주장하는 경우가 압도적으로 많다. 그런데 훈민정음의 한글서체는 소전체만을 닮지는 않았다. 소전체는 (도28)나 (도29)에서와 같이 서선의 방향. 글자의 자형만은 훈민정음 한글서체의 구조와 닮은 점이 있으나. 서선 조세(粗細-굵기)와 서선의 전절(轉折-굽이)은 닮지 않았다. 그렇기 때문에 '소전체'라는 서체 명칭은 고전[전서, 전문, 전서체]의 하위분류 획형의 한 종류이기 때문에 '고전'을 '소전체'라고 밝힌 것은 잘못된 풀이다.

(표15) 세종실록 '字倣古篆' 부분의 해석 및 분석 일람표

순	논의자		문구 해설 문장	古篆	倣
				대상	방법
1	이근수	1995	.其字倣古篆分爲初中終聲....(세종실록 25년) 경술조 줄거리 그 글자는 옛 전자를 모방하였다. [1443.12.30]	옛 전자	모방
2	공재석	1967	* 자방고전의 '고전'은 직접 한자를 말한 것이 아니라 제자원리면에서 간략한 부호로서 기일성문도(起一成文圖)와 같은 부호일 것이다.	기일성문도 부호	같음
3	김완진	1984	* 자방고전의 고전을 한자의 전서체로 보았다. 전서체가 훈민정음 글꼴에 직접영향을 미쳤다고 하였다.	전서체	보았음
4	김주필	2005	* 자방고전을 훈민정음이 중국문자학에서와 같이 전자에 근거를 두고 있음을 말함.(소전체 자형원리 이용)	전자 (소전체)	자형원리 이용
5	문효근	2015	훈민정음 글자체는 소전문(小篆文)에 속하는 것으로 보인다.	소전문	속하는 것
6	박종국	2007	자방고전은 글자(낱자)는 옛 전자(篆字)를 모방, 즉 낱자는 옛 전자체를 본받았다는 말이다.	옛전자체	본받음
7	박준호	2011	한글의 자체는 고전[옛 전서체]을 모방했다, 자방고전은 '발성기관의 모양을 본떠서 전서체 형태로 썼다'	고전 (옛전서체)	모방
8	박형우	2008	* 고전이 한자의 소전체를 의미하며, 소전체의 특성은 사각형[方形]이나 각진꼴[角形]이 아니라 획의 굵기가 일정하다는 점이고, 훈민정음의 자형은 소전체의 이 점을 취한 것이다.	소전체	취함
9	유창균	1966	* 자방고전의 '고전'을 전자(篆字)의 체로 보고 전자가 좌우균일하고 자형방정(方正)하고 필획이 고르게 미치는 전자의 특성-훈민정음이 모방하였다.	전자	모방
10	이정호	1975	상형(象形) : 즉발음기관의 형상을 본떠서 만든 것 전자(篆字) : 중국의 선진(先秦) 전국(戰國) 말기에 쓰이던 한자의 자체의 일종. 소전과 대전이 있음. 여기서는 소전체를 가리키는 듯함	소전체	본떠서 만듬
11	홍윤표	2005	* 고전은 한자의 전서를 말하며 전서구성방법 중 가감, 미가감, 도반 등의 규칙을 도입했다고 보았다.(소전체 자형원리 이용)	전서 (소전체)	자형원리 이용

* 표 문구는 '백두현, 2012, 어문론총, 57호, 133-135쪽' 게재내용 발췌 인용함.

(3) 고전서체 선정과 서체의 형태적 해설

① 고전서체 선정 경위 및 사유(도28, 도29)

훈민정음해례본의 한글서체가 정인지 서문 '상형이자방고전'(象形而字倣古篆)의 '고전' 인 한자 전서체를 모방했는가를 탐색해 보고자 한다.

조선시대에 쓰인 한문 서체 중 전서체에 대하여 아래 사례와 같이 조정에서 가장 중요시하였기에 훈민정음의 한글서체를 제자(制字)하는 데 응용한 것으로 볼 수 있다. 훈민정음

창제 당시에 세종대왕이 전서(篆書)에 대한 관심을 가지고 제도화한 사례에서 찾아볼 수 있다. 그 예로 세종대왕은 국가의 인장체제 정비하기, 교서관 관원에 전서 전문가 임명하기, 교서관의 인사고과 반영하기, 국가 기관인 관리 업무 교서관에서 담당하기, 전서 필사 전문가를 요직에 임명하기 등을 강화하였다.[16]

돈령부 주부(정6품)로, 세종대왕의 옥새(玉璽)를 만든 강희안(1417-1464)은 집현전 학사가 아님에도 불구하고 전각과 서사에 뛰어난 능력을 인정받아 훈민정음 창제 협찬자 8인 중의 한사람으로 발탁되었고, 그 후 집현전 학사가 되었다. 따라서 강희안은 한자 전서체를 모방하여 한글서체 제작을 주도했던 훈민정음 창제 협찬자로 추정되기도 한다.

'훈민정음은 권위와 위엄을 상징하기에 알맞은 전서체로 나타내어 창제의 숭엄, 존엄성으로 나타내려 했다.'[17] 또 '훈민정음은 왕의 권위를 부여하기 위하여 방고전(倣古篆) 한 것으로 생각된다'[18]라고도 했다. 조선 조정에서는 예조에서 교서관 자학(字學)을 권하는 조례를 만들었다고 한다. 그 예로 '비갈(碑碣)에 쓰는 대전(大篆), 도서에 쓰는 소전(小篆), 인장에 쓰는 방전(方篆)을 관원들에게 시험을 치르게 하여 요직에 임명토록 하였다.'[19]

이렇게 전서체를 선정한 의도는 궁중의 위풍당당한 권위의식을 상징 차원에서 훈민정음의 서체를 권위적으로 높여보자는 데에 깊은 뜻이 있다고 본다. 즉 한글서체를 고전, 즉 전서체로 정한 사유에 대하여, 세종이 문자에 관심을 크게 가진 관계로 고전의 자형을 훈민정음의 기본서체 유형으로 응용하였다고 본다.

② 고전서체 구조의 형태적 구성(도27, 도28, 표16)

훈민정음의 한글 초성자-중성자-합자 서체는 한자의 전서체 하위분류인 소전체-대전체-방전체 등 3종 서체의 구조요소를 종합적으로 모방하여 꾸며졌다.

2체 융합론으로는 '전서중의 직각으로 방향이 꺾이는 방전(方篆-上方大篆)이나 굵기가 굵은 대전(大篆)은 한글서체와 유사한 점이 많은 것으로 보아 훈민정음 한글서체는 이 두 서체의 특징을 크게 참고하였으리라고 본다. 이는 세종시기에 전문(篆文)교육을 강화한 사례에서 찾아볼 수 있다.'[20]

3체 융합론으로는 '이러한 전서 중시 정책에 힘입어 영향을 받은 훈민정음 한글 제자원리에 대한 연구에 의하면, 한글 제자원리에 '직선적이며 만곡(彎曲)이 없는 획은 소전의

16 박준호, 2016, 고문서의 서명과 인장, 박이정, 193쪽 내용 요약.
17 김양동, 1986, 한글학술세미나.
18 김세호, 박병천, 윤양희, 조선시대 한글서예, 30쪽.
19 백두현, 2012, 융합성의 관점에서 본 훈민정음의 창제원리, 어문론총 제57호, 135쪽.
20 백두현, 2012, 융합성의 관점에서 본 훈민정음의 창제원리, 어문론총 제57호, 135쪽.

자형을 취한 것이고(圖書書體), 필획의 방향이 전환되는 전절(轉折)은 인장(印章)의 상방전(上方篆-九疊篆 : 구첩전)과 비슷하며, 굵고 두터운 획은 대전(大篆)의 웅장함[문자적 권위 상징]을 취하였다.'[21]

'古篆-古之篆文'의 해설은 옛전서가 아닌 전서체로 하고, 따라서 훈민정음의 한글 전서체는 대전-소전-상방대전의 3가지 특징을 융합한 것으로 본다.

③ 고전서체의 현대적 디자인체 기본획형(도30, 표16)

이상에서 훈민정음 한글서체의 구조적 형성의 특징을 조선초기 상황에서 밝혀보았다. 이러한 한글의 구조적 특징은 현대적 디자인 입장에서 (도30)과 같은 중국의 한자 둥근고딕체[圓黑體字] 3종 중 가장 왼쪽에 있는 1도의 반원획형 둥근고딕[內直角 外4分之1圓]과 비교해 보면 가장 동일한 획형인 것으로 보인다.

④ 고전서체 표현방법(도26~도30, 표16)

'훈민정음 창제당시 문자들은 각 글자의 변별력에 중점을 두고 한자 고전서체의 획형을 본떠서 만들었기 때문에 쓰지 않고(不寫), 그려서(畵) 표현했다.'[22]고 했듯이 훈민정음의 한글서체 547종 문자는 모두 그려서 나타낸 것으로 본다.

고전서체[전서체]의 하위분류 서체인 대전체, 소전체, 상대방전체의 서체적 특징은 다음과 같다. 훈민정음의 한글 자모음자의 획형과 합자의 자형적 특징은 다음 3종 전서체의 특징을 융합하여 제자(制字)하였다고 보아야 한다. 즉 방고전의 의미를 '소전체'라고 하는 주장은 훈민정음해례본 한글서체 형성의 조건을 (표16)과 같이 모두 구비하지 못했기 때문에 잘못 지칭했다고 본다. 따라서 다음과 같은 3가지 전서체류의 종합인 '전서' 또는 '전서체'라고 지칭해야 한다.

-대　전 : 선의 중후(웅장함)함과 일정한 굵기.
-소　전 : 전절부분 외각부분의 원형.
-상대방전 : 전절부분 내외부분의 직각.
3체 공통점 : 일정한 굵기의 직선획형.
수평-수직-대칭사향성의 방향.
선의 입필-수필부분의 원획형.
글자의 외형 사각자형 형성.

21 박준호, 2011, 조선중기 전서의 유행과 그 의미, 숙명신한첩, 청주박물관, 44쪽.
박준호, 2016, '훈민정음의 자방고전' 고문서의 서명과 인장, 박이정, 194-202쪽.
22 홍윤표, 2012, 갈물한글서회 학술강연회 자료, 38쪽.

(도26) 한자 방전체와 소전체의 서체 비교도

방전체(方篆體)	소전체(小篆體)
전대학(篆大學)	필결가(筆訣歌)
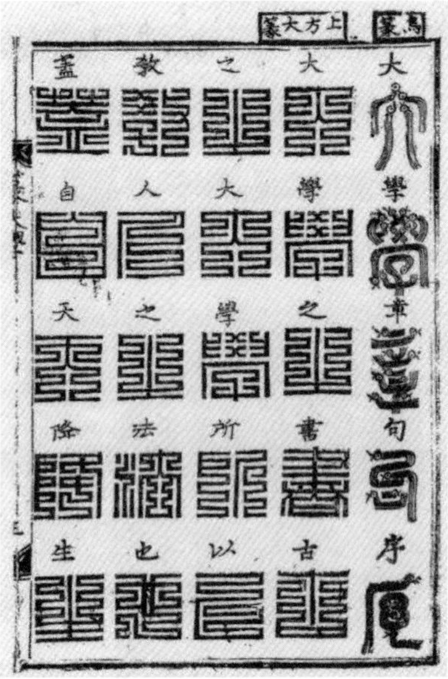	 斅山今作岷 允足充同足 独于克有殊 句勹勺背异 旬军参首如

* 篆大學, 한국학중앙연구원 장서각 소장

(도27) 한자 고전체와 자형이 유사한 전서체 8체 집자 사례도

대전(大篆)	소전(小篆)	정소전(鼎小篆)	옥저전(玉筯篆)
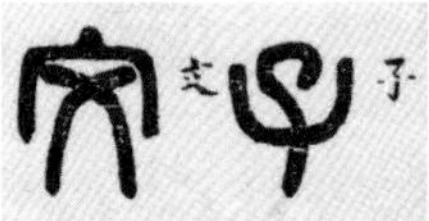 文 子	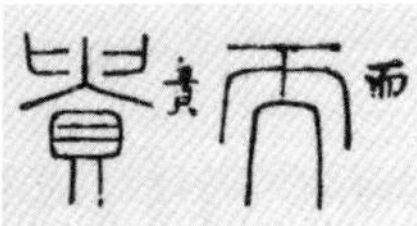 貴 而	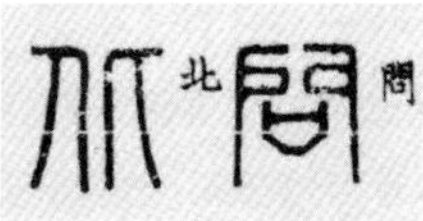 北 問	 者 謂
상대방전(上大方篆)	고문(古文)	현침서(懸針書)	벽락전(碧落篆)
 得 回	 家 至	 足 下	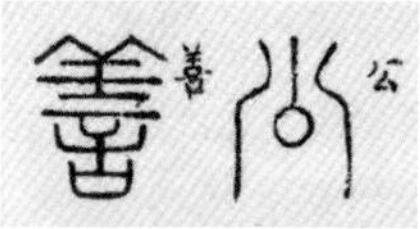 善 公

* 박준호, 2016, 고문서의 서명과 인장, (주)박이정, 202-205쪽 자료 '篆中庸' 전서 33종 중 8종의 전서체를 선택 재구성하였음.

(도28) 조선시대 국새 인면 및 인면 특징 분석도

	세종지보 1400년대세종시기	준명지보 1889년 고종 26	황제지보 1897년 광무 원년
어보 인면 전면	明孝大王之寶 英文肅武仁聖 明孝大王之寶 	濬明之寶 濬明之寶 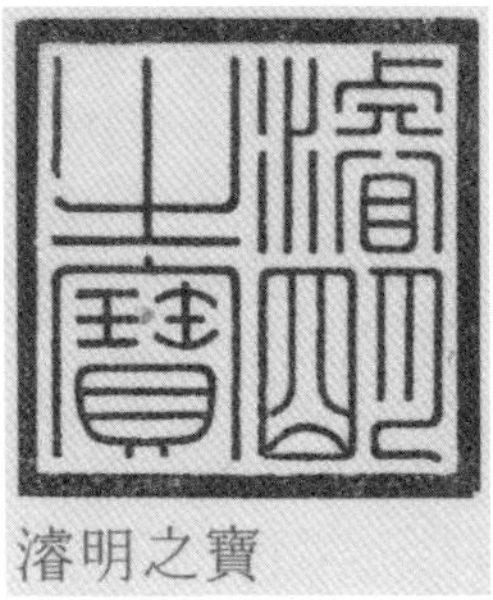	皇帝之寶 皇帝之寶 
어보 인면 부분	方篆 : 방향 바뀌는 부분 획형 직각. 선 굵기 : 중간	小篆 : 방향 바뀌는 부분 획형 곡선형. 선 굵기 : 가늚	小篆 : 선 처음과 끝부분 원필형, 선 굵기 : 굵음

* 도판자료 : 문화재청 국립고궁박물관, 2017, 다시 찾은 조선왕실의 어보, 19,52,44쪽.

(도29) 중국 한자의 소전체 기본획과 소전체 문자와 관계도

	가로획	세로획	위로 굽은획	아래 로 굽은획	울타리획
소전 기본 획형	橫횡 	竪수 	弧호 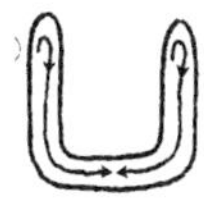	弧호 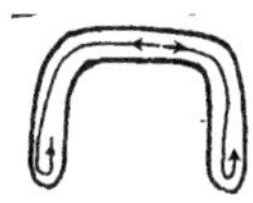	圈권 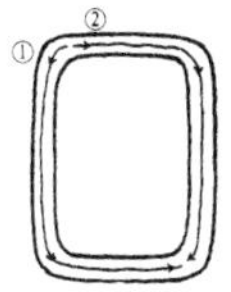
기본 획 관련 문자	皇황 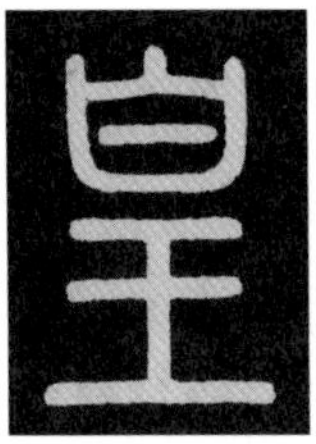	制제 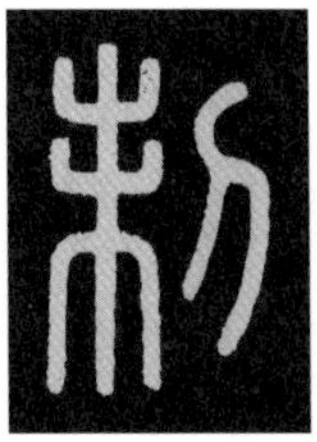	山산 	立입 	明명 

(도30) 중국 한자의 둥근고딕체[圓黑體字] 특징 및 사례 문자도

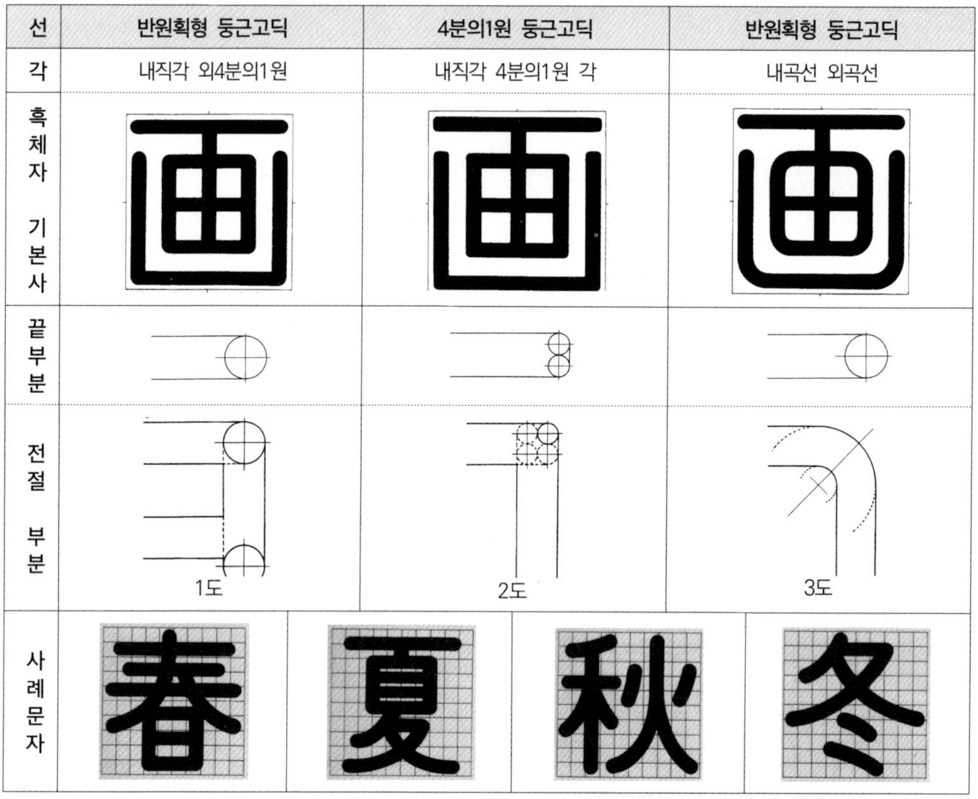

선	반원획형 둥근고딕		4분의1원 둥근고딕		반원획형 둥근고딕
각	내직각 외4분의1원		내직각 4분의1원 각		내곡선 외곡선
흑체자 기본사	画		画		画
끝부분					
전절 부분	1도		2도		3도
사례문자	春	夏	秋	冬	

* 자료출처 : 邱顯德, 許芳智 編著, 中國文字造形設計, 臺灣 活門出版事業有限公司. 1980년(미상) 96-97쪽 재구성
* 圓黑體字 서체종류 : 細圓體, 中圓體, 粗圓體, 特圓體(이상 굵기 순서), 신세원체, 초특원체, 중첩원체

(표16) 훈민정음해례본의 초성자-중성자의 '자방고전' 원리분석 방법

형체 구성요소		정음관련 고전종류			형체 사례	
구성요소	요소 관점	대전	소전	상전	초성자	중성자
1.외형(外形)	사각형, 삼각형, 원	○	○	○	ㅁ ㅿ ㅇ	· ㅡ ㅣ
2.방향(方向)	수직, 수평, 사향, 만향	○	○	○	ㄱ ㅅ ㅇ	ㅣ ㅡ
3.조세(粗細)	선의 굵고 가늚	○		○	ㄱ ㅅ ㅇ	ㅣ ㅡ
4.방원(方圓)	입수부분 모남, 둥긂	○	○	○	ㄱ ㅅ ㅇ	ㅣ ㅡ
5.대칭(對稱)	좌우, 상하 대칭	○	○	○	ㅁ ㅿ ㅇ	ㅗ ㅜ ㅓ ㅏ
6.전절(轉折)	둥긂, 각짐			○	ㄱ ㄴ ㄷ	
7.간가(間架)	점획 간격 일정	○	○	○	ㅌ ㄹ ㅍ	ㅛ ㅠ ㅕ ㅑ
8.접필(接筆)	점획의 붙임, 띄움	○	○	○	ㄷ ㅂ ㄹ	ㅛ ㅠ ㅕ ㅑ
9.곡직(曲直)	선의 굽음과 직선	○	○	○	ㄷ ㅂ ㄹ	ㅣ ㅡ
10.장단(長短)	선의 길이 규칙	○	○	○	ㄷ ㅌ	ㅐ ㅒ ㅔ ㅖ

* 상전 : 上大方篆의 약칭 * 만향 : (彎向)

2.1.2. 한글 제자원리의 현대적 재해석

훈민정음해례본의 제자해의 초성-중성의 제자원리와 정인지 서문의 '象形而字倣古篆'을 디자인 및 서예적 측면에서 현대적으로 재해석 연구한 사례를 탐색하여 보고자 한다. 이를 위해 목판본체로의 한글서체 기본획형의 구조적 특징을 1) 방획형[방필론], 2) 원획형[원필론], 3) 복합형[방-원필복합론] 등 3가지로 나누어 주장한 사례를 밝혀보고자 한다.

첫째 방필론을 밝힌 문자 디자이너 김홍련 교수(1980)와 훈민정음의 자형분석을 한 김두식 교수(2003), 둘째 원필론을 밝힌 필자 박병천 교수(1983, 1997)와 훈민정음 관계 학위논문을 쓴 허경무 박사(2006), 셋째 방원복합론을 밝힌 한글디자이너인 한재준 교수(2001)와 훈민정음서체에 관한 정복동 (2007)의 박사학위논문 내용을 분석하여 보았다.

1) 한글 기본획형에 대한 방필론

(1) 김홍련(1980)의 훈민정음의 한글 디자인(표17, 도31, 도32)

① '象形而字倣古篆'론에 대한 해석 : 방필론

김홍련은 '훈민정음 창제당시의 인쇄체 글씨'(김홍련 저, 1980, 한글문자 디자인, 미진사, 10-12쪽 문장 요약)라는 제목아래 훈민정음해례의 정인지 서문의 '象形而字倣古篆' 문구와 최만리 상소문의 '字形雖倣古之篆文'과 세종실록의 '其字倣古篆'을 소개하면서 글자 자형(字形)과 전자(篆字)에 대하여 다음과 같이 언급하였다.

* 자형(字形) : '字' 는 글자 모양 즉 자형과 같은 뜻으로 글자의 구성 형식이고 글씨체의 모양이란 뜻도 포함하고 있다.
* 전자(篆字) : 글자는 옛날 전자를 본떴다.(字倣古篆)라 함은 ......한글의 획은 현대 인쇄체에 있어서의 고딕(gothic)체 처럼 처음과 끝이 굵기에 있어서 변화가 없이 그린 것처럼 씀을 이르는 것이다. ......획의 양 끄트머리도 직각(直角)으로 함을 원칙으로 하였다.[23]

② 자모음 형성규칙 서술문 검토

이상과 같이 고전에 대한 개념을 밝히고 제자원리를 참고하여 (도31, 도32)를 첨부하여 디자인 측면에서 자음과 모음의 글꼴 형성 규정[규칙]을 제시하였다.

---

23 훈민정음의 서선의 양끝 획형은 실제로 김홍련의 직각론은 잘못된 것임. 훈민정음 한글 기본획의 처음과 끝부분은 직각으로 된 방획(方畫)이 아니고 둥근 모양의 원획(圓畫)임.

(표17) 김홍련 제시한 자음 가획자의 형성 규칙론 검토표

자음 \ 구분		김홍련(1980) 형성 규칙론	필자 검토론
아음	ㅋ	ㄱ→ㅋ 형성 : ㄱ 의 세로획의 중간보다 조금 위쪽에(약5 : 4) 가로획 길이와 같게 평행으로 그었다	위와 아래 공간 비율을 4 : 5로 정정 요함, 훈민정음의 실제 비율은 5 : 5임
설음	ㄷ	ㄴ→ㄷ 형성 : ㄴ 의 밑변보다 가로획을 왼쪽으로 조금 나오게 그었다.	'획의 끄트버리가 좀 나오게 긋고' 어색한 표현임
	ㅌ	ㄷ→ㅌ 형성 : ㄷ 의 안쪽 한 복판에 가로로 긋되 왼쪽 끝 길이는 가지런히 했다	'왼쪽 끄트머리의 길이를 가지런히 하였다.' 오른쪽 끝부분 가지런히로 정정 요함
순음	ㅂ	ㅁ→ㅂ 형성 : 정사각형[정방형] ㅁ모양을 약간 납작하게 하여 세로변의 반 가량 길이를 솟게 하였다.	ㅂ의 아래 공간 : 위 공간 비율 5 : 3, 훈민정음의 실제비율 5 : 2.5임
	ㅍ	ㅁ→ㅍ 형성 : ㅁ 을 세로로 홀쭉하게 하고 가로변의 절반가량 길이를 양옆으로 나오게 하였다,	ㅍ의 가운데 공간 크기 : 오른쪽 공간 크기는 5 : 2.5. 훈민정음 비율은 5 : 3으로 공간비율 다름, 훈민정음 형성 규칙은 ㅂ→ㅍ 임.
치음	ㅈ	ㅅ→ㅈ 형성 : ㅅ 의 양다리 벌린 넓이만큼의 길이를 위에 긋는다.	'양다리 벌린' 표현이 어색함, 위 가로획길이 설명보다 실제로 길게 나타냈음
	ㅊ	ㅈ→ㅊ 형성 : ㅈ 위의 가로획의 한가운데에 극히 짧게 내려 그었다	-
후음	ㆆ	ㅇ→ㆆ 형성 : 정원 ㅇ 의 위에 가로획을 더하여 ㅎ 을 만들되 ㅇ 보다 다소 길게 조화를 꾀하였다.	'....위에 가로획을 더하여 ㅎ을 만들되' 의 ㅎ은 ㆆ을 잘못 표기한 것임
	ㅎ	ㆆ→ㅎ 형성 : 가로획 위 한가운데에 ㅊ의 경우처럼 극히 짧게 내려 긋는다.	-
이체자	ㆁ	아음 ㆁ 형성 : ㅊ ㅎ 과 같이 위에 짧은 획을 내려 그었다.	-
	ㄹ	반설음 ㄹ 형성 : 꺾어진 공간이 평행되게 하였다.	무엇을 평행되게 하였는지 불명확함
	ㅿ	반치음 ㅿ 형성 : 정방형으로 된 ㅁ 을 대각선으로 갈라 놓은 반쪽처럼 되어 있다	ㅿ 획형의 아래부분 가로폭이 지나치게 길고 위 ㅅ 의 내각을 좁혀야 함

가. 자음의 구성 : 기본글자를 토대로 획을 더하여 이루어지되 기하학적으로 처리되었다고 했다. 이러한 가획의 규칙을 훈민정음 제자해 규칙에 준하되 문자 디자인 측면에서 달리한 경우도 있다.

- 기본글자 : 모음의 ㅡ 와 ㅣ 를 기본으로 이루었는데 이 선들이 각(角)과 원(圓)을

기본으로 하여 이루어졌다고 볼 수 있다. 각은 거의 90도 직각이며 원은 전혀 이즈러진 데가 있거나 붓을 댄 자리가 있거나 한 원이 아니라, 정원(正圓)인 것이다.[24]

기본글자 ㄱ ㄴ ㅁ ㅅ ㅇ 중에서 ㅅ 은 양쪽 사선의 벌어진 각도가 훈민정음의 ㅅ 보다 크게 잘못 나타냈다.

– 가획글자 : 1,2차 가획자인 ㅋㄷㅌㅂㅍㅈㅊㆆㅎ 과 이체자 ㆁ ㄹ ㅿ 에 대한 형성 규칙을 설명했으나 논리에 차이점이 많이 발견되어 이에 대한 의견을 (표17)과 같이 제시하였다.

가획 글자의 수정해야 할 내용은 (표17)과 같은데 그중에서 ㅁ→ㅍ 형성은 훈민정음에 ㅂ → ㅍ 으로 되어 있으므로 고쳐야 한다. 이체자 ㅿ 의 아래 가로획을 길게 잘못 나타냈다.

나. 모음의 구성 : 모음자는 · 를 ㅡ 의 아래위에, ㅣ 의 안팎으로 결합하여 11자가 이루어졌다.

– · 형성 : 자음 ㆁ ㅊ ㅎ 의 그은 획과 구별이 된다.

– ㅏ 형성 : ㅣ 와 · 의 가로 직경의 폭은 대체로 3 : 4 의 비율로 되어있고, 사이크기는 ㆆ ㅎ 의 ㅡ 와 ㅇ 사이 간격과 비슷하게 그려져 있으며, 위치는 복판에 배치하였다.

1, 2차 가획모음의 세로획폭과 둥근점의 직경 크기 비율을 3 : 4(1 : 1.33)로 제시하였는데 4 : 5(1 : 1.25) 비율이 더 정확하지만 훈민정음의 비율은 2 : 3(1 : 1.50)으로 나타난다. 따라서 훈민정음은 점이 세로선 굵기와 비슷하게 보이지만 제시된 모음획 자료는 선이 훨씬 굵어 보이는 모순점을 보여준다.

이상의 자모음 형성 규칙 설명문은 대부분 생소하고 어색한 회화식 용어로 서술하였기 때문에 설명문은 수정을 요한다. 그리고 비교를 위해 비율을 제시하였는데 이 또한 실측을 해 보면 차이점이 발견되고, 훈민정음의 자모음 획형과는 다르게 나타낸 경우가 많이 발견된다.

③ 자모음 형성 서체도 검토

김홍련이 제시한 자모음 형성 규칙 설명문에 의해 이루어진 자음서체도 17종과 모음서체도 8종(· ㅡ ㅣ 는 없음)에 대한 자형구성을 훈민정음자모음 원형과 비교한 결과 (도31, 도32)와 같이 차이점이 많이 발견된다.

가. 자음의 비교

각자음의 가로폭 : 세로폭의 크기를 비교해 보면 ㅁ ㅂ ㅇ 은 1 : 1로 두 서체가 똑같고,

24 김홍련 저, 1980, 한글문자 디자인, 미진사, 10쪽.

ㄱ ㅎ ㆁ 은 두 서체 비율이 같다. 전체적으로 보아 김홍련의 자음이 세로폭이 긴 것으로 나타난다. 또 각 서선의 굵기도 김홍련 서체가 아주 굵게 나타냈다. 특히 ㅿ 은 가로폭을 길게 나타내어 비정상적으로 보인다.

(도31) 김홍련 제시한 자음과 훈민정음 원본 자음의 서체 비교도

자음 \ 구분		글자 획형: 훈민정음	글자 획형: 김홍련	가 : 세비율 (훈민정음 / 김 홍 련)
아음	ㄱ	ㄱ	ㄱ	1 : 0.85 1 : 0.85
	ㅋ	ㅋ	ㅋ	1 : 0.85 1 : 1
설음	ㄴ	ㄴ	ㄴ	1 : 0.85 1 : 0.92
	ㄷ	ㄷ	ㄷ	1 : 0.79 1 : 1
	ㅌ	ㅌ	ㅌ	1 : 0.76 1 : 0.96
	ㄹ	ㄹ	ㄹ	1 : 0.85 1 : 1.04
순음	ㅁ	ㅁ	ㅁ	1 : 1 1 : 1
	ㅂ	ㅂ	ㅂ	1 : 1 1 : 1
	ㅍ	ㅍ	ㅍ	1 : 0.85 1 : 1

자음 \ 구분		글자 획형: 훈민정음	글자 획형: 김홍련	가 : 세비율 (훈민정음 / 김 홍 련)
치음	ㅅ	ㅅ	ㅅ	1 : 0.66 1 : 0.59
	ㅈ	ㅈ	ㅈ	1 : 0.71 1 : 1
	ㅊ	ㅊ	ㅊ	1 : 0.81 1 : 0.93
	ㅿ	ㅿ	ㅿ	1 : 0.65 1 : 0.50
후음	ㅇ	ㅇ	ㅇ	1 : 1 1 : 1
	ㆆ	ㆆ	ㆆ	1 : 0.93 1 : 1
	ㅎ	ㅎ	ㅎ	1 : 1.07 1 : 1.07
	ㆁ	ㆁ	ㆁ	1 : 1.13 1 : 1.13
종합		가로 : 세로 가로 : 세로	1 : 1비율 동일비율	ㅁㅂㅇ ㄱㅎㆁ

나. 모음의 비교

ㆍ ㅡ ㅣ 로 이루어진 모음은 점의 가로폭과 선의 굵기 비율을 보면 훈민정음은 6 : 4, 김홍련은 5 : 4로 둘다 점이 크지만 시각적으로 김홍련의 서체는 작아 보이는 착시를 일으킨다.

이상의 훈민정음과 김홍련의 서체는 직선, 같은 굵기, 대칭사항, 수형-수직방향, 정원, 점과 선의 띄움 등의 공통적인 획형으로 나타낸 반면, 자음과 모음의 모든 선의 처음과 끝부분을 훈민정음은 둥글게 환고딕형[圓畫]으로, 김홍련은 모나게 견출고딕형[方畫]으로 서로 다르게 나타냈다.

(도32) 김홍련 제시한 모음과 훈민정음 원본 모음의 서체 비교도

구분 / 모음		글자 획형		가 : 세비율	구분 / 모음		글자 획형		가 : 세비율
		훈민정음	김홍련	훈민정음 김 홍 련			훈민정음	김홍련	훈민정음 김 홍 련
횡모음	ㅗ			1 : 0.35 1 : 0.43	종모음	ㅏ			1 : 2.4 1 : 2.3
	ㅛ			1 : 0.38 1 : 0.43		ㅑ			1 : 2.4 1 : 2.3
	ㅜ			1 : 0.33 1 : 0.43		ㅓ			1 : 2.5 1 : 2.3
	ㅠ			1 : 0.32 1 : 0.43		ㅕ			1 : 2.5 1 : 2.3

* 모음의 점 가로폭 : 선 가로폭 비율 훈민 6 : 4, 김홍 5 : 4

(2) 김두식(2003)의 훈민정음의 한글서체 특징 연구(도33)

김두식은 '한글자형의 변천에 관한 연구'[25]로 훈민정음해례본을 대상으로 서지적 개관, 판면구성의 특징, 자형의 특징, 자소의 특징, 점획의 특징을 분석적으로 연구하였다.

① '象形而字倣古篆' 론에 대한 해석

김두식 논문의 46-64쪽에서 훈민정음의 한글서체를 분석적으로 다루었으나 자방고전론에 대해서는 다루지 않았다.

② 자형 및 자소론에 대한 해석....방필론(도33)

이 중 자형-자소-점획의 특징 분석을 (도33)과 같이 도면으로 정리하고 이에 대한 해석을 요약하여 밝혀보았다.(김두식. 2003, 64쪽 요약) 이 논문에서도 김홍련과 같이 훈민정음해례본의 한글서체가 방획형 서체로 추정한 것으로 나타난다.

* 자형의 특징 : 훈민정음서체는 쓴 것이 아니라 그린 것이다. 자형은 정사각형을 유지하고, 자소간에는 접필하지 않았다. ㅏ ㅑ 등의 세로획이 왼쪽으로 치우쳐 있다.

* 자소의 특징 : 모든 자소들은 수직, 수평, 사선, 원으로 표현되어 있다. 종-횡획 자소- ㄱ ㅋ.... 좌우대칭 자소-ㅅ ㅊ ..... 원형좌우대칭 자소-ㅇ ㅎ 등이 있다. ㅌ 의 첫가로획 왼쪽 돌출부분은 가필한 것이다.

훈민정음의 자소획형은 방필 획형이라고 다음과 같이 밝혔다.

* 논문 61쪽 - 'ㅕ 래' 의 경우를 보면 필사자가 의도한 起-收筆의 형태가 圓筆이 아닌 方筆이 될 수도 있다고 본다. ㅕ 의 세로획 기필과 수필은 방필의 모습이며.....방필형태를 표현한 글자는 (도33)과 같다.

* 논문 62쪽-(도33)의 깃, 셔 자 등의 ㅅ 의 상단부분이 날카롭고 뾰족하게 방필형으로 표현했기 때문에 기필-수필은 방필일 것으로 추측해 볼 수 있다.

* 논문 63쪽-해례본의 起-收筆은 원필이 아닌 起-收筆이 직각으로 날카롭게 끊어진 方筆로 표현된 것이라는 견해도 충분히 설득력이 있다고 본다.

* 논문 64쪽-점획 : 세리프의 형태-起-收필이 직각으로 끊긴 方筆의 산세리프 형태로 추측됨.

---

25 김두식, 2003, 단국대학교 박사학위논문, 46-64쪽.

(도33) 김두식의 훈민정음 기본형태의 방필론과 원필론 문자 비교도

문자 종류		훈민정음해례본의 집자문자			
방획형 예시문자	예시문자	-	ㅕ	러	-
	초중성합자	다	벼	서	키
	초중종성합저	깃	남	닥	벙
원획형 예시문자	초중성합자	고	뒤	혀	홰
	자음	ㅈ	ㅊ	ㅋ	ㅌ
	모음	ㅏ	ㅑ	ㅜ	ㅠ

* 위 도판은 김두식, 2003, 단국대학교 박사학위논문, 53, 58, 62쪽에서 발췌함.

2) 한글 기본획형에 대한 원필론

(1) 박병천(1983, 1997, 2000)의 훈민정음의 한글서체 연구(도34)

필자는 한글궁체연구(1983), 한글목판본 훈민정음의 문자 조형미 고찰(1997), 한글판본체연구(2000) 등 저서 및 논문에서 다음과 같이 훈민정음해례본 서체에 대한 내용을 다루었다. 또한 해례본의 기본획형은 원획형이라고 밝혔다.

① '象形而字倣古篆' 론에 대한 해석 : 원필론

* 정인지 서문 '象形而字倣古篆', 최만리 상소문 '則字形雖倣古之篆文' 등은 한글이 바로 고전을 보고 본떠서 만든 것이 아니라 글자 자체[字體 또는 書體]를 본떠서(象形) 글자를 만들어 놓으니 고전과 비슷한 모양이 되었다는 뜻으로 풀이해야 할 것이다.(한글궁체연구, 1983, 35쪽).

* 정인지 서문 '象形而字倣古篆', 최만리 상소문 '則字形雖倣古之篆文'- 상형은 제자구성원리이고, 자방고전은 글자의 형태로 봐야한다.(상게서, 50쪽)

* 해례본체를 전서체형으로 선정한 이유 : 권위와 위엄, 숭엄과 존엄성 상징

② 훈민정음해례의 상형설

* 정음28자를 만든 대원리-제자해에서 '各象其形而制之' : 정음28글자는 각각 그 꼴을 본떠서 만들었다.(한글궁체연구, 36쪽)

③ 훈민정음 기본획의 구조-원획형

* 한글서체는 한자의 고전 중의 소전체를 본 뜬 기하학적인 짜임의 글자이다.

* 서선의 처음부분과 끝부분을 모지지[方] 않게 둥글게[圓] 나타냈다.(45쪽)

* 가로서선 입필-수필부분은 둥근 획형을 이루며, 전체의 굵기가 일정하며, 직선을 이룬다.(한글판본체연구, 65쪽)

(도34) 박병천의 훈민정음해례본의 기본자모음 종류 및 구조 특징도

문자 종류		훈민정음해례본의 집자문자
원획형의 자모음	기본자음	도 17. 훈민정음해례본 한글 자음의 획형도
	기본모음	도 15. 훈민정음해례본 한글 모음의 획형도
구조	자모음 및 문자	〈도 37〉 판본 고체의 기본 자모음 및 문자의 구조적 특징

도 17. 훈민정음해례본 한글 자음의 획형도

도 / 쪽		자음 획형도						
단일자	아·설음류	ㄱ	ㅋ	ㆁ	ㄴ	ㄷ	ㅌ	ㄹ
		아음 44	56	42	설음 44	44	56	11
	순·치음류	ㅁ	ㅂ	ㅍ	ㅅ	ㅈ	ㅊ	ㅿ
		순음 44	44	56	치음 43	57	49	11
	후음·연서자	ㅇ	ㆆ	ㅎ			ㅸ	
		후음 52	11	11			57	

도 15. 훈민정음해례본 한글 모음의 획형도

종류 / 구분		기본구조	모음 획형도					
상형·합성자	기본·합성자		ㆍ	ㅡ	ㅗ	ㅛ	ㅜ	ㅠ
			16	20	18	18	18	18
	기본·합성자			ㅣ	ㅏ	ㅑ	ㅓ	ㅕ
				40	18	18	18	18

〈도 37〉 판본 고체의 기본 자모음 및 문자의 구조적 특징

판본체 기본 점·선·원	글자의 좌우전회	기본점획및 문자의중심과대칭	기본 균형과 중심
ㆍ ㅡ ㅣ ㅅ ㅇ	ㄴ ㄱ ㅁ ㄷ ㄹ	ㅍ ㅂ ㅇ 불 브 풀	ㅗ ㅏ ㅛ ㅑ 나 가 시 니

(2) 허경무(2006)의 조선시대의 한글서체의 연구(도35)

허경무는 '조선시대 한글서체의 연구'[26] 논문에서 훈민정음해례본에 대한 자형적 특성(26-32쪽)을 서체를 집자하여 다음과 같이 5가지를 서술하였는데 이중에서 앞에서 밝힌 김홍련, 김두식이 제시한 훈민정음서체의 기본획이 방필형이 아닌 원필형이라고 했다.

① '象形而字倣古篆' 론에 대한 해석

정인지 서문 '象形而字倣古篆' 문구 중 '字倣古篆' 만을 제시하고 다음과 같이 해석하였다.

> '전이란 글자체가 끝을 길게 끌어 보기 좋다는 의미가 있다'라고 했고, '고전을 본 떴다'는 말은 전서의 모양을 모방하였다는 말이 아니고, 전서처럼 글자의 형태를 갖춘 것이라는 뜻이다. 해례본체의 생성은 독창적으로 만들어졌으며 글자로서의 자형을 처음부터 갖춘 것이라 하겠다.(논문 91쪽)

② 훈민정음 한글자형의 특성- 전형성

* 첫째 획이 일정한 굵기이며 끝 모서리가 둥글다. 자형이 바른 네모꼴이다.

* 둘째 초성자, 중성자, 모두 자형이 좌우, 상하, 대각선으로 대칭을 이룬다.

* 셋째 자형의 구성이 선, 점, 원인데 그 중에서 직선이 주종을 이룬다. 그리고 그 직선은 주로 수평선과 수직선이다.

* 넷째 획과 획이 만나는 부분은 직각을 이룬다.

* 다섯째 환경 중립적이다.[해석-각 자모음이 독자적 형태를 유지한다]

③ 훈민정음 기본 서선형- 원필성

* 유형별 생성요인 설명에서

- 해례본체는 위엄과 권위의 상징으로 생성되었다. '해례본체'는 당시의 서체인 용비어천가. 석보상절, 월인천강지곡 등과는 다르게 획의 시작과 끝을 둥글게 한 원필체로 했다.(81쪽)
- 훈민정음해례본의 원필성(圓筆性)획은 판각에 있어 방필성(方筆性)보다 훨씬 불편하다. [해석-이는 창제당시 서체를 권위와 엄격성을 존속하기 위함이다.](논문 84쪽)

---

26 허경무, 2006, 부산대학교 박사학위논문.

* 해례본체의 형태적 특징 정리에서

- 글자서선의 굵기가 일정하며 끝과 모서리는 둥글게 다듬어 나타냈다.(논문 91쪽)

(도35) 허경무의 훈민정음 기본형태의 대칭론과 원필론 문자 비교도

문자 종류		훈민정음해례본의 집자문자			
대칭형 예시문자	자음	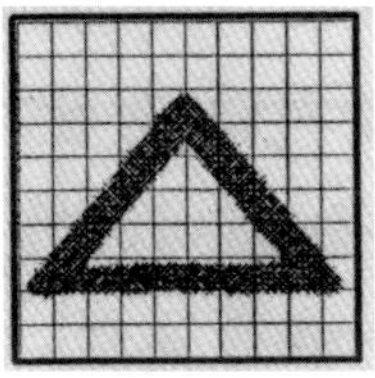	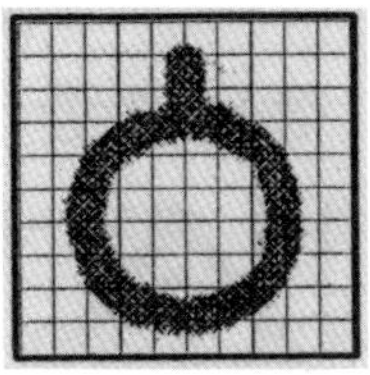	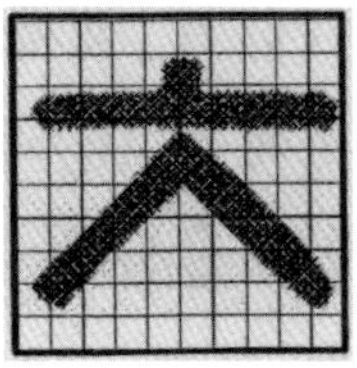	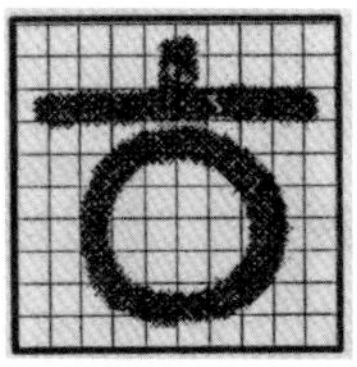
	모음				
원획형 예시문자	초중성합자				
	자음	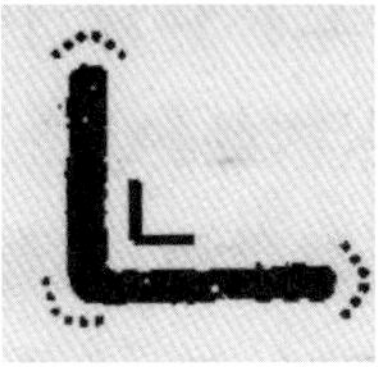		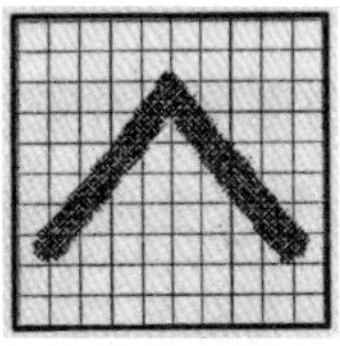	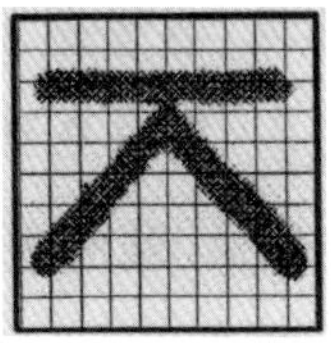
	모음				

3) 한글 기본획형에 대한 방-원 복합론

(1) 한재준(2001)의 훈민정음의 한글 디자인(도36)

한재준은 '한글의 디자인 철학과 원리'[27]라는 제목아래 훈민정음과 한글창제의 배경, 한글의 창제와 과정, 한글의 디자인 원리를 밝혔다, 그 중 3, 한글의 디자인 원리에서 3.1 자모의 조형과 조합의 원리, 3.2 글자 조형의 원리분석을 통하여 한글의 제자원리를 도판을 곁들여 (도36)과 같이 언급하였다.

① 창제 기원설- 象形而字倣古篆

고전기원설 : 홍양호, 정인지, 이덕무, 게일 등의 주장

세종실록(권제102장 42) 정인지의 훈민정음 서문, 최만리의 상소문 등에 표현된 象形而字倣古篆의 내용을 바탕으로 한 주장으로 중국의 '옛전자'를 본떴다는 설이다.(논문 42쪽)

② 자모음의 조형과 구성원리-단순형태(도판 : 방획과 원획 동시 제시)

한글 창제 당시의 한글꼴의 기본형태소는 조형의 기본요소인 점, 수평선, 수직선, 원, 사각형, 삼각형 [· ㅡ ㅣ ㅇ ㅁ △] 등 모두 6가지의 형태를 바탕으로 삼고 있다.

이를 바탕으로 이루어진 훈민정음 첫소리(초성-자음)와 가운뎃소리(중성-모음)의 구성 원리와 글자조합의 원리에 대한 특징을 서체적 측면에서 특이점 몇가지를 분석하여 본다.

자모음의 조형과 구성원리 (논문 49쪽)

* 자음 중 처음 만든 글자는 ㄴ ㅁ ㅅ ㅇ의 네글자이다.
* 자음 음성계열 제1, 2차 가획은 가로줄기를 세로줄기보다 먼저 했다.
* 자음 중 제1차 가획자는 자형이 정네모꼴이고 대칭성을 지양했다.
* 자음의 형태는 간결한 직선, 사선이고, 정원, 직각 등의 기하학적인 형태이다.
* 자음의 형태는 일정한 굵기, 돌기와 맺음이 단순한 형태이다.
* 모음은 점과 직선(수평, 수직)이 상하-좌우로 대칭의 위치로 이루어졌다.
* 모음의 줄기 굵기가 일정하며, 돌기와 맺음이 단순하게 마무리 되어있다.

27 한재준, 2001, 한글 글꼴 개발의 미래, 한글날 기념 글꼴 학술대회 세종대왕기념사업회, 39-53쪽.

(도36) 한재준의 훈민정음 기본형태소와 자모의 조형과 구성원리 설명도

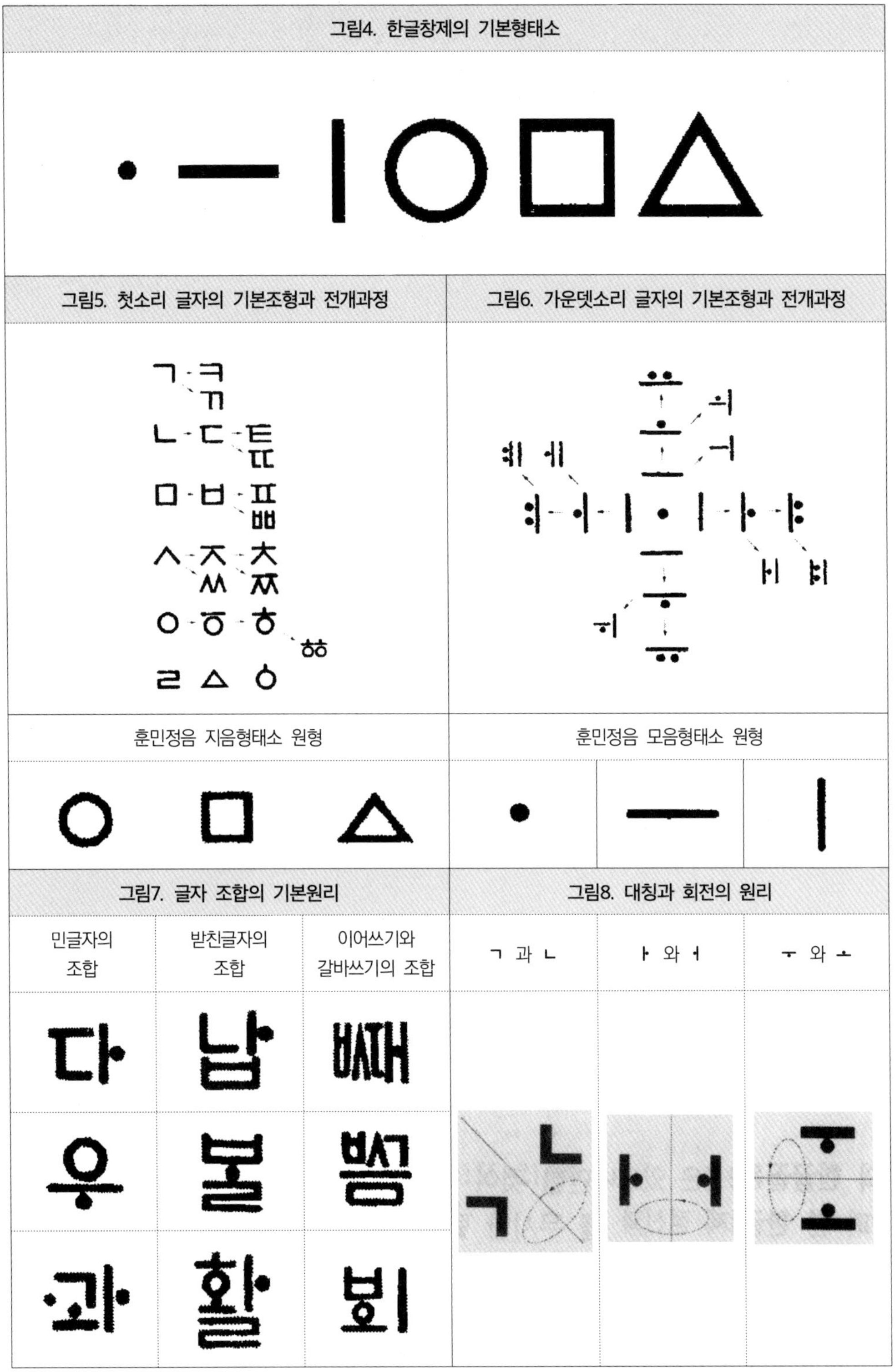

그림4. 한글창제의 기본형태소

· ㅡ ㅣ ○ □ △

그림5. 첫소리 글자의 기본조형과 전개과정	그림6. 가운뎃소리 글자의 기본조형과 전개과정
ㄱ ㅋ ㄲ ㄴ ㄷ ㅌ ㄸ ㅁ ㅂ ㅍ ㅃ ㅅ ㅈ ㅊ ㅆ ㅉ ㅇ ㆆ ㅎ ㆅ ㄹ ㅿ ㆁ	
훈민정음 지음형태소 원형	훈민정음 모음형태소 원형
○ □ △	· ㅡ ㅣ

그림7. 글자 조합의 기본원리			그림8. 대칭과 회전의 원리		
민글자의 조합	받친글자의 조합	이어쓰기와 갈바쓰기의 조합	ㄱ 과 ㄴ	ㅏ 와 ㅓ	ㅜ 와 ㅗ
다	납	ㅄ			
우	볼				
과	활	뵈			

③ 글자의 조형과 구성원리

'3.2 글자 조형의 원리분석' 이란 제목으로 훈민정음의 '글자 조합원리'에 현대적 문자디자인의 '글자 조형의 기본 원리'가 적용되었다는 논리를 제시하였다.

* 상형의 원리가 있다.
* 가획과 반복의 원리가 응용되어 있다.
* 대칭과 회전의 원리가 있다.
* 최소화의 원리가 있다.

한재준 교수는 디자인 입장에서 훈민정음의 한글구조의 특징과 깊은 관계가 있다는 것을 심층적으로 고찰하였다. 그 결과 훈민정음의 한글구조는 디자인의 철학서이며 지침서로 그 위상을 높이 평가할 수 있다고 했다. 필자는 한 교수가 제시한 한글창제의 기본요소(도36의 그림4)와 한글구성의 대칭과 회전의 원리에 제시된 (도36의 그림8) 예시 도판은 방획(方畫)으로 훈민정음의 원획(圓畫)과 서로 다르다는 점을 발견했다.

(2) 정복동(2007)의 훈민정음 구조와 한글서예의 심미적 연구(도37)

정복동은 '訓民正音 構造와 한글書藝의 審美的 硏究'[28] 논문에서 훈민정음해례본에 대한 V장 1절 '2. 發音器官에 대한 觀物取象的 構造'(144-160쪽)에서 象形而字倣古篆을 풀이하면서 한글과 고전의 구조적 관계를 밝혔다.

① 象形而字倣古篆의 의미 및 해석

* '字'는 '正音'을 의미하고, '고전'은 옛날의 '篆'을 뜻한다. 여기에서 '전'은 독립된 하나의 서체, 즉 '篆書體'를 의미하기도 한다.(논문 145쪽)

* 훈민정음 자형의 창제 실상을 유추할 수 있는 '상형이자방고전'에 있어서, '상형'은 일체의 발음기관을 상형하여 거기에 철학적 의미를 가하여 창제되었으며, '고전'은 전서의 필법과 상형성을 會意-形聲 등 六書의 원리에 의해 成文이 된다는 방법론을 의미한다.(논문 185쪽)

* 전서의 서체를 모방한 것이라기보다는 초중종성이 합자되고 전서의 필법을 적용함에 전서와 비슷한 선형을 이루었다고 할 수 있다.(논문 155쪽)

---

28 정복동, 2007, 성균관대학교 박사학위논문.

象形而字倣古篆의 용어해석 : 목소리의 象과 字의 본뜸[像]

* 상형 : 사물의 형상
* 자 : 정음의 글자
* 고전 : 옛날의 전서, 전서체
* 방 : 본뜨다. 모방하다, 닮았다. -전의 모양 본뜨기, 전자를 만드는 방법 본뜨기.

(도37) 정복동의 소전체와 훈민정음해례본체의 비교도

구 분		소전체 : 정음체 비교도 및 비교표
서체특징 분석표	소전체	<表 11> 小篆 書體 特徵 (문헌 : 『書道大字典』, 雲林筆房, 1984.)
	정음체	<表 12> 訓民正音 글꼴의 特徵 (문헌: 간송미술관 - 『訓民正音解例』)
분석 비교표	소전체-정음체	<表 13> 小篆과 正音의 書體 特徵 比較

<表 11> 小篆 書體 特徵 (문헌 : 『書道大字典』, 雲林筆房, 1984.)

곡선	장방형	일정한 굵기	둥근 방형	원필 출봉

<表 12> 訓民正音 글꼴의 特徵 (문헌: 간송미술관 - 『訓民正音解例』)

점·선	직선·사선	정방형	일정한 굵기	각진 방형	원방 입출봉

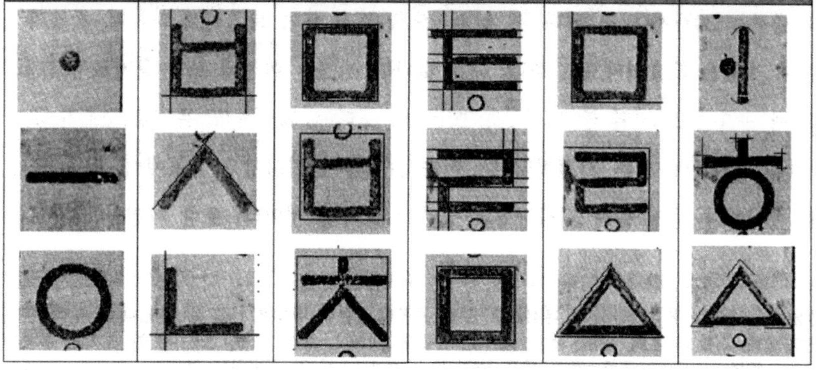

<表 13> 小篆과 正音의 書體 特徵 比較

특징	형태	획의 모양	획의 수	입·출봉	획의 변화
小篆	세로 형태의 장방형	직선 곡선	복잡	원	일정
正音	정방형	'•,ㅇ'외에는 직선	간단	방·원	일정

② 篆과 해례본체의 비교-방필과 원필 복합형

* 전서 중 서선을 직선화, 간략화한 소전체와 해례본체를 비교해 보면 다음과 같이 다른점이 발견된다.

- 소전체의 필획은 직선과 곡선을 아울러 취하고 있으나 방절(方折 : 각이 지게 꺾임)은 없다.
- 소전체의 획의 처음과 끝이 고르고 유연하다, 또 획의 첫머리와 끝, 즉 起筆處와 收筆處는 둥근 모양을 취하고 있다.
- 소전체의 글자의 구조는 가지런하여 마치 대칭을 이룬 듯한 형태를 취하고 있다. 세로 형태 장방형이다.

* 해례본체는 소전체와는 다른 특징을 보이고 있다.

- 해례본체 선은 수직, 수평, 사선, 원의 형태를 취하고 있으며, 필획의 기필처와 수필처는 圓과 方의 모양을 지니고 있다.
- 해례본체 글꼴은 정방형을 크게 벗어나지 않는 대각구도이다.(논문 146-149쪽 발췌)

이상과 같이 **象形而字倣古篆**에서 본 글꼴은 고전 중의 소전체와 가장 많이 닮았으나 반면 해례본체가 자형이 정방형이고, 선의 방향이 바뀌는 부분이 방절(方折)이며, 기-수필 부분이 방필-원필을 복합적으로 취하고 있다고 했다.

2.2. 훈민정음해례본의 부분별 한글서체

훈민정음의 정음편 중 예의부분과 정음해례편의 5해[제자해-초성해-중성해-종성해-합자해] 1례[용자례]에 나오는 한글 자모음과 합자를 다음과 같이 분류하여 각각의 출현문자를 집자 하여 자형의 생성 및 특징, 서체적 특징을 밝혀보았다. 즉 출현문자 중 자음 42자, 모음 41자, 합자 85자, 2자 어휘 42개[84자], 등 전체 252자를 선택하여 서체적 특징을 분석하였다.

2.2.1 훈민정음 정음편 한글서체-40자-독립 자음 18자, 독립모음 22자 : 28종류 문자

2.2.2. 훈민정음 제자해 한글서체 -143자-초성자음 67자, 중성모음 76자 : 34종류 문자

2.2.3. 훈민정음 초중종성해 한글서체-16-48-61자-초-중-종성자 서체 : 5-21-13종류 문자

2.2.4. 훈민정음 합자해 한글서체-67자-초중성합자, 초중종성합자 : 33종류 문자

2.2.5. 훈민정음 용자례 한글서체-172자-초성쓰임, 중성쓰임, 종성쓰임 : 123종류 문자

2.2.1. 정음편 예의부분 한글서체

훈민정음 정음편 내용은 正音 1ㄱ에서 정음 4ㄱ까지 7면에 걸쳐 제시되어 있는데 여기에 나오는 한글의 글자종류와 글자수는 초성 17종과 중성11종, 그리고 반복하여 나오는 초성 1종, 중성 11종 등 전체 28종 40자가 나온다. 이중 초성[자음] 17종 중 16종은 낙장을 복원할 때 직접 필사하여 보충한 것이다. 즉 목판본 자체로 된 훈민정음서체를 16종의 자음을 직접 붓으로 써서 낙장을 복원한 것이기에 서체가 일정하지 못하다.

정음편을 낙장복원 하는 중 2장의 글씨는 1940년에 직전 훈민정음 소장자인 이한걸(李漢杰 : 安東郡 臥龍面 周下洞)의 3남으로 안평대군서체를 잘 썼다는 이용준(李容俊 : 당시 서울 經學院[성균관대학교 전신] 재학중-鮮展입선작가)이 훈민정음 원본서체와 비슷하게 (도49)와 같이 서사하였다.[29]

정음편에는 초성 17종, 중성 11종에 제자 운용에 대한 내용을 도식화하면 (도38)과 같이 크게 3부분으로 나누어 볼 수 있다. 첫째 부분은 초성 17자를 한자의 첫 발성의 예를 들어 자음을 지칭하였고[ㄱ牙音, 如君字初發聲], 둘째 부분은 중성 11자를 한자를 발음의

29 정철, 1954. 4. 국어국문학 제9호, 165쪽 발췌.

중간 발성의 예를 들어 제시[·, 如呑字中聲]하였다. 셋째 부분은 초중종성을 합하여 음절이 이루어지는 성음법(成音法)을 밝혔다. 이 세부분 중 자모음 서체를 제시한 첫째, 둘째부분의 자음 17종, 모음 11종을 정상서체를 대비하여 (도39-1,2), (도40)과 같이 서체적 특징을 분석하였다. 그리고 셋째 부분은 (도41)과 같이 종성법을 비롯한 종성법, 연서법, 병서법, 부서법, 성음법, 방점법을 예시집자를 하여 초중성 운용법을 설명하고자 한다.

초성으로 나오는 기본자음 17종 중 ㅿ을 제외한 16종은 낙장을 복원한 서체로 원본서체와 같은 수준의 서체는 하나도 없다. 16종은 획형의 외형, 방향, 간가, 조세, 대소, 접필, 방원 등 필법요소에 어긋나는 것으로 분석된다. 중성으로 나오는 기본모음 11종 모두는 원본 그대로의 서체로 획형의 외형, 방향, 간가, 조세, 대소 등의 기본구조 요소 분석결과가 정상적으로 나타나지만 선획의 처음과 끝부분의 획형인 방필, 원필 표현이 고르게 정상적으로 표현하지 못한 것으로 나타난다. 11개 모음 중 80% 이상인 8,9개 모음이 원획으로 형성된 것으로 분석된다.

1) 초성 17자의 서체적 특징

훈민정음 한글 자음 17종을 제시된 본래의 초성류 순서를 고려하지 않고 형태상 분류와 순서를 다음과 같이 재편성하여 해례본에 나오는 (도39-1,2)와 같은 정상서체와 비교 분석하였다. 분석대상 초성 자음은 낙장부분 복원 때에 이용준이 필사한 16종과 원본부분 1자(ㅿ)를 포함하여 17종이 된다.

◉ 분석 대상 :

아음류 (ㄱ, ㅋ)　　설음류 (ㄴ, ㄷ, ㅌ, ㄹ)

순음류 (ㅁ, ㅂ, ㅍ)　　치음류 (ㅅ, ㅿ, ㅈ, ㅊ)

후음류 (ㅇ, ㆁ, ㆆ, ㅎ)

◉ 분석 요소 :

외형(外形)-가장자리 형태.　　대칭(對稱)-상하.좌우 같은 형태.

관착(寬窄)-넓고 좁음.　　조세(粗細)-굵고 거칢과 가늚.

장단(長短)-길고 짧음.　　방향(方向)-기울기.

방원(方圓)-방획, 원획(모짐과 둥긂).　　간가(間架)-사이 벌어짐.

접필(接筆)-획과 획의 붙음 정도.　　곡직(曲直)-굽음과 곧음.

전절(轉折)-굽음과 꺾임(실제 분석-짙음 표시 요소 5종)

(도38) 훈민정음해례본 정음편의 내용별 관계 서체 분석도

방법	초성 중성 종성 제자 운용 방법									
발성법 · 종성법 · 사성법	[ㅇ字 初發聲 자 초발성]			초성 17자 제자 운용			[終聲復用初聲 종성부용초성]			
	牙音 아음			舌音 설음			脣音 순음			齒音
	ㄱ	ㅋ	ㆁ	ㄷ	ㅌ	ㄴ	ㅂ	ㅍ	ㅁ	ㅈ
	君군 군	快쾌 쾡	業업 업	斗두 둫	呑탄 ᄐᆞᆫ	那나 낭	彆별 볋	漂표 푱	彌미 밍	卽즉 즉
	齒音 치음		喉音 후음			반설음	반치음	4聲-傍點 방점		
	ㅊ	ㅅ	ㆆ	ㅎ	ㅇ	ㄹ	ㅿ	거성	상성	평입성
								·아	:아	아 아
	侵침 침	戌술 슗	挹읍 ᅙᅳᆸ	虛허 헝	欲욕 욕	閭려 령	穰양 ᅀᅣᇰ	좌 1점	좌 2점	무점
병서법 · 연서법	並書 병서						連書 연서-脣輕音 순경음			
	ㄲ	ㄸ	ㅃ	ㅉ	ㅆ	ㆅ	ㅸ	ㆄ	ㅱ	ㅹ
	ㄲ	ㄸ	ㅃ	ㅉ	ㅆ	ㆅ	ㅸ	ㆄ	ㅱ	ㅹ
	虯규끃	覃담땀	步보뽕	慈자쭝	邪사썅	洪홍ᅘᅩᇰ				
	[ㅇ字 中聲 자 중성]					중성 11자 제자 운용				
발성법	기본자[1획형]		초출자[2획형]				재출자[3획형]			
	ㆍ ㅡ	ㅣ	ㅗ	ㅏ	ㅜ	ㅓ	ㅛ	ㅑ	ㅠ	ㅕ
	呑탄 ᄐᆞᆫ 卽즉 즉	侵침 침	洪홍 ᅘᅩᇰ	覃담 땀	君군 군	業업 업	欲욕 욕	穰양 ᅀᅣᇰ	戌슐 슗	彆별 볋
부서법-중성의 위치	중성[점-횡모음]의 위치					중성[종모음]의 위치				
	ㆍ ㅡ	ㅗ	ㅜ	ㅛ	ㅠ	ㅣ	ㅏ	ㅓ	ㅑ	ㅕ
	ᄀᆞ 그	고	구	교	규	기	가	거	갸	겨
	초성의 아래쪽에 붙여 씀					초성의 오른쪽에 붙여 씀				
	附書初聲之下 부서초성지하					附書於右 부서어우				
	초·중·종성 운용					[凡字必合而成音 범자필합이성음]				
성음법	초성+중성=음 : 음절					초성+중성+종성=음 : 음절				
	예문 좌우위치 ㅂ+ㅏ=바					ㅂ+ㅏ+ㄱ=박				
	상하위치 ㅂ+ㅜ=부					상중하위치 ㅂ+ㅜ+ㄱ=북				

◉ 용어 약칭 : *관착(寬窄)-넓고 좁음. *부정(不定)-일정하지 않음. *가우, 가좌-가로선 오른쪽, 왼쪽. *세상, 세하-세로선 위쪽, 아래쪽, *상향, 하향-위로 올라감. 아래로 내려감. *좌향,우향-왼쪽으로 기움, 오른쪽으로 기움.

◉ 비교 서체 : 훈민정음해례본의 자음서체를 본보기로 수정 보완한 서체임 : 원전 서체로 지칭함

◉ 힙치 비율 : 견본 서체와의 합치성이 어느 정도가 되는가를 분석요소에 따라 분석하여 %로 계산한 수치임.

(1) 아음류 ㄱ ㅋ 의 서체적 특징(도39-1)

훈민정음 정음편 첫 번째로 제시된 아음(牙音 -어금닛소리)류 ㄱ 과 ㅋ 은 원본서체로는 가로폭이 큰 외형을 이루는데 복원서체는 반대로 세로폭이 큰 직사각형의 외형을 형성한다. 복원체 ㄱ 과 ㅋ 은 10종 요소로 분석한 결과 세로선 굵기[조세]와 세로선의 곧은 정도[곡직] 2가지만 정상이고, 나머지 8종 요소는 비정상[80%]인 것으로 나타난다. 즉 ㄱ ㅋ 의 가로선 굵기와 굽이가 일정하지 않고, 가로선의 오른쪽 방향을 위로 올라가게 나타냈으며, 가로선의 처음부분과 세로선의 끝부분을 모진 획형으로 잘 못 나타냈다.

복원 서체와 원본 서체 모두 ㄱ 과 ㅋ 의 가로선과 세로선이 만나 방향이 바뀌는 오른쪽 윗부분의 안쪽은 90도의 직각 형태를 이루는 절획(折畫-方畫)이 형성되었고, 바깥부분은 둥근 형태를 이루는 전획(轉畫-圓畫)이다.

(2) 설음류 ㄴ ㄷ ㅌ ㄹ 의 서체적 특징(도39-1)

설음(舌音-혓소리)류 자음 ㄴ ㄷ ㅌ ㄹ 은 모두 가로폭이 큰 자형으로 바르게 필사하였는데 원본 서체보다는 세로폭이 조금씩 큰 외형을 이룬다. 가로선과 조금 더 굵은 세로선이 만나서 이루어진 설음 4종은 ㄹ 을 제외하고 원본 정상서체의 60~70%에 해당하는 합치율을 보이는 필사체로 나타냈다. 설음 4종의 모든 가로선의 방향을 오른쪽을 높여서 잘못 나타냈으나, 가로선의 오른쪽 끝부분을 ㄴ 을 제외하고는 원획으로 바르게 나타냈다. 4종 중 ㄹ 이 정상 서체와의 합치율이 36% 정도로 외형, 조세, 방향, 방원, 곡직 등의 필사적 표현이 뒤떨어지는 편이다.

복원 서체와 원본 서체 모두 ㄴ ㄷ ㅌ 의 세로선과 가로선이 만나 방향이 바뀌는 왼쪽 아래의 안쪽은 90도의 직각 형태를 이루는 절획(折畫-方畫)이고, 바깥부분은 둥근 형태를 이루는 전획(轉畫-圓畫)이다. 그러나 ㄹ 은 그렇지 않다.

(3) 순음류 ㅁ ㅂ ㅍ 의 서체적 특징(도39-1)

순음류(脣音類-입술소리) 중 원본 서체와 합치율이 ㅁ 은 25%, ㅂ 은 20%, ㅍ 은 50% 정도로 원본 서체와 유사성이 크게 뒤떨어지는 편이다. 순음류의 ㅂ 은 외형 표현을 원본 서체와 달리 세로폭이 지나치게 크고, 두 세로선의 길이와 굵기를 다르게 나타냈다. ㅍ 은 원본서체와 유사하게 외형의 가로폭을 세로폭보다 조금 크게 바르게 나타냈으나, 아래-위 가로선의 길이와 방향, 굵기를 잘못 나타냈으며, 양끝부분의 획형을 방획으로 잘못 나타냈다.

복원서체와 원본 서체 모두 ㅁ ㅂ 의 좌우편 두 개의 세로선과 아래의 가로선이 만난 왼쪽부분 안쪽과 오른쪽부분 안쪽은 90도의 직각 형태를 이루는 절획(折畫-方畫)이 형성되었고, 바깥부분은 둥근 형태(圓畫)를 이루었다.

(4) 치음류 ㅅ ㅿ ㅈ ㅊ 의 서체적 특징(도39-2)

치음류(치음류 -잇소리) 4종은 ㅅ 을 기본으로 상하위치에 가로선과 짧은 세로선을 붙여서 이루어진 획형들이다. 이중 ㅿ 은 필사한 것이 아닌 원본서체로 거의 정상적인 획형을 이루고 있다. 좌우 사향선이 처음부분을 대칭형으로 맞대어 80도 정도의 내각을 이루게 쓴 좌우편 대칭형의 자음이다. 원본의 ㅿ ㅈ ㅊ 도 ㅅ 부분의 내각을 모두 80도 정도로 이루어진 획형이지만 필사된 ㅅ ㅈ ㅊ 의 내각은 70~75도 정도로 원본서체 보다 좁혀서 나타냈다.

ㅅ 은 왼쪽 사향성 끝, ㅈ 은 가로선 양끝, ㅊ 은 짧은 세로선 처음부분과 가로선 왼쪽부분, 왼쪽 사향선 끝 부분 등을 방획으로 잘못 나타냈다. 치음 ㅅ ㅈ ㅊ 은 모든 서선의 굵기, 곧기, 기울기 등을 잘못 표현했다.

(5) 후음류 ㅇ ㆁ ㆆ ㅎ 의 서체적 특징(도39-2)

후음류(喉音類-목구멍소리)는 모두 ㅇ 을 기본으로 이루어진 획형으로 원본서체는 모두 중심 수직선을 기준으로 좌우대칭형으로 이루어졌으나 필사한 후음류 4개 자음은 모두 비대칭으로 잘못 이루어졌다. 후음류의 필사체는 원본서체와의 합치율이 10~40% 정도로 5개 초성류 중 가장 낮은 것으로 분석된다. 4개 자음의 공통 획형인 ㅇ 의 원형정도가 형성되지 않았고, 선의 굵기가 일정하지 않다. ㆆ ㅎ 의 가로선의 기울기를 잘못 나타냈고, 가로선과 세로선이 방획으로 잘못 표현됐으며, ㅇ 부분과 ㅡ 선 사이 간격을 지나치게 넓게 나타냈다.

(도39-1) 훈민정음해례본 정음편의 초성서체 분석도

분류	문자 (분석)	복원서체 1940년대	원본서체 1446년	외형 (外形)	조세 (粗細)	방향 (方向)	방원 (方圓)	곡직 (曲直)	합치율%
아음류	ㄱ			가로폭 착 세로폭 관	가로 부정 세로 일정	가우 상향 세상 좌향	가로 방획 세로 방획	가로 곡획 세로 직획	20
				가로폭 관 세로폭 착	가로 일정 세로 일정	가로 수평 세로 수직	가로 원획 세로 원획	가로 직획 세로 직획	
	ㅋ			가로폭 착 세로폭 관	2가 부정 세로 일정	2가 상향 세상 좌향	2가 방획 세로 방획	하가 곡획 세로 직획	20
				가로폭 관 세로폭 착	2가 일정 세로 일정	2가 수평 세로 수직	2가 원획 세로 원획	2가 직획 세로 직획	
설음류	ㄴ			가로폭 관 세로폭 착	가로 일정 세로 일정	가우 상향 세로 수직	가로 방획 세로 방획	가로 곡획 세로 직획	60
				가로폭 관 세로폭 착	가로 일정 세로 일정	가로 수평 세로 수직	가로 원획 세로 원획	가로 직획 세로 직획	
	ㄷ			가로폭 관 세로폭 착	2가 부정 세로 일정	가상 상향 세로 좌향	2 가 원획 가좌 원획	2 가 직획 세로 직획	70
				가로폭 관 세로폭 착	2가 일정 세로 일정	2가 수평 세로 수직	2 가 원획 가좌 원획	2 가 직획 세로 직획	
	ㅌ	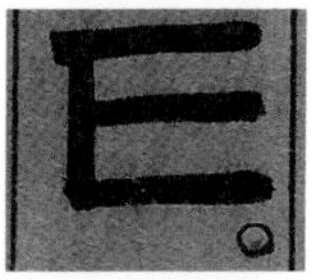		가로폭 관 세로폭 착	3가 부정 세로 일정	3가 상향 세로 수직	3가 원획 가좌 방획	3가 곡획 세로 직획	60
				가로폭 관 세로폭 착	3 가 일정 세로 일정	3 가 수평 세로 수직	3 가 원획 가좌 원획	3 가 직획 세로 직획	
	ㄹ			가로폭 관 세로폭 착	3가 부정 2세 부정	1 가 상향 상세 우향 하세 좌향	상가 원획 하가 원획	3가 곡획 2세 곡획	36
				가로폭 관 세로폭 착	3가 일정 2세 일정	3 가 수평 상세 수직 하세 수직	상가 원획 하가 원획	3가 직획 2세 직획	
순음류	ㅁ			가로폭 관 세로폭 착	2가 부정 2세 부정	2가 상향 2세 좌향	-	2가 곡획 2세 곡획	25
				가로폭 관 세로폭 착	2가 일정 2세 일정	2가 수평 2세 수직	-	2가 직획 2세 직획	
	ㅂ	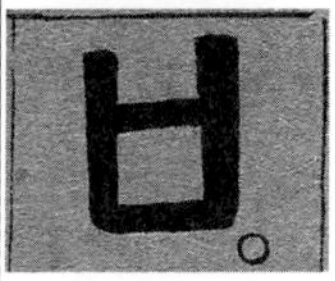		가로폭 착 세로폭 관	2가 부정 2세 부정	2가 상향 2세 좌향	좌세 방획 우세 방획	2가 곡획 2세 곡획	20
				가로폭 관 세로폭 관	2가 일정 2세 일정	2가 수평 2세 수직	좌세 원획 우세 원획	2가 직획 2세 직획	
	ㅍ			가로폭 관 세로폭 착	2가 부정 2세 일정	2가 상향 2세 수직	상가 방획 하가 방획	2가 곡획 2세 직획	50
				가로폭 관 세로폭 착	2가 일정 2세 일정	2가 수평 2세 수직	상가 원획 하가 원획	2가 직획 2세 직획	

* 자음이 쓰인 계선간의 가로폭 크기[행간크기]는 행마다 다르게 나타냈음.

(도39-2) 훈민정음해례본 정음편의 초성서체 분석도

문자 \ 분석		복원서체 1940년대	원본서체 1446년	외형 (外形)	조세 (粗細)	방향 (方向)	방원 (方圓)	곡직 (曲直)	합치 율%
치음류	ㅅ			가로폭 관 세로폭 착	좌선 부정 우선 일정	좌선, 우선 비대칭	좌선 방획 우선 원획	좌선 곡선 우선 직선	56
				가로폭 관 세로폭 착	좌선 일정 우선 일정	좌선, 우선 대칭형	좌선 원획 우선 원획	좌선 직선 우선 직선	
	ㅿ			가로폭 관 세로폭 착	좌선 부정 우선 일정 가선 일정	좌선, 우선 대칭 가선 수평	3개모서리 방획	좌선 곡선 우선 직선 가선 직선	82
				가로폭 관 세로폭 착	좌선 일정 우선 일정 가선 일정	좌선, 우선 대칭 가선 수평	3개모서리 방획	좌선 직선 우선 직선 가선 직선	
	ㅈ			가로폭 관 세로폭 착	가선 부정 좌선 부정 우선 부정	가선 우상 좌우선 비 칭	가좌우방 좌선 원획 우선 원획	가선 곡선 좌선 곡선 우선 곡선	31
				가로폭 관 세로폭 착	가선 일정 좌선 일정 우선 일정	가선 수평 좌우선 대 칭	가 좌 우 원 좌선 원획 우선 원획	가선 직선 좌선 직선 우선 직선	
	ㅊ			가로폭 착 세로폭 관	세선 부정 가선 부정 좌우 부정	세선 좌향 가선 상향 좌우 비칭	세선 방획 가선 방원 좌우 방원	세선 곡선 가선 곡선 좌우 곡선	13
				가로폭 관 세로폭 착	세선 일정 가선 일정 좌우 일정	세선 수직 가선 수평 좌우 대칭	세선 원획 가선 원획 좌우 원획	세선 직선 가선 직선 좌우 직선	
후음류	ㅇ			가로폭 관 세로폭 착	좌반 부정 우반 부정	좌우반원 비칭	-	-	40
				가로폭 관 세로폭 착	좌반 일정 우반 일정	좌우반원 대칭	-	-	
	ㆁ			가로폭 착 세로폭 관	세선 부정 좌반 부정 우반 부정	세선 좌향 좌우 반원 비대칭	세선 방획	-	25
				가로폭 착 세로폭 관	세선 일정 좌반 일정 우반 일정	세선 수직 좌우 반원 대칭	세선 원획	-	
	ㆆ	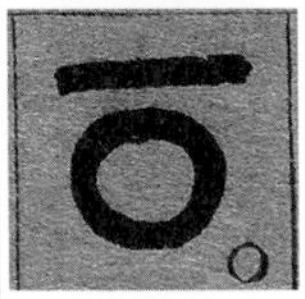		가로폭 관 세로폭 관	가선 부정 좌반 부정 우반 부정	가선 상향 좌우 반원 비대칭	가좌 방획 가우 방획	가선 곡선	10
				가로폭 관 세로폭 착	가선 일정 좌반 일정 우반 일정	가선 수평 좌우 반원 대칭	가좌 원획 가우 원획	가선 직선	
	ㅎ	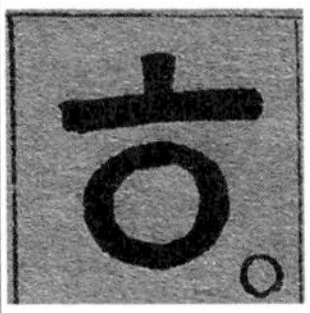		가로폭 관 세로폭 관	세선 부정 가선 부정 좌우 반원 부정	세선 좌향 가선 우상 좌우 반원 비칭	세선 방획 가좌 방획 가우 원획	가선 곡선 세선 직선	23
				가로폭 착 세로폭 관	세선 일정 가선 일정 좌우 반원 일정	세선 수직 가선 수평 좌우 반원 대칭	세선 원획 가좌 원획 가우 원획	가선 직선 세선 직선	

* 약칭 풀이 : 가우-가로선 우측. 가좌-가로선 좌측. 세상-세로선 상측. 세하-세로선 하측.
2가-상,하 가로선. 3가-상, 중, 하 위치 가로선. 상세-위 세로선.
하세-아래 세로선. 2세-두개의 세로.

* 합치율 산출방법 : 불일치 분석 항목수 [작은 글자] ÷ 정상 항목수[굵은 글자] = %

2) 중성 11자의 서체적 특징

훈민정음 한글 모음 11종을 제시된 본래의 중성류 순서를 고려하지 않고 형태상 분류와 순서를 다음과 같이 재편성하여 해례본 원본 3장 앞, 뒤 부분에 나오는 중성(中聲) 설명용 서체와 4장 앞쪽에 부서(附書) 설명용 비교를 (도40)과 같이 분석하였다.

◉ 분석 대상 : 기본획 (· ㅡ ㅣ) : 점, 가로선, 세로선 등 단일 점획으로 이루어진 모음
횡모음 (ㅗ ㅜ ㅛ ㅠ) : 모음 중 주선이 가로 방향 선으로 이루어진 모음
종모음 (ㅏ ㅓ ㅑ ㅕ) : 모음 중 주선이 세로 방향 선으로 이루어진 모음

◉ 분석 요소 :

대칭(對稱)-상하. 좌우 같은 형태.
조세(粗細)- 굵고 거칢과 가늚.
방원(方圓)-방획, 원획(모짐과 둥긂).
방향(方向)-가로선, 세로선의 수평 수직 정도.
곡직(曲直)- 선의 굽음과 곧음 정도.

◉ 용어 약칭 :

⋆ 부정(不定)-일정하지 않음.
⋆ 가우, 가좌-가로선 오른쪽, 왼쪽.
⋆ 세상, 세하-세로선 위쪽, 아래쪽.
⋆ 상향, 하향-위로 올라감. 아래로 내려감.
⋆ 좌향,우향-왼쪽으로 기욺, 오른쪽으로 기욺.

◉ 비교 서체 : 중성 발음용 11종[중성용 서체]과 부서 설명용[부서용 서체] 11종 비교

◉ 합치 비율 : 정상서체와 어느 정도 부합 되는가를 분석요소에 따라 분석하여 %로 계산한 수치.

(1) 기본획 · ㅡ ㅣ 의 서체적 특징(도40)

훈민정음 정음편 두 번째로 제시된 모음 11종 중에서 1개의 큰 원과 수평선, 수직선으로 이루어진 기본획인 중성용 서체[(도40)의 왼쪽 서체]와 부서용 서체[(도40)의 오른쪽 서체]의 획형을 정상적인 획형의 기준에 얼마나 합치되는가를 비교 분석한다.

중성용 · 은 부서용 · 와 비교하여 80% 정도의 원형으로 나타냈다. 즉 원형정도가 일그러졌고, 둘레가 일정한 형체를 이루지 못하였다. 중성용 ㅡ 와 부서용 ㅡ 와 비교하여 보면 대칭, 조세, 방향, 곡직 등의 표현은 똑 같으나 부서용 ㅡ 는 오른쪽 끝을 방획으로

잘못 나타내어 100 : 83% 정도로 중성용 ㅡ 가 더 정상 서체를 형성하였다. 중성용 ㅣ 와 부서용 ㅣ 를 비교해 보면 83 : 67%로 모두 정상 서체로 표현하지 못했다.

ㅡ 와 ㅣ 획은 중심을 기준으로 좌우-상하 대칭이 되어야 하고, 굵기가 일정하며 곧은 직선이 되어야 한다. 또한 방향은 수평과 수직을 이루어야하고, 좌우부분, 상하부분 획형이 원획으로 형성되어야 정상적인 획형이 이루어지는 것인데 중성용, 부서용 ㅡ 와 ㅣ 는 이 같은 조건을 완벽하게 갖추지는 못했다.

(2) 횡모음 ㅗ ㅜ ㅛ ㅠ 의 서체적 특징(도40)

횡모음 ㅗ ㅜ ㅛ ㅠ 는 가로선 ㅡ 를 기본으로 상하위치에 점 1개 또는 2개를 붙지 않게 배치하여 이루어졌다. ㅗ ㅜ 의 점의 직경과 가로선 굵기는 9 : 5 정도로 점의 직경이 크고, 점은 ㅡ 의 좌우중간 위치에 배획하되 사이는 점 크기의 1/9 정도로 붙지 않게 나타냈다. ㅛ ㅠ 의 두 점은 ㅡ 를 기준으로 상,하에 점 크기의 1/9 정도로 사이를 두고, 두점 좌우의 사이는 점 1개 직경 크기와 같고, 두 점은 ㅡ 의 2/5와 4/5 위치에 배획하여 나타냈다.

중성용과 부서용 4개 획의 가로선 굵기는 대체로 일정하고 직선으로 나타냈으나, 부서용 가로선의 방향은 대부분 오른쪽을 아래로 처지게 불균형 상태로 나타냈다. 가로선의 처음과 끝부분의 획형을 대부분 원획으로 나타냈다.

(3) 종모음 ㅏ ㅓ ㅑ ㅕ 의 서체적 특징(도40)

종모음 ㅏ ㅓ ㅑ ㅕ 는 세로선 ㅣ 를 기본으로 좌우위치에 점 1개 또는 2개를 붙지 않게 배치하여 이루어졌다. ㅏ ㅓ 의 점의 직경과 세로선의 굵기는 9 : 5 정도로 점의 직경이 크고, 점은 세로선 상하사이의 중간에 배치하되 점 크기의 1/9정도 띄었다. ㅑ ㅕ 의 두 점의 위치는 세로선의 2/5와 4/5위치에 배치했고, 두 점 사이 간격은 한 점의 크기와 같다. 이러한 형태는 횡모음 ㅛ ㅠ 와 두 점 크기와 위치를 같게 나타낸 것과 같은 현상이다.

이러한 점의 위치와 크기가 정상적으로 배획하지 않은 것으로 부서용 ㅓ 의 좌측점을 중간에서 약간 내려가게 나타냈고, 중성용 ㅑ 의 두점 위치가 역시 아래 위치로 잘못 치우치게 나타냈다. 중성용 ㅏ ㅓ ㅑ ㅕ 의 세로선 굵기가 일정하지 못하고, ㅑ ㅕ 의 곡직 상태가 좋지 않은 편이고, 세로선 위아래 부분의 원획 표현을 잘못한 것이 여러 개 나타난다. 전체적으로 보아 부서용 서체가 중성용 서체보다 대칭정도, 조세, 방원, 방향, 곡직 표현이 정상적으로 이루어졌다.

초성 17종과 중성 11종의 공통적인 조형요소에 의거 분석한 결과 정상적인 획형들은 다음과 같은 특징이 있는 것으로 분석된다.(표16)

1. **자형** : [도형적 외형, 기본형], **대칭** : [좌우, 상하 위치]

자모음의 획형은 기하학적인 점 · 가로선 · 세로선 · 사선 · 원 · 삼각형 · 사각형 [점, 선, 도형 · ㅡ ㅣ / ㅇ ㅿ ㅁ] 등의 기본획형으로 이루어졌다. 기하학적인 기본도형은 모두 좌우, 상하의 상대적인 중심선을 기준으로 대칭을 이루었다.

2. **방향** : [수직, 수평, 사향], **방원** : [방획과 원획]

자모음의 모든 선은 각각 수직(90도), 수평(180도), 사향(70도 정도) 방향으로 운필하였고, 운필한 모든 선의 처음(입필부분)과 끝부분(수필부분)은 [원획]으로 이루었다.

3. **장단** : [대소, 장단], **조세** : [굵기 일정]

자음에서 아음, 설음류 획형의 세로선 : 가로선 길이는 모두 가로선이 길고, 설음의 ㄷㅌ 의 첫 번째 가로선은 다른 가로선 길이보다 길게 나타냈다. 모든 선들은 처음-중간-끝부분의 선 굵기가 일정하고, 자음이나 모음의 같은 문자에서 세로선은 가로선보다 굵게 나타냈다. 모음의 가로선, 세로선 굵기는 점의 직경의 1.8 : 1 정도로 가는 편이고, 점의 직경은 선 길이의 5/1 크기 정도이다.

4. **전절** : [전획, 절획], **곡직** : [곡선, 직선]

자음 중 아음류, 설음류, 순음류 획형의 ㄱ 과 같이 가로선에서 세로선으로, ㄴ 과 같이 세로선에서 가로선으로 직각으로 방향이 바뀌는 부분은 내부는 직각으로 절필(折筆)하였고, 외부는 둥글게 전필(轉筆)하였다.

자음이나 모음은 선으로 이루어졌는데 굽어지지 않고 곧은 선으로 이루어진 것이 정상적인 획형이다.

5. **간가** : [동간격(ㅌ ㅋ) 이간격], **접필** : [심접 (ㆅ ㅊ) 천접]

자음 중에는 ㅋ ㅌ ㄹ 의 가로선 상하간격은 일정하고, 모음의 점과 선의 간격은 점의 직경의 9/1정도가 된다. 자음의 선과 선이 접필되는 부분은 선의 굵기로 접필했다.

(도40) 훈민정음해례본 정음편의 중성서체 분석도

문자		원본中聲用서체 1446년-3장앞뒤	원본附書用서체 1446년-4장 앞	대칭(對稱)	조세(粗細)	방원(方圓)	방향(方向)	곡직(曲直)	합치율 %
기본음	ㆍ			비칭	–	비상 원형	–	–	0
				대칭	–	정상 원형	–	–	100
	ㅡ	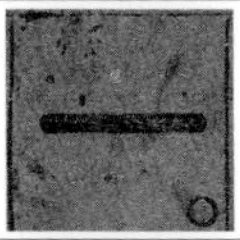		대칭	가로선 굵기 일정	좌측 원획 우측 원획	가로 수평	정상 직선	100
				대칭	가로선 굵기 일정	죄측 원획 우측 방획	가로 수평	정상 직선	83
	ㅣ	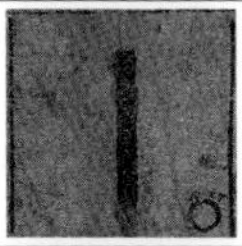	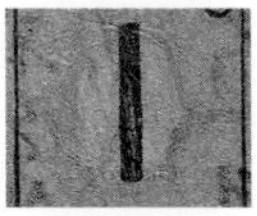	대칭	세로선 굵기 일정	상측 방획 하측 원획	세로 수직	세로 직선	83
				비칭	세로선 굵기 부정	상측 원획 하측 원획	세로 좌향	세로 직선	67
횡모음	ㅗ	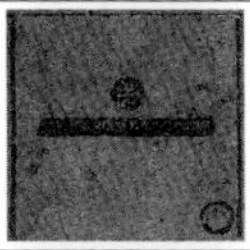		상측1점 대칭 위치	가로선 굵기 일정	상측 정원 좌원 우원	가로 수평	가로 직선	100
				상측1점 우측 위치	가로선 굵기 부정	상측 비원 좌원 우원	우측 하향	가로 곡선	29
	ㅜ	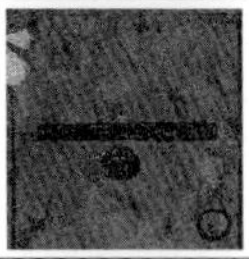		하측1점 좌측 위치	가로선 굵기 일정	좌방 우방 하측 정형	가로 수평	가로 직선	57
				하측 1점 대칭 위치	가로선 굵기 일정	좌방 우원 하측 비원	우측 하향	가로 직선	71
	ㅛ			상측2점 대칭 위치	가로선 굵기 부정	상측 정원 좌방 우원	가로 수평	가로 곡선	57
				상측2점 대칭 위치	가로선 굵기 일정	상측 비원 좌원 우원	우측 하향	가로 직선	71
	ㅠ			하측2점 좌측위치	가로선 굵기 일정	좌원 우원 하측 정원	가로 수평	가로 직선	86
				하측2점 대칭위치	가로선 굵기 일정	좌원 우원 하측 비형	우측 하향	가로 직선	71
종모음	ㅏ	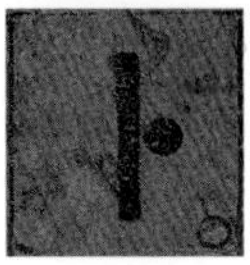		우측1점 대칭위치	세로선 굵기 부정	세상 방획 세하 방획 우원 정형	세로 수직	세로 직선	57
				우측1점 대칭위치	세로선 굵기 일정	세상 원획 세하 방획 우원 정형	세로 수직	세로 직선	86
	ㅓ		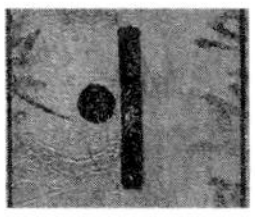	좌측1점 대칭위치	세로선 굵기 부정	좌원 정형 세상 방획 세하 방획	세로 수직	세로 직선	57
				좌측1점 하향위치	세로선 굵기 일정	좌원 정형 세상 원획 세하 원획	상측 좌향	세로 직선	71
	ㅑ			우측2점 하향위치	세로선 굵기 부정	세상 원획 세하 원획 우원 정형	세로 수직	세로 곡선	57
				우측2점 대칭위치	세로선 굵기 일정	세상 방획 세하 원획 우원 정형	세로 수직	세로 곡선	71
	ㅕ		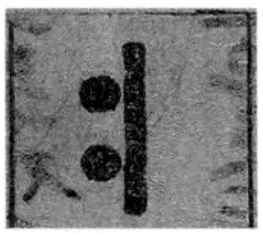	좌측2점 대칭위치	세로선 굵기 부정	좌원 정형 세상 원획 세하 방획	세로 수직	세로 곡선	57
				좌측2점 대칭위치	세로선 굵기 부정	좌원 정형 세상 원획 세하 원획	상측 우향	세로 곡선	57

3) 초중종성의 운용법(도41)

훈민정음 정음편[3장 뒷면 6행부터 4장 앞면 6행 내용]에는 (도41)과 같이 초성, 중성, 종성의 운용방법으로 종성법(終聲法), 연서법(連書法), 병서법(竝書法), 부서법(符書法), 성음법(成音法), 방점법(傍點法) 등 6가지를 제시하였다.

첫째 종성법은 종성[받침]에는 초성글자를 다시 사용한다는 방법으로, 예를 들어 'ᄉᆞ 자의 ㅅ 은 다시 ᄀᆺ 자의 종성 ㅅ 과 같이 다시 쓴다'라는 방법을 말한다. 상중하 위치의 초중종성합자의 종성은 초성의 가로폭 크기보다 약간 작게, 세로폭은 초성과 비슷한 크기로 나타냈다. 중성이 종모음으로 된 좌우하 위치로 구성된 초중종성합자의 종성은 초중성 부분의 가로폭 크기와 비슷하되 세로폭 크기보다 작게 나타냈다.

둘째 연서법은 ㅇ 을 순음[ㅂ] 아래에 이어서 쓰면 순경음(脣輕音 : 입술가벼운소리)이 된다는 방법이다. 이때 위의 순음은 크게 쓰고 아래의 ㅇ[꼭지 없는 아음] 을 약간 띄어서 ㅸ 과 같이 작게 쓴다.

셋째 병서법은 초성글자를 좌우 위치로 나란히 쓴다. 종성글자도 마찬가지이다. 같은 자음을 반복하여 쓴 경우는 각자병서(各自竝書 : ㄲ ㄸ ㅃ ㅆ ㅉ ㆀ ㆅ), 서로 다른 자음을 아울러 쓴 2자 합용병서(合用並書 : ㅺ ㅈ....)와 3자 합용병서(ㅩ ㅴ ㅵ....) 가 있다. 좌우의 초성 크기를 비슷하게 서로 닿지 않게 쓴다.

넷째 부서법은 초성과 중성을 부합하여 쓰는 방법으로 점-횡모음류 [ㆍ ㅡ ㅗ ㅛ ㅜ ㅠ] 의 중성자는 초성의 아래에 쓰고, 종모음류[ㅣ ㅏ ㅓ ㅑ ㅕ]의 중성자는 초성의 오른쪽에 붙여 쓴다. 여기에서 붙여 쓴다는 의미는 접필이 아니고 같이 쓴다는 뜻이다.

다섯째 성음법은 무릇 글자는 반드시 [초중종성]이 합해져야 소리[음절]가 이루어 진다는 뜻이다. 즉 각각의 초성이나 중성 만으로는 소리가 나지 않는다는 말이다. 초성과 중성이 합하여진 경우, [버] 나 여기에 종성이 합하여 진 경우[벙] 등이어야 소리가 이루어진다는 뜻이다. 초중성을 닿지 않게 나타낸다.

여섯째 방점법은 각 합자의 발음법을 문자의 왼쪽에 표시한 것을 말한다. 왼쪽에 한 점을 더하면 거성(去聲)이 되고, 두 점을 더하면 상성(上聲)이며, 점이 없으면 평성(平聲)이다. 입성(入聲)은 점을 더함은 같으나 빠르다. 둥근 방점은 합자의 왼쪽 세로폭 중간에 나타내되 크기는 중성자 굵기와 비슷하게 나타낸다.

(도41) 훈민정음해례본의 운용규정 비교도

구분	운용방안 해석	운용 원문구
1. 終聲法 종성법	終聲復用初聲. 종성[받침]에는 초성 글자를 다시 사용한다.	終聲復用初聲。
2. 連書法 연서법	ㅇ連書脣音之下, 卽爲脣輕音. ㅇ을 순음 아래에 이어서 쓰면 순경음[입술가벼운소리]이 된다.	○連書脣音之下 / 則爲脣輕音。
3. 並書法 병서법	初聲合用則並書, 終聲同. 초성글자를 합쳐 쓰려면 나란히 쓰라. 종성 글자의 경우도 마찬가지이다.	初聲合用 / 則並書終聲同。
4. 附書法 부서법	· ㅡㅗㅜㅛㅠ, 附書初聲之下. ㅣㅏㅓㅑㅕ, 附書於右. · ㅡㅗㅜㅛㅠ는 초성의 아래에 붙여쓰고, ㅣㅏㅓㅑㅕ는 오른쪽에 붙여쓴다.	附書初聲之下。 / 附書於右。
5. 成音法 성음법	凡字必合而成音. 무릇 글자는 반드시 [초중종성]이 합해져야만 소리[음절]가 이루어진다.	凡字必合而成音。
6. 傍點法 방점법	左加一點則去聲, 二則上聲, 無則平聲. 入聲加點同而促急. 왼쪽에 한 점을 더하면 거성이 되고. 두 점을 더하면 상성이며, 점이 없으면 평성이다. 입성은 점을 더함은 같으나 빠르다.	左加一點則去聲 / 二則上聲無則平聲 / 入聲加點同而促急

2.2.2. 정음해례편 제자해 한글서체

제자해[制字解 : 글자 만들기 풀이] 내용은 正音解例 1ㄱ에서 14ㄴ까지 28면에 걸쳐 나온다. 초성으로 나오는 독립자음 17종과 각자병서로 나오는 자음 6종과 중성자인 모음 11종 등 모두 34종의 난독힝의 지모음자가 나온다. 이들 34종의 초중성자가 반복하여 나오는 것을 합하면 모두 143자가 나온다.

* 초성자 출현빈도

아음류- ㄱ 4, ㅋ 3,

설음류-ㄴ 4, ㄷ 3, ㅌ 2, ㄹ 2,

순음류- ㅁ 4, ㅂ 3, ㅍ 2,

치음류-ㅅ 5, ㅈ 5, ㅊ 2, ㅿ 2,

후음류- ㅇ 7, ㆁ 4, ㆆ 5, ㅎ 3,

병서류-ㄲ 2, ㄸ 1, ㅃ 1, ㅆ 1, ㅉ 1, ㆅ 1,

계 67자

* 중성자 출현빈도

점모음류-ㆍ 11,

횡모음류- ㅡ 7, ㅗ 6, ㅛ 6, ㅜ 6, ㅠ 6,

종모음류- ㅣ 10, ㅏ 6, ㅑ 6, ㅓ 6, ㅕ 6

계 76자

초성자에 대한 제자해(도42-1)

1ㄴ에서 2ㄱ까지 2면에 걸쳐 단독자음 17종의 제자 방법과 해설이 나오고, 3ㄴ에서 4ㄴ까지 3면에 걸쳐 단독자음 17종이 반복하여 나오되 새롭게 각자병서 6종에 대한 소리의 청탁에 대하여 해설이 더 나온다. 초성의 소리 청탁에 대한 해설용 자음은 전청자(全淸字 : 전체 맑은 소리 자) 6종, 차청자(次淸字 : 버금 맑은 소리자) 5종, 전탁자(全濁字 : 전체 흐린 소리자) 6종, 불청불탁자(不淸不濁字 : 맑지도 흐리지도 않은 소리자) 6종인데 이중 전탁자 6종[ㄲ ㄸ ㅃ ㅆ ㅉ ㆅ]이 각자병서로 된 자음이다. (도53-1) 이를 다시 기본자 5종[ㄱ ㄴ ㅁ ㅅ ㅇ], 1차 가획자 5종[ㅋ ㄷ ㅂ ㅈ ㆆ], 2차 가획자 4종[ㅌ ㅍ ㅊ ㅎ], 이체자 3종[ㆁ ㄹ ㅿ] 등 모두 17자가 된다.

중성자에 대한 제자해(도42-2)

4ㄴ에서 7ㄱ까지 6면에 걸쳐 단독모음 11종의 기본자, 초출자, 재출자 등의 순서대로 제자한 방법과 해설이 나오고, 중성 11종에 대한 근본을 설명하였다. 중성 11자 중 기본자는 점이나 가로선, 세로선 하나로 이루어진 ・ ㅡ ㅣ 가 있고, 처음 나오는 초출자(初出字)는 점이 가로선의 상하위치에 1개씩 위치한 ㅗ ㅜ 와 점이 세로선 좌우에 1개씩 위치한 ㅏ ㅓ 가 있다. 그리고 두 번째 나오는 재출자(再出字)는 두 점이 각각 가로선 상하위치에 있는 ㅛ ㅠ 와 두 점이 각각 세로선 좌우위치에 있는 ㅑ ㅕ 가 있다. 이를 해례본의 순서대로 제시하면 다음과 같다.

*기본자 : ・ ㅡ ㅣ, *초출자 : ㅗ ㅏ ㅜ ㅓ, *재출자 : ㅛ ㅑ ㅠ ㅕ

2.2.2. 정음해례편 제자해 한글서체에서 2.2.5. 정음해례편 용자례 한글서체 까지 전체 **내용**에 제시된 (도43)~(도63)에 나오는 분석수치는 문자의 규격측정이나 비율환산으로 ± 5% 정도의 오차가 있을 수 있음을 밝혀둔다. 또한 도판의 분석수치를 % 수나 10단위로 바꾸어 분석결과를 서술하고자 한다.

제자해에 나오는 초성자 기본자음 17종과 각자병서 6종의 획형 표현 구조 중 선부분의 처음과 끝부분의 획형을 정상적인 원획으로 어느 정도 표현했는가를 분석하여 보면 방원획 표현 대상 초성자음 20종 중 16종 80%가 정상적인 원획으로 나타냈다. 그리고 중성자 기본모음 11종 중 91%인 10종을 원획으로 나타냈다.

(도42-1) 훈민정음해례본 제자해[초성]의 내용별 관계 서체 분석도

구분										
초성의 한자 표기	초성 [병서] 23자의 한자 표기사례									
	한자	아음자	한자	설음자	한자	순음자	한자	치음자	한자	후음자
	君군 군 虯뀨 규 快쾌 쾌 業업 업	ㄱ ㄲ ㅋ ㆁ	斗두 두 覃땀 담 呑튼 탄 那나 나 閭려 려	ㄷ ㄸ ㅌ ㄴ ㄹ	彆볃 별 步보 보 漂표 표 彌미 미	ㅂ ㅃ ㅍ ㅁ	卽즉 즉 慈쯔 자 侵침 침 戌슏 술 邪쌰 사	ㅈ ㅉ ㅊ ㅅ ㅆ	穰샹 양 挹흡 읍 虛허 허 洪뽕 홍 欲욕 욕	ㅿ치음 ㆆ ㅎ ㆅ ㅇ
	어금닛 소리		혓소리 반혓소리		입술소리		잇소리 반잇소리		목구멍소리	
초성 17자의 제자 방법	기본자					1차 가획자				
	아음자	설음자	순음자	치음자	후음자	아음자	설음자	순음자	치음자	후음자
	혀뿌리 목구멍 막는모양	혀-윗 잇몸 붙는모양	입의 모양	이의 모양	목구멍의 모양	ㄱ에 1획 더하기	ㄴ에 1획 더하기	ㅁ에 2획 더하기	ㅅ에 1획 더하기	ㅇ에 1획 더하기
	2차 가획자					이체자				
	아음자	설음자	순음자	치음자	후음자	아음자	반설음자	순음자	반치음자	후음자
	-							-		-
	-	ㄷ에 1획 더하기	**ㅂ에 2획 더하기**	ㅈ에 1획 더하기	ㆆ에 1획 더하기	**ㅇ에 1획 더하기**	**ㄱ에 ㄷ 더하기**	**-**	**ㅅ에 - 더하기**	**질음내용 필자주장 정음없음**
소리의 근본	**아음자**	**설음자**	**순음자**	**치음자**	**후음자**	**아음자**	**설음자**	**순음자**	**치음자**	**후음자**
	木 목	火 화	土 토	金 금	水 수	東 동	南 남	中 중	西 서	北 북
	春 춘	夏 하	季夏 계하	秋 추	冬 동	角 각	徵 (징) 치	宮 궁	商 상	羽 우
소리의 청탁	全清字 전청자					次清字 차청자				
	아음자	설음자	순음자	치음자	후음자	아음자	설음자	순음자	치음자	후음자
	ㄱ	ㄷ	ㅂ	ㅅ ㅈ	ㆆ	ㅋ	ㅌ	ㅍ	ㅊ	ㅎ
	全濁字 전탁자					不清不濁字 불천불탁자				
	아음자	설음자	순음자	치음자	후음자	아음자	설음자	순음자	치음자	후음자
	ㄲ	ㄸ	ㅃ	ㅆ ㅉ	ㆅ	ㆁ	ㄴ ㄹ	ㅁ	ㅿ	ㅇ

(도42-2) 훈민정음해례본 제자해[중성]의 내용별 관계 서체 분석도

구분	중성 11자의 한자 표기사례									
중성의 한자 표기	기본자		초출자				재출자			
	· ㅡ	ㅣ	ㅗ	ㅏ	ㅜ	ㅓ	ㅛ	ㅑ	ㅠ	ㅕ
	呑튼탄 卽즉즉	侵 침 침	洪 홍 홍	覃 땀 담	君 군 군	業 업 업	欲 욕 욕	穰 샹 양	戌 슏 술	彆 볃 별
중성 11자의 제자 방법	1획형 4ㄴ		2획형 5ㄱ				3획형 5ㄴ			
	· ㅡ	ㅣ	ㅗ	ㅏ	ㅜ	ㅓ	ㅛ	ㅑ	ㅠ	ㅕ
	점 가로[횡선]	세로[종선]	상1점 하횡	좌종 우점	상횡 하1점	좌점 우종	상2점 하횡	좌종 우점	상횡 하2점	좌점 우종
	하늘본뜸 땅을본뜸	사람 서 있음	하늘과 땅의만남	사람과 하늘만남	땅과 하늘만남	하늘과 사람만남	ㅗ와 같음	ㅏ와 같음	ㅜ와 같음	ㅓ와 같음
8자 제자 원리	기본자		초출자 [初出-初生] 5ㄴ5,6				재출자 [再出-再生] 5ㄴ6			
	· ㅡ	ㅣ	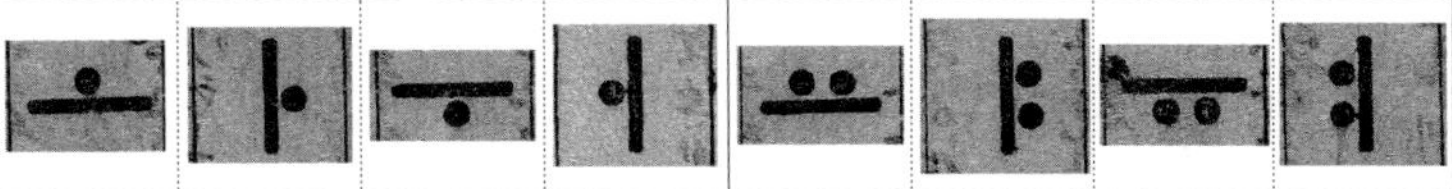							
8자 음양 원리	기본자		밝은 소리[陽] 6ㄱ2		어두운소리[陰] 6ㄱ3		밝은 소리[陽] 6ㄱ2		어두운 소리[陰] 6ㄱ4	
	· ㅡ	ㅣ	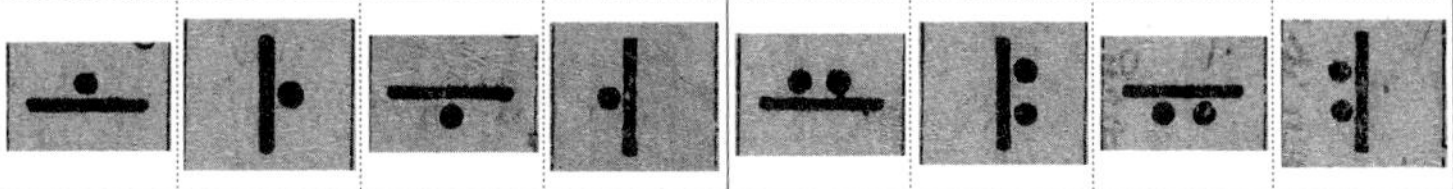							
제자 위치와 수 방향	3才 8聲之首		初生 4聲				再生 4聲			
	여덟소리 머리 6ㄴ2,3		처음 난 4소리 6ㄴ4,5,6				다시 난 4소리 6ㄴ7,8-7ㄴ1,2			
	天五生土 地十成土	獨無爲水	天一生水	天三生木	地二生火	地四生金	天七成火	天九成金	地六成水	地八成木
	-	-	북	동	남	서	남	서	북	동

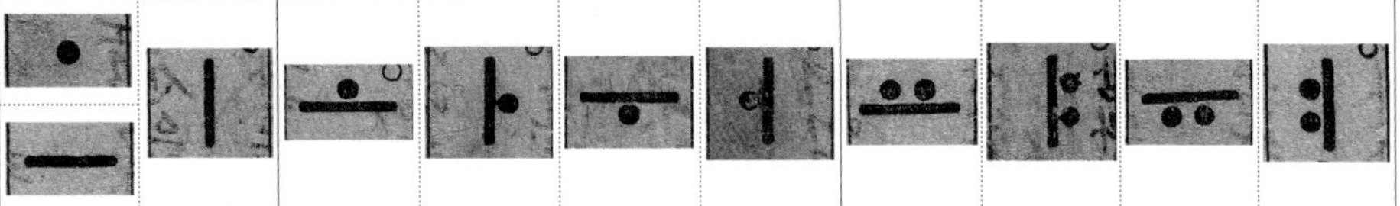

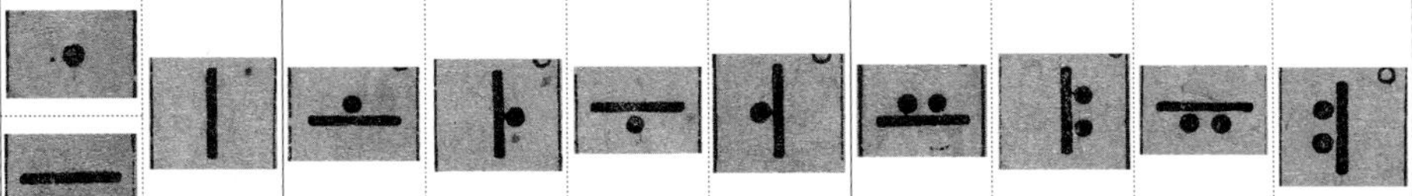

1) 초성 17자의 제자방법과 서체적 특징

(1) 17자의 분류와 생성방법(도42-1)

한글 자음 17종에는 기본자 5종[ㄱ ㄴ ㅁ ㅅ ㅇ], 1차 가획자 5종[ㅋ ㄷ ㅂ ㅈ ㆆ], 2차 가획자 4종[ㅌ ㅍ ㅊ ㅎ], 이체자 3종[ㆁ ㄹ ㅿ] 등이 있는데, 이를 다시 음별로 나누어 보면 아음류 ㄱ ㅋ ㆁ, 설음류 ㄴ ㄷ ㅌ ㄹ, 순음류 ㅁ ㅂ ㅍ, 치음류 ㅅ ㅈ ㅊ ㅿ, 후음류 ㅇ ㆆ ㅎ 로 분류할 수 있다. 한 자씩 제시된 17종의 초성 이외로 같은 초성을 좌우 위치로 2자씩 구성된 각자병서에는 ㄲ ㄸ ㅃ ㅆ ㅉ ㆅ 6종이 제시 되어 있다.

초성자 생성의 기본이 되는 ㄱ ㄴ ㅁ ㅅ ㅇ 5종은 발음기관의 모양을 본떠서 제자한 것이다. 이러한 5종의 기본자에는 혀뿌리가 목구멍을 막는 모양을 본 뜬 ㄱ, 혀가 윗잇몸을 붙는 모양을 본뜬 ㄴ, 입의 모양을 본뜬 ㅁ, 이의 모양을 본뜬 ㅅ, 목구멍의 모양을 본뜬 ㅇ 이 있다.

(2) 17자의 생성별 자형적 특징(도43-1)

기본자 5종의 획형은 가로선, 세로선, 사선, 원을 기본으로 수직방향, 수평방향, 대칭사향, 정원으로 이루어지되 선의 굵기가 일정하고, 선의 처음과 끝부분을 둥근 원획으로 나타냈다. 기본자 5종의 외형은 가로폭과 세로폭이 똑같은 ㅇ 을 제외하고는 모두 가로폭이 큰 것으로 분석되었고, 2차 가획자는 ㅎ과 이체자 ㆁ 을 제외하고는 역시 모두 가로폭이 큰것으로 나타났다. 가로폭이 가장 큰것으로는 치음류 ㅅ ㅈ ㅊ ㅿ 가 있다.

1차 가획방법을 보면 ㅋ 은 세로선 1/2 부분에 가로선 길이와 같은 선을 수평으로 접필하였고, ㄷ 은 ㄴ 의 처음부분에 가로선의 118% 정도로 긴 가로선을 수평으로 접필시켰다. ㅂ 은 ㅁ 의 위 양쪽부분에 세로선의 26% 정도 길이의 수직방향으로 접필시켰고, ㅈ 은 ㅅ 위에 ㅅ 가로폭의 89%의 짧은 가로선을 수평방향으로 살짝 닿게 나타냈다. ㆆ 은 ㅇ 의 위에 ㅇ 가로폭의 130% 정도 큰 가로선을 수평방향으로 배획하였다. 2차 가획방법을 보면 ㅌ 은 ㄷ 의 세로선의 1/2되는 부분에 아래 가로선 길이만큼의 가로선을 수평으로 접필시켜 나타냈다. ㅍ 은 ㅂ 의 하단부에 세로선의 1/3 크기의 선을 수직으로 연장시킨 후 우측방향으로 90도 회전시켜 나타냈다. ㅊ ㅎ 은 ㅈ ㆆ 의 각각 가로선 중앙부분에 가로선 길이의 1/5 크기의 짧은 선을 수직으로 접필시켜 나타냈다.

(도43-1) 훈민정음 제자해 초성17자의 생성별 제자 방법도

구분	종류	아음자	설음자-반설음	순음자	치음자-반치음	후음자
기본자 제자	ㄱ ㄴ ㅁ ㅅ ㅇ	ㄱ	ㄴ	ㅁ	ㅅ	ㅇ
	제자	혀뿌리가 목구멍을 막는 모양	혀가 윗잇몸을 붙는 모양	입의 모양	이의 모양	목구멍의 모양
1차 가획자 제자 방법	ㅋ ㄷ ㅂ ㅈ ㆆ	ㅋ	ㄷ	ㅂ	ㅈ	ㆆ
	위치	ㄱ 의 세로선 중간부분	ㄴ 의 세로선 처음부분	ㅁ 의 세로선 처음부분	ㅅ 의 사향선 처음부분	ㅇ 의 원형 윗부분
	크기	가로선의 100%	가로선의 118%	세로선의 26%	ㅅ가로폭의 89%	ㅇ직경의 130%
	획형	ㅡ	ㅡ	ㅣ ㅣ	ㅡ	ㅡ
	방법	심접(굵게붙이기)	세로선 좌측돌출	양세로선수직접필	천접(살짝 닿기)	이접(사이 띄우기)
2차 가획자 제자 방법	ㅌ ㅍ ㅊ ㅎ	-	ㅌ	ㅍ	ㅊ	ㅎ
	위치		ㄷ 의 세로선 중간부분	ㅂ 의 세로선 아래부분	ㅈ 의 가로선 중간부분	ㆆ 의 가로선 중간부분
	크기		가로선의 100%	세로선의 28%	가로선의 20%	가로선의 19%
	획형		ㅡ	ㅣ ㅣ	ㅣ	ㅣ
	방법		ㄷ 의 세로선에 심접	ㅂ양 세로선 접필 90도 우측 회전	ㅈ 의 가로선 수직 심접	ㆆ 의 가로선 수직 심접
이체자 제자 방법 - 추정			반설음자		반치음자	아음자-후음자형
	ㄹ ㅿ ㆁ	-	ㄹ	-	ㅿ	ㆁ
	설명		무 가획 2ㄱ2		무 가획 2ㄱ2	무 가획 2ㄱ2
	위치		상부 여백 하부 여백 간격 동일		벌어진 양사선의 아래부분 수평선	원형 상단 중앙에 수직선으로 접필
	크기		ㄱ가로선의 47% ㄴ가로선의 47%		ㅅ부분 각도=75도 가로 : 높이=5 : 3	꼭지 부분선-ㅇ부분의 27% 크기
	획형		ㄱ ㅡ ㄴ		ㅅ ㅡ	ㅣ ㅇ
	방법		ㄱㅡㄴ상중하 순서로 접필		ㅅ 부분 아래 ㅡ 접필시키기	ㅇ의 위중간부분에 수직점 입필

* 이체자의 제자방법에 대한 내용 없이 무가획하였다는 설명만 있음. (2ㄱ2 위치문구) 집음자-필자의 제안임.
* 외형[외곽] : 글자의 가로폭 크기와 세로폭 크기의 비율을 나타낸 것임.

이체자 ㄹ 은 획형상 설음류에 속하는 반설음으로 ㄱ 과 ㅡ 와 ㄴ 을 상중하 위치로 배획하여 이루어졌고, ㅿ 은 치음류에 속하는 반치음으로 ㅅ 의 아래부분에 가로선을 접필시켜 이루어졌다. ㆁ(꼭지)은 아음류이지만 형태상 후음류에 속하는데 후음 ㅇ 의 중간 위부분에 ㅇ 세로폭의 1/5 크기를 수직으로 접필시켜 나타냈는데 ㅊ 과 ㅎ 의 꼭지점[선]과 같은 획형이다.

(3) 17자의 유형별 자형적 특징

초성 17자의 외형[자형]을 가로폭과 세로폭의 크기 비율로 보면 아음류 ㄱ ㅋ 은 10 : 9 전후의 비율로 비슷하고, 설음류 ㄴ ㄹ 은 10 : 8 정도이지만 ㄷ 과 ㅌ 은 10 : 7 정도로 ㄴ ㄹ 보다 가로폭을 크게 나타냈다. 순음류 ㅁ ㅂ 은 10 : 9 이상으로 정사각형에 가깝지만 ㅍ 은 10 : 8 로 가로폭이 크다.

치음류 ㅅ ㅈ ㅿ 은 10 : 7 전후로 비슷하게 가로폭이 다른 초성 들보다 아주 큰 편이고, ㅊ 은 10 : 9로 정사각형에 가까운 외형을 이루었다. 후음류 ㅇ 은 가로폭과 세로폭이 같은 정원을 이루지만 ㅎ 과 ㆁ(꼭지) 은 17종의 자음 중 2종만 세로폭이 큰 외형을 이룬 특징이 나타난다.

① 17자의 배행별 배자 특징(도43-2)

초성 17종의 행간에 배자한 배행의 특징을 보면 전체적으로 양쪽 계선안의 가로폭 중앙에 배자하되 음류별로 크기를 다르게 나타냈다.

행간에 배자한 초성들의 가로폭을 비교해 보면 아음류 ㄱ ㅋ 은 가로폭의 68, 70%, 후음류 ㅇ ㆁ(꼭지)은 67, 62%, 설음류 ㄴ ㄹ 은 68, 70%, 로 이들 초성자들은 60% 정도로 가장 좁은 초성자를 나타냈고, 순음 ㅁ ㅂ ㅍ은 68, 69, 75%, 설음 ㄷ ㅌ 은 76, 79%, 후음 ㆆ ㅎ 은 78, 75% 로 70%대 전후로 조금 더 크게 나타냈다. 그리고 가로폭을 가장 크게 나타낸 초성은 치음류 ㅅ ㅈ ㅊ ㅿ 로 83, 84, 81, 84%의 가로폭을 나타냈다. 이러한 비중의 가로폭을 가진 초성은 좌우 여백을 동간격으로 나타내야 하는데 ㄱ ㅋ ㅂ ㅍ ㅇ ㅎ 은 지나치게 왼쪽으로 치우치게 배자하였고, ㅊ 은 오른쪽으로 치우치게 배자 한 것으로 분석된다.

(도43-2) 훈민정음 제자해 초성17자의 유형별 배자형태 분석도

구분 \ 종류		아음자	설음자-반설음	순음자	치음자-반치음	후음자
기본자	원형		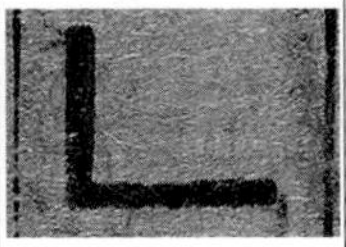			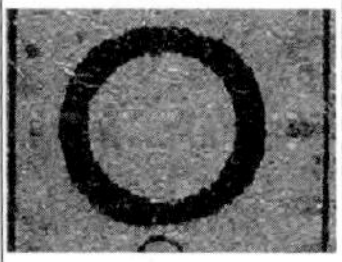
	외형	100 : 86	100 : 85	100 : 96	100 : 67	100 : 98
	배자	100 : 68	100 : 68	100 : 68	100 : 83	100 : 67
	여백	100 : 125	100 : 120	100 : 120	100 : 120	100 : 120
1차 가획자	원형		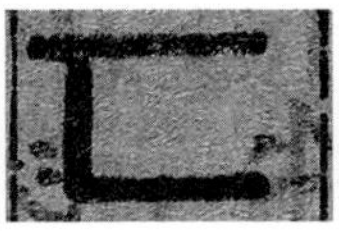			
	외형	100 : 91	100 : 69	100 : 96	100 : 71	100 : 92
	배자	100 : 70	100 : 76	100 : 69	100 : 84	100 : 78
	여백	100 : 125	100 : 400	100 : 120	100 : 125	동일
2차 가획자	원형	-	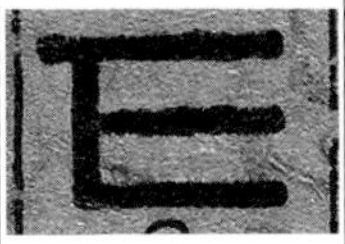			
	외형		100 : 68	100 : 79	100 : 89	100 : 108
	배자		100 : 79	100 : 75	100 : 81	100 : 75
	여백		100 : 250	100 : 150	100 : 86	100 : 143
이체자	종류		반설음자		반치음자	아음자-후음자형
	원형	-		-		
	외형	가로폭 : 세로폭	100 : 81		100 : 66	100 : 124
	배자	행간폭 : 가로폭	100 : 70		100 : 84	100 : 62
	여백	좌여백 : 우여백	동일		100 : 83	동일

* (도43-1)부터 (도55)까지의 기본자음 17종, 기본모음 11종은 같은 문자가 여러번 반복하여 나오기 때문에 문자의 구조적 규격 및 분석수치가 조금씩 다르게 나타남.

② 6종 각자병서의 결구 및 배행 특징(도44)

초성 중에는 아음 ㄱ, 설음 ㄷ, 순음 ㅂ, 치음 ㅅ ㅈ, 후음 ㅎ 등 6종의 자음을 좌우 위치로 반복 배획하여 구성한 각자병서(各自竝書) ㄲ ㄸ ㅃ ㅆ ㅉ ㆅ 이 있다. 각자 병서의 결구적 특징을 보면, 상하폭이 큰 독립자음을 좌우위치로 같은 크기로 배획하되 좌측자음과 우측자음의 가로폭을 비슷하게 나타냈으나 ㄸ 만은 우측자음을 표시가 나게 작게 나타냈고, 두 자음 사이를 병서의 3~7% 정도로 띄어서 나타냈다. 그 중 ㅃ 은 지나치게 사이를 크게, ㅆ 은 붙을 정도로 좁게 나타내기도 했다. 모든 병서의 가로선, 세로선, 사선의 처음과 끝부분은 몇획을 제외하고 원획으로 나타냈다. ㄲ ㅃ ㅆ ㅉ 의 선의 곡직정도가 곧아야 하는데 굽은 선이 여러 부분에서 나타난다.

(도44) 훈민정음 제자해 각자병서의 결구형태 분석도

구분 \ 종류			ㄲ ㅆ	ㄸ ㅉ	ㅃ ㆅ
각자병서	원형	ㄲ ㄸ ㅃ			
분석요소	외형	가로폭 : 세로폭	100 : 85	100 : 74	100 : 86
	자폭	좌가로폭 : 우가로폭	100 : 89	100 : 90	100 : 100
	간가	가로폭 : 사이간격	100 : 3.6	100 : 4.8	100 : 14,3
	배자	행간간격 : 가로폭	100 : 66	100 : 76	100 : 68
	여백	좌측여백 : 우측여백	100 : 133	100 : 150	동일
각자병서	원형	ㅆ ㅉ ㆅ			
분석요소	외형	가로폭 : 세로폭	100 : 73	100 : 72	100 : 70
	자폭	좌가로폭 : 우가로폭	100 : 94	100 : 100	100 : 100
	간가	가로폭 : 사이간격	100 : 0	100 : 3.1	100 : 2.9
	배자	행간간격 : 가로폭	100 : 80	100 : 78	100 : 85
	여백	좌측여백 : 우측여백	동일	100 : 80	동일

2) 중성 11자의 제자방법과 서체적 특징

(1) 11자의 분류와 생성방법(도45 발음-모양-의미)

훈민정음 한글 중성 11종에는 1개 점획형 기본자 3종, 2개 점획형 초출자 4종, 3개 점획형 재출자 4종이 다음과 같이 있다.

* 기본자 3종 [· ㅡ ㅣ]
* 초출자 4종 [ㅗ ㅜ ㅏ ㅓ]
* 재출자 4종 [ㅛ ㅠ ㅑ ㅕ]

기본자의 생성을 보면 · 는 모양을 하늘의 둥긂[천원지상 天圓之象]을 본뜨고 발음은 혀가 오그라들고, ㅡ 는 모양을 땅의 평평함[지평지상 地平之象]을 본뜨고 발음은 혀가 조금 오그라 들고, ㅣ 는 모양을 사람의 서있는 모습[인립지상 人立之象]을 본뜨고, 발음은 혀가 오그라지지 않게 소리를 낸다.

초출자의 생성을 보면 ㅗ ㅜ 는 모양이 · 와 ㅡ [ㅡ 와 ·]가 어울리되 그 의미는 하늘과 땅이 처음으로 사귄다는 이치가 있다. ㅏ ㅓ 는 모양이 · 와 ㅣ [ㅣ 와 ·] 가 어울려 생성되었는데 하늘과 땅의 작용이 사물에서 피어나왔다는 의미가 있다.

재출자의 생성을 보면 ㅛ ㅠ 는 모양이 · 2개와 ㅡ[ㅡ 와 · 2개] 가 어울리되 그 의미는 ㅣ 에서 두 번째로 일어난 뜻을 취한 것이다. ㅑ ㅕ 는 모양이 ㅣ 와 · 2개 [· 2개 와 ㅣ]가 어울리되 그 의미는 ㅣ 에서 두 번째로 일어난 뜻을 취한 것이다.

(2) 11자의 생성별 자형적 특징(도45 외형-굵기)

원형의 점, 수평방향의 가로선, 수직방향의 세로선으로 되어있고, 가로선과 세로선의 처음과 끝은 원획으로 이루어졌다. 점의 직경크기는 가로-세로선 굵기의 두배 크기로 나타냈다. 가로선 굵기는 세로선 굵기보다 조금 굵고, 길이는 세로선 길이보다 조금 긴 편이다.

초출자의 구조를 보면 ㅡ 를 기준으로 중간 위에 점을 한 개 놓으면 ㅗ, 아래에 점을 한 개 놓으면 ㅜ 가 형성되고, ㅣ 를 기준으로 선의 1/2 위치의 오른쪽에 점을 한 개 놓으면 ㅏ, 왼쪽에 점을 한 개 놓으면 ㅓ 가 형성된다.

(도45) 훈민정음 제자해 중성11자의 생성-유형별 제자방법 분석도

구분	종류	· 天	ㅡ 地	ㅣ 人
기본자 제자방법	원형	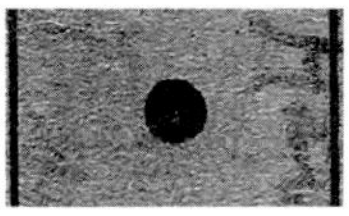	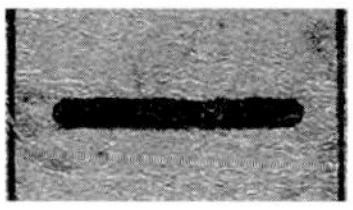	
	외형	가로폭 : 세로폭 100 : 100	100 : 13	12 : 100
	굵기	· : ㅡ 100 : 50	100 : 13	12 : 100
	발음	혀가 오그라 들고	혀가 조금 오그라들고	혀가 오그라지지 않고
	깊이	소리는 깊으니	소리는 깊지도 얕지도 않으니	소리는 얕으니
	열림	하늘이 자(子)에서 열림	땅이 丑(축)에서 열림	사람이 寅(인)에서 남
	모양	모양이 둥근 것	모양이 평평한 것	모양이 서 있는 것
	본뜸	하늘을 본뜸(象乎天)	땅을 본뜸(象乎地)	사람을 본뜸(象乎人)

구분	분류	횡모음자		종모음자	
초출자 제자방법	원형	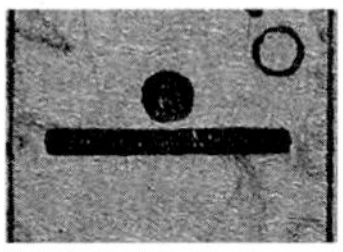	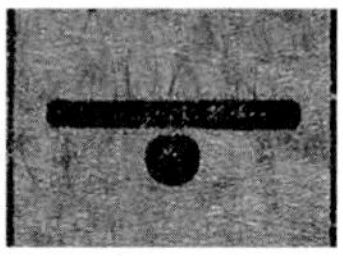	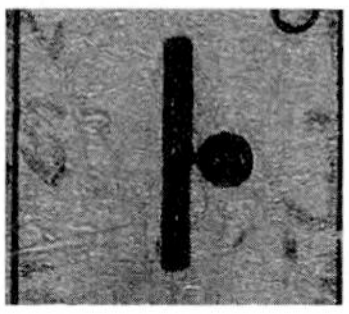	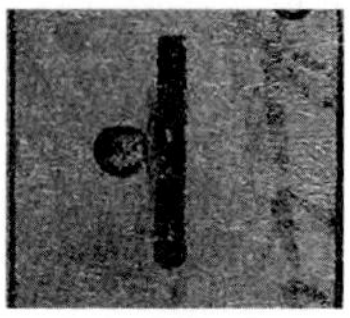
	외형	100 : 34	100 : 34	40 : 100	41 : 100
	굵기	100 : 57	62 : 100	57 : 100	100 : 57
	발음	입이 오므라짐	입이 오므라짐	입이 벌어짐	입이 벌어짐
	모양	·와 ㅡ가 어울려서	ㅡ 와 ·가 어울려서	ㅣ와 ·가 어울려서	·와 ㅣ가 어울려서
	의미	하늘과 땅이 처음으로 사귄다는 이치	하늘과 땅이 처음으로 사귄다는 이치	하늘과 땅의 작용이 사물에서 피어남	하늘과 땅의 작용이 사물에서 피어남
		처음 나옴	처음 나옴	사람을 기다려서 이루어짐을 취함	사람을 기다려서 이루어짐을 취함
재출자 제자방법	원형	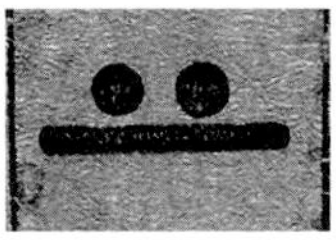	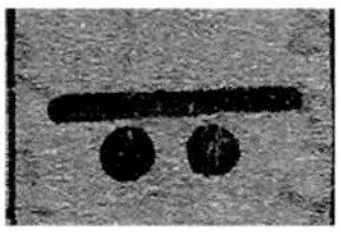	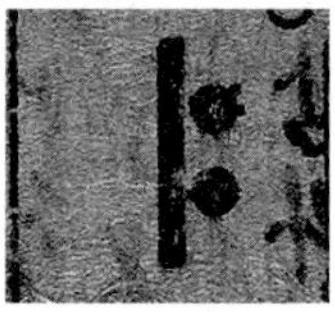	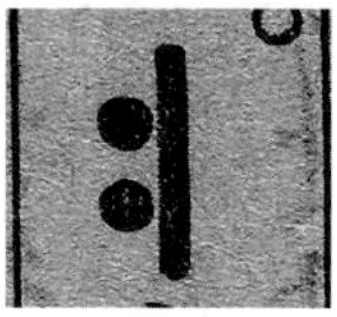
	외형	100 : 35	100 : 35	36 : 100	40 : 100
	굵기	점 : 선 100 : 43	선 : 점 57 : 100	선 : 점 67 : 100	점 : 선 100 : 53
	발음	입이 오므라짐	입이 오므라짐	입이 벌어짐	입이 벌어짐
	모양	·2개와 ㅡ가 어울려서	ㅡ와 ·2개 어울려서	ㅣ와 ·2개가 어울려서	·2개와 ㅣ가 어울려서
	의미	ㅣ에서 일어나다	ㅣ에서 일어나다	ㅣ에서 일어나다	ㅣ에서 일어나다
		두 번째 난 뜻	두 번째 난 뜻	두 번째 난 뜻	두 번째 난 뜻

* 외형[외곽] : 글자의 가로폭 크기와 세로폭 크기의 비율을 나타낸 것임.
* 굵기[조세] : 점의 직경 크기와 선의 굵기의 비율을 나타낸 것임. * 점과 선의 간격 : 선 굵기의 1/4 간격

재출자의 구조를 보면 ㅡ 를 기준으로 1/3, 2/3 위치 위에 점을 두개 놓으면 ㅛ, 아래에 점을 두 개 놓으면 ㅠ 가 형성되고, ㅣ 를 기준으로 1/3, 2/3 위치 오른쪽에 점을 두 개 놓으면 ㅑ, 왼쪽에 점을 두 개 놓으면 ㅕ 가 형성된다. 이 때 점은 선의 1/3, 2/3 위치에 약간 띄어서 놓는다.

기본자 · 의 크기[직경]는 가로선 굵기의 2배 정도이고, 초출자와 재출자의 점의 크기는 가로선 굴기의 1.67배 정도로 기본자의 점[하늘아]이 초출자와 재출자의 점 보다 큰 편이다.

그리고 초출자와 재출자의 점은 가로선이나 세로선 굵기의 1/4 정도로 살짝 띄어서 나타냈다.

가로선과 세로선의 입필-수필부분 획형을 대부분 원획로 나타냈으나 ㅗ ㅏ ㅓ ㅑ 는 한 부분씩 방획(方畫)로 나타내기도 했다. 또 ㅛ ㅠ 는 가로선 굵기가 일정하지 않고, 방향을 수평으로 나타내지 않았다.

2.2.3. 정음해례편 초중종성해 한글서체

정음해례편 14ㄴ5행에서부터 20ㄴ1행까지 7년에 걸쳐 제시된 초성해 16자, 중성해 48자, 종성해 61자 등 125자의 자음, 모음, 합자가 나온다.

여기에 제시되는 2.2.3. 정음해례편 초중종성해 한글서체 부분은 해례본 원본에는 초성해[14ㄴ-15ㄴ], 중성해[15ㄴ-17ㄴ], 종성해[17ㄴ-20ㄴ] 3분야로 독립제목으로 나누어 제시했으나 전체 분량으로 보거나 상호관련 상황으로 보아 하나의 항으로 묶어 서체를 분석하였다.

1) 초성해의 해설과 합자방법-초성해 풀이와 보기

(1) 초성해 정의와 분류(도46, 도47)

초성해[初聲解 : 첫소리 풀이]는 해례본 14장 뒷면 5행부터 15장 뒷면 6행까지 18행에 걸쳐 중성해[27행 48자]-, 종성해[48행 61자]에 비하여 (도46)과 같이 간결하게 제시하였다. 초성해에 제시된 초성의 정의에 대하여 '정음의 첫소리는 운서의 자모이다. 소리가 이로부터 생겨나므로 모(母)라 한다.'라고 하고 그 종류는 (도47)과 같이 분류하고 해당 초성을 모두 23종을 제시하였다.

* 아음류[어금니소리] ㄱ ㅋ ㄲ ㆁ(꼭지),
* 설음류[혓소리] ㄷ ㅌ ㄸ ㄴ,
* 순음류[입술소리] ㅂ ㅍ ㅃ ㅁ,
* 치음류[잇소리] ㅈ ㅊ ㅉ ㅅ ㅆ,
* 후음류[입술소리] ㆆ ㅎ ㆅ ㅇ,
* 반설음[반혓소리] ㄹ,
* 반치음[반잇소리] ㅿ

해례본에 제시한 문자는 23종의 초성 중에서 아음류에 대하여 합자인 **군, 쾌, 끃, 업** 자의 초성자 4자, 중성자 4자, 합자 4자 등 12종[16자]이다. 나머지 설-순-치-후음류에 대하여는 해당 발음류의 한자 19종을 제시하였다. 초성이 아음류인 합자를 초중성합자 **쾌, 끃** 와 초중종성합자 **군, 업** 자로 나누어 합자가 이루어지는 초성자, 중성자, 종성자 12자(도48)에 대한 서체적 특징을 제시하고자 한다.

(도46) 훈민정음해례본 초성해 23종의 내용별 관계 서체 분석도

韻書字母 초성 풀이	아음 군 자의 첫소리			아음 쾌 자의 첫소리			아음 끃 자의 첫소리		
	초성자	중종성자	합자	초성자	중성자	합자	초성자	중성자	합자
	ㄱ	ᅟᅮᆫ	군	ㅋ	ᅟᅫ	쾌	ㄲ	ᅟᆔ	끃
	ㄱ	ᅟᅮᆫ	君 군	ㅋ	ᅟᅫ	快 쾌	ㄲ	ᅟᆔ	虯 끃
초성자 사례	아음 업자의 첫소리			설-순-치-후음 첫소리[집자없음]				반음 첫소리[없음]	
	초성자	중종성자	합자	설음자	순음자	치음자	후음자	반설음	반치음
	ㆁ	ᅟᅥᆸ	업	ㄷ ㅌ ㄸ ㄴ	ㅂ ㅍ ㅃ ㅁ	ㅈ ㅊ ㅉ ㅅ ㅆ	ㆆ ㅎ ㆅ ㅇ	ㄹ	ㅿ
	ㆁ	ᅟᅥᆸ	業 업	斗呑覃那 두탄땀나	彆漂步彌 볋표뽀미	卽侵慈戌邪 즉침짜술싸	挹虛洪欲 읍허홍욕	閭 려	穰 양

(도47) 훈민정음해례본 초성해의 문자 종류와 생성 관계도

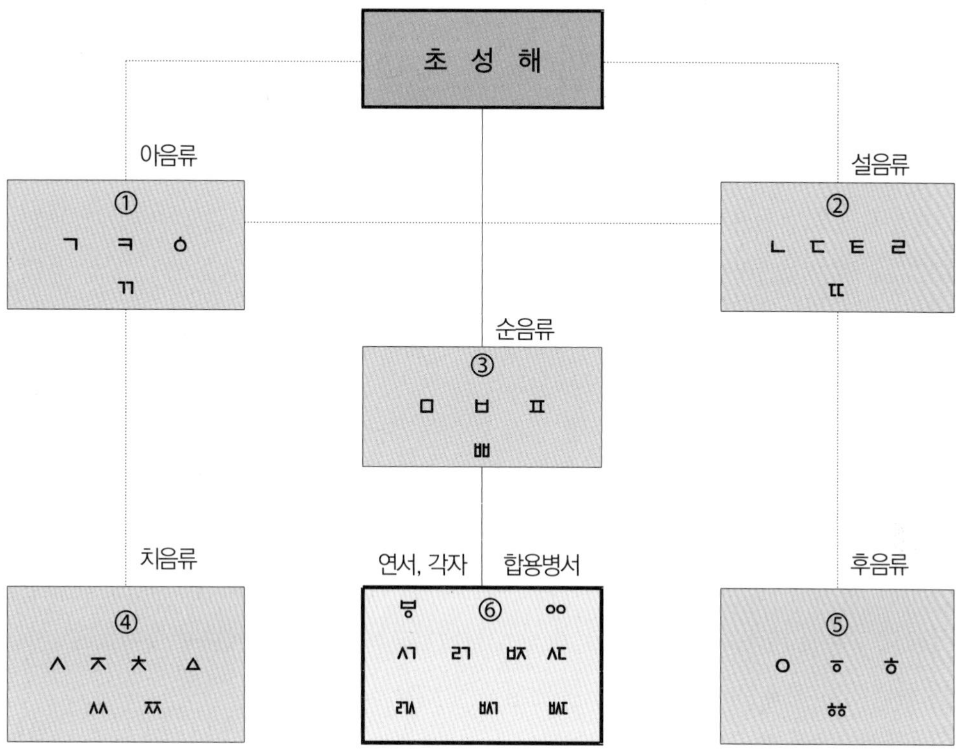

* ⑥ 번의 연서, 각자병서, 합용병서 9자는 훈민정음 초성해에 제시된 독립자음이 아니고, 합자에 쓰인 자음종류의 문자임.

(2) 초성해 문자의 서체적 특징(도48)

초중성합자인 뀨 자와 쾌 자의 서체적 특징을 초성-중성-합자의 외형[가로폭 : 세로폭 비율], 합자의 초성과 종성간의 간격인 간가[초성과 중성의 사이 크기], 합자의 초성과 중성의 가로 또는 세로폭 크기 비교]와 초성-중성-합자의 배자[행간 가로폭에 대한 문자의 가로폭 크기]에 대한 비율을 측정하여 서체적 특징을 밝혔다.

① 초중성 합자의 초성해 관련문자 자형적 특징(도48 윗부분)

초중성자가 상-하 위치로 결구된 뀨 자의 독립초성 ㄲ 은 가로폭이 10 : 8 정도로 세로폭보다 크고, 독립중성 ㅠ 는 가로폭이 10 : 3 정도로 아주 크며, 합자 뀨 자는 10 : 8 정도로 가로폭이 큰 자형을 이룬다, 뀨 자의 ㄲ 과 ㅠ 사이는 뀨 자 세로폭의 10 : 0.5 정도 띄었고,

ㄲ 과 ᅟᅲ 의 가로폭 크기를 8 : 10 정도로 ᅟᅲ 의 가로폭을 크게 나타냈다. 뀨 자는 행간 가로폭의 10 : 8 정도 크기로 나타냈다.

초중성자가 좌-우 위치로 결구된 쾌 자의 독립 초성 ㅋ 은 가로폭을 10 : 8 정도, 독립 ᅫ 부분의 가로폭은 10 : 9 정도로 가로폭이 조금 크게 나타냈다. 합자 쾌 자는 10 : 9 정도로 가로폭이 큰 편이다. 쾌 자의 코 와 ㅐ 부분의 세로폭 크기 비율은 9 : 10 정도로 ㅐ 부분을 크게 나타냈으며 사이 크기는 쾌 자 가로폭의 6% 정도로 띄어서 나타냈다. 그리고 쾌 자의 행간 배자 크기는 10 : 8 정도로 상하합자인 뀨 자와 비슷하게 10 : 8 정도로 나타냈다.

② 초중종성 합자의 초성해 관련 문자 자형적 특징(도48 아래부분)

초중종성자가 상-중-하 위치로 결구된 군 자의 독립초성 ㄱ 은 가로폭을 10 : 6 정도로 세로폭 보다 크게, 독립중성 ᅟᅮᆫ 부분은 가로폭을 10 : 8 정도로 크며, 합자 군 자는 10 : 9 정도로 가로폭을 세로폭 보다 조금 크게 나타냈다. 합자 군 자의 초성 ㄱ 은 가로폭을 ᅟᅮ 의 가로폭에 비해 10 : 9 정도로 좁게 나타냈고, 초성 ㄱ 과 중성 ᅟᅮ 사이를 군 자의 세로폭의 5% 정도 크기로 사이를 띄어서 나타냈다.

초중종성자가 좌-우-하 위치로 결구된 업 자의 독립초성 ㅇ 과 독립 중종성 ᅥᆸ 부분의 가로폭을 세로폭 보다 좁게 나타냈다. 초중종성합자인 업 자는 세로폭은 가로폭의 1.3배 정도 크게 나타내되 어 부분과 ㅂ 부분 사이를 업 자 세로폭의 3% 정도 띄어서 나타냈다. 어 부분과 ㅂ 부분 가로폭을 비슷하게, 세로폭은 10 : 8 정도로 종성 ㅂ 을 작게 나타냈고, 업 자의 행간 가로폭은 10 : 7 정도로 좁혀서 나타냈다.

(도48) 훈민정음해례본 초성해의 획형 및 합자 결구 분석도

구분		종류	초성 획형	중성-종성 획형	합자
초중성 합자의 초성해	상하 위치 합자	뀨	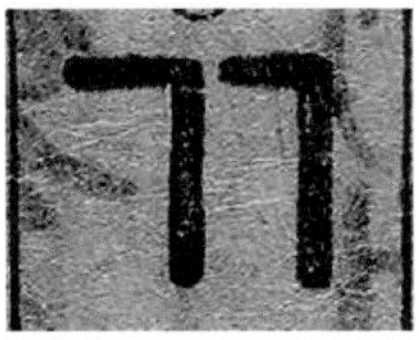	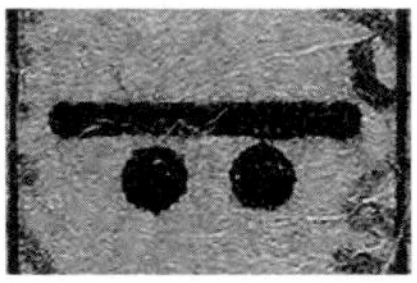	
		외형	100 : 86	100 : 34	100 : 75
		자폭	ㄲ 가로폭	ㅠ 가로폭	가로폭 84 : 100
		간가	ㄲ	ㅠ	상하사이 100 : 5.8
		배자	100 : 68	100 : 80	100 : 84
	좌우 위치 합자	쾌	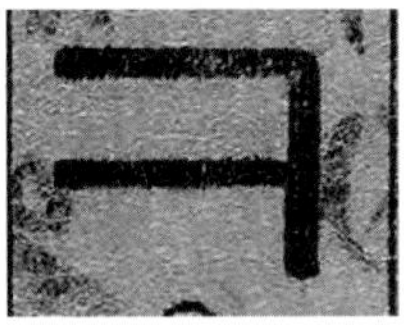		
		외형	100 : 83	100 : 92	100 : 81
		자폭	ㅋ 세로폭	ㅙ 세로폭	세로폭 92 : 100
		간가	코	ㅐ	코 ㅐ사이 100 : 5.5
		배자	100 : 71	100 : 80	100 : 80
초중종성 합자의 초성해	상중하 위치 합자	군	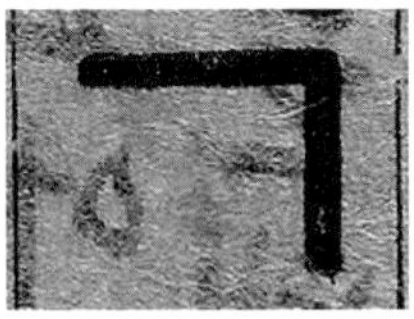	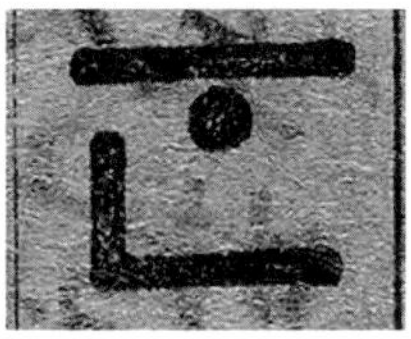	
		외형	100 : 63	100 : 83	100 : 93
		자폭	ㄱ 가로폭	ㅜ 가로폭	가로폭 78 : 100
		간가	ㄱ	ㅜ	상하사이 100 : 4.4
		배자	100 : 91	100 : 75	100 : 80
	좌우하 위치 합자	업			
		외형	100 : 133	100 : 126	100 : 126
		자폭	어 세로폭	ㅂ 세로폭	어 ㅂ 세로폭 100 : 77
		간가	어	ㅂ	어 ㅂ 사이 100 : 2.6
		배자	100 : 59	100 : 66	100 : 69

2) 중성해의 해설과 서체적 특징

(1) 중성해 정의와 생성 분류(도49, 도50)

중성해[中聲解 : 가운뎃소리 풀이]는 해례본 15장 뒷면 7행부터 17장 뒷면 1행까지 27행에 걸쳐 중성헤 48자를 (도49)와 같이 제시하였다.

초성해에 제시된 초성의 정의에 대하여 '중성[가운뎃소리]은 자운(字韻)의 가운데에 놓여서, 첫소리 끝소리와 어울려서 말소리를 이루는 것이니.... .'라고 하고, 기본자를 기본으로 하여 생성되는 3종의 중성자 예시와 그 외 합용중성자들을 (도48)과 같이 제시하였는데 문자수는 48자이고 중성자 종류는 모두 29종 [! _! 2종 제외] 이 된다. 이러한 29종의 중성자를 생성별로 체계화 하면 (도50)과 같고, 이를 분류하여 자형을 분석하면 (도51~도53)과 같다.

* 기본자　원형자-ㆍ ㅡ ㅣ [ᄐᆞᆫ 즉 침] ······································· (도51 중간)
　　　　　기본자-ㅏ ㅑ ㅓ ㅕ ㅗ ㅛ ㅜ ㅠ ································ (도52 좌측)
* 2자 합용자[동출합용]- ㅘ ㅝ ㆇ ㆊ ·· (도52 우측)
* 1자 중성+ㅣ상합자-ㆎ ㅢ ㅚ ㆉ ㅟ ㆌ ㅐ ㅒ ㅔ ㅖ ·························· (도53 상측)
* 2자 중성+ㅣ상합자-ㅙ ㆈ ㅞ ㆋ ·· (도53 하측)

(도49) 훈민정음해례본 중성해의 내용별 관계 서체 분석도

	기본음 ᄐᆞᆫ 자의 가운뎃소리				기본음 즉 자의 가운뎃소리				기본음 침 자의 가운뎃소리	
初終聲音 풀이	초성자	중성자	종성자	합자	초성자	중성자	종성자	합자	초성자	중성자
	ㅌ	ㆍ	ㄴ	呑 ᄐᆞᆫ	ㅈ	ㅡ	ㄱ	卽 즉	ㅊ	ㅣ
중성 11자	가운뎃소리		8자 가운뎃소리[집자 없음]							
	종성자	합자	ㅗ	ㅏ	ㅜ	ㅓ	ㅛ	ㅑ	ㅠ	ㅕ
			ㅗ	ㅏ	ㅜ	ㅓ	ㅛ	ㅑ	ㅠ	ㅕ
	ㅁ	侵 침	洪 홍 ᅘᅩᇰ	覃 담 ᄄᆞᆷ	君 군 군	業 업 업	欲 욕 욕	穰 양 ᅀᅣᇰ	戌 술 슗	彆 별 볋
2자 합용자	2자 합용자									
	좌	우	ㅗ ㅏ 합용자	좌	우	ㅛ ㅑ 합용자	좌	우	ㅜ ㅓ 합용자	-
										2자 합용자
	ㅗ	ㅏ	ㅘ	ㅛ	ㅑ	ㆇ	ㅜ	ㅓ	ㅝ	12종
1자 중성 + ㅣ 상합자	2자 합용자			1자 중성+ㅣ상합자=2자 중성						
	좌	우	ㅠ ㅕ 합용자	ㆍ+ㅣ	ㅡ+ㅣ	ㅗ+ㅣ	ㅏ+ㅣ	ㅜ+ㅣ	ㅓ+ㅣ	ㅛ+ㅣ
	ㅠ	ㅕ	ㆊ	ㆎ	ㅢ	ㅚ	ㅐ	ㅟ	ㅔ	ㆉ
2자 중성 + ㅣ 상합자	1자 중성+ㅣ상합자=2자 중성			2자 중성+ㅣ상합자=3자 중성						
	ㅑ+ㅣ	ㅠ+ㅣ	ㅕ+ㅣ	ㅘ+ㅣ	ㅝ+1	ㆇ+ㅣ	ㆊ+ㅣ			
								ㅣ자 상합자		
	ㅒ	ㆌ	ㅖ	ㅙ	ㅞ	ㆈ	ㆋ	14종		

(도50) 훈민정음해례본의 중성해 문자 종류와 생성 관계도

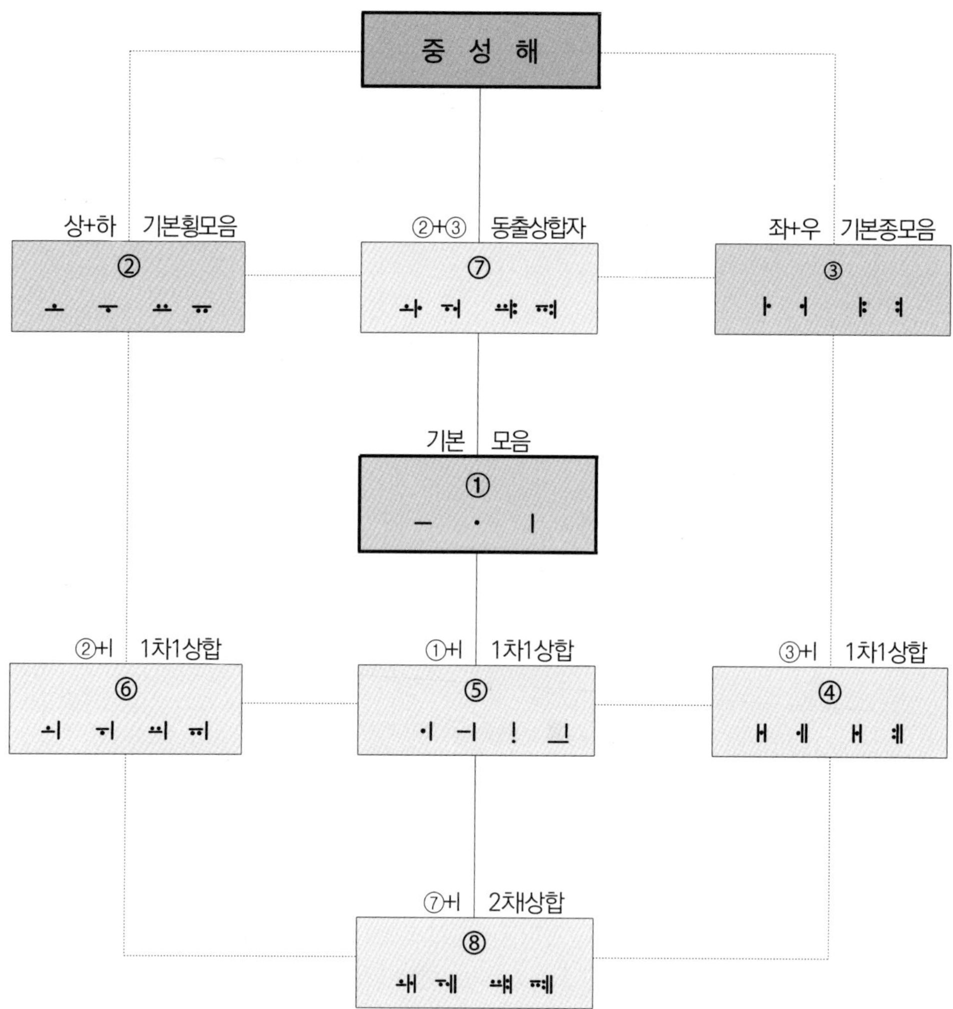

(2) 중성해 문자의 서체적 특징(도51~도53)

① 중성 기본자[원형자] · ㅡ ㅣ 의 자형적 특징(도51)

呑(ᄐᆞᆫ) 자의 가운뎃소리는 · 인데 · 가 ㅌ 과 ㄴ 사이에 놓여서 'ᄐᆞᆫ'이 되고.

卽(즉) 자의 가운뎃소리는 ㅡ 인데 ㅡ 가 ㅈ 과 ㄱ 사이에 놓여서 '즉'이 되고,

侵(침) 자의 가운뎃소리는 ㅣ 인데 ㅣ 가 ㅊ 과 ㅁ 사이에 놓여서 '침'이 된다.

위와 같이 형성되는 (도51)과 같은 합자의 초성자, 중성자, 종성자 9종과 합자 3종 등 12종의 문자의 자형적 특징을 외형, 자폭, 간가, 배자 요소에 따라 비율적으로 분석하였다.

(도51) 훈민정음해례본 중성해의 획형 및 합자 결구 분석도

구분 \ 종류			초성자	중성자	종성자	합자
초중종성합자의 초성해	상중하 위치 합자	ᄐᆞᆫ	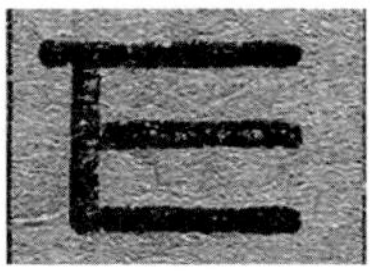	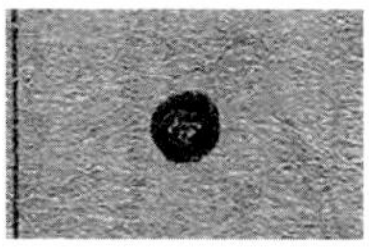	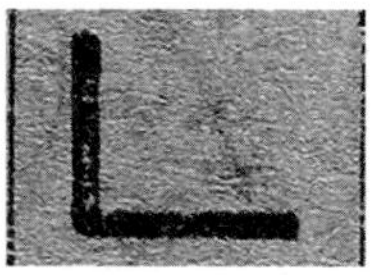	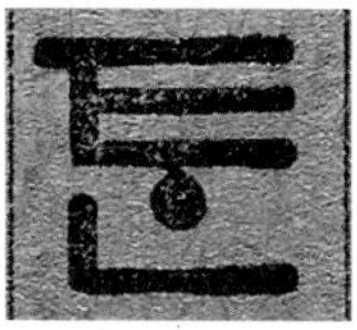
		외형	100 : 72	100 : 107	100 : 91	100 : 92
		자폭	ㅌ 가로폭		ㄴ 가로폭	100 : 89
		간가	ㅌ 세로폭		ㄴ 세로폭	상하사이 100 : 9
		배자	100 : 74	100 : 19	100 : 65	100 : 79
		즉	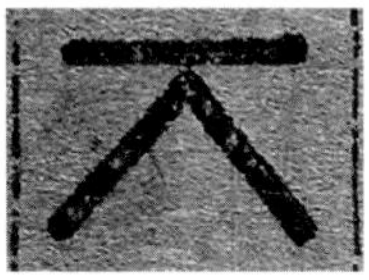	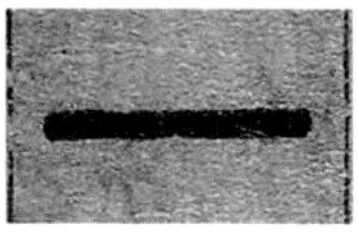	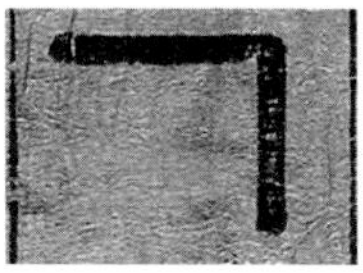	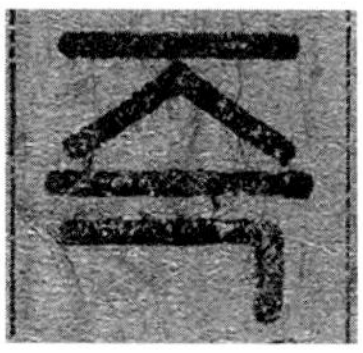
		외형	100 : 77	100 : 11	100 : 87	100 : 108
		자폭	ㅈ 가로폭	ㅡ 가로폭		88 : 100
		간가	ㅈ 세로폭	ㅡ 세로폭		상하 사이 100 : 2.6
		배자	100 : 79	100 : 79	100 : 68	100 : 80
	좌우하 위치 합자	침	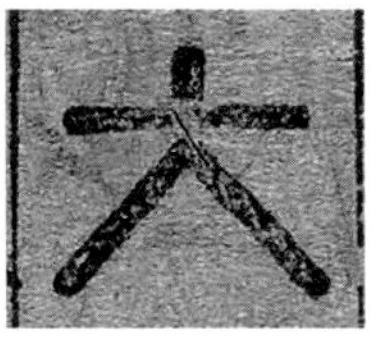	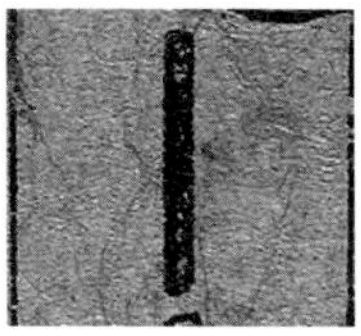	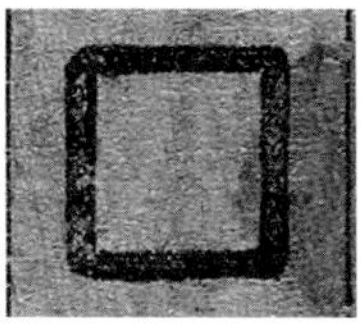	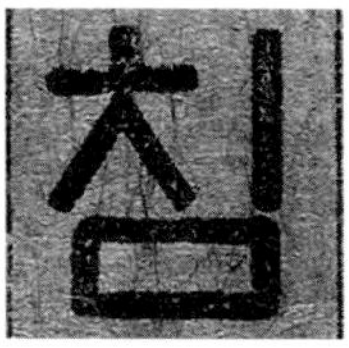
		외형	100 : 92	100 : 833	100 : 104	100 : 115
		자폭	치 세로폭		ㅁ 세로폭	100 : 60
		간가	치 세로폭		ㅁ 세로폭	상하 사이 100 : 2.6
		배자	100 : 79	100 : 9.1	100 : 67	100 : 71

상중하위치를 초중종성이 결구된 ᄐᆞᆫ 자는 문자의 가로폭이 세로폭보다 조금 큰 편으로 즉 자의 가로폭과 크기가 비슷한 편이다. 중성 ㆍ 의 위치는 종성 ㄴ 의 안쪽에 배치하여 나타냈다.

상중하위치로 초중종성이 결구된 즉 자의 독립중성인 ㅡ 는 가로선의 굵기가 가로선 길이의 11% 정도 보다 약간 굵게 좌우 양끝을 원획으로 나타냈다. 즉 자의 가로폭 : 세로폭의 비율은 세로폭이 조금 더 큰 100 : 108 이며 가로폭이 행간의 80% 정도를 차지한다. 즉 자의 상위 위치의 초성 ㅈ 의 가로폭과 중위 위치의 ㅡ 의 가로폭 비율은 9 : 10 정도로 중성자 ㅡ 의 가로폭이 큰 편이다.

좌우하위치로 초중종성이 결구된 침 자의 독립중성인 ㅣ 의 굵기는 세로선 길이의 12% 정도로 즉 자의 중성 ㅡ 의 굵기보다 조금 더 굵은 편이다. 침 자의 가로폭 : 세로폭의 비율이 100 : 115 정도로 세로폭이 더 크고, 초중성인 치 부분 세로폭이 종성인 ㅁ 의 세로폭의 2배 정도 큰 편이다. 침 자의 가로폭은 행간의 70% 정도보다 약간 큰 편이다.

중성자의 기본자인 ㆍ ㅡ ㅣ 는 3자 상호간의 굵기, 길이 등의 관계가 형성된다. ㆍ 의 직경은 ㅡ 와 ㅣ 굵기의 2배 이상 크기이며 ㅡ 의 길이는 ㅣ 의 길이보다 약간 크고, 굵기는 ㅡ 보다 ㅣ 가 약간 굵은 편이다. ㅡ 의 방향은 수평, ㅣ 의 방향은 수직이며 두 선의 양끝은 원획으로 형성되어 있으며, 3개 기본획은 모음의 기본모음, 합용자, 상합자 등 전체 중성자 29종 중 26종의 결구적 요소가 된다.

② 중성 2자 합용자의 자형적 특징(도52)

4점획 합용자 ㅘ ㅝ 자와 6점획 합용자 ㆇ ㆊ 자의 결구적 특징을 분석하여 본다. 합용자는 2점획 합용자[기본모음]를 좌우 위치로 결합하여 4점획 합용자가 형성되고, 3점획 합용자[기본모음]를 좌우위치로 결합하여 6점획 합용자가 형성된다. 2자 합용자는 좌측에는 횡모음자이고 우측에는 종모음으로 이루어졌는데 좌우측의 중성자끼리는 접필하지 않고 사이를 띄어서 형성하였다.

4점획 합용자　ㅗ + ㅏ = ㅘ　　ㅜ + ㅓ = ㅝ

6점획 합용자　ㅛ + ㅑ = ㆇ　　ㅠ + ㅕ = ㆊ

합용자 ㅘ ㅝ ㆇ ㆊ 의 좌측 횡모음[ㅗ ㅜ ㅛ ㅠ]은 독립 횡모음의 가로폭 크기의 70%전후로 축소하였고, 오른쪽 종모음[ㅏ ㅓ ㅓ ㅕ] 세로폭 크기는 독립 종모음 크기와 비슷하게 나타냈다.

4종의 좌측 횡모음의 외형은 모두 가로폭 : 세로폭 비율이 10 : 3 전후로 비슷하고, 4종의 우측 종모음의 가로폭 : 세로폭 비율이 3 : 10 전후로 비슷한 편이다. 4종 합용자 ᅪ ᅯ ᆅ ᆏ 의 좌측 종모음의 가로폭은 독립종모음[좌측 중성] 가로폭 크기의 70% 정도로 작아졌으나 오른쪽 종모음[합용자] 4종의 크기는 독립종모음[우측 중성] 크기와 비슷하게 나타냈다.

4종 합용자의 좌측 횡모음의 가로폭과 우측 종모음의 가로폭 비율은 10 : 5 전후 크기로 나타냈고, 4종 합용자 4종의 행간 가로폭 비율은 종모음이 ㅏ ㅑ 인 경우는 80% 전후로 크게 나타냈고, 종모음이 ㅓ ㅕ 인 경우는 70% 정도로 작게 나타냈다.

③ 중성 2, 3자 상합자[중성]의 자형적 특징(도53)

중성 2,3자 상합자[중성]에는 ㅣ 자 중성[기본모음]에 ㅣ 를 상합한 ㆎ ㅢ, 횡모음 상합자인 ㅚ ᆈ ㅟ ᆔ, 종모음 상합자인 ㅐ ㅒ ㅔ ㅖ 등 10종이 있고, 2자 중성에 ㅣ 를 상합한 ㅞ ᆒ ㅙ ᆈ 등 4종이 있다.

기본모음 ㅣ 상합자인 ㆎ 는 1개의 점과 세로선이 결합되어 이루어진 중성으로 다른 중성자에 비해 가로폭이 아주 좁은 편이다. 왼쪽 점이 오른쪽 ㅣ 의 세로폭 1/2위치에 오고, 가로폭 7, 세로폭 10의 비율로 구성된 ㆎ 는 다른 중성자에 비해 가로폭이 좁은 편이다. 점의 직경은 세로선 가로폭의 두 배 정도가 되고, 행간의 배자도 행간 가로폭의 50%가 된다. 기본 횡모음 ㅡ 를 종모음 ㅣ 의 1/2 위치에 띄어서 결구되게 이루어진 ㅢ 는 가로폭이 세로폭의 90% 정도로 ㆎ 보다 더 너른 편이고, 행간 가로폭의 70% 정도 크기로 왼쪽으로 치우치게 배자하였으며 중모음 ㅢ 의 ㅡ 와 ㅣ 사이는 붙이지 않았다.

횡모음과 ㅣ 를 상합한 ㅚ ᆈ ㅟ ᆔ 자들의 외형은 가로폭과 세로폭의 크기가 비슷하고, 왼쪽 횡모음과 오른쪽 종모음 ㅣ 와 가로폭 크기를 100 : 17정도로 사이를 띄어서 나타냈고, 행간 배자를 모두 왼쪽으로 치우치게 나타냈으며 가로폭을 행간의 70% 크기로 나타냈다.

종모음 ㅏ ㅑ ㅓ ㅕ 의 오른쪽에 각각 ㅣ 를 상합시킨 ㅐ ㅒ ㅔ ㅖ 의 가로폭 : 세로폭의 비율은 ㅐ ㅒ 는 각각 10 : 6 정도, ㅔ ㅖ 는 10 : 7 정도로 ㅐ ㅒ 보다 조금 크다. ㅐ 와 ㅒ 의 세로선 사이의 점 위치는 두 세로선의 가로폭 중간이 아니고 약간 왼쪽으로 치우치게 나타냈으나 3자 상합자인 ㅙ ᆈ 의 ㅐ ㅒ 부분 두 세로선 사이의 점은 중간에 배획하였다. 따라서 ㅙ ᆈ 의 ㅐ ㅒ 부분은 제자원리상 2자 중성인 ㅐ ㅒ 와는 다른 획형으로 나타냈다.

(도52) 훈민정음해례본 중성해의 2자 합용자 결구 분석도

구분 \ 종류			좌측 중성	우측 중성	합용자
4점획 합용자	좌우위치	ㅗ ㅏ ㅘ	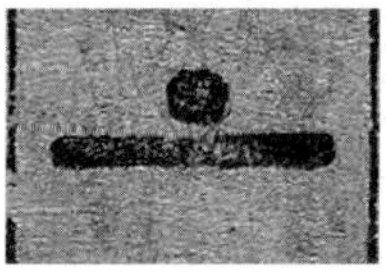	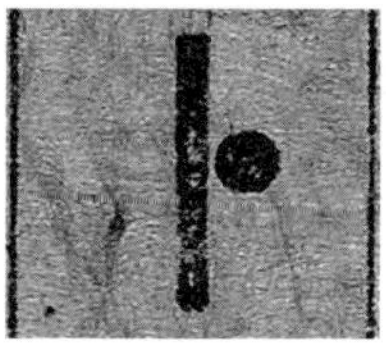	
	합자	외형	가로폭 : 세로폭 100 : 33	38 : 100	100 : 88
		자폭	점 : 선폭 100 : 60	선 : 점폭 50 : 100	ㅗ, ㅏ 가로폭 100 : 50
		간가	점과 선 사이 100 : 11	100 : 10	ㅗ, ㅏ 사이 100 : 6.3
		배자	행간폭 : 자간폭 100 : 79	100 : 29	100 : 80
	좌우위치	ㅜ ㅓ ㅝ	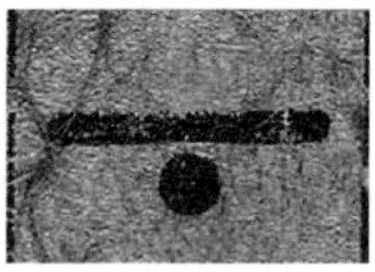	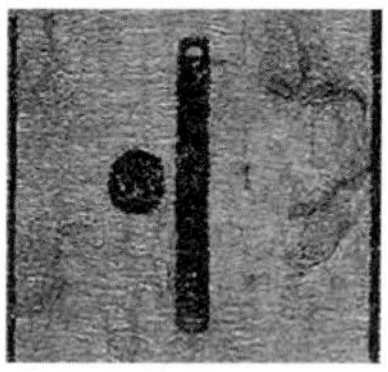	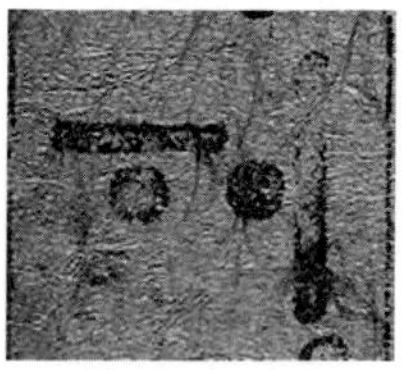
	합용자	외형	100 : 37	37 : 100	100 : 97
		자폭	50 : 100	100 : 60	100 : 56
		간가	100 : 10	100 : 11	100 : 3.5
		배자	100 : 79	100 : 29	100 : 73
6점획 합용자	좌우위치	ㅛ ㅑ ㆇ	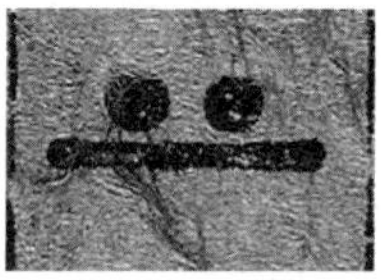	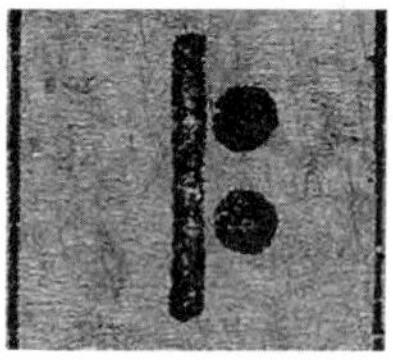	
	합자	외형	100 : 33	37 : 100	100 : 91
		자폭	100 : 50	50 : 100	100 : 55
		간가	100 : 11	100 : 5	100 : 6.1
		배자	100 : 78	100 : 29	100 : 83
	좌우위치	ㅠ ㅕ ㆊ	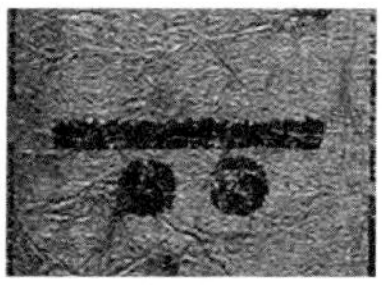		
	합자	외형	100 : 34	39 : 100	100 : 93
		자폭	60 : 100	100 : 50	100 : 56
		간가	100 : 11	100 : 5	100 : 6.7
		배자	100 : 76	100 : 29	100 : 75

(도53) 훈민정음해례본 중성해의 2,3자 상합자[중성] 결구 분석도

구분		종류	· ㅗ ㅏ 류	ㅜ ㅓ 류	ㅡ ㅛ ㅑ 류	ㅠ ㅕ 류
1자중성+ㅣ상합자	기본모음 상합자	·ㅣ ㅡㅣ	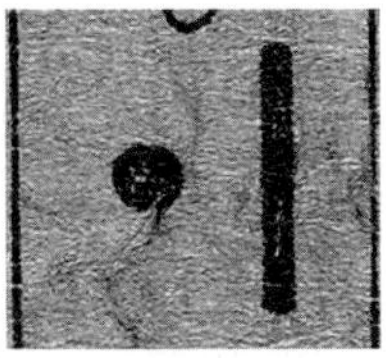	-	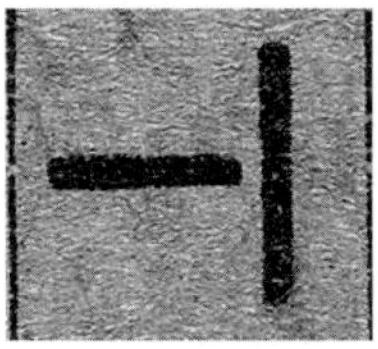	-
		외형	68 : 100		92 : 100	
		자폭	점 : 선 100 : 46		ㅡ : ㅣ 100 : 17	
		여백	좌 : 우 100 : 89		40 : 100	
		배자	100 : 50		100 : 69	
	횡모음형 상합자	ㅚ ㆉ ㅟ ㆌ	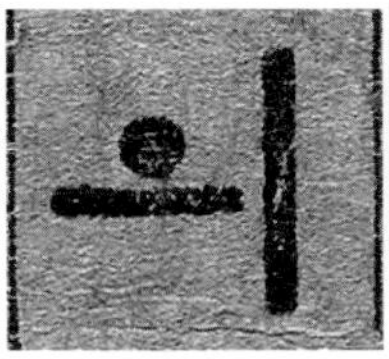	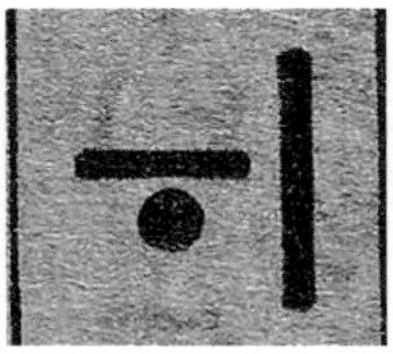	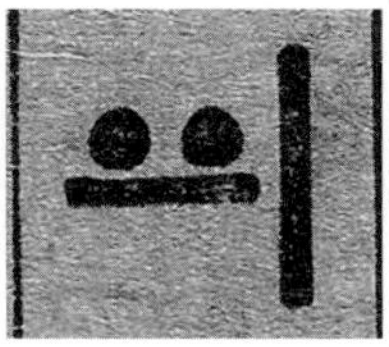	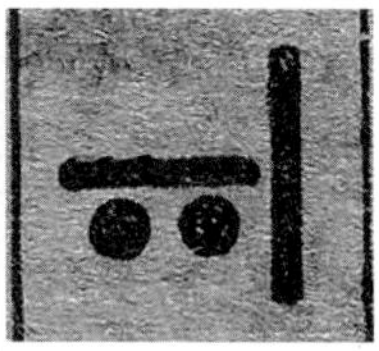
		외형	96 : 100	96 : 100	96 : 100	100 : 100
		자폭	좌우가폭 100 : 17	100 : 18	100 : 17	100 : 16
		여백	38 : 100	85 : 100	69 : 100	67 : 100
		배자	100 : 68	100 : 66	100 : 68	100 : 70
	종모음형 상합자	ㅐ ㅒ ㅔ ㅖ	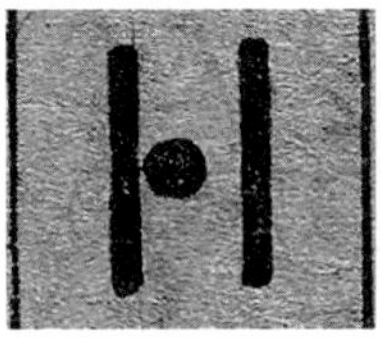	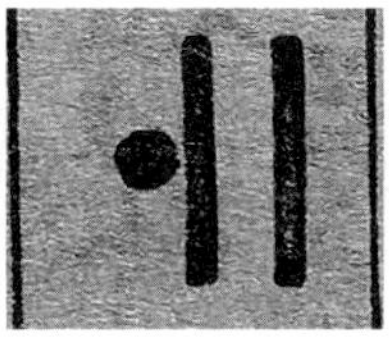	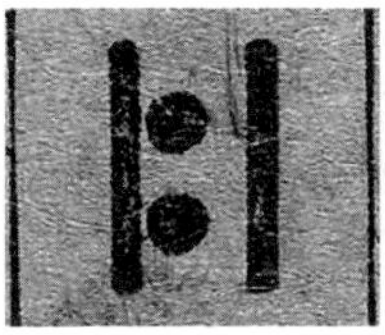	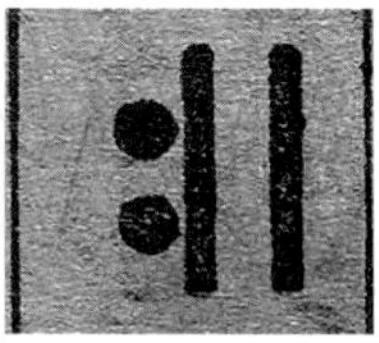
		외형	66 : 100	75 : 100	68 : 100	72 : 100
		자폭	ㅏ1가로폭100 : 35	100 : 30	100 : 32	100 : 30
		여백	100 : 100	100 : 72	100 : 100	100 : 63
		배자	100 : 46	100 : 54	100 : 47	100 : 54
2자중성+1상합자	횡모음형 합자	ㅙ ᆅ ㅞ ᆒ	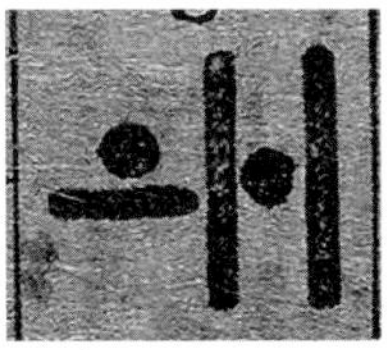	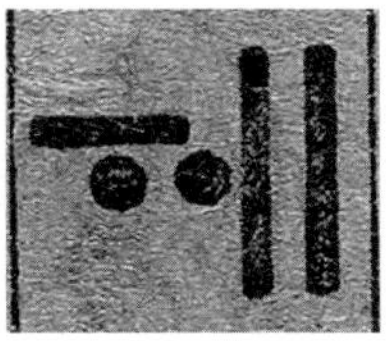	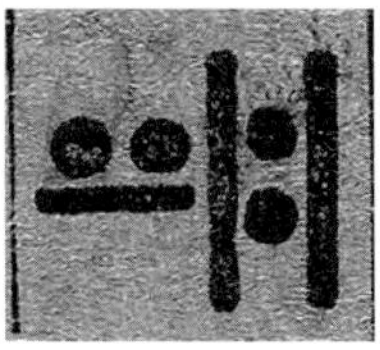	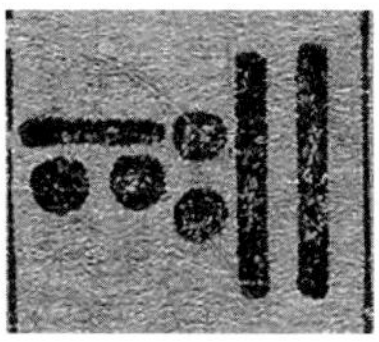
		외형	100 : 88	100 : 83	100 : 84	100 : 82
		자폭	100 : 89	100 : 100(겹침)	100 : 80	93 : 100
		여백	100 : 100	50 : 100	67 : 100	29 : 100
		배자	100 : 82	100 : 87	100 : 85	100 : 87

3자 중성자인 ᅫ ᅰ ᆈ ᆒ 는 2자 중성자인 ᅪ ᅯ ᆄ ᆑ [(도52) 오른쪽)]에 ㅣ 를 오른쪽에 2자 중성 세로선의 크기와 같게 상합시킨 것이다. 3자 중성자의 외형은 10 : 8 정도로 세로폭이 큰 2자 중성의 가로폭 보다 크게 나타냈다. 3자 중성자의 행간 가로폭을 10 : 8 정도로 크게 나타냈고, 좌우 여백을 같은 여백을 준 ᅫ 자를 제외하고는 우측 여백을 크게 두어 좌측으로 치우치게 불균형으로 배자하였다.

중성해 부분에 나오는 중성 전체는 ㆍ ㅡ ㅣ 3자를 기본자 원형으로 하여 합용 또는 상합하여 초출자 4자, 재출자 4자, 동출합용자[2자합용자] 4자, ㅣ 상합자[합용자] 14자 등 독립중성자 29자[종]가 된다. 해례본 23ㄱ3행의 합자에 나오는 ᆝ ᆜ 을 포함하면 해례본 전체의 모음 종류는 모두 31종류가 된다.

3) 종성해의 해설과 서체적 특징

(1) 종성해 정의와 생성 분류(도54)

종성해(終聲解 : 끝소리 풀이)는 해례본 17장 뒷면 2행부터 20장 뒷면 1행까지 48행에 걸쳐 종성해 전체 61자가 되어 있다. 문자 종류로는 종성자음 11종, 합자 13종 모두 24종 61자가 나온다.

종성해에 제시된 종성의 정의에 대하여 '종성[끝소리]은 가운뎃소리를 받아서 자운(字韻-글자의 소리)을 이루는 것이니...'라고 하여 아음 종성에 대한 사례로 즉 자의 ㄱ, 홍 자의 ㆁ[꼭지]을 종성으로 제시하였고, 그 외 설-순-치-후음도 마찬가지라고 했다. 또 이어서 3성[평성, 상성, 거성]의 끝소리[종성]로 ㆁ ㄴ ㅁ ㅇ ㄹ ㅿ 을 6종성으로 제시하였고, 나머지는 입성의 종성이라고 했다.

그리고 ㄱ 을 비롯한 8종성을 제시하고 이에 관계되는 합자 및 낱말을 제시하였으며 5음의 짝이 되는 자음 10종을 제시하였다. 24종의 종성과 합자 중 대표적인 8종성과 8종성 합자 16자의 서체적 특징을 (도55)와 같이 분석했다.

* 6종성 단독자음 - ㆁ ㄴ ㅁ ㅇ ㄹ ㅿ ································ (도54)
* 8종성 단독자음 - ㄱ ㆁ ㄷ ㄴ ㅂ ㅁ ㅅ ㄹ ································ (도54)
* 8종성 관련합자 - 즉 홍 볃 군 업 땀 옷 실 ································ (도54)
* 5음의 상 대 음 - ㆁ=ㄱ ㄴ=ㄷ ㅁ=ㅂ ㅿ=ㅅ ㅇ=ㆆ ································ (도54)

(도54) 훈민정음해례본 종성해의 내용별 관계 서체 분석도

字韻 형성	즉 자 음절형성			홍 자 음절형성			-			
	초중성	종성	음절	초중성	종성	음절				
	ᄌᆞ	ㄱ	卽 즉	호	ㆁ	洪 홍	2종			
육종성자	6종성								기타 종성 [입성의 종성]	
	평성,상성,거성의 종성자									
	ㆁ	ㄴ	ㅁ	ㅇ	ㄹ	ㅿ	6종			
팔종성자	8종성									
	아음류		설음류		순음류		치음류	반설음	종성 가용자	한문 불용자
	ㄱ	ㆁ	ㄷ	ㄴ	ㅂ	ㅁ	ㅅ	ㄹ	8종	ㅅ ㄹ
팔종성 사례	8종성 사례									
	ㄱ	ㆁ	ㄷ	ㄴ	ㅂ	ㅁ	ㅅ	ㄹ	빗곶	엿의갗
	卽 즉	洪 홍	彆 볃[별]	君 군	業 업	覃 땀	衣 의-옷	絲 사-실	梨花 이화	狐皮 호피
오음의 상대음	5음[상대종성]의 완급과 청탁									
	5 음	아음	설음	순음	치음	후음	청탁유무	설음		
	완(緩)	 ㆁ	ㄴ	ㅁ	ㅿ	ㅇ	불청 불탁 글자	반설음	ㄹ	한문 불용
	급(急)	 ㄱ	ㄷ	ㅂ	ㅅ	ㆆ	전청 글자	설음	ㄷ	彆 별 볃
	내용 추가	ㅋ	ㅌ	ㅍ	ㅊ	ㅎ	차청글자			
		ㄲ	ㄸ	ㅃ	ㅆ ㅉ	ㆅ	전탁글자			

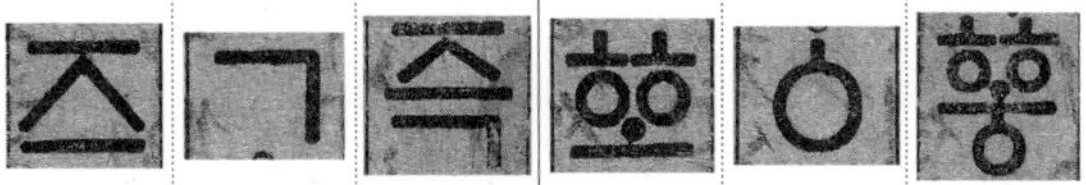

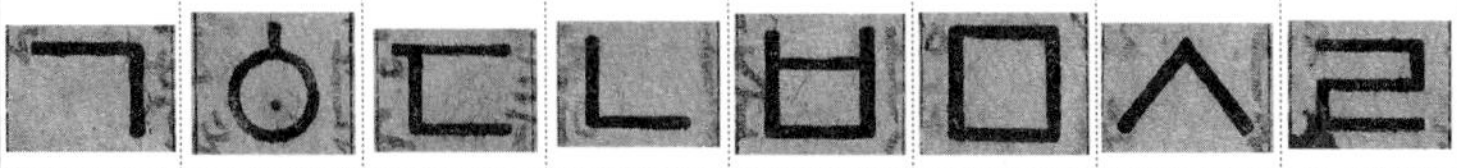

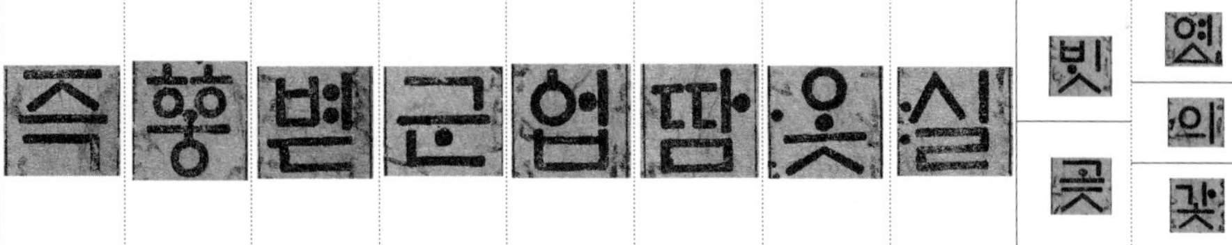

(2) 종성해 문자의 서체적 특징(도55)

해례본에 나온 8종성의 순서를 상-중-하 위치로 구성된 합자와 좌-우-하 위치로 구성된 합자의 종성으로 재분류하여 자형적 특징에 대한 분석을 하였다.

즉 뽕 군 옷 실 땀 업 볃 : ㄱ ㆁ ㄴ ㅅ ㄹ ㅁ ㅂ ㄷ

* ㄱ ㆁ ㄴ ㅅ [즉 뽕 군 옷] 자의 외형-자폭-여백-배자의 특징

상중하 위치의 즉 군 옷 자의 종성 ㄱ ㄴ ㅅ 은 가로폭이 크지만, 뽕 자의 종성 ㆁ 은 반대로 세로폭이 크다 상중하 위치의 즉 뽕 옷 자는 그 외형의 가로폭이 세로폭보다 작고, 반대로 군 자는 가로폭이 세로폭보다 조금 큰 편이다. 뽕 자의 종성 ㆁ 은 중성 ㅗ 의 아래 부분에 접필시키지 말고 약간 띄어서 결구시켜야 한다. ㅜ 의 아래에 ㅇ 을 붙인것 같이 보이기 때문이다.

단독으로 쓰인 ㄱ ㆁ ㄴ ㅅ 이 상중하 합자의 종성으로 쓰일 때 획형의 변형 비율을 보면 ㄱ 은 85→46%, ㄴ 은 89→45%, ㅅ 은 73→38% 크기로 세로폭이 줄어든 반면, ㆁ 은 가로폭이 75→88%으로 늘어나게 나타냈다.

단독으로 쓰인 종성 ㄱ ㆁ ㄴ ㅅ 의 행간 중의 배자에 여백을 ㄱ ㄴ 은 좌측을 우측보다 좁게 나타냈으나 ㆁ ㅅ 은 좌우 여백크기를 같게 나타냈다. 합자의 여백을 보면 군, 옷 자만 좌우여백을 같게 나타냈다.

단독으로 쓰인 종성 ㄱ ㆁ ㄴ ㅅ 의 행간의 배자 크기는 행간 가로폭의 70, 60, 67, 82%로 ㅅ 을 가장 크게 나타냈고, 합자 즉 뽕 군 옷 자의 행간 크기를 80, 77, 80, 74%로 즉 군 자의 가로폭 크기를 크게 나타냈다.

* ㄹ ㅁ ㅂ ㄷ [실 땀 업 볃] 자의 외형-자폭-여백-배자의 특징

좌우하 위치의 합자 실 땀 업 볃 자의 종성 ㄹ ㅁ ㅂ ㄷ 자 중 ㄹ, ㄷ 은 가로폭이 크고, ㅁ 은 세로폭이 큰 반면, ㅁ 은 가로폭과 세로폭 크기를 크게 나타냈다. 이들 자음을 종성으로 쓴 실 땀 업 볃 자는 모두 세로폭을 크게 나타냈다.

합자 실 땀 업 볃 자의 같은 종성 자음 세로폭의 비율은 단독자음 ㄹ ㅁ ㅂ ㄷ 의 세로폭 보다 작게 나타냈는데 ㄹ 은 83→60%, ㅁ 은 94→40%, ㅂ 은 100→58%, ㄷ 은 76→40% 정도로 아주 좁게 나타냈다. 실 땀 업 자의 종성 가로폭 크기를 해당

합자 초중성부분 가로폭보다 좁게 나타냈으나 특이하게도 볃 자의 ㄷ 은 종성의 가로폭을 아주 크게 나타냈다.

단독 자음 중 ㅁ 과 ㅂ, 합자 중 업 자는 행간의 좌우측 여백을 똑 같게 나타냈으나 나머지 ㄹ ㄷ 실 볃 자는 좌측 여백을 아주 좁게 나타냈고, 이에 비하여 땀 자는 우측 여백을 75% 정도로 좁게 나타냈다. 행간 배자율을 보면 단독 종성은 67~70% 정도로, 이에 비해 합자의 종성은 70~90% 정도로 큰 편이다.

4) 초중성 독립문자의 종합적 자형구성 특징

(1) 초성자 24종 자음의 외형-배자-여백의 특징(표18 좌측)

-초성자들의 외형특징을 보면 가로폭이 아주 너른 초성자는 ㄷ ㅅ ㅿ, 세로폭이 아주 긴 초성자는 ㅎ ㆁ(꼭지), 가로폭과 세로폭이 비슷한 초성자는 ㅁ ㅂ ㅇ ㅋ ㆆ 자 등이다.

-초성자들의 배자특징을 보면 문자의 가로폭이 너른 80% 이상인 초성자는 ㅅ ㅈ ㅊ ㅿ ㅆ ㅉ ㆅ 등 치음류가 대부분이고, 가로폭이 좁은 60% 미만인 초성자는 ㆁ(꼭지), ㅇ ㄱ ㄴ ㄹ ㅁ ㅂ ㄲ ㅃ 자 등이다.

-초성자들이 양측 계선(界線)안에 위치한 좌우측 공간을 보면 우측이 200% 이상 너른 초성자는 ㄷ ㅌ ㄲ, 80%대로 작은 초성자는 ㅈ 자가 있다.

(2) 중성자 29종 모음의 외형-배자-여백의 특징(표18 우측)

-중성자들의 외형특징을 보면 가로폭이 긴 중성자는 ㅡ ㅗ ㅛ ㅜ ㅠ 와 ㅙ ㆈ ㅞ ㆋ, 세로폭이 긴 중성자는 ㅣ ㅏ ㅑ ㅓ ㅕ 자 등 종모음이다.

-중성자들의 배자특징을 보면 문자의 가로폭이 큰 80% 이상인 중성자는 ㅡ ㅗ ㅛ 등 기본 횡모음과 ㅘ ㆇ ㅙ ㆈ ㅞ ㆋ 등 상합자가 대부분이고, 가로폭이 좁은 30% 미만인 중성자는 ㅣ ㅏ ㅑ ㅓ ㅕ 자 등이다.

-중성자들이 양측 계선(界線)안에 위치한 좌우측 공간을 보면 우측이 2배 이상 너른 중성자는 ㅢ ㅚ ㅞ ㆋ 등 상합자, 80%대 미만으로 좁은 중성자는 ㅏ ㅑ ㆎ ㅕ ㅔ ㅖ 자 등이다. 양측 공간을 똑같게 나타낸 중성자는 ㆍ ㅠ 등이다.

(도55) 훈민정음해례본 종성해의 8종성 및 합자 결구 분석도

구분		종류	ㄱ ㄹ	ㆁ ㅁ	ㄴ ㅂ	ㅅ ㄷ
상중하위치 합자 종성	종성	ㄱ ㆁ ㄴ ㅅ		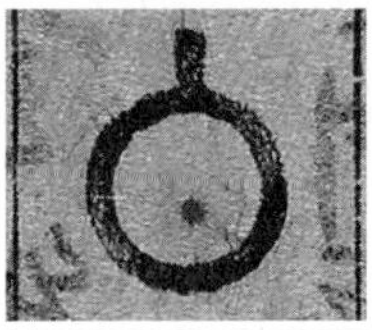		
		외형	100 : 85	100 : 124	100 : 89	100 : 73
		자폭	단독ㄱ : 종성ㄱ 85% : 46%	75% : 88%	89% : 45%	73% : 38%
		여백	67 : 100	100 : 100	83 : 100	100 : 100
		배자	100 : 70	100 : 60	100 : 67	100 : 82
	종성합자	ᄌᆞᆨ ᅘᅮᇰ 군 ᄇᆞᆫ				
		외형	100 : 108	100 : 125	100 : 93	100 : 128
		자폭	초 : 중 : 종성 91 : 100 : 86	100 : 98 : 44	84 : 100 : 84	56 : 100 : 96
		여백	100 : 80	83 : 100	100 : 100	100 : 100
		배자	100 : 80	100 : 77	100 : 80	100 : 74
좌우하위치 합자 종성	종성	ㄹ ㅁ ㅂ ㄷ				
		외형	100 : 83	100 : 106	100 : 100	100 : 76
		자폭	단독ㄹ : 종성ㄹ 83% : 60%	94% : 40%	100% : 58%	76% : 40%
		여백	83 : 100	100 : 100	100 : 100	60 : 100
		배자	100 : 68	100 : 67	100 : 67	100 : 76
	종성합자	실 ᄄᆞᆷ 업 옷				
		외형	100 : 122	100 : 125	100 : 123	100 : 115
		자폭	초중성 : 종성가로 100 : 92	100 : 74	100 : 91	90 : 100
		여백	100 : 227	100 : 67	100 : 100	100 : 233
		배자	100 : 72	100 : 89	100 : 69	100 : 77

(표18) 훈민정음해례본 초중종성해의 초중성자 독립문자 자형 분석 일람표

자음류		외형	배자	여백	관련
분류	자음	가로폭 세로폭	행간 : 가로폭	좌우 공간크기	문자 위치
아음	ㄱ	84	67	114	18ㄴ5
	ㅋ	91	71	116	01ㄴ6
설음	ㄴ	83	65	114	18ㄱ5
	ㄷ	69	78	233	19ㄱ3
	ㅌ	75	78	233	24ㄴ6
	ㄹ	87	67	114	18ㄴ3
순음	ㅁ	94	67	114	18ㄱ3
	ㅂ	97	67	114	18ㄱ5
	ㅍ	82	73	140	03ㄴ2
치음	ㅅ	70	79	100	18ㄱ7
	ㅈ	76	80	80	21ㄱ1
	ㅊ	85	87	100	25ㄱ3
	ㅿ	61	91	100	18ㄱ3
후음	ㅇ	98	67	121	22ㄴ7
	ㆆ	90	76	120	22ㄴ4
	ㅎ	116	70	100	04ㄴ2
	ㆁ	127	59	100	18ㄴ6
연서	ㅸ	109	68	107	25ㄱ1
각자병서	ㄲ	84	67	200	04ㄱ6
	ㄸ	73	73	140	03ㄴ2
	ㅃ	81	69	100	03ㄴ2
	ㅆ	68	82	100	03ㄴ2
	ㅉ	69	82	100	03ㄴ2
	ㆅ	69	87	100	03ㄴ3
-					
계	24				

모음류		외형	배자	여백	관련
분류	모음	가로폭 세로폭	행간 : 가로폭	좌우 공간크기	문자 위치
기본음	ㆍ	100	19	100	4ㄴ5
	ㅡ	12	76	83	4ㄴ7
	ㅣ	700	10	93	7ㄱ6
기본횡모음	ㅗ	33	79	111	5ㄱ2
	ㅜ	34	82	113	5ㄴ8
	ㅛ	35	80	167	5ㄴ3
	ㅠ	34	80	100	15ㄱ2
기본종모음	ㅏ	258	29	57	5ㄴ5
	ㅓ	243	30	174	5ㄴ8
	ㅑ	263	29	57	20ㄴ8
	ㅕ	252	29	183	5ㄴ5
일차-상합자	ㅐ	157	45	92	16ㄴ4
	ㅔ	132	53	69	16ㄴ4
	ㅒ	150	47	92	16ㄴ4
	ㅖ	132	53	69	16ㄴ4
일차-상합자	ㆎ	142	51	77	16ㄴ3
	ㅢ	106	68	200	16ㄴ3
	ㅚ	103	68	200	16ㄴ3
	ㆉ	103	68	150	16ㄴ4
	ㅟ	108	64	113	16ㄴ4
	ㆌ	102	68	150	16ㄴ4
동출상합자	ㅘ	89	82	167	16ㄱ6
	ㆇ	87	82	167	16ㄱ7
	ㅝ	91	72	160	16ㄱ8
	ㆊ	90	77	175	16ㄴ1
이차-상합자	ㅙ	87	81	125	16ㄴ5
	ㆈ	83	83	167	16ㄴ5
	ㅞ	83	85	250	16ㄴ5
	ㆋ	80	85	500	16ㄴ5
계	29				

* 외형 - 문자의 가로폭 : 세로폭 비율 = %
* 배자 - 1개 행간에 배자한 문자의 가로폭 크기 비율 - 행간폭 : 문자의 폭 = %
* 좌우여백 - 1개 행간에 배자한 문자의 좌측과 우측의 여백 가로폭 크기 비율 - 좌측여백 : 우측여백 비율 = %
* 보기 : 회색 표시 문자는 기본 자모음자임.

2.2.4. 정음해례편 합자해 한글서체

훈민정음 정음해례편 21ㄴ2행에서부터 24ㄴ1행까지 9면 56행에 걸쳐 제시된 자모음 22종 합자 33종 등 55종 67자가 나온다.

1) 합자해의 해설과 합자방법(도56)

합자해(合字解 : 글자 어우름 풀이)에 제시된 합자의 풀이에 대하여 '첫소리와 가운뎃소리와 끝소리의 세소리[글자]가 어울려야 글자가 이루어진다.(初中終三聲, 合而成字)... .'라고 하고 아래와 같이 6가지에 대한 합자해를 (도56)과 같이 문자의 예를 들어 해설하였다.

1. 초중종성의 자리 : **군, 업** 자의 초종성의 위치 4자,
   ᄐᆞᆫ, 즉, 침 자의 중종성의 위치 10자
   중성 중 횡모음 5종과 종모음 5종의 위치 10자(점모음 1자).
2. 초성의 병서의 생성 : 초성의 합용병서 3자, 초성의 각자병서 6자(+4자)
3. 중종성의 합용병서 : 중성의 합용병서 2자, 종성의 합용병서 3자, 혼서 4자
4. 성조의 표기법과 사례 : 성조표기법 4자, 평-상-거성 표기사례 6자
5. 기타 합자 사례 : ㆆㅇ통용법 2자, ㄹㅇ연서법 2자, ! _! 의 표기법 2자(+3자).

* 위 ( ) 안의 숫자는 (도56)의 집자 이외로 더 있는 문자수량임

합자해 문자의 서체적 특징(도57)

합자해의 제시문자 중 독립된 초성자음은 해례본의 제자해의 초성과 초성해에서 분석 제시하였으므로, 합자해에서는 초중성 및 초중종성합자를 다음 체계에 맞게 재구성하여 (도57)과 같이 분석하였다.

각자병서 및 합용병서 : 초성각자병서, 초성합용병서, 종성합용병서
성표기 합자 : 평성표기 문자, 상성표기문자, 거성표기 문자

(1) 초성 각자병서 합자의 자형적 특징(도57)

초성 각자병서 ㅆ ㆀ ㆅ 과 중성 모음 ㅗ ㅕ ㅕ 와 결구된 쏘 ᅇᅧ ᅘᅧ 자의 자형적 특징을 보면 쏘 자의 외형은 가로폭과 세로폭의 비율이 10 : 9 정도이나 ᅇᅧ ᅘᅧ 자는 10 : 8

정도로 가로폭이 더 큰 편이다. 초성의 각자병서를 좌우위치로 배획한데다 우측의 중성 마져도 우측에 나란히 배획하였기 때문에 가로폭이 큰 자형을 형성하게 되었고, 따라서 행간의 배자폭도 86, 86%로 ᄽᅩ 자 76% 보다 큰 편이다. ᄽᅩ ᅇᅧ ᅘᅧ 자의 각각의 점획은 하나도 서로 접필되지 않게 띄어서 나타낸 특징이 있다. ᄽᅩ, ᅘᅧ 자는 행간 좌우위치 여백을 같게 나타냈으나 ᅇᅧ 자는 우측으로 치우쳐 불균형으로 나타났다.

(2) 초성-종성 합용병서 합자의 자형적 특징(도57)

초성합용병서 ᄯ ᄧ ᄢ 과 중성 ㅏ ㅏ ㅡ 와 결구한 ᄯᅡ· ᄧᅡᆨ· ᄢᅳᆷ 자의 자형적 특징을 보면 중성모음이 종획 ㅏ 인 ᄯᅡ· ᄧᅡᆨ· 자의 외형은 가로폭이 크고, 중성이 횡모음인 상중하위치 합자 ᄢᅳᆷ 자는 세로폭이 크다. 행간을 차지하는 배자 비율은 행간 크기의 88, 89, 80%로 큰 편이다. 행간 좌우 위치 여백은 ᄯᅡ· ᄧᅡᆨ· 자는 오른쪽으로 치우치게, ᄢᅳᆷ 자는 행간 중간에 배자하였다.

종성합용병서 ㄺ ㄳ ᇌ 과 중성 ㆍ ㅏ ㆍ 와 결구된 ᄒᆞᆰ 낛 ᄃᆞᇌ 자의 자형적 특징을 보면 3자 모두 가로폭이 세로폭보다 좁고 행간의 좌우여백을 ᄒᆞᆰ 자는 좌측으로 치우치게 나타냈고, 낛 ᄃᆞᇌ 자는 여백을 균형이 맞게 똑 같게 나타냈다. ᄒᆞᆰ 낛 ᄃᆞᇌ 3자의 행간에 대한 배자크기를 67, 73, 83%로 점점 큰 순서로 나타냈다. 상중하위치의 ᄒᆞᆰ ᄃᆞᇌ 자에서 초성과 종성의 가로폭 크기 비율을 보면 ᄒᆞᆰ 자는 비슷하나 종성을 3종류의 자음으로 병서한 ᄃᆞᇌ 자는 종성의 가로폭을 초성의 가로폭보다 크게 나타냈다.

(3) 평-상-거성 문자의 자형적 특징(도57)

문자의 좌측에 방점(傍點)을 표시하지 않은 활 긷 녑 자는 방점 유무에 관계없이 행간의 배자크기의 변화를 주지 않았다. 방점 2개를 문자의 좌측 세로폭의 1/3, 2/3 지점에 표시한 상성문자, 방점 1개를 문자 세로폭의 1/2위치에 표시한 거성 문자들은 방점을 표시하지 않은 평성문자의 행간에 대한 가로폭 크기와 비슷하게 나타냈다. 종성을 ㄹ 로 표기한 활· 돌 갈· 자의 종성 ㄹ 의 가로폭을 초중성가로폭 크기보다 조금 좁게 나타낸 특징이 있고, 종성을 ㄷ 으로 표기한 긷 낟· 자는 초중성 가로폭보다 크게, 몯 자는 초성 ㅁ 보다 가로폭을 크게 나타낸 경향이 발견된다. 종성을 ㅂ 으로 좌우하위치로 결구된 녑 깁 입 자는 초중성 가로폭과 종성 가로폭 크기를 같게 나타냈다.

(도56) 훈민정음해례본 합자해의 내용별 관계 서체 분석도

1 위치별 초중종성

초성위치		중성위치			종성위치		3. 보충 문자(합용병서)		
ㅜ상측	ㅓ좌측	ㅌ하측	ㅈ하측	ㅊ우측	구하측	어하측	합용병서	중종성자 혼서	
							ᄃᆞᇌ	孔子ㅣ 魯ㅅ사ᄅᆞᆷ	
君 군 ㄱ	業 업 ㆁ	呑 튼 ·	卽 즉 ㅡ	侵 침 ㅣ	君 군 ㄴ	業 업 ㅂ	ᄃᆞᇌ ᄣᅢ	ᄉᆞ·	ᄅᆞᆷ

초성 하측 중성					초성 우측 중성				

2 합용·각자병서

초성합용병서			초성각자병서						-
ㅼ	ㅽ	ㅴ	ㅎ → ㆅ		ㅇ → ㆀ		ㅅ → ㅆ		
地 지 ·ᄯᅡ 땅	雙 척 ᄧᅡᆨ 짝	隙극ᄢᅳᆷ 틈	舌 설 ·혀	引 인 ·ᅘᅧ	我愛人 괴·여	人愛我 괴·ᅇᅧ	覆物복 물 소다	射 사 쏘다	9자

3 합용병서·성조

중성합용병서		종성합용병서			혼서	성조 : 4성 표기법			
ㅗ ㅏ	ㅗ ㅏ ㅣ	ㄺ	ㅺ	ㄹㄱㅅ	ㅣ ㅅ	평성	상성	거성	입성
琴柱 금주 ·과	炬거 횃불 ·홰	土토 흙 흙	釣 조 낙시 ·낛	酉時유시 ᄃᆞᇌᄣᅢ닭때	孔子ㅣ 魯ㅅ사 ᄅᆞᆷ	弓 궁 활	石 석 :돌	刀 도 ·갈	筆 필 ·붇

4 성조표기·기타

성조 표기법						초성통용	반설경음	아동-시골용어	
평성		상성		거성		ㆆ	ㄹ	ㅣ	ㅣ
긷	녑	:낟	:깁	·몯	·입	ㅇ	ㅇ	·	ㅡ
							連書		
柱 주 기둥	脅 협 엳구리	穀 곡 낟알	繒 증 비단	釘 정 못	口 구 입	相似-通用	반혀-가벼운 소리	ᄀᆝ	ᄀᆜ

(도57) 훈민정음해례본 합자해의 병서 및 성조 표기 합자 결구 분석도

종류		구분	쏘ᄯᅡᄒᆞᆰ 활돌갈	ᅇᅧᄧᅡᆨ낛 긷낟몯	ᅘᅧᄢᅳᆷᄃᆞᇌ 녑깁입
각자병서 및 합용병서 합자	초성 각자 병서	쏘 ·ᅇᅧ ·ᅘᅧ			
		외형	100 : 89	100 : 81	100 : 81
		배자	배자100 : 76 [여백100 : 120]	100 : 86[100 : 63]	100 : 86[100 : 117]
	초성 합용 병서	·ᄯᅡ ᄧᅡᆨ ·ᄢᅳᆷ			
		외형	100 : 75	100 : 95	100 : 100
		배자	100 : 88[100 : 57]	100 : 89[100 : 67]	100 : 80[100 : 111]
	종성 합용 병서	ᄒᆞᆰ ·낛 ᄃᆞᇌ			
		외형	100 : 131	100 : 109	100 : 100
		배자	100 : 67[100 : 129]	100 : 73[100 : 79]	100 : 83[100 : 100]
성조표기 합자	평성	활 긷 녑			
		외형	100 : 119	100 : 109	100 : 133
		배자	100 : 80[100 : 50]	100 : 76[100 : 120]	100 : 65[100 : 106]
	상성	:돌 :낟 :깁			
		외형	100 : 103	100 : 103	100 : 123
		배자	100 : 78[100 : 150]	100 : 79[100 : 67]	100 : 63[100 : 125]
	거성	·갈 ·몯 ·입	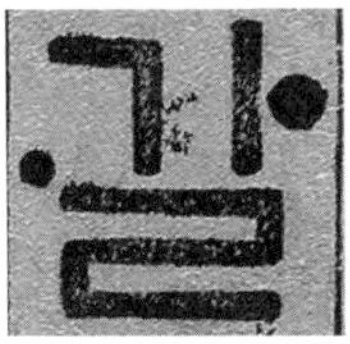		
		외형	100 : 105	100 : 113	100 : 135
		배자	100 : 85[100 : 30]	100 : 73[100 : 92]	100 : 63[100 : 143]

성조 표기를 한 9종의 합자는 모두 세로폭 크기를 가로폭 크기보다 크게 나타냈고, 중성이 오른쪽에 점이 있는 ㅏ 로 표기한 **활 낟 갈** 자는 행간 여백을 오른쪽으로 치우치게 나타냈다. 나머지 합자는 모두 왼쪽으로 치우치게 불균형으로 배자하였다.

18자 모두의 자모음은 서로 닿지 않게 배획하여 합자를 형성하였다.

2.2.5. 정음해례편 용자례 한글서체

훈민정음 정음해례편 24ㄴ2행에서부터 26ㄴ3행까지 5면 34행에 걸쳐 제시된 36종 자모음, 94어휘, 136개 합자, 172문자가 나온다.

1) 용자례의 해설과 용자 사례 구성(도58-1,2,3)

용자례(用字例 : 글자 쓰는 보기)에 제시된 글자 쓰는 보기[事例]에 대하여 크게 초성의 쓰임, 중성의 쓰임, 종성의 쓰임 등 3분야로 나누어 1자 짜리, 2자 짜리 어휘를 보기로 제시하였다. 用字例 라는 제목아래 정의나 서론 없이 바로 글자쓰임의 예를 제시하였다.

1. 초성의 용자례

   [첫소리 보기] : 17종 자음관련, 34 어휘[50합자] 전체 67개 문자

   [아음류, 설음류, 순음류, 치음류, 후음류, 반설치음류]

2. 중성의 용자례

   [가운뎃 소리 보기] : 11종 모음관련, 44어휘[67합자] 전체 78개 문자

   [1점 획형 기본자류, 2점 획형 초출자류, 3점 획형 재출자류]

3. 종성의 용자례

   [끝소리 보기] : 8종 자음관련, 16어휘[19합자] 전체 27개 문자

   계 36종 자모음, 94개 어휘[136개 합자], 172개 문자

(도58-1) 훈민정음해례본 용자례의 내용별 관계 서체 분석도

구분	초성자음 6류 17종(자음) 34어휘 50합자 67문자									
	아음류			설음류			순음류			
	ㄱ	ㅋ	ㆁ	ㄷ	ㅌ	ㄴ	ㅂ	ㅍ	ㅁ	ㅸ
기본	ㄱ 2	ㅋ 3	ㆁ 4	ㄷ 2	ㅌ 4	ㄴ 3	ㅂ 2	ㅍ 2	ㅁ 2	ㅸ 4
고어	ᄀᆞᆷ	콩		뒤		납	볼	파·	뫼	
	ᄀᆞᆯ		러ᅌᆞᆯ	ᄃᆞᆷ	고티		벌	ᄑᆞᆯ	마·	사·ᄫᅵ
		우케				노로				
			서에		두텁					드ᄫᅴ
현대어	감	콩	너구리	띠	고치	원숭이	팔	파	산	새우
	갈대	未舂稻 1	성에	담장	두꺼비	노루	벌	파리	마	뒤웅박

구분	초성자음							중성모음		
	치음류			후음류		반설음	반치음	1획형 기본자		
	ㅈ	ㅊ	ㅅ	ㅎ	ㅇ	ㄹ	ㅿ	·		ㅡ
기본	ㅈ 3	ㅊ 2	ㅅ 2	ㅎ 3	ㅇ 4	ㄹ 4	ㅿ 4	· 6		ㅡ 3
고어	자·	체	ᄉᆞᆫ	힘				ᄐᆞᆨ		믈
		채	셤		비육	무뤼	아ᅀᆞ	ᄑᆞᆺ	ᄀᆞ래	-
	죠ᄒᆡ			부헝						
					ᄇᆞ얌	어름	너ᅀᅵ	ᄃᆞ리		발·측
현대어	자	체	손	힘줄	병아리	우박	아우	턱	다리	물
	종이	채찍	섬	부엉이	뱀	얼음	너새	팥	가래나무	발뒤꿈치

(도58-2) 훈민정음해례본 용자례의 내용별 관계 서체 분석도

구분	중성 모음 3류 11종(모음) 44어휘 67합자 78문자									
	1획형 기본자		2획형 초출자							
	ㅡ	ㅣ	ㅗ		ㅏ		ㅜ		ㅓ	
기본	ㅡ 4	ㅣ 4	ㅗ 6		ㅏ 6		ㅜ 6		ㅓ 7	
고어	그력	깃 밀	논 톱	벼로	밥 낟	사숨	숫 울	구리	널	서리
	드레	피 키	호미		이아		누에		브섭	버들
현대어	기러기	깃, 밀랍	논, 톱	벼루	밥, 낫	사슴	숯, 울타리	구리	널판지	서리
	두레박	피, 키	호미		새끼줄		누에		부엌	버들

구분	중성 모음								종성 자음	
	3획형 재출자								아음류	
	ㅛ		ㅑ		ㅠ		ㅕ		ㄱ	ㆁ
기본	ㅛ 6		ㅑ 7		ㅠ 7		ㅕ 5		ㄱ 2	ㆁ 4
고어	죵 쇼	삽됴	약	다야	쥭	슈룹	엿 뎔	져비	닥 독	굼벙
	고욤		남샹	쟈감	율미	쥬련				올창
현대어	종, 소	삽주	약(거북)	대야	주걱	우산	엿, 절	제비	닥나무	굼벵이
	고욤나무	(풀종류)	남생이	메밀껍질	율무	걸개	벼		항아리	올챙이

(도58-3) 훈민정음해례본 용자례의 내용별 관계 서체 분석도

구분	종성 자음 5류 8종(자음) 16어휘 19합자 27문자						3분야
	설음류		순음류		치음류	반설음	14류
	ㄷ	ㄴ	ㅂ	ㅁ	ㅅ	ㄹ	36종
기본							
	ㄷ 2	ㄴ 3	ㅂ 2	ㅁ 2	ㅅ 2	ㄹ 2	94어휘
고어	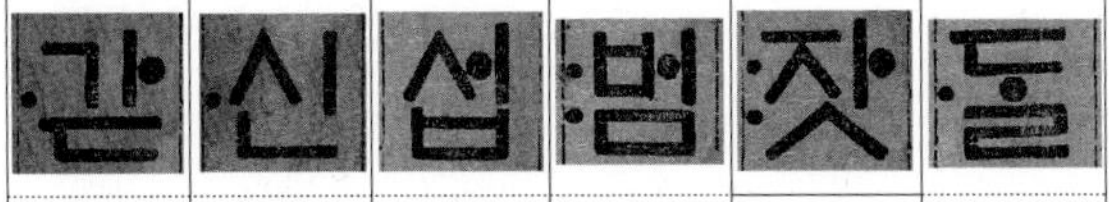						
	갇	신	셥	범	잣	ᄃᆞᆯ	
	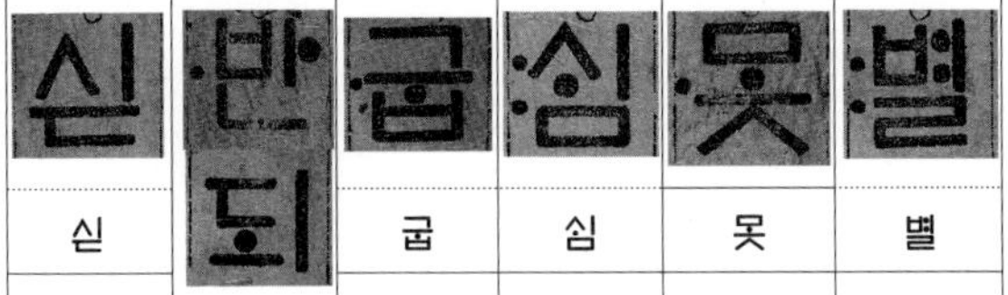						
	싣		굽	심	못	별	
		반ᄃᆡ					
							136자
현대어	갓	신	섶	호랑이	잣나무	달	총 172자
	신나무	반디불이	발굽	샘	연못	별	

* (도58-1) 1. 우케(未舂稻) : 찧지 않은 벼.

2) 용자례 문자의 서체적 특징(도59~도64)

해례본의 용자례 전체에 나온 자모음과 합자를 집자하여 체계화한 (도58-1,2,3)의 내용별 서체분석도의 초성순서별, 중성순서별, 종성순서별 용자(1,2자 구성어휘)를 (도59~도63)과 같이 6쪽으로 확대 재정리하여 서체적 특징을 분석하였다.

(1) 초성의 용자례 1개 어휘 문자의 자형적 특징(도59)

초성의 용자례 어휘 중에서 1자로 형성된 용자례를 초중성합자와 초중종성합자로 나누어 자형적 특징을 밝혀본다.

초중성합자중에서 외형의 가로폭과 세로폭이 같은 **뫼** 자와 세로폭인 큰 **ᄃᆡ** 자를 제외하곤 **파· 마· 자· 체 채** 자는 모두 가로폭이 큰 자형을 이룬다. 초중성합자 7자의 행간의 가로폭에 대한 배자폭을 보면 **ᄃᆡ 뫼 마·** 자는 70% 전후, **파· 자· 체 채** 자는 80% 전후로 문자의 오른쪽 모음에 따라 다르게 나타난다. 행간의 좌우측 여백률을 보면 뒤 뫼 자는 왼쪽으로 치우쳤고, 파 마, 자, 체, 채 자는 오른쪽으로 치우쳤다.

초중종성합자중에서 초성이 ㄱ ㅂ ㅍ 과 공통으로 중성이 ·, 종성이 ㄹ 이 상중하위치로 이루어진 골 볼 폴 자는 초성과 종성의 가로폭 크기를 비슷하게 나타냈고, 또 좌우하위치로 이루어진 중성이 ㅓ ㅕ ㅣ 로 이루어진 벌 셤 힘 자는 초중성자의 좌우위치 가로폭과 종성 ㄹ ㅁ ㅁ 의 가로폭 크기를 비슷하게 나타냈다. 그러나 중성이 ㅏ 로 이루어진 감 납 담 자는 종성 ㅁ ㅂ ㅁ 의 가로폭은 초중성의 가로폭 크기 보다 작게 다르게 나타냈다.

초중종성합자 11자 모두 세로폭을 가로폭보다 크게 나타냈다.

문자의 대소 관계

초중성합자 중 중성자로 ㅟ 자가 들어가는 뒤 자가 가장 크고, 그 다음으로 중모음 ㅔ ㅐ, 기본모음 ㅏ 가 들어가는 순서로 점점 작아진다.

초중종성합자 중 획수가 많은 초중종성이 모두 들어가는 상중하위치의 합자가 가장 크다. 여기서는 초성 ㅋ, 중성 ㅗ, 종성 ㆁ(꼭지)로 결구된 콩 자가 가장 세로폭이 큰 자로 나타난다. 가장 작은 합자로는 획형이 간결한 초중종성자로 이루어진 손 자로 분석된다.

(도59) 훈민정음해례본 용자례의 초성자음 1개 어휘문자 결구 분석도

구분		문자	ᄃᆡ 자 감 납 손	파 체 ᄀᆞᆯ ᄇᆞᆯ 셤	뫼 채 콩 벌 힘	마 - 담 ᄑᆞᆯ -
초성자음합자	초중성합자	ㄷ ㅍ ㅁ ㅁ	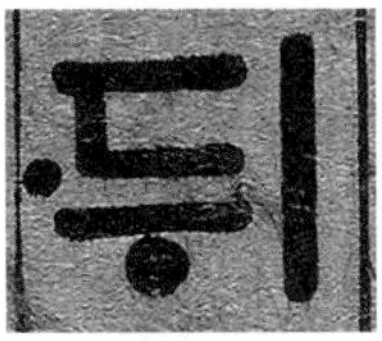		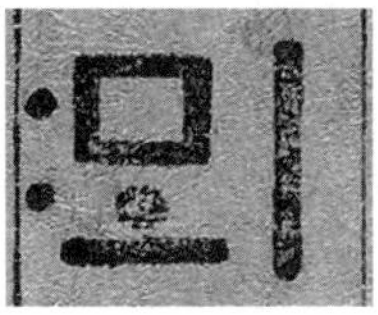	
		외	100 : 97	100 : 73	100 : 100	100 : 88
		배	100 : 76[100 : 144]	100 : 89[100 : 25]	100 : 70[100 : 133]	100 : 77[100 : 62]
		ㅈ ㅊ ㅊ -				–
		외	100 : 80	100 : 86	100 : 75	
		배	100 : 84[100 : 75]	100 : 82[100 : 70]	100 : 85[100 : 75]	[좌우 여백률]
	초중종성합자	ㄱ ㄱ ㅋ ㄷ				
		외	100 : 108	100 : 114	100 : 110	100 : 101
		배	100 : 78[100 : 100]	100 : 69[100 : 107]	100 : 87[100 : 100]	100 : 84[100 : 75]
		ㄴ ㅂ ㅂ ㅍ		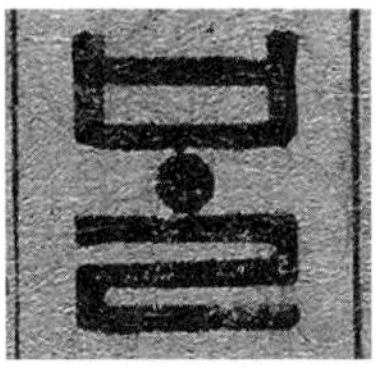	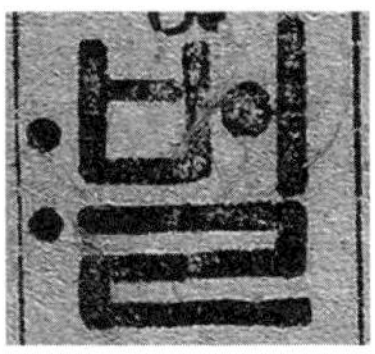	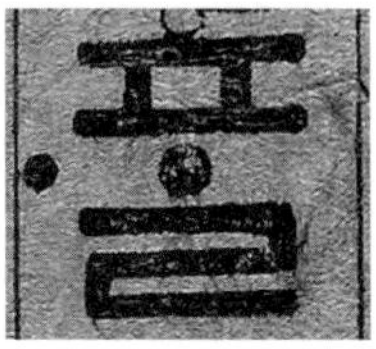
		외	100 : 110	100 : 127	100 : 131	100 : 114
		배	100 : 78[100 : 25]	100 : 65[100 : 100]	100 : 68[100 : 81]	100 : 70[100 : 100]
		ㅅ ㅅ ㅎ -			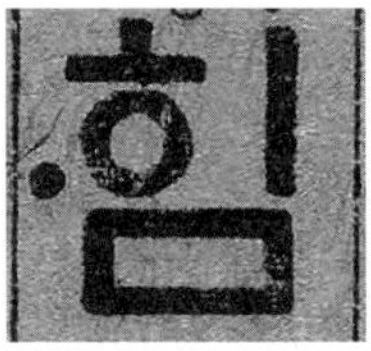	
		외	100 : 107	100 : 117	100 : 126	
		배	100 : 73[100 : 79]	100 : 71[100 : 117]	100 : 69[00 : 133]	[좌우 여백률]

(2) 초성의 용자례 2개 어휘 문자의 자형적 특징(도60)

초성의 용자례 어휘 중에서 2자를 세로방향으로 배자하여 형성된 용자례를 초중성합자로 구성된 어휘 10개와 초중종성합자가 있는 어휘 6개로 나누어 자형적 특징을 살펴본다.

초중성합자를 상하위치로 배자한 어휘 10개 중에는 횡모음자 : 횡모음자 배자를 한 '**노로**' 자와 횡 : 종 배자를 한 '**고티**' 자는 상하문자의 가로폭이 같고, 횡 : 종 배자를 한 다른 '**드뵈**', '**죠히**', '**무뤼**' 자는 첫 자가 10 : 9 정도로 크되 3개 어휘 비율이 비슷한 편이다. 종모음자 : 종모음자로 - 점모음자로 배자한 '**너ᅀᅵ**' 와 '**아ᅀᆞ**'자와 횡 : 종 배자인 '**우케**', 종 : 종 배자인 '**서에**' 자는 모두 아래자의 가로폭이 큰 것으로 분석된다, 이러한 대소 규모는 대체로 횡모음과 중성이 중모음자[획수가 많은 자]로 이루어진 글자를 크게 나타낸 특징이 있다. 또 초중성합자의 행간에 대한 가로폭의 배자 비율은 대체로 좁은 것은 66%인 **ᄫᅵ** 자에서 83%의 큰 문자인 **케** 자에 이르기까지 70% 중간 크기가 많은 편이다.

초중종성합자중 자모음을 상중하, 좌우하위치로 배획한 어휘 6개 중에는 횡모음자 : 종모음 배자인 '**두텁**', '**부헝**' 자는 첫 자의 가로폭을 아래자보다 약간 크게 나타냈고, 종모음자 : 횡모음자 순서로 배자한 '**러울**', '**비육**', '**어름**' 자는 아래자 가로폭을 더 크게 나타냈다. 이것으로 보아 행간 가로폭에서 차지하는 비중은 횡모음자가 종모음자보다 크게 나타냈다. 초중종성합자의 행간 가로폭에서 차지하는 비율은 70%에서 크게는 78%로 초중성합자보다 좁은 것으로 분석된다.

두 글자에 걸쳐 초중종성의 자모음 획형이 복잡한 합자가 세로폭이 가장 큰 것으로 나타나는데 '**러울**' 이 그 예이다.

(도60) 훈민정음해례본 용자례의 초성자음 2개 어휘문자 결구 분석도

구분			문자: 우 ᄉᆞ ᄋᆞ 부 / 케 ᄫᅵ ᅀᆞ 헝	ᄉᆡ 드 ᄂᆡ 비 / ᄋᆡ ᄫᅬ ᅀᅵ 육	고 ᄆᆞ ᄅᆡ ᄇᆞ / 티 ᄛᆡ ᄋᆞᆯ 얌	노 죠 ᄃᆞ ᄋᆡ / ᄅᆞ ᄒᆡ 텁 ᄅᆞᆷ
초성자음합자	초중성합자	ㅋ ㆁ ㅌ ㄹ				
		대	100 : 107	100 : 114	100 : 100	100 : 100
		배	77% : 83%	71 : 81	77 : 77	78 : 78
		ㅸ ㅸ ㄹ ㆆ				
		대	100 : 80	100 : 94	100 : 95	100 : 94
		배	83 : 66	77 : 72	76 : 72	78 : 73
		ㅿ ㅿ ㆁ ㅌ				
		대	100 : 106	100 : 120	100 : 109	100 : 91
		배	79 : 84	65 : 78	70 : 76	79 : 72
	초중종성합자	ㆅ ㅇ ㅇ ㄹ				
		대	100 : 92	100 : 119	100 : 123	100 : 105
		배	76 : 70	65 : 77	63 : 78	70 : 74

* 대소-상하위치 문자 가로폭 크기 비율　　* 배자-행의 가로폭 : 상하 문자의 가로폭 비율

(3) 중성의 용자례 1개 어휘 문자의 자형적 특징(도61)

중성의 용자례 어휘 중에서 중성자를 기준으로 1자로 형성된 용자례를 초중성합자로 구성된 어휘 4개와 초중종성합자가 있는 어휘 16개로 나누어 자형적 특징을 밝혀본다.

초중성합자는 상하위치로 배자한 **쇼** 자, 좌우 위치로 배획한 **ㅍㅣ ㅋㅣ 쇼 뼈** 자 4개의 자형적 특징을 밝혀본다. 외형의 가로폭이 세로폭보다 커 보이는 **ㅍㅣ ㅋㅣ 쇼 뼈** 자는 실제로는 같거나 세로폭이 조금 더 크다. 행간에 대한 문자의 가로폭 크기는 **쇼** 자는 80%로 가장 크고, **ㅍㅣ ㅋㅣ** 자는 71, 68% 정도로 좁은 편이다. 행간에 배자한 여백도 **ㅍㅣ ㅋㅣ** 자는 정중앙이 아닌 왼쪽으로 치우치게 배자하였다. 자모음을 상중하 위치로 결구된 초중종성합자는 다음과 같다.

* 중성 점모음 합자 : **톡 픗**　* 중성 ㅡ 모음 합자 : **믈**
* 중성 ㅗ모음 합자 : **논 톱**　* 중성 ㅛ 모음 합자 : **죵**
* 중성 ㅜ모음 합자 : **숫 울**　* 중성 ㅠ 모음 합자 : **쥭**

문자의 외형을 보면 9자 모두 세로폭이 크고, 초중성 중 가운데 중성의 가로폭을 초성-종성보다 크게 나타냈다. **톡 톱 울** 자를 제외하곤 초성과 종성의 가로폭 크기를 비슷하게 나타냈다. **톱** 자의 ㅌ 의 첫 가로선의 왼쪽 돌출부분을 제외한 가로폭과 종성의 가로폭 크기는 비슷하게 나타냈다. 9자 중 **믈 논** 자는 행간의 중간에 배자하였으나 나머지는 왼쪽으로 치우친 배자 4자, 오른쪽으로 치우친 배자 4자, 중간배자 한 것 1자로 배자를 바르지 않게 나타냈다.

자모음을 좌우하 위치로 결구된 초중종성합자의 구조는 다음과 같다.

* 중성 ㅣ모음 합자 : **깃 밀**　* 중성 ㅕ 모음 합자 : **엿**
* 중성 ㅏ모음 합자 : **낟 밥**　* 중성 ㅑ 모음 합자 : **약**
* 중성 ㅓ모음 합자 : **널**　* 중성 ㅕ 모음 합자 : **뎔** [* (도63) 아래 제시]

초중종성이 좌우하로 배획한 초중성합자 8자 모두 세로폭이 크고, 행간의 배자 크기는 중성이 ㅏ 인 **밥 낟** 자는 77, 79%로 큰 편이고, 배자 위치를 행간의 오른쪽으로 치우치게 나타냈다. 중성에 ㅣ ㅓ ㅕ 가 있는 합자는 행간을 차지하는 가로폭이 64, 66, 70, 72% 정도로 ㅏ ㅑ 인 합자보다 아주 좁은 편이다. 8자 중 행간의 우측으로 치우치게 배자한 문자가 4자이고, 중간에 배자한 자는 **밀** 자 하나뿐이다.

(도61) 훈민정음해례본 용자례의 중성모음 1개 어휘문자 결구 분석도

구분 \ 문자			피 톡 밀 낟 죵	키 픗 논 숫 약	쇼 믈 톱 올 쥭	벼 깃 밥 널 옛
중성모음합자	초중성합자	ㅣ ㅣ ㅛ ㅕ				
		외	100 : 100	100 : 103	100 : 88	100 : 107
		배	100 : 71[100 : 170]	100 : 68[100 : 114]	100 : 80[100 : 80]	100 : 67[100 : 100]
	초중종성합자	· · ㅡ ㅣ				
		외	100 : 118	100 : 112	100 : 109	100 : 109
		배	100 : 76[100 : 133]	100 : 76[100 : 91]	100 : 71[100 : 100]	100 : 73[100 : 117]
		ㅣ ㅗ ㅗ ㅏ				
		외	100 : 127	100 : 103	100 : 125	100 : 108
		배	100 : 64[100 : 100]	100 : 78[100 : 100]	100 : 75[100 : 92]	100 : 77[100 : 24]
		ㅏ ㅜ ㅜ ㅓ				
		외	100 : 103	100 : 108	100 : 119	100 : 131
		배	100 : 79[100 : 67]	100 : 77[100 : 83]	100 : 76[100 : 120]	100 : 66[100 : 88]
		ㅛ ㅑ ㅠ ㅕ				
		외	100 : 111	100 : 117	100 : 105	100 : 115
		배	100 : 84[100 : 67]	100 : 78[100 : 82]	100 : 82[100 : 167]	100 : 70[100 : 115]

* 외 – 외형비율 –문자의 가로폭 : 세로폭 * 여 – 문자 좌측–우측 위치의 여백 폭 [표시 비율]
* 배 – 배행비율 –행간 폭 크기에 대한 문자의 가로폭, 행간폭 : 문자폭 비율

(4) 중성의 용자례 2개 어휘 문자의 자형적 특징(도62-1)

중성의 용자례 어휘 중에서 중성자를 기준으로 형성된 용자례를 초중성합자로 구성된 어휘 11개(도62-1)과 초중종성합자가 있는 어휘 12개(도62-2)로 나누어 자형적 특징을 밝혀본다.

초중성합자 11개(도62-1)

* 중성 점모음자 + 종모음자 합자 : ᄃᆞ리 ᄀᆞ래
* 중성 ㅡ ㅗ 자 + 종모음자 합자 : 드레 호미
* 중성 ㅜ 자 + 종모음자 합자 : 누에 구리
* 중성 ㅣ ㅏ 자 + 종모음자 합자 : 이아 다야
* 중성 ㅓ ㅕ 자 + 종·횡모음자 합자 : 서리 져비 벼로

초중성합자를 상하위치로 배자한 어휘 11개는 '벼로' 를 제외하고는 아래자가 모두 종모음으로 이루어졌는데 문자의 가로폭 크기를 첫 자를 작게, 아랫자를 크게 배자한 어휘는 'ᄀᆞ래', '이아', '벼로', '누에' 등 4개이고 나머지 7개 어휘는 첫 자를 크게 나타냈다. 가로폭이 큰 특별한 규칙성은 문자 중 중성에 중모음[ㅔ ㅐ]이나 오른쪽에 점이 있는 종모음[ㅏ ㅑ], 횡모음[ㅗ] 이 들어가는 문자가 큰 것으로 분석된다. 상하문자를 종모음의 세로선이 일직선이 되게 배자한 것으로 '서리', '다야', '져비' 등이 있는데 종모음 중 ㅓ ㅣ, ㅏ ㅑ, ㅕ ㅣ 끼리 짝지어진 것으로 분석된다. 행간의 배자 가로폭이 가장 큰 어휘는 87 : 79%로 종모음 ㅏ ㅑ 가 들어간 '다야'가 있고, 가장 좁은 것으로는 가로폭이 71 : 64%인 '서리' 인 것으로 분석된다.

초중종성합자 12개(도62-2)

* 중성 ㆍ ㅡ 자 + 종모음자 합자 : 그력, 브섭
* 중성 ㅜ ㅠ 자 + 종모음자 합자 : 율믜, 주련
* 중성 ㅏ ㅑ 자 + 종모음자 합자 : 남샹, 쟈감
* 중성 ㅗ ㅠ 자 + 횡모음자 합자 : 고욤, 슈룹
* 중성 ㅏ ㅑ 자 + 횡모음자 합자 : 발측, 샵됴
* 중성 ㅓ ㅕ 자 + 횡모음자 합자 : 버들
* 중성 ㅏ ㅑ 자 + 점모음자 합자 : 사숨

(도62-1) 훈민정음해례본 용자례의 중성모음 2개 어휘문자 결구 분석도

구분			문자	ᄃᆞ 벼 셔 발 / 리 로 리 측	ᄀᆞ 이 다 그 / 래 아 야 력	드 누 져 사 / 레 에 비 숨	호 구 - 브 / 미 리 섭
중성모음합자	초중성합자	ᆞ ᆞ ㅡ ㅗ					
			대	100 : 95	100 : 107	100 : 95	100 : 86
			배	76% : 72%	71 : 77	77 : 73	78 : 67
		ㅗ ㅏ ㅜ ㅜ					
			대	100 : 105	100 : 107	100 : 111	100 : 86
			배	73 : 77	71 : 77	79 : 78	80 : 69
		ㅓ ㅑ ㅕ					-
			대	100 : 90	100 : 91	100 : 93	
			배	71 : 64	87 : 79	74 : 69	
	초중종성합자	ㅡ ㅡ ㅏ ㅓ					
			대	100 : 95	100 : 89	100 : 84	100 : 91
			배	77 : 73	79 : 70	83 : 70	79 : 72

(도62-2) 훈민정음해례본 용자례의 중성모음 2개 어휘문자 결구 분석도

구분 \ 문자			버 쟈 굼 들 감 벙	고 욜 올 욤 믜 창	삽 슈 반 됴 룝 되	남 쥬 - 샹 련 -
중성모음합자	초중종성합자	ㅓ ㅛ ㅛ ㅑ				
		대	100 : 107	100 : 98	100 : 95	100 : 100
		배	69% : 75%	80 : 78	85 : 81	77 : 77
		ㅑ ㅠ ㅠ ㅠ				
		대	100 : 92	100 : 89	100 : 111	100 : 83
		배	87 : 80	82 : 73	86 : 77	78 : 65
종성자음합자	초중종성합자	ㆁ ㆁ ㄴ				-
		대	100 : 86	100 : 102	100 : 101	
		배	76 : 65	80 : 82	73 : 74	

* 대소-상하위치 문자 가로폭 크기 비율 * 배자-행의 가로폭 : 상하 문자의 가로폭 비율

초중종성합자 어휘는 상하문자중 초중종성합자 중 1개 이상으로 이루어진 어휘로 12개가 나온다. 초중종성합자의 첫 자와 아래자의 중성구조가 횡모음자+종모음자로 이루어진 것이 6개, 횡모음자+횡모음자로 이루어진 것 2개, 종모음자+점횡모음자로 이루어진

것 4개로 분석된다. 이를 다시 문자별로 모음 구성을 보면 첫 자가 횡모음자인 것 6자, 종모음자인 것 6자이고, 아래자도 횡모음자인 것 6자, 종모음자인 것 6자로 구성되어 있다.

1개 어휘 중 위 아래 자 가로폭 크기를 같게 나타낸 문자는 12개 중 '남샹' 1개이고, 첫 자를 작게 나타낸 문자는 '버들' 1가지며, 나머지 10개 어휘는 첫 자를 크게 나타냈다. 어휘별로 행간의 가로폭 배자를 중간에 배치한 것은 '고욤' 이고, 우측으로 치우친 것은 '사숨', '발측' 등이고 나머지는 규칙성이 없는 편이다. 행간에 가로폭을 가장 크게 나타낸 어휘는 87 : 80%인 '쟈감' 이고, 가장 작게 나타낸 것은 69 : 75%인 '버들' 이 있다.

(5) 중성 · 종성의 용자례 2개 어휘 문자의 자형적 특징(도62-2)

종성의 용자례 어휘 중에서 종성자를 기준으로 초중종성합자로 형성된 용자례 3개(도62-2)를 선택하여 자형적 특징을 밝혀본다.

초중종성합자 3개

* 중성횡모음+종성ㄹ합자[첫자] : 중성종모음+종성ㆁ합자[아래자] = 올창
* 중성횡모음+종성ㅁ합자[첫자] : 중성종모음+종성ㆁ합자[아래자] = 굼벙
* 중성종모음+종성ㄴ합자[첫자] : 중성중모음+종성 없음[아래자] = 반되

초중종성합자를 상하위치로 배자한 어휘 3개는 위와 같이 초-중-종성이 합자되었는데 '올창' 은 아래자 창 자의 가로폭, '굼벙' 은 첫 자의 가로폭을 크게 나타냈다. 즉 중성자에 ㅏ ㅑ 자가 있는 합자의 가로폭, 횡모음자가 있는 합자는 다른 중성모음이 있는 문자 보다 가로폭이 큰 것으로 분석되었다.

'굼벙'자의 첫 자 초성 ㄱ 과 종성 ㅁ 의 가로폭, 아래자의 버 부분 가로폭 크기를 같게 배자하였다. '올창', '반되', '굼벙' 어휘의 행간의 배자 가로폭 비율이 80 : 82, 73 : 74, 76 : 65 순서로 작아졌다.

(6) 종성의 용자례 1개 어휘 문자의 자형적 특징(도63)

자모음을 상중하, 좌우하 위치로 결구된 초중종성합자 13자를 종성의 종류에 따라 다음과 같이 용자를 분류하여 제시할 수 있다.

–상중하위치 횡모음합자 : 독 굽 못 돌

–좌우하위치 종모음합자 : 닥 갇 싣 신 섭 범 심 잣 별

* 종성 ㄱ 합자 : 닥 독 * 종성 ㄴ 합자 : 신
* 종성 ㄷ 합자 : 갇 싣 * 종성 ㄹ 합자 : 돌 별
* 종성 ㅁ 합자 : 범 심 * 종성 ㅂ 합자 : 섭 굽
* 종성 ㅅ 합자 : 잣 못

9종의 종모음합자 모두는 합자의 외형상 가로폭 보다 세로폭이 큰 편인데 문자에 따라 차이가 난다. 좌우하위치 문자중에는 중성에 ㅏ 가 들어가는 합자[닥 갇 잣]의 세로폭이 가로폭의 105, 108, 101% 정도로 너른 편이다. 이에 비하여 중성에 ㅣ ㅓ ㅕ 가 들어가는 합자[신 섭 범 별]로 세로폭이 116, 125, 123, 135%로 중성에 ㅏ 가 들어가는 합자보다 더욱 너르다. 중성에 종모음이 들어 가는 신 섭 심 자의 종성 가로폭이 초중성 가로폭 크기와 비슷하고, 범 별 자 종성의 가로폭은 초중성 가로폭 크기와 똑같은 것으로 분석되었다.

횡모음자의 독 돌 자의 초성 ㄷ 의 가로폭은 종성의 가로폭보다 크고, 굽 자의 종성 ㅂ 은 초성 ㄱ 의 가로폭과 비슷하고, 못 자는 종성 ㅅ 의 가로폭이 초성 ㅁ 보다 조금 크다.

(7) 용자례의 한글 배자의 특징(도64)

용자례부분의 한글 2자 용어와 이에 해당하는 한 글자 짜리 한자를 한데 묶어 제시하였다. 두 글자 중 첫 자는 중성에 점횡모음 · ㅡ ㅗ ㅛ ㅜ ㅠ 가 들어가는 글자 6자와 종모음 ㅣ ㅏ ㅓ ㅕ 가 들어가는 6자 등 전체 12개의 글자가 제시하여 배자의 특징을 분석하여 보았다.

횡모음자+횡모음자 세로배자인 노로 자는 첫 자와 두 번째 글자의 가로폭 크기를 똑같게 배자하였고, 횡모음자+종모음자(ㅣ ㅓ)세로배자인 브셥 자는 브 자의 ㅂ 오른쪽 세로선과 셥 자의 중성 ㅕ, 종성 ㅂ의 세로선은 수직방향으로 일직선을 이룬다. 또 같은 횡모음자+종모음자(ㅝ) 자도 첫 자의 ㅁ 오른쪽 세로선과 ㅝ 의 세로선은 수직방향으로 일직선을 이룬다. 종모음+횡모음자인 어름 자는 첫 자 세로선과 두 번째 글자 종성 ㅁ 의 오른쪽 세로선과 일직선이 되게 배자하였다. 이렇게 글자중의 순음인 ㅁ ㅂ 등의 오른쪽 세로선은 종모음 ㅣ ㅓ ㅕ 와 세로방향으로 배자하면 일직선을 이루는 규칙을 찾아볼 수 있다.

(도63) 훈민정음해례본 용자례의 종성자음 1개 어휘문자 결구 분석도

구분		문자	ᄃᆞᆨ 신 심 별	독 섭 잣 -	갇 굽 못 -	싣 범 ᄃᆞᆯ 뎔
종성자음합자	초중종성합자	ㄱ ㄱ ㄷ ㄷ				
		외	100 : 105 [95 : 100]	100 : 103 [97 : 100]	100 : 108 [93 : 100]	100 : 106 [94 : 100]
		배	문자크기 100 : 80 좌우여백 [100 : 50]	100 : 79 [100 : 100]	100 : 77 [100 : 69]	100 : 76 [70 : 100]
		ㄴ ㅂ ㅂ ㅁ				
		외	100 : 116 [86 : 100]	100 : 125 [80 : 100]	100 : 103 [97 : 100]	100 : 123 [81 : 100]
		배	100 : 68 [100 : 114]	100 : 69 [71 : 170]	100 : 77 [100 : 100]	100 : 67 [100 : 67]
		ㅁ ㅅ ㅅ ㄹ				
		외	100 : 121 [83 : 100]	100 : 101 [99 : 100]	100 : 114 [88 : 100]	100 : 109 [92 : 100]
		배	100 : 69 [100 : 133]	100 : 81 [100 : 70]	100 : 76 [100 : 83]	100 : 74 [100 : 188]
		ㄹ - - ㄹ		(도59-64) 전체통계 94어휘 136합자	(도61 끝부분)→ 중성모음합자	
		외	100 : 135 [74 : 100]			100 : 115
		배	100 : 66 [100 : 114]			100 : 72 [100 : 225]

(도64) 훈민정음해례본 용자례부분의 한글-한자 행간 배치도

구분	위치	한글-한자의 행간 상하위치별 배자 종류					
횡모음자	상	·	ㅡ	ㅗ	ㆉ	ㅜ	ㆌ
	하	ㅑ	ㅓ	ㅗ	ㆎ	ㅟ	ㅕ
	한글배자	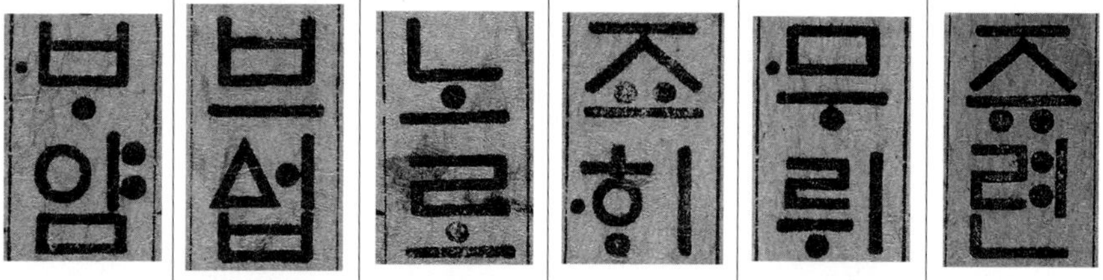					
	한자배자	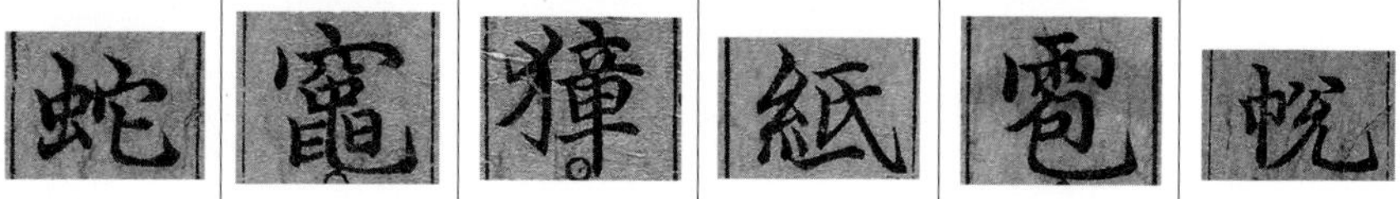 蛇	竈	獐	紙	雹	帨
		뱀25ㄱ5 사	부엌25ㄴ7 조	노루24ㄴ7 장	종이25ㄱ5 지	우박25ㄱ6 박	걸개26-4 세
종모음자	상	ㅣ	ㅏ	ㅏ	ㅓ	ㅓ	ㅕ
	하	ㅏ	ㅑ	ㅣ	ㅡ	ㅣ	ㅗ
	한글배자	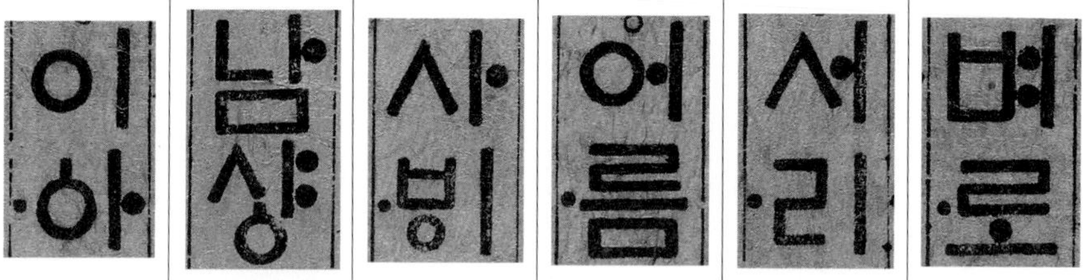					
	한자배자	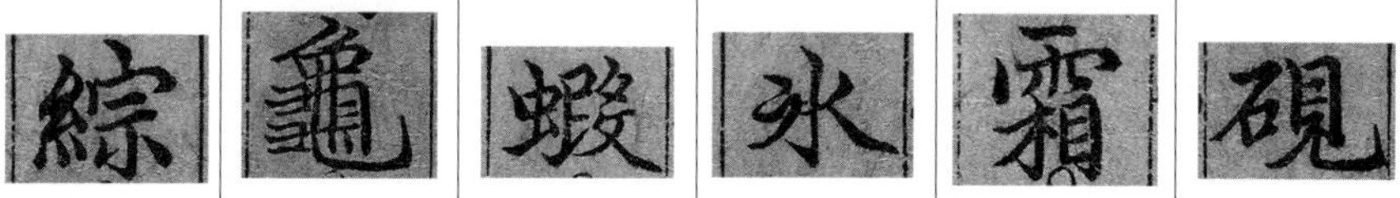 綜	龜	蝦	氷	霜	硯
		이아25ㄴ5 종	거북26ㄱ2 구	새우25ㄱ1 하	어름25ㄱ6 빙	서리25ㄴ7 상	벼루25ㄴ4 연

3. 훈민정음해례본 한글문자의 서체적 변용 확산

훈민정음해례본 한글문자의 종류와 서체적 특징을 고찰하는 목적은 훈민정음 한글서체의 원형을 변형(變形)하여 응용(應用)하는 서체적 변용(變用)에 있다. 이를 위해 첫째 훈민정음해례본의 한글문자 중 자형이 정상적이지 못한 자모음 및 합자를 수정하고, 둘째 수정한 훈민정음 서체를 활용하여 디자인상의 평면구성의 사례와 방법을 제시하며, 셋째 훈민정음 서체를 활용한 입체성의 국새제작 상황, 기념주화 제작 등 실용성의 사례를 제시한다. 결론으로 훈민정음 서체의 평면화, 입체화 방향 등 서체적 변용을 밝혀본다.

3.1. 훈민정음해례본 한글문자의 수정

훈민정음해례본 33장 전체 중 24장 36쪽에 걸쳐 나오는 229종 547자 한글문자와 기호는 자형적 구조로 보아 정상적으로 표현된 것에 반하여 비정상적으로 나타낸 문자들이 앞 3장에서 검토해 본 결과 한자서체와 더불어 수정해야 할 부분이 많이 발견된다. 따라서 훈민정음해례본 한글 자형을 구조적으로 수정해야 할 필요성이 대두되어 제안하고자 한다. 한글문자의 수정목적은 정인지 서문 '상형이자방고전'의 제자원리에 맞지 않는 기본자 및 초중종성합자의 획형 및 자형을 바르게 수정하여 차기 영인본-복간본 등을 간행할 때 활용하고자 함이다. 훈민정음해례본의 수정 및 복제의 필요성은 안병희 선생의 복제안을 보면 알 수 있다.[30] 특히 본 책에서는 한글문자의 자형구성이 정인지 서문의 '象形而字倣古篆'과 같은 제자원리에 어긋나는 경우가 없는가를 파악 수정하였다.

그 방안으로 첫째로 역대 영인본에 나타난 한글문자의 오류 수정방안을 밝히고, 둘째로 현행 해례본 한글문자의 서체 복원의 실제를 제시하고자 한다. 훈민정음체를 도안이나 디자인체로 활용할 경우, 폰트서체로 활용할 경우 등 문자구조의 정확성을 파악하지 못하고 잘못 활용할 경우가 많이 생긴다. 특히 같은 문자라도 획형이 달라 정상적인 서체 선정에 어려움을 겪는다. 따라서 구조적으로 표준이 되는 서체의 문자가 필요하기 때문에 정상적인 표준 서체로 수정하려는 것이다.

30 안병희, 1997, 훈민정음해례본과 그 복제에 대하여, 진단학보 제84호, 진단학회, 191-202쪽.

3.1.1. 역대 영인본 한글문자의 오류 수정방안(표19, 표20)

훈민정음해례본은 1946년 제1차 영인본이 나온 후 2015년 제1차 복간본이 나오기까지 70여년 동안 사진본, 영인본, 복간본 등이 5차에 걸쳐 간행되었다. 5차에 걸친 영인본의 한글서체는 출간하는 시기마다 서체적 오류 및 수정을 필요로 하는 부분이 많이 나타난다. 수정을 필요로 하는 분야는 자음획형 교체, 문자의 방점, 자모음 점획의 접필상태를 수정하는 방안을 제시하였다. 그래서 (표19,20)와 같이 첫째 정음편 자음 수정하기, 둘째 정음해례편 방점붙이기 셋째 자모음 점과 획 붙이기 및 띄우기를 통한 사례를 제시하고자 한다.

(표19) 역대 훈민정음 영인본의 문자 및 기호 표기 수정상황 분석표

구분 / 분야	수정방법	수정 대상	대상수	해당도판
정음편	1.자음획형 정정하기	ㄱ(1ㄱ),ㅋ ㆁ ㄷ ㅌ ㄴ(1ㄴ), ㅂ ㅍ ㅁ(2ㄱ)	9	도 65-1
		ㅈ ㅊ(2ㄱ), ㅅ ㆆ ㅎ ㅇ ㄹ(2ㄴ)	7	도 65-2
해례편	2.방점 붙이기(초중)	쾌(15ㄱ) 의(18ㄱ) ᄀᆞ(25ㄱ) ᄧᅧ(26ㄱ)	8	도 66
	(초중종)	붇(22ㄱ) 뎔(26ㄱ) 룹(26ㄱ) 올(26ㄱ)		
	3.자점모음 획 붙이기	ㅈ(3ㄴ) ㅊ(3ㄴ) 곶(18ㄱ) 올(25ㄴ)	4	도 67
	4.자모음 점획 띄우기	ㅈ(21ㄱ) ㅊ(21ㄱ) 뽕(17ㄴ) 콩(24ㄴ)	7	도 68
		죵(25ㄴ) 굽(26ㄴ) 몯(26ㄴ)		
계	4	35	35	

(표20) 역대 훈민정음 영인본의 쪽별 문자 및 부호 수정 대상 목록표

번호	쪽수	한자부분			번호	쪽수	한글부분		
		문자	소계	수정			문자	소계	수정
1	예1ㄱ	ㄱ	1	자형	11	22ㄱ	붇	1	방점
2	예1ㄴ	ㅋ ㆁ ㄷ ㅌ ㄴ	5	자형	12	24ㄴ	콩	1	간가
3	예2ㄱ	ㅂ ㅍ ㅁ ㅈ ㅊ	5	자형	13	25ㄱ	ᄀᆞ	1	방점
4	예2ㄴ	ㅅ ㆆ ㅎ ㅇ ㄹ	5	자형	14	25ㄴ	죵	1	간가
5	해3ㄴ	ㅈ ㅊ	2	점획	15	25ㄴ	올	1	점보
6	15ㄱ	쾌	1	방점	16	26ㄱ	ᄧᅧ 뎔 룹 올	4	방점
7	17ㄴ	뽕	1	간가	17	26ㄴ	굽 몯	2	간가
8	18ㄱ	의	1	방점					
9	18ㄱ	곶	1	간가					
10	21ㄱ	ㅈ ㅊ	2	접필	계	17	35	35	

* 보기 : 예1ㄱ-예의부분 1장 앞부분, 해1ㄴ-해례부분 1장 뒷부분

1) 정음편 예의부분 한글자음 자형 수정방안(도65-1,2)

훈민정음해례본 정음편 예의부분(1장~2장)을 낙장 복원할 때 초성자음 16자를 직접 보사(補寫)하였으므로 판본에 의해 찍어낸 서체와는 자형이 아주 다른 형태로 비교되어 판식이나 한자서체와 조화로움이 아주 떨어진다. 정음편 필사체의 자음획형을 정음해례편 원형체 중에서 가장 조형적 결함이 적은 것을 선정하여 수정 본보기체로 대체할 수 있도록 도판의 가장 오른쪽에 제시하였다.

아음 ㄱ ㅋ 은 수평-수직이어야 할 가로선과 세로선의 기울기와 둥글게 나타내야 할 선의 처음과 끝부분의 원획형태를 바르게 나타내지 못했다. 그런데 제1차 영인본(1446)은 정상적인 획형과 유사하게 보획(補畫)을 한 듯하다. 아음중 후음 ㅇ과 유사한 ㆁ(꼭지)의 꼭지선을 굵고, 짧고, 기울게 잘못 나타냈다.

설음 중 가로선의 기울기를 오른쪽을 수평보다 높인 ㅌ ㄹ, 첫가로선의 왼쪽부분을 아주 짧게 돌출시킨 ㄷ ㅌ, 외형의 가로폭을 짧게 나타낸 ㄴ ㄷ ㅌ ㄹ, 가로, 세로선의 굵기가 일정하지 않고, 선을 굽게, 방향 바뀌는 부분을 굽게 나타낸 ㄹ 등 조형적 표현이 잘못되었다.

순음 중 외형의 가로폭을 지나치게 좁게 나타낸 ㅂ, 이와 반대로 가로폭을 크게 나타낸 ㅍ, 전체 자형의 기울기를 왼쪽으로 기울게 나타낸 ㅁ, 가로선의 오른쪽 끝을 위로 지나치게 올려 쓴 ㅍ, 선의 굵기가 일정하지 않고 처음과 끝부분을 모가 나게[방획] 나타낸 ㅂ ㅍ 등의 표현이 잘못되었다.

치음 중 가로선 기울기에서 오른쪽을 높이고 처음과 끝부분을 방획으로 나타낸 ㅈ ㅊ, 좌우측의 사향선 굵기를 동일하게 나타내지 못한 ㅈ ㅊ ㅅ, 가로선의 중간에 ㅅ 부분을 바르게 나타내지 못한 ㅊ 등 잘못 표현된 치음이 대부분이다.

후음 중 가로선 기울기를 오른쪽을 높이고 처음과 끝부분을 방획으로 나타낸 ㆆ ㅎ, ㅇ 굵기가 다른 선으로 이루어진 원형으로 나타낸 ㆆ ㅎ ㅇ, ㅇ 부분을 ㅗ 부분의 왼쪽으로 치우치게 나타낸 ㅎ 등 잘못 표현된 후음이 있다.

정음편 보사부분 매쪽 ㄱ ㄴ ㅂ ㄹ 이 들어간 제1, 제7행은 행간 가로폭이 나머지 행간보다 커서 정연미가 없다. 아울러 2장에 걸쳐 보사한 16종의 자음획형은 독립자음의 서체와 비교하여 보면 정상적으로 나타낸 자음이 없는 것으로 분석되었다. 자음들의 외형, 기울기, 굵기, 크기 등의 요소적 표현이 바르게 이루어지도록 (도65-1, 도65-2)의 오른쪽 칸에 수정방안용 자음을 제시하였다.

(도65-1) 역대 훈민정음해례본 정음편 자음 획형의 수정 상황도

부분 \ 종류		사진본 1957년 통문관	제1차영인본 1946년 한글학회	제2차영인본 1997년 한글학회	제3차영인본 2014년 박물관문화재	제1차복간본 2015년 간송미술문화	수정 방안 2016년 해례편 자음
아음	ㄱ	0-1ㄱ8	1-1ㄱ8	2-1ㄱ8	3-1ㄱ8	4-1ㄱ8	4-18ㄴ5
	ㅋ	0-1ㄴ2	1-1ㄴ2	2-1ㄴ2	3-1ㄴ2	4-1ㄴ2	4-3ㄴ2
	ㆁ	0-1ㄴ3	1-1ㄴ3	2-1ㄴ3	3-1ㄴ3	4-1ㄴ3	4-18ㄴ5
설음	ㄷ	0-1ㄴ4	1-1ㄴ4	2-1ㄴ4	3-1ㄴ4	4-1ㄴ4	4-18ㄴ7
	ㅌ	0-1ㄴ6	1-1ㄴ6	2-1ㄴ6	3-1ㄴ6	4-1ㄴ6	4-20ㄴ8
	ㄴ	0-1ㄴ7	1-1ㄴ7	2-1ㄴ7	3-1ㄴ7	4-1ㄴ7	4-18ㄱ3
순음	ㅂ	0-2ㄱ1	1-2ㄱ1	2-2ㄱ1	3-2ㄱ1	4-2ㄱ1	4-18ㄴ7
	ㅍ	0-2ㄱ3	1-2ㄱ3	2-2ㄱ3	3-2ㄱ3	4-2ㄱ3	4-3ㄴ2
	ㅁ	0-2ㄱ3	1-2ㄱ3	2-2ㄱ3	3-2ㄱ3	4-2ㄱ3	4-18ㄱ3

(도65-2) 역대 훈민정음해례본 정음편 자음 획형의 수정 상황도

부분		사진본 1957년 통문관	제1차영인본 1946년 한글학회	제2차영인본 1997년 한글학회	제3차영인본 2014년 박물관문화재	제1차 복간본 2015년 간송미술문화	수정 방안 2016년 해례편 자음
치음	ㅈ	0-2ㄱ5	1-2ㄱ5	2-2ㄱ5	3-2ㄱ5	4-2ㄱ5	4-21ㄱ1
	ㅊ	0-2ㄱ8	1-2ㄱ8	2-2ㄱ8	3-2ㄱ8	4-2ㄱ8	4-21ㄱ1
	ㅅ	0-2ㄴ1	1-2ㄴ1	2-2ㄴ1	3-2ㄴ1	4-2ㄴ1	4-18ㄱ5
후음	ㆆ	0-2ㄴ3	1-2ㄴ3	2-2ㄴ3	3-2ㄴ3	4-2ㄴ3	4-18ㄴ8
	ㅎ	0-2ㄴ4	1-2ㄴ4	2-2ㄴ4	3-2ㄴ4	4-2ㄴ4	4-4ㄴ2
	ㅇ	0-2ㄴ6	1-2ㄴ6	2-2ㄴ6	3-2ㄴ6	4-2ㄴ6	4-18ㄱ8
반설음	ㄹ	0-2ㄴ7	1-2ㄴ7	2-2ㄴ7	3-2ㄴ7	4-2ㄴ7	4-18ㄱ3

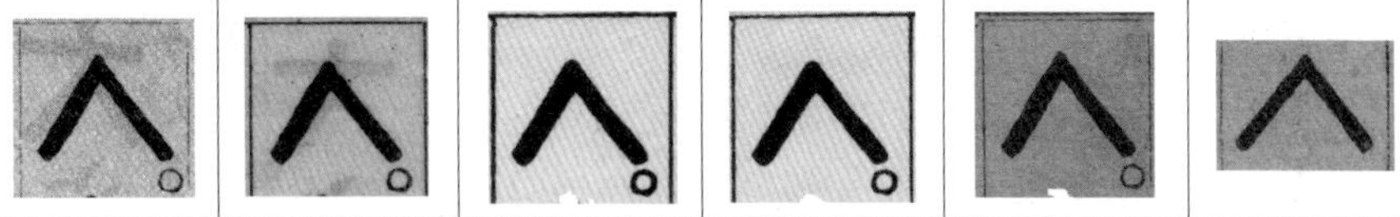

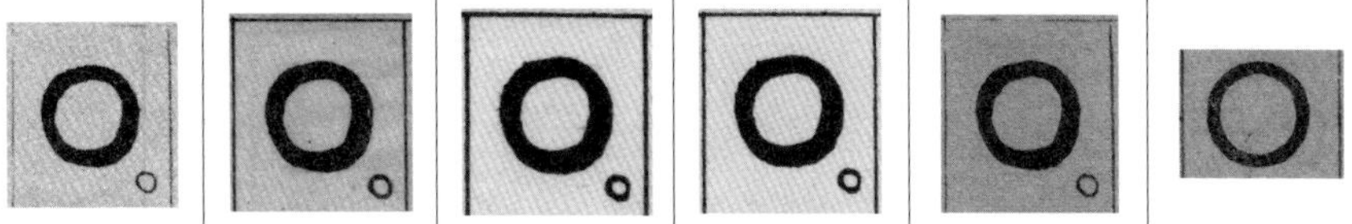

* 도65-1 : 제1,2장 제1,7행의 자음(ㄱ ㄴ ㅂ) 계선의 가로폭은 다른 행보다 약간 더 큼.
* 도65-2 : 제2장 제7행의 자음(ㄹ) 계선의 가로폭은 다른 행보다 약간 더 큼.

2) 정음해례편 한글문자 자형 수정방안(도66~도68)

훈민정음 정음해례편 전체부분(1장~26장)에 나오는 자음 4자와 합자 31자를 대상으로 방점 붙이기, 점획 띄우기와 붙이기 방법을 통한 수정방안을 제시하고자 한다.

(1) 방점표시 방안-방점 붙이기(도66)

5차에 걸친 영인본에 나타난 한글문자 중 방점표시 상황을 분석하였다. 같은 문자의 영인본인데도 출판시기에 따라 방점유무, 방점위치, 방점크기를 달리 나타낸 것으로 분석된다. (도67)에 제시된 초중성합자, 초중종성합자의 문자 방점 표시 정도가 정상이지 않은 것이 8종의 문자 중 8자 모두를 바르게 나타낸 시기는 제2차 영인본(1997)이고, 8자 모두를 잘못 표시한 시기는 제1차 영인본(1946) 시기인 것으로 분석된다.

초중성합자 중 쾌 자는 방점이 1개인 거성문자인데 제1차시기(1946)는 두 개인 상성표시, 사진원본(1957) 시기는 표시불명으로 나타냈다. 의 자는 방점이 없는데 사진원본 시기와 제2차 영인본 시기는 거성표시를 했다. 붇 자의 방점은 1개인 거성 표시인데 방점을 ᅮ 부분 가로선 왼쪽에 붙여 표시함으로써 점이 없는 것처럼 보인다.

(2) 점획접필 방안-점획 붙이기(도67)

5차 영인본에 나온 자음 2종과 합자 2종 등 4종 문자의 점획에 나타나는 점획간의 접필 상태를 점획을 붙이거나 띄우는 방법이 잘못된 문자를 분석하여 수정방안을 제시하였다.

같은 영인본인데도 출간한 시기에 따라 수정 오류가 많이 발견된다. ㅈ ㅊ 의 경우 ㅡ 부분과 ㅅ 부분을 살짝 닿게 접필시켜야 하는데 사이를 너무 띄어서 나타낸 사례로 제4차 복간본(2015) 시기의 ㅈ ㅊ 이 있다.

합자 곶 자의 ㅈ 부분의 ㅡ 와 ㅅ 을 너무 사이를 띄운 사진원본시기(1957), 제1차 영인본(1446), 제4차 복간본(2015) 시기의 곶 자는 사이를 살짝 닿게 나타내야 한다. 합자 욜 자의 수정 방법은 제1차 영인본시기(1946)에 중성 모음 ᅲ 의 아래점을 빼고 울 자로 잘못 나타낸 것에 아래아인 점을 보충해야한다.

(도66) 역대 훈민정음해례본 정음해례편 합자의 방점 붙이기 상황도

부분 \ 종류		사진본 1957년 통문관	제1차영인본 1946년 한글학회	제2차영인본 1997년 한글학회	제3차영인본 2014년 박물관문화재	제4차 복간본 2015년 간송미술문화	수정 방안 2016 방점 수정
해례부분 초중성합자	쾌		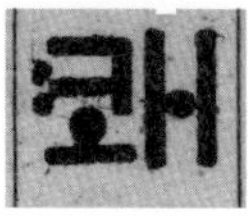			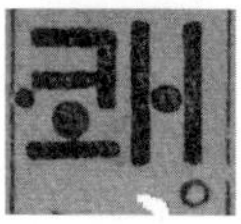	왼쪽 중간에 방점 1개 붙이기
		x0-15ㄱ1	x1-15ㄱ1	2-15ㄱ1	3-15ㄱ1	4-15ㄱ1	
	의						왼쪽 중간에 방점 1개 붙이기
		0-18ㄱ6	x1-18ㄱ6	2-18ㄱ6	x3-18ㄱ6	x4-18ㄱ6	
	ᄀᆞ	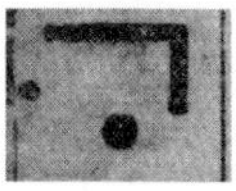				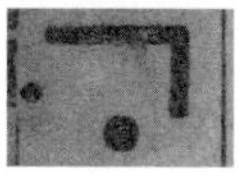	왼쪽 중간에 방점 1개 붙이기
		0-25ㄱ8	x1-25ㄱ8	2-25ㄱ8	3-25ㄱ8	4-25ㄱ8	
	벼		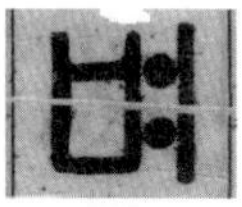				왼쪽 중간에 방점 1개 붙이기
		0-26ㄱ5	x1-26ㄱ5	2-26ㄱ5	3-26ㄱ5	4-26ㄱ5	
해례부분 초중종성합자	붇	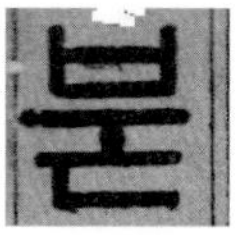					ㅜ의 가로선 왼쪽에 방점 띄어 붙이기
		0-22ㄱ1	x1-22ㄱ1	2-22ㄱ1	3-22ㄱ1	4-22ㄱ1	
	뎔						왼쪽 중간에 방점 1개 붙이기
		0-26ㄱ5	x1-26ㄱ5	2-26ㄱ5	3-26ㄱ5	4-26ㄱ5	
	롭						왼쪽 중간에 방점 1개 붙이기
		0-26ㄱ4	x1-26ㄱ4	2-26ㄱ4	3-26ㄱ4	4-26ㄱ4	
	올						왼쪽 중간에 방점 1개 붙이기
		0-26ㄱ7	x1-26ㄱ7	2-26ㄱ7	3-26ㄱ7	4-26ㄱ7	

(도67) 역대 훈민정음해례본 정음해례편 자모음의 점획 붙이기 상황도

부분 \ 종류		사진본 1957년 통문관	제1차영인본 1946년 한글학회	제2차영인본 1997년 한글학회	제3차영인본 2014년 박물관문화재	제4차 복간본 2015년 간송미술문화	수정 방안 2016 획형 수정
독립자음	ㅈ						ㅈ부분의 ㅡ 와 ㅅ 살짝 붙이기
		0-3ㄴ1	1-3ㄴ1	x2-3ㄴ1	3-3ㄴ1	x4-3ㄴ1	
	ㅊ						ㅈ부분의 ㅡ 와 ㅅ 살짝 붙이기
		0-3ㄴ2	x1-3ㄴ2	2-3ㄴ2	3-3ㄴ2	x4-3ㄴ2	
합자자모음	곶						ㅈ부분의 ㅡ 와 ㅅ 살짝 붙이기
		x0-18ㄱ6	x1-18ㄱ6	2-18ㄱ6	3-18ㄱ6	x4-18ㄱ6	
	욜						ㅡ 아래 점 보충하기
		0-25ㄴ6	x1-25ㄴ6	2-25ㄴ6	3-25ㄴ6	4-25ㄴ6	

(3) 점획 접필 방안-점획 띄우기(도68)

5차 영인본에 걸쳐 나오는 독립자음 2종과 합자 5종의 문자 점획의 접필상태 중 지나치게 잘못 붙여 나타낸 부분을 띄어서 정상적인 형태로 수정하는 방안을 제시하였다.

초성이 ㆅ, 중성이 ㅗ, 종성이 ㆁ 인 합자 ᅘᅩᆼ 자는 초성, 중성, 종성이 모두 상하위치로 붙어서 중성이 ㅜ 로 보여 ᅘᅮᆼ 자 같이 보인다. 그것은 종성 ㆁ(꼭지)의 꼭지부분이 ㅗ 자의 가로선에 붙여 나타냈기 때문이다. 따라서 ㆁ 의 꼭지부분이 ㅗ 의 가로선에 닿지 않도록 나타내야 한다. 이러한 형상은 종성을 ㆁ(꼭지)로 나타낸 콩, 종 자에서도 나타나기 때문에 ㅡ 선에 닿지 않도록 나타내야 한다. 제1차 영인본에 나온 굽 자는 ㄱ 의 세로선이 ㅜ 의 가로선에 닿지 않게 해야 하고, 몯[池] 자는 초성 ㅁ 과 중성 ㆍ , 종성 ㅈ 으로 이루어진 못 자가 아니므로 ㅗ 부분에 ㅅ 을 붙지 않게 띄어서 나타내야 한다.

(도68) 역대 훈민정음해례본 정음해례편 자모음의 점획 띄우기 상황도

부분 \ 종류		사진본 1957년 통문관	제1차영인본 1946년 한글학회	제2차영인본 1997년 한글학회	제3차영인본 2014년 박물관문화재	제4차 복간본 2015년 간송미술문화	수정 방안 2016 획형 수정
독립자음	ㅈ						ㅡ 부분과 ㅅ 부분 살짝 붙이기
		0-21ㄱ1	1-21ㄱ1	x2-21ㄱ1	x3-21ㄱ1	4-21ㄱ1	
	ㅊ						ㅡ 부분과 ㅅ 부분 살짝 붙이기
		0-21ㄱ1	x1-21ㄱ1	x2-21ㄱ1	x3-21ㄱ1	4-21ㄱ1	
합자자모음	홍						ㅗ 부분의 ㅡ 와 ㅇ 부분 사이 띄우기
		x0-17ㄴ5	x1-17ㄴ5	x2-17ㄴ5	x3-17ㄴ5	x4-17ㄴ5	
	콩						ㅗ 부분의 ㅡ 와 ㅇ 부분 사이 띄우기
		x0-24ㄴ4	x1-24ㄴ4	x2-24ㄴ4	x3-24ㄴ4	x4-24ㄴ4	
	죵						ㅛ 부분의 ㅡ 와 ㅇ 부분 사이 띄우기
		x0-25ㄴ8	x1-25ㄴ8	x2-25ㄴ8	x3-25ㄴ8	x4-25ㄴ8	
	굽						그 부분의 ㄱ 과 ㅡ 사이 띄우기
		0-26ㄴ1	x1-26ㄴ1	2-26ㄴ1	3-26ㄴ1	4-26ㄴ1	
	못						ㅈ 부분의 ㅡ 와 ㅅ 사이 띄우기
		x0-26ㄴ2	x1-26ㄴ2	x2-26ㄴ2	x3-26ㄴ2	x4-26ㄴ2	

3.1.2. 한글문자의 수정 사례(표21)

훈민정음해례본 전체의 한글문자 547자중에는 문자 구조상 정상적인 서체가 아닌 것이 많이 발견된다. 즉 문자 점획의 대소-장단-조세-방원-방향 등, 자형상의 외형-접필 등의 수정을 필요로 하는 문자가 많이 나온다, 수정을 요하는 문자로 독립자모음 53자, 합자 52자를 대상으로 정상적인 자형으로 수정한 것을 (도69~도72)와 같이 제시하였다. 훈민정음 정음해례편 229종의 한글문자 중 문자구성 및 분류상 대표적인 것 105종을 찾아 독립자음 24종, 독립모음 29종, 초중성합자 28종, 초중종성합자 24종으로 체계적으로 분류하여 필자가 직접 수정한 사례를 제시하였다.

* 독립 자음 : ㄱ ㅋ ㄴ ㄷ ㅌ ㄹ ㅁ ㅂ ㅍ ㅅ ㅈ ㅊ ㅿ ㅇ ㆆ ㆁ ㅎ ㅸ
ㄲ ㄸ ㅃ ㅆ ㅉ ㆅ ································· 24종
* 독립 모음 : ㆍ ㅡ ㅗ ㅜ ㅛ ㅠ ㅣ ㅏ ㅓ ㅑ ㅕ
ㅐ ㅒ ㅔ ㅖ ㆎ ㅢ ㅚ ㆉ ㅟ ㆌ ㅘ ㆇ ㅝ ㆊ ㅙ ㆈ ㅞ ㆋ ············· 29종
* 중성합자 : ᄀᆞ ᄃᆞ ᄇᆞ ᄉᆞ 고 노 브 소 호 키 리 비 ᅀᅵ 이 아 다
마 사 아 괴 되 뫼 ᄒᆡ ᅘᅩ ᅇᅧ ᅘᅧ ᄯᆞ ᄣᅢ. ······················ 28종
* 초중종성자 : 골 돌 볼 솜 홁 굼 들 믈 숫 옷 감 남 발 삽 얌
돐 ᅘᅩᆼ ᄢᅳᆷ 낛 ᄡᅡᆨ ᅳᆫ ᅥᆸ ᄀᆡ ᄀᆜ ································· 24종

(표21) 훈민정음해례본 초중종성합자의 자형별 원형 및 수정 일람표

종류 \ 대상		항목별 복원대상 문자 1	2	3	4	5	6	계 [자]
독립 자음	구조	기본자음			복합자음			
		종횡선 구조	종횡선,사선	도형, 원형	각자병서			
	도5	ㄱ ㅋ ㄴ ㄷ ㅌ ㄹ	ㅁ ㅂ ㅍ ㅅ ㅈ ㅊ	ㅿ ㅇ ㆆ ㆁ ㅎ ㅸ	ㄲ ㄸ ㅃ ㅆ ㅉ ㆅ	-	-	24
독립 모음	구조	기본모음		중모음				
		점 횡모음	종모음	종종모음	횡종모음	횡종모음	횡종모음	
	도6	ㆍ ㅡ ㅗ ㅜ ㅛ ㅠ	ㅣ ㅏ ㅓ ㅑ ㅕ	ㅐ ㅒ ㅔ ㅖ	ㆎ ㅢ ㅚ ㆉ ㅟ ㆌ	ㅘ ㆇ ㅝ ㆊ	ㅙ ㆈ ㅞ ㆋ	29
초중성 합자	구조	상하구조		좌우구조		상하우	상하-좌우	
		점모음	횡모음	종모음 ㅣ	종모음 ㅏ	중모음	횡종모음	
	도7	ᄀᆞ ᄃᆞ ᄇᆞ ᄉᆞ	고 노 브 소 호	키 리 비 ᅀᅵ 이	아 다 마 사 아	괴 되 뫼 ᄒᆡ	ᅘᅩ ᅇᅧ ᅘᅧ ᄯᆞ ᄣᅢ	28
초중종 성합자	구조	상중하 · 좌우하 구조				상하구조	좌우하	
		점모음	횡모음	종모음	병서자음	중종합자	종점,종횡	
	도8	골 돌 볼 솜 홁	굼 들 믈 숫 옷	감 남 발 삽 얌	돐 ᅘᅩᆼ ᄢᅳᆷ 낛 ᄡᅡᆨ	ᅳᆫ ᅥᆸ	ᄀᆡ ᄀᆜ	24
계		22항목						105

1) 독립자음 자형 수정 사례(도69)

독립자음을 문자의 선 구조에 따라 가로-세로로 구성된 자음, 사선으로 구성된 자음, 도형으로 구성된 자음, 쌍으로 구성된 각자병서 등 4부류 24종을 (도69)와 같이 수정하였다.

(도69) 훈민정음해례본 한글 독립자음 획형의 원형도 및 수정도

분류 \ 종류		독립자음 획형 1	2	3	4	5	6	획형생성 규칙
기본자음	횡종·종횡선	ㄱ	ㅋ	ㄴ	ㄷ	ㅌ	ㄹ	가로획에 1,2차 가로획, 세로획 가획
		ㄱ	ㅋ	ㄴ	ㄷ	ㅌ	ㄹ	
		18ㄴ-6	15ㄱ-1	18ㄱ-3	18ㄱ-5	24ㄴ-6	22ㄴ-7	
	종횡·사향선	ㅁ	ㅂ	ㅍ	ㅅ	ㅈ	ㅊ	사향획에 1,2차 가로획, 수직점 가획
		ㅁ	ㅂ	ㅍ	ㅅ	ㅈ	ㅊ	
		03ㄴ-2	18ㄴ-7	03ㄴ-2	26ㄴ-2	25ㄱ-2	25ㄱ-3	
	도형·원형선	ㅿ	ㅇ	ㆆ	ㆁ	ㅎ	ㅸ	원획에 1,2차 가로획, 수직점 가획
		ㅿ	ㅇ	ㆆ	ㆁ	ㅎ	ㅸ	
		18ㄱ-3	22ㄴ-7	18ㄴ-8	04ㄱ-3	04ㄴ-2	25ㄱ-1	
복합자음	각자병서	ㄲ	ㄸ	ㅃ	ㅆ	ㅉ	ㆅ	두 자음을 좌우위치로 배획 두 자음 붙지 않음
		ㄲ	ㄸ	ㅃ	ㅆ	ㅉ	ㆅ	
		15ㄱ-2	03ㄴ-2	03ㄴ-2	03ㄴ-2	03ㄴ-2	03ㄴ-3	

아음과 설음류 자음들의 가로선과 세로선을 수평과 수직방향으로, 또는 직각으로 방향을 바꾸어 형성하도록 하고, 선의 굵기를 일정하게 나타내고, 선의 처음과 끝부분을 둥근 획형으로 나타냈다. ㅋ ㅌ ㄹ 의 상하간격을 일정하게 나타냈고, ㄷ ㅌ 의 첫 가로선의 왼쪽부분을 ㄴ 부분 세로선의 왼쪽으로 세로선 굵기 정도로 나가게 나타냈다.

순음 ㅂ 의 아래 공간을 위 공간보다 크게 나타내되 ㅍ 을 오른쪽으로 90도 돌려 세운 획형과 비슷하게 나타냈다. 치음 ㅅ ㅈ ㅊ 의 ㅅ 부분 획형을 같게 나타내고, ㅈ 과 ㅊ 의 가로선 부분에 살짝 닿게 나타냈다. ㅿ 은 2등변 삼각형으로 나타냈고, 세부분 모서리는 각이 생기게 나타냈다.

원형으로 이루어진 ㅇ ㆆ ㆁ ㅎ ㅸ 의 ㅇ 부분은 정원형으로 나타내되 크기는 다르게 나타냈다. ㆆ ㅎ 은 가로선과 ㅇ 부분 사이가 붙지 않게 나타냈고, ㆁ ㅎ 의 꼭지부분은 수직으로 원형의 중간부분에 수직으로 나타냈다. ㅸ 의 아래 ㅇ 은 꼭지 없는 원형으로 아주 작게 나타냈다. ㄱ ㄷ ㅂ ㅅ ㅈ ㅎ 과 같은 자음을 똑같게 좌우위치로 겹쳐 놓은 각자병서 ㄲ ㄸ ㅃ ㅆ ㅉ ㆅ 는 서로 닿지 않게 나타냈다.

2) 독립모음 자형 수정 사례(도70)

독립모음을 문자의 점-선 구조에 따라 가로선을 기본으로 구성된 점-횡모음자 6종, 세로선을 기본으로 이루어진 종모음 5종, 종모음과 종모음으로 이루어진 중모음 4종, 횡모음과 종모음으로 이루어진 횡종모음 10종, 횡모음과 종모음으로 이루어진 횡종모음 4종 등으로 구성된 6부류 29종을 수정 복원하였다.

모음 29종의 기본획형은 점과 선으로 이루어졌는데 큰 점의 독립점을 제외하고, 작은 점의 병용점과 수평의 가로선, 수직의 세로선이 서로 붙지 않게 어울려 28종의 독립자음이 형성되었다. 작은 점은 가로선이나 세로선의 상하-좌우 위치 중간에 붙지 않게 배치하여 이루어졌다. 작은 점의 직경크기는 가로선이나 세로선 굵기보다 약간 크고, 선들은 직선으로 처음과 끝부분을 원획으로 나타냈다. 기본모음에 ㅣ 획을 상합한 ㅐ ㅒ 의 두 세로선 사이의 점은 선에 닿지 아니하되 가로폭 사이 중간에 배획하지 않고 왼쪽 세로선에 가깝도록 나타냈다. 그러나 ㅙ ㆉ 의 ㅐ ㅒ 는 단독 ㅐ ㅒ 의 획형과 달리 두 선 사이의 중간에 배획하여 다르게 나타냈다.

3) 초중성합자 자형 수정 사례(도71)

초중성합자는 자모음을 상하위치로 배획한 점모음합자 4종, 횡모음합자 5종이 있고, 좌우위치로 합자한 ㅣ 중성합자 5종과 ㅏ 중성합자 5자가 있다. 그리고 상하우 위치로 합자한 ㅚ 중성합자 4종과 각자 및 합용병서를 초성으로 좌우–상하위치로 합자한 병서합자 5종이 있다. 이러한 6부류 유형의 합자 28종을 선정하여 수정 복원하였다.

점모음합자 ᄀᆞ ᄃᆞ 자 등은 아래아인 원형점을 가로폭이 큰 초성자음 좌우중간에 배획하여 좌우균형이 맞게 나타냈다. 횡모음합자 고 노 자 등은 초성과 중성을 상하위치로 배획하되 중성 모음이 초성에 닿지 않게 나타냈다. 중성 ㅗ 의 점은 원형으로 그 크기는 ᄀᆞ ᄃᆞ 자의 중성모음 크기와 비슷하게 나타냈다. ㅇ ㅎ 과 같은 후음류를 제외한 초성자음과 횡모음으로 이루어진 초중성합자의 초성의 가로폭 크기는 중성의 85% 정도가 되게 나타냈다.

초성자음과 중성모음을 좌우위치로 배획한 문자는 초성의 세로폭 크기 중성 세로폭의 90% 이상으로 횡모음 합자보다 초성의 문자가 큰 편이다. 이러한 문자중 중성이 ㅏ 자인 경우는 오른쪽 점을 세로선에 닿지 않게 세로선 중간에 배획하였다.

초중성을 상하우 위치로 배획한 괴 되 뫼 자는 고 도 모 부분 세로폭은 중성모음 ㅣ 세로폭의 80% 정도이지만 히 자는 ㅎ 부분 세로폭과 ㅣ 의 세로폭 크기와 비슷하게 나타냈다.

초성을 병서자음으로 상하위치로 나타낸 ᅘᅩ 자는 초성의 가로폭과 중성의 가로폭을 비슷한 크기로 나타냈고, 초성을 후음으로 나타낸 ᅇᅧ ᅘᅧ 자는 초성과 중성 세로폭의 차이를 크게 나타냈으며, ᄯᅡ ᄣᅢ 자는 초성의 세로폭을 크게 나타냈다. 초성의 자음을 구성하는 점획이 복잡하지만 자음 사이를 닿지 않게 나타냈다.

(도70) 훈민정음해례본 한글 독립모음의 종류별 원형도 및 수정도

모음	구분	독립모음 획형 ·	ㅡ ㅣ	ㅗ ㅏ	ㅛ ㅑ	ㅜ ㅓ	ㅠ ㅕ	획형 생성규칙
횡모음	① 점·가로선	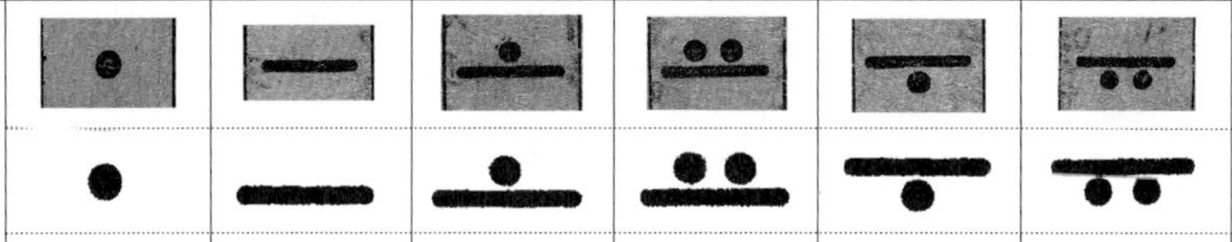						① 기본형
		22ㄴ-8	04ㄴ-7	05ㄴ-3	05ㄴ-3	05ㄴ-8	06ㄱ-4	
종모음	② 세로선·점		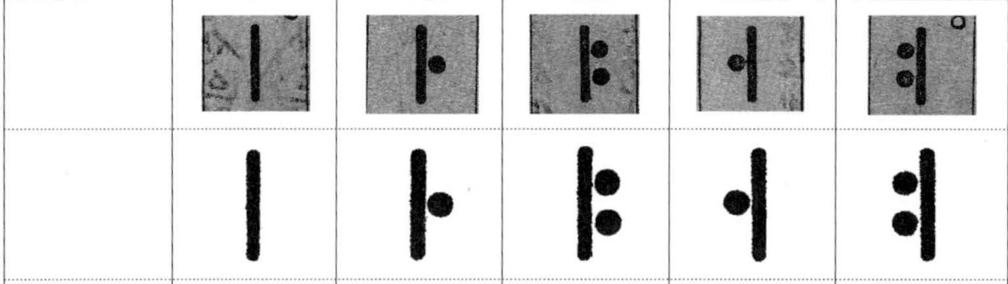					① 90도 반전
			04ㄴ-8	06ㄱ-2	05ㄴ-6	05ㄴ-6	07ㄱ-2	
중모음	③ 종종모음			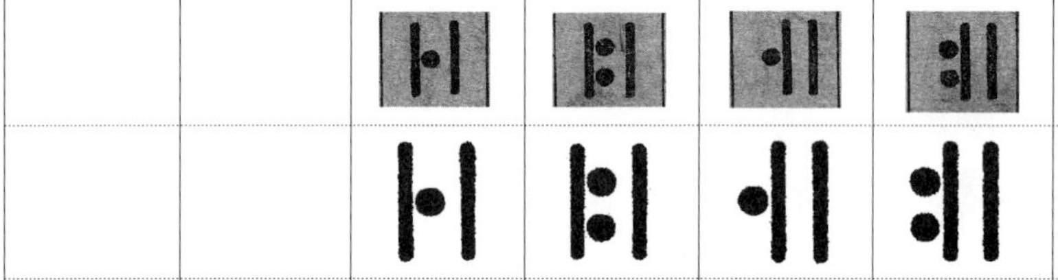				②+ㅣ
				16ㄴ-4	16ㄴ-4	16ㄴ-4	16ㄴ-4	
	④ 횡종모음	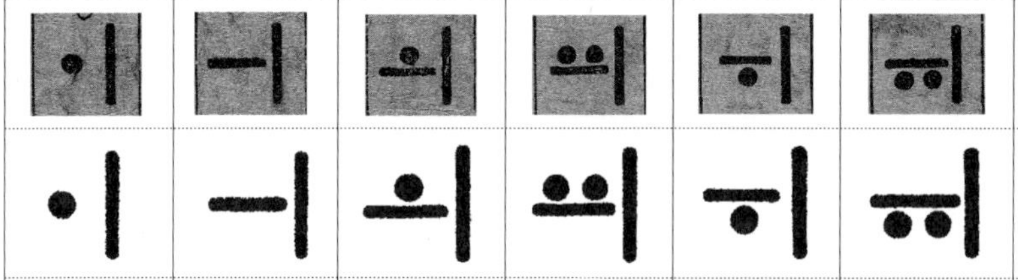						①+ㅣ
		16ㄴ-3	16ㄴ-3	16ㄴ-3	16ㄴ-4	16ㄴ-4	16ㄴ-4	
	⑤ 횡종모음			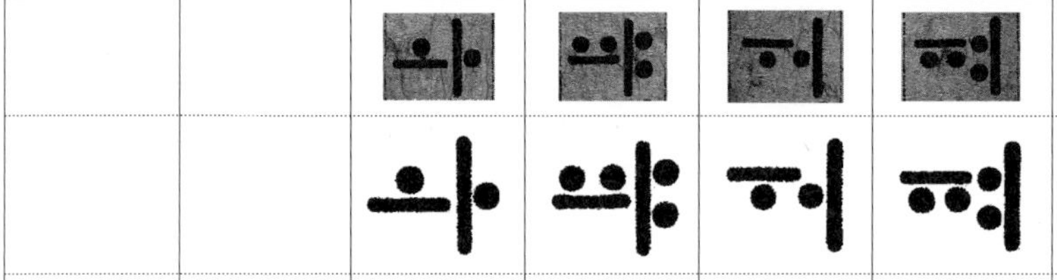				①+②
				16ㄱ-6	16ㄱ-7	16ㄱ-8	16ㄴ-1	
	⑥ 횡종모음			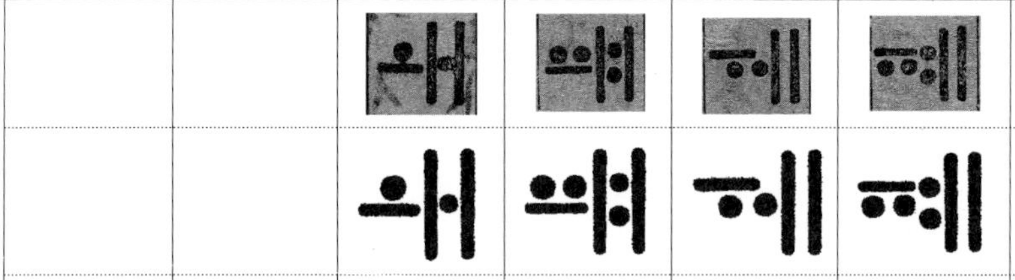				①+③ ⑤+ ㅣ
				16ㄴ-5	16ㄴ-5	16ㄴ-5	16ㄴ-5	

(도71) 훈민정음해례본 한글 초중성합자의 자형별 원형도 및 수정도

구조	구분	아음합자	설음합자	순음합자	치음합자	후음합자	자형 생성구조
초중성 상하구조합자	중성점모음	ᄀᆞ 25ㄱ-8	ᄃᆞ 25ㄱ-8	ᄇᆞ 25ㄱ-5	ᅀᆞ 18ㄱ-6	-	초성자음 + 중성점 모음
	중성횡모음	고 24ㄴ-6	노 24ㄴ-7	브 25ㄴ-7	ᅀᅩ 21ㄱ-7	호 25ㄴ-4	초성자음 + 중성 횡모음
좌우구조합자	중성종모음	키 25ㄴ-3	리 25ㄱ-8	비 25ㄱ-5	ᅀᅵ 25ㄱ-7	이 25ㄴ-5	초성자음 + 중성 종모음
상하우구조합자	중성중모음	괴 21ㄱ-7	되 26ㄴ-1	뫼 25ㄱ-1	-	ᄒᆡ 25ㄱ-2	초성자음 + 중성 중모음
상하-좌우구조	초성병서합자	1	2	3	4	5	초성 복자음 + 중성 횡모음 초성 복자음 + 중성 종모음
		ᅘᅩ 17ㄴ-5	ᅇᅧ 21ㄱ-7	ᅘᅧ 21ㄱ-6	ᄯᅡ 21ㄱ-4	ᄣᅢ 21ㄴ-2	

4) 초중종성합자 자형 복원 사례(도72)

초중종성합자는 자모음을 상중하위치로 배획한 점모음합자 5종, 횡모음합자 5종이 있고, 좌우하위치로 합자한 ㅏ 중성합자 4종과 ㅑ 중성합자 1종이 있다. 그리고 상중하 위치로 합자하되 종성을 합용병서로 나타낸 점모음합자 1 종 등 초성 및 종성을 병서로 나타낸 병서 관련합자 5종, 중성과 종성을 합한 중종성합자 2종, 초성과 합용모음을 합한 문자 2종 등 5부류 24종을 선정하여 수정 복원하였다.

점모음을 중성으로 상중하 위치로 배획한 합자 ᄀᆞᆯ ᄃᆞᆯ ᄇᆞᆯ ᄒᆞᆰ 자 등은 초성자음과 종성자음의 가로폭 크기를 같게 나타냈다. 그러나 초성에 치음이 들어간 ᄉᆞᆷ 자는 종성의 가로폭을 초성의 가로폭보다 크게 나타냈다.

횡모음을 중성으로 상중하위치로 배획한 합자 금 들 믈 슷 자 등은 초성의 가로폭과 종성의 가로폭 크기를 똑같게 나타냈고, 중성 횡모음은 초종성 자음 가로폭의 15% 정도 크게 나타냈다. 옷 자의 초성 ㅇ 의 가로폭은 중성 ㅗ 의 가로폭의 50% 정도로 작게 나타냈다.

좌우하위치로 배획한 감 남 발 삽 자 등의 초중성 가로폭은 종성 가로폭의 120% 이상으로 크게 나타냈다.

초성이나 종성자음을 3자 병서로 상중하위치로 배획한 ᄃᆞᇌ ᄢᅳᆷ 자는 3자 병서부분 가로폭을 조금 크게 나타냈다. ᅘᅩᇰ 자는 ᅘᅩ 부분과 중성 ㆁ 부분 사이를 서로 닿지 않게 나타내야 한다.

초중종성합자라고 말하기에는 곤란한 상하위치로 이루어진 중종성합자인 ᅮᆮ 자는 종성의 가로폭 크기를 중성보다 조금 작게 나타냈고, ᅥᆸ 자는 ㅓ 의 세로선을 종성 ㅂ 의 가로폭 중간에 위치하도록 나타냈다. 초중성합자에 가까운 ᄀᆡ ᄀᆜ 자는 초성자음을 ㄱ 으로 하고 중성을 중모음격인 ᆡ ᆜ 로 배획하여 이루어졌다. ᄀᆡ 자는 초성의 세로폭을 ᆡ 보다 약간 작게 나타냈고, ᄀᆜ 자는 기 부분을 ㅡ 가로폭 보다 약간 작게 나타냈다.

(도72) 훈민정음해례본 한글 초중종성합자의 자형별 원형도 및 수정도

구조	구분	초성별 구조 문자					자형 생성구조
		아음합자	설음합자	순음합자	치음합자	후음합자	
초중종성 상중하구조합자	중성 점모음	ᄀᆞᆯ 24ㄴ-3	ᄃᆞᆯ 26ㄴ-3	ᄇᆞᆯ 24ㄴ-7	ᄉᆞᆷ25ㄴ-5	ᄒᆞᆰ21ㄴ-2	초성자음 + 중성 점모음 + 종성자음
초중종성 상중하구조합자	중성 횡모음	굼 26ㄱ-7	들 25ㄴ-8	믈 25ㄴ-1	솟 25ㄴ-6	옷 18ㄴ-3	초성자음 + 중성 횡모음 + 종성자음
좌우하구조합자	중성 종모음	감 26ㄱ-3	남 26ㄱ-2	발 25ㄴ-1	삽 26ㄱ-1	얌 25ㄱ-5	초성자음 + 중성 종모음 + 종성자음
특이구조합자		1	2	3	4	5	
특이구조합자	초종성 병서자음	두ᇌ 21ㄴ-2	ᅘᅩᆼ 17ㄴ-5	ᄢᅳᆷ 21ㄱ-5	낛 21ㄴ-2	ᄧᅡᆨ 21ㄱ-5	초성자음 + 중성 단모음 + 종성자음
특이구조합자	중성 종성					-	중성자음 + 종성자음
특이구조합자	초성 중성 중성	ᅮᆫ 15ㄱ-3	ᅥᆸ 14ㄴ-8	ᄀ! 23ㄱ-3	ᄀᆜ 23ㄱ-2	-	초성자음 + 중성 중모음

3.2. 훈민정음해례본 한글문자의 평면적 구성

훈민정음해례본의 독립자모음과 합자의 서체적 특징을 응용하여 평면적으로 도안화하거나 서체화에 응용하면 디자인의 실용화와 서예술의 서체화에 다양하고 무한하게 응용할 수 있다. 여기에서는 한글문자의 서체화와 서체디자인화의 사례와 방안을 제시해 보고자 한다.

훈민정음해례본의 한글문자 원형을 서체디자인화한 방법과 사례를 들고, 한글문자를 대상으로 변형 필사화하는 평면적 구성의 사례를 제시해 본다.

3.2.1. 한글문자의 도안화

1) 자모음의 각종 ＋ 자 회전형 도안(도73~도77)

기본 자모음의 ＋ 자도 회전형 도안의 사례를 서론가이며 저자 박병천의 기본자모음과 복자음을 이용한 ＋ 자도, 복합 米 자도, 독립자모음을 활용한 田 자도 등을 제시하고, 국어학자 김슬옹의 기본자모음을 활용한 ◇ 자도, 국어학자 문효근의 자모음을 활용한 ◇ X 자도, 국어학자 이정호의 자모음을 활용한 ◇ ＋ 자도, 글꼴디자이너 한재준의 회전성 ＋ 자도를 인용 제시한다.

기본 자모음이나 합자를 활용하여 대칭상반하거나 전도한 형태의 단독 도안 또는 복합-연속도안을 작성하여 본다.

(표6)과 같은 자음 32종[기본 17종, 병서 14종, 연서1종]과 모음 31종[기본 11종, 합용 18종, 연서 2종]계 63종의 자모음은 모두 방(方)-획(畫)-원(圓)-점(點)을 기본으로 구성되어 있는데 자음은 방-획-원[ㅁ – ㅇ]으로 구성되어 있고, 모음은 획과 점 [– ·]으로 구성되어 있다.

자음의 획형은 원-점-획[선]을 구부리기[屈], 변환(變換), 돌림[反}, 끊음[切], 세우기[竪]를 통해 32종이 이루어졌고, 모음의 획형은 점과 획[선]을 늘이기[延], 더하기[加點], 세우기[竪-垂直], 눕히기[倒-水平] 를 통하여 31종이 형성되었다.

필자가 1983, 1996, 2000년도에 제시한 한글자모음 회전형 ＋ 자도를 비롯하여 김슬옹(2015), 문효근(2015), 이정호(1975), 한재준(2001) 등 여러 학자들이 작성한 ＋ X ◇ 米 田 형의 자모음 문자도를 요약적으로 제시하고자 한다.

(1) 박병천의 훈민정음 기본 자모음 ＋ 자도 구성도(도73, 도74)

필자 박병천은 1983년도 출판저서 한글궁체연구(일지사) 43쪽에 (도73) 정음초성 십자도와 (도74) 정음 중성 십자도를 도판으로 작성 제시하였다. 이는 훈민정음 자모음 서체의 특성을 밝힌 (도74)와 같은 판본고체의 기본자모음 및 문자의 구조적 특징에 대한 도판의 원리적 특성을 고려하고 자음 17종과 모음 11종의 생성적 특징을 고려하여 간결한 ＋ 자도를 작성하였다.

(도73) 훈민정음해례본 자모음 및 합자의 구조적 특징도

기본 점-선-원	문자의 좌우전획	문자의 중심과 대칭	모음의 중심과 균형
ㆍ ㅡ ㅣ ㅅ ㅇ	ㄴ ㄱ ㅁ ㄷ ㄹ	ㅍ ㅂ ㅇ 볼 브 풀	ㅗ ㅏ ㅛ ㅑ 나 가 시 니

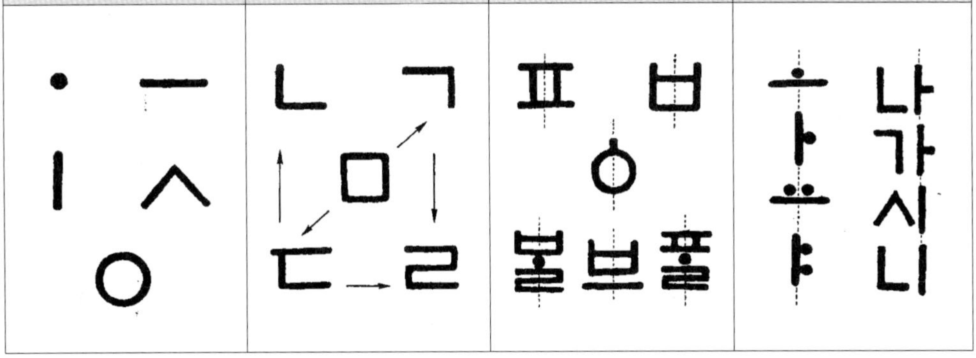

* 박병천, 1983, 한글궁체연구, 일지사, 60쪽.

자음 ＋ 자도 형성의 원리-기본자음 17종(도74 좌측)

＋ 자도 중심부에는 가로선, 세로선, 90도 내각의 ㄴ 과 ㄱ 형, 등의 여러 가지 기본구조요소를 갖춘 ㅁ 을 가장 중심되는 부분에 기본으로 배자하고, 위로는 ㅁ 의 모서리를 곡선으로 구부려 ㅇ 으로 변형하였고, ㅁ 의 좌측 상부 모서리와 우측하부 모서리를 대각선으로 그렸을 때 오른쪽은 ㄱ 형, 왼쪽은 ㄴ형이 형성되고, ㄱ 을 사향으로 놓으면 ㅅ 형이 형성되는 등 ㅇ ㄱ ㄴ ㅅ 이 형성된다. 그리하여 상부는 ㅇ 을 기본으로 하는 후음류 4종, 하부는 ㅅ 을 기본으로 하는 치음류 4종, 좌측은 ㄴ 을 기본으로 하는 설음류 4종, 우측은 아음류 2종, 순음류 2종을 배자하여 전체가 ＋ 자형이 형성되었다.

(도74) 훈민정음해례본 자모음의 ＋ 자도 구성도

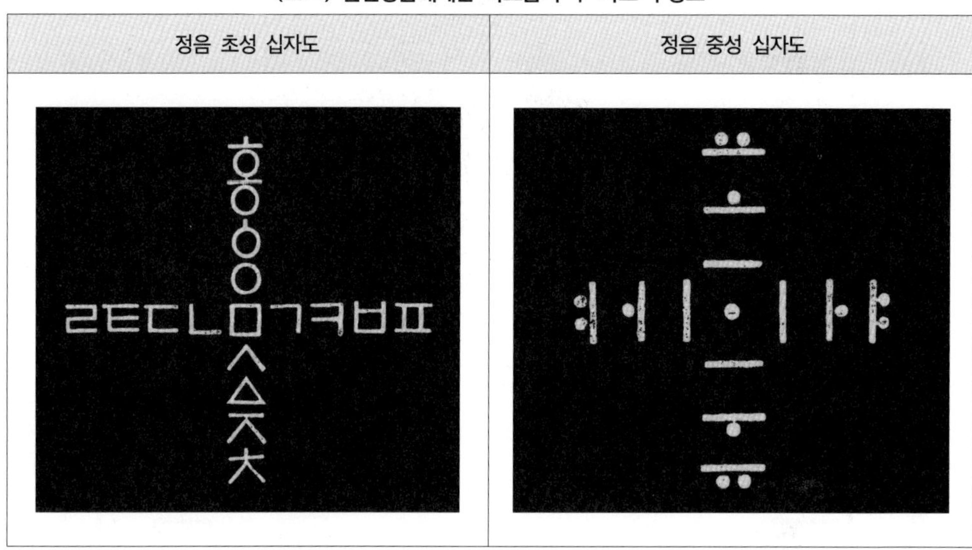

* 박병천, 1983, 한글궁체연구, 일지사, 43쪽.

모음 ＋ 자도 형성의 원리-기본모음 11종(도74 우측)

＋ 자도 중심부에는 모든 획의 핵심이며 근원인 아래아 둥글고 큰 원형점을 배치한다. 원형점을 중심으로 상하위치에 ㅡ 를, 좌우위치에 ㅣ 를 배치하고 상부 ㅡ 위에 점 하나를 가점하여 ㅗ 를 형성하고. 점 두 개를 가점하여 ㅛ 를 형성한다. 하부 ㅡ 아래에 점 하나를 가점하여 ㅜ 를, 점 두 개를 가점하여 ㅠ 를 형성하였다. 우측의 ㅣ 다음에 점 하나를 가점하여 ㅏ 를, 점 두 개를 가점하여 ㅑ 를 형성하고, 좌측에 ㅣ 왼쪽에 점하나를 가점하여 ㅓ 를, 점 두 개를 가점하여 ㅕ 를 형성하였다.

(2) 박병천의 훈민정음 복자모음 ＋ 자도 구성도(도75)

필자 박병천은 1996년도에 문자의 세계전(예술의 전당) 56쪽에 기본자음 십자도, 복합자음 십자도, 중모음 십자도 등 3종의 ＋ 자도를 (도75)와 같이 제시하였다. 3종의 십자도 중 단자음 ＋ 자도는 앞 (1)에서 밝힌 정음초성 십자도와 같은 것이다. 연서와 연서자음 16종 중 ㆀ 를 중심자로 놓고 제1차로 상측에 ㆅ, 하측에 ㅆ, 좌측에 ㄸ, 우측에 ㄲ 을 배치하고, 제2, 3, 4차 순서로 병서를 배획하여 (도75)의 좌측과 같은 병서자음 ＋ 자도를 작성하였다.

중모음 17종을 상하로 긴 유형의 ＋ 자도를 구성하였다. 중심부에 ㆎ 자를 놓고 상측에 ㅡ ㅗ ㅛ 가 들어가는 중모음을 획수가 점점 많아지는 순서의 중모음 6자를 배치하였고,

하측에 ㅜ ㅠ 가 들어가는 중모음을 획수가 점점 많아지는 순서대로 중모음 6자를 배치하였다. 상하로 긴 유형의 + 자도의 맨 위에 ᆅ , 맨 아래에 ᆒ 자를 배치하였고, 중심부 ᆡ 자의 좌측에 ㅔ ㅖ 자를, 우측에 ㅐ ㅒ 자를 배획하였다.(*도75의 우측 + 자도 맨 위의 자음은 ㅛㅐ 가 아니고 ᆅ 자임)

(도75) 훈민정음해례본 자모음의 새로운 + 자도

단자음 + 자도　　병서자음 + 자도	중모음 + 자도

* 박병천, 1996, 문자의 세계전, 예술의 전당, 56쪽, 한글문자의 창제와 조형적 변천전, 36-56쪽.

(3) 박병천의 훈민정음 복합자음, 복합모음 복합 ✱ 자도(도76, 도77)

필자는 2000년도에 저술한 한글판본체연구(일지사) 81쪽에 단자음과 복자음을 복합하여 회전성 십자도를 작성하였고, 73쪽에 단모음과 복모음을 복합하여 회전성 + 자도 등 2종의 ✱ 자도를 (도76, 도77)과 같이 작성 제시하였다.

복합자음 ✳ 자도(도76)

기본자음인 단자음 17종, 각자병서 7종-합용병서 7종-상하연서 1종인 복자음 15종 등 복합된 자음 32종을 대상으로 ✳ 자형의 복합구조도를 작성하였다. 아울러 원형 흑색바탕에 ㄱ ㄴ ㄹ ㅍ 을 백문으로 처리한 4종을 상하좌우에 하나씩 배치하여 회전을 시켜도 4종의 획형이 변화하지 않는 복합 ✳ 자도를 작성하였다. ＋ 자 부분의 17자 기본자음은 (도74)의 정음초성 십자도(1983)를 기본으로 작성하였고, ＋ 부분 사이에 4개의 사선방향에 복자음인 각자-합용병서-상하 연서를 각각 3~4개씩 배치하여 전체를 8방위의 ✳ 자가 되도록 작성하였다.

중심위치 기준 : ㅁ

상향수직 축선 : ㅇ ㆁ ㆆ ㅎ　　하향수직 축선 : ㅅ ㅿ ㅈ ㅊ

좌향수평 축선 : ㄴ ㄷ ㅌ ㄹ　　우측수평 축선 : ㄱ ㅋ ㅂ ㅍ

상측좌편 사선 : ㆀ ㄸ ㆅ　　상측우편 사선 : ㄲ ㅃ ㅸ

하측좌편 사선 : ㅆ ㅉ ㅼ ㄺ ㅭ　　하측우편 사선 : ㅺ ㅄ ㅴ ㅵ

복합모음 ✳ 자도(도77)

기본모음인 단모음 11종, 중모음 23종을 대상으로 ✳ 자도를 작성하였다. 기본모음 ㆍ 를 전체 중심으로 하여 작성한 ＋ 자도 부분은 (도74)의 정음 중성 ＋ 자도(1983)를 기본으로 작성하였고, 4개의 사선방향에는 아래와 같은 중모음 20종을 배치하여 (도77)과 같은 ✳ 자도를 작성하였다. 이때에 시각적 효과를 살려 중모음 20종은 흑색배경에 백문으로 처리하여 4면 가장자리에 배치하였다.

중심위치 기준 : ㆍ

상향수직 축선 : ㅡ ㅗ ㅛ　　하향수직 축선 : ㅜ ㅠ

좌향수평 축선 : ㅓ ㅕ　　우측수평 축선 : ㅣ ㅏ ㅑ

상측좌편 사선 : ㅚ ㅘ ㅙ ㅔ ㅖ　　상측우편 사선 : ㅐ ㅒ ㆉ ㆇ ㆈ

하측좌편 사선 : ! ㅢ ㅟ ㅝ ㅞ　　하측우편 사선 : ㆎ ㅢ ㆌ ㆋ ㆊ

(도76) 훈민정음해례본 한글 자음 획형의 형성 및 회전성 분석도

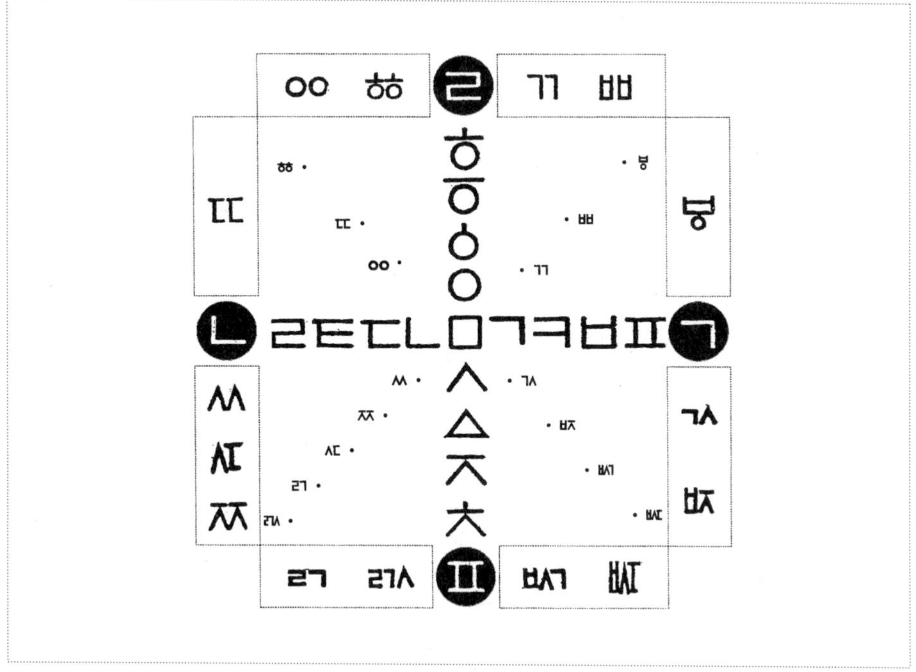

(도77) 훈민정음해례본 한글 모음 획형의 형성 및 회전성 분석도

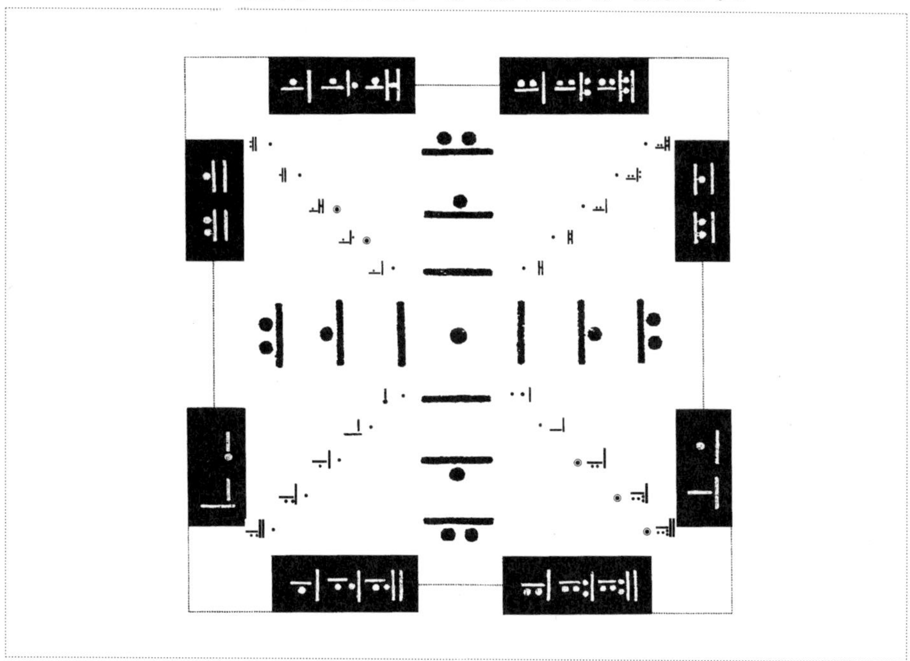

* 박병천, 2000, 한글판본체연구, 일지사, 81, 73쪽.

(4) 박병천의 훈민정음 독립자모음 복합형 田. 米 자 구성도(도78~도80)

독립자음으로 기본자음 17종, 병서 6종 등 23종, 독립모음으로 기본모음 11종, 중모음 18종 등 29종을 활용하여 각각 바둑판형 독립자음 田 자 도형, 독립모음 田 자 도형을 작성하였다, 이어서 기본자음 17종과 기본모음 11종을 복합하여 바둑판형 米 자 도형을 작성하였다.

① 독립자음 田 자도(도78)

바둑판모양의 채색도면에 독립자음 23종을 田 자 모양으로 배자하여 자음의 형성규칙을 찾아볼 수 있게 작성한다. 기본자음 17종으로 배자한 ＋ 자 부분은 (도74)의 ＋ 자도와 같게 작성하고, ㅁ 자 부분은 독립병서인 ㄲ ㄸ ㅃ ㅆ ㅉ ㆅ 등 6종을 좌우위치에 3종씩 배자하여 채색도면에 田 자도를 구성하여 (도78)과 같이 작성한다.

(도78) 훈민정음해례본의 한글자음 형성규칙 田 자도

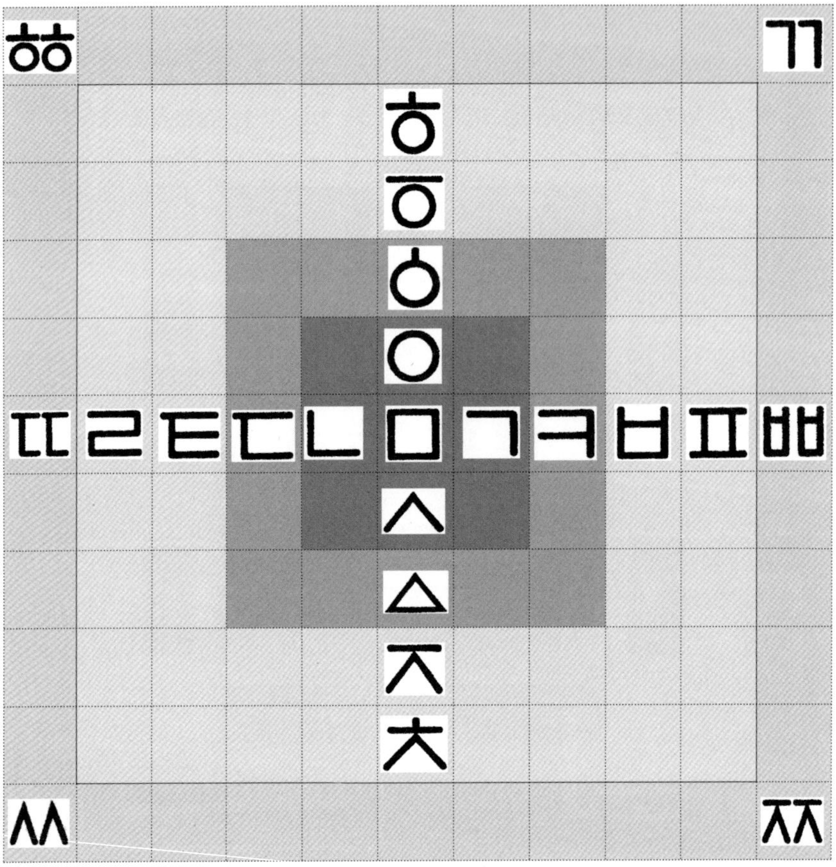

ㆅ ㄲ
ㅎ
ㆆ
ㆁ
ㅇ
ㄸ ㄹ ㅌ ㄷ ㄴ ㅁ ㄱ ㅋ ㅂ ㅍ ㅃ
ㅅ
ㅿ
ㅈ
ㅊ
ㅆ ㅉ

이를 구체적으로 설명하면 ㅁ 자 부분의 좌측에는 세로축 최상단의 기본자 ㅎ 과 관련된 ㅎㅎ 을, 좌측 중간에는 가로축 제2행의 ㄷ 과 관련된 ㄸ 을, 좌측 최하단에는 세로축 1행의 ㅅ 과 관련된 ㅆ 을 배자한다. 그리고 ㅁ 부분의 우측에는 세로축 최상단에는 가로축 제1칸에 있는 ㄱ 과 관련된 ㄲ 을, 가로축 중간에는 가로축 제3행 의 ㅂ 과 관련된 ㅃ 을, 우측 최하단에는 세로축 하단 3행의 ㅈ 과 관련된 ㅉ 등을 수직방향으로 배치하면 독립자음 23자 전체가 田 자 형태로 형성된다.

② 독립모음 米 자도(도79)

바둑판 모양의 모눈도면에 독립모음 29종을 米 자 모양으로 배자하여 모음의 형성규칙을 찾아볼 수 있게 작성한다. 기본모음 11종으로 배자한 ＋ 자 부분은 (도74)의 우측 도면과 같게 작성하고, ㅁ 자 부분에는 중모음 ㅐ ㅒ ㅔ ㅖ, ·ㅣ ㅡㅣ ㅚ ㆉ ㅟ ㆌ, ㅘ ㆇ ㅝ ㆎ, ㅙ ㆈ ㅞ ㆏ 18종을 가획한 기본모음에 관련시켜 (도79)와 같이 배자하여 작성하였다.

먼저 기본모음을 ＋ 자도 수직축선 위로는 ㅚ 와 ㆉ 를 배치하고 좌우위치에 ·ㅣ ㅡㅣ 를 배치하였다, 그리고 ＋ 자 모양의 수직축선 아래로는 ㅟ 와 ㆌ 를 수직방향으로 이어서 배치하였다. 수평축선의 좌측에 ㅓ ㅕ 에 ㅣ 를 상합한 3획, 4획자리 ㅔ ㅖ 자를 배치하고, 우측에 ㅏ ㅑ 자에 ㅣ 를 상합한 3획, 4획자리 ㅐ ㅒ 자를 차례대로 배치하였다. ＋ 자형 외곽 ㅁ 부분의 좌측 상단에 ㅝ ㆎ 를, 하단에 ㅞ ㆏ 를 배자하고, 우측상단에 ㅘ ㆇ 를, 하단에 ㅙ ㆈ 를 배자하여 전체를 ㅁ 자 안에 米 자 모양의 모음 29종을 배자하였다.

배자의 관계성을 보면 ㅁ 자 우측상단의 ㅘ ㆇ 자에 ㅣ 를 상합하면 우측 하단에 배자한 ㅙ ㆈ 가 형성되고, 좌측상단의 ㅝ ㆎ 자에 ㅣ 를 상합하면 좌측하단의 ㅞ ㆏ 가 형성되는 규칙을 찾아볼 수 있게 작성하였다. 중앙 수직선의 윗부분 ㅗ ㅛ 자에 ㅣ 를 상합하면 바로 윗자리의 ㅚ ㆉ 자가 형성되고, 아래부분 ㅜ ㅠ 자에 ㅣ 를 상합하면 바로 아래 자리에 있는 ㅟ ㆌ 가 형성되는 규칙을 나타나게 작성하였다.

(도79) 훈민정음해례본의 한글모음 형성규칙 田 자도

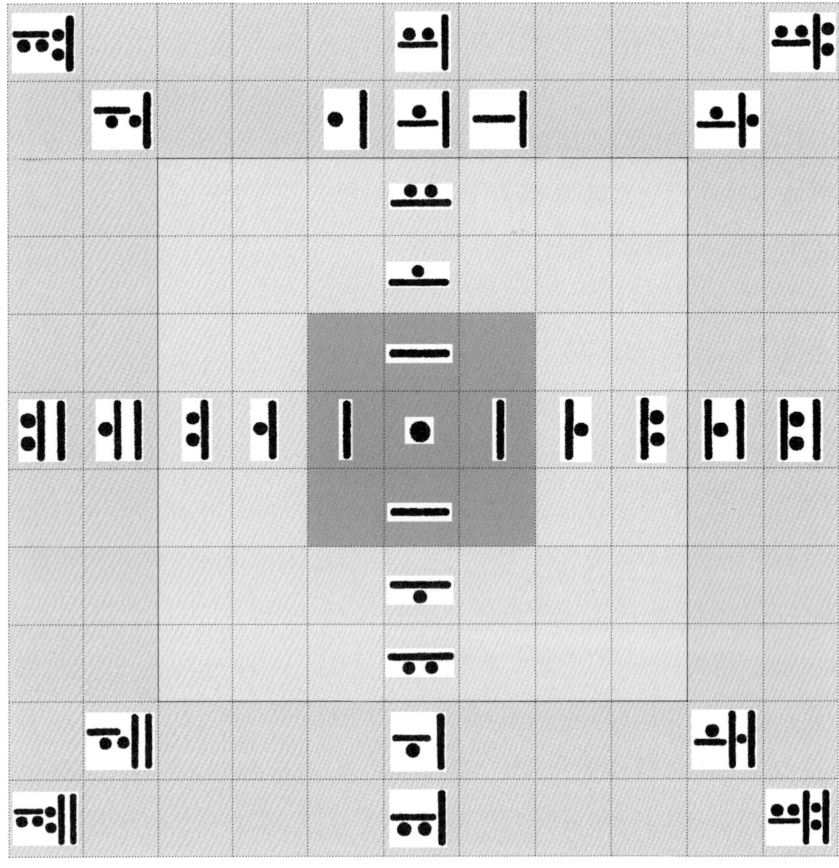

③ 기본자모음 복합 ⋇ 자도(도80)

(도74)와 같은 기본자음의 ＋ 자도와 기본모음의 ＋ 자도를 ⋇ 자 형상으로 결합하여 복합 ⋇ 자도를 (도80)과 같이 작성하였다.

모음 십자도를 수직축선과 수평축선으로 놓고 자음 십자도를 모음십자도 사이에 45도 방향으로 배자하여 작성하였다, 모음의 가장 중심적 기본인 · 를 자음의 중심적 기본인 ㅁ 자의 중앙에 위치하도록 배치하였고, 1차 둘레 자리에 모음은 ㅡ ㅡ ㅣ ㅣ 를 상하좌우 위치에 배자하고 자음은 ㅁ 형의 1차 둘레 위부분에 ㄱ ㅇ 을 수평방향으로 배치하고, ㄴ ㅅ 을 아래 부분에 배차였다, 이렇게 자음의 기본인 아-설-순-치-후음인 ㄱ ㄴ ㅁ ㅅ ㅇ 을 중심부에 배자하였다. ㅁ 을 중심으로 작성한 바둑판 모눈에 모음은 3차 순환선까지 점유하고, 자음은 4차 순환선까지 배자한 것으로 배자위치의 차이가 1개 순환선인데 배자형태로 보아 훨씬 큰 차이가 있는 것 같이 보인다.

(도80) 훈민정음해례본의 기본모음+기본자음 복합식 ⋇ 자도

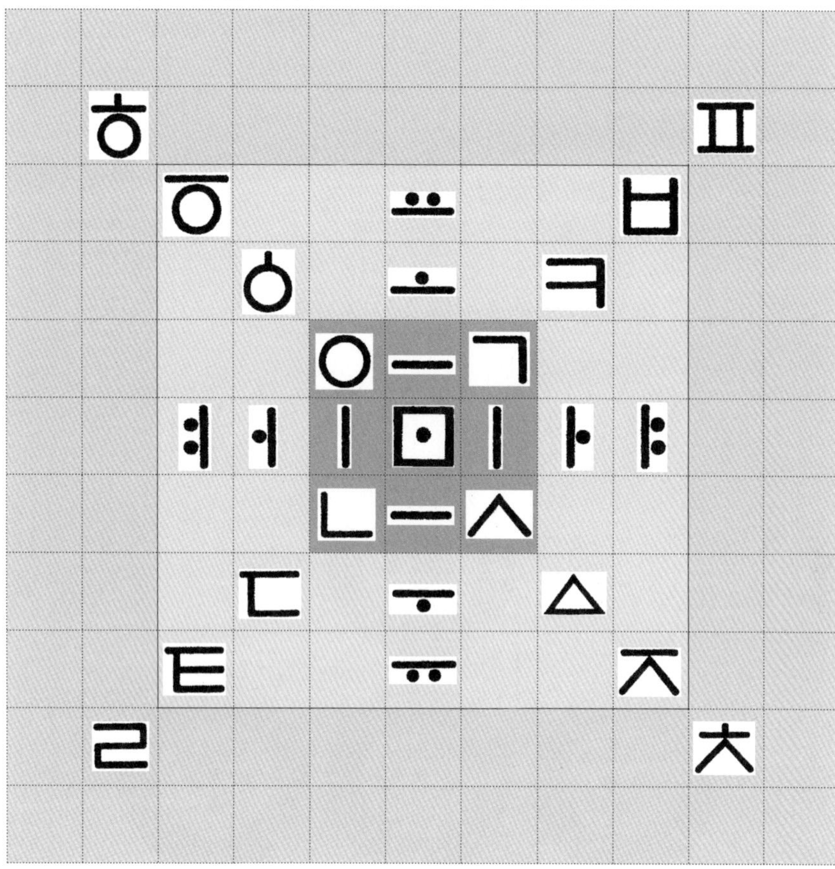

(5) 김슬옹의 자모음의 ◇ ＋ 자도 회전형 도안(도81, 도82)

① 자음의 ◇ 자 회전형 도안(도81)

김슬옹은 훈민정음 해례본 해제본(2015, 교보문고) 116쪽에 자음 17자에 담긴 원리와 120쪽에 실린 기본 모음 11자의 제자원리에서 자음과 모음의 원리를 도식화하여 제시했다. 이 내용은 (도81)에 표시한 학술발표대회 자료에 수록하기도 했다.

* 기본자음 17종을 아음(ㄱ ㅋ ㆁ), 설음(ㄴ ㄷ ㅌ ㄹ), 순음(ㅁ ㅂ ㅍ), 치음(ㅅ ㅈ ㅊ ㅿ), 후음(ㅇ ㆆ ㅎ) 등 5종으로 나누어 종별로 묶어 원형으로 도식화 했다. 매종별로 원형으로 묶고 다시 4부분(오행, 오시, 오방, 오음)으로 나누어 표시하였다. 5가지 중 순음 원형을 가운데에 놓고 좌측에 아음, 우측에 치음, 상측에 설음, 하측에 후음을 배치하여 자음 전체를 한눈에 볼 수 있게 (도81)과 같이 도식화했다.

아 · 설 · 순 · 치 · 후음별로 아래 4가지 제자원리를 표시하였다.

* 오행 : 목(아음) 화(설음) 토(순음) 금(치음) 수(후음)
* 오시 : 봄 여름 늦여름 가을 겨울
* 오방 : 동 남 중앙 서 북
* 오음 : 각 치 궁 상 우

(도81) 김슬옹의 훈민정음 초성자음 17자 구성원리도

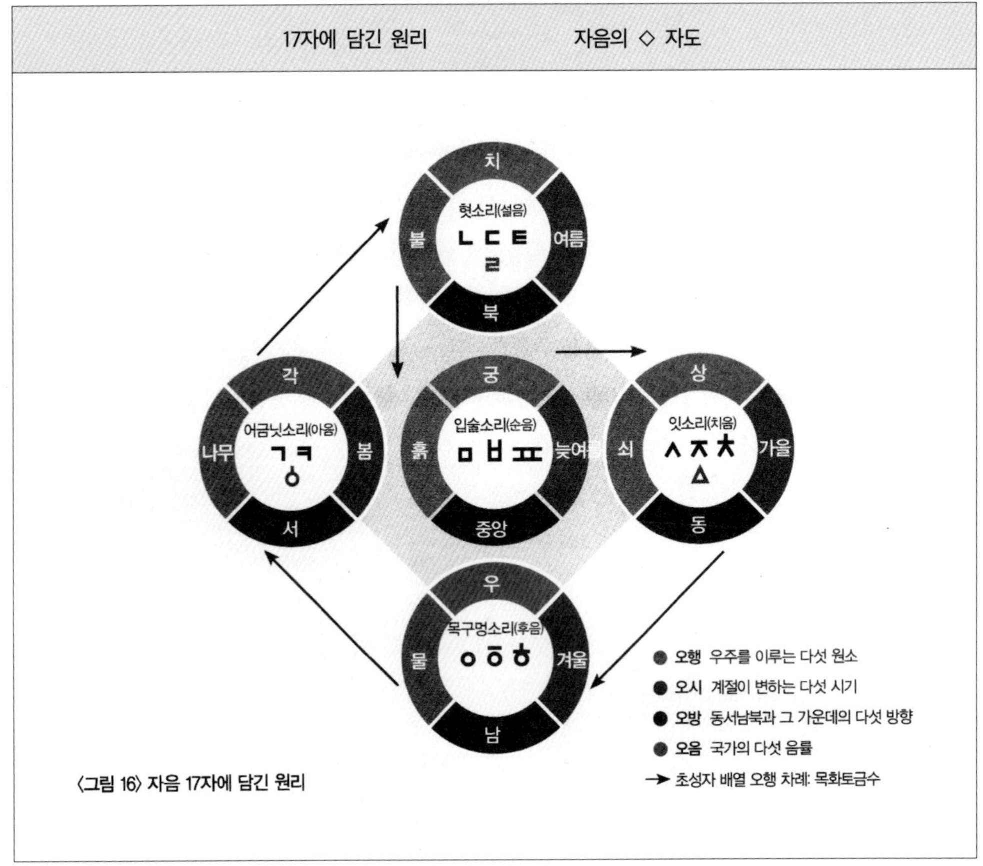

〈그림 16〉 자음 17자에 담긴 원리

* 김슬옹, 2017, 훈민정음 교육을 위한 도구, 도형 제작론과 실제, 106, 107쪽, 훈민정음 제자원리에 대한 과학과 수학 융합연구, 학술대회 논문집, 세종대왕기념사업회-국립국어원.

② 모음의 ＋ 자도 회전형 도안(도82)

* 기본모음 11종을 두 개의 원형도판을 작성 (도82)와 같이 ＋ 자형으로 도식화하였다. 좌측 도판은 우측도판 중심부를 확대하여 별도로 작성 한 것인데 기본자 ㆍ ㅣ ㅡ 를 양성, 중성, 음성으로 지칭하여 태극무늬 바탕에 수직방향으로 배자하여 도식화했다. 우측 도판에는 태극무늬 바탕에 ㆍ 를 중심부에 배치하고 1차 외곽 순환위치에 초출자 ㅗ ㅜ ㅓ ㅏ 를 상하좌우 위치에 배자하였고, 2차 외곽 순환위치에 재출자 ㅛ ㅠ ㅕ ㅑ 를 상하좌우 위치에 배자하여 도식화 했다. 태극무늬 빨강부분에는 양성모음 ㅗ ㅛ ㅏ ㅑ 를 제시하고, 파랑부분에는 ㅜ ㅠ ㅓ ㅕ 를 배치하고 초출자, 재출자를 풀이한 용어를 표기하였다.

(도82) 김슬옹의 훈민정음 중성자음 11자 제자원리도

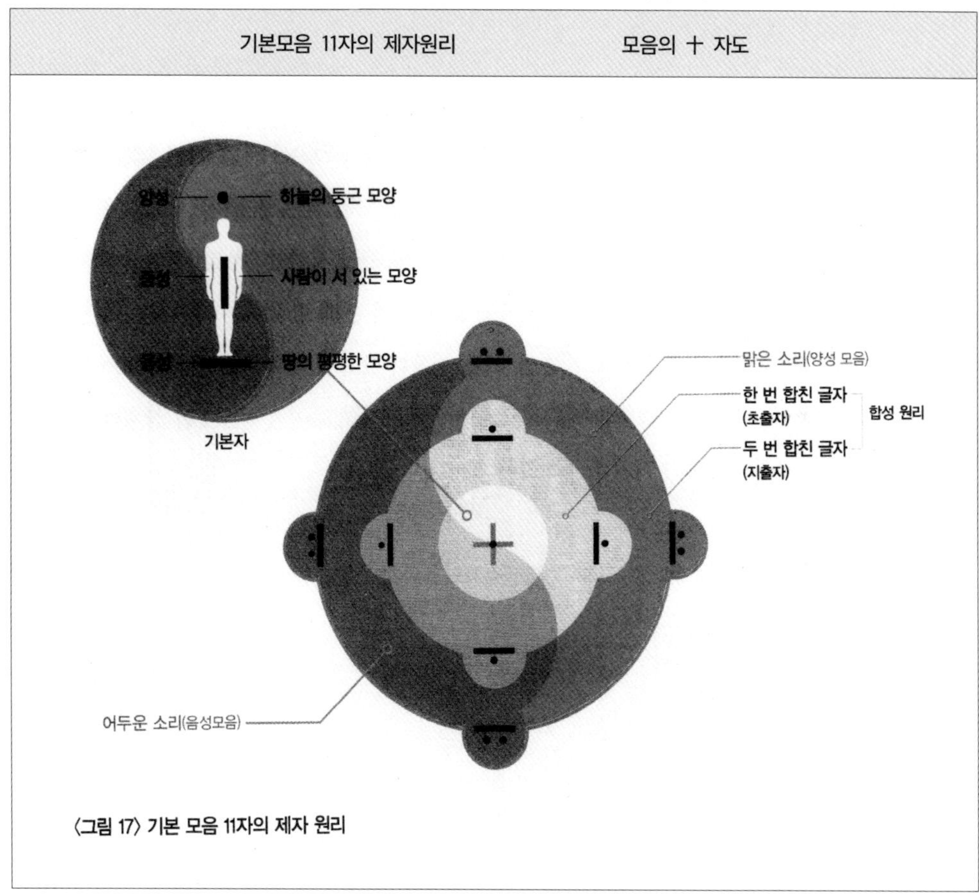

〈그림 17〉 기본 모음 11자의 제자 원리

* 김슬옹 해제, 2015, 훈민정음 해례본, 교보문고, 116, 120쪽.

(6) 문효근의 자모음의 ◇ ＋ X 자도 회전형 도안(도83, 도84)

문효근은 훈민정음의 제자원리(2015, 경진출판) 231쪽에 훈민정음구조도를 작성하기 위한 관련 자료로 역학계몽의 주자의 하도(河圖)와 낙서도(洛書圖)를 제시하고, 이 낙서도를 근거로 한 초성자음 구조도를 ㅁ 와 ◇ 를 복합형태로 (도84)의 좌측과 같이 작성하였고, 하도를 근거하여 모음의 ＋ 자도를 (도84)의 우측과 같이 작성 제시하였다. (* 합(闔) : 닫을 합, * 벽(闢) : 열 벽)

문효근은 초성자음 5자 구조도를 (도83) 낙서(洛書)에 대한 이론적 바탕위에서 (도84) 좌측과 같이 작성하였다. 즉 낙서도에 의거 초성자음의 5종 기본자인 아음의 ㄱ, 설음의 ㄴ, 순음의 ㅁ, 치음의 ㅅ, 후음의 ㅇ 을 마름모 ◇ 의 4변의 각각 중간에 배자하여 작도하였다. 마름모 ◇ 중심에 기본으로 ㅁ 을 놓고, 사각형을 대각선으로 자른 왼쪽 아래에 아음 기본인 ㄱ 을, 오른쪽 위에 설음 기본인 ㄴ 을, ㄱ 의 위에 ㅅ 을, ㄱ 의 오른쪽에 ㅇ 을 배자하여 5개 기본자음 5종이 X 자형을 이루는 구조도를 (도84)의 좌측과 같이 작성하였다.

(도83) 문효근 제시의 하도 구조도와 낙서 구조도

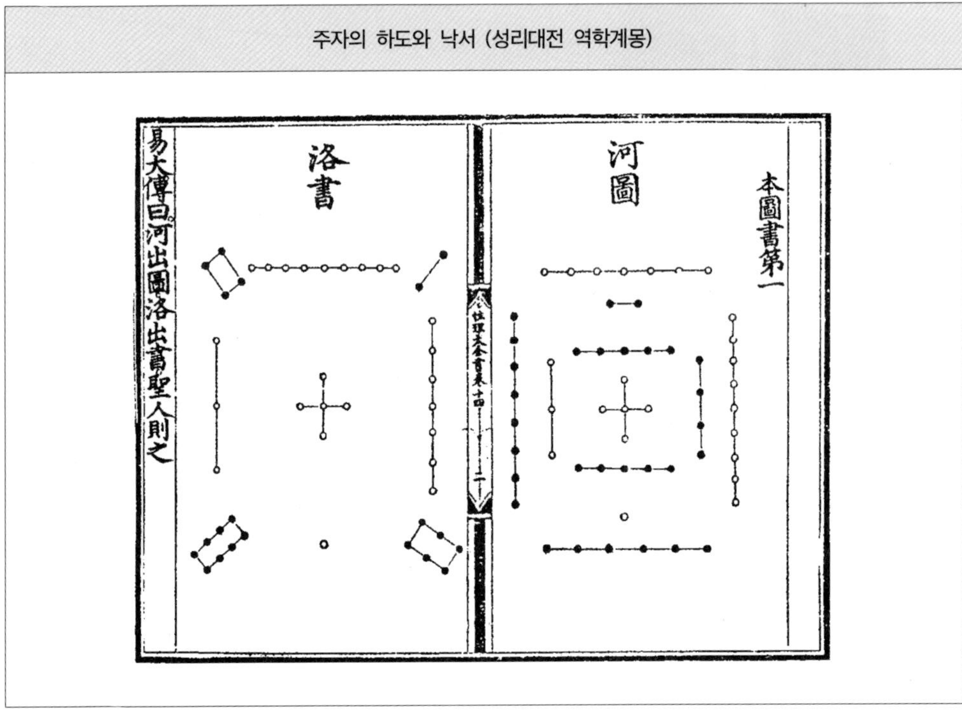

* 문효근, 2015, 훈민정음의 제자원리, 경진출판, 231쪽.

중성자음 11자를 (도83)의 오른쪽 하도(河圖)의 원리를 참조하여 중성모음 11자 구조도를 작성하였다. 즉 (도84) 우측과 같이 3개의 서로 다른 정사각형을 중첩하여 놓고 중심부분에 기본자인 ㆍ 를 놓고 외곽의 제1차 정사각형에 상하위치에 기본자인 ㅡ 를 좌우위치에 ㅣ 를 배자하였고, 제2차로 정사각형 사변에 모음 초출자인 ㅜ ㅗ ㅏ ㅓ 를 상하좌우 위치에 배자하였으며, 제3차로 정사각형 사변에 모음 재출자인 ㅛ ㅠ ㅕ ㅑ 를 상하좌우 위치에 배자하였다, 이렇게 배치하여 상측에 ㅡ ㅜ ㅛ , 하측에 ㅡ ㅗ ㅠ, 좌측에 ㅣ ㅏ ㅕ , 우측에 ㅣ ㅓ ㅑ 가 형성되는 중성자[모음]의 제자도를 만들었다.

이상의 중성 11자 구조도는 1975년도 이정호가 제시한 (도85)의 중성 11자 판독도 자료와 같은 원리를 인용한 것으로 파악되는데 이러한 중성자 제자원리의 상합(上闔)-하합(下闔)과 좌벽(左闢)-우벽(右闢)하는 제자방법에 맞지 않는다.(본책 65쪽, 제자원리 참조) (도84)의 오른쪽 11자 구조도 중에서 2차 정사각형 사변의 수직 상하위치의 ㅜ ㅗ 와 수평 좌우위치의 ㅏ ㅓ 를 ㅗ ㅜ 와 ㅓ ㅏ 로 바꾸어야 한다. 즉 천(天) ㆍ 를 중심으로 사방으로 위치한 합벽의 ㅗ ㅜ 와 ㅓ ㅏ 의 점[·]의 위치를 안쪽이 아닌 바깥쪽으로 위치하도록 나타내야 한다.

수직 상측위치(상합) : ㅡ ㅜ ㅛ → ㅗ ㅛ　　수평 좌측위치(좌벽) : ㅣ ㅏ ㅕ → ㅓ ㅕ

수직 하측위치(하합) : ㅡ ㅗ ㅠ → ㅜ ㅠ　　수평 우측위치(우벽) : ㅣ ㅓ ㅑ → ㅏ ㅑ

(도84) 문효근의 초성자음 구조도와 중성모음 11자 구조도

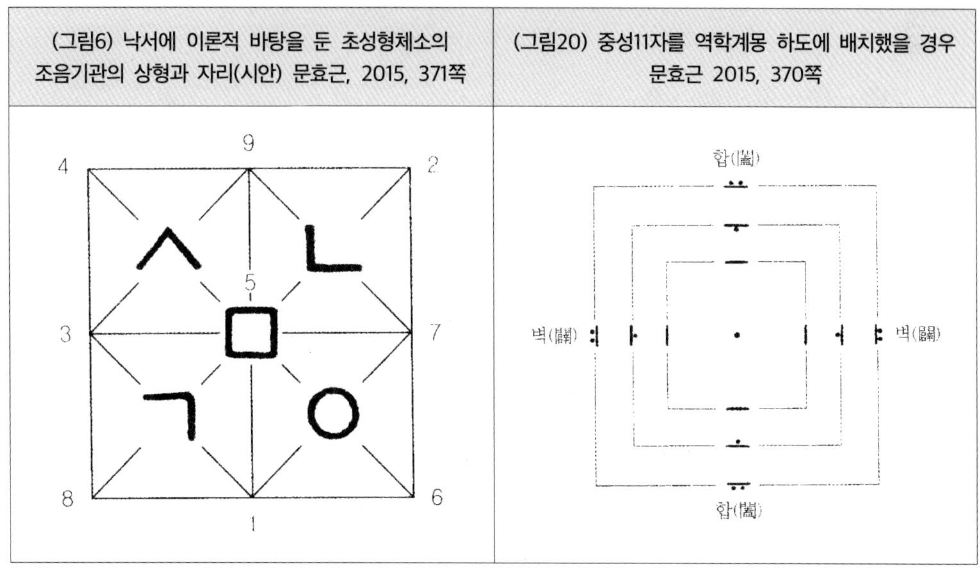

(7) 이정호의 훈민정음 자모음의 ◇ ＋ 자도 회전형 도안(도85, 도86)

이정호는 훈민정음의 구조원리(1975, 아세아출판사) 81, 87, 59, 91쪽에 (도85)와 같이 하도(河圖) 구조도와 훈민정음도(訓民正音圖) 를 제시하고, 이를 근거로 (도86)과 같이 ◇ 꼴의 초성자음 능도(菱圖 : 마름모꼴)와 ＋ 자형의 중성 11자에 대한 판독 자료도를 작성하였다. (도86)의 좌측 하도는 성리대전 역학계몽에 나오는 주자의 하도이론으로 한자 구성에 대한 형성이론을 구조화한 것인데 수직-수평방향으로 수치적 표시 규칙이 있다. (도85)의 오른쪽 훈민정음도는 훈민정음 자음 17종의 생성구조와 모음 11종의 생성구조를 도형으로 통합한 구조이다.

(도85) 이정호의 하도 구조도와 훈민정음도 구조도

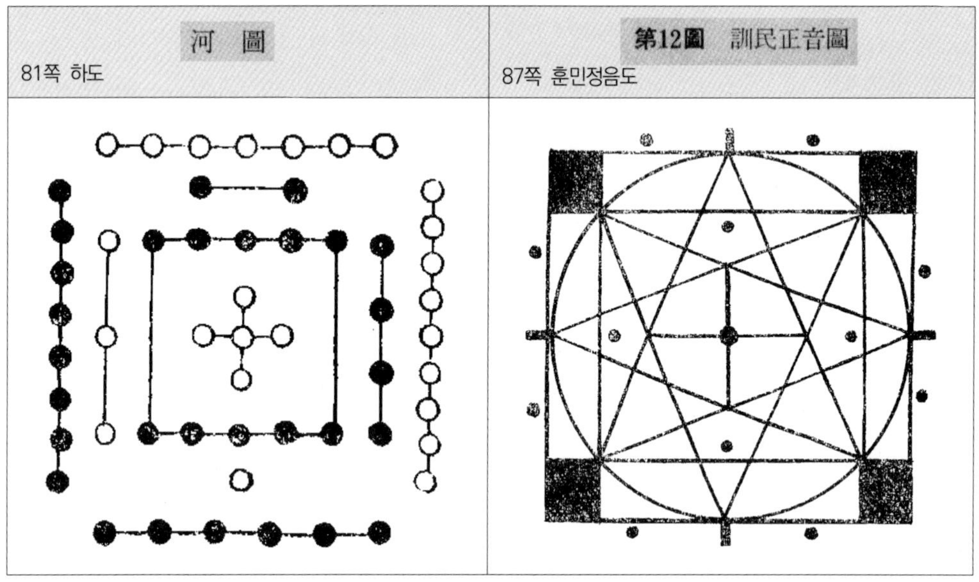

* 李正浩, 訓民正音의 構造原理(1975, 亞細亞文化社).

초성자음 17종을 (도86)의 좌측과 같이 내부는 ＋ 자도로, 외부로는 ◇ 와 같은 마름모꼴로 배자한 초성 능도를 작성하였다. 마름모꼴 또는 ＋ 의 중심위치에는 순음류 ㅁ ㅂ ㅍ 자형을 하나로 통합한 형태의 井 자 모양을 배치하고 수직방향의 상측으로는 설음류 ㄴ ㄷ ㅌ ㄹ 을, 하측으로는 후음류 ㅇ ㆆ ㅎ 을, 수평방향의 좌측으로는 아음류 ㄱ ㅋ ㆁ 을 우측으로는 치음류 ㅅ ㅈ ㅊ ㅿ 를 배자하여 전체가 십자형태가 이루어졌다. ＋ 자형의 상측에는 火 자, 하측에는 水 자, 좌측 끝은 木, 우측 끝은 金 자를 배자하여 능형(菱形)이 형성된다.

(도86) 이정호의 초성자 마름모형 구조도와 중성자 11자 구조도

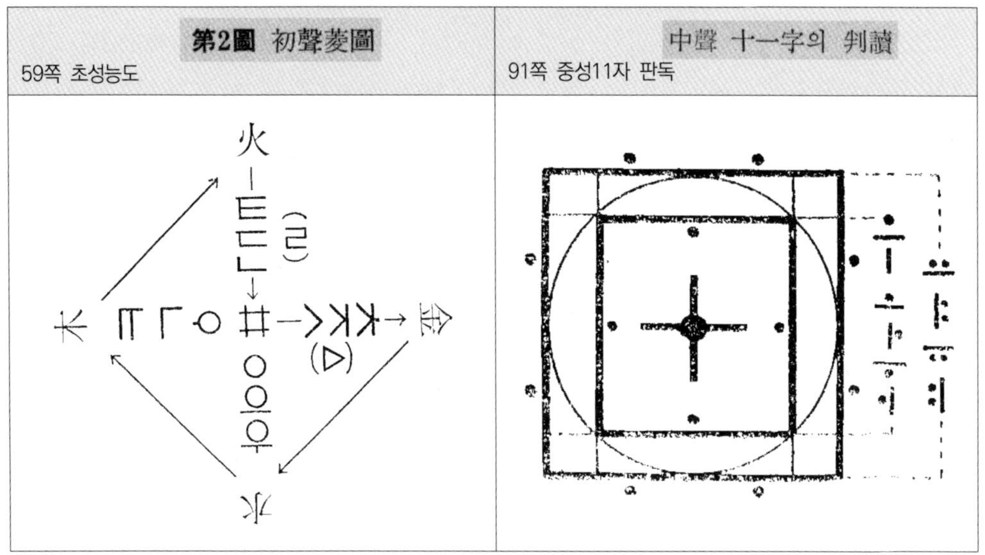

중성모음 11종을 (도86)의 우측과 같이 내부 중심에는 ＋ 자, 외부는 1차 ㅁ 형과 2차 ㅁ 형을 나타내되, 1차 ㅁ 형 외부로 원을 걸치게 나타내고 기본모음을 수직-수평방향으로 나타냈다. 이를 구체적으로 보면 ＋ 자 부분은 기본모음 · 를 놓고 ㅡ 와 ㅣ 를 ＋ 자로 겹쳐 나타냈다. 그리고 내부사각형에는 ㅜ ㅗ ㅏ ㅓ를, 외부사각형에는 ㅛ ㅠ ㅕ ㅑ 순서로 상하좌우 순서로 배치하여 작성하였다.

그런데 이러한 1차 사각형의 내부에 1개씩 찍은 점과 2차 사각형의 외부에 2개 찍은 점으로 형성되는 모음의 획형은 체계성이 없어 보인다. 즉 ㅣ→ㅏ→ㅑ 나 ㅣ→ㅓ→ㅕ 가 되어야 하는데 이정호의 중성11자 판독에는 ㅣ→ ㅏ→ ㅕ 나 ㅣ→ ㅓ→ ㅑ로 제시되어 자형상의 체계성이 없어 보인다.

(8) 한재준의 훈민정음 자모음의 ＋ 자도 회전형 도안(도87, 도88)

한재준은 '한글의 디자인 철학과 원리' 논문(2001, 세종대왕기념사업회 주최 학술대회, 한글글꼴개발의 미래) 49쪽에 (도87)과 같이 '첫소리[좌측도판]와 가운뎃소리[우측도판] 글자의 기본조형과 전개과정'을 구조화한 것인데, 좌측도판은 평면성의 정적인 구조로 나타냈고, 우측도판은 ＋ 자형의 회전성이 나타나는 동적인 구조로 나타냈다.

① **자음 체계도(도87)**

한재준은 '훈민정음 교육을 위한 도구-도형 제작론과 실제' 논문(2007, 세종대왕기념사업회 주최 학술대회) 97쪽 (도87) 우측의 자음 입체 배열도와 같은 초성자음형성 구조도는 회전성의 ＋ 자도를 제시했다. ＋ 자도 중심에 ㅁ 을 놓고 수직상향으로 후음류 ㅇ → ㆆ → ㅎ 순서로 배자하고, 수직하향으로 설음류 ㄴ→ ㄷ → ㅌ→ ㄹ 순서로 배자하였고, 수평좌향으로 치음류 ㅅ→ ㅈ → ㅊ→ ㅿ 순서로, 수평우향으로 아음류 ㄱ→ ㅋ →ㆁ 순서로 전체 17자로 배자하였다. 그리고 순음류 중심의 ㅁ 을 기본으로 우측 사향으로 ㅂ → ㅍ 순서로 배자하였고, 각자 병서 ㄲ ㄸ 등 7종은 해당 기본자 옆에 배자하여 전체 배열도를 꾸몄다.

② **모음 체계도(도88)**

중성자 모음의 회전성을 나타낸 (도88) 좌측과 우측 구조도에 나타난 11자 기본모음 부분 구조는 박병천(1983년)의 (도74) 우측의 정음 중성 ＋ 자도와 동일한 것으로 파악된다.

수직상향 ㅡ → ㅗ → ㅛ , 수직하향 ㅡ → ㅜ → ㅠ

수평우향 ㅣ → ㅏ → ㅑ , 수평좌향 ㅣ → ㅓ → ㅕ

기본모음 11종의 ＋ 자도는 2001년에 작성한 (도88)의 좌측 ＋ 자도에는 7종의 복모음을 제시하였으나 2017년에 작성한 (도88)의 우측에는 더 많은 복모음을 제시하였다.

(도87) 한재준의 훈민정음 자음 체계도

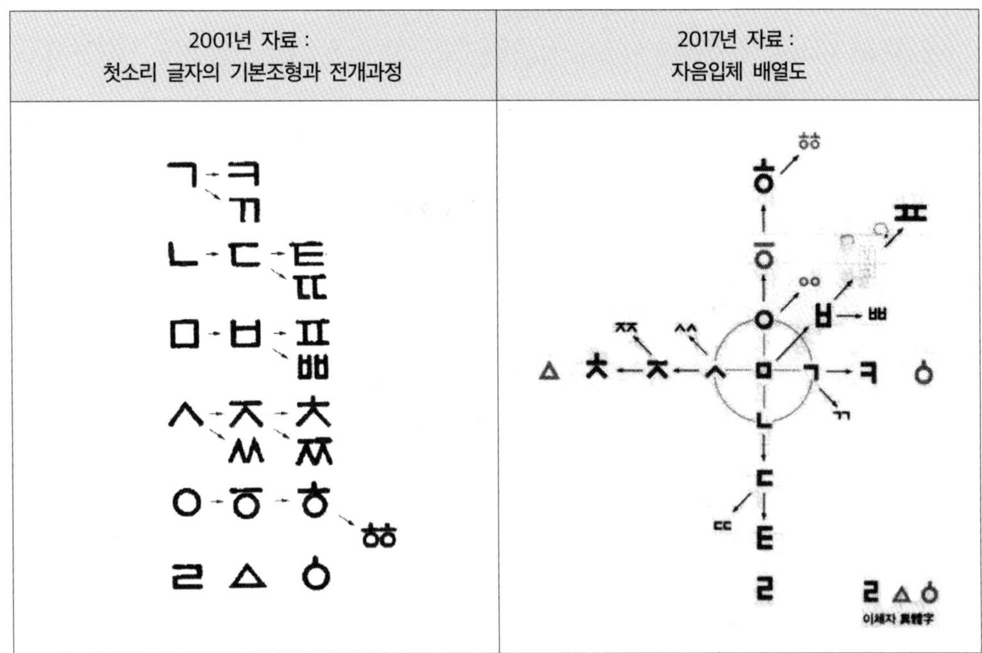

(도88) 한재준의 훈민정음 모음 체계도

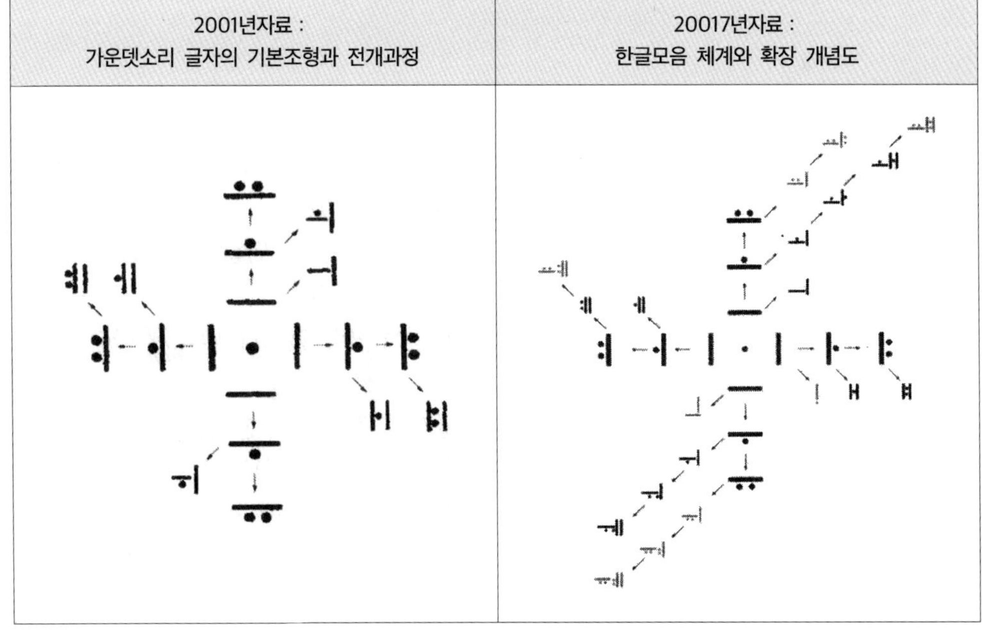

2) 자모음 및 합자의 대칭상반 전도형 도안

훈민정음 자모음 획형이나 합자의 서체를 기본으로 좌우반복, 상하반복, 사향반복 등 '대칭상반 전도형'(對稱相反 顚倒形) 도안 구성을 통해 각종 형태의 무늬를 구성하여 봄으로써 디자인 자료나 생활용품 무늬로 활용할 수 있다. 또한 우연히 형성되는 기이한 형태에서 감성적으로 풍기는 느낌에서 디자인적 품격을 찾아볼 수 있다.

(1) 자모음형 도안(도89~도92)

3.1.2에서 복원 정리한 훈민정음 독립자음 24종(도78), 독립모음 29종(도79)을 이용하여 각각 자모음의 형태적 특징을 살려 단독무늬나 합성무늬를 (도89~91)의 예시도와 같이 작성한다. 자음이나 모음 중 1가지를 선택하여 다음과 같은 방법으로 대칭이 되게 배치하여 구성한다.

① 자음 ㅂ 자 대칭 변환 구성(도89)

* 첫 번째[상하배치]로 자음 ㅂ 2개를 상하위치로 대칭이 되게 배치한다.
* 두 번째[좌우배치]로 이를 (도89) ㅃ 과 같이 가로방향으로 가로폭이 커지게 늘어놓는다.
* 세 번째[사향배치]로 ㅂㅂ 과 같은 두 개의 ㅂ 사이를 벌리고 양쪽 ㅂ 을 40도 정도로 기울이면 양 날개가 기상하는 대칭형이 이루어진다.
* 네 번째[복합배치]로 ㅂ 두 개를 상하배치 한 것을 오른쪽으로 90도 방향전환하고 다시 상하위치로 대칭 이동을 시키면{복합배치] 4개의 ㅂ 을 눕혀 놓은 형태가 형성된다.

(도89)의 ㅸ 을 이용한 무늬구성도 위의 ㅂ 구성방법과 같이 작성하면 된다. 이같이 작성한 흑문 형태를 백문으로 전환하면 (도89)의 아래 부분과 같게 나타난다.

(도89) 훈민정음해례본 자음의 위치 변환 형성 도형예시도

구분	기본	상하배치	좌우배치	사향전환	복합배치
흑문 형태					
백문 형태					

② 자음 ㅂ 자 형태 변환 구성(도90)

ㅂ 구성을 더욱 형태를 변환하면 (도90)과 같이 다양하게 나타난다.

* 첫 번째[가로폭 넓히기]로 가로폭을 넓히면 세로선은 굵어지고 가로선은 가늘어져서 육중하고 안정된 분위기를 보여준다.
* 두 번째[가로폭 좁히기]로 가로폭을 좁히면 세로선은 가늘어지고 가로선은 굵어져서 간결하고 신선한 느낌을 자아낸다.
* 세 번째[사향각도 키우기]로 사향각도를 키우고 가로폭을 좁히면 간결함과 속도감을 느껴지게 하고 전진적인 멋을 보여준다.
* 네 번째[가로폭 좁히기]로 진취적인 안정감과 무한한 발전성을 보여준다.

이러한 (도90)의 기본형태를 위부분 같이 흑문(黑文)의 변환형태로 나타내고, 이를 다시 흑문 형태에서 아래 부분과 같이 백문(白文)으로 전환한 형태로 나타내는 등 기본형태의 위치, 크기, 각도, 갯수 등 다양하게 변화시킬 수 있다.

(도90) 훈민정음해례본 자음의 형태변환 형성 도형예시도

구분	기본	가로폭 넓히기	가로폭 좁히기	사향각도 키우기	가로폭 좁히기
흑문 형태					
백문 형태					

③ 자음 연속 무늬 변환 구성(도91)

(도91)과 같이 훈민정음의 다양한 자음 형태를 기본으로 사방연속무늬를 구성하면 여기에서 파생되는 시각적 아름다움을 찾아볼 수 있다.

(도91) 훈민정음해례본 자음의 위치변환 사방 연속무늬 예시도

구분	ㅂ	ㅌ	ㅎ	ㅅ	ㅈ
흑문					
백문					

④ 모음 ㅕ ᆅ 자 대칭 구성(도92)

모음 ㅕ 와 ᆅ 를 대상으로 (도89, 90)과 같은 방법으로 표현한다.

* 첫 번째[ㅕ 와 ᆅ]를 각각 상-하로 대칭이 되게 배치한다.
* 두 번째[가로폭 좁히기]로 가로폭을 좁히면 세로선은 가늘어지고 가로선은 굵어져서 간결하고 신선한 느낌을 자아낸다.
* 세 번째[사향각도 키우기]로 사향각도를 키우고 가로폭을 좁히면 간결함과 속도감을 느껴지게 하고 전진적인 멋을 보여준다.
* 네 번째[가로폭 좁히기]로 진취적인 안정감과 무한한 가능성을 보여준다.

(도92) 훈민정음해례본 모음의 위치변환 형성 도형예시도

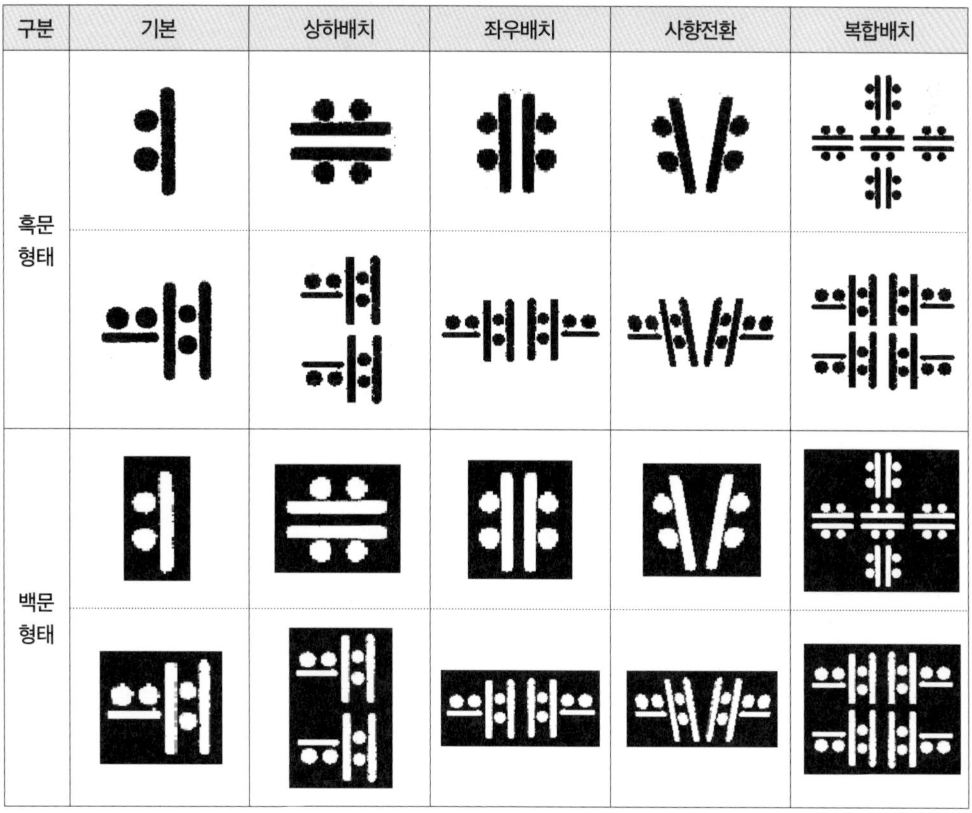

구분	기본	상하배치	좌우배치	사향전환	복합배치
흑문 형태					
백문 형태					

(2) 합자형 도안

3.1.2 (표21)에서 복원 정리한 훈민정음 초중성합자 28종(도82), 초중종성합자 24종(도72)을 선정하여 각각 합자의 형태적 특징을 살려 단독무늬나 합성무늬를 (도93)의 예시도와 같이 작성한다.

① 초중성합자 소 자를 기본으로 구성하기(도93)

* 첫 번째[상하배치]로 ㅿ 자 2개를 상하위치로 ㅗ 의 가로선이 서로 대하는 대칭이 되게 배치한다. 가운데 부분에 ㅗ 와 ㅜ 형태가 마주 대한다.
* 두 번째[좌우배치]로 상하배치 두 문자를 그대로 오른쪽으로 90도 회전시켜 수평이 되게 배치한다. 가로방향으로 가로폭이 커지게 늘어놓는다.
* 세 번째[사향배치]로 90도로 누운 상태로 좌우 배치된 두개의 ㅿ 자를 반으로 나누어 양측을 40도 기울기로 변향시킨 결과, 매서운 양쪽 눈모양이 형성된다.
* 네 번째[복합배치]로 ㅿ 자 두개를 좌우배치하고 이를 다시 180도 회전하여 구성한 형태로 마치 장고 2개를 세워놓은 형상을 연상케 한다.

② 초중종성합자 솜 자를 기본으로 구성하기(도93)

* 첫 번째[상하배치]로 솜 자 2개를 상하위치로 ㅁ 의 아래 가로선이 서로 대하는 대칭이 되게 배치한다. 윗부분과 아래 부분이 ㅅ 의 뾰족한 부분이 된다.
* 두 번째[좌우배치]로 상하배치 두 문자를 그대로 오른쪽으로 90도 회전시켜 수평이 되게 배치한다. 즉 가로방향으로 가로폭이 커지게 늘어놓는데 ㅁ의 아래 가로선이 세로방향에서 서로 마주보게 놓인다.
* 세 번째[사향배치]로 90도로 누운 상태로 좌우 배치된 두개의 솜 자를 반으로 나누어 양측을 40도 기울기로 변향시킨 결과, 두 개의 ㅅ 은 눈 섶으로, 두 점은 눈동자로 보여진다.
* 네 번째[복합배치]로 솜 자 두개를 좌우배치하고 이를 다시 180도 회전하여 구성한 형태로 안정감이 돋보이는 형상으로 보인다.

(도93) 훈민정음해례본 합자의 위치변환 형성 도형예시도

구분	기본	상하배치	좌우배치	사향전환	복합배치
초중성합자	소				
	호				
초중종성합자	믈				
	솜				

3.2.2. 한글문자의 서체화

훈민정음서체를 서예작품화한 사례와 특징을 밝힌다. 한글서예의 서체적 기원으로 개발한 일중 김충현의 고체와 이 서체를 변형하여 작품화한 규당 조종숙 작품의 서체적 특징을 비교 분석한다. 이어서 판본체로 훈민정음 서문을 쓴 여초 김응현 작품의 일부 문자를 변형하여 사진작품으로 복합 변형한 작품의 특징을 분석해 본다.

훈민정음서체를 컴퓨터 폰트 서체로 실용화하는 데 활용한 사례를 들고 이에 대한 조형적 특징을 밝힌다. 훈민정음 목판본체를 폰트서체로 개발한 서울대학교의 문체부 훈민정음체 폰트와 훈민정음 서체를 필사하여 서예화한 서체를 모아 폰트서체로 개발한 일중 김충현과 평보 서희환의 폰트 서체를 비롯하여, 서체개발 전문업체인 AG타이포그라피연구소와 윤디자인그룹-한컴그룹이 개발한 훈민정음체 폰트를 소개한다.

1) 한글문자의 서예 창작 작품화

훈민정음에 나타나는 돋음체형의 인쇄된 한글자체를 1960년대부터 유연한 필사체로 변형하여 서예 작품 표현의 서체로 정착화하기 시작하였다. 이렇게 필사체 형으로 변형한 서체는 고체, 정음체, 판본체등의 서체명의 여러 명칭과 유형으로 변화를 가져오며 한글서예의 다양한 창작 서체로 응용하여 오고 있다.

(1) 판본체 서예 작품화(도94)

훈민정음 서체를 필사화한 판본체(版本體)는 훈민정음체 원형을 (도94)의 좌측 부분 일중 김충현 필사체와 같이 그대로 필사화한 경우와 (도94)의 우측 부분 규당 조종숙 필사체와 같이 훈민정음체의 획형과 자형을 약간씩 변형한 서체들이 있는데 그 특징을 보면 다음과 같다.

서예계의 제1세대로 한국의 정상급 서예가였던 일중 김충현(1921~2006. 전, 예술원회원)이다. 일중은 훈민정음과 용비어천가의 원본을 본받아 고체라는 서체를 정립하는데 큰 역할을 했다. 일중의 고체[판본체]는 (도94)의 좌측서체와 같이 자형을 훈민정음 원형 자형과 같이 정사각형이나 직사각형으로 나타냈고, 자모음의 크기 차이를 작게 안정감 있게 나타냈고, 선의 방향을 수직-수평-사향으로, 선의 굵기를 부분에 따라 변화를 주었고, 약간의 유연한 느낌이 나게 표현했다. 문자의 표기는 **훈민정음**과 같이 현대 문자표기 방법으로 필사하였다.

서예계의 제2세대로 대전초대 작가이고 일중 김충현의 수제자이며 한글서예계의 정상급 서예가인 규당 조종숙(1932~)은 (도94)의 우측 서체와 같은 훈민정음 서문 대형작품[140×270cm]을 창작하였다(조종숙, 2012, 개인전도록, 29쪽). 규당의 훈민정음 서문 작품서체는 (도94)의 우측서체와 같이 자형을 훈민정음 원형 자형을 크게 변형하여 월인천강지곡(1447)이나 용비어천가(1447)의 서체를 절충하여 작품의 서체를 창작하였다. (도94)의 좌측의 일중 김충현의 서체는 한글모음의 점들을 원형으로 나타냈으나 우측의 규당 조종숙의 작품 서체는 점을 짧은 선으로 변형하여 긴 획과 직각으로 접필시켜 모음의 획형을 다르게 나타냈다. 그러나 훈민정음 서체와 비슷한 점이 많아 판본체 작품이라고 말 할 수 있다.

일중과 규당의 서체특징을 (도94) 아래 부분 낱자의 자형으로 비교해 본다.

-문자를 구성하는 모음의 작은 획을 일중은 둥근 점으로 긴 획과 띄어서 나타냈고, 규당은 둥근 점을 짧은 선으로 나타내어 긴 획에 접필시켜 나타냈다.

(도94) 훈민정음체 변형의 서예작품 사례도

구분	훈민정음체 원형 서체작품 [일중 김충현]			훈민정음체 변형 서체작품 [규당 조종숙]		
	김충현, 1970, 국한서예, 시청각출판사, 43, 46쪽.			조종숙, 2012, 개인전도록, 29쪽.		
작품 문장 서체						
구분	김충현 작품 문자별 서체비교			조종숙 작품 문자별 서체비교		
종류	작품서체	훈민정음체	월인천강지곡체	작품서체	훈민정음체	월인천강지곡체
작품 문자 서체 비교	고	고	고	고	고	고
	다	다	다	다	다	다
	비	비	비	비	비	비
	어	어	어	어	어	어
	필사체	목판체	활자본체	필사체	목판체	활자본체

-문자를 구성하는 모음의 세로선을 일중은 부분별로 일정한 굵기로 약간 굽은 획형의 유연한 선으로 나타냈으나 규당은 세로획의 위부분은 가늘게 아래부분은 점점 굵어지게 강한 느낌의 수직선으로 나타냈다.

-좌우위치로 구성하는 문자의 자모음 크기 차이를 일중은 작게, 규당은 크게 나타냈고, 자음의 위치를 일중은 상하 중간위치에, 규당은 중간보다 위쪽에 배획하여 서로 다른 자형으로 나타냈다.

(2) 판본체 복합 작품화(도95)

2018년 4월 27일 남북정상회담장인 판문점 평화의 집에 설치된 작품 '천년의 동행, 그 시작'[31]작품은 서예가 여초 김응현(1927~2007)이 훈민정음서문을 한글로 언해한 문장을 훈민정음 해례본 판본체로 1971년 신해년에 필사화한 병풍작품[세종대왕기념사업회 소장, 문장규격 360 125cm, 작품규격 400 200cm]을 사진작가 김중만(64세)이 사진작품으로 재해석하여 개작을 한 것이다.[32]

작품 3행의 뭇 자의 ㅁ 을 청색[남측의 정상 문재인 대통령의 ㅁ 상징]으로 나타냈고, 12행의 ᄀᆞ 자의 ㄱ 을 빨강색[북측의 정상 김정은 국방위원장의 ㄱ 상징]으로 나타냈다. 이것은 미학적 접근이라고 하면서 '통하다' '만들다' 는 뜻이 있다고 했고, 이 작품은 '훈민정음'을 재해석 했다고 했다.

> '한글은 우리가 한 민족임을 보여주는 가장 이상적인 매개체입니다. 거기에 남북정상을 뜻하는 'ㅁ은 파랑, ㄱ은 빨강으로 색을 집어넣었지요. 미학적 접근인데, 학예연구사들이 각각 '통하다', '만들다' 뜻이 있다고 알려줬어요. 좋은 뜻이 담겼습니다.' (동아일보 2018. 4.26 A28면, 청와대 제공)

(도95) 훈민정음 판본체 서예작품[김응현]을 이용한 개작 사진작품

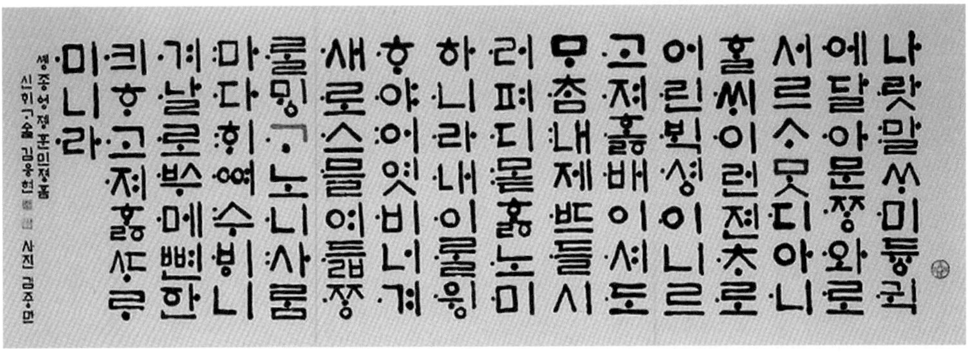

31 동아일보, 2018.4.26, A28면, 청와대 제공 신문기사

32 김응현 필사 원작품의 문장중의 쫑[2행, 11행], 윙[9행] 자의 꼭지 없는 종성 ㅇ 은 붙여 쓰지 않는 것임[월인천강지곡에 한글만으로 문장을 쓸 경우에 종성 ㅇ 은 쓰지 않는 것이 원칙임]

2) 한글문자의 폰트개발의 서체화

(1) 문체부 훈민정음체 : 서울대학교 수학연구소 주관 개발(도96)

서울대학교 수학연구소 대역해석학연구소센터에서 문화관광부로 부터 지원을 받아 1995년 3월에 훈민정음해례본 서체를 기본으로 한 폰트를 개발하고 62쪽 짜리 '훈민정음해례본서체 글자본'이라는 보고서를 간행하였다.

훈민정음해례본 서체를 개발함에 있어서 서울대학교 수학연구소와 대역해석학연구소센터에서 주관하고 이를 연구한 연구진은 최형인, 이성진, 박경환, 위남숙 4인 것으로 글자본에 기록되어 있으나 역할분담은 기록되어 있지 않다. 훈민정음해례본 서체를 기본으로 폰트를 개발하기 위해 해례본에 나오는 합자를 분석하였는데 모두 190자[33]라고 밝혔는데 확인결과 195자로 5자라는 차이가 나타난다. 이 합자를 참고삼아 폰트의 기본자수인 합자 2,350자와 자소 55자, 추가자 173자를 포함하여 2,578자를 개발하였다고 밝혔다. 이 폰트에는 자소 55자가 없고, 호환용 영문이나 숫자가 없어 완벽성을 찾아볼 수 없다.

-자모음획형의 특징 : 서체 견본인 글자본에는 자소 55자라고 했으나 실제 활용이 불가능하다. 자음 중에서 ㅊ ㅎ 의 수직점을 지나치게 길게 나타냈고, ㅎ 의 ㅡ 부분과 ㅇ 부분을 잘못 나타냈다. 모음은 원획으로 나타냈으나 점의 크기가 선의 가로폭보다 커야하는데 같게 나타내어 시각적으로 점이 작아 보인다. -초중성합자 자형의 특징 : 갸 캬 자 등과 같은 종모음합자는 지나치게 자형의 세로폭을 크게, 가로폭을 좁게 나타냈고, 좌측에 쓰는 ㅁ 은 너무 크게, ㅊ 은 너무 작게 나타나 조화미가 뒤떨어진다.

-초중종성합자 자형의 특징 : 합자의 자모음을 좌우하위치로 결구(結構)시킨 걍, 컁 자 등은 가로폭에 비하여 세로폭을 작게 나타냈고, 상중하위치로 결구시킨 윽 욕 자 등의 종성 ㄱ 의 가로선이 불균형을 이룬다.

-실용화 문장(훈민정음 서문) : 세로쓰기 문장으로 꾸민 훈민정음체는 가로로 배자했을 경우보다 문장의 조화미가 뒤떨어진다. 특히 중성에 쓰인 종모음 ㅏ ㅑ 가 들어가는 종모음합자는 가로폭이 지나치게 좁게 보여 세로배행이 조화롭게 보이지 않는다.

---

33 글자본 1쪽 190자를 글자본 2쪽 분석표에서는 191자로 잘못 표기하였는데, 실제 확인한 결과 합자가 195자로 176종류로 확인되고, 분석한 문자 중 5종(곶, 돌, 섭, 잣, 몯)을 잘못 표기하였다.

(도96) 훈민정음해례본 서체 폰트와 폰트예문

서체	훈민정음 서체폰트	훈민정음해례본서체 글자본	훈민정음 서문	훈민정음해례본 서체 글자본1,2쪽
작가	주 연구진(최형인 외 3인) 1995년 3월		주 연구진(최형인 외 3인) 1995년 3월	
개발	서울대학교수학연구소, 대역해석학연구센터		서울대학교수학연구소, 대역해석학연구센터	
자음	ㄱ ㅋ ㄴ ㄷ ㅌ ㄹ ㅁ ㅂ ㅍ ㅅ ㅈ ㅊ ㅇ ㅎ		훈민졍흠 나랏말ᄊᆞ미듕귁에달아문ᄍᆞ 와로서르ᄉᆞᄆᆞᆺ디아니ᄒᆞᆯᄊᆡ이 런젼ᄎᆞ로어린ᄇᆡᆨ셩이니르고 져ᄒᆞᇙ배이셔도마ᄎᆞᆷ내제ᄠᅳ들 시러펴디몯ᄒᆞᇙ노미하니라내 이ᄅᆞᆯ위ᄒᆞ야어엿비너겨새로 스믈여듧ᄍᆞᄅᆞᆯᄆᆡᇰᄀᆞ노니사ᄅᆞᆷ	
모음	ㅡ ㆍ ᆢ ㅡ(아래점) ㅡ(아래두점) ㅣ ㅏ ㅑ ㅓ ㅕ			
초중성합자	가 카 나 다 타 라 마 바 파 사 자 차 아 하 으 오 요 우 유 이 아 야 어 여		마다ᄒᆡᅇᅧ수ᄫᅵ니겨날로ᄡᅮ메 뼌한킈ᄒᆞ고져ᄒᆞᇙᄯᆞᄅᆞ미니라 훈민정음해례본서체를새로 합성하여옛글을다시쓰다 일천구백구십오년삼월	
초중종성합자	강 캉 낭 당 탕 랑 망 방 팡 상 장 창 앙 항 윽 옥 욕 욱 육 익 악 약 억 역			

* 서울대 자체 수량 : 기본문자 2,350자, 추가문자 173자, 자소 55자, 계 2,578자
* 훈민정음 집자 문장 5행의 '마ᄎᆞᆷ내' 의 '마' 자는 'ᄆᆞ' 자임.

(2) 서예가 폰트개발 : 세종대왕기념사업회 주관 개발(도97)

(사) 세종대왕기념사업회(회장 박종국)의 한국글꼴개발연구원(원장 박병천)은 한국문화콘텐츠진흥원으로부터 지원을 받아 2003년 11월부터 2004년 10월까지 1년간에 걸쳐 5종 한글서체[김기승, 김충현, 서희환, 이철경, 이미경]를 개발함에 따라 훈민정음서체를 기본으로 변형한 김충현, 서희환 서체를 컴퓨터용 폰트서체로 개발하였다. (박병천, 2015, 한글서체학연구, 사회평론, 435-481 내용 발췌)

한국의 정상급 서예가였던 일중 김충현(1921-2006. 전, 예술원회원)과 훈민정음 자체를 본으로 변형하여 서체화하는 데 큰 공헌을 한 평보 서희환(1934-1995, 전 세종대학교 교수)의 한글서예작품을 본으로 하여 (주) 산돌커뮤니케이션에서 폰트를 개발하였다.

① 김충현체 폰트자체의 특징(도97 좌측)

-자모음획형의 특징 : 자모음 선의 방향은 수평-수직-사향이고, ㅊ ㅎ 의 짧은 수직선이 ㅡ 부분과 접필된 획형 등은 훈민정음 자모음(도69, 도70)과 같은 획형이다. 점과 선으로 이루어진 ㅏ ㅑ 등 8개의 모음(도97)은 점을 짧은 선으로 변형하여 세로선이나 가로선에 수직방향으로 접필시켜 나타냈다.

-합자 자형의 특징 : 가 카 자 등과 같은 종모음합자와 오 요 등과 같은 횡모음합자의 사각형 외형은 훈민정음해례본 자모음보다 가로폭이 크고, 초성자음과 중성 모음을 접필시키지 않은 점은 훈민정음의 접필 규칙과 같은 점이다.

② 서희환체 폰트자체의 특징(도97 우측)

-자모음획형의 특징 : 자모음 선의 방향은 수평-수직-사향이고, ㅊ ㅎ의 짧은 수직선이 ㅡ 부분과 접필된 획형, 선의 처음과 끝부분을 원획으로 나타내는 등은 훈민정음 자모음(도69, 도70)과 같은 획형이다.

-합자 자형의 특징 : 가 카 자 등과 같은 종모음합자와 오 요 등과 같은 횡모음합자의 사각형 외형은 훈민정음과 비슷하고, 초성자음과 중성 모음을 접필시키지 않은 점은 훈민정음의 접필 규칙과 같은 점이다.

이상의 김충현과 서희환 자체의 서체적 특징을 비교해 볼 때, 자형, 선의 굵기, 선의 방향, 종성의 위치 등으로 보아 서희환의 자체가 훈민정음 자체와 유사한 점이 많은 것으로 비교되었다. 합자의 4각형 자형으로 보아 김충현 자체의 가로폭이 서희환 자체보다 큰 편이고, 서선 굵기는 서희환 자체가 더 굵다.

(도97) 훈민정음해례본 서체 변형의 한글폰트체

서체	판본체 전서체형 2,350자 26.28포인트					판본체 예서체형 2,350자 24포인트				
작가	일중 김충현 2003.11~2004.10					평보 서희환 2003.11~2004.10				
개발	(사) 세종대왕기념사업회(회장 박종국, 김준섭)					(사)세종대왕기념사업회(회장 박종국, 박병천)				
자음	ㄱ	ㅋ	ㄴ	ㄷ	ㅌ	ㄱ	ㅋ	ㄴ	ㄷ	ㅌ
	ㄹ	ㅁ	ㅂ	ㅍ	ㅅ	ㄹ	ㅁ	ㅂ	ㅍ	ㅅ
	ㅈ	ㅊ	ㅇ	ㅎ		ㅈ	ㅊ	ㅇ	ㅎ	
모음	ㅡ	ㅗ	ㅛ	ㅜ	ㅠ	ㅡ	ㅗ	ㅛ	ㅜ	ㅠ
	ㅣ	ㅏ	ㅑ	ㅓ	ㅕ	ㅣ	ㅏ	ㅑ	ㅓ	ㅕ
초중성 합자	가	카	나	다	타	가	카	나	다	타
	라	마	바	파	사	라	마	바	파	사
	자	차	아	하		자	차	아	하	
	으	오	요	우	유	으	오	요	우	유
	이	아	야	어	여	이	아	야	어	여
초중종성 합자	강	캉	낭	당	탕	강	캉	낭	당	탕
	랑	망	방	팡	상	랑	망	방	팡	상
	장	창	앙	항		장	창	앙	항	
	윽	옥	욕	욱	육	윽	옥	욕	욱	육
	익	악	약	억	역	익	악	약	억	역

(3) AG훈민정음체 : 안그라픽스 타이포그라피연구소 개발(도98)

안그라픽스 타이포그라피연구소(소장 : 안상수)에서 2018년 개발한 AG 훈민정음체는 1446년 반포한 훈민정음해례의 원형과 석보상절의 구조를 바탕으로 오늘날의 쓰임에 맞게 가로쓰기에 맞게 훈민정음체로 만든 한글 글꼴이다.

디렉팅 안상수, 총괄기획, 노민지, 구모아, 디자인 김주경, 글꼴 파일 생성은 노영권(폰트퍼블리셔)이 담당했다. 한글 11,172자, 로마자 94자, 기호활자 1057자, 옛한글 2,316자(완성형 500자, 조합형 1,816자)로 구성되어 있다.

–자모음획형의 특징 : 획이 단순하고 곧다. ㅅㅇㅈㅊㅎ은 훈민정음 글자체 원형에 따라 자음이 좌우 대칭인 기하학적인 형태이다. 모음의 곁줄기는 '아래아'를 따라 점의 모양을 따랐고, 줄기와 점 사이의 공간이 조절되어 있다. 서선의 처음과 끝부분 획형을 모서리가 있는 방획으로 나타냈다.

–합자 자형의 특징 : 네모틀을 충분히 활용하여 닿자[자음]와 홀자[모음]의 크기가 큼직하다. 가로모임꼴[좌우위치 합자], 세로모임꼴[상하위치 합자] 모두 무게중심을 낱자의 중앙과 가깝게 위치해 정방형의 인상이 두드러진다.

(4) 한컴훈민정음체 : 윤디자인그룹-한컴 그룹 공동개발(도99)

한컴그룹 30주년을 기념하여 '한글과 컴퓨터 그룹'[대표 : 변성준]이 개발을 주관하고 '윤디자인 그룹'[대표 : 편석훈]이 직접 담당하는 훈민정음해례본 복원 사업인 **한컴 훈민정음체 세로쓰기체** 폰트개발은 2020년 4월에 시작하여 2020년 10월에 출시하였다. 이 폰트는 훈민정음해례본 원문자의 자형을 최대한 재현하여 해례본의 문자배열 형식인 세로쓰기 전용 글자로 163만 8750자를 구현하였다. 즉 옛 한글재현에 필요한 5,400여 자와 문장부호, 현대문자 11,172자, 영문자 986자, 세로쓰기 문장부호 42자, 계선기호 11자 등을 개발하였다. 이 글꼴 개발 실무는 윤디자인그룹의 강진희, 정유권, 권예주 등이 맡았고, 자문위원회(홍윤표, 유정숙, 박병천)의 자문을 받아 개발하였다.

–자모음획형의 특징 : 자음획형은 가로선과 세로선이 수직-수평으로 이루어 졌고, 사선과 원형이 기하학적인 구조를 이루었다. 선의 처음과 끝부분은 원획으로 이루어졌다. 해례본 자모음 원형과 획형을 같게 개발하였다.

–합자 자형의 특징 : 자음과 모음의 크기, 굵기, 균형을 조화롭게 구조화한 초중성합자, 초중종성합자를 훈민정음 원형체에 가깝게 개발하였다. 초중성합자의 세로폭 크기를 초중종성합자 세로폭보다 작게 세로쓰기 전용으로 개발했다.

(도98) AG 훈민정음체 폰트와 폰트예문

<table>
<tr><th>서체</th><th>AG 훈민정음체[문자별 폰트]</th><th>AG 훈민정음체[훈민정음 서문]</th></tr>
<tr><td>제작</td><td>김주경 2018년 10월 9일</td><td>김주경 2018년 10월 9일</td></tr>
<tr><td>개발</td><td>AG 타이포그라피연구소(안상수, 노민지, 구모아)</td><td>AG 타이포그라피연구소(안상수, 노민지, 구모아)</td></tr>
<tr><td>자음</td><td>ㄱ ㅋ ㄴ ㄷ ㅌ
ㄹ ㅁ ㅂ ㅍ ㅅ
ㅈ ㅊ ㅇ ㅎ</td><td rowspan="4">훈민졍ᅙᅳᆷ
나랏말ᄊᆞ미 듕귁에달아
문ᄍᆞᇰ와로서르ᄉᆞᄆᆞᆺ디아니ᄒᆞᆯᄊᆡ
이런젼ᄎᆞ로어린ᄇᆡᆨ셩이니르고져
ᄒᆞᇙ배 이셔도 ᄆᆞᄎᆞᆷ내제ᄠᅳ들

시러펴디몯ᄒᆞᇙ노미하니라
내이ᄅᆞᆯ윙ᄒᆞ야어엿비너겨
새로스믈여듧ᄍᆞᆼᄅᆞᆯᄆᆡᆼᄀᆞ노니
사ᄅᆞᆷ마다ᄒᆡᅇᅧ수ᄫᅵ니겨날로ᄡᅮ메
뼌한킈 ᄒᆞ고져 ᄒᆞᇙ ᄯᆞᄅᆞ미니라</td></tr>
<tr><td>모음</td><td>ㅡ ㅗ ㅛ ㅜ ㅠ
ㅣ ㅏ ㅑ ㅓ ㅕ</td></tr>
<tr><td>초중성 합자</td><td>가 카 나 다 타
라 마 바 파 사
자 차 아 하
으 오 요 우 유
이 아 야 어 여</td></tr>
<tr><td>초중종성 합자</td><td>강 캉 낭 당 탕
랑 망 방 팡 상
장 창 앙 항
윽 옥 욕 욱 육
익 악 약 억 역</td></tr>
</table>

* 설명 : 오른쪽 부분 문장은 『월인석보』의 훈민정음 서문[솅종엉졩훈민졍ᅙᅳᆷ]의 문자 표기와 같게 나타냈음.

(도99) 한컴훈민정음해례본체 폰트와 폰트 예문

서체	한컴훈민정음체 [문자별 폰트] 30pt	한컴훈민정음체 [훈민정음 서문] 15pt
제작	강진희, 정유권, 권예주 2020년 10월 9일	강진희, 정유권, 권예주 2020년 10월 9일
개발	윤디자인그룹, 한컴그룹	윤디자인그룹, 한컴그룹
자음	ㄱ ㅋ ㄴ ㄷ ㅌ ㄹ ㅁ ㅂ ㅍ ㅅ ㅈ ㅊ ㅇ ㅎ	훈민졍ᅙᅳᆷ 나랏말ᄊᆞ미 듀ᇰ귁에 달아 문ᄍᆞᆼ와로 서르 ᄉᆞᄆᆞᆺ디 아니ᄒᆞᆯᄊᆡ 이런 젼ᄎᆞ로 어린 ᄇᆡᆨ셔ᇰ이 니르고져 호ᇙ배 이셔도 ᄆᆞᄎᆞᆷ내 제 ᄠᅳ들 시러 펴디 몯ᄒᆞᇙ 노미 하니라 내 이ᄅᆞᆯ 윙ᄒᆞ야 어엿비 너겨 새로 스믈 여듧 ᄍᆞᄅᆞᆯ ᄆᆡᆼᄀᆞ노니 사ᄅᆞᆷ마다 ᄒᆡ여 수ᄫᅵ 니겨 날로 ᄡᅮ메 뼌한킈 ᄒᆞ고져 ᄒᆞᇙ ᄯᆞᄅᆞ미니라
모음	ㅡ ㆍ ㅗ ㅛ ㅜ ㅠ ㅣ ㅏ ㅑ ㅓ ㅕ	
초중성합자	가 카 나 다 타 라 마 바 파 사 자 차 아 하 으 오 요 우 유 이 아 야 어 여	
초중종성합자	강 캉 낭 당 탕 랑 망 방 팡 상 장 창 앙 항 윽 옥 욕 욱 육 익 악 약 억 역	

* 설명 : 오른쪽 부분 문장은 『월인석보』의 훈민정음 서문[솅조ᇰ엉졩훈민졍ᅙᅳᆷ]의 문자 표기와 같게 나타냈음.

3.3. 훈민정음 한글문자의 입체적 조형

3.2에서 훈민정음 한글문자를 원형 또는 변형하여 도안화, 서체화하여 평면적으로 구성함으로써 훈민정음의 조형미를 (도73~도99)에서 사례를 보여줬다. 이렇게 평면적으로 나타낸 각종 디자인적 형태를 활용하여 이를 기본으로 전각적 표현방법으로 2011년에 제5대 대한민국 국새를 제작하였고, 한글 자모음을 복합적으로 디자인하여 2013년에 한국은행에서 3대 문화유산 기념주화의 하나로 제작하였다.

3.3.1. 한글문자의 반입체적 서체 표현

1) 반입체적 훈민정음체 양각 벽면 조형물(도100)

(도100)의 훈민정음 한글서문 동판 게시물[34]은 사단법인 세종대왕기념사업회[서울 동대문구 회기로 56(청량리동)] 본관의 현관 벽면에 부조형식으로 장식된 훈민정음 해례본 서체이다. 훈민정음 언해본[세종어제 훈민정음] 예의부분의 언해문장[방점포함]을 훈민정음해례본의 한글서체로 변환하여 꾸민 집자 문장이다. 이 서문 동판은 문장 규격을 475×145cm, 작품규격을 485×155cm로 서문문장은 행당 8자씩 14행 108자를 배자하였고, 각 문자의 왼쪽부분에는 방점을 표시했으며, '세종어제훈민정음' 제목은 오른쪽에 배자하되 본문 행간 크기보다 조금 크게 띄어서 배자하였다.

서문 문장 중 제목중의 ᅙᅳᆷ 자, 13행의 ᅙᅡᆫ 자와 같은 초성자음 ᅙ 에 대한 합자는 훈민정음 해례본의 해례편 부분에는 보이지 않는다.

(도100) 훈민정음해례본 한글서문의 정음체 동판 양각 게시물

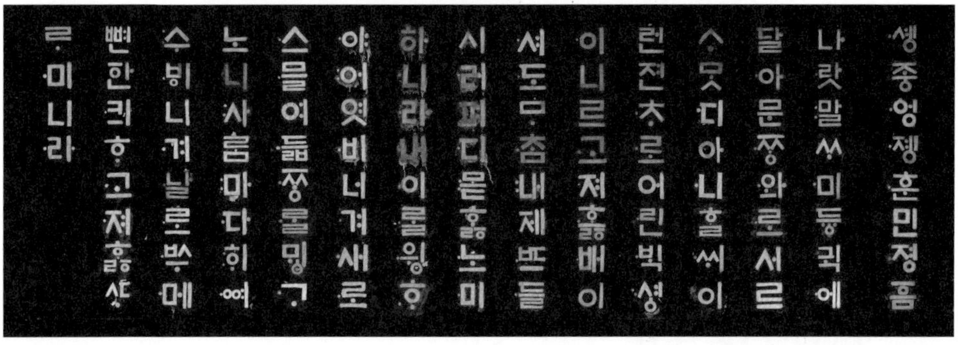

34 1972년 12월 박종국 (세종대왕기념사업회 회장 역임) 집자 제작

2) 반입체적 훈민정음체 음각 벽면 조형물(도101)

1. 명칭 : 세종대왕 동상 제호 – '세종대왕' 소재지–서울 광화문 광장
2. 서체 : 훈민정음해례본체를 기본으로 하되 종성 ㅇ의 획형을 ㆁ으로 변형
3. 규격 : '세종대왕' 문자 배면 석재(4장) 규격 – 가로폭 4m, 세로폭 2.5m
4. 시기 : 동상 건립시기 – 2009년 10월 9일 한글날 제막식
5. 제호 원도 제작자 : 홍현보(세종대왕기념사업회 연구원)
6. 동상 제작자 : 김영원(홍익대학교 교수)

(도101) 세종대왕 동상의 정음체 제호 원도 및 실물

3.3.2. 한글문자의 디자인 전각화

국새(國璽)란 나라 도장이란 의미로 옛날의 옥새(玉璽)란 의미와도 같은 것이다. 현재는 '**대한민국**'이란 문자를 훈민정음체로 새겨서 만들었는데 제5대 대한민국 국새라고 호칭한다.

훈민정음의 한글서체는 한자의 전서체(篆書體)와 같다는 사실을 정인지 서문에 자형이 자방고전(字形而字倣古篆)이라고 한 것에서 찾아볼 수 있듯이, 인장을 새기는 데에 적합한 전서체의 한 종류인 상방전(上方篆 : 구첩전[九疊篆])을 닮았다. 현재의 국새 제작은 훈민정음의 자체를 인문(印文)의 서체로 삼아 전각(篆刻)을 하고, 손잡이 부분인 인뉴(印鈕)제작에 이르기까지 과정을 거쳤다.

1) 역대 국새의 서체적 변천사(도102, 표22)

1949년 이전은 임시정부 시절이어서 국새의 시기번호는 없이 '大韓民國臨時政府印' 9자를 3자씩 3행으로 배자하여 한자 전서체로 각인한 것을 국새로 임시 사용하였다. 이 국새의 서체 특징은 전절(轉折) 부분을 곡선형으로 나타낸 소전체(小篆體)와 각이 지게 꺾어서 나타낸 방전체(方篆體)의 기법을 융합하여 약한 이미지를 풍긴다.

대한민국 정부수립이후 1949년 5월 5일부터 1962년 12월 31일까지 사용한 제1대 국새는 한자 전서체로 각인을 한 6.06cm 정방형의 '大韓民國之璽'이다. 전절(轉折)부분을 곡선형으로 나타낸 소전 기법과, 획의 양끝을 원획기법으로 나타내는 등 안정감, 유연성 등의 이미지를 볼 수 있다. 이처럼 정부수립 직전후에는 국새의 서체를 한자의 전서체로 나타내도록 규정화했다.

제2대 국새는 1963년 1월 1일부터 1999년 1월 31일까지 사용하였는데, 한글 전서체로 7cm 크기 정방형의 '**대한민국**'을 가로 배자하여 각인하였다. 그런데 한글 전서체는 한글표준 서체인 훈민정음 자체와 달리 서선을 지나치게 변형시켜 나타냈다. 문자의 외형은 정방형이며, 서선은 양끝부분을 원획으로 나타냈고, 가로획은 수평으로, 세로획은 수직으로 나타내는 등 소전체 획형과 유사하게 나타냈다. 그러나 **대** 자의 **ㅐ** 의 두 세로선을 지나치게 굽혔고, **한** 자의 **ㅎ** 과 **ㅏ** 의 지나친 획형 변형, **국** 자의 **ㅜ** 의 가로선과 **ㄱ** 의 구부린 획형 등이 정서법에 어긋나고, 조형성이 뒤떨어지는 형상을 보여준다.

제3대 국새는 1999년 2월 1일부터 2008년 2월 21일까지 사용한 10.1cm 정방형의 '**대한민국**'으로 서체는 훈민정음 창제당시의 자체이다. '**대한민국**'을 최초로 훈민정음 창제

당시 자체로 각인을 하였으나 둘레를 지나치게 굵게 나타냈고, 외형을 정방형으로 정돈된 느낌이 나는 이 국새는 서선이 가늘어 약하게 보인다. '대한민국'의 ㅐ, ㅏ, ㅜ 의 점을 훈민정음의 원점과 비슷하게 나타냈고, ㄷ ㅁ ㄴ ㄱ 의 전절부분을 한자 방전체(方篆體)의 직각 획형과 같게 나타냈다.

제4대 국새는 2008년 3월 22일부터 2010년 11월 29일까지 사용하였는데 규격은 9,9cm 정방형이고 '대한민국' 넉자를 가로로 2행 2자씩 배자하였고, 서체는 훈민정음체이다. 이 4대 국새는 제작과정에서 부정이 드러나 2010년 11월 29일자로 사용정지를 당하였다.

제5대 국새는 제3대 국새를 임시로 사용하다가 2011년 10월 25일 새로 제작하여 활용하였다. 1대에서 5대까지 시기의 국새 상황과 서체적 특징은 (표22)의 분석결과와 (도102~도108)에서 자세히 볼 수 있다.

(표22) 대한민국 국새의 변천과정 분석표

구분 \ 시기		임정 인장	제1대 국새	제2대 국새	제3대 국새	제4대 국새	제5대 국새
일반 사항	시기	1949년 이전	1949.5.5~ 1962.12.31	1963.1.1~ 1999.1.31	*1999.2.1~ 2008.2.21 *2010.11.30~ 2011.10.24	2008.2.22~ 2010.11.29	2011.10.25~ 현재
	인문	大韓民國 臨時政府印	之民大 璽國韓	대한 민국	대한 민국	대한 민국	대한 민국
	자체	한자 소전체	한자 소전체	한글 전서체	훈민정음 창제당시자체	훈민정음 창제당시자체	훈민정음 창제당시자체
	인뉴	미상	미상	구뉴(거북이)	봉황뉴	봉황뉴	본황뉴
	재질	석재?	국새 : 은	국새 : 은	국새 : 금합금	당선작 : 석재 국새 : 금합금	당선작 : 석재 국새 : 금합금
국새 규모	자수	9	6	4	4	4	4
	배자	세로 3자 3열	세로 2자 3열	가로 2자 2열	가로 2자 2열	가로 2자 2열	가로 2자 2열
	규격	미상	6.06cm 정방형	7.0cm 정방형	10.1cm 정방형	9.9cm 정방형	10.4cm 정방형
	윤곽	곡선형	곡선형	곡선형	직각형	직각형	직각형
	둘레	8.6%	5.7%	8.2%	16.3%	10.1%	10.1%
비고			현재 국새분실		4대 국새로 대체 활용	제작사건으로 활용 정지	

* 제4대 국새, 제5대 국새백서에서 자료 활용.

(도102) 대한민국 국새의 시기별 변천도

명칭	국새 : 大韓民國臨時政府	제1대 국새 : 大韓民國之璽
시기	~1949.5.4	1949.5.5~1962.12.31
서치	한자 전서체	한자 전서체
규격	미상	方2寸정방형(6.06X6.06)
국새 인영		
명칭	제2대 국새 : 대한민국	제3대 국새 : 대한민국
시기	1963.1.1~1999.1.31	1999.2.1~2008.2.21 2010.11.30~2011.10.24
서치	한글 전서체	훈민정음 창제 당시 자체
규격	7cm X 7cm	10.1cm X 10.1cm
국새 인영		
명칭	제4대 국새 : 대한민국	제5대 국새 : 대한민국
시기	2008.2.22~2010.11.29	2011.10.25~현재
서치	훈민정음 창제 당시 자체	훈민정음 창제 당시 서체
규격	9.9cm X 9.9cm	10.4cm X 10.4cm
국새 인영		

2) 현대 국새의 제정과 서체적 특징

(1) 현대 국새의 규모와 제정의 상황(도103, 도104)

현재의 국새(國璽)는 제5대 대한민국 국새라고하여 2011년부터 사용되어 오고 있는데 2010년 12월 16일 행정안전부장관(의정담당관실) 명의의 국새모형공모에 57점이 출품되고 인문부문 국새모형심사위원회(위원장 박병천, 경인교대 명예교수)에 의해 인문부문에 전각가 초정 권창륜(68)씨 출품작을 선정했다. 당선작의 서체적 특징을 국새모형심사위원회와 국새제작위원회 위원들의 의견을 들어 수정 보완하여 새롭게 제작하여 위원회의 최종검토 확정을 받아 2011년도 8월에 새로운 국새로 탄생하였다.

2010년 12월 16일자 국새모형 공모 요강에 제시된 국새모형공모의 인문부문 규정을 보면 국새는 인문부분을 '**대한민국**' 가로쓰기로 각인을 하고, 서체는 훈민정음체로 하며 인면의 크기는 일면을 90mm~110mm로 정방형이고 높이는 30mm이어야 하며, 양각으로 수작업 조각을 하되 깊이를 3mm 이상 되어야 한다고 했다. 2010년 2월 25일 당선작 발표 내용 중 인문부문 심사위원장(박병천) 심사결과 소감은 다음과 같다.

- 글씨가 잘 조화되고 품격이 있다.(2011.2.25일자 중앙일보, 조선일보)
- 훈민정음 서체를 가장 잘 표현했으며, 전체적으로 글씨가 잘 조화되고 품격이 있다.

제4대와 제5대 국새 당선작의 심사 평문을 비교하면 다음과 같다.

* 제4대 국새의 서체 특징과 인영에 담긴 뜻을 다음과 같이 밝혔다.(국새, 2008, 16쪽)

- 서체의 특징 : 인문(印文)은 "대한민국" 을 훈민정음체로 각인하였으며, 글씨는 정지된 상태이지만 움직이는 느낌을 주었다. 인획의 기운찬 생동함이 국운융성을 잘 나타냈다.
- 인영의 담긴 뜻 : 정사각형의 인면은 바른 정치와 공직사회의 굳건한 기강을 의미하며, 여백을 시원스럽게 하여 평화를 사랑하는 백의민족정신을 표현하였다.
- 인문 : 조형미가 뛰어나고...(동아일보 2006.12.29일 기사 중 새국새 이렇게 생겼어요)

* 제5대 국새의 서체적 특징은 다음과 같다.(조선일보, 중앙일보, 2011.2.25)

- 서체 특징 : 글씨가 잘 조화되고 품격이 있다.(조선일보, 중앙일보, 2011.2.25)
- 국새백서의 평문 : '훈민정음의 서체를 가장 잘 표현했으며, 전체적으로 글씨가 잘 조화되고 품격이 있는 작품' (한국일보, 2011.2.25)

(도103) 제5대 대한민국 국새 공모 당선작에 대한 보도자료

조선일보 2011.2.25	중앙일보 2011.2.25

2011. 2. 25 제28042호 **조선일보**

제5대 국새 모형으로 선정된 인뉴(왼쪽)와 인문. 행정안전부 제공

제5대 국새 모형 확정

손잡이에 봉황 한 쌍… 8월 제작 완료

제5대 국새(國璽·나라를 상징하는 인장) 모형이 확정됐다. 행정안전부는 "국새 모형 공모 결과 인뉴(印鈕·손잡이) 부문에 전통 금속공예가 한상대(50)씨 출품작을, 인문(印文·새겨진 글자) 부문에 서예전각가 권창륜(68)씨 출품작을 선정했다"고 24일 밝혔다. 행안부는 국새 제작자를 공모·선정해 다음 달 4월 제작을 시작, 8월에 완성할 예정이라고 말했다.

제4대 국새 인뉴가 봉(鳳) 한 마리였던 것과 달리 제5대 국새는 봉황(鳳凰) 한 쌍이다. 인장은 각 획의 위쪽을 둥글게 써서 훈민정음 서체를 더 잘 표현했다. 각 당선작은 "글씨가 조화롭고 품격이 있다"(박병천 경인교대 명예교수·인장), "단정하면서도 웅건한 봉황의 느낌을 역동감 있게 살렸다"(최응천 동국대 대학원 미술사학과 교수·인뉴)는 심사평을 받았다.

박영석 기자 yspark@chosun.com

인문 부문 심사평 기사

글씨가 잘 조화되고, 품격이 있다.

인문부문 국새모형심사위원장 박 병 천
[경인교육대학교 명예교수]

2011년 2월 25일 금요일 **중앙일보**

한상대씨 작품(인뉴)

권창륜씨 작품(인문)

이것이 새 국새

손잡이 한상대씨 봉황
인문은 권창륜씨 글씨

다섯 번째 국새 모형이 확정됐다. 24일 행정안전부에 따르면 국새 손잡이인 인뉴(印鈕)는 전통금속 공예가 한상대(50)씨의 작품이, 인장(印章)에 새겨진 글씨인 인문(印文)은 서예전각가 권창륜(68)씨의 작품이 각각 선정됐다. 한씨는 드라마 '선덕여왕' 등 주요 사극에 쓰인 왕관 등을 제작한 경력이 있고, 권씨는 한국전각학회 회장이다.

인뉴의 크기는 가로와 세로, 높이가 각각 10㎝이고 무게는 3㎏ 이내로 결정될 예정이다. 인뉴 부문 국새모형심사위원장인 최응천 동국대 미술사학과 교수는 "봉황의 자세와 날개, 꼬리를 역동감 있게 표현했고 조각 기술과 조형미가 뛰어나다"고 평가했다. 인문 부문 위원장인 박병천 경인교육대 명예교수는 "글씨가 잘 조화되고 품격이 있다"고 말했다. 행안부는 지난해 12월 23일부터 지난 14일까지 공모를 한 뒤 국새모형심사위원회의 심사와 국새제작위원회의 추인을 거쳐 국새 모형을 최종 결정했다. 행안부는 앞으로 제작자를 선정해 8월까지 제작을 끝내기로 했다.

김원배 기자 onebye@joongang.co.kr

(도104) 제5대 대한민국 국새 공모 심사 및 당선작에 대한 기록자료

국새 인문부분 심사 상황과 당선작 심사평[제5대 국새백서]

(5) 제5대 국새 모형 심사

2011년 2월 18일 정부중앙청사에서 국새 모형심사를 진행하였다. 국새모형심사위원에게 모형 접수 현황과 심사방법, 심사기준 등을 설명하고 심사위원장을 호선하였다. 인뉴 · 인문 부문 심사위원 중에서 심사위원장을 각각 호선하여 인뉴 부문에서는 최응천 위원, 인문 부문에서는 박병천 위원이 심사위원장으로 선출되었다. 심사의 공정성을 위해 작품 모형에 작품 제출자가 보이지 않도록 사전 조치를 취하여 누구의 작품인지 알 수 없도록 하였다.

인뉴 부문에서는 조형성 · 창의성 · 실용성 · 상징성을, 인문 부문에서는 조형성 · 창의성 · 품격성을 심사기준으로 하여 심사하였다. 국새모형심사위원회의 심사 결과 인뉴 부문은 전통금속 공예가 한상대씨의 작품을 인문 부문은 서예전각가 권창륜씨의 작품을 당선작으로 선정하였으며 국새제작위원회의 추인을 거쳐 제5대 국새 모형 당선작을 확정하였다.

제5대 국새 모형 당선작

인뉴

인문

한상대씨와 권창륜씨의 작품을 국새 모형 당선작으로 선정한 이유에 대해 인뉴 부문 국새모형심사위원장인 최응천 동국대 미술사학과 교수는 "봉황의 자세와 날개 · 꼬리부분을 역동감 있게 조각하여, 힘 있고 단정하면서도 웅건한 봉황의 느낌을 충실히 표현하였고 조각기술과 조형미가 뛰어난 작품"이라고 하였으며 인문 부문 국새모형심사위원장인 경인교육대학교 박병천 명예교수는 "훈민정음체의 서체를 가장 잘 표현하였으며 전체적으로 글씨가 잘 조화되고 품격 있는 작품"이라고 하였다.

'훈민정음체의 서체를 가장 잘 표현했으며 전체적으로 글씨가 잘 조화되고 품격 있는 작품'

심사평 : 인문부분 국새모형심사위원장 박병천 명예교수

* 제5대 국새 당선작 인문서체 보완의견(국새심사위원회, 국새제작위원회)

- 1. 서체분야 : 획의 굵기-가로선, 세로선, 원형선의 굵기를 일정하게, 전체적으로 획굵기를 더 굵게 나타내기
  획형-서선의 처음과 끝부분을 원획으로,
  점획 크기-민 자의 ㅁ 자를 조금 작은 듯하게.
- 2. 조각분야 : 인면 조각-인면깊이를 주물제작을 고려하여 조금 더 깊게
  인면 둘레-모서리 부분 지나치게 각지지 않게 하기
  인면 테두리 조금 좁게
- 3. 서체분야 : 모음의 원점을 조금 더 크게. **한** 자의 ㄴ 가로선을 ㅏ 의 점 중간까지 길게 나타내기. **민** 자의 ㅁ 이 ㅣ 의 중간에 오도록 위치 정하기, **민** 자의 ㄴ 왼쪽은 ㅁ 에 맞추고, 오른쪽은 ㅣ 보다 오른쪽으로 조금 더 나가기.

인문부분 당선작에 대한 서체적 특징을 보고 국새심사위원회와 국새제작위 원회는 보완해야 할 사항을 통보하여 (도104)의 중간부분과 같은 결함사항을 수정하여 (도105)의 아래와 같은 국새를 완성하였다.

(2) 제4대~제5대 국새의 서체적 특징(도105~도107, 표23)

(도105)의 중간부분과 같은 국새 공모 당선작의 서체적 특징을 수정 보완한 (도106)의 아래 부분 제5대 국새를 제4대 국새와 비교하여 (표23)과 같이 수치적 분석과 서술적 분석을 통해 장단점을 밝혀본다. 그 결과 제5대 국새가 제4대 국새보다 22점을 상회하는 상위점으로 분석되었다.

제4대 국새의 규격은 9.9cm 정방형아고, 제5대 국새 규격은 10.4cm이기 때문에 101.1% 확대와 96.2% 축소를 통해 두 국새를 10cm 규격으로 통일하여 (도106)과 같이 작도하고 규모나 서체적 특징을 (표23)와 같이 수치적으로, 서술적으로 측정하였다. (표23)의 측정수치와 (도106)의 아래 부분의 국새를 훈민정음 관련서체의 획형을 참고하여 4, 5대 국새의 조형적 측면에서의 장-단점을 밝혀본다.

(도105) 제4,5대 대한민국 국새의 공모 당선작 상황도

명칭	제4대 국새 : 대한민국	제5대 국새 : 대한민국
시기	2008.2.22~2010.11.29	2011.10.25~
당선작 인영부문	대한민국	대한민국
	당선작 인영 부문 구조	당선작 인영 부문 구조
당선작 인영부분분석	대한민국	대한민국
당선작품인뉴부문		
규격	9.9cm 정방형	10.1cm 정방형 9~11cm 정방형[공모]
인문	대한민국 [대통령령20741, 2008.2.29]	대한민국 [대통령령22508, 2010.11.30]
서체	훈민정음 창제 당시 자체	훈민정음 창제 당시 자체. 훈민정음체[공모]
작가	인문, 인뉴 : 세불 민홍규	인문 : 초정 권창륜, 인뉴 : 한상대

* 국새, 2008, 행정안전부, 강문정보문화(주) 인쇄, 발췌. * 새국새 모형공모, 6항

두 국새의 장법 중 인문이 차지하는 음각부분 즉 배면의 규격을 측정해 보면 두 국새가 다 같이 78mm 정방형으로 똑같은 것으로 분석되었는데, 배면 중의 인문 즉 '대한민국' 4자가 차지하는 규격은 두 국새 모두가 정방형이 아닌 가로폭이 큰 직사각형을 이룬다. 국새의 상하좌우 부분 테두리의 폭 굵기 상태가 일정해야 하는데 제4대 국새는 하측 가로선의 우측이 점점 굵어지고, 우측 세로선의 부분별 굵기가 일정하지 못하다. 반면 제5대 국새는 네 부분의 테두리 굵기가 일정하여 정돈된 느낌을 준다.

국새의 인문 '대한민국' 을 2열 배자 했을 때 상하좌우 위치의 문자 사이 간격이 일정해야 하는데 제4대, 제5대 국새 모두 일정하지 않다. 또한 '대한민국' 4자의 각문자의 가로폭과 세로폭의 크기가 제4대는 일부가 일정하나 제5대는 일정하지 않다.

인문 '대한민국' 4자에 나타나는 초성자음과 중성모음의 길이비율이나 위치 표현정도가 제5대는 정상적이지만 제4대 국새는 '대. 민' 자가 조화롭지 않은 편이다. '대' 자와 '한' 자의 각각 문자의 가로선과 세로선 서선 굵기를 비교해보면 같은 문자 내에서 굵기를 일정하게 나타내지 않은 경우가 제4대 국새에서 나타나는데, 5대 국새에서는 일정하게 표현했다.

인문 '대한민국' 4자의 서선의 기울기를 가로선은 수평, 세로선은 수직방향으로 나타내야 하는데 제4대 국새를 보면 (도107)과 같이 네 문자의 세로선의 상측을 좌향으로, 가로선의 우측을 상향으로 나타내 불안정하게 보인다. 제5대 국새는 '대' 자의 ㅐ 가 우향으로, '국' 자의 초성 ㄱ 의 세로선 하측이 우향하는 등 각각의 서선방향이 안정성이 없어 보인다.

'대한민국' 의 자모음의 각 서선의 처음과 끝부분의 획형을 둥글게 원획으로 나타내야 하는데 제4대는 4자 모두 모서리가 있는 방획으로 나타냈으나 제5대 국새는 모두 원획으로 바르게 나타냈다. 각 문자의 자음중 방향 바뀌는 모서리 부분을 제4대, 제5대 모두 직각방향의 절획으로 바르게 나타냈다.

'대한국' 3자의 ㅐ ㅏ ㅜ 모음의 둥근점의 형태를 서선 굵기보다 큰 원형으로 서선에 접필되지 않아야 하는데 두 국새 모두 바르게 나타내지 못했다. 4대 국새는 ㅐ 의 점을 상하폭을 길게, ㅏ 의 점은 상하폭을 길게 하되 지나치게 심접을 했고, ㅜ 의 점은 안정감 있는 형상으로 나타냈다. 재5대 국새는 ㅐ 의 점을 상하폭이 지나치게 길며, 접필 상태가 바람직하지 않다. ㅏ 의 점은 역시 상하폭이 조금 크고 테두리선에 닿게 나타냈다. ㅜ 의 점의 모양은 정상인 편이지만 상하 가로선에 접필을 바르게 하지 못했다.

'대한민국' 4자는 초성자음 ㄷ ㅎ ㅁ ㄱ 4개, 중성모음 ㅐ ㅏ ㅣ ㅜ 4개. 종성자음 ㄴ ㄴ ㄱ 3개로 이루어졌다. 초성 ㄷ 은 두 국새 모두 위 가로선을 좌측으로 바르게 돌출시켜 나타냈고, 초성 ㅎ 의 가로선과 ㅇ 부분을 4대 국새는 약간 띄어서 나타냈으나 5대 국새는 붙여서 나타냈다. 민 자의 중성 ㅣ을 제4대는 ㅁ 을 기준으로 아래로 처지게 나타냈고, 제5대 국새는 반대로 위로 돌출시켜 나타냈다. 국 자의 초성 ㄱ 을 제4대 국새는 왼쪽으로 너무 나가게 나타냈고, 종성 ㄱ 의 세로선을 위로 잘 못 돌출시켜 나타냈다. 제5대 국자의 ㄱ의 가로폭을 종성 ㄱ 의 가로폭보다 길게 잘못 나타냈다.

(도107)의 윗부분과 같은 제4대와 제5대의 국새 공모 당선작 인문서체와 이를 보완 수정하여 새로 국새로 만들어 찍어낸 인영의 문자를 비교해보면 제4대 국새는 서체가 동일하나 국새의 문자 기울기가 다르게 보인다. 반면 제5대 국새는 서선의 굵기를 당선작 서체보다 굵게, 모음의 점을 크게 서선과 깊게 접필시켜 나타냄으로써 투박한 느낌을 준다.

(도107) 윗부분의 제4대, 제5대의 국새와 당선작의 서체를 비교하고, (도107) 아래 부분의 훈민정음 원전 자체와 비교해 보면 국새 인문의 문자가 훈민정음의 획형과 필의를 얼마나 잘 나타냈는가를 알아볼 수 있다. 총평한다면 제4대와 제5대 국새의 완성도를 (표23)과 같이 약 40% : 70% 로 제5대 국새의 인문에 대한 서체적 수준 평가를 분석해 볼 수 있다.

(도106) 제4,5대 대한민국 국새의 현상도 규격 측정도

제4대 국새 현상도 실물 9.9cm×9.9cm [실물의 80%]

제5대 국새 현상도 실물 10.4cm×10.4cm [실물의 80%]

* 제4대 국새, 16쪽, 제5대 국새백서, 71쪽.

(도107) 제4,5대 대한민국 국새 인문 서체와 훈민정음체 분해 비교도

구분 \ 문자		인문 1열		인문 2열	
		대	한	민	국
제4대 국새	국새	대	한	민	국
	당선작	대	한	민	국
제5대 국새	국새	대	한	민	국
	당선작	대	한	민	국
훈민정음의 관련문자	자모음	ㅐ	ㅎ	ㅁ	ㅜ
		래 자의 ㅐ	힘 자의 ㅎ	밀 자의 ㅁ	굼 자의 ㅜ
	초중성 및	래	반	신	굼
	초중종성합자	채	힘	밀	죽

(표23) 제4, 5대 대한민국 국새의 서체상황 분석 비교도

분석사항		시기	제4대 국새 대한민국		제5대 국새 대한민국	
			분석결과	여부	분석결과	여부
수치적 분석	상법	국새의 실제 규격(가로X세로)	9.9X9.9mm	-	10.4mmX10.4mm	-
		분석 비율	101.1% 확대 100mm	-	96.2% 축소 100mm	-
		배면 규격(가로폭X세로폭)	78X78mm	○	78X78mm	○
		문면 규격(가로폭X세로폭)	74X73mm	X	76X74mm	X
		전체 규격 : 배면 규격	가로폭 100 : 78	인문	가로폭 100 : 78	인문
		배면 규격 : 문면 규격	가로폭 78 : 74	74%	가로폭 78 : 74	76%
		상측 테폭 : 하측 테폭	10 : 12mm하측 불일정	X	10.1 : 10.1mm하측 일정	○
		좌측 테폭 : 우측 테폭	11 : 12mm우측 불일정	X	10.1 : 10.1mm우측 일정	○
	간가	배면 가로폭 :	78mm	X	78mm	X
		대 자와 한 자 사이 크기	2.5mm		3.0mm	
		민 자와 국 자 사이 크기	3.0mm		2.0mm	
		배면 세로폭 :	78mm	X	78mm	X
		대 자와 민 자 사이 크기	2.5mm		1.0mm	
		한 자와 국 자 사이 크기	3.0mm		2.5mm	
	외형	대 자의 가로 : 세로폭	36X35mm	○	35X37mm	X
		한 자의 가로 : 세로폭	36X35mm		38X35mm	
		민 자의 가로 : 세로폭	35X35mm	△	32X36mm	X
		국 자의 가로 : 세로폭	34X35mm		37X35mm	
	장단	대 자 ㄷ세로선 : ㅐ세로선	34.0 : 35mm-1 : 1.03	△	34.0 : 37mm-1 : 1.08	○
		한 자 ㅎ가로선 : ㅇ가로폭	23.0 : 19mm-1 : 0.83	○	26.0 : 21mm-1 : 0.81	○
		민 자 ㅁ세로선 : ㅣ세로선	23.0 : 26mm-1 : 1.13	△	23.0 : 28mm-1 : 1.22	○
		국 자 ㄱ가로선 : ㅜ가로선	33.0 : 34mm-1 : 1.03	○	34.0 : 37mm-1 : 1.09	○
	조세	대 자 ㄷ 가로선 굵기	5.0mm	△	5.0mm	○
		대 다 ㅐ 세로선 굵기	4.0mm(4.0~5.0)		5.0mm	
		한 자 ㄴ 가로선 굵기	4.0mm(4.0~5.0)	△	5.0mm	○
		한 자 ㅏ 세로선 굵기	5.5mm		5.5mm	
서술적 분석	방향	상하측 테두리 수평방향	상향	X	수평	○
		좌우측 테두리 수직방향	수직	○	수직	○
		대 자 두가로선, 두세로선	ㅐ 두세로선 좌향	X	ㅐ 두세로선 우향	X
		한 자 두가로선, 세세로선	ㄴ 가로선 상향	X	ㄴ 가로선 수평	○
		민 자 세가로선, 세세로선	ㅁ 상향, ㅣ 좌향	X	ㅁ 하향, ㅣ 수직	△
		국 자 세가로선, 두세로선	국 전체 좌향	X	국 전체 수평 수직	○
	방원	대 자의 가로-세로선	방획	X	원획	○
		한 자의 가로-세로선	방획	X	원획	○
		민 자의 가로-세로선	방획	X	원획	○
		국 자의 가로-세로선	방획	X	원획	○
	전절	대 자 ㄷ 방향 바뀌는 부분	절획	○	절획	○
		한 자 ㄴ 방향 바뀌는 부분	절획	○	절획	○
		민 자 ㄴ 방향 바뀌는 부분	절획	○	절획	○
		국 자 ㄱ 방향 바뀌는 부분	절획	○	절획	○
	접필	대 자 ㄷ 의 ㅡ 접필상태	심접	○	심접	○
		대 자 ㅐ 의 점 접필상태	심접	X	심접	X
		한 자 ㅏ 의 점 접필상태	심접	X	심접	△
		국 자 ㅜ 의 점 접필ㅇ태	천접	△	심접	△
	획형	대 자 초성 ㄷ 의 획형	첫 가로선 좌측 돌출	○	첫 가로선 좌측 돌출	○
		한 자 초성 ㅎ 의 획형	ㅡ와 ㅇ 사이 간격	△	ㅡ와 ㅇ사이 간격	X
		민 자 중성 ㅣ 의 획형	ㅣ의 크기와 위치	△	ㅣ의 크기와 위치	△
		국 자 종성 ㄱ 의 획형	초종성 ㄱ 크기 및 획형	X	초종성 ㄱ 크기 및 획형	X
계		빈도(항)	X18 △7 ○11	36	X △4 ○23	36
		비중(%)	50.0 19.5 30.5	100%	25.0 11.1 63.9	100%

3) 서울특별시 공인 제작의 훈민정음체

(1) 서울특별시 공인제작 추진계획(도108)

서울특별시는 2010년 11월 4일을 기해 공인조례[35]를 일부 개정하여 2011년 10월 9일부터 모든 공인의 서체를 훈민정음 창제 당시의 자체로 변경하기로 하고, 타 기관의 훈민정음체 공인 제작 사례(도109)를 소개하는 등 이에 대한 공인제작자문회의(위원장 박병천)를 조직하여 추진하였다.

서울특별시 공인 제작 추진계획(2011. 4. 7)에 의거 서체 출처가 불분명한 한글 전서체로 새긴 시장직인을 비롯하여 각 구청인, 본부사업소, 기타 시 관련기관인 등 1,688개의 공인을 훈민정음체로 변경하기로 하였다.

(도108) 서울특별시 공인 변경전의 한글전서체 시장직인 상황도

시장 직인 인영	글자체	크기(재료)	등록일
	한글전서체	3.0×3.0cm (물소뿔)	2001.11.5

* 서울특별시 공인제작 계획서(2011.4.7) 1쪽 자료

(2) 지자체 공인의 훈민정음해례본체 서체(도109)

서울특별시 공인제작 추진계획(2011. 4. 7)에 의거 공인서체를 훈민정음체로 제작한 타 기관의 사례를 (도109)와 같이 공인제작자문위원회 회의 자료로 제시하였다. 국새를 비롯한 6종의 기관별 공인 서체는 모두 훈민정음체이지만 이 체의 자형 표현이 정확하지 않아 보인다. 훈민정음체의 원형을 최대한 나타냈지만 다음과 같은 개선점이 발견된다.

행안부에서 제작한 '대한민국' 국새는 굵은 선의 훈민정음체로 제작하였는데 그 특징을 앞의 (도107)에서 제시하였다. 2004년도부터 일찍이 훈민정음체로 제작한 '경기도지사인'은 인 자의 안정성과 지 자의 크기가 조화성이 부족한 편이다. '서울특별시의회의장인'은

35 서울특별시 공인조례 개정 : '제5조 제1항 중 (인영의 내용) "공인의 인영은 한글전서체로 하여 가로로 새기되"를 "공인의 인영은 훈민정음 창제 당시의 자체로 하여 가로로 새기되"로 한다.'로 개정하였다.

상하폭이 길고, '의회의장인' 부분은 문자간의 조화미가 떨어진다. '용산구청장인'은 '장인' 부분의 문자가 균형미가 부족하다. '도봉구청장인'은 각 글자의 점을 지나치게 접필시켜 조화롭지 못하다. '의왕시장인'은 5개 문자가 조화롭지 못하고 점획형 표현이 불안하게 보인다. 이러한 결함사항이 있는 훈민정음체 공인들은 우선 정음체 기본점획의 획형을 이해하고 점획의 결구 구조가 바르게 나다나도록 제작했어야 한다고 본다.

(도109) 훈민정음체 유형의 국새와 지자체 공인 사례도

기관	국새(대한민국)	경기도	서울시의회
인영	대한민국	경기도지사인	서울특별시의회의장인
서체	훈민정음체	훈민정음체	훈민정음체
시기	2011.10 크기10×10cm	2004.1 크기 3×3cm	2011.1 크기 3×3cm
기관	용산구	도봉구	의왕시
인영	용산구청장인	도봉구청장인	의왕시장인
서체	훈민정음체	훈민정음체	훈민정음체
시기	2010.10 크기 3×3cm	2009.10 크기 2.4×2.4cm	2007.1 크기 3×3cm

* 본래의 공인 규격은 다르나 서체비교를 위해 같은 크기로 조정하였음.
* 훈민정음체를 사용한 국새와 지자체 공인 제작 사례(2011.4.7, 13쪽) 재구성했음.

3.3.3. 한글문자의 디자인 조형화

1) 2006년 한국은행 발행 '효뎨례의' 한글 기념주화(도110)

한국은행이 2006년도에 560주년 한글날을 기념하여 '**효뎨례의**'라는 (도110)와 같은 별전을 제작 발행하였다. 이러한 원형 테두리와 사각형 테두리 사이에 상하위치로 '**효뎨**' 좌우위치로 '**례의**' 글자를 돌출시켜 **+** 자형 위치로 나타냈다.

이때의 '**효뎨례의**'의 글자를 4각형 형태의 훈민정음체로 나타냈다. (도110)의 위의 별전은 숙종조에 만들었다는 원형 별전이고 아래의 은전으로 만들어진 것이 2006년도에 한국은행에서 발행한 별전이다. 두 종류 주화에 나오는 문자의 초성자음의 크기를 중성 모음크기와 같게 나타냈고. 모음의 점을 선으로 나타냈고, 서선의 굵기를 훈민정음 원형문자에 비해 아주 굵게 나타낸 특징이 있다.

(도110) 한국은행 발행 훈민정음체의 '효뎨례의' 별전 기념주화도

* 위 자료 : 네이버 카페, 2018.8.20 참조. * 아래 자료 : 좌측 노컷뉴스, 2006.8.10.

2) 2013년 한국은행 발행 자모음 구조 한글 기념주화

(1) 기념주화 제작 경위(도111)

한국은행은 2013년 12월 27일 한국의 3대 기록 · 문화유산 기념주화로 (도111)과 같은 창덕궁, 한글, 수원화성 등 3종을 발행하였다. 한글기념주화 도안으로 (도111)과 같은 박병천 교수가 디자인한 훈민정음체계도가 선정되었다.(조선일보 2013년 12월 3일자 기사)

> 한국은행은 우리나라의 문화유산에 대한 자긍심을 고취하고 홍보하기 위해 금년도 기념주화로 '한국의 문화유산 기념주화' 한글-창덕궁-수원화성을 올 2013년 12월 27일에 발행하였다. 한글 기념주화는 훈민정음의 제자원리를 시각화한 한글자음 및 모음체계도(1983, 한글궁체연구, 일지사, 박병천 : 경인교육대학교 명예교수)의 내용을 토대로 재구성 디자인하였다.(2013.11.27 한국은행 보도자료)

(도111) 한국은행 발행 한글기념주화에 대한 디자인 기사

박병천교수 디자인

훈민정음 체계도 한글기념주화 도안 선정되다

한국은행, 2013.12. 27일 한국의 3대 문화유산 기념주화 발행

박병천(경인교대 명예교수)

한국의 문화유산 기념주화, 내일부터 판매 2일 오후 서울 광화문광장에서 모델들이 '한국의 문화유산 기념주화'를 선보이고 있다. 기념주화는 3종으로 한글, 수원 화성, 창덕궁을 소재로 디자인됐다. 한국조폐공사는 11일까지 전국 우리은행과 농협은행 지점 2000여곳에서 예약을 받고 기념주화를 판매한다. 인터넷 접수는 우리은행 홈페이지를 통해 4일부터 11일까지 한다.

조선일보 2013년 12월 3일자 B1면
(광화문 세종대왕 동상 앞 포토세션)

2013.12.3 조선일보 B1면

3대 문화유산 기념주화

창덕궁	훈민정음[한글]	수원화성

(2) 기념주화 서체 도안 설명(도112)

기념주화의 한글은 훈민정음해례본 기본자음 + 자도와 기본모음 + 자도(도112의 위부분)를 참고하여 자음은 + 자형으로 모음은 X 자형으로 복합하여 하나의 ✻ 자형 체계도를 (도112의 아래 부분) 같이 재구성하여 반입체형으로 디자인하였다.

(도112) 한글 기념주화 기본디자인과 주화 실물도

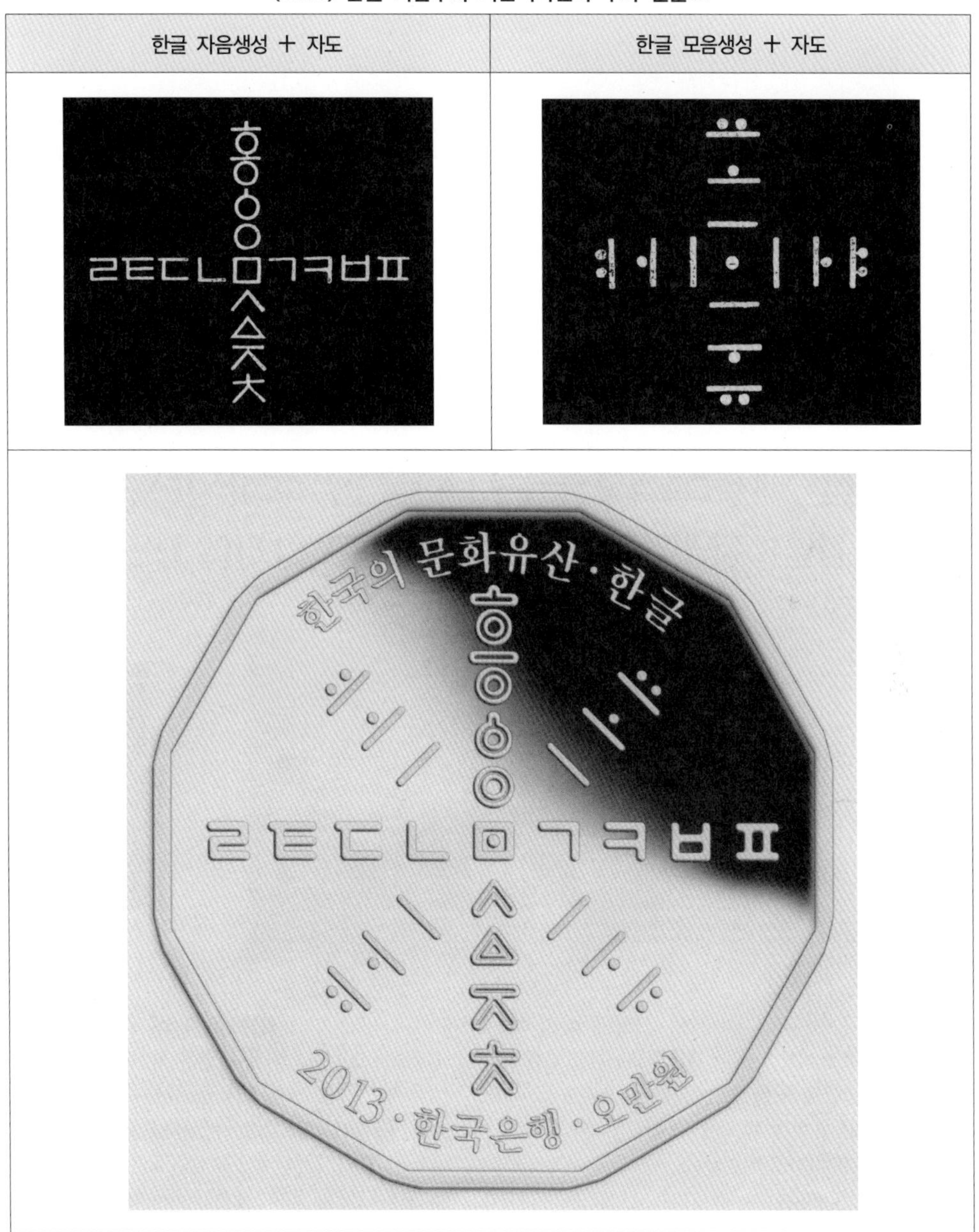

* 위 자음과 모음 생성도 설명은 이 책 178쪽(도74)에 있음.

디자인 해설 : 주화의 ✻ 자 도형은 훈민정음의 제자원리에 준하되 디자인측면에 비중을 더 두어 작성하였다. 조선시대(1750년대) 한글연구서인 이사질의 훈음종편에 나오는 원방상형설(圓方象形說)을 참고하여 작성하였다.

(도113) 한국은행 발행 한글기념주화 설명서 및 보증서

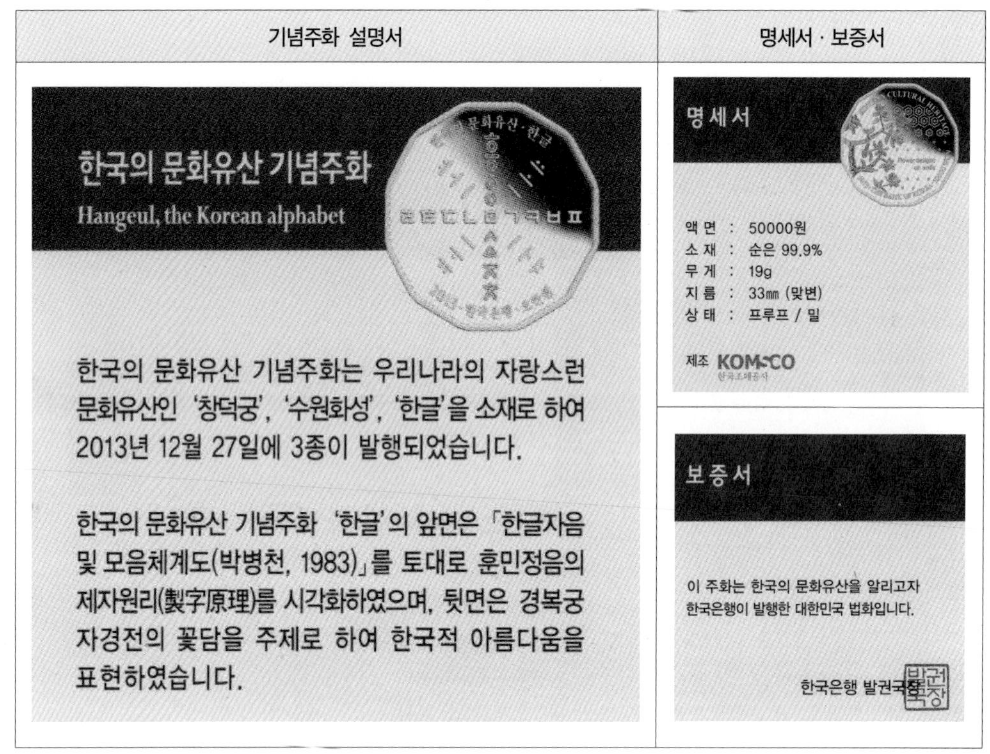

기념주화 설명서	명세서 · 보증서
한국의 문화유산 기념주화 Hangeul, the Korean alphabet 한국의 문화유산 기념주화는 우리나라의 자랑스런 문화유산인 '창덕궁', '수원화성', '한글'을 소재로 하여 2013년 12월 27일에 3종이 발행되었습니다. 한국의 문화유산 기념주화 '한글'의 앞면은 「한글자음 및 모음체계도(박병천, 1983)」를 토대로 훈민정음의 제자원리(製字原理)를 시각화하였으며, 뒷면은 경복궁 자경전의 꽃담을 주제로 하여 한국적 아름다움을 표현하였습니다.	명세서 액면 : 50000원 소재 : 순은 99.9% 무게 : 19g 지름 : 33㎜ (맞변) 상태 : 프루프 / 밀 제조 KOMSCO 한국조폐공사 보증서 이 주화는 한국의 문화유산을 알리고자 한국은행이 발행한 대한민국 법화입니다. 한국은행 발권국장

* 자음 ╋ 자도 : 자음의 근원인 ㅁ을 중심에 놓고 대각선 방향으로 끊어 ╋ 자의 오른쪽에 아음 ㄱ ㅋ 과 순음 ㅂ ㅍ 4개를 배치하고, 왼쪽에는 설음 ㄴ ㄷ ㅌ ㄹ 을 놓았다. 위쪽으로는 중심의 ㅁ 모서리를 굽혀서 원형으로 만들어 ㅇ 을 올려놓고, 바로 위에는 꼭지 있는 ㆁ 을, 그 위에 ㆆ ㅎ 을 올려 놓는다. ㅁ 의 아래는 치음 ㅅ ㅿ ㅈ ㅊ 을 차례로 내려놓는다. 이렇게 배자하면 ╋ 자형의 도형이 형성된다.

* 모음 ╋ 자도 : 천지인의 원리에 따라 天 · 을 중심에 놓고 아래쪽에 地 ㅡ 를 기본으로 놓고 가점하여 ㅜ ㅠ 를 놓는다. 위쪽에 ㅡ 를 기본으로 놓고 가점하여 ㅗ ㅛ 를 놓는다. 오른쪽에 人 ㅣ 을 기본으로 놓고 가점하여 ㅏ ㅑ 를 놓는다. 왼쪽에 ㅣ 를 기본으로 놓고 왼쪽에 가점하여 ㅓ ㅕ 를 놓는다. 이렇게 하면 점을 중심으로 서로 대칭의 형태가 이루어지는 ╋ 자형이 형성된다. 이상과 같이 이루어진 (도112)와 같이 자음은 ╋ 자형, 모음은

X 자형으로 45도 사향으로 돌려 겹쳐서 1개의 ⋇ 자 도형을 작도하여 한글기념주화 도안으로 디자인하였다.

위의 도안 설명서와 같이 이루어진 ⋇ 자형 훈민정음 자모음 도형은 한국은행이 발행하는 '한국의 문화유산 기념주화'(직경 33mm, 순은 19g)의 도안으로 선정되었다. 한국은행이 12각형 입체형의 기념주화에는 (도113)과 같은 설명서(5.4X15.9cm), 명세서, 보증서를 첨부하여 발행하였다.

3.4. 훈민정음해례본 서체 변용 확산 방안

3.4.1. 한글문자의 서체 변용 사례 종합

'훈민정음해례본 한글문자의 조형미는 국한문 모든 서체 중 가장 아름답다.'

세종의 전서 발전 정책 강화

세종대왕은 국가 문자사용 경영에 있어서 전서체 활용에 대하여 전력을 다하였다. 세종대왕은 인장체제 정비를 했고, 교서관 종사자에 전서 전문가를 특별히 임명하였으며, 승진인사고가에 반영하였으며, 전서 전문가를 요직에 발탁하는 등 전서 활용 발전에 특별히 치중하였다. 그 예로 훈민정음 창제 협찬자 8인 중에 집현전 학자가 아닌 돈녕부 주부 강희안을 발탁하기도 했다. 이러한 일련의 상황이 전서 유형의 훈민정음해례본 한글문자 창제에 적극 반영되었다.

세종대왕은 훈민정음의 한글문자를 가장 아름답고 권위있게 만들기 위해 서체에 관련한 국가 경영이나 한글서체의 구조 제작에 온 힘을 기울였다. 그 결과 한글의 서체를 한문서체인 전서-예서-해서-행서-초서 5종류 중 가장 으뜸인 전서의 형상과 기운이 들어간 글꼴로 만들었다.

훈민정음 한글 자형구성에 완벽한 전서체 구비 조건 반영

훈민정음해례본의 정인지 서문에 '상형이자방고전'의 고전(古篆)의 의미를 소전체(小篆體)라고 지칭하는 것은 피해야 한다. 그것은 소전체 구조 특징만을 구비한 것이 아니기 때문이다. 한글 구조로의 고전체는 소전체의 구조적 특징을 비롯하여, 굵은 선으로 웅장한 느낌을 풍기는 서체로 비석의 머리인 비갈에 쓰이는 대전체(大篆體), 방향 바뀌는 부분의 전절(轉折) 획형이 있는 것으로 인장 만드는데 쓰이는 상대방전체(上大方篆體) 등 3체의 조형적 특징이 고르게 융합된 전서체의 한글자형을 만들었다.

이같이 세종대왕의 적극적인 전서 전용 정책이 한글 창제의 서체구성에 전서의 특징을 반영하여 웅장하고 권위성이 풍기는 최고의 한글서체를 창제하였던 것으로 본다.

최초의 훈민정음의 한글문자는 필사하지 않고 그려서 나타낸 서체로 창제하였기에 필사하는 데에는 불편을 느끼지만 정음 원형체로 폰트서체화, 디자인체 등으로 활용하는 데는 불편이 없어 실용성이 돋보인다. 한편 정음 원형체와 유사하게 필사하여 서예작품화, 폰트화하는 등 예술성과 실용성 측면에서 서체 활용방법 개발도 무궁무진하다고 본다.

훈민정음 한글서체의 다양한 변용 실태

이러한 한글서체의 활용 폭을 넓히는 방안으로 서체의 변용이 있다. (도114)의 변용 예시도에서 보는 바와 같이 도판 38개 면에 걸쳐 훈민정음 원형 서체 형태로 표현하거나 필사화하여 표현하는 등 평면구성과 입체구성 방법으로 다양하게 변형하였음을 다음과 같이 보여준다.

* **자형 원형문자의 평면구성** - (도114)의 (가-1, 가-2, 가-3, 가-5-1)

문자의 외형과 획형 그대로 재구성한 경우로는 평면구성으로 한글 자음과 모음을 **米** 자형으로 구조화하여 회전성 느낌이 나타나게 하거나 자모음 낱개를 전도(顚倒)하거나 대칭(對稱)시켜 2방 또는 4방 연속무늬를 형성하는 방법으로 변형하였다. 또 문체부서체 폰트개발 활용의 경우도 정음체를 변형하지 않고 재구성 활용하는 변용의 방법으로도 표현하였다.

* **필사 변형문자의 평면구성** (가-4, 가-5-2)

자형을 필사화하여 평면적으로 변용 구성하는 사례들이 있다. 훈민정음체 유형의 판본체로 훈민정음 서문을 쓴 김응현 서예작품의 일부 문자를 채색하고 이것을 사진 작품으로 변형하는 등 변용의 작품을 제작하기도 했다, 또 서예가 김충현, 서희환이 판본체로 필사화한 글씨를 폰트자료로 개발하였다.

* **원형문자의 반입체구성** (나-1, 나-2)

자형을 변형하지 않고 훈민정음언해본 서문 문장에 맞는 문자를 훈민정음해례본에서 집자하여 양각(陽刻) 구조의 형태로 벽면을 장식한 세종대왕기념관 벽면 문자는 훈민정음체 변용의 좋은 사례로 보여진다.

자형을 약간 변형하여 음각으로 꾸민 서울 광화문 광장의 세종대왕 동상 제호인 '세종대왕' 문자는 초중성합자 세-대 자와 초중종성합자 종-왕 자가 조화롭게 어울리도록 제작하였다.

* **원형문자의 입체구성** (나-5)

정음의 기본 초성자인 자음 17종을 **+** 자형으로 배자하고, 기본 중성자인 모음 11종[2종 중복]을 × 자 형으로 배자하되 이를 복합하여 **⁕** 자형으로 재구성하였다. 한글의 기본자모음 28종이 모두 포함되는 **⁕** 자 형태의 모양으로 구성하여 기념주화를 제작하였다.

* **외형 변형문자의 입체구성** (나-3, 나-4)

정음체 문자의 외형을 정사각형 자형으로 구성한 국새 문자, 상하폭을 크게 나타낸 직사각형 자형으로 구성한 서울특별시 관인 문자, 가로폭이 약간 큰 사각형 자형으로 꾸민 조선시대 숙종조시기 효뎨례의 주화 등을 훈민정음체 원형의 기본 구조 원리에 맞게 나타내되 외형구조를 조금씩 변화시켜 제작하였다.

(도114) 훈민정음해례본 서체의 변용 사례 종합 예시도

가. 평면 구성 사례			나. 입체 구성 사례		
1. 회전형	(4) 박병천 十 米 자도		1. 벽면구성	1)1972 훈민정음 서문 양각 벽면도[박종국]	
	도74~80			도100	
2. 회전형	(5) 김슬옹 회전형 도안		2. 벽면구성	2) 2009 광화문 세종대왕 동상제호 [홍현보]	
	도81			도101	
3. 전도형	(1) 박병천 전도형 도안		3. 전각구성	2) 2011 대한민국 국새	3) 2011 서울시의장인
	도89~93			도102~107	도108~109
4. 서예창작	(1) 1971-2018 김응현-김중만 서예사진작품		4. 입체구성	1) 숙종조 주화	2006년 기념 주화
	도95			도110	
5. 폰트개발	(1)1995 문체부 도안체	(2)2003 김충현 필사체	5. 입체구성	2) 2013년 한국은행 발행 한글유산 기념주화	
	도96~99			도111~113	

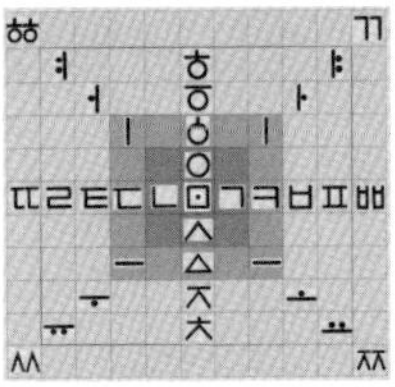

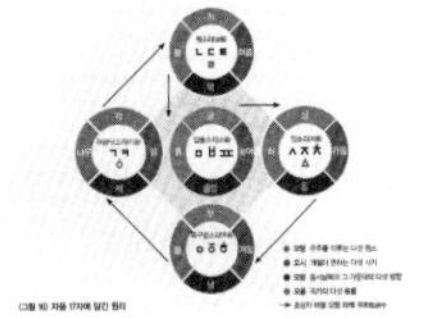

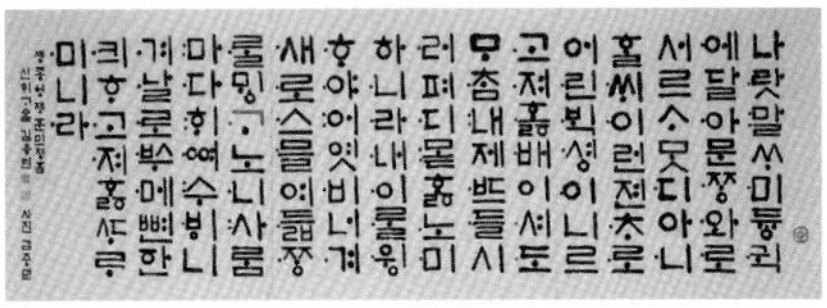

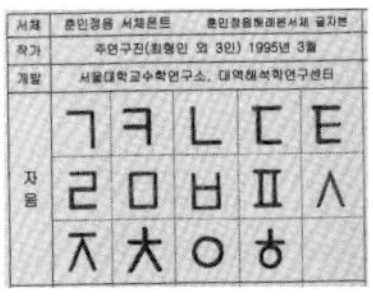

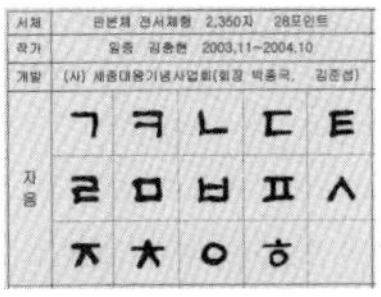

* 도 번호(예 : 도84~도91)는 해당 제목에 관련되는 도판의 번호임.

3.4.2. 한글문자의 서체 변용 확산 방향 제안

이상과 같이 훈민정음해례본 한글서체로 평면구성을 한 사례를 (도73~도99)를 통해 여러 종류의 변용 구성물을 소개하였고, 입체 구성한 사례를 (도100~도113)을 통해 밝혔다. 이를 참고로 평면-입체구성을 넘어 공간구성으로, 정적 표현을 넘어 동적 표현을 하는 등 더욱 확산적으로 변용할 수 있는 사례를 제안하여 본다.

*** 필법을 변형 확산하는 방법**

정음체의 문자를 대상으로 문장구성을 하는 장법(章法) 변형, 문자의 자형을 외형-간가-접필 하는 방법으로 표현하여 다양하게 꾸미는 결구법(結構法) 변형, 점획의 방원-전절-접필-곡직-장단-조세 등을 바꾸는 용필법(用筆法) 변형 등 각종 필법을 변화시키는 방법이다.(표16 필법용어 해설 참조)

*** 표현 방법을 다양하게 하는 방법**

정음체 문자를 표현하는 방법으로 문자원형을 그대로 축소-확대하거나 기울기-길이 등을 변형시키는 방법이 있고, 문자를 보고 붓으로 먹색 또는 여러 가지 색으로 필사를 통해 변형시키는 다양한 표현 방법이 있다.

*** 표현 재료를 다양하게 활용하는 방법**

정음체 문자를 다양한 서체 변형을 통해 종이에 직접 쓰는 방법, 석재나 목재에 양각이나 음각으로 변형하여 나타내는 방법이 있다.

*** 구성 형태를 다양하게 하는 방법**

정음체의 문자를 종이-석재-목재-금속재 등에 평면-입체-공간-융합 구성을 다양하게 변형하여 표현하는 방법이 있다.

이같이 여러 가지 표현 방법을 몇 가지씩 융합하여 훈민정음해례본의 한글 서체를 무궁무진하게 변용하여 확산적인 창작물 표현을 제안한다.

제Ⅲ부 한자 서체

획수	1	2	3	4	5	6	7	8	9	10	11	12
01~04획	一	二	十	八	人	入	上	下	凡	斗	文	不
04~05획	牙	予	日	中	之	加	去	民	半	用	右	正
05~06획	左	平	必	乎	多	同	舌	戌	如	有	耳	而
06~07획	字	此	合	君	那	步	邪	成	伸	言	矣	即
07~09획	初	快	呑	蚪	其	並	附	使	所	於	易	制
09~10획	故	急	流	相	音	者	則	促	侵	便	洪	書
10~12획	挹	訓	國	得	脣	習	連	欲	情	終	快	覃
12~13획	無	發	復	然	爲	異	虛	喉	輕	新	業	愚
13~22획	慈	語	與	漂	閭	憫	齒	彆	彌	聲	點	穰

1. 훈민정음해례본의 한자문자

1.1. 훈민정음해례본 한자의 수량 현황

훈민정음해례본의 문장은 한자와 한글로 구성되어 있다. 훈민정음의 전체 33장에 나오는 한자는 4,790자로 전체 문자 5,337자 중 89.75%를 차지하고, 한글은 547자로 10.25%로 대체로 한자 : 한글 문자 수량은 9 : 1 로 이루어져 있다.

1.1.1. 부분별 한자문자의 수량 현황(표1)

훈민정음해례본에는 한자가 (도1)과 같이 제1편 정음편의 어제서문과 예의부분에 366자(7.6%), 제2편 정음해례편의 해례와 정인지서문에 4,424자(92.4%) 등 전체 4개 분야에 5,337자가 나온다.

제1편 정음편에는 6행에 걸친 어제서문에 58자, 42행에 걸친 예의부분에 308자가 나온다. 제2편 정음해례편에는 1. 제자해 219행에 걸쳐 2,172자(45.5%), 2. 초성해 18행에 153자(3.2%), 3. 중성해 27행에 235자(4.9%), 4. 종성해 48행에 426자(8.9%), 5. 합자해 64행에 611자(12.8%), 6. 용자례 34행에 259자(5.4%) 등과 끝 부분인 정인지 서문에 48행에 걸쳐 558자(11.7%)의 한자가 나온다.

(표1) 훈민정음해례본의 부분별 한자 구성현황 비중 분석표

부분 \ 문자수		장수	행수		한자수	
		장-쪽-행	행수	%	빈도	%
정음편 - 正音	**서명, 어제문**	1ㄱ1~1ㄱ6	6	1.2	58	1.2
	예 의	1ㄴ7~4ㄱ6	42(무문8)	8.3	308	6.4
	계	1ㄱ1~4ㄴ7	48(무문8)	9.5	366	7.6
정음 해례편 - 正音 解例	**해례 제목**	1ㄱ1	1	0.2	6	0.1
	제자해	1ㄱ2~14ㄴ4	219	43.1	2,172	45.5
	초성해	14ㄴ5~15ㄴ6	18	3.6	153	3.2
	중성해	15ㄴ7~17ㄴ1	27	5.3	235	4.9
	종성해	17ㄴ2~20ㄴ1	48	9.5	426	8.9
	합자해	20ㄴ2~24ㄴ1	64	12.6	611	12.8
	용자례	24ㄴ2~26ㄴ3	34	6.7	259	5.4
	정인지서문	26ㄴ4~29ㄴ3	48	9.5	558	11.7
	책끝 제목	29ㄴ8	1(무문4)	0.2	4	-
	계	29장[58면]	**460**행(무문4)	90.6	**4,424**	92.4
총계		33장[66면]	**508**행(무문12)		**4,790**	**100%**

(도1) 훈민정음해례본의 내용 체계별 한자 문자수 계통도

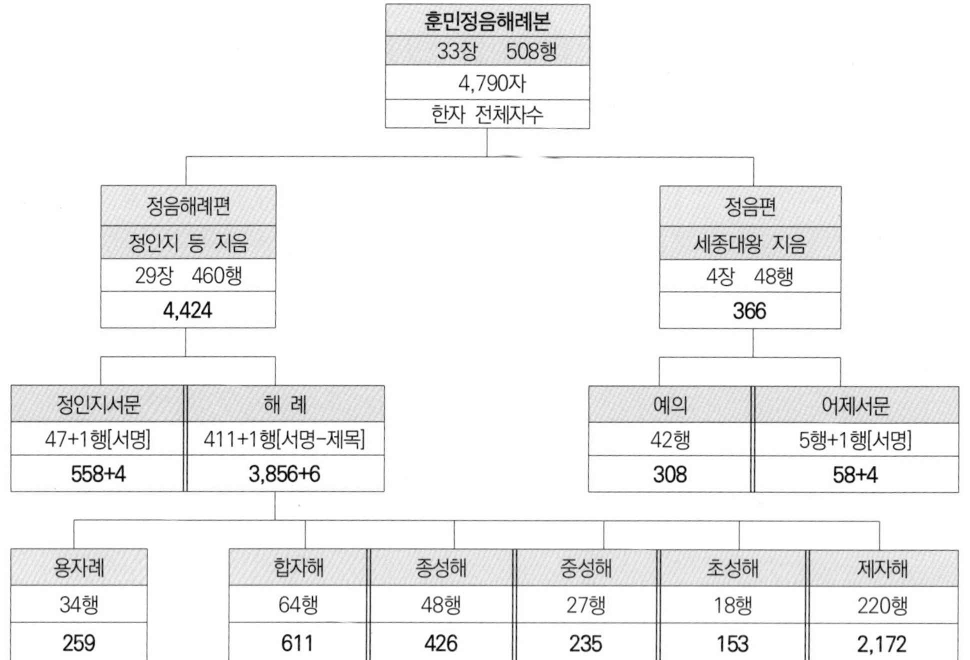

(도2) 훈민정음해례본의 부분별 한자 구성 비중 분석도

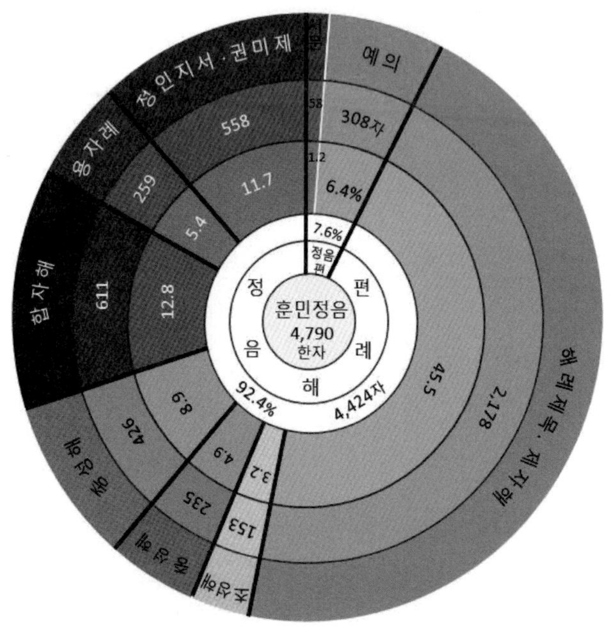

1.1.2. 쪽수별 한자문자의 수량 현황(표2)

훈민정음해례본의 전체 한자 4,790자가 33장 66쪽에 걸쳐 쪽수별로 각각 나오는 한자의 수량을 분석하여 보면 (표2)와 같다.

정음편은 한자 배자를 정음해례편 보다 수량은 적게, 문자크기는 크게 나타냈다. 쪽당 7행으로 행당 11자씩 77자를 배자하여 정음해례편 쪽당 104자 배자보다 문자 수량을 적게 나타냈다. 정음편 4장 7쪽에 걸쳐 나오는 한자 수량은 366자인데 4장 뒷면 제8쪽에는 계선만 있고 한자가 없는 것으로 나타났다.

(표2) 훈민정음해례본의 쪽별 한자 문자수 통계표

구분 / 위치	정음편		정음해례편					
	장- 쪽	수량	장- 쪽	수량	장- 쪽	수량	장- 쪽	수량
장쪽 위치 및 빈도	1 앞	66	1 앞	87	11 앞	56	21 앞	83
	뒤	56	뒤	86	뒤	56	뒤	92
	2 앞	56	2 앞	96	12 앞	56	22 앞	96
	뒤	57	뒤	104	뒤	56	뒤	98
	3 앞	39	3 앞	104	13 앞	56	23 앞	66
	뒤	46	뒤	72	뒤	56	뒤	56
	4 앞	46	4 앞	99	14 앞	56	24 앞	49
	뒤	0	뒤	97	뒤 4행 4행	28 38 66	뒤 1행 7행	7 50 57
			5 앞	91	15 앞	73	25 앞	60
			뒤	76	뒤 6행 2행	42 16 58	뒤	59
			6 앞	87	16 앞	76	26 앞	65
			뒤	94	뒤	84	뒤 3행 5행	25 60 85
			7 앞	99	17 앞	52	27 앞	96
			뒤	104	뒤 1행 7행	7 73 80	뒤	93
			8 앞	104	18 앞	82	28 앞	94
			뒤	104	뒤	78	뒤	96
			9 앞	86	19 앞	74	29 앞	90
			뒤	56	뒤	56	뒤	33
			10 앞	56	20 앞	56	해례부분	3,862
			뒤	56	뒤 1행 7행	7 64 71	서문부분	562
계		366	20쪽	1,758	20쪽	1,298	18쪽	1,368
부분 계		366	4,424					
전체 계		4,790자						

* 정음편 1ㄱ 권두서명, 예의편 29ㄴ 권미제(卷尾題 : 訓民正音) 포함 문자수임.

정음해례편은 29장 58쪽에 걸쳐 해례본 전체의 92.4%인 4,424자가 나온다. 정음해례편의 쪽당 문자 수량은 8행×13자씩 104자의 한자, 한글을 섞어서 배자하였는데 쪽당 한자 배자 평균수는 76자가 된다. 그런데 한자만을 쪽 당 104자씩 가득채운 쪽은 2장 뒤, 3장 앞, 7장 뒤, 8장 앞, 8장 뒤 등 5쪽 부분이 있다. 쪽별로 평균배자 76자가 못 되는 쪽수는 58쪽 중 26쪽(44.8%)이 되는데 이 중 시(詩) 형식으로 56자씩 배자한 쪽수가 13쪽에 이른다.

1.2. 훈민정음해례본 한자의 종류 현황

1.2.1. 부분별 한자 문자 종류 현황(도3)

해례본의 전체 한자수량 4,790자의 종류수는 726종이 된다. 전체 726종의 한자 종류수는 정음편에 108종으로 전체 한자 종류수의 14.9%가 되고, 정음해례편에 한자 618종으로 전체 한자 종류수의 85.1%를 차지하는 것으로 분석되었다. 정음해례편의 한자 618종은 해례부분이 443종으로 71.7%를 차자지하고, 정인지 서문은 175종으로 28,3 %를 차지한다. 6개의 해례 중에는 제자해가 280종으로 가장 많은 63.2%가 나오는 것으로 분석되었다.

(도3) 훈민정음해례본의 내용 체계별 한자 종류수 계통도

훈민정음해례본
33장 508행
728
한자 전체종류수

정음해례편	정음편
정인지 등 지음	세종대왕 지음
29장 460행	4장 48행
726[+2]	108 [중복2]

정인지서문	해 례	예의	어제서문
48행+1행[서명]	411행+1행	42행	5행+1행[서명]
175	[552]	108 [중복2]	

용자례	합자해	종성해	중성해	초성해	제자해
34행	64행	48행	27행	18행	220행
109	84	49	17	13	280

* 정음해례편 통계 728은 각각 세부류별 합계로 중복되는 것이 있으므로 전체적인 면의 통계적 의미는 없음.
전체 종류수 728과 우연히 일치되는 숫자임. 정음편 통계 108은 정음편만의 통계임.

1.2.2. 가나다별 출현 한자 종류 현황

1) 가나다별 한자의 종류수(표3)

훈민정음해례본의 전체 한자 문자수 728종류(2종 중복)의 4,790자를 14종류의 한글자음 발음별로 분석하여 보면 (표3)과 같다. 14종의 가나다별로 분석된 한자종류를 보면 ㅇ 이 들어가는 한자가 123종류 1,480문자로 가장 많이 나오고, ㅋ이 들어가는 한자가 1종류 4개 문자로 가장 적게 나왔다.

정음편의 발음종류별로 가장 많이 나오는 한자는 ㅇ 28종, ㅅ 15종, ㅈ 13종 순서로 많이 나왔고, 정음해례편에는 ㅇ 123종, ㅅ 110종, ㅈ 93종 순서로 정음편과 정음해례편에서 많이 나오는 종류와 순서가 같은 것으로 나타난다.

(표3) 훈민정음해례본의 가나다별 한자 문자수 통계표

종류 \ 구분		정음편 한자		정음해례편 한자		계	
		종류수	자수	종류수	자수	종류수	자수
자음종류별 한자수	ㄱ	9	12	107	390	107	402
	ㄴ	1	1	10	34	10	35
	ㄷ	5	7	32	121	32	128
	ㄹ	3	3	36	96	36	99
	ㅁ	5	6	25	121	**26**	127
	ㅂ	9	41	47	195	47	236
	ㅅ	15	74	110	671	110	745
	ㅇ	28	97	123	1383	**124**	1480
	ㅈ	13	70	93	755	93	825
	ㅊ	5	34	55	290	55	324
	ㅋ	1	1	1	3	1	4
	ㅌ	2	3	12	57	12	60
	ㅍ	5	5	19	55	19	60
	ㅎ	7	12	56	253	56	265
계		108	366	726	4,424	726(728)	4,790

* 전체 (728)종은 정음편(+2)에만 있는 憫(민), 予 (여) 2자를 더한 합계임.

2) 출현 횟수별 한자 종류수

훈민정음해례본의 전체 한자종류 726종은 1번씩 나온 한자 종류수가 363종이 되고, 가장 많이 나온 한자는 231번 나온 한자로 1종이 있는 것으로 분석된다.

1번씩 나온 한자 363종을 가나다 음별 문자 종류로 보면 ㄱ 초성문자[加 자 등]가 58종류, ㅇ 초성문자[芽 자 등]가 57종류, ㅅ 초성문자[捨 자 등]가 54종류가 가장 많이 나오는 것으로 분석된다. 2번씩 나오는 한자가 95종류, 3번씩 나오는 한자가 52종류, 5번씩 나오는 한자가 29종류로 2번씩에서 10번씩 나오는 한자중 가장 많이 나오는 것으로 분석된다.

100번 이상 나오는 한자로는 而 자가 158번, 聲 자가 167번, 之 자가 218번이며, 가장 많이 나오는 한자는 爲 자로 231번 나온 것으로 분석된다.

(표4) 훈민정음해례본의 한자 출현 횟수별 문자 종류수 통계표

출현 횟수별 한자 종류수			총48류 726종		
1회출현	2회~15회	16회~29회	30회~43회	44회~57회	58회~231회
ㄱ....58	2....94종	16....3종	30....0종	44....1종	58....1종
ㄴ.... 4	3....52	17....4	31....1	45....1	59....0
ㄷ....12	4....27	18....1	32....1	46....0	60....0
ㄹ....21	5....29	19....2	33....1	47....0	68....1
ㅁ....13	6....16	20....4	34....0	48....0	71....1
ㅂ....22	7....19	21....1	35....3	49....0	75....1
ㅅ....54	8....19	22....3	36....0	50....0	97....1
ㅇ....57	9....11	23....3	37....1	51....0	158...1 而
ㅈ....47	10....6	24....6	38....0	52....1	167...1 聲
ㅊ....28	11....7	25....3	39....0	53....1	218...1 之
ㅋ......0	12....4	26....0	40....2	54....1	231...1 爲
ㅌ......6	13....8	27....0	41....0	55....0	0
ㅍ......9	14....7	28....2	42....1	56....0	0
ㅎ....32	15....5	29....0	43....2	57....0	0
1류13종.363종	14류...305종	11류....32종	8류....12종	5류....5종	9류....9종

2. 훈민정음해례본의 한자서체

2.1. 훈민정음해례본의 한자서체 개황

2.1.1. 한자서체의 유형(도4~도8)

훈민정음해례본 33장 66쪽에 나오는 한자의 서체를 부분별로 크게 정음편 복원부분, 정음편 원본부분, 정음해례편 원본부분 3가지 유형으로 나누어 살펴보면 모두 해행서체로 정음해례편이 가장 많은 편이다.

1) 정음편 복원-원본부분의 판형과 서체(도4)

정음편은 1,2장 4쪽은 필사하여 복원한 부분이고, 3,4장 3쪽은 원본부분이다.

복원한 부분은 72종 235자의 한자 해서와 행서체로 필사하였다. 이 서체는 해례본 원본서체와 유사하게 1940년도에 보강한 해서체이다.[36] 정음편 원본부분 36종 131자는 목판본 서체로 복원부분과 문자의 가로폭 크기가 다르다.

정음편 복원부분인 제1장 제1면의 가로폭 : 세로폭은 16.3 : 22.6cm으로 1 : 1.39의 비율이고, 원본부분인 제3장 제1면은 15.9 : 22.6cm로 1 : 1.42의 비율로 원본부분의 세로폭이 긴 편이다. 따라서 쪽 당 7행씩 배행된 한자의 자형도 원본부분이 복원부분보다 약간 긴 편으로 나타냈다. 즉 복원부분은 행간크기가 제1행은 2.5cm, 제2행은 2.3cm로 1개 문자의 가로폭이 원본부분 가로폭보다 큰 것으로 나타난다.

2) 정음해례편 원본부분의 판형과 서체(도4)

정음해례편은 29장 58면의 분량으로 1면이 8행으로 되어 있는데 1면이 7행으로 된 정음편과 판형의 크기가 비슷하다. 정음해례편의 판형인 외곽 4주쌍선(四周雙線)과 서명을 표시한 판심제(版心題) 형식이 정음편과 비슷하다.

제1장 제1면은 15.8 : 22.5cm로 1.42의 비율로 정음편 원본부분과 판형비율이 놀라울

---

36 정철(鄭喆), 1954, 4. 국어국문학, 제9호 15쪽, '原本 訓民正音의 保存經緯에 대하여'
....李容準님(鮮展에 입선한 서예가)으로 하여금 원본 서체와 비슷하게 書寫시켰다. 원본은 연미정제한 서풍으로 일가를 이루우신 안평대군의 글씨가 분명하며 이용준님은 安平大君體에 造詣가 있었으므로 글씨 字體로 봐서는 거이 다름없었으나 아무리하여도 기운데는 完然히 달라보였고, 특히 의외의 오서일자는.....
(필자 : 정철-필자는 일반회원, 경북 안동 고교 교사, 문장 서술문 그대로 옮김.)

정도로 똑같다. 행폭이 1.9~2.0cm로 정음편보다 5mm 정도 작아서 문자 역시 정음편 문자보다 작은 편이다.

여기에 필사된 한자 서체는 정음편보다 행서체가 많은 것으로 분석되는데 정음해례편에는 초서체에 가까운 한자 서체가 나타나기도 한다.

(도4) 훈민정음해례본 3개 배행 부분의 한자 비교도

부분	부분별 배행-배자 부분	해당부분 한자 면폭 및 행폭	
정음편 복원부분 72종 235자	訓民正音 / 國之語音 / 不相流通 / 而終不得 / 為此憫然 / 使人人易 / ㄱ牙音如	字	音
		제1장 1면	
		제1면 가로폭 16.3cm	제1면 세로폭 22.6cm
		제1행 행폭 2.5cm	제2행 행폭 2.3cm
정음편 원본부분 36종 131자	則並書終 / ㅠ附書初 / ㅕ附書於 / 音左加一 / 聲無則平 / 促急	字	音
		제3장 1면	
		제1면 가로폭 15.9cm	제1면 세로폭 22.6cm
		제1행 행폭 2.3cm	제2행 행폭 2.3cm
정음해례편 원본부분 726종 4424자	訓民正音 / 制字解 / 天地之道 / 之間為太 / 凡有生類 / 而何之故 / 理顧人不 / 智營而力	字	音
		제1장 1면	
		제1면 가로폭 15.8cm	제1면 세로폭 22.5cm
		제1행 행폭 1.9cm	제2행 행폭 2.0cm

(도5) 훈민정음해례본 정음편의 복원부분과 원전부분 문장 및 문자 비교도

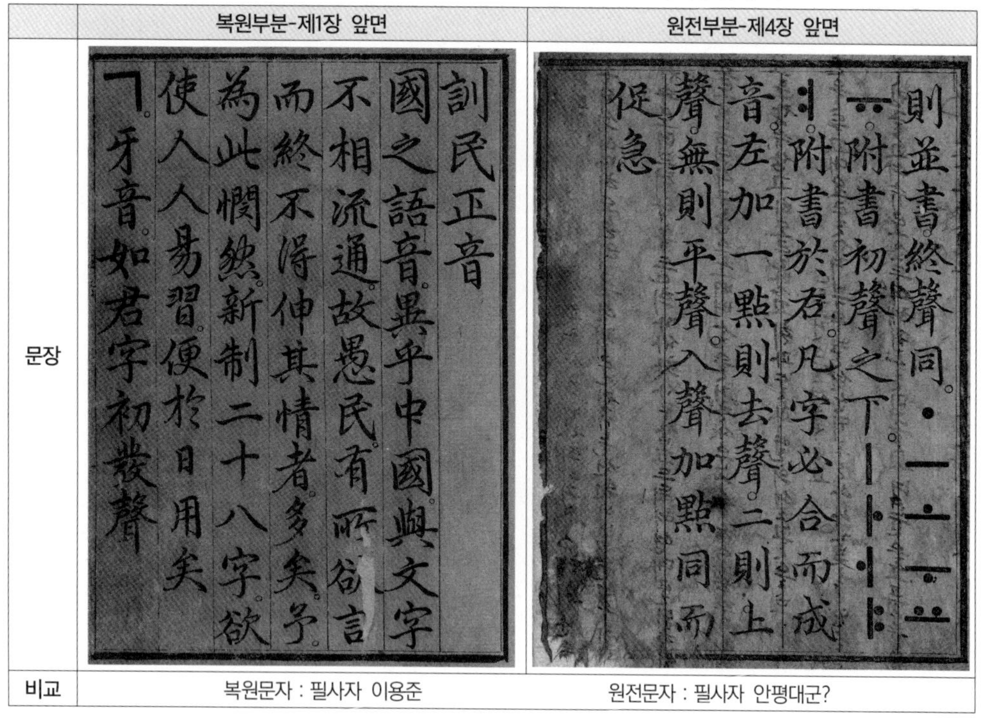

	복원부분-제1장 앞면	원전부분-제4장 앞면
문장	訓民正音 國之語音異乎中國與文字 不相流通故愚民有所欲言 而終不得伸其情者多矣予 爲此憫然新制二十八字欲 使人人易習便於日用矣 ㄱ牙音如君字初發聲	則並書終聲同。ㆍㅡㅗㅜㅛㅠ 附書初聲之下。ㅣㅏㅓㅑㅕ 附書於右。凡字必合而成 音。左加一點則去聲。二則上 聲。無則平聲。入聲加點同而 促急
비교	복원문자 : 필사자 이용준	원전문자 : 필사자 안평대군?

(도6) 훈민정음해례본 정음편의 복원문자와 원전문자 서체 비교도

획별	문자	정음편		문자	정음편		문자	정음편	
		복원문자	원전문자		복원문자	원전문자		복원문자	원전문자
4.5획	中	1ㄱ2	3ㄴ4	之	1ㄱ2	3ㄴ7	半	2ㄴ7	3ㄱ1
6획	用	1ㄱ6	3ㄴ6	成	2ㄴ1	3ㄴ4	而	1ㄱ4	4ㄱ3
7.8획	初	2ㄱ5	3ㄱ1	呑	1ㄴ6	3ㄱ2	並	1ㄴ1	4ㄱ1
9획	音	1ㄴ2	3ㄴ7	卽	2ㄱ5	3ㄱ3	侵	2ㄱ7	3ㄱ4

(도7) 훈민정음해례본 정음편 원전과 정음해례편 원전부분 문장 및 문자 비교도

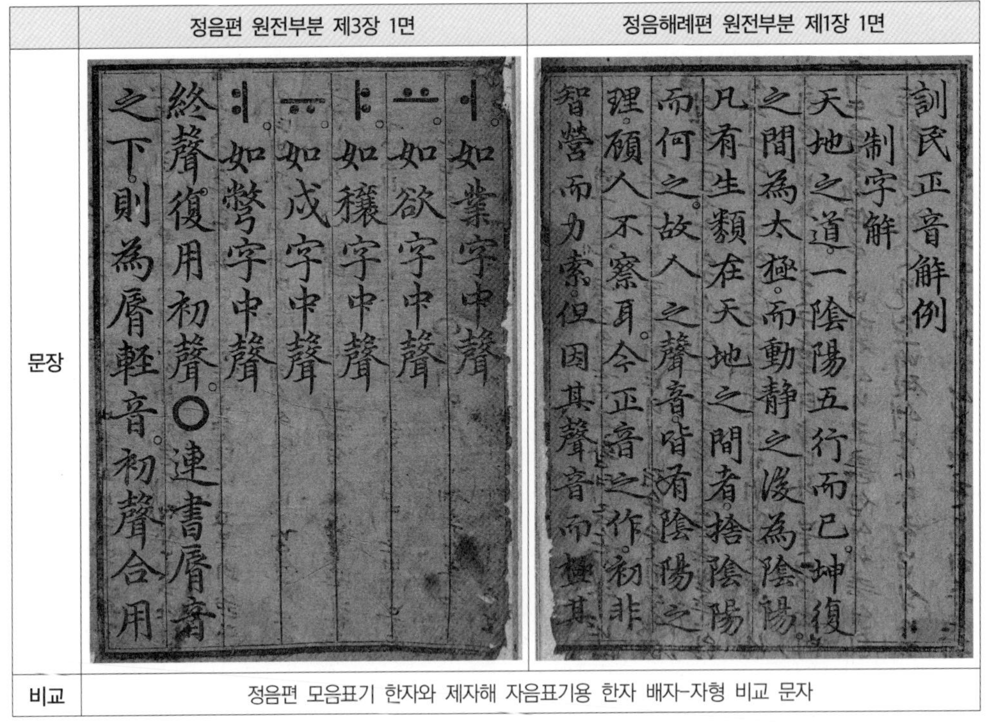

	정음편 원전부분 제3장 1면	정음해례편 원전부분 제1장 1면
문장	ㅓ如業字中聲 ㅛ如欲字中聲 ㅑ如穰字中聲 ㅠ如戌字中聲 ㅕ如彆字中聲 終聲復用初聲ㅇ連書脣音 之下則爲脣輕音初聲合用	訓民正音解例 制字解 天地之道一陰陽五行而已坤復 之間爲太極而動靜之後爲陰陽 凡有生類在天地之間者捨陰陽 而何之故人之聲音皆有陰陽之 理顧人不察耳今正音之作初非 智營而力索但因其聲音而極其
비교	정음편 모음표기 한자와 제자해 자음표기용 한자 배자-자형 비교 문자	

(도8) 훈민정음해례본 정음편의 원전부분과 복원부분 문자 배자-자형 비교도

구분		吞	即	侵	洪	覃	君
원전부분 한자	배자	吞	即	侵	洪	覃	君
	자형	吞	即	侵	洪	覃	君
		탄3ㄱ-2呑 ·	즉3ㄱ-3即 ㅡ	침3ㄱ-4侵 ㅣ	홍3ㄱ-5洪 ㅗ	담3ㄱ-6覃 ㅏ	군3ㄱ-7君 ㅜ
복원부분 한자	배자	吞	即	侵	洪	覃	君
	자형	吞	即	侵	洪	覃	君
		탄1ㄴ-6呑 ㅌ	즉2ㄱ-5即ㅈ	침2ㄱ-7侵 ㅊ	홍2ㄴ-5洪 ㆅ	담1ㄴ-5覃 ㄸ	군1ㄱ-7君 ㄱ

3) 훈민정음 전체 서체의 필사도(筆寫度) 경향(도4~도7)

훈민정음해례본 29장 전체의 한자서체는 목판본에 저본(底本)서체를 판각하여 찍어낸 제2차 표현의 서체이다. 1차로 저본을 필사하여 목판에 붙여 판각을 한 다음 찍어낸 서체로 1차 저본 서체와는 필사감(筆寫感)이 다르다. 이렇게 이루어진 서체가 해례본 처음부분부터 끝부분까지 그 서사 필의(筆意) 정도가 변함없이 일관성을 유지하였는지를 분석하여 보았다.

전체의 필사에 대한 정성도 즉 필의 표현의 일관성 정도를 분석해 보면 정음편(3~4장,예의부분)-정음해례편(1장~26장, 해례부분)-정음해례편(27장~29장, 정인지 서문부분) 등 3부분으로 구분이 된다.

정음편에 해서체가 많고, 정음해례편에는 행서체가 많은 편인데 정음편은 한자 필사 성의도가 높아 정성껏 필사한 것으로 평가되지만 정음해례편의 해례부분에 나타나는 필사 성의도는 중간정도이고, 정인지 서문부분은 3개 부분 중 가장 성의도가 낮은 것으로 파악된다.

그 사례로 정인지서문 부분의 한자 중 자형이 일그러진 語(27ㄱ6,4) 자를 비롯하여 羅(27ㄱ8,7), 資(29ㄱ8,8), 柄(27ㄱ2,9), 書(29ㄴ3,6) 자 등 여리 문자에서 자형구성이 정상적이지 않은 것이 많이 발견된다.

따라서 훈민정음해례본 전체의 한자서체에 대한 자형구성 및 필의 표현정도가 일관성 있게 이루어지지 않은 것으로 분석된다.

2.1.2. 한자서체의 종류 및 특징

1) 서체의 종류 및 변형의 사례

훈민정음해례본 문장의 한자서체는 '글자체는 왕희지체에 토대를 둔 조맹부체-송설체 해행체이다'[37]라고 했듯이 해서체, 행서체, 해행체, 행초체로 다양한 서체의 문자로 이루어져 있어서 정연한 맛을 느끼지 못한다. 즉 문장의 문구에 여러 서체가 불규칙하게 혼서(混書)하여 일정한 배행미가 없어 보인다.

---

37 심경호, 2018, 안평, 알마출판사, 152쪽.

(1) 서체의 종류(표5)

정음해례편의 서체종류는 해서체와 행서체가 있다. 이 두 서체를 기본으로 해서와 행서를 절충한 해행체 등이 혼재되어 있다. (도9)의 서체변형 사례를 기본으로 (표5)와 같이 문자별 해서체와 행서체로 변형된 사례를 문자수 빈도[비중]로 분석하여 보면 전체적으로 27종 910개 문자에서 해서체가 27.9%, 행서체가 72.1%로 행서체가 해서체보다 2.58배가 많은 것으로 분석된다. 따라서 훈민정음해례본의 한자 서체는 해서체로 인식되고 있는데 심층 분석 결과 행서체가 주서체(主書體)라는 것을 증명할 수 있다.

분석결과 : 1. 한자 획수가 많은 문자일수록 해서체가 19.9 →25.2→ 38.6% 순서로 많아진다.
2. 한자 획수가 많은 문자일수록 행서체가 80.1→ 74.8→ 61.4% 순서로 적어진다.
3. 전체적으로 행서체가 해서체보다 2.58배 많은 편이다.

(2) 서체의 변형(도9, 도10)

동일문자 서체의 해서체를 행초서로 변형할 때 (도9)에서 보는 바와 같이 한 개 문자에서 우변이나 하변 등의 한 부분을 변형시킨 경우, 자형 전체를 변형시킨 경우가 있고, (도10)에서 보는 바와 같이 점이나 선을 추가하는 경우, 자형에서 선을 변형시키는 경우, 자형 전체를 변형시키는 경우가 있다.

① 사례 1 : 점획 생략 및 연결을 통한 서체의 변형(도9)

(도9)와 같이 좌우변으로 점획이 구성된 1개 문자에서 우측변을 변형한 사례를 찾아볼 수 있다. 좌변+우변으로 이루어진 輕, 極, 動, 成, 則, 取 자 등의 해서체 우측변 획형을 1~2번에 흘려 행서체 자형을 이루도록 구조를 변형하였다. 이렇게 해서체를 행서체로 변형한 사례로 많이 있는 것으로 분석된다.

또 (도9)와 같이 1개 문자에서 점획이 상하위치로 이루어진 해서체 문자에서 하측부분 획형을 연결하여 행서체 문자로 변형시킨 경우가 많이 발견된다.

해서체 其, 典, 異 자의 하측부분의 따로 떨어지게 쓴 좌우 2개의 점을 서로 연결하거나 연결되는 느낌이 나게 행서체 자형으로 나타냈다. 해서체 無, 焉 자의 하측부분 4개의 점을 파도처럼 이어서 쓰거나 한일자(一)획형의 행서체 자형으로 변형시켰다. 1개 문자의 부분변형에 이어 해서체 문자 전체 점획을 변형하여 행서체로 변형하기도 했다.

점획이 상하위치 구조로 이루어진 경우 해서체의 皆, 爲, 志, 不, 聲, 出 자 등은 상하

점획형을 간결하게 생략화하거나 연결하여 행서체 또는 초서체에 가까운 서체의 문자로 나타냈다. 점획이 좌우로 구조된 해서체 對, 得, 復, 理, 靜, 終 자를 좌우위치 점획 획형의 구조를 간결하게 하는 등 변환하여 하나의 행서체로 변형하여 나타냈다.

(표5) 훈민정음해례본 정음해례편 한자의 서체분류 비중 분석표

순 \ 형	가 4~9획자				나 9~11획자				다 12~17획자			
	문자	해서	행서	계	문자	해서	행서	계	문자	해서	행서	계
1	今	0 자	4	4	是	1	34	35	異	2	2	4
	4획	0 %	100		9	2.9	97.1		12	50	50	
2	不	31	21	52	皆	11	6	17	無	3	21	24
	4	59.6	40.4		9	64.7	35.3		12	12.5	87.5	
3	可	6	14	20	靜	2	5	7	爲	2	229	231
	5	30	70		10	28.6	71.4		12	0.9	99.1	
4	出	2	18	20	動	4	5	9	復	1	8	9
	5	10	90		11	44.4	55.6		12	11.1	88.9	
5	有	4	28	32	其	2	52	54	極	3	1	4
	6	12.5	87.5		11	3.7	96.3		13	75	25	
6	至	0	6	6	焉	0	8	8	輕	7	3	10
	6	0	100		11	0	100		14	70	30	
7	成	7	28	35	得	2	3	5	與	13	30	43
	7	20	80		11	40	60		14	30.2	69.8	
8	取	2	14	16	理	4	6	10	對	2	4	6
	8	12.5	87.5		11	40	60		14	33.3	66.7	
9	則	14	26	40	終	1	41	42	聲	108	59	167
	9	35	65		11	2.4	97.6		17	64.7	35.3	
계	자수	66자	159	225		27	160	187		141	357	498
		29.3%	70.7			14.4	85.6			28.3	71.7	
	비중	19.9%	80.1	*1		25.2	74.8	*2		38.6	61.4	*3
	총계	해서체 문자수 234자 : 행서체 문자수 676자 25.7% : 74.3% [1.00 : 2.91배]										
		해서체 비중 % : 행서체 비중% 27.9% : 72.1% [1.00 : 2.58배]										
순	해서	3 위				2				1		
	행서		1 위				2					3

* *1,2,3 위치의 %는 상위부분 9종의 비중을 각각 종합하여 산출한 비중임.
* 한자 서체분류 비중은 +-10% 정도는 분석자에 따라 오차가 생길 수 있음.
* 계 난의 자수 %수치와 각각 문자의 %를 종합하여 산출한 비중%는 조금 다름.

(도9) 훈민정음해례본 한자의 서체 변형 집자 비교도

위치		가 해서체	가 행초서	나 해서체	나 행초서	다 해서체	다 행초서
부분 변형	우측	경04ㄴ-4輕	경19ㄱ-3輕	극01ㄱ-4極	극27ㄴ-8極	동08ㄴ-1動	동13ㄴ-8動
		성22ㄴ-6成	성07ㄱ-1成	즉20ㄴ-6則	즉23ㄴ-6則	취09ㄴ-8取	취05ㄱ-8取
	하측	기06ㄱ-3其	기27ㄱ-1其	여16ㄱ-8與	여27ㄱ-6與	이02ㄱ-3異	이26ㄴ-8異
		금04ㄱ-1今	금29ㄱ-7今	무28ㄱ-6無	무29ㄱ-3無	언07ㄴ-5焉	언14ㄱ-2焉
		가18ㄱ-5可	가07-7可	시14ㄴ-8是	시19ㄴ-1是	유24ㄱ-6有	유13ㄴ-7有
전체 변형	상하	개04ㄱ-7皆	개13ㄴ-4皆	위26ㄱ-6爲	위03ㄴ-2爲	지27ㄴ-3至	지27ㄴ-1至
		불27ㄴ-8不	불29ㄱ-4不	성09ㄱ-3聲	성07ㄱ-8聲	출09ㄴ-5出	출12ㄱ-7出
	좌우	대18ㄴ-5對	대20ㄱ-4對	득18ㄴ-1得	득28ㄱ-4得	복01ㄱ-3復	복08ㄱ-2復
		리01ㄴ-1理	리13ㄱ-5理	정14ㄱ-1靜	정13ㄴ-6靜	종17ㄴ-3終	종15ㄴ-8終

② 사례 2 : 점획의 추가를 통한 서체의 변형(도10)

(도10)과 같이 같은 문자인데도 점과 선을 추가하여 다른 자형의 같은 문자로 나타낸 경우가 여러 부분에서 발견된다.

해례본에는 같은 문자의 자형을 다르게 나타낸 이체자들의 경우에, 점과 선을 추가하거나 변형하여 (도10)과 같이 다르게 나타냈다.

그 첫 사례로 (도10)의 위부분에서 보는 바와 같이 점이 없는 中, 半, 坤, 解 자의 오른쪽 세로선 중간부분에 짧은 사향점을 찍은 경우, 流 자의 오른쪽 위부분의 점을 없앤 경우에서 찾아볼 수 있다. 또 가로선을 추가하여 다른 자형의 문자로 나타낸 경우가 있는데 達 자의 오른쪽 아래 부분 3개의 가로선을 2개의 가로선으로 나타낸 경우, 易(이) 자의 중간부분에 가로선을 추가하여 易(양) 자로 잘 못 쓴 경우, 緩 자의 오른쪽에 사향점을 추가하여 다른 모양의 緩 자로 나타내는 경우 등, 점과 선을 추가하여 다른 자형의 문자로 나타낸 경우를 많이 찾아 볼 수 있다.

둘째 사례를 (도10)의 아래 부분에서 서체가 크게 변형된 것을 찾아볼 수 있다. 선을 변형한 사례를 韻 자의 오른쪽 위부분을 두 개 획의 획형에서 세 개획의 다른 획형으로 변형한 경우, 尙 자의 아래 중간부분의 네모에서 세모로 변형한 경우, 能 자의 오른쪽 부분을 변형한 경우, 錯 자의 왼쪽 부분을 변형한 경우, 於 자의 왼쪽부분 方 부분을 扌 획형으로 변형한 경우, 須 자의 왼쪽 획형을 변형한 경우 등 자형을 다양하게 나타냈다.

(도10) 훈민정음해례본 한자의 이체자 집자 비교도

유형 / 변형		변형하기 본체자	변형하기 이체자	변형 획	변형하기 본체자	변형하기 이체자	변형 획
점획 추가	점 추가	중21ㄴ-4 中	중20ㄴ-4 中		반19ㄱ-1 半	반22ㄴ-5 半	
		곤01ㄱ-3 坤	곤13ㄴ-4 坤		변03ㄱ-3 辨	변23ㄴ-5 辨	
		해28ㄴ-1 解	해15ㄴ-7 解		류24ㄴ-5 流	류02ㄱ-7 流	
		완18ㄴ-7緩	완19ㄱ-4緩		이11ㄴ-8 易	이01ㄱ-6 易	
	선 추가	달27ㄱ-3 達	달28ㄱ-7 達		편13ㄱ-2 徧	편17ㄴ-1 徧	
자형 변형	선 변형	운28ㄱ-5 韻	운14ㄱ-3 韻		상04ㄱ-5 尙	상09ㄴ-3 尙	
		능28ㄱ-5 能	능29ㄱ-1 能		착02ㄱ-8 錯	착14-2 錯	
	자형 변형	어04ㄱ-3 於	어22ㄴ-4 於	方 才	수12ㄴ-8 須	수17ㄱ-3 須	

2) 획형 종류별 한자서체(도11~도14)

해례본에 나오는 해서체, 행서체의 자형적 구조를 부수(部首) 종류별로 분석하여 보면 (도11~도14)와 같은 특징이 나타난다. (도11~도14)와 같이 좌측 위치 16종, 우측위치 2종, 상위위치 9종, 하위위치 3종, 기타 위치 6종 등 36종의 부수종류별 자형의 구조적 특징을 분석하여 보았다.[38]

부수(部首)는 한자를 정리·분류·배열하기 위한 한 가지 방법이다. 부수는 다음과 같은 종류가 있어 자형을 형성하는 기본 획형 역할을 한다.

1. 변(扁) : 부수가 그 글자의 왼쪽을 이룰 때-亻 : 仁
2. 방(旁) : 부수가 그 글자의 오른쪽을 이룰 때- 刂 : 別
3. 엄[垂 : 수] : 부수가 그 글자의 위에서 왼쪽을 이룰 때-广 : 府
4. 머리[冠 : 관] : 부수가 그 글자의 위쪽을 이룰 때-亠 : 文
5. 몸[構 : 구] : 부수가 그 글자를 에워싸고 있을 때-口 : 國
6. 받침[繞 : 요] : 부수가 그 글자의 왼쪽에서 밑을 이룰 때- 辶 : 近
7. 발[脚 : 각] : 부수가 그 글자의 밑을 이룰 때-心 : 急
8. 제부수[單獨 : 단독] : 글자 자체가 部首의 하나일 때-心 : 心

[출처] 한자 부수(214)| **작성자** 음양 2017.7.20. 네이버

(1) 좌우측 위치 결구 문자(도11, 도12)

(도11)과 같은 亻 彳 氵 扌 犭 阝 木 弓 口 禾 虫 糹 言 金 食 忄 등의 변 부수(扁部首)가 문자 좌측에 공통으로 쓰이는 해, 행서체 16종 64자와 (도12) 刂 頁 등의 방부수(旁部首) 2종 8자가 쓰인 문자의 구조적 특징을 분석하여 보았다.

① 좌측 변부수(扁部首) 문자(도11)

사람인변(亻)과 두인변(彳)으로 이루어진 자형의 문자 仁, 化, 他, 位, 行, 往, 律, 待 자 등에서 해서체로 나타낸 2개의 좌측 변(扁)은 본자(本字) 가로폭의 3분의 1정도 크기로

38 한자 부수별 도판작성에서 부수분류 규칙과 달리 획형에 따라 분류를 하였다.
(도13) 亠 획형부분의 並 자는 立, 姜 자는 女, 花-蓋 자는 艹 부수로 각각 부수명칭이 다르지만 훈민정음체에서는 4종 문자 모두 亠 획형으로 분류하였다.
(도14) 广 획형부분의 鹿자는 단독 鹿 자 부수에 속하는 것이고, 尸 획형부분의 民 자는 氏 부수에 속하는 것이지만 훈민정음체에서는 尸 획형으로 분류하였다.

가로폭이 큰 자형의 해서체로 나타냈다. 8자 중 位 자의 立 자 부분의 점획 만 약간의 연결성을 나타낸 행서체로 썼다.

삼수변(氵)을 문자의 왼쪽에 쓴 池, 汲, 注, 治 자는 왼쪽의 변부수의 첫점은 약간 흘렸고, 아래 두 점은 연결하여 행서체로 나타냈으나 각각 문자의 오른쪽 본획 부분은 모두 해서체로 나타냈다. 왼쪽에 재방변(扌)이 들어간 折, 捨, 括, 指 자는 해서체로 나타냈다.

행서체로 나타낸 개사슴록변(犭)이 들어가는 狗, 狐, 猶, 猿 자는 행서풍의 해서체로 나타냈다. 문자 가로폭의 1/4 크기로 좁게 해서체풍으로 나타낸 우방변(阝)이 들어간 附, 陋, 陰, 陽 자는 약간의 행서풍의 해서체로 나타냈다.

나무목변(木)을 문자 가로폭의 1/2 또는 1/3정도 되게 쓴 朴, 松, 枘, 板 자는 주로 해서체로 나타냈다. 활궁변(弓)으로 쓴 彌, 張, 强, 引 자는 해서체와 행서체로 나타냈다. 작은 입구변(口)을 오른쪽 부분 획의 세로폭 중간에 쓴 叶, 吠 자가 있고, 세로폭 위부분에 쓴 吁, 呼 자가 있듯이 높이를 달리 나타냈다.

가로폭이 큰 벼화변(禾)으로 쓰인 私, 和 자는 해서체로 썼고, 秋, 稍 자는 행서체로 썼는데 벼화변의 가로폭 크기는 1/2정도로 다른 변들보다 큰 편이다. 벌레충변(虫)으로 쓴 虯, 蛇, 蜂 자는 해서체에 가깝고, 蚪 자는 행서체에 가까운데, 虫변의 가로폭은 虯, 蚪 자는 1/2정도가 되고, 蛇, 蜂 자는 1/3정로 좁게 썼다. 실사변(糸)으로 쓴 紙, 終, 細, 統 자 등 4자는 終 자를 제외하고는 해서체로 썼다.

가로폭이 좁은 말씀 언변(言)으로 이루어진 諺, 訣, 訓, 評 자는 모두 행서체로 썼다. 쇠금변(金)으로 쓴 문자는 金 의 가로폭을 다른 문자와 달리 1/2정도로 크게 나타냈다. 밥식변(食)으로 쓴 飯, 飴, 館 자는 해서체로, 餘 자는 행서체로 문자의 오른쪽 부분보다 가로폭을 좁게 썼다. 가로폭을 아주 좁게 나타낸 심방변(忄)으로 쓴 恊, 恒 자는 해서체로, 快, 悟 자는 행서체로 나타냈다.

② 우측 방 부수(旁部首) 문자(도12)

(도12)의 아래 부분의 칼도(刂) 방이 문자의 오른쪽 부분에 들어가는 문자로는 해서체로 쓴 制 자, 행서체로 쓴 判, 別, 剛 자가 있다. 문자의 오른쪽에 머리혈방(頁) 부수가 들어가는 문자로 해서체로 쓴 頤, 행서체로 쓴 顔, 類, 願 자가 있다.

(도11) 훈민정음해례본 한자의 획 종류별 자형 분석도-1

위치-기본획형			관련문자 집자				관련자
좌측 위치 결구 문자	亻	亻	인08ㄱ-7 仁	화09ㄱ-7 化	타23ㄴ-8 他	위03ㄱ-5 位	作7 似7 佛7 例8 便9
	彳	彳	행02ㄱ-5 行	왕28ㄱ-7 往	률28ㄱ-6 律	대29ㄱ-7 待	得11 從11 徧12 徵15
	氵	氵	지26ㄴ-3 池	급25ㄴ-2 汲	주28ㄴ- 4 注	치27ㄱ-7 治	浹10 淺11 淵11 混11
	扌	扌	절27ㄱ-8 折	사01ㄱ-5 捨	괄28ㄱ-1 括	지14ㄴ-3 指	挹10 推11 揚12 提12 揭12
	犭	犭	구28ㄱ-8 狗	호18ㄱ-7 狐	유04ㄱ-4 猶	원24ㄴ-7 猿	獐14 獄14 獨16 獺19
	阝	阝	부01ㄴ-5 附	루27ㄴ-2 陋	음08ㄱ-4 陰	양06ㄱ-6 陽	隙13 隨16
	木	木	박28ㄴ-3 朴	송26ㄴ-2 松	예27ㄱ-2 枘	판25ㄴ-7 板	相9 柿9 校10 根10 楞11 楸13
	弓	弓	미20ㄱ-6 彌	장05ㄱ-5 張	강27ㄱ-4 强	인21ㄱ-6 引	彈15
	口	口	협27ㄴ-7 叶	우09ㄱ-4 吁	폐28ㄱ-8 吠	호18ㄴ-5 呼	唯6 唱11 喉11 喩12

(도12) 훈민정음해례본 한자의 획 종류별 자형 분석도-2

위치-기본 획형			관련문자 집자				관련자
좌측 위치 결구 문자	禾	禾	私 사29ㄱ-5 私	和 화22ㄱ-8 和	秋 추10ㄴ-6 秋	稍 초01ㄴ-7 稍	稽15 稷15
	虫	虫	蚪 규15ㄱ-7 蚪	蚪 두26ㄱ-7 蚪	蛇 사25ㄱ-5 蛇	蜂 봉24ㄴ-8 蜂	蝌15 蟾19 蠐20
	糹	糹	紙 지25ㄱ-3 紙	終 종19ㄴ-7 終	細 세11ㄱ-2 細	統 통06ㄱ-6 統	絲12 綜14 縮17 繪18
	訁	言	諺 언23ㄴ-5 諺	訣 결19ㄱ-5 訣	訓 훈27ㄴ-6 訓	評 평12ㄴ-8 評	該13 調15 諸16
	釒	金	釘 정22ㄱ-7 釘	釣 조21ㄴ-3 釣	鉅 거25ㄴ-4 鉅	鉏 서25ㄴ-4 鉏	銅14 銳15 鍛17 鎌18
	飠	食	飯 반26ㄱ-4 飯	飴 이26ㄱ-5 飴	餘 여18ㄱ-4 餘	館 관29ㄴ-2 館	餹19
	忄	忄	快 쾌14ㄴ-8 快	協 협10ㄴ-2 協	恒 항28ㄴ-2 恒	悟 오28ㄴ-7 悟	悖11 惟11 情11 憫15
우측 위치	刂	刂	判 판29ㄴ-1 判	別 별26ㄴ-8 別	制 제03ㄴ-5 制	剛 강02ㄴ-4 剛	副11 創12
	頁	頁	顔 안28ㄴ-4 顔	頤 이25ㄱ-7 頤	類 류01ㄱ-5 類	願 원01ㄱ-7 願	顧21

(2) 상하위 위치 결구 문자(도13, 도14)

① 상측 관 및 구 부수(冠·構部首) 문자(도13)

가. 관(冠)부류 : (도13)과 같이 돼지해 부수(亠部首)가 포함된 문자로는 해서체로 쓴 方 자가 있고, 행서체로 쓴 六, 文, 亦 자가 있는데 4개 문자 중에서 文 자만 두 부수의 첫 점을 가로획과 띄어서 썼다. 갓머리 부수(宀部首)가 포함된 究 자, 행서체로 쓴 字, 安, 定 자가 있다. 䒑 가 포함된 並, 花 자, 羊 이 포함된 쓴 姜 盖 는 머리 부분 부수 획형이 다르다. 스물 입-초두밑 부수(廿部首) 자를 해서체로 쓴 芽 자, 행서체로 쓴 薪, 苡, 蕻 자가 있다. 대죽 부수(竹部首)가 들어가는 筆 자는 세로획에 점 하나를 붙여 해서체로 썼으나 笠, 管 자는 행서체로 썼다. 열십(十) 이 포함된 土, 古, 去, 克 자는 모두 해서체로 나타냈는데 山 자가 포함된 문자는 모두 행서체로 나타냈다.

나. 구(構)부류 : (도13)의 맨 아래부분의 門 부수 문자는 모두 門 부분을 조금 흘려서 나타냈고, 내부 획은 모두 해서체로 나타냈다. (도14)의 맨 아래부분에 큰 입구 부수(口部首)로 둘레를 둘러싸고 있는 자형으로 해서체로 쓴 固, 因, 圓 자가 있고, 행서체로 쓴 國 자가 있다.

② 하측 각 및 수 부수(脚-垂 部首) 문자(도14)

가. 각(脚)부류 : 문자의 아래 부분에 쓰는 脚 부수 부류의 작은 입구(口部首) 관련문자로 쓴 各, 合, 舌, 君 자는 모두 해서체로 썼다. 문자의 아래 부분에 쓴 작은 입구 口획형은 가로폭을 크게 나타냈다. 점 4개를 수평방향으로 쓴 불 화 부수(火部首) 灬 를 문자의 아래 부분에 쓴 無, 燕 자는 해서체이고, 焉, 爲 자는 행서체이다. 마음심 부수(心部首)를 문자의 아래 부분에 위 부분 가로폭 보다 크게 나타낸 急, 患, 悉 자는 모두 행서체로 나타냈다.

나. 수(垂)부류 : 문자의 위와 왼쪽에 걸쳐 엄 부수(广部首-집엄)가 포함된 序, 府, 度 자는 행서체로 썼다. 시 부수(尸部首)가 포함된 尺, 居 자는 해서체로, 展, 屑 자는 행서체로 썼다.

다. 요(繞)부류 : 책받침 착 부수(辶部首)로 문자의 왼쪽과 아래를 받치는 획형의 문자로 행서체로 쓴 近, 述, 迺, 連 자가 있다.

라. 기타 부류 : 창 과 부수(戈部首)로 해서체로 쓴 咸 자, 행서체로 쓴 戌, 成, 咸 자가 있다. 뚫을 곤 부수(丨部首)이 포함된 해서체로 쓴 十, 千, 牛 자가 있고, 행서체로 쓴 平 자가 있다. 단독 녹 부수(鹿部首) 鹿 자는 해서체로 쓰고, 鹿 자 밑에 쓴 比 자형은 해례본에서는 厶(사)자 2개(厶厶)로 나타냈다.

(도13) 훈민정음해례본 한자의 획 종류별 자형 분석도-3

위치-기본획형			관련문자 집자				관련자
상위 위치 결구 문자	亠	亠	육07ㄱ-1 六	문19ㄱ-2 文	방26ㄴ-7 方	역05ㄴ-2 亦	亥 6 交 6 甕18 變23
	宀	宀	자16ㄴ-6 字	안22ㄱ-8 安	구13ㄱ-5 究	정24ㄱ-3 定	官 8 宣 9 宮10 容10 宰10
	人	人	금04ㄱ-1 今	전04ㄱ-7 全	금06ㄴ-7 金	명28ㄴ-1 命	合 6 含 7 會13
	䒑	䒑	병21ㄱ-4 並	화18ㄱ-6 花	강28ㄴ-4 姜	개07ㄱ-6 盖	前 9 着11 莫11 慈13 萬13
	艹	艹	아04ㄱ-4 芽	신26ㄴ-1 薪	이26ㄱ-3 苡	여25ㄱ-1 藇	苙 9 茅 9 菜12 萌12 華12
	⺮	⺮	립26ㄱ-8 笠	관03ㄱ-3 管	필22ㄱ-1 筆	근25ㄱ-5 筋	箕14 篆15 簡18 簿19 篩19
	十	十	토02ㄴ-7 土	고26ㄴ-5 古	거22ㄱ-8 去	극28ㄱ-6 克	寺 6 者 9 老 6
	山	山	산25ㄱ-1 山	출06ㄱ-3 出	최28ㄴ-2 崔	탄25ㄴ-6 炭	豈10
	門	門	문03ㄱ-3 門	문28ㄴ-4 問	폐09ㄴ-7 閉	간27ㄴ-3 間	開12 閭15 闔18 闢21

(도14) 훈민정음해례본 한자의 획 종류별 자형 분석도-4

위치-기본획형			관련문자 집자				관련자
하위위치 결구문자	口	口	各 각20ㄱ-4 各	合 합20ㄴ-2 合	舌 설17ㄴ-6 舌	君 군20ㄴ-4 君	含 7 宮10 啓11
	灬	灬	焉 언07ㄴ-5 焉	無 무28ㄱ-6 無	爲 위14ㄴ-4 爲	燕 연26ㄱ-6 燕	熟15 點17
	心	心	心 심09ㄱ-6 心	急 급20ㄱ-4 急	患 환27ㄱ-6 患	悉 실23ㄴ-4 悉	慈13 愚13
우좌위치	广	广	序 서10ㄱ-8 序	府 부28ㄴ-4 府	度 도29ㄱ-2 度	鹿 록25ㄴ-5 鹿	庶11 廣15 應17
	尸	尸	尺 척25ㄱ-2尺	居 거06ㄱ-4 居	展 전16ㄴ-7 展	屑 설02ㄴ-5 屑	屬21 履17
좌우위치	辶	辶	近 근14ㄴ-3 近	述 술29ㄱ-3 述	迺 내20ㄱ-5 迺	連 련11ㄴ-5 連	通11 達13 道13 遂13 遠14
상우	戈	戈	戌 술10ㄱ-7 戌	成 성14ㄱ-3 成	咸 함09ㄱ-5 咸	盛 성22ㄴ-2 盛	我 7 或 8 哉 9 載13 戲17
수직	丨	丨	十 십01ㄴ-3 十	千 천24ㄴ-1 千	平 평22ㄱ-8 平	牛 우26ㄱ-1 牛	下 3 斗 4 中 4 申 5
사면	口	口	固 고07ㄱ-7 固	因 인02ㄱ-1 因	國 국23ㄱ-1 國	圓 원06ㄱ-4 圓	同 6 田 5

3) 배획위치별 한자서체(도15~도17)

해례본에 나오는 해서체, 행서체 문자중 가로폭을 좌중우(左中右) 3분할로 이루어진 문자의 자형적 구조를 부수(部首) 및 기본획형 종류별로 분석하여 보면 (도15, 도16)과 같은 특징이 나타난다. (도15)와 같이 좌측 위치 부수 7종, (도16)과 같이 좌측 위치 부수 9종으로 이루어진 27개 문자의 자형의 구조와 서체적 특징을 현대적 인쇄체 자형과 비교 분석하여 보았다. 아울러 (도17)과 같이 (도15, 도16)의 문자중 변, 방, 부분획 등이 같은 획형을 비교하여 보았다.

(1) 좌중우 위치 결구 문자(도15)

① 좌측위치 2, 3획 부수 문자

(도15)와 같이 2획으로 된 이수변(冫部首-빙부수)을 좌측에 아주 작게 쓰고 가운데 부분은 세로폭을 크게, 우측부분은 가로폭을 너르게 16획 짜리 凝 자를 표현했다. 이렇게 쓴 해례본 서체는 현대 인쇄체의 획형과 다르게 표현했다. 이수변(冫部首) 구조의 凘 자는 끝부분 斤 부분의 상하크기를 세 부분 중 가장 크게 행서체로 나타냈다.

사람인변(亻部首-인)을 시작으로 가운데 부분에 알(歹部首), 오른쪽에 칼도(刂부수)를 배획하여 세 개 부분 합자로 행서체 例 자를 만들었다. 亻 변과 좌우두 부분으로 된 叚 자를 합하여 3부분 합자인 假 자를 해서체로 썼다. 이 假 자는 현대 인쇄체와 작은 점획부분 획형을 다르게 나타냈다. 亻 변 등 좌우 3부분으로 이루어진 脩, 儵 자는 오른쪽 끝부분 획을 크게 행서체로 나타냈다. 그러나 做자의 경우는 亻 변의 키를 세부분 중 가장 크게 나타내기도 했다.

삼수변(氵部首-수)을 좌측에 오른쪽을 두 부분으로 쓴 漸 자와 澣 자는 氵 변의 상하폭을 행서체로 크게 흘려서 나타냈다. 그런데 澣 자는 현대 인쇄체와 획형을 조금 다르게 나타냈다.

두인변(彳部首-척)을 시작으로 좌우 3등분의 점획으로 해서체로 쓴 정음체는 현대 인쇄체의 15개 획보다 적은 14개획으로 다르게 썼다.

개사슴록변(犭部首-견)을 시작으로 좌우 3등분 점획으로 해서체로 썼다. 재방(扌部首-수) 변을 좌측에 쓴 18개획의 擬 자를 해서체로 썼는데 현대 인쇄체의 17획보다 1개획이 많으며 중간-오른쪽 부분 획형을 아주 다르게 썼다.

우방변(阝部首-읍)을 시작으로 3개 부분으로 쓴 附 자는 해서체로, 隨 자는 행서체로 나타냈다. 隨 자는 현대 인쇄체에서는 16획으로 썼으나 정음체에서는 13획으로 줄여서 썼다.

이상의 7종 15자의 3분할 문자중 凝(현대체16획→정음체17획), 假(11획→14획), 徵(15획→14획), 擬(17획→18획) 5개 문자의 점획수를 현대 인쇄체와 다르게 표현됐다.

(도15) 훈민정음해례본 한자의 左中右3分割 구성문자 자형 분석도-1

획수	문자 1			문자 2			문자 3		
	부수	인쇄체	정음체	부수	인쇄체	정음체	부수	인쇄체	정음체
2	冫	凝		冫	凘		亻	例	
	2	16	응04ㄱ-8 凝	2	14	시24ㄴ-5 凘	2	8	례28ㄴ-6 例
	亻	假		亻	脩		亻	鵂	
	2	11	가9ㄱ-6 假	2	11	수28ㄴ-3 脩	2	17	휴25ㄱ-4 鵂
3	亻	倣		氵	漸		氵	澣	
	2	10	방27ㄴ-7 倣	3	14	점22ㄴ-2 漸	3	16	한29ㄱ-8 澣
	彳	徵		犭	獺		犭	獄	
	3	15	치10ㄴ-5 徵	3	19	달24ㄴ-5 獺	3	14	옥27ㄱ-7 獄
	扌	擬		阝	附		阝	隨	
	3	17	의27ㄱ-5 擬	3	8	부01ㄴ-5 附	3	16	수26ㄴ-8 隨

② 좌측위치 3~9획 부수 문자(도16)

(도16)과 같이 3~9획의 부수를 좌측에 변으로 쓴 11종 12자의 자형적 특징을 밝혀본다.

4획으로 된 나무목변(木部首)을 왼쪽 중간에 禾, 오른쪽에 火를 써서 이루어진 楸 자는 해서체에 가까운 행서체로 썼다. 5획으로 된 눈목변(目部首) 다음에 龍 자를 붙여 矓(롱) 자를 행서체로 썼다.

5획으로 된 돌석변(石部首)을 좌측에 쓰고 疑 자를 나란히 배획하여 쓴 礙(애) 자는 현대 인쇄체의 획형과 다르게 나타냈다. 이 礙 자의 오른쪽 부분 획형은 현대체에서는 (도15)의 擬(의) 자와 같으나 해례본체에서는 다르게 해서체로 나타냈다. 한편 礙 자의 우측 疑 부분을 (도15)의 凝(응) 자와 같은 획형으로 나타냈으나 (도15)의 擬(의) 자와는 다르게 나타냈다.

6획으로 된 벌레충변(虫部首)에 科 를 붙여 쓴 蝌(과) 자와 叚 자를 붙여 쓴 蝦(하) 자를 해서체로 썼다. (도16)의 6획 문자 蝦(하) 자와 8획 문자 鍜(하) 자의 우측 叚(가) 자는 (도15)의 假(가)의 叚(가)와 같으나 현대 인쇄체와는 자형을 달리 나타냈다. 6획으로 나타낸 가는 실사변(糸部首) 우측에 從 자를 붙여 쓴 縱 자는 현대 인쇄체 자형과 다르게 나타냈으나 우측에 散 자를 붙여 쓴 繖(산) 자는 현대인쇄체와 자형을 같게 나타냈다.

7획으로 나타낸 말씀언변(言部首) 다음의 중간에 音, 우측에 戈 자를 붙여 행서체의 識 자를 나타냈다. 3부분의 크기를 좌-중-우측 순서로 소-중-대 순서로 조금씩 커지는 순서로 나타냈다. 7획의 매울신변(辛部首)을 좌측은 변으로, 우측은 방으로 똑 같게 나타내고 가운데 부분은 刂(도) 자를 넣어 辨 자로 나타냈다. 현대인쇄체에서는 辛+刂+辛 7획+2획+7획(16획 문자)으로 나타냈으나 해례본체에서는 (도16)에서와 같이 6획+2획+6획(14획 문자)으로 아주 다른 자형으로 나타냈다.

9획으로 나타낸 가죽 革변이 들어가는 18획짜리 鞕 자는 현대인쇄체의 革+亻+更 으로 이루어졌는데 해례본의 자형은 革(혁) 부분을 획형을 다르게 10획의 자형으로 해서체로 나타냈다.

이상과 같이 (도16)의 훈민정음해례본의 한자 자형은 12문자 중 현대 인쇄체의 자형과 다르게 표현한 사례로 礙, 蝦, 縱, 辨, 鍜, 鞕 자 등이 있다.

(도16) 훈민정음해례본 한자의 左中右3分割 구성문자 자형 분석도-2

획수	문자 1			문자 2			문자 3		
	부수	인쇄체	정음체	부수	인쇄체	정음체	부수	인쇄체	정음체
3-9	阝	陋		木	楸		目	矓	
	3	9	루27ㄴ-2 陋	4	13	추25ㄱ-8 楸	5	21	룡24ㄴ-1 矓
	石	礙		虫	蝌		虫	蝦	
	5	19	애27ㄱ-3 礙	6	15	과26ㄱ-7 蝌	6	15	하25ㄱ-2 蝦
	糸	縱		糸	繖		言	識	
	6	17	종20ㄴ-7 縱	6	18	산26ㄱ-4 繖	7	19	식23ㄴ-8 識
	辛	辨		金	鍜		革	鞭	
	7	16	변03ㄱ-3 辨	8	17	하02ㄴ-5 鍜	9	18	편25ㄱ-3 鞭

(2) 유사 획형 구조의 문자(도17)

① 우측 叚, 疑 획형 유사문자 서체비교

(도17) 1행과 같은 假(가), 蝦(하), 鍜(하) 자는 중간-우측부분을 똑 같은 叚(가) 자로 썼다. 叚 자 현대 인쇄체로 9획이지만 해례본 서체로는 12획으로 되어 있어 3획이 더 많은 다른 자형으로 나타냈다. 3개 문자의 해례본 서체의 끝 획인 파임(磔 : 책획) 부분의 획형과 운필방향이 같다.

(도17) 2행과 같은 凝(응), 擬(의), 礙(애) 자의 3개 문자는 중간-우측부분의 疑(의)자를 현대인쇄체에서는 같게 나타냈으나 해례본에서는 서체를 다르게 나타냈다. 인쇄체에서는 疑 부분을 14획으로 나타냈지만 해례본체에서는 15, 16, 16획으로 다르게 나타냈는데 擬(의), 礙(애) 자는 획형수는 같으나 획형은 다르게 나타냈다. 3개 문자의 疋 부분 파임획은 1행 假(가), 蝦(하), 鍜(하) 자의 又=(夂우=복) 파임획과 같게 나타냈다.

② 우측 攵, 斤 획형 유사문자 서체비교

(도17) 3행과 같은 倣(방), 徵(치=징), 繖(산)자 3개 문자의 우측부분 攵(복)획의 파임획 부분을 3자 모두 같은 획형으로 나타냈는데 이러한 획형은 (도17)의 1,2행 6개 문자와 유사한 자형이다. 4행의 凘(시) 자와 漸(점) 의 우측부분 斤(근) 의 획형을 현대인쇄체와 해례본체의 자형을 같게 나타냈다.

이상과 같이 3자 또는 2자 문자끼리의 같은 부분 획형을 각각 현대인쇄체와 해례본체를 서로 같게 나타내거나 다르게 나타낸 현상을 찾아볼 수 있다.

(도17) 훈민정음해례본 한자의 左中右3分割 문자의 유사자형 비교도 -3

부분	문자 1			문자 2			문자 3		
	부수	인쇄체	정음체	부수	인쇄체	정음체	부수	인쇄체	정음체
叚 가	亻	假		虫	蝦		金	鍜	
	2	11	가9ㄱ-6 假	6	15	하25ㄱ-2 蝦	8	17	하02ㄴ-5 鍜
疑 의	冫	凝		扌	擬		石	礙	
	2	16	응04ㄱ-8 凝	3	17	의27ㄱ-5 擬	5	19	애27ㄱ-3 礙
攵 복	亻	倣		彳	徵		糸	繖	
	2	10	방27ㄴ-7 倣	3	15	치10ㄴ-5 徵	6	18	산26ㄱ-4 繖
斤 근	冫	凘		氵	漸				-
	2	14	시24ㄴ-5 凘	3	14	점22ㄴ-2 漸			

4) 다획구조의 한자서체

(1) 다획 구조 한자의 자형 및 배자(도18~도20)

해례본 한자 중 문자를 구성하는 획수가 20 여 획 이상 다획(多畫)이 좌우(左右-도18), 상하(上下-도19) 위치로 이루어진 문자의 자형적 구조를 분석하였다. 아울러 (도20)과 같이 좌우-상하 배획으로 이루어진 두 유형의 문자를 행간에 어떻게 배자하였는가하는 배자 상황을 분석하였다.

① 좌우 위치 배획 구조 문자(도18)

좌우위치로 배획하여 구성된 문자의 특징을 분석하여 보면 다음과 같다.

가. 20획 문자 蠟 蠐 釋 자 구조

6획 벌레충변(虫)은 작게 쓰고 14획 오른쪽 부분을 아주 크게 쓴 20획의 蠟(랍) 자와 蠐(제) 자는 횡획과 사획을 가늘게 쓰고, 종획을 굵게 쓰되 점획사이를 벌려 해서체 느낌이 나게 썼다. 6획 쌀 米(미)변에 쓴 20획짜리 釋(석) 자는 米 부분 종획을 굵게 쓰고 오른쪽 四 와 幸 세로획 부분은 횡종획 모두를 가늘게 쓰되 米 부분보다 크게 해서체 느낌이 나게 썼다.

나. 21획 문자 鷄 鶹 鶴 顧 구조

11획 새조방(鳥)을 문자의 오른쪽에 쓴 21획 구조문자 鷄(계), 鶹(류), 鶴(학)자의 구조를 보면 鶴 자는 방보다 좌측 隺(흑) 부분이 크고, 鶹 자는 留(류) 부분과 차이가 나게 썼고, 鷄 자는 왼쪽부분과 차이를 작게 썼다. 그런데 鶹(류) 자의 鳥 방의 아래 부분 4개의 점을 2개로 나타낸 특이한 상황을 찾아볼 수 있다. 21개획으로 이루어진 顧 자의 좌측 12획의 雇 부분을 3~4개의 점획으로 생략하여 행서체로 나타냈다.

다. 22획 문자 穰 讀 구조

5획 벼화변(禾)을 좌측에 쓰고 우측에 襄 을 붙여 22획으로 쓴 穰(양) 자는 禾 변의 가로폭을 襄 부분의 1/2 정도 크기로 좁게 썼다. 7획으로 이루어진 言 변을 쓰고. 賣 부분을 붙여 22획으로 이루어진 讀(두) 자는 좌-우 가로폭 크기를 비슷하게 해서체로 나타냈다.

라. 23, 25획 문자 麟 體 觀 구조

11획 사슴록변(鹿)을 왼쪽에 쓴 23획의 麟(린) 자는 좌측 鹿 부분의 가로폭을 크게 해서체로 썼다. 우측의 린 부분을 좌측의 변인 鹿 자 부분보다 가로폭은 좁게 나타냈으나 세로폭은 크게 나타냈다. 행간의 오른쪽으로 치우치게 작은 글자로 배자한 麟 자는 해례본에서 이름[鄭麟趾]를 나타내는 배자방법의 특징이다.

10획의 骨 변과 우측의 豊 부분을 붙여 나타낸 體(체) 자는 骨 의 가로폭을 우측의 豊 부분보다 좁게, 세로폭은 비슷하게 행서체로 나타냈다. 25개 획으로 구성된 觀 자는 좌측에 雚(관) 부분, 우측에 見 방으로 이루어졌다. 관 부분과 견 부분의 가로폭 크기는 비슷하나 세로폭은 관 부분을 견 부분보다 위쪽으로 올라간 해서체에 가까운 행서체로 나타냈다.

(도18) 훈민정음해례본 다획 한자의 배자 및 자형결구 일람도-1

획수	횡분할 다획한자					
	다획자 1		다획자 2		다획자 3	
20획		랍25ㄴ-2 蠟		제26ㄱ-7 蠐		석28ㄴ-1 釋
21획		계25ㄱ-5 鷄		류25ㄱ-4 鶹		학28ㄱ-7 鶴
21·22획		고01ㄱ-7 顧		양17ㄱ-6 穰		두19ㄱ-3 讀
23·25획	23	린29ㄴ-2 麟	23	체02ㄱ-3 體	25	관28ㄴ-7 觀

② 상하 위치 배획 구조 문자(도19)

상하위치로 배획하여 구성된 문자의 특징을 분석하여 본다.

가. 18, 20획 藇 蘆 문자 구조

4획 초두밑(艹)을 맨 위에 쓰고 14획의 與 부분을 아래쪽 부분에 배획하여 이루어진 藇(여) 자를 행서체로 썼다. 초두의 가로폭 크기를 여 부분의 가로폭 크기보다 넓게 사다리꼴 자형이 이루어지도록 해서체에 가까운 행서체로 썼다. 초두밑(艹)에 16획의 盧 자를 배획하여 이루어진 20획의 蘆 자를 해서체로 나타냈다.

나. 21획 문자 屬, 闢, 竈 구조

3획의 尸 부수 밑에 蜀(촉) 자 유사 획형이 들어가는 屬(속) 자는 21획형의 현대 인쇄체와는 아주 다른 자형으로 나타냈다. 尸 자 내부의 획수는 현대인쇄체에서 18획인데 비하여 해례본체에서는 획형도 다르면서 획수도 9획으로 줄여서 간결하게 나타냈다. 屬 자의 가로획 굵기는 세로획 굵기의 1/2 정도로 가늘게 나타냈다.

8획의 門 내부에 13획의 辟(벽) 자를 배획하여 쓴 21획 자형의 闢(벽) 자는 門 부분의 세로획은 서선을 굵게, 가로획은 가늘게 나타냈으나 辟 부분은 가는 선의 행서체로 나타냈다.

3획의 구멍혈(穴) 아래 내부에 土 와 힘쓸 黽(민)을 상하로 배획하여 이루어진 21획의 현대인쇄체 竈(조) 자를 민 부분을 많이 변형하여 17획 전후의 해서체로 나타냈다.

다. 24, 25획 문자 變, 靈, 籭, 籬 구조

해례본에서의 變 자의 자형은 위 부분 糸言糸 자의 言 자의 첫 점과 첫 가로선을 亠 자 자형으로 위로 돌출시켜 24획의 変 자형[變의 속자]의 變 자를 해서체로 나타냈다.

8획 비우(雨) 밑에 口口口, 아래에 巫(무) 이어서 24획의 靈(령) 자를 행서체로 나타냈다. 6획의 대죽(竹) 밑에 19획의 고울 麗(려) 를 붙여 25개획으로 이루어진 체사(籭)자가 있는데 해례본에서는 맨 아래 比 부분 획형을 厶厶 자형으로 변형하여 해서체로 나타냈다.

6획의 대죽(竹) 밑에 19획의 떼어놓을 離(리) 를 이어서 25획으로 나타낸 리 籬(리) 자는 離 부분 좌측부분을 변형하여 행서체로 나타냈다.

라. 28획 문자 鼊, 鑿 구조

13획의 임금 벽(辟) 밑에 13획의 힘쓸 黽(민) 을 쓴 26획의 거북 벽(鼊) 자를 해서체로 썼는데, 현대 인쇄체인 黽 부분을 해례본에서는 조금 다른 획형으로 나타냈다.

13획 丵(업)과 4획 칠 殳(수)를 머리 부분으로 하고 아래 부분을 金(금)자로 나타낸 28획의 뚫을 鑿(착) 자를 행서체로 나타냈다. 해례본의 鑿 자는 현대 인쇄체와는 획형의 차이가 많이 나타난다.

이상에서 좌우위치 배획문자 12자와 상하위치 배획문자 11자의 자형적 특징을 살펴보았다. 해서체형의 현대인쇄체와 해례본 서체는 획형과 부수 개수 상 차이가 많이 난다. 자형 및 획형 구조의 차이가 많이 나는 문자로는 횡분할(橫分割) 다획문자로 (도14)와 같이 12자 중 9자, 종분할(縱分割) 다획문자로 (도15)와 같이 11자 중 8자가 1개 문자의 부분 획형을 변형시켜 나타낸 것으로 확인된다. 변형시기지 않은 문자로는 蠐, 讀, 體 자와 藇, 闢, 靈 자 등 6자가 된다.

(도19) 훈민정음해례본 다획 한자의 배자 일람도-2

획수	종분할 다획한자					
	다획자 1		다획자 2		다획자 3	
18·21획	18	여25ㄱ-1 藇	20	로24ㄴ-3 蘆	21	속04ㄱ-3 屬
21·23획	21	벽05ㄱ-2 闢	21	조25ㄴ-7 竈	24	변19ㄱ-3 變
24·25획	24	령06ㄱ-8 靈	25	사25ㄱ-3 籭	25	리25ㄴ-6 籬
26·28획	26	벽26ㄱ-2 鼊	28	착27ㄱ-2 鑿		

(2) 다획구조 문자의 배자적 특징(도20)

(도18, 도19)의 다획(多畫) 문자의 행간배치를 크게 3가지로 배자하였다. 좌측편향 배자, 중간 배자, 우측편향 배자로 나누어 분석하여 보면 (도20)과 같이 분류된다. 행간의

중간에 배자하여야 하는데 놀랍게도 좌측편향배자가 6자(25%), 우측편향배자가 8자(33%)이고, 정상이라고 할 수 있는 중간배자는 10자(42%)로 반정도도 못되는 배자를 한 것으로 분석된다.

우측편향배자에는 蠐, 鑿, 變 자와 같이 오른쪽 파임이 있는 문자, 鼂, 矓, 觀 자와 같이 우측곡사향선이 있는 문자 등이 있는 것으로 분석된다.

(도20) 훈민정음해례본 다획 한자의 배자 유형 분석도

문자순	좌측편향 배자		중간 배자		우측편향 배자	
	횡분할문자	종분할문자	횡분할문자	종분할문자	횡분할문자	종분할문자
1	고01ㄱ-7 顧	여25ㄱ-1 萸	류25ㄱ-4 鶹	벽05ㄱ-2 闢	랍25ㄴ-2 蠟	조25ㄴ-7 鼂
2	독19ㄱ-3 讀	로24ㄴ-3 蘆	학28ㄱ-7 鶴	벽26ㄱ-2 鼊	제26ㄱ-7 蠐	착27ㄱ-2 鑿
3	양17ㄱ-6 穰	속04ㄱ-3 屬	계25ㄱ-5 鷄	령06ㄱ-8 靈	롱24ㄴ-1 矓	변19ㄱ-3 變
4			석28ㄴ-1 釋	리25ㄴ-6 籬	관28ㄴ-7 觀	
5			체02ㄱ-3 體	사25ㄱ-3 籭	린29ㄴ-2 麟	

5) 부호표시별 한자서체(도21, 도22)

해례본에 나오는 한자 728종 4,790자 중에서 성조(聲調)표시[39]가 된 문자는 아래와 같이 31종 60자가 있는 것으로 분석된다. 성조표시 문자는 정음편에 2자, 정음해례편에 58자가 되는데, 해례본 전체에 (도17, 도18)과 같이 상성(上聲) 6종 19자, 평성(平聲) 5종 8자, 거성(去聲) 16종 28자, 입성(入聲) 4종 5자로 나누어진다.

1. 상성 문자(좌상위치-긴 소리) : 上 長 處 强 稽 徵......6종
2. 평성 문자(좌하위치-낮은소리) : 部 治 探 畿 縱......5종
3. 거성 문자(우상위치-짧은소리) : 先 冠 易 和 見 要 相 復 爲 趣 調 論 應 斷 離 讀......16종
4. 입성 문자(우하위치-끝 막힘) : 別 着 索 塞......4종 계 31종

(1) 상성-평성 표시 구조의 문자(도21)

문자의 좌측상단에 나타내는 상성표시 문자는 6종 19자인데 上 자가 13자, 徵 자가 2자, 長-處-强-稽 자가 각각 1 자씩 나온다. 상(上) 자 세로획의 입필부분 왼쪽에 작은 원형이 보이도록 13자 모두 같은 구조로 나타냈다. 徵(치) 자의 상성은 재방변(彳) 첫 별획의 입필부분에 원형을 표시했고, 長 자는 첫 세로획의 입필부분, 處 자는 왼쪽부분 별획의 입필부분에 표시하였다. 强(강) 자는 弓(궁) 변 첫 가로획의 입필부분, 稽(계) 자의 벼화변(禾)의 瞥畫(별획 : 왼쪽 삐침)부분에 원형의 일부분만 살짝 걸치게 나타냈다.

문자의 좌측하단에 나타내는 평성표시 문자는 5종 8자인데, 縱 자가 3자, 夫 자가 2자, 治-探-畿 자가 각각 1개 문자씩 나온다. 縱 자 3자 모두의 평성표시는 糸 자 아래 첫점 수필부분에 살짝 걸치게 나타냈다. 29ㄱ5의 夫 자는 3획인 별획의 수필의 끝부분에 살짝 걸치게 나타냈는데 2ㄱ4의 夫 자는 별획 수필부분 위쪽에 다르게 표시했다. 治 자의 평성표시는 좌측의 하단 점[사선으로 나타냄]의 입필부분 아래쪽에 살짝 걸치게 나타냈다. 探 자의 평성표시는 좌측 세로획 끝부분의 鉤畫(구획)인 꺾인 부분 아래에 살짝 걸치게 나타냈다. 畿 자의 평성표시는 횡획 一 의 입필부분 아래와 田 부분 사이에 원형이 살짝 닿게 나타냈다.

39 성조표시는 문자의 4개 위치(좌상-좌하-우상-우하)에 표시하되 작은 원(ㅇ)을 문자(한자)에 살짝 걸치게 나타낸다. 이렇게 성조의 권점(圈點-등근점 : 원형(圓形)위치는 문자의 우하 위치에 띄어서 나타내는 구점(句點 : 마침표)과 중하 위치에 띄어서 나타내는 두점(讀點 : 쉼표)과 구분하여 나타내되 모양과 크기는 성조-구점-두점이 모두 같다.

(도21) 훈민정음해례본 한자의 성조(상성-평성)표시 자형 분석도

성조 위치		관련문자 집자				
상성표시문자-좌상위치	○□	상17ㄴ7 上	상18ㄴ1 上	상18ㄱ4 上	상19ㄱ7 上	상21ㄴ7 上
		상22ㄱ1 上	상22ㄱ3 上	상22ㄱ6 上	상22ㄱ8 上	상22ㄴ1 上
		상23ㄴ6 上	상24ㄱ2 上	상4ㄱ4 上	장4ㄱ6 長	처27ㄱ4 處
		강27ㄱ4 强	계29ㄴ3 稽	징-치2ㄴ4 徵	치10ㄴ5 徵	19자
평성표시문자-좌하	□○	부2ㄱ4 夫	부29ㄱ5 夫	치27ㄱ7 治	탐14ㄴ2 深	기14ㄴ2 幾
		종20ㄴ7 縱	종23ㄱ3 縱	종23ㄱ8 縱	8자	

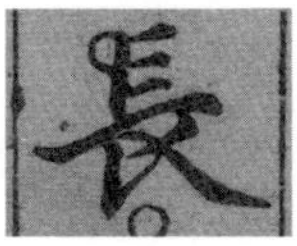

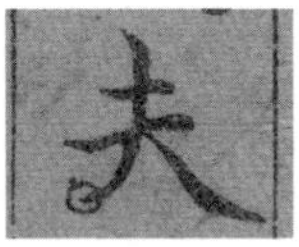

* 문자 배열 순서는 획수 순서임

(2) 거성-입성 표시 구조의 문자(도22)

문자 우측상단에 나타내는 거성(去聲) 표시 문자는 16종 28자로 4개 성조 중 가장 많은 편이다. 거성문자로는 復 자 7자, 易 자와 和 자가 각각 3자, 要 와 相 자가 각각 2개씩 나오고, 선(先)-관(冠)-위(爲) 자 등 1자씩 나온 문자가 11자가 나온다. 거성문자로 7개가 나오는 復 자의 성조 표시는 우상부분 둘째 횡획의 끝부분에 원형의 왼쪽부분이 살짝 겹치게 7자 모두 같은 모양으로 나타냈다. 3개 문자의 易 자의 거성 성조 표시는 日 부분 우측 상단에 원형의 좌측 선 부분을 살짝 닿게 해례편의 2개자를 비슷하게 나타냈으나, 복원 부분 예의편의 이(易) 자는 해례편 2개 문자와 조금 다르게 나타냈다. 3개 문자의 和 자의 거성 성조표시는 口 부분 우측상단에 원형의 좌측을 살짝 닿게 3개 문자를 비슷하게 나타냈다. 2개의 要 자는 첫 가로선 끝부분에, 2개의 相 자는 目 자 우측상단 모서리에 살짝 닿게 나타냈다.

1자씩 나온 先 자는 첫 가로선 끝부분, 冠 자는 첫 가로선 우측 끝부분, 견見 자는 目 부분 우측 상단에 원형을 살짝 닿게 나타냈다. 趣(취) 자는 耳 부분 우측 상단의 첫 가로선 끝부분, 調 자는 冂(경) 부분 우측 상단 방향 꺾이는 부분, 論 자는 人 부분 우측 파임획의 입필 부분, 應(응) 자는 广(엄) 부분 가로획의 수필 부분에 원형을 살싹 닿게 나타냈다. 斷(단) 자는 우측 斤(근) 부분의 첫 별획 입필부분, 離(리) 자는 隹(추) 부분의 우측 점, 讀 자는 우측상단 士 부분의 첫 가로획 끝부분에 각각 원형의 왼쪽 부분이 살짝 닿도록 나타냈다.

이러한 거성문자의 성조표시는 해당문자의 우측 상단의 가로획은 끝부분, 절획은 꺾임부분, 별획은 우측 입필 부분, 파임획은 좌측의 입필 부분에 원형이 살짝 닿게 하는 방법으로 나타냈다. 그런데 복원부분의 易(이) 자와 爲 자는 살짝 닿지 않고 띄어서 잘못 나타낸 것으로 분석된다.

문자 우측하단에 나타내는 입성(入聲)표시 문자는 4종 5자로 4개 성조 중 가장 적은 것으로 분석된다. 2자인 別 자는 亅(궐) 자 우측 하단 부분의 꺾임[鉤畫] 부분, 索(색) 자는 하단의 糸 자의 우측 사점의 끝부분, 着(착) 자는 目 자의 우측하단 부분의 오른쪽에 살짝 닿게 나타냈다. 그런데 塞(새) 자는 아래 부분 파임 획 중 방향 바뀌는 부분의 아래에 원형을 닿게 나타냈다.

(도22) 훈민정음해례본 한자의 성조(거성, 입성)표시 자형 분석도

성조 위치		관련문자 집자				
거성표시문자 – 우상위치	□ ○	선13ㄴ2 先	관6ㄴ4 冠	정본안易1ㄱ6	이11ㄴ8 易	이14ㄴ3 易
		화8ㄱ1 和	화13ㄴ3 和	화13ㄴ1 和	견12ㄴ6 見	요11ㄱ2 要
		요27ㄱ3 要	상8ㄴ5 相	상14ㄱ4 相	부3ㄴ6 復	부8ㄴ6 復
		부9ㄱ2 復	부9ㄱ2 復	부9ㄱ3 復	부9ㄱ3 復	부13ㄴ7 復
		정본안爲1ㄱ5	취27ㄱ7 趣	조27ㄴ8 調	논7ㄱ8 論	응28ㄴ2 應
		단2ㄴ4 斷	리7ㄱ3 離	두27ㄴ1 讀	거성표시 28자	입성표시 5자
입성문자	□ ○	색1ㄱ8 索	별9ㄴ8 別	별26ㄴ8 別	새22ㄴ3 塞	착23ㄴ2 着

* 전체문자 제4차 복간본에서 집자. 易, 爲 자는 정본안에서 집자함.

2.1.3. 한자서체의 형성

1) 훈민정음체와 안평대군 서체와의 관계성

(1) 서예론적 관계성

① 안평대군의 서예 및 학문활동

안평대군(1418.9.19.~1453.10.18.)은 조선 제4대 세종대왕의 셋째 아들로 태어나 35세에 세조(수양대군)에 의해 죽임(계유정란)을 당해 35세라는 짧은 생애를 마쳤다. 그는 영조 23년(정묘년-1747년)에 복관되었는데, 영조 35년(기묘년-1759년)에 장소(章昭)라는 시호가 내려졌다.

그는 조선4대[자암 김구, 봉래 양사언, 석봉 한호] 명필중의 한 사람이다. 그의 이름은 용(瑢)이고, 자는 청지(淸之)이며 호는 비해당(匪懈堂 : 게으름이 없는 뜻), 낭간거사(琅玕居士), 매죽헌(梅竹軒) 등 여러 가지로 불리었다. 그가 10세인 1428년(세종 10년)에 안평대군으로 봉해졌고, 12세에 좌부대언(좌부승지-공조, 병조판서 역임) 정연(鄭淵)의 둘째 딸과 혼인하였다. 그후 2남 1녀를 두었으나 부인은 안평대군 사사 6개월전 사망, 작은 아들은 부인 사망 4개월전 사망하였고, 큰 아들 내외, 딸은 1453년(단종 1년) 수양대군이 일으킨 계유정난(癸酉靖難)에 그와 함께 죽임을 당하여 후사가 없이 불운한 일생을 마쳤다.

안평대군은 시서화에 능한데 특히 그의 서체인 안평체는 '안평대군의 글씨가 명필 중에서도 으뜸이라는 것에 대하여 다시 평할 필요조차 없다' 고 천하제일의 명필이다.[40]라고 칭한다.

그는 중국의 조맹부체(송설체)를 잘 써 그의 이름이 당시에 명나라까지 널리 알려졌었고, 당시 중요한 글씨를 많이 쓴 것으로 소문은 나 있으나 현재 남아있는 것이 별로 없다. 아마도 세조가 그의 흔적을 모두 말살하였기 때문인 것으로 추정할 수 있다.

세종은 훈민정음을 만드는 과정에서 집현전학사들에게 운회를 번역하게 하면서 수양대군과 안평대군에게 관장하도록 했다.[41] 또한 훈민정음의 창제와 용비어천가의 제작 등에 깊이 관여했다.

---

40 김경임, 2013, 사라진 몽유도원도를 찾아서, 산처럼출판사, 61쪽.
41 심경호, 2018, 안평, 149쪽.

② 안평대군 서체의 개황 및 특징

가. 안평대군 서체 개황

안평대군의 많은 필적은 세조가 집권하면서 소멸시켰기 때문에 남아있는 것이 아주 드문 편이다. 안평대군 서체와 비교하고자 하는 훈민정음해례본이 해행서이기 때문에 해서, 행서, 해행서체로 된 안평대군 서체 자료만을 선정하였다. 그 중 경오자[42]로 찍은 활자본, 석각을 한 비문, 직접 필사한 금니사경 등에서 (표6) 관련도판에 제시된 (도23~도26)과 같은 12종을 선정하여 서체적 특징을 살펴보았다.

(표6) 안평대군의 필사서체(필사,활자,사경) 자료 일람표

순	자료명	판종	시기	서체	규격 cm	소장자	자료 출처	관련 도판	비고
1	상설고문진보대전 詳說古文眞寶大全	경오 자본	1450	해서	25.5×20	국립중앙 박물관	천고 57	도23	보물967호 2권1책
2	역대병요권제일 歷代兵要卷第一	경오 자체	1454	해서	33.1×21.4	일본교토 대도서관	이까 117	도23	
3	역대십팔사략권제일 歷代十八史略卷第一	경오 자체	1451	해서	-	日本足利 학교도서	천고 57	도23	천혜봉,한국 서지학,305
4	주문공교창려선생집 朱文公校昌黎先生集	경오 자체	1610	해서	-	-	천목 47	도23	경오자훈 련도감본
5	고사촬요 攷事撮要	경오 자체	1613	해서	-	-	천목 48	도24	경오자훈 련도감본
6	당송팔가시선서 唐宋八家詩選序	판본 모각	1447	해서	26.6×16.7	경북대	이문 93	도24	
7	법화경발 法華經跋	판본 모각	1448	해서	29.5×17.8	개인소장	동대 중앙	도24	2.이완우, 문예 93쪽
8	조송설증도가서 趙松雪證道歌序	석각	1452	해서	37.5×24	개인소장	이문 100	도24	海東名迹 後集
9	비해당용서 匪懈堂瑢書	석각		해행	33.5×21.4	국립중앙 도서관	이까 116	도25	東國名筆帖
10	지장보살본원경 地裝菩薩本願經	금니 사경	1446	해서	37.4×19.7	개인소장	이문 104	도25	梅竹軒筆帖 감지금니
11	지장경금니사경 地藏經金泥寫經	금니 사경	1446	해서	40.5×21.6	미국하버 드대학	이까 113	도25	인터넷 시사저널
12	몽유도원기 夢遊桃源記	비단 필사	1447	해서	38.6×70.5	일본천리 대	이문 114	도25	

* 보기 : 출처 **천고**-천혜봉, 고인쇄. **천목**-천혜봉, 목활자. **이까**-이완우, 까마. **이문**-이완우, 문예.
동대-동국대학교도서관. **중앙**-국립중앙박물관.

42 경오자본-천혜봉, 한국서지학, 1991, 민음사, 304쪽.
문종 즉위년(1450)에 안평대군 용의 글씨를 글자본으로 만든 동활자가 경오자이며, 그 활자로 찍은 경오자판, 경오자본이라 일컫는다.〈임신자라고도 함〉
경오자는 세조1년(1455)에 을해자를 주조할 때 모두 녹여버려 사용하였다. 이유는 세조의 왕위찬탈을 반대하다 죽임을 당했던 안평대군의 반감 때문에 폐기되었던 것으로 여겨진다.

(표6)에 제시된 12종의 안평대군 서체중 1~5번 자료는 경오자(안평 활자체)로 찍은 문헌들이다. 1, 4번 문헌의 판면은 9행 배자, 2, 3, 5번 문헌의 판면은 10행 배자를 했고, 판면 크기는 대체로 가로폭은 20cm 전후, 세로폭은 30cm 전후 정도로 서로 비슷한 편이어서 활자의 크기도 비슷하게 보인다. 경오자 큰 활자 서체는 유연한 자태의 송설체 유형의 해서체로 문자의 외형이 상하로 조금 긴 편으로 보인다. 3, 4번 서체는 유연하지만 1, 2, 5번 서체보다도 더욱 나약한 필력을 보여준다.

12종 중 6, 7, 8, 9번 서체는 앞의 활자본 1, 2, 3, 4, 5번 보다 더욱 유연한 필사체 느낌이 풍긴다. 7번 법화경발문[43]은 단정하면서 정연한 멋을 풍기지만, 6번과 8번 서체는 해서풍 보다는 행서풍이 많아 서선의 방향이 불규칙하여 산만한 느낌을 준다. 9번은 해서체로 쓴 匪懈堂瑢書(비해당용서)는 석각본으로 3행의 정돈된 해서체와 1행의 초서체, 2행의 초서풍의 행서체로 다양한 서체를 보여준다. 나머지 10, 11, 12번 서체는 가장 필사의 느낌이 나는데 10, 11번은 금니사경체이고 12번은 질서정연한 배자로 쓴 몽유도원도기(夢遊桃源圖記)이다.

이상의 12종 안평체중에서 훈민정음해례본체와 가장 유사하게 보여지는 서체로는 판본체형의 1번 상설고문진보와 2번 역대병요권제일과 필사체형의 7번 법화경발과 9번 비해당용서 3개행 등이다. 그런데 Ⅲ. Ⅳ 장 훈민정음해례본체와장법-결구법 특징을 분석하는 비교서체로는 문자의 종류수가 많고, 정돈된 해행서체인 판본형(경오자활자)으로 1번 상설고문진보, 2번 역대병요와 필사형으로는 11번 지장경금니사경, 12번 몽유도원기의 서체를 택하였다.

43 국왕 및 왕실 판본-천혜봉, 한국서지학, 1991, 민음사, 215-216쪽.
세종30년(1448년)에 승불심이 돈독한 효령대군이 조카 안평대군과 더불어 발원하여 법화경을 간행하였는데, 특히 이 책 끝에는 안평대군이 정성껏 써서 새긴 발문이 붙어 있어 학인들의 이목을 끌게 한다.

(도23) 안평대군 판본 및 필사서체별 문헌의 문장 서체 비교도-1

1. 상설고문진보대전권지칠 1450 경오자본	2. 역대병요권제일 1454 경오자체
3. 역대십팔사략권제일 1451 경오자체	4. 주문공교창려선생집 1610 경오자체 훈련도감본

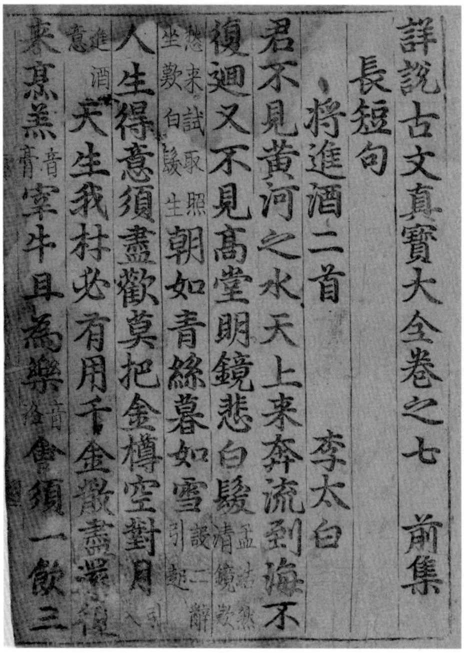

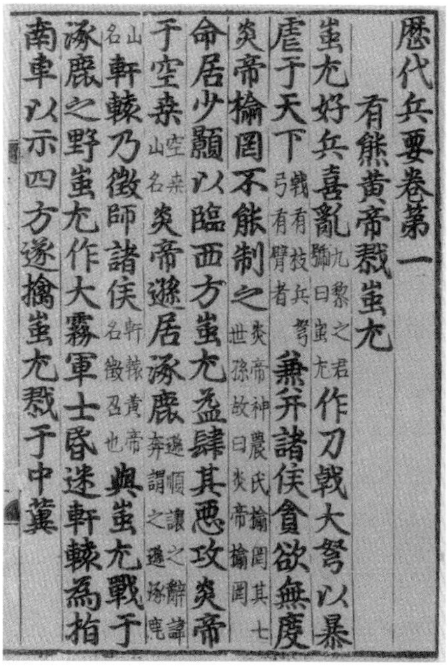

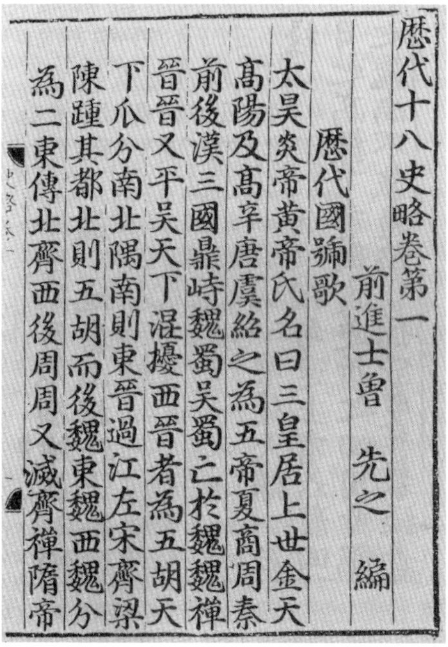

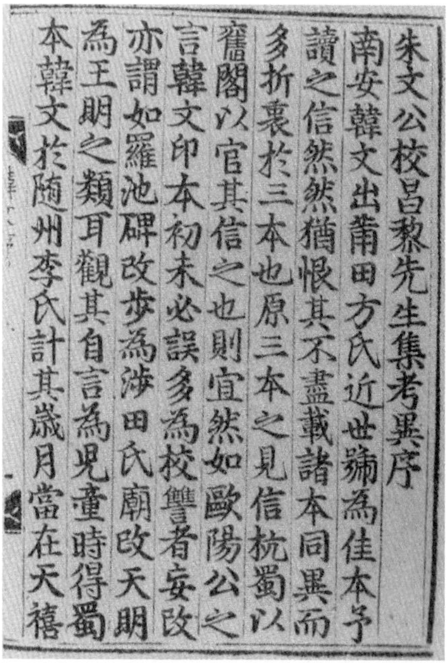

(도24) 안평대군 판본 및 필사서체별 문헌의 문장 서체 비교도-2

5. 고사촬요 1613 경오자체훈련도감본	6. 당송팔가시선서 1447 판본모각
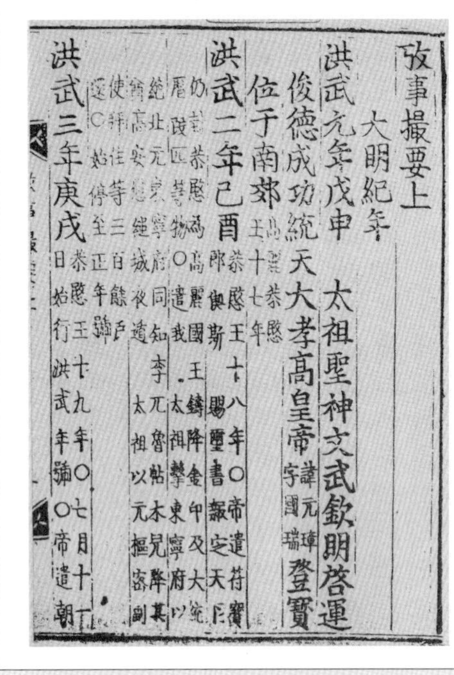 攷事撮要上 大明紀年 洪武元年戊申 太祖聖神文武欽明啓運俊德成功統天大孝高皇帝 諱元璋 字國瑞 登寶位于南郊 高麗恭愍王十七年 洪武二年己酉 恭愍王十八年○帝遣符寶郞偰斯賜璽書誥定天下 [illegible] 洪武三年庚戌 恭愍王十九年○七月十一日始行洪武年號○帝遣朝	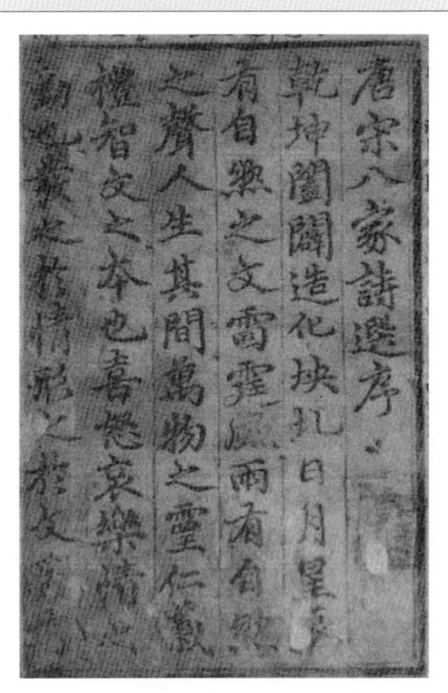 唐宋八家詩選序 乾坤闔闢造化块圠日月星辰有自然之文雷霆風雨有自然之聲人生其間萬物之靈仁義禮智文之本也喜怒哀樂情之動也發之於情形之於文
7. 법화경발 1448 판본모각	8.조송설증도가서 1452 석각본
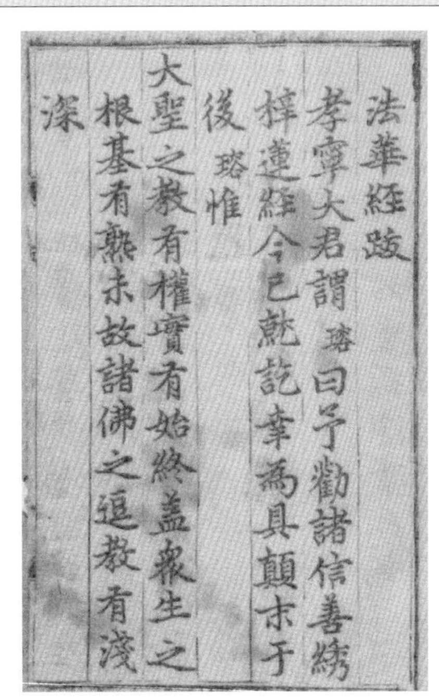 法華經跋 孝寧大君謂 瑢 曰予勸諸信善綉梓蓮經今已就訖幸爲具顚末于後 瑢惟 大聖之教有權實有始終蓋衆生之根基有熟未故諸佛之道教有淺深	 類狗之患也皇元趙孟頫獨追晉法精於筆趣繼緒千古高視後世我 世宗莊憲大王以孟頫所書證道詩一帖三體全彰八訣不遺 命鐫于石俾世之

(도25) 안평대군 판본 및 필사서체별 문헌의 문장 서체 비교도-3

9. 비해당용서 ? 석각본

10. 지장보살본원경 1446 감지금니사경

菩薩天龍八部聞釋迦牟尼
大威神力不可思議歎未曾
香華天衣珠瓔供養釋迦牟
切衆會俱復瞻禮合掌而退
地藏菩薩本願經卷下

11. 지장경금니사경 1446 금니사경

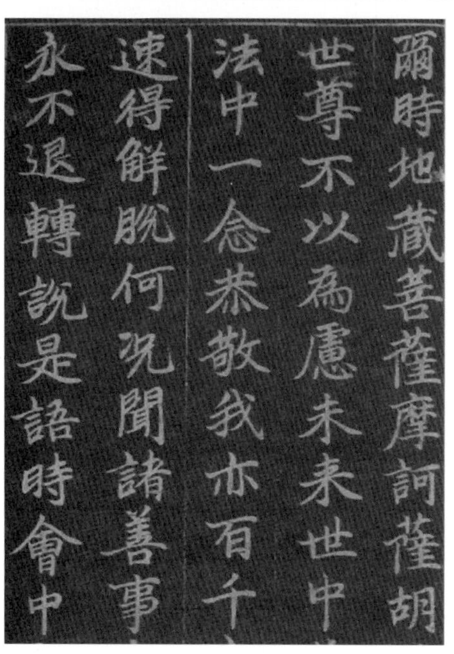
爾時地藏菩薩摩訶薩胡
世尊不以為慮未來世中
法中一念恭敬我亦百千
速得解脫何況聞諸善事
永不退轉說是語時會中

12. 몽유도원기 1447 비단필사

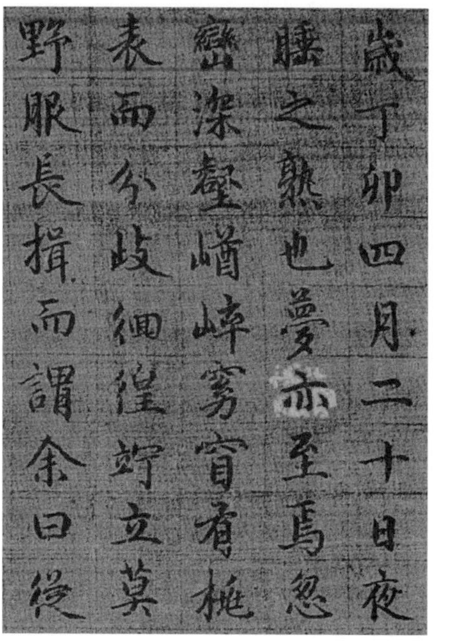
歲丁卯四月二十日夜
睡之熟也夢亦至焉忽
巒深壑崷崒窈窅有桃
表而分歧徊徨竚立莫
野服長揖而謂余曰從

나. 안평대군 서체의 특징

현존하는 국내 국어학자. 역사학자, 미술사학자. 서지학자, 서예가들의 저서에 서술한 안평대군 서예에 대한 서평을 발췌하여 보면 (표7)과 같다. 모든 서평자들의 안평대군에 대한 공통적인 서평은 조선시대 3, 4대 명필가의 한사람으로 송설체를 잘 쓰는 사람으로 중국에 까지 필명을 날린 사람으로 높이 평가했다.

안평대군의 서체에 대한 형태적 서평을 다음과 같이 높이 평가했다.

- 몽유도원기는 '우아하지만 강건한 아름다움' '우아한 고전미의 전형미가 있다. 안평의 글씨는 '용이 천문으로 뛰어 오르고 호랑이가 누각에 누워 있는 듯하나, 수려하고 정기가 있다. .....김경임 서평문
- 안평의 서체는 조맹부체를 연미하고 부드럽게 소화한 것과 북위풍의 필법으로 직선적이고 강하게 소화한 것이 있다.....김정남 서평문
- 안평의 글씨는 골이 들어있고 활달하면서도 우아하고 귀족적인 필체를 구사하였다. 결구(結構)가 고아하고, 점획이 근엄하며, 강건하면서도 원활(圓滑)하고 창건(蒼健)하면서도 아름다워, "꽃같이 아름다운 자태가 무궁하고, 햇살 같은 신채 기이함도 가지가지"라고 노래했다.....심경호 서평문
- 오로지 조자앙만 본 받아서 호매함이 서로 막상막하였고, 늠름하게 날아 움직이는 기상이었다..... 송종관 서평문
- '몽유도원도'발문을 보면 골기가 드러나지 않는 유려한 점획, 균제미가 뛰어난 결구는 안평체의 전형미의 표본이라 할 만하다......이동국 서평문
- 안평의 글씨는 오로지 자앙(子昂 : 趙孟頫)를 방하였으나 그 호매함은 서로 상하를 겨루었다. 늠름하고 움직일 듯 한 뜻이 있다.(성현-용재총화)....안휘준 서평문
- 청지(淸之, 李瑢)는 빼어나게 아름답고 사랑스러우며 재기가 가장 우수하여 마땅히 자앙(子昂)과 위아래를 면치 못했다. ......이완우 서평문
- 당시 명필가로 널리 알려졌던 안평대군의 독특한 글씨체가 특히 큰자에 박력있게 잘 나타나 있다...천혜봉 서평문

(표7) 안평대군 필사서체의 서체적 특징론 일람표

순	평자	근거 자료			서체 특징
		자료	년도	쪽	내용
1	김경임	사라진 몽유도원도를 찾아서,	2013 산처럼 출판사	48	이영서 평-삼절에 비유함. 서법은 뛰어나 천하제일이 됐고...
				60	1) 비해당의 글씨는 왕우군(王右軍 : 왕희지)의 필법을 얻어 마치 용이 천문으로 뛰어 오르고 호랑이가 누각에 누워 있는 듯하나.....
				58	2) 몽유도원도의 기문인 도원기는 이러한 안평체의 특징인 힘차고 우아한

					고전미의 전형미를 보여준다 할 것이다. 재인용 : 이완우, 2003, 안평대군 이용의 문예활동과 서예, 한국학술재단, 108-110쪽 참조.
				57~58	- 조맹부보다도 송설체를 더 잘 쓴 사람이라고 칭송하였다. - 그의 송설체는 조맹부의 송설체보다 더 수려하고 정기가 있다는 예찬을 받았다. - 왕희지의 고법을 온전히 실현한 안평대군의 글씨는 조맹부의 송설체를 능가하는 강인한 고전미를 지니면서 '안평체'라는 독특한 경지를 이루었다. - 한마디로 말하면 안평대군의 서체는 '우아하지만 강건한 아름다움'이라고 말 할 수 있다. - 안평대군의 수려한 성품과 강건한 기상이 표출된 것이라고 말 할 수 있다.
2	김영복	조선 전기의 명필 안평대군 2	스마트 K 2016. 11.23	kbs 진품 명품 해설 위원	김영복의 서예이야기 : 조선의 글씨 훈민정음 글씨는 전형적인 송설체로 훈민정음이 반포될 때는 1446년, 안평대군이 스물아홉 살일 때입니다. 그의 서른여섯 인생에서 이름이 그 정도 났다면 29세에는 이미 글씨로 이름을 드날렸을 것으로 추측할 수 있습니다. 스무 살 무렵부터 글씨로 이름을 날리지 않았을까 생각되는데, ――훈민정음 필사 주장설[생략]―― 안평대군이 썼다고 전해지는 천자문도 있으나, 그것은 격이 다소 떨어지는 느낌이 있습니다. 나이에 따라 글씨는 다소 다를 수 있겠지만 확신하기는 어렵다고 여겨집니다.
3	김정남	왕의 글씨, 어필	2018.8.1 민속원	328	안평대군은 1428년(세종10년)에 대군에 봉해졌고, 어려서부터 학문을 좋아했고, 시문-서-화에 모두 능하여 삼절(三絶)이라 칭하였다.
				338	안평대군의 서체는 크게 연미한 형태의 서체와 직선적인 형태의 서체로 구분하여 쓰여지고 있다. [전자의 서체는 몽유도원기, 후자의 서체는 임영대군 묘표, 세종대왕 영릉 신도비문]
				342	안평대군 두가지 서체 : 1. 조맹부체를 연미하고 부드럽게 소화한 것. 2. 북위풍의 필법으로 직선적이고 강하게 소화한 것 [338쪽 관련내용 요약]
4	심경호	安平	2018 알마 출판사	13	- 안평대군은 조맹부의 송설체를 모범으로 삼아 조맹부체를 배워, 골이 들어있고 활달하면서도 우아하고 귀족적인 필체를 구사하였다.
				150	훈민정음 : 안평대군은 문종, 수양대군과 함께 훈민정음 창제와 용비어천가의 제작 등에 깊이 간여하였다.
				16 1116	정조는 "안평대군 글씨가 국조(國朝)의 명필 중에서도 으뜸이라 하는 것에 대해서는 다시 말할 필요가 없다"라고 고평했다. 홍재전서 제165권, 16쪽. 1116쪽
				1117	사찬(史纂)의 간본도 그의 글씨인데, 결구(結構)가 고아하고, 점획이 근엄하며, 강건하면서도 원활(圓滑)하고 창건(蒼健)하면서도 아름다워 종요(鍾繇)의 해서(楷書)와 채옹(蔡邕)의 예서 두가지 장점을 실로 다 갖추었으니 이는 또 그의 글씨 중의 특별한 한가지 체이다. 1117쪽
				536	박팽년은 안평대군의 글씨를 "꽃같이 아름다운 자태가 무궁하고, 햇살 같은 신채 기이함도 가지가지"라고 노래했다.
					안평대군이 해서로 쓴 도원기를 보면 점획이 유려하고 결구는 균제미가 빼어나다. 이것은 조맹부의 송설체보다도 더욱 정돈된 안평체를 전형적으

					로 보여주는 것으로 평가된다.이동국 논평,
				543	안평대군은 조맹부의 송설체를 모범으로 삼으면서 비동하는 미학을 완성했다. 서거정의 평 : "중원의 문장인 두 칙사가 한번보곤 왕희지-조맹부를 얻었다 기뻐하며.(중략) 북경으로 가져가서 비싸게 팔아, 그 명성을 천하에 가득하게 했도다"라고 했다.
				548	문종 즉위식 극찬- 명나라 봉어(奉御 : 6품) 정선(鄭善)이 경복궁 다례전에서 "예겸과 사마순이 안평대군의 글씨를 가지고 가서 바치니 황제가 조맹부의 서체라고 극찬했다"라고 전했다. *[예겸, 사마순-(명) 세종시기 래조 사신] 문종실록 원년. 명나라 사신일행에 눈에 띄어 높이 평가됨
				152	- 훈민정음의 구조-....글자체는 왕희지체에 토대를 둔 조맹부 해행체이다. 이체자를 사용한 것이 있다.
5	송종관	송설체 연구	2010년도 박사학위 논문	127	안평대군이 오로지 조자양만 본 받아서 호매함이 서로 막상막하였고, 늠름하게 날아 움직이는 기상이었다.(용재총화 202쪽) [조맹부의 송설체와 한국서예에 관한 연구]
6	이동국	서예가열전7 몽유도원도	2006.9.8	경향 신문	조선초기-안평대군(하) 조형적으로 보통 해서의 기준작품으로 치는 '몽유도원도'발문을 보면 골기가 드러나지 않는 유려한 점획, 균제미가 뛰어난 결구는 안평체의 전형미의 표본이라 할 만하다. 이러한 점은 조맹부의 증도가와 비교해 보아도 확인되는데, 동일한 서풍속에서도 안평대군의 글씨가 증도가보다 더욱 정돈된 필획으로 구사되고 있음을 알 수 있다.
7	안휘준	안견과 몽유도원도	2009.10.8 (주)서화 평론	33-34	**세종조 예단을 이끈 안평대군** 비해당(안평의 당호)은 왕자로서 학문을 좋아하고 더욱 시문에 뛰어났다. 서법(書法)은 뛰어나 천하에 제일이 되었고, 또 그림과 음악을 잘 하였다.(성현-용재총화)
				43	**시서화 삼절의 안평대군** 시서화 중에서 안평대군자신이 가장 특별한 분야는 서예이다. 그의 서예는 국내는 물론 중국 사싱들을 통하여 그곳에까지 널리 알려졌었다. ...남아있는 작품은 몽유도원도에 쓴 글씨들, 즉 제자,권두의 시문, 그리고 제기(題記)가 대표적이다.
				44	안평의 글씨는 오로지 자앙(子昻 : 趙孟頫)를 방하였으나 그 호매함은 서로 상하를 겨루었다. 늠름하고 남아 움직일 듯한 뜻이 있다.(성현-용재총화)
				45	안평대군은 이 밖에 문종2년에 주조활자를 위한 임신자(壬申字)를 쓰기도 하였고, 앞에서 본 대로 금니(金泥)로 사경(寫經)을 하기도 했다.
8	이완우	월간지 월간까마 韓國의 名書家	安平大君 李瑢 1	114	**조선 3대서예가** : 조선시대 서예사를 빛낸 삼대가를 든다면 누구든지 안평대군 이용(李瑢,1418~1453), 석봉 한호(韓濩,1543~1605), 추사 김정희(金正喜, 1789~1859)를 거론할 것이다. 추가로 백하 윤순(尹淳, 1680~1741) 포함.
			安平大君 李瑢 4	114	**조선시대 이광사 서결(일부) 평문** : 청지(淸之, 李瑢)는 빼어나게 아름답고 사랑스러우며 재기가 가장 우수하여 마땅히 자앙(子昻)과 위아래를 면치 못했다.(조맹부의 필법만을 사용했기 때문에 고법이 적어졌고, 속스러움을 면치 못했다는 혹평)

			安平大君 李瑢 4	114	**이완우 이용 평가** : 그의 서예는 조선왕조 서예사에 있어서 가장 뚜렷한 위치를 차지한다. 우선 당대의 유행서풍인 조맹부의 송설체를 추종했던 중국의 원-명대 서예가를 뛰어넘는 경지에 이르렀고, 나아가 송설체의 확산을 적극 선도하여 후대에 많은 영향을 끼쳤기 때문이다.
			安平大君 李瑢 4	114	**이완우 평가결론** : 만약 안평대군이 정변에 희생되지 않고 일반인과 같은 생을 누렸다면, 그의 독자적 풍격이 보다 뚜렸해졌을 것이고 후세에 끼친 영향도 더욱 심대해 졌을 것이다.
9	천혜봉	韓國 書誌學 민음사 1997	경오자본	304	**경오자본** 문종 즉위년(1450)에 안평대군 용의 글씨를 글자본으로 만든 동활자가 〈庚午字〉이며, 그 활자로 찍은 책을 〈경오자판〉 또는 경오자본이라 일컫는다. 당시 명필가로 널리 알려졌던 안평대군의 독특한 글씨체가 특히 큰 자에 박력있게 잘 나타나 있다.
				308	....경오자는...현재까지 알려진 것으로 고금역대십팔사략, 고문진보대전 후집, 역대병요 뿐이며, 그것도 모두 일본으로 유출되었고...

③ 안평대군의 훈민정음해례본 필사설

훈민정음해례본 한자서체를 안평대군이 썼다는 친필서 관련설을 연도순서에 따라 훈민정음 관련문헌 및 논문을 통해 분석해 보면 (표8)과 같다. 그러나 아직도 안평대군 친필이라는 근거 있는 연구는 없다.[44]고 한 바와 같이 연구된 결과가 없어 그 동안 공개된 필사설과 필자가 설문지를 통해 조사한 필사설의 결과를 밝혀본다.

가. 기존발표 필사설(1940~2018)

안평대군이 훈민정음의 한자를 필사했다는 주장설은 1954년에 정철이 쓴 '원본 훈민정음의 보존 경위에 대하여'(국문학 제9호 15쪽)라는 글을 비롯하여, 2018년 심경호의 저서 安平 책에 제기되는 등 (표8)과 같이 60년 이상 기간 동안 제기되고 있으나 확실한 증거를 찾아보기 어려운 실정이다.

(표8) 같은 14인의 안평대군 필사 관련설을 보면 '첫째 안평이 썼다.' 는 확신설이 8인과 둘째 '안평이 썼을 것이다.'라는 예상설이 6인으로 확신설이 많은 편인데, '셋째 안평의 글씨가 아니다.'라는 부인설이나 다른 필사자가 거론된 사실을 찾아보기 어려운 상황이다. 이러한 설들은 정황적 증거는 되지만 증거가 확실한 확정설은 아직 찾아보지 못했다.

---

44 백두현, 2018, 3. 어문론총 제75호, 한국문학언어학회, 9-41쪽, 10쪽.
...이용준이 안평대군 서체를 모방하여 낙장을 보사(補寫)해 넣었다...각주2) 내용-안평대군이 해례본의 글씨를 썼다는 것이 통설이지만, 실제 자료를 비교하여 객관적 검증을 위한 연구는 없다.

(표8) 훈민정음해례본 바탕서체의 안평대군 필사 관련설 일람표

순	주장자	근거 자료			주장설
		자료	년도	쪽	내용
1	정철	국어국문학 제9호	1954.5	15	**원본 훈민정음의 보존 경위에 대하여** '훼손된 부분.....이용준님(선전에 입선한 서예가)으로 하여금 원본서체와 비슷하게 서사시켰다. '원본은 연미정제한 서풍으로 일가를 이루우신 **안평대군의 글씨가 분명하며,** 이용준님은 안평대군체에 조예가 있었으므로 글씨 자체로 봐서는 거의 다름 없었으나....'[경북 안동고 교사]
2	이상백	디지털 한글박물관 해설서	1957 통문관	영인본 1책	해설 ....**글씨를 쓴 이는 당대의 명필이자 세종임금의 셋째 아들인 안평대군 용(瑢)인데** 임금의 글은 방정한 해서체(楷書體)로, 신하의 글은 단아한 해행서체(楷行書體)로 썼다.
3	권정선	한글1	1992	307	**글자는 안평대군의 글씨이다.**
4	서병국	신편 훈민정음	1981 학문사	9 인용문	정철——鄭揮萬, 1954, 원본 훈민정음의 보존 경위에 대하여, 국어국문학 제9호 '창제당시 원본을 쓰신 **軟美整齊한 안평대군 글씨체**로 조선미술전람회 서예부에 입선한 李容準님이라....'
5	안병희	훈민정음 해례본과 그 복제에 대하여	1997.12 진단학회	별쇄본 200	해례본의 서체가 언급한 계제에, 그 책의 版下 곧 판바탕의 글씨에 대한 소견을 덧붙이기로 한다. 일찍부터 **해례본은 안평대군의 글씨를 판각한 것으로 생각되어 왔다.** 우리는 1448년(세종30년)에 안평대군이 손수 짓고 쓴 法華經跋 이 이 책과 같다는 사실을 지적한 일이 있다, 그런데 최근에 발견된 唐宋八家詩選에 실린 1444년의 안평대군 자필서문은 夢遊桃源圖의 안평대군의 기문 글씨와 함께 이것을 다시 확인하여 준다. 해행서체로 된 唐宋八家 詩選序는 해례본의 글씨와 너무나 흡사하다.(사진5,6) 이로써 우리는 해례본의 판바탕은 본문과 해례에서 서체상 차이가 있으나 한 사람의 글씨인데, 그것은 세종의 명령에 따라 **안평대군이 직접 쓴 것으로 믿는다.**
6	이동국	서예가열전 안평대군 上	2006. 1.15	경향 신문	훈민정음이 반포되던 세종실록26년(1444년)2월16일 기사를 보면 송설체만 잘 쓸줄 알았던 안평대군 이용(1418~1453)이 훈민정음 창제에도 깊이 관여했다는 사실이 보인다....동궁(東宮)과 진안대군 이유, 안평대군 이용으로 하여금 그 일을 관장하게 하였던 것이다.[참여사실]
7	홍기문	증보 정음발달사	2016	23	훈민정음해례본의 글씨체는 세종30년(1448)효령대군과 안평대군이 소헌왕후의 추천을 빌며 묘법연화경[보물 제766호]를 간행했는데 권말에 안평대군이 쓴 말문이 있는 묘법연화경과 글씨체가 완전일치하고 있어 안평대군의 글씨임을 알 수 있다. 안병희, 훈민정음 연구, 서울대학교 출판부, 2007, 40-42쪽. [이상규 외 주해]
8	송종관	조맹부 연구	2010.2 박사학위 논문	170	...이는 세종조가 훈민정음과 삼강행실도가 모두 송설체를 자본으로 하였고, 나아가 문종2년에 주조된 동제활자도 송설체를 꽃 피운 안평대군의 글씨를 자본으로 하여 만들어졌던 사실로 입증된다. [조맹부의 송설체와 한국서예에 관한 연구]
9	박물관	한글이 걸어온 길	2014. 10.9	28	...그런데 목판본의 밑바탕이 되는 원고[板下]의 글씨를 쓴 사람[板書者]이 세종의 셋째 아들이었던, 당대의 명필 안평대군(安平大君) 용(瑢)이기 때문에. 이 책자는 서예학 측면에서도 주목의 대상이 된다. [국립한글박물관]

10	김슬옹	훈민정음 해례본	2015 교보문고	34~35 93	...안평대군 또한 〈운회〉의 번역 및 감독에 참여하고, 〈훈민정음〉 해례본 인쇄를 위한 글씨를 썼다고 하나 관련기록은 남아있지 않다..안평대군은 세종대왕신도비의 글을 쓸 만큼 글씨와 문장에 탁월한 재능을 지닌 것으로 알려졌다....34-35쪽. ...한자의 서체(衛夫人體, 중국 서예가인 왕희지의 서체)와 종이 질도 예스럽다....93쪽
11	정우영	언해본의 복원연구	2015. 1.26 한글 박물관	학술 대회 발표지	...서체는 안평대군 필체를 이씨의 3남 容準씨가 해례본에서 찾아 모사함으로써 원본에 가깝게 복원되었다.(정철,1954, 안병희, 1997 : 훈민정음 해례본과 그 복제에 대하여, 진단학보 84, 진단학회 191~202. 4 맺음말 ....원전과 동일한 筆致(안평대군 서체)와 굵기로 된 해서체로 복원하는 문제,.... 훈민정음해례본과 언해본의 복원연구, 회고와 전망
		언해본의 판본-서지, 복원 연구	2018. 9.28 국립 한글 박물관	훈민 정음 연구의 성과와 전망 1 28, 29	1. ....행서체든 해행서체든 판하본의 글씨를 쓴 주인공은 **세종의 셋째 아들안평대군 이용으로 알려져 있다.**(각주15) 2. ...안병희 주장론을 제기하면서 확증할 만한 기록이 없다. 즉 정황적인 증거는 여러 가지가 있으나 확실한 물증은 아직 발견되지 않고 있다. 3. 학계에서는 거론되지만 검증된 적은 없는 안평대군의 작품둘을 대상으로 국어학자와 서예학자 공동으로 기준을 마련해 과학적으로 입증할 필요가 있다. 4. 2항 각주 내용 요약 : 묘법연화경의 안평대군 법화경발 서체나 훈민정음 서체와 유사율이 90% 이상은 된다고 하면서 연구 필요성을 제기하였다. 훈민정음해례본과 언해본의 판본-서지, 복원 연구의 회고와 전망
12	김영복	조선 전기의 명필 안평대군 2	2016. 11.23		김영복의 서에이야기 : 조선의 글씨 ....그렇다면 훈민정음에 그의 손을 빌릴 만하지 않았을까, **개인적으로는 100퍼센트 심증이 있습니다**. 누가 훈민정음을 썼는지 이야기되는 바가 없는 것이 이상합니다. 아마도 세조가 정권을 잡으면서 자연스럽게 묻혀지지 않았을까 싶습니다.
13	백두현	어문론총 제75호	2018.3 한국문학 언어학회	9~ 41. 10	주제 : 훈민정음해례본 낙장의 권두서명과병서행 복원방안 연구 이용준이 안평대군 서체를 모방하여 낙장을 보사(補寫)해 넣었다...각주2) 내용-안평대군이 해례본의 글씨를 썼다는 것이 통설이지만, 실제 자료를 비교하여 객관적 검증을 위한 연구는 없다
14	심경호	안평 (安平)	2018.3	169	...혹 훈민정음 해례본의 글씨는 안평대군이 썼다는 주장도 있다. 해례본의 글자체는 조맹부의 송설체로 쓰여 있는데, 안평대군은 송설체를 철저히 배운 서법가이기 때문에 그러한 말이 있게 된듯하다. 안평대군 시절에는 그 이외에도 여러 사람들이 송설체를 중시했으므로 송설체의 글씨라고 해서 안평대군이 썼다고 단정할 수 없을 듯하다. 이 역시 입증이 필요하다.
				170	(표)훈민정음해례본의 관여 인물들-내용 일부 송설체 서사(書寫) : 안평대군 서사 추정
				173	-훈민정음의 창제에 참여하고 훈민정음해례본의 서사(書寫)를 담당했으리라는 추정도 무의미하다고만은 말 할 수 없다.
				389	정인보는 '훈민정음 영인본에 서하다'에서 훈민정음 창제에 간여했을 것이라고 추정하기까지 하였다.
				1148	안평대군연보 1446년 세종28 9월 상순(양 10월 상순) 훈민정음이 완성되어 해례(解例)를 반포했다. 안평대군은 문종, 수양대군과 함께 훈민정음 창제에 간여했으리라 추정된다. **해례본 글씨는 안평대군이 썼다고 한다.**

나. 설문결과 필사설(2018. 12. 8. 최초설문-2020. 9. 8. 확인설문)

훈민정음해례본 한자서체를 누가 썼을까? 에 대한 (표8)과 같은 안평대군 필사설을 심도 깊게 파악하기 위하여 현재 국내 서체관련 연구의 정상급 전문가 50인(국어학계, 역사학계, 미술사학계, 서체계, 서예계, 출판계, 한학계)을 대상으로 다음과 같이 설문을 통해 파악해 보았다.

설문지 표지

안평대군 탄생 600주년기념 학술대회 발표주제

訓民正音과 安平大君 漢字書體와의 關係性 考察

-훈민정음해례본 한자를 안평대군이 썼을까?-

주제 연구에 대한 설문지

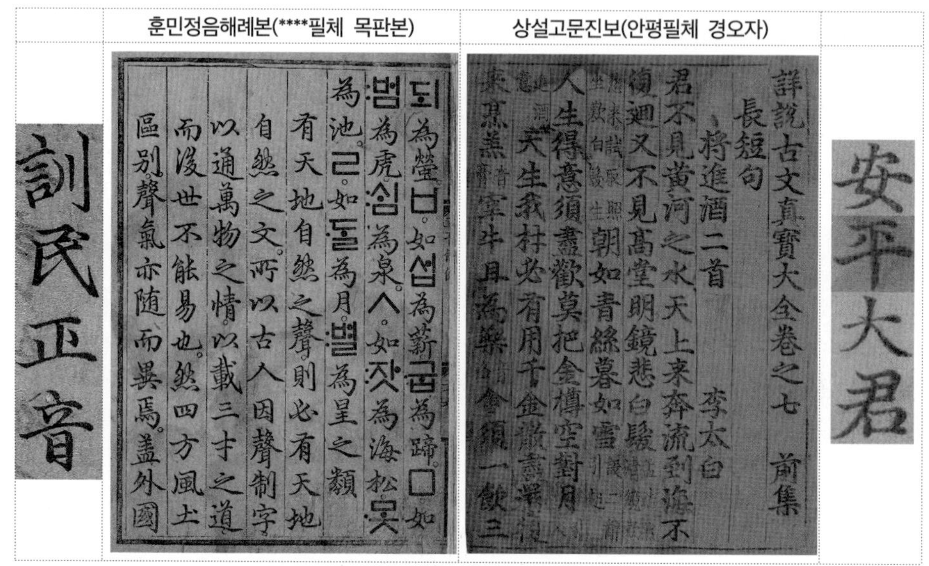

학술대회 안내

일시 : 2018. 12. 8(월) 13.30~18 : 00

장소 : 성균관대학교 퇴계인문관 31409호

주최 : (사) 한국서예학회

설문지 작성자 박 병 천 (경인교육대학교 명예교수)

연락처 연구실 서울 종로구 경운동 운현궁SK오피스텔 1409호

주소지 충북 음성군 금왕읍 봉곡길 42번길 4-7 한내골옛글집

휴 010-3709-7828 전 070-7752-4462

훈민정음과 안평대군 서체와의 관련설에 대한 설문지

설문취지

저는 올해 5년차 훈민정음해례본의 한글과 한자서체 연구를 하고 있습니다. 저는 한글서체미에 관한 분석연구(1977년도 석사학위 논문)와 中國 歷代名碑帖의 書藝美硏究(1987년도 박사학위 논문)를 해온 경험을 바탕 삼아 해례본의 한글-한자서체 연구를 착수하여 마무리 단계에 이르고 있습니다. 그런데 한자 서체연구 중 훈민정음해례본의 바탕서체[版下書體]를 쓴 필사자를 밝히는 상황에 가장 큰 애로를 느끼고 있습니다.

마침 2018년은 조선시대 3대 명필가로 훈민정음해례본의 한자 서체를 필사했다는 설로만 밝혀지고 있는 송설체의 대가이며 세종대왕의 3남인 안평대군(1418~1453) 탄신 600주년이 되고, 당대의 명필가로 훈민정음 한글 서체를 꾸몄을 것으로 추정하는 강희안(1418~1465) 탄신 600주년이 되는 뜻 깊은 해이기도 합니다.

따라서 이를 기념하기 위해 2018년 12월 8일(토)에 (사)한국서예학회 주최로 **안평대군 이용(李瑢) 탄신 600주년 기념** 학술대회를 개최하게 되었고, 이에 제가 다음과 같은 주제 발표를 하게 되었습니다. 훈민정음해례본 한자 필사자를 밝히기 위해 다음과 같은 주제의 연구를 진행하고 있습니다.

훈민정음과 안평대군 한자서체와의 관계성 고찰
-훈민정음해례본 한자를 안평대군이 썼을까? -

안평대군이 훈민정음해례본에 나오는 한자 728종 4,790자의 밑바탕[版下]서체를 썼을 것이라는 정황적인 관련설[첨부자료 참조]만 무성하고, 이에 대한 확증적인 증거가 없어 국어학계, 역사학계, 미술사학계, 서예계 등의 학문연구와 창작활동 분야의 권위자이신 님께 고견을 받고자 결례를 무릅쓰고 다음과 같이 자문을 받고자 하오니 후학을 보살펴 주시는 뜻에서 간단히 답하여 주실 것을 부탁드립니다. 감사합니다.

2018.11.25. 박병천 부탁올림

설문답신 작성 방법

다음과 같은 자료를 첨부하여 보내드립니다. 검토하여 보시고 훈민정음해례본의 한문서체가 안평대군의 필사 서체인지에 대한 답변을 **12월 2일(일) 전**에 휴대폰 문자로 알려 주시면 고맙겠습니다. [아래 자료는 반송하지 않습니다.]

1. 훈민정음해례본 한자서체[版下書體]에 대한 안평대군 필사 관련설..2-3쪽(2쪽)
2. 훈민정음해례본과 안평대군체 관련의 필사 및 판본자 비교도....4-21쪽(18쪽)

설문지 작성방법

안평대군 필사 진위에 대한 의견
1. "안평이 썼다."라는 확신설(론-안)........................(　　　　　)
2. "안평이 썼을 것이다"라는 예상설(론-안)................(　　　　　)
3. "안평의 글씨가 아니다"라는 부인설(론-안)............(　　　　　)

보충 말씀 있으시면
* 예1 : 누구의 서체일 것이다.
* 예2 : (　　　　)% 정도 유사하다.[類似率 synchro)

....

답신방법 : 휴대폰 문자로 해당 의견 번호를 표시하여 보내주세요.

의견 답 (　　　)번　수신번호 010-3709-7828 박병천

가) 설문결과 종합의견

(표9) 설문지 응답결과 통계표

제2차 확인 2020. 7. 30

답		설문 대상자				합계	
		학계		문화예술계			
1	확신설	권재일, 성낙수, 송하경, 안상수 안휘준, 이상규, 정우영, 한무희 홍윤표	9	김경임, 박준호, 이기웅, 송종관 채홍기, 김영복, 조종숙, 한상봉	8	17	34%
2	예상설	김병기, 김수천, 김양동, 곽노봉 백두현, 선주선, 소강춘, 심경호 이완우, 이현희, 정태희, 조수현 한태상	13	김슬옹, 박정숙, 이종숙, 최은철 황정하, 전정우, 이종선	7	20	40%
3	부인설	김응학, 장지훈, 조민환	3	박종국, 김정남, 이주형, 전상모 권창륜	5	8	16%
보류 무답		김남형, 임용기, 황문환	3	손환일, 유호선	2	5	10%
계		28		22		50	
%		56%		44%			100

설문 결과 종합

설문대상자 50인 중 5인을 제외한 45인의 의견을 보면 훈민정음서체를 안평대군이 썼다는 필사 확신설 주장은 17인 34%이고, 필사 예상설은 20인 40%이며 부인설은 8인으로 16%가 되는 것으로 나왔다. 이러한 상황은 훈민정음의 한자 서체를 안평대군이 필사한 것으로 추정할 수 있다고 본다.

나) 설문결과 추가설 의견

훈민정음해례본체 안평대군 이외 필사설(설문지 답 제안론)

정인지 서 주장론	1. 이주형 —— 정인지 서......훈민정음 끝부분
	2. 전상모 —— 정인지 서......용비어천가 글씨
강희안 서 주장론	1. 이현희 —— 강희안 서......養花小錄 (강희안 저서)
	2. 장지훈 —— 강희안 서 유사하다.
	3. 박종국 —— 강희안 서.....3절, 돈녕부 주부 자격 참여

(가) 정인지 서 주장론

1. 이주형 —— 2018.12.2

훈민정음해례본은 안평대군이 아닌 정인지 서 다섯가지 이유

첫째는 훈민정음해례본에 '世子右賓客臣鄭麟趾書'로 서자가 분명히 기록되어 있다는 점. * 보충-'世子右賓客臣鄭麟趾拜手稽首謹書'

둘째는 서문(훈민정음해례의 끝에 있고 세종실록 113권 세종28년 9월 29일 조에서 이를 두고 '序'이라고 칭함)의 서체가 동일하다는 점

셋째는 부왕의 업적을 아들인 대군이 찬서할리 없다는 점.

넷째로 정인지서라는 서명을 안평대군이 대서하였을 것은 만무한 일이라는 점.

다섯째 정인지 서체와 훈민정음해례서체가 같은 필체라는 점.

[훈민정음해레본 서사자 연구] 투고 예정 논문

2. 전상모 —— (문자 내용) 2018.12.3

안평글씨로 확정할 수 없다. 용비어천가서를 쓴 정인지의 서풍역시 해례본의 글씨와 유사합니다.

(나) 강희안 서 주장론

1. 이현희 —— (문자 내용) 2018.12.3

박병천 선생님, 보내주신 자료 일별해 보았습니다. 지금까지 훈민정음해례본의 版下를 (1) 안평대군이 썼을 것으로 확신해 왔지만 주신자료를 보고서는 (2) 예상설 정도로 후퇴하게 되었습니다.

이번기회에 을해자의 字本을 쓴 강희안의 글씨를 들여다 볼 필요성을 느꼈습니다. 그의 저서 〈養花小錄〉이 몇 남아 있지 않은 그의 珍籍 가운데 하나이니 참조가 될 듯 합니다.

2. 장지훈 ── (카톡내용) 2018.12.3

존경하는 박병천 교수님께

아주 지극히 개인적인 관점에서 솔직한 의견을 드립니다. 답변 3번

이유 : 저는 개인적으로 글씨를 직접 쓰고, 학생들의 임서와 창작을 매번 가르치는 입장입니다. 이러한 순수한 작업자의 관점에서만 말씀드리고자 합니다. 즉 문헌고증이 뚜렷하지 않다면 물증 자료에 의해서 직관적으로 말씀드립니다.

붓글씨는 서사한 시기와 장소, 서체와 용도, 감정과 기운에 따라 다소간의 차이는 있습니다. 그럼에도 불구하고 한 개인의 필체는 습관적인 필법(筆法), 필세(筆勢), 등 습기(習氣)에서 미세한 차이를 보이며, 연령의 고하를 막론하고 천부적인 서사습관과 필체에 일정정도 동일한 패턴과 필세가 드러나기 마련입니다. 이러한 점을 고려해 보면 강희안의 글씨에 더 가깝다고 보여집니다. 언제 기회가 되면 논문으로 고증해 보고 싶네요. 너무 주제 넘는 의견을 장황하게 말씀드리는 것 같아 송구합니다. 장지훈 배상.

＊ 첨부 참고자료 : 강희안 필체 윤형 묘비 글씨(백문).....본책 332쪽 (도49)-12 참조

3. 박종국 ── 2018.12.4

훈민정음과 안평대군 서체와의 관련설에 대한 설문 답신입니다.

안평대군 필사 진위에 대한 의견- 3. "안평의 글씨가 아니다"라는 부인설(○)

보충말씀 ※ 예1 : 강희안의 서체일 것이다.

훈민정음 해례본 한자서체에 대한 강희안 서체 관련설 분석표

주장자 : 박종국 근거자료 :

① 필자의≪훈민정음종합연구≫ 훈민정음 해례본 정인지 해례서. 쪽 188-189 (2007.3.30, 세종학연구원)

② 필자의 ≪훈민정음종합연구≫, 훈민정음 반포체, 쪽 411 (세종학연구원)

③ 훈민정음 해례본을 편찬할 때 정인지를 포함한 집현전학사 7인과 당시 집현전학사가 아닌 이로서 문장과 문체는 그 정수(精粹)를 얻었고, 전서 · 예서 · 해서 · 초서와 심지어 회화의 오묘함은 한 시대에 독보적으로 안견 · 최경 등과 더불어 삼절(三絶)이라 일컬은 돈녕부 주부 강희안이 정인지의 훈민정음 해례서문에 집현전학사 7인과 나란히 명기되어 있다는 것은 훈민정음(반포체)는 물론 해례본의 한문글씨는 강희안의 글씨라는 것을 입증하는데 조금의 의심이 없는 근거가 된다.

이상과 같이 저의 의견을 말씀드리오니 참고하시기 바랍니다.

2018년 12월 4일(화) 박종국 드림

(2) 서체론적 관계성

① 훈민정음체와 안평대군체의 장법적 관계성

가. 훈민정음체와 안평대군 활자체 상설고문진보의 장법적 관계성(도26)

훈민정음해례본의 본 서명은 〈訓民正音〉으로 1446년에 한자 해서체와 한글 판본돋움체의 서체를 혼서하여 가로 20.1cm, 세로 29.3cm크기의 목판본으로 간행한 책이다. 국보 70호로 지정된 이 책은 33장 66면으로 한면의 둘레를 4주 쌍선으로 나타냈고, 앞부분인 정음편은 1면을 7행 11자 배자형식으로 나타냈고, 뒷부분인 정음해례편은 8행 13자 배자형식으로 나타내어 양부분의 문자의 서체는 같으나 크기는 다르다.

이에 비하여 (도20)의 상설고문진보의 본 서명은 〈詳說古文眞寶大全卷之七〉로 1450년에 안평대군의 글씨로 만든 금속활자 경오자로 찍은 가로 20cm, 세로 28.5cm 크기의 책이다. 보물 967호로 지정된 이 책은 한면의 둘레를 단선으로 나타냈고, 1면을 9행 15자씩 배자하여 훈민정음해례본 해례편의 한자보다 조금 작은 크기의 해서체로 간행하였다. 훈민정음의 문자는 해서체를 행별로 대자를 1행씩 배자했으나 이 책은 대자를 행별로 배자하고 소자를 행간에 2행씩 배자하였다.

두 책의 문자배자의 조화미는 다른 느낌을 보여준다. 훈민정음은 상하문자간의 조화미를 고려하여 문자의 대소가 보이고, 문자의 균형과 방향을 바르게 나타냈으며, 서체는 해서체와 행초서체로 조화롭게 나타냈다,

이에 비하여 상설고문진보는 낱자의 한자는 대부분 해서체 한가지이고, 활자 경오자 문자의 크기가 서로 같아 대소의 조화미가 적으며, 낱 문자의 조판작업이 일정하지 않아 기울기가 일정하지 못하다. 두 책의 낱 문자 자형구성의 특징을 보면 획의 굵기는 상설고문진보가 더 굵어 정적인 느낌이 풍기지만, 훈민정음은 필획이 가늘고 해행서형의 유연성을 보여준다.

나. 훈민정음체와 안평대군 활자체 역대병요권제일의 장법적 관계성(도26)

역대병요는 훈민정음해례본의 판형보다 크고, 행수는 10행이며 서체는 상설고문진보와 같이 해서체의 경오자 활자이다.

이 책의 본 서명은 〈歷代兵要卷第一〉이며 1454년에 안평대군의 자본인 금속활자 경오자이다. 크기는 가로 21.4cm, 세로 33.1cm로 상설고문진보보다 조금 더 크다.

(도26) 훈민정음해례본과 상설고문진보-역대병요 문장 서체 비교도

명	훈민정음해례본(국보70호) 1446	1.상설고문집보(보물967호) 1450
치	제2장 뒷면	제1장 앞면
원문 부분	喉而實如木之生於水而有形也 於時爲春於音爲角舌銳而動火 也聲轉而颺如火之轉展而揚揚 也於時爲夏於音爲徵齒剛而斷 金也聲屑而滯如金之屑瑣而鍛 成也於時爲秋於音爲商脣方而 合土也聲含而廣如土之含蓄萬 物而廣大也於時爲季夏於音爲	詳說古文眞寶大全卷之七　前集 長短句 將進酒二首　李太白 君不見黃河之水天上來奔流到海不 復迴又不見高堂明鏡悲白髮 朝如青絲暮如雪 人生得意須盡歡莫把金樽空對月 天生我材必有用千金散盡還復 來烹羊宰牛且爲樂會須一飲三
	훈민정음해례본(국보70호) 1446	2.역대병요권제일 경오자체 1454
	제26장 뒷면	제1장 앞면
	되爲籭ㅂ如섭爲薪굽爲蹄ㅁ如 범爲虎심爲泉ㅅ如잣爲海松못 爲池ㄹ如돌爲月별爲星之類 有天地自然之聲則必有天地 自然之文所以古人因聲制字 以通萬物之情以載三才之道 而後世不能易也然四方風土 區別聲氣亦隨而異焉蓋外國	歷代兵要卷第一 有熊黃帝戮蚩尤 蚩尤好兵喜亂(九黎之君號曰蚩尤)作刀戟大弩以暴 虐于天下(戟有枝兵弩有臂者)兼幷諸侯貪欲無度 炎帝榆罔不能制之(炎帝神農氏榆罔其七世孫故曰炎帝榆罔) 命居少顥以臨西方蚩尤益肆其惡攻炎帝 于空桑(空桑山名)炎帝遜居涿鹿 軒轅乃徵師諸侯(軒轅黃帝名徵召也)與蚩尤戰于 涿鹿之野蚩尤作大霧軍士昏迷軒轅爲指 南車以示四方遂擒蚩尤戮于中冀

이 책은 한 면의 둘레가 단선이며, 1면을 대문자는 10행 17자씩, 소문자는 1계선 행당 2행씩 배자하여 훈민정음해례본과 배자방법을 달리하였다.

두 책의 문자배자의 조화미는 다른 느낌을 보여준다. 훈민정음은 상하문자간의 조화미를 고려하여 문자의 대소가 보이고, 문자의 균형과 방향을 바르게 나타냈으며, 서체를 해서체와 행초서체로 조화롭게 나타냈다.

이에 비하여 역대병요의 낱자는 대부분 해서체 1가지이고, 활자 경오자 문자의 크기가 서로 같아 대소의 조화미가 적으며, 낱 문자의 조판작업이 일정하지 않아 기울기가 일정하지 못하다. 훈민정음은 유연성이 나타나는 해행서체인데 비하여 역대병요는 해서체로 필획이 더 굵어 정적인 느낌을 풍긴다.

다. 훈민정음체와 안평대군 필사체 금니사경과의 장법적 관계성(도27)

안평대군이 1446년에 직접 썼다는 지장경금니사경(地藏經金泥寫經)은 불경을 금니로 필사한 것이라고 하는데 규격은 가로 21.6cm, 세로 40.5cm로 7행 20자로 배자하였다. 이 필사 불경은 미국 하버드 대학에 소장되어 있으며 (도25)의 10번 지장보살본원경(地裝菩薩本願經)의 7행 20중 배자와 비슷하고 서체도 비슷하여 같은 불경이 아닌가 의심이 가기도 한다. 이 서체는 송설체를 많이 닮았는데 자형의 특징을 보면 외형의 세로폭이 크고, 가로획의 오른쪽 기울기를 크게 높였으며, 유연성이 많이 나타나는 가는 서선으로 나타냈다. 이 서체는 훈민정음해례본이나 상설고문진보와도 다른 점이 보인다.

(도27) 훈민정음해례본과 지장경금니사경 문장 서체 비교도

명	훈민정음해례본 예의편 1446	지장경금니사경(안평필사) 1446
치	재3장 뒷면 —— 제4장 앞면	제1면 부분 : 미국 허버드대 소장, 송설체
원문 부분	ㅓ如業字中聲 ㅛ如欲字中聲 ㅑ如穰字中聲 ㅠ如戌字中聲 ㅕ如彆字中聲 終聲復用初聲。ㅇ連書脣音 之下則爲脣輕音。初聲合用 則並書終聲同。ㆍㅡㅗㅜㅛㅠ 附書初聲之下。ㅣㅏㅓㅑㅕ 附書於右。凡字必合而成 音。左加一點則去聲。二則上 聲。無則平聲。入聲加點同而 促急。	爾時地藏菩薩摩訶薩胡跪合掌白佛言世尊唯願 世尊不以爲慮未來世中若有善男子善女人於佛 法中一念恭敬我亦百千方便度脫是人於生死中 速得解脫何況聞諸善事念念修行自然於無上道 永不退轉說是語時會中有一菩薩名虛空藏白佛

라. 훈민정음체와 안평대군 필사체 몽유도원기의 장법적 관계성(도28)

몽유도원도기(夢遊桃源圖記)는 안견이 그린 몽유도원도 그림에 1447년 음력 4월 23일경에 안평대군이 몽유도원도에 대한 발문(跋文)을 한자 해서체로 쓴 것이다.(부록3 참조). 발문은 가로 44.6cm, 세로 38.7cm로 26행 17열 형식으로 배자하여 가로폭이 길며, 글자수는 모두 429자이다.

제1행에서 '歲丁卯四月二十日夜(세정묘사월이십일야 : 정묘년 4월 20일 밤)..로 시작하여 제26행에 '夢後三日圖既成書于匪懈堂之梅竹軒(후삼일도기성서우비해당지매죽헌 : 꿈을 꾼 지 3 일 만에 이미 그림으로 이루어져 비해당의 매죽헌에서 이 글을 쓰다.)로 끝났다.

이와 같이 첫 행과 끝 행에 몽유도원도기를 쓰게 된 시기를 밝혔고 끝 행에서 안평대군이 썼다는 당호 또는 아호인 匪懈堂(비해당) 梅竹軒(매죽헌)을 표기하였다. 그런데 호 표기 문자의 크기를 본문의 문자와 같게 했고, 행과 열도 똑 같게 맞추어 쓰는 등 일반작품에서의 낙관문구와 다르게 나타냈다.

행과 열을 바르게 맞추어 행서풍의 해서체로 상하 자간의 간격을 넓게 하여시원한 멋이 보인다. 또한 각 문자의 별획(撇畫)과 날획(捺畫)의 획형은 좌향-우향으로 훈민정음체보다 길게 유연하면서도 힘차게 운필하였으며, 훈민정음체와는 조세(粗細)의 차이가 크다.

몽유도원도기 글씨의 특징을 살펴보면 '몽유도원도의 기문인 도원기는 이러한 안평체의 특징인 힘차고 우아한 고전미의 전형을 보여준다 할 것이다.'[45]라고 한 경우도 있고, '안평대군이 해서로 쓴 도원기를 보면 점획이 유려하고 결구는 균제미가 빼어나다. 이것은 조맹부의 송설체보다도 더욱 정돈된 안평체를 전형적으로 보여주는 것으로 평가된다.'[46]라고 하여 서체적 수준을 높이 평가하기도 했다.

이로써 몽유도원도기(1447년)는 훈민정음체(1446년)보다 1년 뒤의 글씨로 서풍은 비슷하나 자형의 동질감은 (도27)의 지장경금니사경(1446년)보다 더 있으나 (도23)의 상설고문진보(1450년)보다는 적은 편이다.

---

45 김경임, 2013 사라진 몽유도원도를 찾아서, 58쪽-재인용 이완우, 2003, 안평대군 이용의 문예활동과 서예, 한국학술재단, 108-110쪽.

46 심경호, 2018, 安平, 536쪽, 재인용 (이동국 평)

(도28) 훈민정음해례본과 몽유도원도기 문장 서체 비교도

서	훈민정음해례본 1446	몽유도원기(안평필사) 1447
치	제2장 뒷면—— 제26장 뒷면	제1면 부분 : 일본 천리대 소장 1447년
원문 부분	喉而實如木之生於水而有形也 於時爲春於音爲角舌銳而動火 也聲轉而展如火之轉展而揚揚 也於時爲夏於音爲徵齒剛而斷 金也聲屑而滯如金之屑瑣而鍛 成也於時爲秋於音爲商脣方而 合土也聲含而廣如土之含蓄萬 物而廣大也於時爲季夏於音爲 되爲螢ㅂ如섭爲薪굽爲蹄ㅁ如 범爲虎ᄉᆡᆷ爲泉ㅅ如잣爲海松못 爲池ㄹ如ᄃᆞᆯ爲月별爲星之類 有天地自然之聲則必有天地 自然之文所以古人因聲制字 以通萬物之情以載三才之道 而後世不能易也然四方風土 區別聲氣亦隨而異焉蓋外國	情境蕭條若仙府然於是踟躕瞻眺者久之 謂仁叟曰架巖鑿谷開家室豈不是歟實桃 源洞也傍有數人在後乃貞父泛翁等同撰 韻者也相與整履陟降顧盼自適忽覺焉嗚 呼通都大邑固繁華名宦之所遊窮谷斷崖

② 훈민정음체와 안평대군체의 결구적 관계성

가. 직관적 결구비교[훈민정음체 : 안평의 금니사경체](도29, 도30)

분석대상 및 방법

점획분류 8분류에 해당되는 32종류의 훈민정음 문자와 지장경금니사경 문자를 (도29), (도30)과 같이 좌우배치하여 서체 및 결구의 특징을 직관적으로 비교하였다.

분석요소

* 직관적[심태적] 분석요소 : 결구적 특징(서체, 외형, 분위, 간가, 위치, 방향, 조세 등), 이 외에 다음 요소[47]도 탐색한다.

유창-쾌창(流暢-快暢) 침경-주경(沈勁-遒勁), 간경-유경(簡勁-柔勁), 표일-염려(飄逸-艶麗) 표현의 정도

비교결과

(도29),(도30)에서 전체 문자의 서체를 보면 훈민정음체는 해서체가 위주이지만 행서체[力, 若, 百, 恭 자 등]로 침경한 맛이 나게 쓴 반면, 지장경금니사경은 주경한 맛이 나게 모두 해서체로 나타냈다. 문자의 외형을 보면 훈민정음체가 세로폭이 큰 반면 지장경금니사경은 가로폭을 크게 나타내어 문자의 키가 작아 보인다.

또 각 문자 가로획의 운필방향을 보면 대체로 지장경금니사경 문자[語, 時, 轉]는 오른쪽 각도를 더 높이 나타냈고, 별획 관련 문자[便, 佛, 得, 行]의 왼쪽 삐침의 운필방향을 보면 금니사경이 아랫방향으로 더 처지게 보인다. 특히 왼쪽으로 삐치는 별획의 길이를 지나치게 길게 삐친 지장경금니사경 문자로는 便, 行, 乃, 名 자 등이 있어 훈민정음체와는 자형이 다르다는 증거를 보여준다. 또 같은 해서체인데도 한 문자를 구성하는 점획 수나 획형을 다르게 나타낸 문자[解, 讀, 世, 神]도 있다. 각 문자의 자형 방향을 세로 중심선을 기준으로 좌우편 방향의 안정감 표현 정도를 보면 지장경금니사경의 語, 善, 名, 會, 藏, 轉, 神 자 등이 좌측으로 기울어져서 훈민정음 문자보다 안정감이 적어 보인다.

이상과 같이 훈민정음체와 지장경금니사경체의 자형을 다르게 나타낸 반면 비슷하게 나타낸 문자로는 方, 上, 以 정도로 많지 않은 편이다. 따라서 훈민정음체와 지장경금니사경체는 서로의 유사성이 적은 편인 것으로 분석된다.

---

47 박병천, 1990, 중국역대명비첩의 서예미연구, 94쪽.
요소해석 - 창(暢) : 거침이 없음, 시원함, 막힘이 없음. 경(勁) : 굳셈, 강함.
표일(飄逸) : 나는 듯 뛰어남, 염려(艶麗) : 화려하고 아름다움.

(도29) 훈민정음해례본체와 금니사경체 비교도-1

획명	문자	훈민정음체	금니사경체	문자	훈민정음체	금니사경체
橫畫文字	一 일	22ㄱ2-25	3-3	上 상	 23ㄴ6-21	 4-19
縱畫文字	千 천	 24ㄴ1-1	 3-10	解 해	 28ㄴ6-9	 4-3
點文字	方 방	 26ㄴ7-8	 3-11	語 어	 18ㄴ3-15	 5-7
	諸 제	 02ㄱ5-4	 4-8	讀 독	 19ㄱ3-2	 6-13
	善 선	 28ㄴ5-1	 7-13	若 약	 19ㄱ4-6	 2-11
撇畫文字	力 력	 01ㄱ8-1	 7-2	乃 내	 03ㄱ1-5	 7-19
	便 변	 16ㄴ7-1	 3-12	佛 불	 28ㄱ5-1	 5-20
	得 득	 28ㄱ8-5	 4-2	行 행	 28ㄴ4-13	 4-14

* 설명 금니사경 : 一 3-3 금니사경 문장 3행 3열에 있는 一 자.
훈민정음 : 一 22ㄱ2-25 훈민정음해례본 22장 앞면 2행, 一 자 해례본 전체에 25번 옴.

(도30) 훈민정음해례본체와 금니사경체 비교도-2

획명	문자	훈민정음체	금니사경체	문자	훈민정음체	금니사경체
捺畫文字	及 급	19ㄱ8-4	7-20	恭 공	29ㄱ1-1	7-5
挑畫文字	如 여	21ㄱ6-68	6-11	地 지	05ㄱ4-39	6-15
鉤畫文字	時 시	02ㄴ4-9	5-8	長 장	22ㄴ3-1	5-18
折畫文字	名 명	27ㄴ6-1	5-15	合 합	17ㄱ5-33	1-12
	會 회	28ㄱ1-1	5-9	轉 전	28ㄱ1-3	5-4
	自 자	26ㄴ5-19	4-15	世 세	26ㄴ7-2	6-20
橫縱撇挑畫	百 백 橫畫	29ㄱ3-1	3-9	神 신 縱畫	01ㄴ2-5	6-20
補充文字	虛 허 撇획	02ㄱ7-8	5-16	以 이 挑畫	06ㄱ4-37	2-4

나. 수치적 결구 비교 [훈민정음체 : 중국명비첩체 : 안평체](표10)

훈민정음체와 안평대군체 문자의 결구적 특징의 관계성을 밝히는 방법으로는 한자 분류 기준인 기본획별 8분류(橫畫, 縱畫, 點, 撇畫, 捺畫, 挑畫, 鉤畫, 折畫)에 따라서 (표10)과 같이 점획분류 28종류에 해당하는 40종 문자를 집자하여 비교분석하였다.

분석대상

훈민정음 등 7개 종류의 한자에 대한 점획분류와 분석대상 문자 일람표 (표10)과 같다.

1. 훈민정음 : 중국비첩체 3종체 비교 -28종 문자 110자(도32-도36)
2. 훈민정음 : 안평대군체 3종체 비교 -21종 문자 83자(도37-도40)
3. 훈민정음 : 중국체 : 안평체 7종체 비교 -10종 문자 69자(도41-도42)
4. 훈민정음 : 안평대군체 2종체 비교 -10종 문자 20자(도43)

분석방법

이를 위해 첫째 훈민정음체와 중국명비첩체 3종 비교, 둘째 훈민정음체와 안평대군체 3종 비교, 셋째 훈민정음체 - 안평대군체 - 중국 명비첩체 등을 **직관적-수치적**으로 종합하여 비교분석하였다.

첫 번째로 조선시대 명필 1체[훈민정음체]와 중국 명비첩 3체[왕희지의 악의론, 구양순의 구성궁예천명, 조맹부 송설체][48]에 나오는 문자의 결구적 특징을 분석하였다. 이는 안평대군의 서체가 송설체를 닮았다는 설을 파악하기 위한 것이다. 낱자 비교분석을 위해 중국 역대 명비첩 서체의 기본획 분류기준[49]에 의거 (표10)과 같이 8분류 28종류로 나누고, (도32~도36) 제시 문자에 해당하는 대표적인 문자 28종을 선정 비교하였다.

두 번째로 훈민정음체와 안평대군의 대표적인 필사체인 상설고문진보체, 금니사경체, 몽유도원도발기문체 등 3종에 동일문자로 나오는 8분류 21종을 (도37~도40)과 같이 집자하여 결구적 구조를 분석하였다.

세 번째로 1), 2) 번에서 분석한 중국명비첩체 28종 문자와 안평대군체 20종 문자, 훈민정음체 28종 문자 등 3개 종류 7종의 서체 중에 공통적으로 나오는 10종류 문자를 (도41, 도42)과 같이 비교하였다. 최종적으로 훈민정음체와 가장 유사한 안평대군의 경오자로 간행한 상설고문진보의 10종류 문자를 (도43)과 같이 비교하였다.

---

48 중국역대명비첩 3종 : 왕희지의 악의론(樂毅論, 晉, 348년), 구양순의 구성궁예천명(九成宮醴泉銘, 唐, 632년), 조맹부의 송설체(松雪體, 證道歌 등, 元, 1326년)

49 박병천, 1990, 중국역대명비첩 서예미연구, 미술문화원, 94쪽.

분석요소

이와 같은 비교대상 자료 문자의 형태와 짜임에 대한 결구의 특징 분석은 다음과 같은 분석요소[50]를 참조하여 분석하였다. 문자를 바라본 느낌의 심태적 분석요소와 자형의 실측적인 형태적 분석요소를 복합적으로 분석하였다.

* 수치적[형태적] 분석요소 : 외곽, 분위, 간가, 위치, 조세, 크기 비율

1. 외곽[자형] : 1개 문자의 가로폭 크기 : 세로폭 크기 비율
2. 분위[간가] : 1개 문자의 점획기준으로 좌 : 우, 상 : 하 부분
3. 방향[운필] : 1개 문자 중 획의 운필방향에 대한 각도장단, 대소, 방향....

분위 측정 분석도 작성 해설(도31)

(도31)의 문자 40종류는 앞으로 분석할 (도32~도43)에 나오는 전체 282개 문자의 종류수이다. 이 40종류의 문자에 나타나는 간가(間架) 또는 분위(分位) 분석을 한 개 문자 중에 세로로 분할하여 좌우부분 크기 비율을 측정하거나 가로로 분할하여 상하부분 크기 비율을 측정 비교한다. 즉 문자를 상하 또는 좌우편으로 분할하는 가로선이나 세로선을 기준으로 (표10)에 의거 전체 40종의 문자를 8종 점획종류로 나누어 간가 수치를 측정하였다.[51]

1. 횡획류 문자 : 可 五 時 未 無
2. 종획류 문자 : 中 至 同 年 唯
3. 점 류 문자 : 言 其 於 流 爲
4. 별획류 문자 : 大 何 人
5. 날획류 문자 : 天 道 之 不 度 是
6. 도획류 문자 : 如 以 華 我
7. 구획류 문자 : 東 成 月 而 事 亦 子
8. 절획류 문자 : 國 相 山 也 有

이상의 40종 문자의 분위를 나누는 방법은 다음과 같다.

1. 문자의 세로방향의 중심선획을 기준으로 나누기-예 : 中, 東, 年, 不, 華
2. 문자의 별획과 날획이 만나는 부분을 기준으로 나누기-예 : 大, 天, 人
3. 문자의 오른쪽 세로방향의 획을 기준으로 나누기-예 : 何, 有, 可, 也
4. 문자의 왼쪽 세로방향의 획을 기준으로 나누기-예 : 於, 唯, 相, 我
5. 점과 횡획으로 이루어진 문자의 점을 기준으로 나누기-예 : 言, 之, 亦

---

50 박병천, 전게서 93-94쪽에서 내용 발췌.

51 아래 제시된 한자 중 작은 문자는 (도32~도36), 큰 문자는 (도37~도40)에 제시된 문자임.

(표10) 훈민정음체의 점획분류와 분석대상 문자 일람표

획 종류 \ 분석대상 -방법					중국 서체	조선 서체	중 -조 서체	훈민 : 안평체
					4체 비교	4체 비교	7체 비교	최종 비교
1	橫 一	1	長橫		可	可	可	
		2	短橫		五	未		
		3	左尖橫		時	無		無
2	縱 丨	1	長縱		中	中	中	
		2	短縱		至	至	至	
		3	上尖縱		同(도32)	唯(도37)		
		4	下尖縱		年			
3	點 ·	1	側點		言	言	言	
		2	左右點		其	道		
		3	上下點		於	於	於(도41)	於
		4	縱三點		流			
		5	橫四點		爲(도33)	爲	爲	爲
4	撇 ノ	1	長撇		大	人		大
		2	短撇		何	何(도38)	何	何
5	捺 ㇏	1	長捺		天	度		
		2	平捺		道		道	
		3	斜捺		之	是		之
		4	廻鋒捺		不(도34)	不	不	不
6	挑 ㇀	1	長挑		如	我		
		2	短挑		以			
		3	左右挑		華			
7	鉤 亅	1	左上向鉤		東	事		
		2	右上向鉤		成			
		3	短橫折左向鉤		月(도35)	亦(도39)		
		4	長橫折左向鉤		而	子(灣鉤)	而(도42)	而
8	折 ㄱ	1	長橫折長竪		國	也(短竪)		也
		2	短橫折長竪		相	有(도40)		有(도43)
		3	短竪折長橫		山(도36)			
계		종류(총282자)			28종(110자)	21종(83자)	10종(69자)	10종(20자)
관련 도판					도32~도36	도37~도40	도41~도42	도43

(도31) 훈민정음해례본 서체의 간가[상하·좌우 간격]분석 기준 설명도

구분	관련문자의 간가 표시				
	1	2	3	4	5
종·횡획	 a b	 a b	 a b	 a b	 a b
	可	五	時	中	至
	종획기준 좌우간격	종획기준 좌우간격	종획기준 좌우간격	종획기준 좌우간격	종획기준 좌우간격
횡·점	 a b	 a b	 a b	 a b	 a b
	同	年	言	其	於
	횡획기준 상하간격	종획기준 좌우간격	직점기준 좌우간격	종획기준 좌우간격	종획기준 좌우간격
점·별·날획	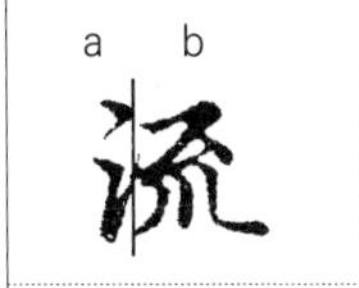 a b	 a b	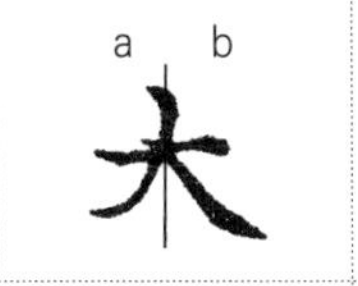 a b	 a b	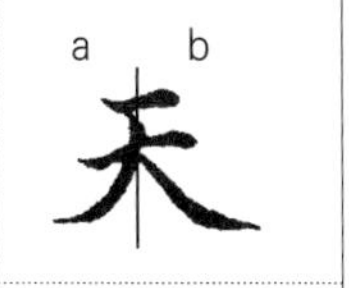 a b
	流	爲	大	何	天
	좌점우측 좌우간격	좌향사획 좌우간격	좌향사획 횡획접필	우종획기준 좌우간격	별날획접필 부분 기준
날·도획	 a b	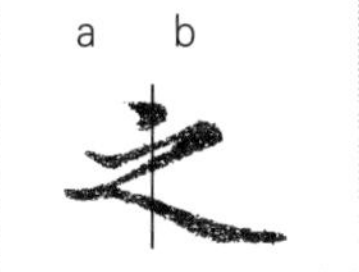 a b	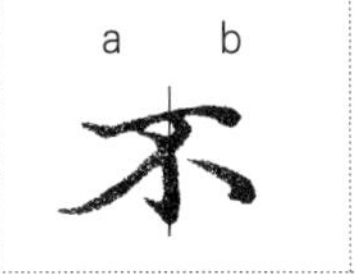 a b	 a b	 a b
	道	之	不	如	以
	目우종획 좌우간격	점기준 좌우간격	종획기준 좌우간격	口좌종획 좌우간격	좌점기준 좌우간격
도·구획	 a b	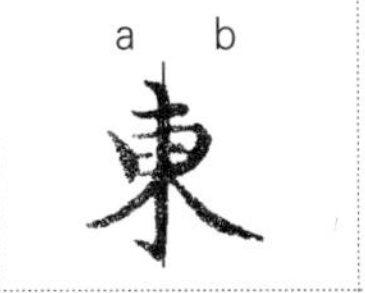 a b	 a b	 a b	 a b
	華	東	成	月	而
	종획기준 좌우간격	종획기준 좌우간격	횡획접필 좌우간격	1획기준 좌우간격	1,획접필 좌우간격

구분					
절·횡획	國	相	山	未	無
	하횡기준 상하간격	木종획 좌우간격	중간종획 좌우간격	종획기준 좌우간격	1종획기준 좌우간격
종·별·도획	唯	人	度	是	我
	亻종획기준 좌우간격	접필기준 좌우간격	횡접기준 좌우간격	중간종획 좌우간격	종획기준 좌우간격
구·절획	事	亦	子	也	有
	종획기준 좌우간격	횡획점접필 좌우간격	종횡접필 좌우간격	1획절부분 좌우간격	月우종획 좌우간격

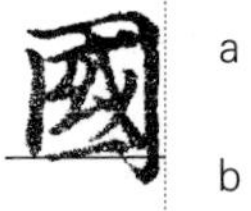

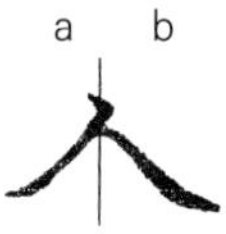

* 未 無 등 아래 12자는 중국명비첩에 나오는 문자보다 조선시대 안평체에 더 나오는 문자임.

가) 훈민정음체와 중국 명비첩 3종체 비교(도32~도36)

훈민정음체를 중국 조맹부서체[송설체]를 잘 쓴 대가로 인정받는 '안평대군이 썼을 것이다'를 가정하여 조맹부서체와 중국 역대 최고 명필인 왕희지체, 구양순체의 문자를 분석 비교하였다.

즉 훈민정음 서체는 과연 송설체와 어느 정도 유사한가를 파악하기 위해 왕희지의 악의론체, 구양순의 구성궁예천명체, 조맹부의 송설체 문자 28종을 선택하여 비교 분석하였다. 비교 정도를 직접 보아서 중국 3체중 어느 체가 훈민정음체와 가장 유사한가를 파악하는 직관적 비교방법과 문자의 결구요소인 외형[자형], 간가[분위], 방향[운필각도]를 수치적 측정방법으로 비교 분석하였다.

이 같은 분석결과를 (도32~도36)에서와 같이 분석 비교도 각 문자의 제2란에 표시하였다. 중국서체 3체 중 직관적으로 훈민정음체와 가장 유사한 체는 ○ 표, 수치적인 면에서 가장 유사한 체는 ● 표, 두 가지 면이 복합되는 체는 ◉ 표를 28종 112자[실제 110자]를 대상으로 표시하였다.

- 횡획류의 3종 자형의 문자 중에 송설체의 可 자, 악의론체의 五 자, 구성궁체의 時 자가 훈민정음의 可, 五, 時 자와 가장 유사한 것으로 분석되었다.
- 종획류의 4종 자형의 문자 중에 악의론체의 中 자, 송설체의 至 자. 송설체의 同 자, 송설체의 年 자가 훈민정음의 해당 문자와 가장 유사한 것으로 분석되는데 4자 중 송설체가 3자로 가장 많이 유사한 것으로 분석되었다.
- 점 문자류의 4자 중 송설체 其 자. 악의론 爲 자가 훈민정음체와 가장 유사한 것으로 분석되었다.
- 별획 문자류 2종 중 송설체 大 자가, 날획 문자류 4종 중 송설체 之, 不자가 훈민정음체와 가장 유사한 것으로 분석되었다.
- 도획 문자류 3종 중 악의론체 以, 華 자가, 구획 문자류 4종 중 송설체 東, 成, 而 자가 훈민정음체와 가장 유사한 것으로 분석되었다. 절획 문자류 3종 중 송설체 산 자가 훈민정음체와 가장 유사한 것으로 분석되었다.

이상의 결과를 종합하면 (도36)의 아래와 같은 통계 결과가 나온다.

3체를 비교하기 위해 ○ 표 1점, ● 표 1점, ◉ 표 2점으로 종합하여 환산해 보면, 왕희지 악의론이 30%, 구양순의 구성궁예천명이 13%, 조맹부의 송설체가 57%로 나타난다. 따라서 훈민정음체는 3체 중 조맹부의 송설체와 가장 비슷하다고 할 수 있다. 이러한 결과는 안평대군이 송설체를 잘 쓴 대가라는 평가처럼훈민정음체를 쓴 사람으로 접근하는 정황적 근거가 될 수 있다.

(도32) 훈민정음체 : 중국역대 명비첩체 비교도-1

획명	서체	문자	조선시대 판본체	중국역대 명비첩체		
			훈민정음해례본	악의론(왕희지)	구성궁(구양순)	송설체(조맹부)
1. 橫畫 횡획	長橫 장횡 	可 가	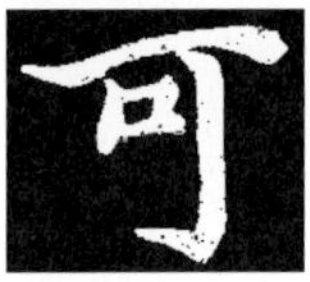			
		1	18ㄱ-7			묵보35-3
		2	90-41-1횡선12°	91-47-5	98-63-7	◉**100-38-10**
	短橫 단횡	五 오				
		1	2ㄱ-5			묵보20-3
		2	59-135-1횡8°	◉**55-138-10**	65-286-15	91-175-23
	左尖橫 좌첨횡	時시				
		1	2ㄴ-2			빈4-4
		2	117-242-2횡12°	129-245-5	◉**120-300-13**	106-422-18
2. 縱畫 종획	長縱 장종	中 중				
		1	16ㄴ-4			증4-2
		2	134-90-1횡15°	◉**137-94-8**	141-100-8	120-100-21
	短縱 단종	至 지				
		1	27ㄴ-3			빈5-4
		2	84-83-1횡19°	113-90-8	105-110-18	◉**102-80-13**
	上尖縱 상첨종	同 동				
		1	16ㄱ-8			묵보 5-1
		2	109-317-1횡16°	115-360-7	108-250-6	◉**112-243-18**

* 중국 한자 집자 : 졸저(박병천, 1987, 中國歷代 名碑帖의 書藝美 分析과 敎學上 應用, 대만국립정치대학교 대학원 박사학위논문)

(도33) 훈민정음체 : 중국역대 명비첩체 비교도-2

획명	서체	문자	조선시대 판본체 훈민정음해례본	중국역대 명비첩체 악의론(왕희지)	구성궁(구양순)	송설체(조맹부)
2. 縱畫 종획	下尖縱 하첨종 	年 년				
		1	29ㄱ-8			묵보 36-1
		2	129-68-1횡2°	141-68-16	113-119-20	◉135-67-16
3. 點 점	側點 측점	言 언				
		1	23ㄱ-1			묵보42-3
		2	93-80-1횡5°	○100-77-2	●98-100-8	104-92-13
	左右點 좌우점 	其 기				
		1	8ㄴ-7			빈4-4
		2	80-150-1횡15°	107-181-15	104-161-5	◉85-117-18
	上下點 상하점 	於 어				
		1	20ㄱ-3			증57-2
		2	98-158-1횡31°	○117-180-14	102-221-15	●98-176-34
	縱三點 종삼점	流 류				
		1	9ㄱ-1			묵보32-2
		2	79-300-1횡16°	●73-267-10	79-420-21	○90-257-30
	橫四點 횡사점	爲 위				
		1	6ㄴ-2			증57-4
		2	108-41-1횡25°	◉104-44-20	111-57-22	102-31-28

* 문자 아래의 숫자는 해당 문자의 외형-간가-방향을 나타낸 것임 * 송설체 : 증=證道歌(1316), 묵보=墨寶, 빈=豳風七月

(도34) 훈민정음체 : 중국역대 명비첩체 비교도-3

획명		문자	조선시대 판본체	중국역대 명비첩체		
	서체		훈민정음해례본	악의론(왕희지)	구성궁(구양순)	송설체(조맹부)
4. 撇畫 별획	長撇 장별 	大 대				
		1	2ㄴ-8			증2-3
		2	83-125-1횡10°	105-120-11	109-193-14	◉90-150-21
	短撇 단별	何 하				
		1	19ㄴ-8			빈1-4
		2	92-23-1횡6°	○85-24-8	86-32-12	●84-23-6
5. 捺畫 날획	長捺 장날 	天 천				
		1	5ㄱ-6			묵보 20-3
		2	66-129-1횡8°	●85-160-8	92-153-21	○86-155-22
	平捺 평날 	道 도				
		1	6ㄴ-1			증1-3
		2	80-58-1횡17°	○107-44-13	102-53-10	●90-56-27
	斜捺 사날 	之 지				
		1	7ㄱ-3			빈4-5
		2	64-152-1횡20°	81-135-14	79-104-12	◉63-173-20
	廻鋒捺 회봉날	不 불				
		1	24ㄱ-5			증1-3
		2	59-71-1횡9°	84-105-12	100-120-13	◉77-100-13

(도35) 훈민정음체 : 중국역대 명비첩체 비교도-4

획명		서체 / 문자	조선시대 판본체 훈민정음해례본	중국역대 명비첩체 악의론(왕희지)	구성궁(구양순)	송설체(조맹부)
6. 挑畫 도획	長挑 장도 	如여				
		1	21ㄱ-6			증 2-1
		2	68-58-1사28°	70-59-20	●58-72-27	○66-88-20
	短挑 단도 	以 이				
		1	6ㄱ-4			빈4-2
		2	56-104-1사54°	◉58-108-50	63-140-39	57-132-58
	左右挑 좌우도	華 화				-
		1	27ㄱ-5			
		2	112-86-장횡8°	◉145-91-7	121-129-7	-
7. 鉤畫 구획	左上向鉤 좌상향구	東 동				
		1	24ㄴ-1			묵보 20-2
		2	100-127-1횡5°	125-122-14	144-125-13	◉119-133-17
	右上向鉤 우상향구 	成 성				
		1	19ㄴ-5			묵보 5-3
		2	92-140-1횡20°	105-133-25	109-120-22	◉98-161-23
	短橫折左向鉤 단횡절좌향구 	月월				
		1	26ㄴ-3			빈4-5
		2	123-231-1횡13°	170-229-18	●143-207-10	○145-181-11

(도36) 훈민정음체 : 중국역대 명비첩체 비교도-5

획명	서체	문자	조선시대 판본체	중국역대 명비첩체		
			훈민정음해례본	악의론(왕희지)	구성궁(구양순)	송설체(조맹부)
7. 鉤畫 구획	長橫折 左向鉤 장횡절 좌향구  ㄱ	而 이				
		1	2ㄱ-3			빈4-4
		2	89-137-1횡6°	64-147-12	69-181-7	**◉67-153-14**
8. 折畫 절획	長橫折 長竪 장횡절 장수 	國 국				
		1	22ㄴ-6			묵보 1-2
		2	118-13-1횡13°	○116-22-6	**●113-13-6**	115-69-11
	短橫折 長竪 단횡절 장수 	相 상				
		1	22ㄱ-4			빈5-2
		2	88-160-1횡22°	○75-189-14	105-267-17	**●90-167-25**
	短竪折 長橫 단수절 장횡 	山 산		-		
		1	25ㄱ1			묵보 36-3
		2	59-100-1횡12°		86-100-14	**◉80-100-15**
직관적 유사도 ○				5	0	**4**
수치적 유사도 ●				2	5	**4**
복합적 유사도 ◉				5	1	**12**
통합 유사도			비율 및 순위	30%[2]	13%[3]	**57%[1]**

나) 훈민정음과 안평대군체 3종체 비교(도37~도40, 표11)

훈민정음체를 '안평대군이 썼을 것이다'를 가정하여 안평대군이 썼다고 하는 여러 서체 12종중 결구미가 뛰어난 활자류 1종, 사경류 1종, 필사류 1종을 직관적으로 선택하여 훈민정음체와 문자의 결구적 특징을 비교분석하였다.

즉 비교 대상 서체는 안평대군이 쓴 서체로 만든 경오자(庚午字) 활자로 간행한 상설고문진보체, 불경을 금니로 쓴 사경체인 지장경금니사경체, 안견의 몽유도원도의 발문인 몽유도원도기체 문자를 21종씩 선택하여 비교분석하였다.

비교 정도를 직접 보아서 안평대군 3체중 어느 체가 훈민정음체와 가장 유사한가를 파악하는 직관적 비교방법과 문자의 결구요소인 외형[자형], 간가[분위], 방향[운필각도]을 측정하는 수치적 측정방법으로 비교 분석하였다.

이 같은 분석결과를 (도37)~(도40)에서와 같이 각 문자의 2란에 표시하였다. 직관적인 면에서 안평대군서체 3체 중 훈민정음체와 가장 유사한 체는 ○ 표, 수치적인 면에서 가장 유사한 체는 ● 표, 두 가지 면이 복합되는 체는 ⊙ 표를 21종 84자[실제 83자]를 대상으로 표시하였다. 그 결과를 점획 분류별로 두 가지 분석조건을 갖춘 서체의 문자[복합 선정체]를 분석한 결과는 다음과 같다.

- 횡획류의 3종 자형의 문자 중 고문진보, 금니사경, 도원기에 각각 나오는 可, 未, 無 자는 훈민정음체와 두 가지 분석 조건이 부합되는 문자가 없다.
- 종획류의 3종 자형의 문자 중에 고문진보의 中 자, 도원기의 至 자와 점류의 4종 자형의 문자 중에 도원기의 言 자, 고문진보 道, 於, 爲 자가 훈민정음체와가장 유사한 것으로 분석되었다.
- 별획류의 2종 자형의 문자 중에 고문진보 人 자와 훈민정음체가 가장 유사하지만, 날획류의 3종과 도획류의 1종 자형의 문자 중에는 훈민정음체와 유사한 문자가 없는 것으로 분석되었다.
- 구획류의 3종 자형의 문자 중에 고문진보 3자 중 亦, 子 자가 훈민정음체와 가장 유사하고, 절획 2종 자형 문자 중에 고문진보의 也, 有 자가 가장 유사한 것으로 분석되었다.

안평대군의 서체 3체를 훈민정음체와 비교하기 위해 ○ 표 1점, ● 표 1점, ⊙ 표 2점으로 종합하여 환산해 보면, 상설고문진보체가 62%, 몽유도원도기체가 26%, 지장경금니사경체가 12%로 상설고문진보체가 훈민정음체와 가장 유사한 것으로 분석되었다.

(표11)과 같이 중국명비첩 3종중 조맹부의 송설체가 57%, 안평대군체 3종중에는 상설고문진보체가 62%로 훈민정음체와 가장 유사한 것으로 분석되었다.

(도37) 훈민정음체 : 안평대군체 비교도-1

서체 / 획명		문자		훈민정음체	안평대군체		
				해례본, 1446	상설고문진보, 1450	금니사경, 1446	몽유도원기, 1447
1. 橫畫 횡획	長橫 장횡	可 가	1	18ㄱ-7	14ㄱ-7	7행-4열	24행-2열
			2	90-41-1횡 12°	○97-42-8	78-36-11	**●91-38-9**
	短橫 단횡	未 미	1	24ㄴ-4	26ㄴ-2	7-7	24-7
			2	111-96-2횡14°	**●91-108-13**	86-115-20	○132-110-30
	左尖橫 좌첨횡	無 무	1	28ㄱ-6	28ㄴ-9	4-18	10-3
			2	75-165-3횡14°	○85-243-10	**●73-173-13**	94-165-10
2. 縱畫 종획	長縱 장종	中 중	1	16ㄴ-4	8ㄱ-6	5-10	7-17
			2	134-90-1횡15°	**◉132-85-10**	153-111-14	129-96-9
	短縱 단종	至 지	1	27ㄴ-3	32ㄱ-4	6-6	2-7,2-13
			2	84-83-1횡19°	74-93-9	75-115-18	**◉100-92-20**
	上尖縱 상첨종	唯 유	1	02ㄱ-2	32ㄴ-3	1-19	10-10
			2	106-113-4횡8°	○101-126-6	86-115-7	**●108-100-11**

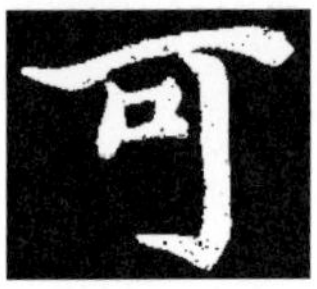

(도38) 훈민정음체 : 안평대군체 비교도-2

획명	서체	문자	훈민정음체 해례본, 1446	안평대군체 상설고문진보, 1450	안평대군체 금니사경, 1446	안평대군체 몽유도원기, 1447
3. 點 점	側點 측점	言 언			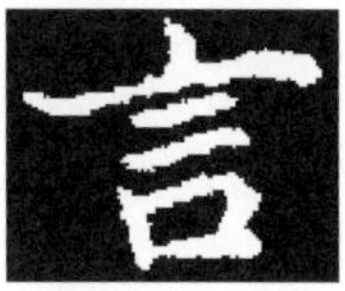	
		1	23ㄱ-1	9ㄱ-6	1-16	18-10
		2	93-80-1횡5°	90-100-4	80-100-11	◉98-81-8
	左右點 좌우점	道 도				
		1	06ㄴ-1	14ㄴ-5	4-20	23-9
		2	80-58-1횡17°	◉89-45-15	77-33-15	100-67-11
	上下點 상하점	於 어				
		1	05ㄴ-3	16ㄴ-9	3-17	11-9
		2	98-158-1횡31°	◉103-190-29	84-175-25	106-194-24
	橫四點 횡사점	爲 위				
		1	6ㄴ-2	12ㄴ-7	2-5	18-15
		2	108-41-1횡25°	◉109-33-20	88-53-20	102-28-19
4. 撇畫 별획	長撇 장별	人 인				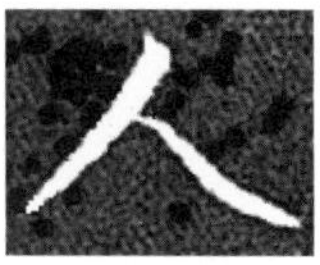
		1	21ㄱ-4	13ㄱ-5	7-18	13-7
		2	53-131-1사43°	◉70-128-59	63-160-53	68-161-47
	短撇 단별	何 하			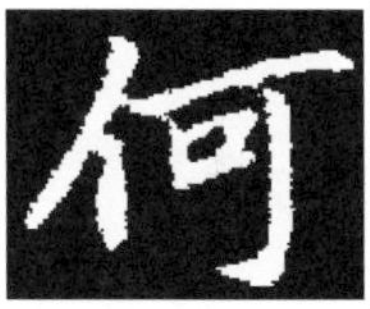	
		1	19ㄴ-8	7ㄴ-4	4-5	20-7
		2	92-23-1횡6°	○100-33-12	74-32-16	●107-19-10

(도39) 훈민정음체 : 안평대군체 비교도-3

획명		문자	훈민정음체	안평대군체		
			해례본, 1446	상설고문진보, 1450	금니사경, 1446	몽유도원기, 1447
5. 捺畫 날획	長捺 장날 	度 도				
		1	29ㄱ-2	15ㄴ-9	3-13	24-3
		2	85-182-1횡21°	93-345-13	●93-235-20	○98-250-16
	平捺 사날 	是 시				
		1	14ㄴ-8	14ㄴ-4	3-15	12-14
		2	85-100-1횡16°	○90-84-13	79-71-19	●89-104-23
	迴鋒捺 회봉날	不 불				
		1	02ㄱ-5	13ㄴ-5	2-3	12-13,17-10
		2	59-71-1횡9°	○73-96-7	●65-83-9	83-62-13
6. 挑畫 도획	長挑 장도 	我아				
		1	21ㄱ-7	5ㄱ-1	6-4	25-11
		2	98-170-장사19°	○96-130-36	●89-170-19	106-219-31
7. 鉤畫 구획	左上向鉤 좌상향구	事 사				
		1	29ㄴ-2	38ㄱ-1	4-10	20-6
		2	138-62-1횡12°	114-105-7	●112-70-11	○123-85-11
	短橫折左向鉤 단횡절좌향구 	亦 역				
		1	08ㄱ-3	9ㄱ-6	3-8	2-6
		2	67-82-1횡14°	◉77-83-8	81-93-19	80-92-19

(도40) 훈민정음체 : 안평대군체 비교도-4

획명 \ 서체		문자	훈민정음체 해례본, 1446	안평대군체 상설고문진보, 1450	안평대군체 금니사경, 1446	안평대군체 몽유도원기, 1447
7. 鉤畫 구획	彎鉤 만구	子 자				
		1	21ㄴ-6	13ㄴ-9	2-15	22-6
		2	96-75-1횡15°	◉85-65-10	82-100-15	107-74-16
8. 折畫 절	長橫折短竪 장횡절단수	也 야			-	
		1	02ㄴ-3	32ㄴ-3		8-6
		2	69-64-1횡28°	◉68-63-35		63-89-33
	短橫折長竪 단횡절장수	有 유				
		1	24ㄱ-6	8ㄱ-2	5-11	9-7
		2	106-33-1횡14°	◉102-27-12	96-13-14	131-24-25
직관적 유사도 ○				7	0	3
수치적 유사도 ●				1	5	4
복합적 유사도 ◉				9	0	2
통합 유사도			비율 및 순위	62%[1]	12%[3]	26%[2]

(표11) 훈민정음체 : 중국명비첩체 : 안평대군체 분석결과 종합비교표

구분 \ 비첩	비교구분	중국 명비첩체 28종 비교			안평대군체 21종 비교		
	훈민정음	악의론 (왕희지)	구성궁 (구양순)	송설체 (조맹부)	상설 고문진보	금니사경	몽유 도원기
직관	○	5	0	**4**	**7**	0	3
수치	●	2	5	**4**	**1**	5	4
복합	◉	5	1	**12**	**9**	0	2
순위	비중[순위]	30%[2]	13%[3]	**57%[1]**	**62%[1]**	12%[3]	26%[2]

다) 훈민정음체 : 중국명비첩체 : 안평대군체의 7체 종합 비교(도41~도42)

앞의 (도31~도40)에서 훈민정음체의 문자를 중국명비첩체와 안평대군체와 각각 비교하였다. 중국명비첩 비교에서는 안평대군이 잘 썼다는 조맹부의 송설체가, 조선시대 비교에서는 안평대군이 쓴 활자본 상설고문진보가 훈민정음체와 가장 유사한 것으로 분석되었다.

이 같은 각각의 결과를 일견하기 위해 훈민정음체 1종 : 중국명비첩체 3종(도32~도36) : 안평대군체 3종(도37~도40) 등 7종이 일견되게 도판을 작성하여 고르게 비교하였다. 점획종류 7종류에 해당하는 문자 10종 60자를 (도41~도42)와 같이 훈민정음체 10종과 비교하였다.

- 횡획류 1종 자형의 문자인 훈민정음의 可 자는 중국서체에서는 송설체와 가장 유사한 것으로 선정되었으나 안평서체에서는 가장 유사한 서체가 없다.
- 종획류 2종 자형의 문자인 훈민정음의 中 자는 중국서체에서는 악의론체, 안평서체에서는 고문진보체가 가장 유사하나 전체적으로 보아 악의론체가 더 유사한 서체로 보인다. 至 자는 중국서체에서는 송설체가, 안평서체에서는 몽유도원도기체가 훈민정음체와 가장 유사하다.
- 점류 3종중의 言 자를 보면 중국서체에는 가장 유사한 서체가 없고, 안평서체에서는 몽유도원도기의 言 자가 있다. 於 자로는 중국서체에는 없고, 안평서체에서는 고문진보 於 자가 훈민정음체와 가장 유사한 것으로 분석되었다. 爲 자는 중국서체에서는 악의론, 안평서체에서는 고문진보 서체가 가장 유사하다.
- 별-날획류 1종인 何 자에는 훈민정음체와 가장 유사한 서체로 중국서체와 안평서체에 없는 것으로 분석되었다. 날획류 2종 중 道 자는 훈민정음체와 가장 유사한 중국서체는 없고, 안평서체로는 고문진보가 있다. 不 자와 가장 유사한 것으로 중국서체에는 송설체가 있으나 안평서체에는 없다.
- 구획류 1종인 而 자는 가장 유사한 중국서체에는 송설체가 있고, 안평서체에서는 상설고문진보체가 있는 것으로 분석되었다.

이상과 같이 비교한 결과 중국명비첩체는 송설체가 55%로, 안평대군서체는 상설고문진보가 59%로 훈민정음체와 유사한 것으로 분석되었다.[52] 이 같은 분석 결과 훈민정음체와 가장 유사한 것으로는 안평대군 서체인 경오자(庚午字)로 간행한 상설고문진보체인 것으로 밝혀졌다.

52 (도42)와 같이 다)항의 10종류의 문자를 대상으로 비교한 결과의 송설체 55%, 상설고문진보체 59% 수치가, (표11)과 같이 분석한 결과의 송설체 57%, 상설고문진보체 62%와 수치가 다른 것은 비교 대상 서체의 종류수가 다르기 때문임.

(도41) 훈민정음체 : 중국역대 명비첩체 : 안평대군체 비교도-1

획명 \ 서체		훈민정음	중국역대 명비첩 서체			안평대군 서체		
			악의론	구성궁	송설체	고문진보	금니사경	몽유도원
1. 橫畫 횡획	可가 長橫 장횡							
		18ㄱ-7			◉묵35-3	○14ㄱ-7	7-4	●24-2
		90-41 -12°	91-47-5	98-63-7	100-38 -10	97-42-8	78-36-11	**91-38-9**
2. 縱畫 종획	中중 長縱 장종							
		16ㄴ-4	◉		증4-2	◉8ㄱ-6	5-10	7-17
		134-90 -15	137-94-8	141-100 -8	120-100 -21	**132-8**5 -10	153-111 -14	129-96-9
	至지 短縱 단종							
		27ㄴ-3			◉빈5-4	32ㄱ-4	6-6	◉2-7
		84-83 -19°	113-90-8	105-110 -18	102-80 -13	**74-93-9**	75-115 -18	100-92-9
3. 點 점	言언 側點 측점							
		23ㄱ-1	○	●	묵보42-3	9ㄱ-6	1-16	◉18-10
		93-80-5°	100-77-2	98-100-8	104-92 -13	90-100-4	80-100 -11	**98-81-8**
	於어 上下點 상하점							
		20ㄱ-3	○		●증57-2	◉16ㄴ-9	3-17	11-9
		98-158 -31	117-180 -14	102-221 -15	**98-176 -34**	103-190 -29	84-175 -25	106-194 -24

(도42) 훈민정음체 : 중국역대 명비첩체 : 안평대군체 비교도-2

서체 / 획명		훈민정음 해례본	중국 역대 명비첩			안평대군 서체		
			악의론	구성궁	송설체	고문진보	금니사경	도원기
3. 點 점	爲 위 橫四點							
		6ㄴ-2	◉		증57-4	◉12ㄴ-7	2-5	18-15
		108-41-25	**104-44-20**	111-57-22	102-31-28	109-33-20	88-53-20	102-28-13
4. 撇畫 별획	何 하 短撇							
		19ㄴ-8	○		●빈1-4	○7ㄴ-4	4-5	●20-7
		92-23-6°	85-24-8	86-32-12	84-23-6	100-33-12	74-32-16	107-19-10
5. 捺畫 날획	道 도 平捺							
		6ㄴ-1	○		●증1-3	◉14ㄴ-5	4-20	23-9
		80-58-17°	107-44-13	102-53-10	90-56-27	**89-45-15**	77-33-15	100-67-11
	不 불 廻鋒捺							
		24ㄱ-5			◉증1-3	○13ㄴ-5	●2-3	17-10
		59-71-9°	84-105-12	100-120-13	77-100-13	73-96-7	65-83-9	83-62-13
6. 鉤畫 구획	而 이 長橫彎鉤						-	
		2ㄱ-3			◉빈4-4	◉16ㄴ-4		7-9
		89-137-6°	64-147-12	69-181-7	**67-153-14**	**77-152-10**		82-183-10
직관		○ 1점	4			3		
수치		● 1점		1	3		1	2
복합		◉ 2점	2	-	4	5	-	3
순위		비중[순위]	40%[2]	5%[3]	55%[1]	59%[1]	5%[3]	36%[2]

다. 심층적 분석 비교

가) 훈민정음체와 안평대군체 합치도(유사율) 분석(도43)

나. 수치적 결구비교 (도32~도42)에서 분석된 결과를 기반으로 서지학계에서 서체 감정상 가장 많이 비교하는 한자 10종[53] 大 爲 何 有 無 於 不 而 之 也 자를 대상으로 훈민정음체 : 안평대군체[상설고문진보체]를 (도43)과 같이 비교분석하였다. (도41, 도42)의 안평대군서체 3종중 훈민정음체와 가장 유사한 것으로 분석된 상설고문진보체의 자형을 심층적으로 비교분석해 보면 (도43~도46)과 같이 나타난다.

두 체의 자형적인 면은 유사한 정도가 높으나 획의 굵기가 전체적으로 훈민정음체가 상설고문진보보다 가는 편이지만 문자를 구성하는 점획형은 80~90% 정도가 비슷하다. 획형 및 결구형태가 일치되는 문자로는 大, 何, 而, 不, 有 자 등이 있다. 그런데 無 자는 3가로획, 之 자는 1점과 가로획의 연결선 유무정도, 也 자는 마지막 가로획의 길이가 서로 다름을 보여준다. 그러나 전체적으로 볼때 안평대군의 상설고문진보체는 훈민정음체와 비슷하여 유사한 정도의 합치도가 다른 서체에 비해 높다고 할 수 있다.

나) 자형의 결구요소에 따른 두 체의 이체적 특징(도44)

훈민정음 문자와 상설고문진보 7종의 동일문자를 결구요소에 따라 자형을 비교해 보면 몇 문자 중에서 다른 점이 발견된다. 두 無 자의 외형을 보면 훈민정음은 장방형, 상설고문진보는 정방형에 가까운 것으로 서로 다르고, 두 大 자의 서선 굵기인 조세(粗細)를 보면 상설고문진보 문자가 더 굵게 다르게 나타냈다. 事 자는 口 丑 부분의 가로폭 크기를 보면 상설고문진보체가 훈민정음체보다 크게 나타난다. 何 자의 왼쪽 별획의 굽이를 훈민정음체는 유연하게 곡선으로, 상설고문진보체는 딱딱한 직선으로 다르게 나타냈다. 也 자 아래 부분 가로획을 훈민정음체는 상설고문진보체보다 오른쪽으로 아주 길게 나타냈다. 言 자의 二 口 부분 가로폭을 상설고문진보는 크게 다르게 나타냈고, 첫 점을 훈민정음체는 가로획에 살짝 닿게 천접으로 나타냈으나, 상설고문진보는 가로획을 관통하게 심접으로 다르게 나타냈다. 至 자의 긴 가로획 오른쪽의 운필각도를 훈민정음체는 높게, 상설고문진보체는 낮추어 다르게 나타냈다. 이상과 같이 두 서체의 문자에 대한 외형, 조세, 간가, 곡직, 장단, 접필, 방향 등 결구요소에 따라 비교한 결과 상이한 점이 분석된다.

---

53 서지 및 금석연구가인 한상봉 님이 제공한 서지학계 활용문자-[大 爲 何 有 無 於 不 而 之 也]

(도43) 훈민정음체와 안평대군체 합치도(유사율) 분석도

분류	橫畫文字	點 文字		撇畫文字	
훈민정음체					
위치	28ㄱ-6 無 24회	05ㄴ-3 於 75회	6ㄴ-2 爲 231회	2ㄴ-8 大 7회	19ㄴ-8 何 7회
분석	75-165-3획14°	98-158-1획31°	108-41-1획25°	83-125-1획10°	92-23-1획6°
안평대군체					
위치	28ㄴ-9	16ㄴ-9	12ㄴ-7	1ㄱ-1	7ㄴ-4
분석	85-243-10	103-190-29	109-33-20	92-143-14	100-33-12
분류	鉤畫文字	捺畫文字		折畫文字	
훈민정음체					
위치	2ㄱ-3 而 158회	7ㄱ-3 之 218회	02ㄱ-5 不 52회	24ㄱ-6 有 32회	02ㄴ-3 也 97회
분석	89-137-1획 6°	64-152-1획20°	59-71-1획9°	106-33-1획14°	69-64-1획28°
안평대군체					
위치	◉16ㄴ-4	8ㄱ-4	13ㄴ-5	8ㄱ-2	32ㄴ-3
분석	77-152-10	71-155-22	73-96-7	102-27-12	68-63-35

* 보기 : '無 24회' 훈민정음해례본에 無 자 24번 나온다는 표시임.
* 안평대군체는 안평대군 필체의 경오자 활자체-상설고문진보임.
* 서지학 분야 문자분석 사례 문자 10종[大 爲 何 有 無 於 不 而 之 也]에 의거 최종 비교분석한 것임.
* (표10) 훈민정음체 : 중국명비첩체 : 안평대군체 분석결과 종합비교표에 의거 비교분석함.

(도44) 훈민정음체와 안평대군체 자형(결구) 비교도

요소	外形	粗細	間架	曲直	長短	接筆	方向
	無	大	事	何	也	言	至
훈민정음체							
안평대군체							
비교부분	無 자 외형	서선 굵기	끂 가로폭	左撇 굽이	ㄴ가로 길이	점과 가로획	아래 가로획
특징	훈 : 장방형 안 : 정방형	가는 서선 굵은 서선	좁음 너름	굽음 곧음	길음 짧음	천접(淺接) 심접(深接)	각도 높음 각도 낮음

다) 문자 구조인 점획 획형 표현에 따른 두 체의 이체적 특징(도45)

훈민정음문자와 상설고문진보 7종의 동일문자를 문자를 구성하는 점획의 획형을 비교해 보면 다른 점이 발견된다. 세로획형의 끝부분을 이슬이 맺은 형태의 원형으로 나타낸 수로(垂露)형의 훈민정음체 문자 年, 華 자, 이에 반하여 바늘을 매달아 놓은 듯 뾰족하게 현침(懸針)형으로 나타낸 상설고문진보체 문자 年, 華 자는 두 체의 획형의 다른 점을 보여준다. 훈민정음체 문자 中 자는 가운데 오른쪽 부분에 사향점(斜向點)[半蟻點반의점54]으로 나타냈으나, 상설고문진보체에는 점이 없이 다르게 나타냈다. 流 자의 경우 오른쪽 부분 위의 점을 훈민정음체는 나타내지 않았으나 상설고문진보체는 점을 나타냈다.

한 문자의 획형을 다르게 나타냈는데 未 자의 경우 상설고문진보체는 좌측 별획과 우측 날획을 정상으로 나타냈으나, 훈민정음체는 행서체형의 구획(鉤畫) 모양으로 다르게 나타냈다. 唯 자의 왼쪽 口 획을 훈민정음체는 △ 형으로, 상설고문진보체는 口 모양으로 두 획형을 다르게 나타냈다. 度 자의 又 부분을 훈민정음체는 又 획형으로 나타냈으나 상설고문진보는 夂 획형으로 서로 다르게 나타냈다. 이상의 두 서체에 나타나는 7종의 문자를 구성하는 세로획형, 점 유무, 부분 획형 등 다르게 나타냈다.

54 반의점 : 반쪽 개미 형태로 나타낸 점의 모양, 곽노봉, 이정자 역, 2018, 서예기법, 다운샘, 82쪽.

(도45) 훈민정음체와 안평대군체 자형[획형] 비교도

요소	세로획 획형		점 유무		부분 획형		
	年	華	中	流	未	唯	度
훈민정음체							
안평대군체							
비교부분	세로획 아래 부분		점 유무		八 부분	△ 부분	又 부분
특징	훈민정음체 : 尖形 안평대군체 : 圓形		點 有 點 無	點 無 點 有	鉤形 捺撇	△形 □形	又形 夊形

라) 유사성이 높은 점획의 장단과 방향표현의 이체적 특징(도46)

(도46)에 보인 훈민정음체와 상설고문진보체 7종의 동일문자는 심층분석 대상 문자 중 유사성이 가장 높은 문자이다. 이 문자에서 이체적 특징을 문자를 구성하는 점획의 길이와 방향에서 찾아보면 다음과 같다.

可 자는 첫 가로획을 보면 훈민정음체는 상설고문진보체보다 조금 길게 운필각도를 높여서 나타냈다. 道 자는 首 부분 위 두점을 훈민정음체는 좌측점을 수직으로 다음 점과 연결하여 나타냈으나 상설고문진보체는 사향으로 연결하지 않고 다르게 나타냈다. 人 자는 훈민정음체는 유연하게, 상설고문진보체는 경직된 느낌이 나게 나타냈다. 是 자는 끝 획인 날획을 훈민정음체는 유연하게 곡선으로 나타낸 반면 상설고문진보는 직선적인 느낌이 나게 나타냈다. 我 자는 왼쪽 도획(挑畫)과 戈 획의 긴 부분의 길이와 방향을 조금씩 다르게 나타냈다. 亦, 子 자의 구획(鉤畫 : 갈고리형)의 운필방향과 길이를 다르게 나타냈다.

이상 7개 문자는 두체가 비슷한 점이 많으면서도 길이와 방향 표현에서 조금씩 다른 점을 찾아볼 수 있다.

(도46) 훈민정음체와 안평대군체 자형[획형] 비교도

요소	횡획	두점	별획	날획	도획	구획	
	可	道	人	是	我	亦	子
훈민정음체	可	道	人	是	我	亦	子
안평대군체	可	道	人	是	我	亦	子
비교 부분	— 길이 — 방향	좌점길이 좌점방향	좌별길이 양획각도	날획굽이 날획방향	도획길이 도획방향	구획길이 구획방향	구획길이 구획방향
특징	훈 : 長-高 상 : 短-低	훈 : 短-垂 상 : 長-斜	훈 : 長-廣 상 : 短-狭	훈 : 曲-同 상 : 直-同	훈 : 長-低 상 : 短-高	훈 : 短-高 상 : 長-低	훈 : 短-高 상 : 長-低

(표12) 훈민정음서체에 대한 안평대군 필사상황 분석결과 통합표

구분	소속 활약상[人脈]		서체 유사성[書體]			필사론 관련[記錄]	
	왕실	집현전	중국비첩체	안평대군체	종합비교	1.기존관련설	2.설문결과론
분석 상황	세종대왕 문 종 수양대군 **안평대군**	정인지 최 항 박팽년 신숙주 성삼문 **강희안** 이 개 이선노	송설체 57% 악의론 30% 구성궁 13%	상설고 62% 몽유도 26% 금니사 12%	송설체 55% 악의론 40% 구성궁 5% 상설고 59% 몽유도 36% 금니사 5%	확신설8~9인 예상설5~6인 부인설-	확신설17인34% 예상설20인40% 부인설 8인16% 불명답 5인10% (무응답 포함) 계 50인
결과	훈민정음 창제참여 명 필	훈민정음 편찬참여 명 필	훈민정음체 송설체 synchro率 1위	훈민정음체 고문진보체 synchro率 1위	훈민정음체 송설-상설체 synchro率 1위	14종 분석 확신설 57~64%	회수율 100% 50인 확신율 34% 예상율 40%
해석	안평대군-강희안 필사참여 가능 조건 높음		훈민정음체와 안평대군체[상설고문진보] 유사률이 가장 높은 편임			1. 확신설보다 예상설이 많음. 2. 타인 필사설 : 강희안, 정인지	

* 악의론 (樂毅論)왕희지 글씨-첩-晋나라, 348년
* 구성궁예천명 (九成宮禮泉銘) 구양순 글씨-비문-唐나라, 632년
* 칠월첩 - 조송설체, 묵보-조송설체

* 2. 설문결과론 : 288-292쪽 제1차 설문결과(2018.12.8.)를 제2차로 2020.7.30.에 재확인 한 통계수치임.

2) 훈민정음체와 강희안 서체와의 관계성

(1) 서예론적 관계성

① 강희안의 서예 및 학문활동

훈민정음 창제 침여자 8인 중의 한사람인 강희안(1418~1465)[55]은 소헌왕후 여동생의 장남으로 세종의 이종조카가 되며 안평대군의 측근이었다. 본관은 진주, 자는 경우(景愚), 호는 인재(仁齋)이다. 그의 어머니가 영의정 심온의 딸이며 강희맹의 형이기도 하다. 1441년 돈녕부 주부[종6품]가 되고, 말년에 집현전 직제학[정3품]을 거쳐 1464년에 중추원 부사[종2품]에 이르렀다.

정인지와 함께 훈민정음을 상세 해석했고, 안평대군 총괄하에 홍무정운역훈을 편찬하였으며, 최항과 함께 용비어천가 주석, 성삼문 등과 동국정운을 완성하였다(심경호, 207쪽). 또 1450년 미타관음 경문쓰기, 1454년 수양대군 주도의 8도 및 서울지도 제작에도 참여하였고, 세조가 안평대군 글씨의 경오자 활자를 녹여 을해자를 만들 때 활자 글씨를 쓰기도 했다. 그리고 세종이 옥새를 만들려고 할 때 조정에서 강희안을 추천할 정도로 전각에도 조예가 깊었고, 전-예-해-초서 쓰기와 회화가 한 시대의 독보적 존재로 세종 때에 안견, 최경 등과 같이 시-서-화 삼절이라 일컬었다(박종국, 2007, 189쪽).

훈민정음의 '이 새 글자[한글 추정]의 도안은 세종대왕의 의견에 따라 당시 돈녕부 주부였던 강희안이 쓴 글씨체로 추정된다.' (박종국, 411쪽)고 하는 등 훈민정음 서체 창작에 관여한 것으로 추정하기도 한다.

〈사경 필사 참여〉

1446년 3월 28일 세종은 집현전 수찬 이영서, 돈녕부 주부 강희안을 시켜 안평대군이 양자로 가 있는 성녕대군 저택에서 금니로 불경을 베끼게 했고, 1448년 12월에는 내불당 경찬회 때 왕명으로 이영서와 함께 사경을 했다(심경호, 137쪽). 이어 1450년 4월 3일 대자암을 중창한 후에도 안평대군은 강희안 등과 함께 여러 불경을 베꼈다(심경호, 209쪽).

1450년 윤 정월에 안평대군은 강희안에게 금글씨로 문종의 시를 첫머리에 쓰게 하고 나머지 시를 함께 부쳤다. 그 경과를 박팽년이 '유화시권후서(榴花詩卷後敍)에 적었다(심경호, 1150쪽).

---

55 강희안의 출생년도 기록이 여러 가지로 밝혀지는데 필자는 강씨 문중의 족보에 의한 생몰년도로 기록했다. 강씨족보 1418년, 김슬옹 책 1417~1464년, 근역서화징과 한상봉 책 1419~1465년으로 기록되어 있음.

〈운서 편찬 참여〉

1446년 세종28년 음력 9월 상순 세종은 훈민정음을 반포하였다. 박팽년, 최항, 신숙주, 성삼문, 강희안, 이개, 이선로 등 집현전학사들은 당시의 지속적인 세종의 사업을 뒷받침하는 연구를 수행했다. 세종은 훈민정음을 만드는 과정에서 우리나라의 한자음을 바로 잡을 필요가 있다 하여 신숙주, 박팽년, 최항, 강희안, 등 9명에게 운서를 편찬하게 하였다. 이것이 1447년 동국정운으로 탈고되어 이듬해 6권으로 간행하였다(심경호, 150쪽). 1442년 3월 1일부터 편찬하기 시작하여 1447년 10월에 출간한 용비어천가에 박팽년, 강희안 등 집현전학사들이 주해를 첨부하기도 했다(심경호, 170쪽).

세조는 즉위한 원년에 경오자를 녹여버리고 강희안에게 새로 글자를 쓰게 하여 을해자를 만들었다. 강희안의 해서체는 높이에 비해 넓이가 큰 약간 납작한 형태의 자형으로 나타냈다. 대개 세로 1cm, 가로 1.3cm이다(심경호, 485쪽). 강희안의 을해자 활자체는 광해군 시기에 이르러 이 체와 유사하게 을해자체 훈련도감자본 활자를 주조하여 1611년(광해군3년)에 내훈, 대학언해, 1612년 인출의 소학제가집주(小學諸家集註), 1614년 내사의 사성통해(四聲通解), 1633년 인출의 향약집성방(鄕約集成方) 등을 간행할 정도로 높이 평가되었다.

② 강희안 서체의 개황 및 특징

(표13)에 제시된 관련 도판(도47~도49)와 같은 12종을 선정하여 강희안 서체의 장법 및 서지적 특징을 살펴보았다. 훈민정음해례본 작성에 직접 참여한 강희안도 도움을 받은 안평대군의 서체와 동일한 듯 하면서도 다른 서풍으로 써서 훈민정음 한자서체 필사자로 참여하지 않았을까 하는 의문을 갖게 한다. 따라서 이 의구심을 풀기위해 강희안 서체의 특징을 밝혀보고자 한다.

(도47)에 제시된 1~4번 문헌은 을해자[강희안 필사 활자체]로 찍은 서체들이다. 1, 3, 4번 문헌의 판면은 9행 배자, 2번 문헌의 판면은 10행 배자를 했다.

행당 큰 문자의 배자수를 모두 다르게 했는데 1번은 16자. 2번은 18자, 3번은 17자, 4번은 15자씩 배자하였다. 문헌별로 활자 크기의 종류도 다르게 했는데 1, 2, 4번은 대자, 소자를 섞어서 배자하였고, 3번은 행당 1자씩 대자를 배자하였다. 4번의 경우는 한글 소자 활자를 1행간에 좌우 2행씩 배자하였다. 한면의 둘레인 광곽(匡郭)은 굵은 단선으로 나타냈다. 을해자 활자로 간행된 문자의 서체는 진체 유형의 해서체로 문자의 외형이 안평대군의 경오자 활자체보다 상하규격이 작게 보인다.

(표13) 강희안의 필사서체(필사,활자) 자료 일람표

순	자료명	판종	시기	서체	행수	소장자	자료 출처	관련 도판	비고
1	묘법연화경권6,7 妙法蓮華經	을해 자	1455	해서	9	상원사	국보 315	도47	보물793호
2	주자대전권지삼십일 朱子大全卷之三十一	을해 자	1455	해서	10		천고 21	도47	
3	진서 晉書	을해 자	1455	해서	9	古山齋	천서 311	도47	
4	대불정수능엄경 大佛頂首楞嚴經	을해 자	1455	해서	9	誠庵古書 博物館	천서 310	도47	1461한글자 병용
5	내훈 內訓	을해 보주	1455 1573	해서	9	일본 蓬左문고	천서 314	도48	
6	三略直解 삼략직해	을해 보주	1455 1573	해서	9	일본 宮內廳	천서 315	도48	
7	소학언해 小學諺解	을해 자체	1587	해서 한글	10	古山齋	천서 341	도48	을해자체 경서자
8	중용언해 中庸諺解	을해 자체	1588	해서 한글	10	古山齋	천서 342	도48	을해자체 경서자
9	대학언해 大學諺解	을해 자체	1611	해서 한글	10	서울대 도서관	천서 426	도49	훈련도감 자본
10	향약집성방 鄕藥集成方	을해 소자체	1633	해서	15		천목 50	도49	훈련도감 자본
11	원각경간기 圓覺經刊記	-	1464	해서	8		윤한 76	도49	간경도감본
12	윤형묘비 尹炯墓碑	탁본	1453	해서	6	중앙 박물관	이안 104	도49	金石淸玩 帖

* 보기 : 출처 **천고**-천혜봉, 고인쇄. **천목**-천혜봉, 목활자. **천서**-천혜봉, 한국서지학. **윤한**-윤형두, 옛책의 한글판본. **동대**-동국대학교도서관, **중앙**-국립중앙박물관 윤형두, 2003, 옛책의 한글판본, 범우사.

(도48)에 제시된 5, 6번 문헌은 강희안의 을해자에 보주(補鑄)한 활자로 1573년에 찍어낸 내훈(內訓)과 삼략직해(三略直解)이다. 내훈은 한자서체에 작은 한글서체를 병용하여 한 면을 9행으로 행당 17자씩 배자하여 나타냈다. 7, 8번 소학언해와 중용언해 문헌은 1587년에 제조한 을해자체 경서체 활자로 찍어냈는데, 한자 해서체와 한글 큰 문자-작은 문자를 섞어 배자하여 한 면을 10행씩, 1행을 19자씩 배자하여 찍어낸 문헌이다. 여기에 나오는 한자 서체는 모두 강희안의 을해자이다.

(도49)에 제시된 9번 대학언해는 서체-판형 형식이 (도48)의 7, 8번 문헌과 같다. 10번 향약집성방은 1611년에 훈련도감에서 을해자본을 재현하여 간행한 문헌이다. 이 문헌의 서체는 원형의 을해자 서체(1455)의 자형과 조금 다르게 보인다. (도47)의 7번 원각경간기(1464)는 간경도감에서 간행한 것인데 뒷부분에 강희안이 직접 쓴 필사체로 보인다. 12번 윤형묘비(尹炯墓碑, 1453) 서체는 1.2번 을해자로 간행한 서체보다 더욱 유연하게 보이는

비문의 서체이다.

이상의 12종 서체는 안평대군 서체보다 자형상 상하폭의 작게 차별되게 나타나되 서선의 굵기, 사이, 기울기 등은 비슷하게 나타난다.

조선초기에 유행한 서체는 안평대군을 비롯한 서예가들이 발전시킨 촉체(蜀體 : 조송설체), 강희안을 비롯한 서예가들이 유행한 진체(晉體 : 위부인체), 성달생 같은 서예가들이 독자적으로 발전시킨 독체(獨體) 들로 구분할 수 있는데 촉체가 압도적으로 유행하였다.

강희안체(을해자) — 인용 원문

1. 주자대전-천혜봉, 1989, 고인쇄, 대원사, 20쪽.

   1455년에 강희안이 쓴 글자를 바탕으로 주조한 글자가 을해자인다. 글자체가 평평하고 대체로 폭이 넓으며 갑인자와 쌍벽을 이룬 활자로 임진왜란 이전까지 오랫동안 사용되었다.(오른쪽 -21쪽 주자대전 칼라자료)

2. 능엄경언해-윤형두, 2003, 범우사, 46쪽.

   당대의 명필가인 강희안, 정난종, 성임, 안혜 등이 동원되어 송설체로 늠름하고 육중한 글을 써서 새기고 한글은 강직하게 그은 직선으로 결구한 인서체로 글자본을 만들었다.

   목판의 판각방법-천혜봉, 한국서지학, 1991, 민음사, 151쪽.

   조선 세조 때의 國刊인 간경도감판은 당대의 명필가인 姜希顔, 鄭蘭宗, 成任, 安惠, 黃伍信, 柳脘, 朴耕 등이 총동원되어 육중한 송설체계의 원필로 대중소자를 늠름하고 조화 있게 정서하였다.

   간경도감본-천혜봉, 한국서지학, 1991, 민음사, 194쪽.

   당대의 명필가, 이를 테면 강희안, 정난종, 성임, 안혜, 황오신, 유완, 박경 등이 총동원되어 송 설체계의 원필로 대중소자를 늠름하고 육중하게 써서 새겨냈으며, 그 중 특히 대자가 厚重雄偉하다.

   국왕 및 왕실 판본-천혜봉, 한국서지학, 1991, 민음사, 216쪽.

   사경은 당대의 명필가인 강희안, 성임, 안혜 등이 맡아 금니 또는 묵니로 썼고, 교정은 고승들이 맡아 본 다음 주자소로 보내어 활자로 찍어내게 하였다.

3. 훈몽자회-윤형두, 2003, 범우사, 118쪽.

   이 책은 여러 차례 간행된 기록이 있다. 초간본은 을해자(乙亥字)인 금속활자본으로 찍어낸 것인데 한국에는 있지 않고 일본교오도(京都) 예산문고에 소장되어 있다.

   (자료 : 1527년, 간인본, 훈몽자회, 120~124, 사진자료)

4. 을해자본-천혜봉, 한국서지학, 1991,민음사, 309쪽.

   세조 원년(1455)에 강희안의 글씨를 자본으로 만든 동활자가 을해자이며, 이 활자로 찍은 을해자판, 을해자본이라 일컫는다,.큰 자, 중간 자, 작은 자가 있다. 글자체가 편평하고 대체로 폭이 넓은 圓筆系統이며, 중간 자에 강희안 글씨 특징이 잘 나타나고 있다.

(도47) 강희안 친필의 활자 및 필사체 원전 자료-1

1. 묘법연화경 권6.7 을해자 1455 상원사	2. 주자대전 을해자 1455 천혜봉 21쪽
檢繫其身稱觀世音菩薩名者皆悉斷壞 即得解脫 此由音性圓消離諸塵妄之力加之塵妄既離則身 相不有故枷鎖自脫　五脫怨賊 若三千大千國土滿中怨賊有一商主將 諸商人賫持重寶經過嶮路其中一人作 是唱言諸善男子勿得恐怖汝等應當一 心稱觀世音菩薩名号是菩薩能以無畏 施於衆生汝等若稱名者於此怨賊當得	朱子大全卷之三十一 書 汪張呂劉問答 與張敬夫 四月一日 春秋正朔事比以書考之凡書月皆不著時疑 古史記事例只如此至孔子作春秋然後以天 時加王月以明上奉天時下正王朔之義而加 春於建子之月則行夏時之意亦在其中觀伊 川先生劉質夫之意似是如何但春秋兩字乃 魯史之舊名又似有所未通幸更與晦叔訂之 以見教也
3. 晉書 을해자 1455 古山齋소장	4. 대불정수능엄경 1461 을해자체
志第十一　晉書二十一　御撰 禮下 五禮之別三曰賓蓋朝宗覲遇會同之制是 也自周以下其禮彌繁自秦滅學之後舊典 殘缺漢興始使叔孫通制禮參用先代之儀 然亦往往改異焉漢儀有正會禮正旦夜漏 未盡七刻鍾鳴受賀公侯以下執贄來庭二 千石以上升殿稱萬歲然後作樂宴饗魏武 帝都鄴正會文昌殿用漢儀又設百華燈晉	大佛頂如來密因修證了義諸菩薩萬 行首楞嚴經卷第一 溫陵開元蓮寺比丘　戒環　解 開釋科三　初通釋經題 如來ㅅ果體ᄂᆞᆫ其體ㅣ本然커시니 何假密因ᄒᆞ시며 菩薩 ㅅ道用ᄋᆞᆫ其用이無作ᄒᆞ거시니 孰爲萬行이리오 無因ᄒᆞ며無 行ᄒᆞ며無修ᄒᆞ며無證ᄒᆞ며無了不了ᄒᆞ야大小名相이 一切不 立ᄒᆞ미此ㅣ眞首楞嚴畢竟堅固者也ㅣ라 特以衆生인 如 來ㅣ隱於藏心ᄒᆞ니非密因이면不顯ᄒᆞ리며 衆生인 菩薩이

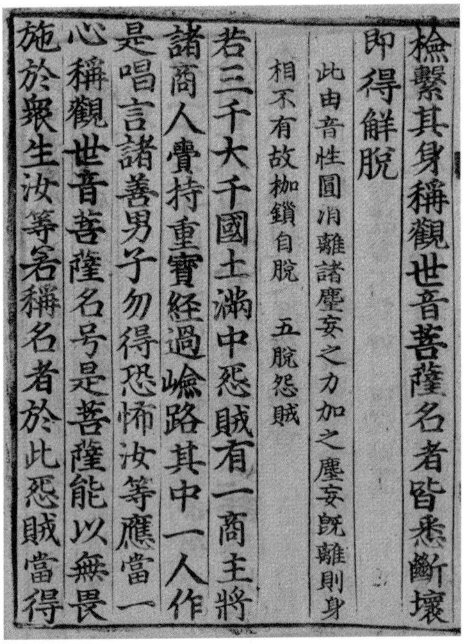

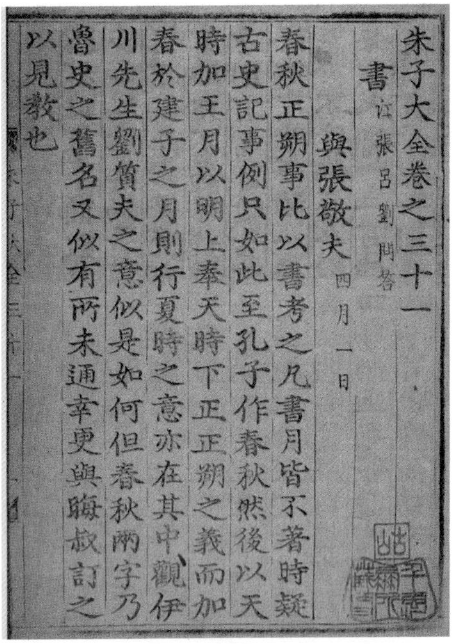

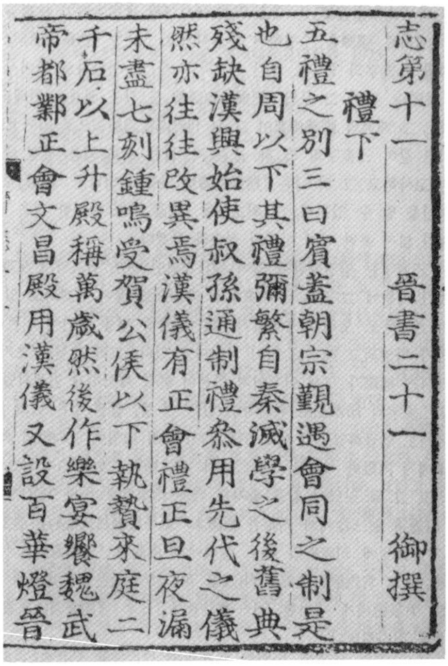

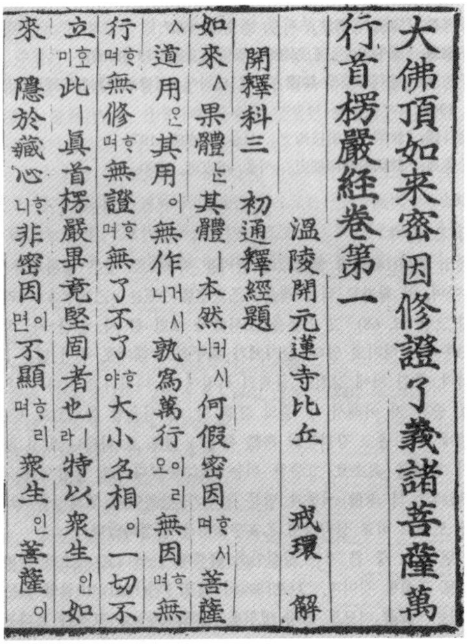

(도48) 강희안 친필의 활자 및 필사체 원전 자료-2

5. 內訓 1573 을해자체, 일본蓬左문고	6. 三略直解 1573 을해자체 日本宮內廳書陵部
7. 소학언해 1587 을해자체 경서자 古山齋	8. 중용언해 1588 을해자체 경서자 古山齋

(도49) 강희안 친필의 활자 및 필사체 원전 자료-3

9. 대학언해 1611 훈련도감자본체(을해자체)	10. 향약집성방 1633 훈련도감자본체(을해자체)
이니라 堯요舜슌이 帥솔天텬下하以이仁인ᄒᆞ신대 而이民민이從종之지ᄒᆞ고 桀걸紂듀ㅣ帥솔天텬下하以이暴포ᄒᆞᆫ대 而이民민이從종之지ᄒᆞ니 其기所소令령이 反반其기所소好호ㅣ면 而이民민이不블從종ᄒᆞᄂᆞ니 是시故고로 君군子ᄌᆞᄂᆞᆫ 有유諸져己긔而이後후에 求구諸져人인ᄒᆞ며 無무諸져己긔而이後후에 非비諸져人인ᄒᆞᄂᆞ니 所소藏장乎호身신이 不블恕셔ㅣ오 而이能능喩유諸져人인者쟈ㅣ 未미之지有유也야ㅣ니라	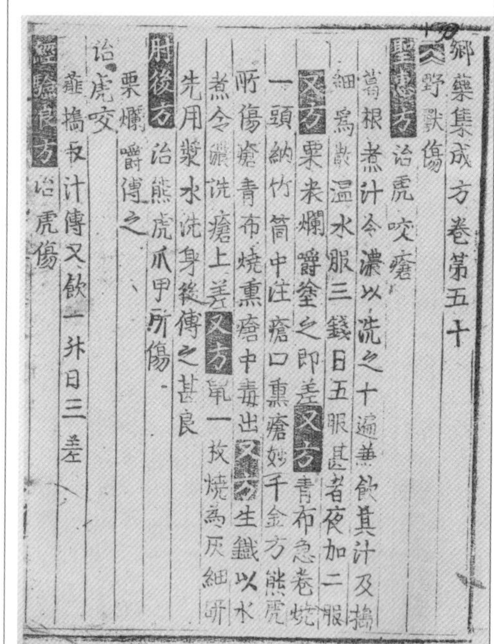 鄉藥集成方卷第五十 野獸傷 聖惠方 治虎咬瘡 葛根煮汁令濃以洗之十遍兼飮其汁及擣細爲散溫水服三錢日五服甚者夜加二服 又方 栗米爛嚼塗之卽差 又方 青布急卷燒一頭納竹筒中注瘡口熏瘡妙 千金方 熊虎所傷瘡青布燒熏瘡中毒出 又方 生鐵以水煮令濃洗瘡上差 又方 礬一拉燒爲灰細研先用漿水洗身後傅之甚良 肘後方 治熊虎爪甲所傷 栗爛嚼傅之 治虎咬 雞搗取汁傅又飮一升日三差 經驗良方 治虎傷
11. 원각경간기 1464 간경도감본	12. 尹炯墓碑 1453 今夕淸玩
 天順八年甲申歲朝鮮國刊經都監奉 敎雕造 嘉善大夫仁壽府尹臣姜希顔書	世希一二焉獨漢鄧 史尹氏相高麗中葉 聖多賢至于今世爲 宗嘗謂將臣曰古忌 褒一賢而千萬人勸 人之言乎

(2) 서체론적 관계성

① 안평대군, 강희안체의 장법적 관계성

가. 활자체 비교[안평 경오자 : 강희안 을해자](도50)

안평대군의 필체인 경오자로 찍은 주문공교창려선생집고이서와 역대십팔사략 권제일 문장에 나타나는 장법적 특징과 강희안의 필체인 을해자로 찍은 묘법연화경권육칠과 주자대전 권지삼십일의 장법적 특징을 비교하여 본다,

문장의 배자형식을 보면 안체는 9행-16자 배자와 10행-17자 배자형식으로 나타냈고, 강희안체는 9행-16자 배자와 10행-18자 배자형식으로 10행 배자만은 행당 문자수를 다르게 나타냈다. 이러한 배자-배행형식은 즉 두체의 장법적 특징을 보면 안평대군 경오자 문헌은 강희안의 을해자 문헌보다 낱개의 문자를 행간에 가득하게, 상하자간을 강희안 을해자 문헌보다 가깝게 붙여 답답한 느낌이 나게 배자하였다. 즉 강희안 을해자 문헌의 장법미가 더 돋보인다. 두 체 모두 정형화된 비슷한 크기의 활자이기 때문에 문장에서의 대소 조화미는 찾아 볼 수 없다.

나. 필사체 비교[안평 필사 : 강희안 필사](도51)

안평대군이 필사하여 1448년 간행한 법화경발과 강희안이 1464년에 직접 쓴 듯한 원각경간기를 비교해 본다.

안평대군이 1448년에 쓴 법화경발 문구 '正統十三年戊辰夏 四月 日 安平大君 瑢 拜手書'라고 행간에 본문과 같은 크기의 필사체형의 유창한 해서체로 나타냈다. 이에 비하여 강희안이 1464년에 원각경간기에 쓴 '天順八年甲申歲朝鮮國刊經都監奉敎雕造 嘉善大夫仁壽府尹 臣 姜希顔 書'라고 활자체 같은 정적인 해서체 느낌으로 안평대군 서체와 다르게 썼다.

(도51)의 오른쪽 부분 안평대군이 필사체형의 해서체로 쓴 지장경보살본원경 부분 문장과 강희안이 해행서로 쓴 윤형묘비의 부분 탁본 글씨는 서로 비슷한 듯 하면서도 다른 점이 발견된다. 10번 지장경보살본원경은 강희안의 윤형묘비 보다 문자의 대소 차이를 많이 나타냈고, 문자간의 사이를 좁혀서 나타냈다.

(도50) 안평대군체 : 강희안체 활자체 문장 비교도

	3. 역대십팔사략 1451 경오자본체	4. 주문공교창려선생집 1610 경오자체
안평대군 경오자활자체		
	1. 묘법연화경권6,7 1455 을해자본체	2. 주자대전권지31 1455 을해자본체
강희안 을해자활자체		

(도51) 안평대군체 : 강희안체 필사체[석각체] 문장 비교도

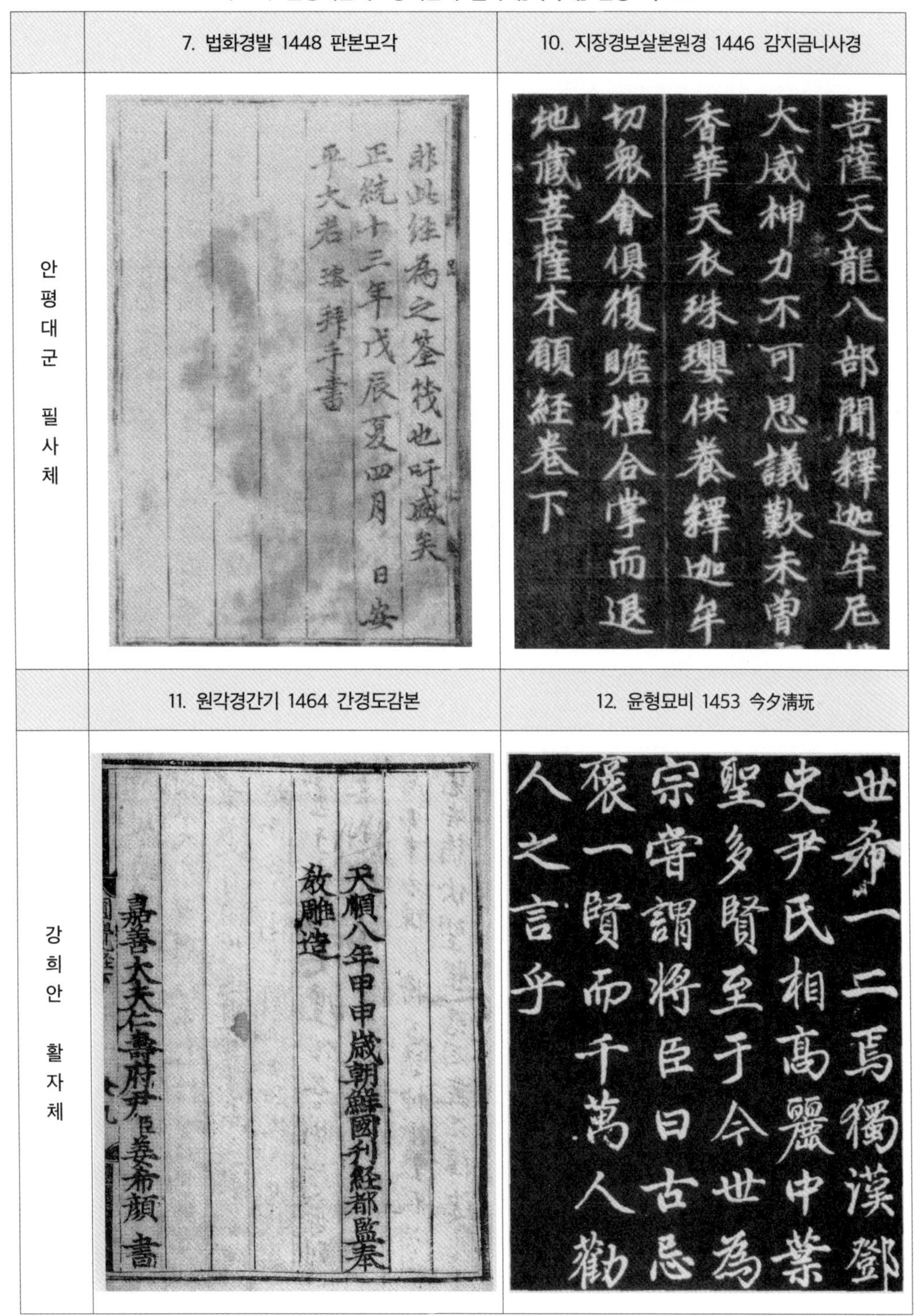

② **훈민정음체, 안평대군체, 강희안체의 결구적 관계성**

가. 배자 및 자형의 비교(도52)

안평대군이 쓴 경오자본인 상설고문진보대전, 역대병요권제일, 역대십팔사략, 주문공교 창려선생집, 고사촬요 등 5개 문헌에 나타난 서체와 강희안이 쓴 을해자본인 묘법연화경, 주자대전, 진서, 대불정수능엄경, 내훈 등 5개 서체의 문자에 대한 배자방법과 문자형태를 비교하였다.

무작위로 선정한 두 서체 30자의 외형을 비교해 보면 안평체는 가로폭이 너른 문자가 15자 50%인데 비해 강희안체는 25자 83%로 강희안체는 대부분 가로폭이 큰 문자로 분석되었다. 반대로 세로폭이 큰 자의 비중을 보면 안평체는 8자 27%, 강희안체는 4자 13%로 안평체가 세로폭이 큰 편인 것으로 나타난다.

정사각형의 외형을 이룬 문자를 비교해 보면 안평체는 7자 23%, 강희안체는 1자 3%로 안평체가 훨씬 많은 것으로 나타난다.

따라서 행간에 문자를 상하위치로 배자를 한 형태를 보면 세로폭이 너른 문자가 많은 안평체는 좁아서 답답한 느낌이 나지만, 가로폭이 너른 강희안체는 상하위치의 자간이 넓어 시원한 느낌을 풍긴다.

배자의 균형상태를 보면 안평체는 고사촬요의 神 자가 조금 기울었으나. 강희안체는 진서의 自, 秦, 朝 자, 대불정수능엄경의 固 자, 주자대전의 春 자 등 여러 글자가 불안정된 배자로 나타난다.

이상의 문자 배자 및 자형에 대한 분석상황으로 보아 안평체가 강희안체보다 조화미가 앞서는 것으로 분석된다. 또한 안평체가 훈민정음체에 더 근접하는 것으로 판단된다.

(도52) 안평대군과 강희안 서체 자료의 배자 및 자형 비교도

안평대군 서체	1. 상설고문진보	2. 역대병요	3. 역대십팔사략
	4. 주문공교창려선생집	5. 고사촬요	6. 당송팔가시선서
강희안 서체	1. 묘법연화경	2. 주자대진	3. 진서
	4. 대불정수능엄경	5. 내훈	6. 삼략직해

나. 문자의 결구형태의 비교(도53)

안평대군의 경오자본인 상설고문진보와 역대병요, 십팔사략과 이에 비교되는 강희안의 을해자본인 주자대전과 내훈, 진서 등에 나오는 낱자 大 天 之 不 有 三 中 以 是 名 10자의 결구적 특징을 비교하였다.

안평체는 안평체 경오자 문헌끼리, 강희안체는 강희안체 을해자본 문헌끼리 같은 자의 문자의 획형이나 자형은 서로 똑같은 것으로 나타났다. 그러나 경오자와 을해자의 같은 문자끼리는 다음과 같은 점이 다르게 나타났다.

大 天 不 有 자의 왼쪽 삐침 별획을 안평체는 짧게, 강희안체는 길게 다르게 나타냈고, 之 자는 위 가로획을 안평체는 곡선획으로, 강희안체는 직선형으로 나타냈고, 之 자 끝부분 날획을 안평체는 짧게, 강희안체는 조금 더 길게 나타냈다. 有 자의 첫 가로획을 안평체는 짧게 강희안체는 길게 나타냈고, 왼쪽 별획의 시작 부분을 안평체는 훈민정음체와 같게 가로획으로 나타냈고, 강희안체는 짧은 시작 점획형으로 다르게 나타냈다. 有 자의 月 부분 안쪽 두 가로획을 안평체는 훈민정음체와 비슷하게 아래 부분으로 내려서 나타냈으나 강희안체는 위부분으로 올라가게 다르게 나타냈다.

三 자는 1, 2획의 가로방향 길이를 안평체와 훈민정음체는 비슷하게 나타냈으나 강희안체는 2획을 1획보다 짧게 나타냈다. 中 자는 口 부분 중간 세로선을 훈민정음체와 안평체는 중간보다 약간 오른쪽 위치에 나타냈으나 강희안체는 정중앙에 위치하도록 다르게 나타냈다. 또한 훈민정음체는 세로선 오른쪽 부분에 사향점을 나타냈으나 안평체와 강희안체는 나타내지 않았다. 以 자는 안평체는 훈민정음체와 비슷하게 좌우 위치의 점획 사이를 강희안체보다 넓혀서 나타냈는데 훈민정음체는 以 부분의 세로폭을 더욱 낮추어 나타냈다.

是 자는 日 부분의 획형을 훈민정음체와 안평체는 日 자로 나타냈고, 강희안체는 曰(왈) 자로 다르게 나타냈다. 名 자는 夕 부분의 아래 삐침인 별획의 길이를 강희안체는 안평체보다 길게 나타냈다. 夕 부분의 점을 안평체는 아래 왼쪽 삐침획인 별획의 아래에 접필하지 않으나 강희안체는 훈민정음체와 같게 별획 아래에 나가도록 접필하여 나타냈다.

이상의 10종 문자의 훈민정음체, 안평대군체, 강희안체 자형을 비교한 결과 안평대군체가 강희안체보다 훈민정음체와 유사한 점이 많은 것으로 분석되었다.

(도53) 훈민정음체 : 안평대군체 : 강희안체 문자 비교도

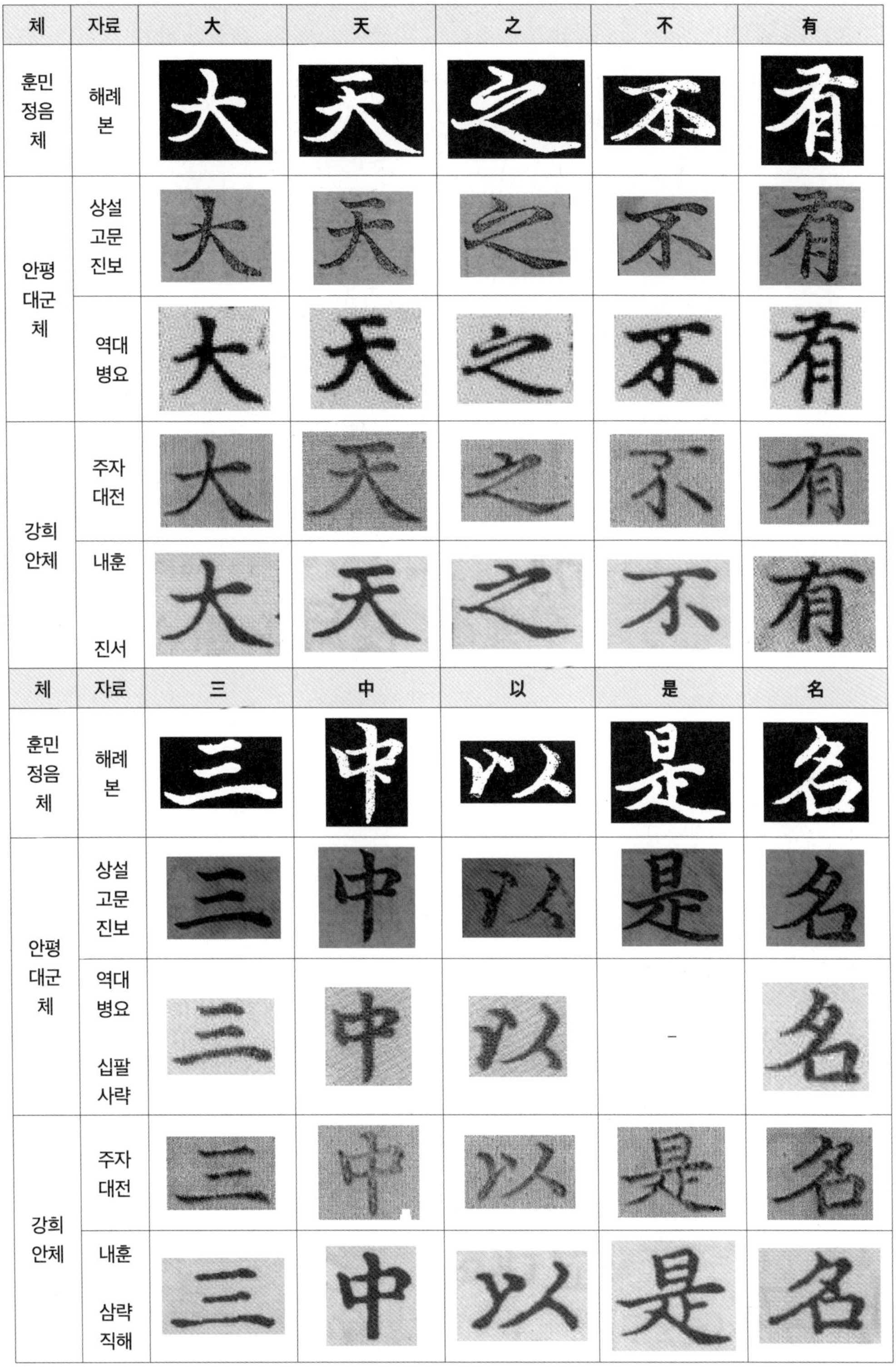

체	자료	大	天	之	不	有
훈민정음체	해례본					
안평대군체	상설고문진보					
	역대병요					
강희안체	주자대전					
	내훈 진서					
체	자료	三	中	以	是	名
훈민정음체	해례본					
안평대군체	상설고문진보					
	역대병요 십팔사략				-	
강희안체	주자대전					
	내훈 삼략직해					

종합비교 결과

이상의 안평대군체와 강희안체의 특징을 자형, 간가와 분위, 점획의 강유, 점획의 형태 등을 정리하여 비교해 보면 다음과 같다. (도52) (도53)과 같이 안평대군서체와 강희안체와의 서체적 특징은 다음과 같이 서로 구분이 되는 것으로 해석된다.[56] 따라서 강희안 서체는 훈민정음해례본 서체와의 유사율이 안평대군 서체보다 아주 낮은 편으로 분석된다.

- 안평대군서체-촉체(조송설체) : 낱자의 가로폭이 좁은 자형을 이루고, 서선이 부드럽고 점획간의 흐름이 나타나는 약간의 동적인 맛이 풍긴다.

- 강희안 서체-진체(위부인체) : 낱자의 가로폭이 큰 자형을 이루고, 서선이 약간 경직되고, 정돈된 점획으로 구성되어 정적이고 딱딱한 맛이 풍긴다.

56 박병천, 2000, 조선시대 서예의 출판사적 효능 고찰, 한국서예학회 학술발표 논문집, 20쪽.

2.1.4. 훈민정음 한자문자의 현대적 재해석

훈민정음해례본에 나오는 한자의 숫자는 우연인지, 의도적인지는 밝혀지지 않았으나 불교적인 숫자와 깊이 관련된 것으로 지적되었다. 이에 대하여 이미 1982년부터 1990년대까지 서울대 김광해 교수가 3건(맺음말 부분 제시)을 밝힌 바 있고, 이 사실을 참고삼아 필자가 더 깊이 분석하여 **'훈민정음 창제의 숫자적 신비-세종의 『훈민정음』에 숨겨진 불교적 숫자와 그 의미'**라는 제목으로 3건을 2016년 월간서예 10월호(136-138쪽)에 발표한 바 있다.

이러한 새로운 사실은 한글창제 후 575년이 지난 현재에 이르러 신비로운 내용으로 밝혀져 **훈민정음 한자문자의 현대적 재해석** 이란 제목으로 아래와 같이 소개하고자 한다. 여기에서 밝히는 108종의 한자종류별 빈도수는 (표16)와 같고, 출현 한자 자형은 (도56)과 같다.

훈민정음 창제의 숫자적 신비

세종의 『훈민정음』에 숨겨진 불교적 숫자와 그 의미

『훈민정음』 예의편의 전체 한자 숫자와 그 종류

박 병 천 (경인교대 명예교수)

Ⅰ. 머리말

오는 10월 9일은 훈민정음반포 570주년이 되는 한글날이다. 이러한 시기에 세종대왕이 창제한 『훈민정음』 해례본(국보제70호, 유네스코 세계기록유산 제1호 1997년 등재)에 비밀히 숨겨진 불교관련의 숫자적 비밀에 대하여 음미해 보는 것도 뜻 깊은 일이 아닐까 생각해본다.

조선조 개국 초기는 척불숭유(斥佛崇儒)를 강화하던 시기임에도 불구하고 세종과 세조는 불교 관계의 언해 문헌인 『석보상절』·『월인천강지곡』·『월인석보』 등을 간행하거나 당시의 대승려인 신미대사 등과 깊이 접촉하는 등 숭불적인 활동을 계속하였고, 군왕 자신이 호불주(好佛主)임을 직간접적으로 언명해왔다.

그런 관계 때문인지 『훈민정음』을 창제-간행하면서 문헌이나 그 내용 중에 불교와 관련된 숫자적 상황을 은밀하게 적용한 정황이 목격된다. 특히 세종이 친히 지으신 『훈민정음』해례본의 '정음편' 내용에는 불교에서 신성시하는 숫자(수량)와 관련시킨 점이 발견되는데, 이러한 관계가 우연인지, 아니면 의도적이었는지 알 길이 없다

이들 관계가 의도적이었다는 논의는 이미 서울대학교 김광해(1982,1989, 1990,1998) 교수가 주장한 바 있거니와, 필자가 최근에 이러한 사실을 필자가 재검토하는 과정에서 확인하였고, 더 나아가 필자의 연구결과 추가로 더욱 신비한 사실을 발견히게 되어 (아래 Ⅱ-2 항 자료) 와 같이 소개하고자 한다.

『훈민정음』 창제가 불교에서의 숫자와 관련된 신비의 숫자관계를 김광해 교수의 발표내용과 필자의 발굴한 『훈민정음』해례본의 정음부분(세종대왕 서문)자료의 구체적인 사실을 밝혀보고자 한다.

Ⅱ. 『훈민정음』 창제와 불교와의 관계

1446년에 간행한 『훈민정음』 (속칭 : 훈민정음해례본)은 그 규모가 33장에 한문 729종 4,790자에 한글 239종 547자 등 968종류 5,337자로 이루어졌다. 그리고 이를 풀이하여 1459년에 간행한 『세종어제훈민정음』 (속칭 : 훈민정음언해본, 보물 745호)은 한문 미상, 한글 175종 1,192자에 이른다.

1. 기공개 자료

: 선행 연구자가 불교 관련 숫자와 '훈민정음'이 관계가 있다고 주장한 논의(82. 89, 90, 98년 **김광해 교수**)

1) 1982년 11월 19일 대학신문(서울대) "『훈민정음』의 우연들"
2) 1989년 주시경학보 제4집(탑출판사) "『훈민정음』과 108"
3) 1990년 강신항교수 회갑 논문집(태학사) "『훈민정음』 창제의 또 다른 목적"
4) 1998년 월운스님 고희기념 『불교학논총』(동국역경원), "『조선왕조실록』 속의 108과 한글"

지금부터 24년 전, 고인이 된 서울대 김광해 교수가 위와 같이 4개 매체를 통해 『훈민정음』이 불교적 수치와 관계가 있음을 주장한 바 있다.

세종대의 『훈민정음』 해례본 중 정음편 서문부분의 한자 글자수 54자는 불교의 대표적인 숫자 108[법문, 염주수, 경배수, 계단수 등]의 반(半) 분량이고, 세조대의 『훈민정음』 언해본의 서문 번역문에 나오는 한글 글자 전체수가 108자로 이루어졌다고 하였다. 또한 『훈민정음』 해례본 전체(정음편 4장, 정음해례편 29장)의 장수(張數)가 33장인 것은 불교의 주요 숫자인 33천(天)과 같고, 불전(佛典) 간행물인 세조대의 『월인석보』 제1권의 장수를 108장으로 조정한 것 등이 불교에서 신성시(神聖視)하는 숫자인 108과 관계가 깊다는 것이다.

이와 같이 33, 54, 108이란 불교 관련 숫자를 『훈민정음』 해례본, 『훈민정음』 언해본, 그리고 『월인석보』라는 왕실에서 간행한 주요 문헌들에 반영된 사실은 우연이 아니고 간행 주체의 의도적인 행위라고 밝혔다.

2. 미공개 자료
: 필자가 새롭게 발굴-제시한 수치의 『훈민정음』 관련사항

(2016년 박병천)

1) 2016년 『훈민정음』해례본 정음편 부분(도55)의 한자구성 연구
   -한자 종류 분석
   세종대왕 친제 예의편 부분 한자 종류 수 108종 발견(표16, 도56 참조)
2) 2016년 『훈민정음』해례본의 정음편 한자수 366자
   -윤년 날짜 366일과 일치 『훈민정음』창제시기 1443년 음력 계해동(癸亥冬)은 서기 1444년으로 윤년에 해당
3) 1983년 『훈민정음』 반포시기 세종 28년
   -한글 자모음수 28자 숫자일치 의문제시

이미 공개한 서울대 김광해 교수가 발견해낸 세조대의 『훈민정음』 언해본(1459) 글자수 108과 세종대의 『훈민정음』 해례본 '정음편' 서문이 108의 반수인 54자라고 발표한 내용과는 달리 이번에 필자는 『훈민정음』 해례본 '정음편'의 내용 내면에 깊숙이 숨겨진 108과 직접 관련된 한자 종류수가 108종(도56 참조)이 된다는 것을 처음으로 발견하였다.

이러한 상황은 세종대왕은 숭불정신과 '훈민정음'을 종교와 같은 대등적인 입장에서 창제하려 했던, 은밀하지만 내면에 품고 있던 불교적 염원을 '정음편' 내용에 반영하였음을 다시 확인할 수 있었다.

이와 함께 『훈민정음』 정음편의 한자 전체수가 366자인 것도 창제 시기의 윤년의 날짜 수 366일과 우연하게 일치됨이 주목된다.(* 창제시기인 '계해동(癸亥冬- 『훈민정음』 해례본 27장 뒤 표기 : 계해년 음력 1443년 10, 11, 12월 해당)은 양력 1444년에 해당되는 시기로 윤년임.)

아울러 필자가 오랫동안 『훈민정음』 연구를 해오면서 의문을 가져왔던 『훈민정음』을 반포한 시기인 세종 28년과 『훈민정음』의 한글 자모의 숫자 28개와 불교에서의 쓰이는 28 (별자리수, 계단수)이라는 수치가 일치하는 것도 발견하게 되었다.

Ⅲ. 맺음말

조선조 개국 초기에 척불숭유(斥佛崇儒)를 강화하던 시기임에도 불구하고 세종대왕은 『훈민정음』을 창제하면서 해례본에 불교 관련 주요 숫자를 은밀하게 반영하였다. 이는 '훈민정음'이 널리 보급되어 일상생활에 사용됨으로써 만백성이 모두 편안한 삶을 영위하도록 하려는 세종의 염원을 불교적 신성수에 의탁해 반영하려 한 것으로 해석된다.

세종시기 훈민정음 창제에 반영된 불교적 숫자

1. 김광해 제안 세종시기 -훈민정음해례본 서문 한자 문자수 54자 (대표수 108의 반)
2. 김광해 제안 세종시기 -훈민정음해례본 책 전체 장수 33장 (대표수 33)
3. 김광해 제안 세조시기 -훈민정음언해본 서문 한글 문자수 108자 (대표수 108)
4. 박병천 제안 세종시기-훈민정음해례본 정음편 한자 종류수 108종 (대표수 108)
5. 박병천 제안 세종시기-훈민정음해례본 정음편 한자 전체수 366자 (윤년의366일)
6. 박병천 제안 세종시기 -훈민정음반포시기 세종 28년의 28자 (불교 별자리수 28숫자)

1,2,3항은 공개(82,89,90년)되었고, 4,5,6항은 미공개(2016년 새로 발견됨) 자료임.

『훈민정음』 해례본 정음과 해례부분 문자도

『훈민정음』 해례본의 정음해례편(1446)	『훈민정음』 해례본의 정음편(1446)-간송본
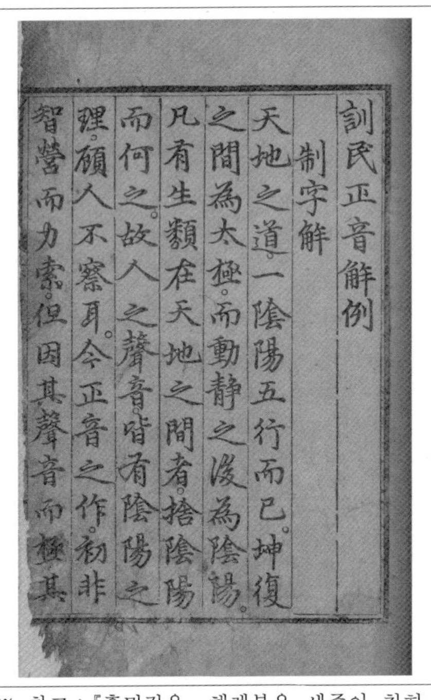	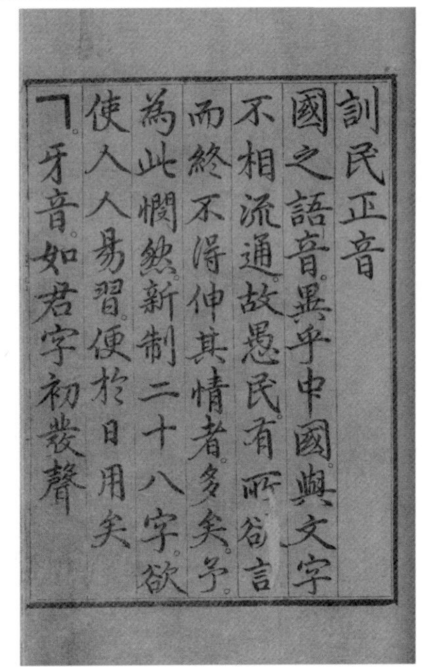

訓民正音解例
制字解
天地之道一陰陽五行而已坤復
之間爲太極而動靜之後爲陰陽
凡有生類在天地之間者捨陰陽
而何之故人之聲音皆有陰陽之
理顧人不察耳今正音之作初非
智營而力索但因其聲音而極其

訓民正音
國之語音異乎中國與文字
不相流通故愚民有所欲言
而終不得伸其情者多矣予
爲此憫然新制二十八字欲
使人人易習便於日用矣
ㄱ牙音如君字初發聲

※ 참고 : 『훈민정음』 해례본은 세종이 친히 지은 정음편(正音) 4장과 '정음'을 해설한 정음해례편(正音解例) 29장 등 전체 33장으로 꾸며졌다. 예의편(1장) 6행 '矣'자는 한글학회(1998)에서 '耳'자로 수정하였음.

2.2. 훈민정음해례본의 부분별 한자서체

-훈민정음해례본의 구성과 제목서체의 특징(도54)

훈민정음해례본 33장 66쪽에 나오는 한자는 정음편 108종 366자, 정음해례편 618종 4,424자로 이루어졌다. 이를 정음편은 (도54) 같이 '訓民正音' 서명 아래에 제목 없이 서문과 예의 내용부분으로, 정음해례편은 '訓民正音解例' 제목아래 制字解, 初聲解, 中聲解, 終聲解, 合字解, 用字例 와 용자례 끝부분에 행당 1자씩 낮추어 제목 없이 밝힌 정인지 서문부분으로 나누어진다.

(도54)의 제목체 중 '訓民正音' [세로배자형] 4개의 자형을 모두 다르게 나타냈다. 그러나 訓 자의 가로폭은 책제목 2.4cm, 예의편 제목 1.9cm, 말미제목 1.5cm, 해례제목 1.4cm 등 모두 다르게 나타냈다. 또한 '訓民正音' 이란 4자의 자형 및 점획은 4개 제목 모두 조금씩 다르게 나타냈다.

훈민정음해례본은 앞에서 밝힌바와 같이 예의편의 서문과 예의부분 2장 4쪽은 원전부분의 소실로 보강한 상태이다. 4쪽에 걸친 부분은 안평대군 서체의 대가이며 송설체를 잘 쓴 이용준이 쓴 글씨이다. 현재 그 글씨로 제본된 상태의 국보로 보고 보관 중이다.

初聲解, 中聲解, 終聲解, 合字解 끝 문자에 쓰인 解 자의 오른쪽 세로획에 점을 붙여 나타냈으나 訓民正音解例 制字解의 解 자 세로획에는 점을 나타내지 않았다. 제목체로 쓴 한자 중 문자의 가로폭을 행간 크기와 같게 나타낸 문자로는 初聲解와 終聲解의 聲 자가 있다.

제목체 중에서 서체를 분석해보면 대부분 해서체로 나타냈으나 달리 행서체로 나타낸 문자로는 正 자의 점, 音 자의 좌우점, 終 자의 冬 부분 상하점, 用字例의 例 자 刂 부분, 初中終聲解의 3개 解 자 오른쪽 부분 등 전체 36자중 14자 정도(39%)를 행서의 느낌이 나게 나타냈다.

-훈민정음해례본의 자음종류별 한자구성과 특징(표14)

이상과 같은 부분별 한자의 종류와 문자수가 많은 순서로 밝혀보면 (표14)와 같이 제자해가 280종류에 2,178자로 가장 많고, 정인지서문이 175종 562자, 용자례가 108종 259자 순서이며. 초중종성해가 79종의 814자로 문자수가 가장 적다. 이들 전체 한자를 발음상 자음순으로 밝혀보면 가장 많이 나오는 문자는 초성 ㅅ 이 들어가는 한자로 111종이 되고, 가장 적게 나오는 한자는 ㅋ 이 들어가는 한자로 4자가 있다.

(도54) 훈민정음해례본의 제호 및 제목서체 분석도

분야	책 표지	정음해례편			
명칭	제호	해례제목	제자해	초성해	중성해
장쪽	앞표지	1ㄱ1	1ㄱ2	14ㄴ5	15ㄴ7
규격	2.4(2.7)X10.5	1.4(2.0)X10.0	1.4(2.0)X5.0	1.6(2.0)X5.1	0.9(2.0)X5.1
한자제목	訓民正音	訓民正音解例	制字解	初聲解	中聲解
분야	정음편	정음해례편			
명칭	제목	종성해	합자해	용자례	말미서명
장쪽	01ㄱ1	17ㄴ2	20ㄴ2	24ㄴ2	29ㄴ8
규격	1.9(2.5)X8.5	1.7(2.0)X5.1	2.0(2.0)X5.1	1.1(2.0)X4.6	1.5(2.0)X6.7
한자제목	訓民正音	終聲解	合字解	用字例	訓民正音

* 2.4(2.5)X8.5는 첫째 문자의 가로폭(계선 가로폭)X문자 전체의 세로폭 크기, 단위는 cm임.

(표14) 훈민정음해례본의 자음분류별 한자종류 분석표

부분별 \ 자음류별			아음류		설음류				순음류			치음류			후음류		종류 계	빈도 계
			ㄱ	ㅋ	ㄴ	ㄷ	ㄹ	ㅌ	ㅁ	ㅂ	ㅍ	ㅅ	ㅈ	ㅊ	ㅇ	ㅎ		
정음	서문·예의	1-4장	9	1	1	5	3	2	5	9	5	15	13	5	28	7	108	366
정음해례편	제자해	1-14장	42	0	4	8	15	8	8	18	6	41	30	27	52	20	279	2178
	초중종성해	14-20장	6	1	2	7	3	0	3	3	3	11	10	7	17	6	79	814
	합자해	20-24장	12	0	0	4	3	3	1	5	2	12	18	3	15	5	83	611
	용자례	24-26장	15	0	1	7	7	1	3	8	4	19	13	9	17	6	110	259
	정인지서문	26-29장	32	0	3	6	8	0	10	13	4	27	22	9	22	19	175	562
계	자음 개별 계		107	1	10	32	36	12	25	47	19	110	93	55	123	56	726	전체
	자음 류별 계		108		90				91			258			179		726	4790

* 부분별 한자종류는 2.2.1~2.2.6 항까지 각각 시작부분에 제시하였음.
(표15) (표18-1,2) (표20) (표24) (표26) (표28)의 종합통계임.

2.2.1. 정음편 서문 및 예의 한자서체[1ㄱ1-3ㄱ6]

(도55) 훈민정음 정음편 서문 제1면의 배자도

訓民正音

國之語音異乎中國與文字

不相流通故愚民有所欲言

而終不得伸其情者多矣予

爲此憫然新制二十八字欲

使人人易習便於日用矣

ㄱ牙音如君字初發聲

1) 정음편 한자의 종류와 구성적 특징

훈민정음 중 처음부분인 정음편은 분량이 4장 7면이 되며, 한자 종류는 108종, 한자 수는 366자가 된다. (표15)를 보면 정음편 전체 한자 종류수 108종은 후음류 35종, 치음류 33종, 순음류 19종, 설음류와 아음류가 각각 11, 10종 순서로 나온다. 쪽수별로 나오는 한자 종류수를 보면 1장 앞쪽이 57종, 4장 앞쪽이 17종, 1장 뒤쪽이 10종 순서로 장별로 나오는 종류수가 다양하다.

(표15) 훈민정음해례본 정음편의 한자 종류 분석표

장-면 \ 종류			자음 분류별 한자					계
			ㄱ 아음류	ㄴ 설음류	ㅁ 순음류	ㅅ 치음류	ㅇ 후음류	
정음편	1	ㄱ	故國君其 고국군기	多得流通 다득류통	文民憫發不 문민민발불 八便 팔편	使相聲所習伸 사상성소습신 新十者字正情 신십자자정정 制終中之此初 제종중지차초	牙語於言與予如然 아어어언여여여연 欲用愚有爲音矣異 욕용우유위음의이 二耳易而人日乎訓 이이이이인일호훈	57
		ㄴ	虯快 규쾌	那覃斗呑 나담두탄	並 병	書舌 서설	業 업	10
	2	ㄱ			彌彆步漂 미별보표	脣慈即齒侵 순자즉치침		9
		ㄴ		閭 려	半 반	邪戌 사술	挹虛洪喉 읍허홍후	8
	3	ㄱ					穰 양	1
		ㄴ	輕 경	連 련	復 부	則 즉	下合 하합	6
	4	ㄱ	加去急 가거급	同 동	無凡附平必 무범부평필	上成點左促 상성점좌촉	右一入 우일입	17
		ㄴ						-
소계 **종류수** 문자수			ㄱ ㅋ	ㄴㄷ ㄹㅌ	ㅁ ㅂ ㅍ	ㅅ ㅈ ㅊ	ㅇ ㅎ	**108** 366
			9 1	1 5 3 2	5 9 5	15 13 5	28 7	
			10	11	19	33	35	

* 전체 종류에 추가되는 문자 憫, 予 자 2종류임. 나머지는 해례편과 중복됨.
* 소계 합계 아래 숫자는 문자수 합계임.(예 366)

예의편에 나오는 108종의 한자 종류에 대한 출현 빈도수를 파악해 보면 (표16)과 같이 분석되고 실제의 문자를 획수별로 나열해 보면 (도56)과 같다.

1획인 一 자부터 22획인 穰 자에 이르기까지 108종의 문자는 각 문자별로 출현 문자수가 1번씩 나오는 문자는 50%가 넘는 64종이 된다. 그 중 가장 많이 나오는 문자는 聲 자 43회, 字 자 37회, 如 자 34회 등 순서로 많이 나오는 편이다.

〈표16〉 훈민정음해례본 정음편의 108종 한자 획수별 출현 빈도수

획수	1~4획	4~5획	5~6획	6~7획	7~9획
획수별 문자수	01一일 1 02十십 1 02二이 2 02人인 2 02入입 1 02八팔 1 03上상 1 03凡범 1 03下하 2 04斗두 1 04文문 1 04不불 2	04牙아 3 04予여 1 04日일 1 04中중12 04之지 3 05加가 2 05去거 1 05民민 2 05半반 2 05用용 3 05右우 1 05正정 1	05左좌 1 05平평 1 05必필 1 05乎호 1 06多다 1 06同동 2 06舌설 4 06戌술 2 06如여34 06有유 1 06耳이 1 06而이 3	06字자37 06此차 1 06合합 2 07君군 2 07那나 1 07步보 1 07邪사 1 07成성 1 07伸신 1 07言언 1 07矣의 1 07即즉 2	07初초26 07快쾌 1 07呑쾌 2 08虯규 1 08其기 1 08並병 7 08附부 2 08使사 1 08所소 1 08於어 2 08易이 1 08制제 1
종류	12	12	12	12	12
획수	9~10획	10~12획	12~13획	13~22획	계
획수별 문자수	09故고 1 09急급 1 09流류 1 09便편 1 09相상 1 09音음22 09者자 1 09則즉 5 09促촉 1 09侵침 2 09洪홍 2 10書서10	10挹읍 1 10訓훈 1 11國국 2 11得득 1 11脣순 5 11習습 1 11連연 1 11欲욕 4 11情정 1 11終종 3 11通통 1 12覃담 2	12無무 1 11發발23 12復부 1 12然연 1 12爲위 2 12異이 1 12虛허 1 12喉후 3 13輕경 1 13新신 1 13業업 2 13愚우 1	13慈자 1 14語어 1 14與여 1 14漂표 1 15閭려 1 15憫민 1 15齒치 4 16彆별 2 17彌미 1 17聲성43 17點점 2 22穰양 2	-
종류	12	12	12	12	**108자**

* 보기 : 04 之지 3(**04** -해당 한자의 획수, **之 지** -해당 한자와 음, **3** - '之'자의 빈도수)

(도56) 훈민정음 정음편 출현 한자 108종의 획수 순서별 집자도

획수	1	2	3	4	5	6	7	8	9	10	11	12
01~04획	一	二	十	八	人	入	上	下	凡	斗	文	不
04~05획	牙	予	日	中	之	加	去	民	半	用	右	正
05~06획	左	平	必	乎	多	同	舌	戌	如	有	耳	而
06~07획	字	此	合	君	那	步	邪	成	伸	言	矣	即
07~09획	初	快	呑	虯	其	並	附	使	所	於	易	制
09~10획	故	急	流	相	音	者	則	促	侵	便	洪	書
10~12획	挹	訓	國	得	脣	習	連	欲	情	終	快	覃
12~13획	無	發	復	然	爲	異	虛	喉	輕	新	業	愚
13~22획	慈	語	與	漂	閭	憫	齒	彆	彌	聲	點	穰

2) 정음편 원전부분과 복원부분 한자의 배자 및 자형 비교

(1) 한자문자의 직관적 비교

① 배자 및 자형 비교(도57)

정음편의 복원부분 2장 4개 쪽에 나오는 한자와 원전부분 2장 3개 쪽에 나오는 한자와 비교하여 배자 상태와 자형 형태를 어느 정도로 유사하게 표현했는가를 직관적으로 분석하여 보았다. 즉 복원을 어느 정도 정확하게 했는가를 파악해 보고자 한다.

배자의 상태는 행간의 중심을 기준으로 좌편향의 원전문자로는 君, 彆 자, 복원문자로는 君 자가 있고, 우편향의 원전문자로는 呑, 侵, 洪, 戌 자, 복원문자로는 即, 侵, 洪, 戌 자가 있다. 정상적인 배자방법인 행간 중간 위치에 배자해야 하는데, 이에 해당하는 원전문자로는 即, 覃, 業, 欲 자가 40%, 복원문자로는 呑, 覃, 業, 欲, 彆 자가 50% 정도 해당된다.

복원한 문자가 원전 문자의 자형과의 유사 정도[유사도-synchrozation]를 직관적으로

보아 비교 파악하여 보면[직관적 분석] 90% 정도로 거의 유사하게 쓴 문자로는 卽, 侵, 洪, 業, 彆 자로 50% 정도가 되고, 유사성이 조금 떨어지는 문자로는 呑, 覃, 君, 欲, 戌 자로 50% 정도가 되지만 아주 다른 자형의 문자는 없는 것으로 분석되었다. 같은 행간 크기인데도 복원문자는 원전문자보다 크고 굵게 나타냈다.

② 문자 크기-굵기 관계(도58)

복원부분의 매쪽 7행씩의 행간규격이 일정하지 않아 문자의 크기가 다르게 나타난다. 매장 7행씩의 행간을 제1장 앞, 뒤쪽의 1. 7행과 제2장 앞 1행, 뒤 7행의 간격을 다른 2, 3, 4, 5행보다 약간 크게 나타내어 여기에 쓰인 문자의 크기도 다른 행보다 크게 나타냈다. 이렇게 큰 행간의 문자 크기는 (도58)에서 전체 행간 크기를 줄여서 똑 같게 조정하다보니 문자 크기도 따라서 發 [1ㄱ7], 覃 [1ㄴ5]. 終 [1ㄱ4] 은 작아지면서 원전문자 크기와 같아지고. 彆 [2ㄱ1] 자는 더욱 작아졌다. 획수가 적은 문자 중에는 而, 脣 자, 획수가 많은 문자 중에는 爲 자가 복원문자와 원전문자의 크기차이가 크게 나타난다. 그리고 나머지 20종류의 복원문자는 원전문자보다 크게 나타내어 조화롭지 않아 통일감이 없어 보인다.

복원문자는 원전문자와 비교하여 크기 차이는 있으나 자형이나 획형은 24개 문자 모두 같은 것으로 비교된다. 그런데 而 자의 경우 원전문자는 해서체이지만 복원문자는 1, 2획을 연결하여 행서체로 다른 획형으로 나타냈다.

③ 다출 문자 관계(도59)

(도59)와 같이 복원문자 중 여러 번 나오는 같은 한자의 자형-획형 표현의 일관성이 있는가를 분석하기 위해 如 자와 字 자를 각각 비교하였다.

원전문자와 복원문자에 나오는 如 자와 字 자 10개는 모두 같은 자형으로 일관성 있게 나타냈다. 원전문자 如 자 10개와 복원문자 如 자 10개를 각각 비교해 보면 같은 자형으로 나타냈으나 복원문자의 외형을 원전문자의 외형보다 세로폭을 조금 크게 나타냈다.

원전문자 字 자 10개와 복원문자 字 자 10개를 각각 비교해 보면 같은 자형으로 나타냈으나 복원문자의 子 부분의 一 길이를 원전문자의 一 형보다 조금 길게 나타냈다.

(도57) 정음편의 원전부분과 복원부분 동일문자 배자-자형 비교도

구분 \ 문자		呑 / 君	即 / 業	侵 / 欲	洪 / 戌	覃 / 彆
원전 모음 표기	배자					
	자형					
		탄3ㄱ-2呑 ·	즉3ㄱ-3即 ㅡ	침3ㄱ-4侵 ㅣ	홍3ㄱ-5洪 ㅗ	담3ㄱ-6覃 ㅏ
복원 자음 표기	배자					
	자형					
		탄1ㄴ-6呑 ㅌ	즉2ㄱ-5即 ㅈ	침2ㄱ-7侵 ㅊ	홍2ㄴ-5洪 ㆅ	담1ㄴ-5覃 ㄸ
원전 모음 표기	배자					
	자형					
		군3ㄱ-7君 ㅜ	업3ㄴ-1業 ㅓ	욕3ㄴ-2欲 ㅛ	술3ㄴ-4술 ㅠ	별3ㄴ-5彆 ㅕ
복원 자음 표기	배자					
	자형					
		군1ㄱ-7君 ㄱ	업1ㄴ-3業 ㆁ	욕2ㄴ-6欲 ㅇ	술2ㄴ-1戌 ㅅ	별2ㄱ-1彆 ㅂ

* 위 문자의 종류 및 배자 순서는 원전문자의 모음 표기순서에 따라 정한 것임.

(도58) 훈민정음해례본 정음편 원전문자와 복원문자 서체 비교도

획별	문자	정음편		문자	정음편		문자	정음편	
		원전문자	복원문자		원전문자	복원문자		원전문자	복원문자
4 4 5획	中	3ㄴ4	1ㄱ2	之	3ㄴ7	1ㄱ2	半	3ㄱ1	2ㄴ7
6획	用	3ㄴ6	1ㄱ6	戌	3ㄴ4	2ㄴ1	而	4ㄱ3	1ㄱ4
7 7 8획	初	3ㄱ1	2ㄱ5	呑	3ㄱ2	1ㄴ6	並	4ㄱ1	1ㄴ1
9획	音	3ㄴ7	1ㄴ2	即	3ㄱ3	2ㄱ5	侵	3ㄱ4	2ㄱ7
9 10 11획	洪	3ㄱ5	2ㄴ5	書	4ㄱ3	2ㄱ2	脣	3ㄴ7	2ㄱ3
11 11 12획	欲	3ㄴ2	1ㄱ5	終	3ㄴ6	1ㄱ4	覃	3ㄱ6	1ㄴ5
12 12 13획	發	3ㄱ1	1ㄱ7	爲	3ㄴ7	1ㄱ5	業	3ㄴ1	1ㄴ3
15 15 17획	彆	3ㄴ5	2ㄱ1	齒	3ㄱ1	2ㄱ5	聲	3ㄴ6	2ㄴ4

(도59) 정음편의 복원부분과 원전부분의 다출문자 자형 비교도

문자 유형		如 1 字 1	如 2 字 2	如 3 字 3	如 4 字 4	如 5 字 5
如자 비교	원전 한자	如	如	如	如	如
	행	탄3ㄱ-2呑상위	즉3ㄱ-3卽상위	침3ㄱ-4侵상위	홍3ㄱ-5洪상위	담3ㄱ-6覃상위
	복원 한자	如	如	如	如	如
	행	탄1ㄴ6呑상위	즉2ㄱ-5卽상위	침2ㄱ-7侵상위	홍2ㄴ-5洪상위	담1ㄴ-5覃상위
	원전 한자	如	如	如	如	如
	행	업3ㄴ-1業상위	욕3ㄴ-2欲상위	양3ㄴ-3穰상위	술3ㄴ-4술상위	별3ㄴ-5彆상위
	복원 한자	如	如	如	如	如
	행	업1ㄴ-3業상위	욕2ㄴ-6欲상위	나1ㄴ-7那상위	술2ㄴ-1戌상위	별2ㄱ-1彆상위
字자 비교	원전 한자	字	字	字	字	字
	행	탄3ㄱ-2呑하위	즉3ㄱ-3卽하위	침3ㄱ-4侵하위	홍3ㄱ-5洪하위	담3ㄱ-6覃하위
	복원 한자	字	字	字	字	字
	행	탄1ㄴ-6呑하위	즉2ㄱ-5卽하위	침2ㄱ-7侵하위	홍2ㄴ-5洪하위	담1ㄴ-5覃하위
	원전 한자	字	字	字	字	字
	행	업3ㄴ-1業하위	욕3ㄴ-2欲하위	양3ㄴ-3穰하위	술3ㄴ-4戌하위	별3ㄴ-5彆하위
	복원 한자	字	字	字	字	字
	행	업1ㄴ-3業하위	욕2ㄴ-6欲하위	나1ㄴ-7那하위	술2ㄴ-1戌하위	별2ㄱ-1彆하위

(2) 한자문자의 수치적 비교

① 문자 배자 관계(도60)

원전문자와 복원문자로 나오는 동일문자의 배자관계를 (도60)과 같이 수치적으로 측정하여 비교하였다. 비교대상 문자를 공통으로 나오는 即, 侵, 洪, 覃, 業, 欲, 戌, 彆 8자를 배자한 행간의 크기에 비교되는 각 문자의 가로폭 크기 비율[자폭], 행간에서 문자가 차지한 좌-우편 여백 크기의 비율[여백], 각 문자의 가로획 또는 삐침획[撇畫]의 운필방향[빙향]을 수치적으로 측정 비교하였다.

(도60)에서와 같이 원전문자는 흑문으로, 복원문자는 백문으로 구분이 되게 나타냈다. 각 문자의 비교는 행간의 가로폭 크기를 똑같게 나타내어 원전문자와 복원문자를 비교하였다. 즉 복원문자는 원전문자의 자형적 특징을 어느 정도 나타내었는가를 파악하기 위하여 수치적으로 측정하였다.

문자별 배자관계를 即 자의 요소별 측정의 예를 들어 해석을 하면,

복원문자와 원전문자의 即 자 자폭을 같게 나타냈으나 행간의 좌우 위치를 원전문자는 100 : 91로 비슷하나, 복원문자는 100 : 40으로 우측으로 치우치게 배자하였다. 即 자의 좌측 부분의 첫 가로획이 26도, 22.5도로 비슷하다.

요소별 배자관계를 전체 8종 문자에 대한 통합적인 해석을 하면,

행간 크기에 비해 문자 가로폭 크기를 나타낸 복원문자 : 원전문자의 자폭 측정 경향을 보면 8자 중 7자는 복원문자가 조금 큰 편인데 彆 자는 아주 작게 나타냈다.

행간 사이에 쓴 문자의 좌우측 여백을 측정해 보면 정중앙에 배자한 문자는 없고 좌우측 여백 없이 가득 채운 欲 자가 있으며, 우측으로 치우친 문자는 即, 侵, 洪, 戌 자, 좌측으로 치우친 문자로 覃, 業, 彆 자가 있다. 이러한 현상은 복원문자와 원전문자가 이상하게도 동일하게 나타난다.

가로획의 운필방향 각도를 보면 4종 문자는 원전문자가 더 크고, 1종은 같은 것으로 나타났고, 삐침획의 운필방향 각도를 보면 2종 문자는 원전문자가 더 크고, 1종은 같은 것으로 나타나는데 전적으로 보아 대부분 원전문자의 운필각도가 큰 것으로 측정된다.

이상과 같이 자폭, 여백, 운필에 관한 복원문자와 원전문자의 배자관계 표현에서 각각 8자 중 7자는 서로 유사한 정도가 높지만 彆 자에 한해서는 차이점이 있는 편이다.

(도60) 정음편의 원전부분과 복원부분의 동일문자 배자 비교도

구분 \ 문자		即 業	侵 欲	洪 戌	覃 彆
원전문자	即侵 洪覃 즉침 홍담	即	侵	洪	覃
자폭		행간 : 자폭 100 : 64	100 : 94	100 : 80	100 : 81
여백		좌측 : 우측 100 : 91	[9% : 0]	100 : 50	100 : 175
방향		좌측첫가로획 26°	좌측첫삐침 55°	좌측제3획 75°	중간긴가로획 12.5°
복원문자	即侵 洪覃 즉침 홍담	即	侵	洪	覃
자폭		100 : 64	100 : 97	100 : 83	100 : 83
여백		100 : 40	[4% : 0]	[17% : 0]	100 : 150
방향		좌측첫가로획 22.5°	좌측첫삐침 48°	좌측제3획 70°	중간긴가로획 10°
원전문자	業欲 戌彆 업욕 술별	業	欲	戌	彆
자폭		100 : 81	100 : 100	100 : 81	100 : 76
여백		100 : 175	100 : 100	100 : 10	100 : 250
방향		중간긴가로획 11°	좌측긴삐침 52°	상측가로획 24°	弓긴가로획 22°
복원문자	業欲 戌彆 업욕 술별	業	欲	戌	彆
자폭		100 : 88	100 : 100	100 : 83	100 : 70
여백		100 : 134	100 : 100	100 : 4	100 : 158
방향		중간긴가로획 11°	좌측긴삐침 52°	상측가로획 23°	弓긴가로획 15°

* 여백측정-1안 [100 : 91] 좌측공간을 100으로 보았을 때 우측공간 크기를 나타냄.
  2안 [9% : 0] 행간크기를 100으로 보았을 때 좌측 : 우측 공간 크기 %임.
* 유사도(싱크로율 synchro率) : 유사정도 비율-유사율% [복원문자 ÷ 원전문자 = 유사율]
* 계선의 가로폭 크기가 원전과 복원부분이 서로 다르기 때문에 문자의 크기가 다르게 보임.

② 문자 자형 관계(도61)

원전문자와 복원문자로 나오는 동일문자의 자형관계를 (도61)과 같이 수치적으로 측정하여 비교하였다. 비교대상 문자를 공통으로 나오는 卽, 侵, 洪, 覃, 業, 欲, 戌, 彆 8자의 자형을 비교하였다.

1개 문자의 자형 분석을 문자의 가로폭과 세로폭의 크기 비율[외형 外形], 문자에서 좌편획과 우편획의 크기, 상편획과 하편획의 크기 또는 문자 수직중심선을 기준으로 하는 좌편과 우편의 크기 비율[대소 大小]. 문자의 가로폭 크기에 대한 수직획 또는 사향획의 굵기 비율[조세 粗細]을 수치적으로 측정 비교하였다.

(도61)에서와 같이 원전문자는 흑문으로, 복원문자는 백문으로 구분이 되게 나타냈다.

문자별 배자관계를 卽 자의 요소별 측정의 예를 들어 해석을 하면

원전문자의 卽 자 외형을 100 : 132로 나타낸 것은 가로폭 크기를 100으로 보았을 때 세로폭은 132로 세로폭이 가로폭보다 크다는 해석이다. 이에 비하여 복원문자는 원전문자보다 큰 100 : 145로 측정되었는데 이것은 복원문자의 세로폭이 원전문자보다 큰 것으로 해석된다는 것이다.

卽 자의 대소요소 100 : 92 씩으로 나타난 것은 원전문자와 복원문자의 대소요소 측정이 같다는 해석이다. 卽 자 조세 요소 측정치 100 : 9 와 100 : 11 은 복원문자가 원전문자의 점획 굵기가 더 굵다는 해석이다.

요소별 자형관계 분석을 전체 8종 문자에 대한 통합적으로 해석을 하면

8종 문자의 외형 측정 경향을 보면 彆 자를 제외한 7종 문자는 복원문자의 세로폭이 큰 것으로 해석되고 彆 자는 반대로 복원문자 세로폭이 아주 작은 것으로 분석된다.

대소관계 측정결과를 보면 원전문자는 3종, 복원문자는 4종, 같은 것 1종으로 차이가 있는 것으로 해석된다. 각 문자의 1개 획에 대한 조세관계 측정결과 원전문자와 복원문자 간에 차이가 적으나 실제 전체 획의 굵기에서는 복원문자가 큰 편이다.

(도61) 정음편의 원전부분과 복원부분의 동일문자 자형 비교도

구분 \ 문자		即 業	侵 欲	洪 戌	覃 彆
원전문자	即侵 洪覃 즉침 홍담	即	侵	洪	覃
외형		가로 : 세로 100 : 132	가로 : 세로 100 : 81	가로 : 세로 100 : 88	가로 : 세로 100 : 113
대소		좌측 : 우측 100 : 92	좌측 : 우측 100 : 210	좌측 : 우측 100 : 282	상측 : 하측 100 : 18
조세		자폭 : 수획 100 : 9	자폭 : 수획 100 : 8	자폭 : 수획 100 : 10	자폭 : 수획 100 : 8
복원문자	即侵 洪覃 즉침 홍담	即	侵	洪	覃
외형		가로 : 세로 100 : 141	가로 : 세로 100 : 87	가로 : 세로 100 : 99	가로 : 세로 100 : 118
대소		좌측 : 우측 100 : 92	좌측 : 우측 100 : 174	좌측 : 우측 100 : 294	상측 : 하측 100 : 30
조세		자폭 : 수획 100 : 11	자폭 : 수획 100 : 8	자폭 : 수획 100 : 12	자폭 : 수획 100 : 7
원전문자	業欲 戌彆 업욕 술별	業	欲	戌	彆
외형		가로 : 세로 100 : 109	가로 : 세로 100 : 59	가로 : 세로 100 : 102	가로 : 세로 100 : 128
대소		상측 : 하측 100 : 107	좌측 : 우측 100 : 120	상측 : 하측 100 : 190	상측 : 하측 100 : 78
조세		자폭 : 수획 100 : 8	자폭 : 사획 100 : 6	자폭 : 사획 100 : 8	자폭 : 사획 100 : 12
복원문자	業欲 戌彆 업욕 술별	業	欲	戌	彆
외형		가로 : 세로 100 : 111	가로 : 세로 100 : 70	가로 : 세로 100 : 110	가로 : 세로 100 : 114
대소		상측 : 하측 100 : 126	좌측 : 우측 100 : 112	상측 : 하측 100 : 185	상측 : 하측 100 : 85
조세		자폭 : 수획 100 : 7	자폭 : 사획 100 : 7	자폭 : 사획 100 : 9	자폭 : 사획 100 : 11

③ 문자 배자-자형 수치적 분석 종합 해석(표17)

정음편 복원문자에 나오는 8종 문자의 배자-자형 수치 분석결과가 정음편 원전문자의 수치적 분석결과와 어느 정도 유사한가를 측정하기 위해 (도60)과 (도61)의 분석 수치를 종합 산출하여 (표18)과 같이 비교하였다.

(도60)과 (도61)의 배자-자형 분석표 요소인 외형, 대소, 자폭, 조세, 방향 분석수치를 (표18)과 같이 하나의 표로 정리하여 정음편 원전문자와 정음편 복원문자를 비교하고 유사도[싱크로율]를 산출하였다. 복원자 8자 중 即, 業, 戌 자가 각각 103%로 유사도가 높고, 彆, 覃, 洪 자가 90, 108, 107%로 유사도가 낮은 편이다.

이어 8종의 각각의 문자별 유사도[유사율]를 종합하여 평균치를 산출하고 이어 8종 전체를 통합하여 1종당 평균치를 환산하면 102%라는 유사율이 높은 것으로 산출되었다.

(표17) 정음편의 원전 : 복원 동일문자 자형 유사도 분석표

구 분		원전자 : 복원자	유사율 %	원전자 : 복원자	유사율 %	원전자 : 복원자	유사율 %	원전자 : 복원자	유사율 %
외형	1	即 : 即 132 : 141	107	侵 : 侵 81 : 87	107	洪 : 洪 88 : 99	113	覃 : 覃 113 : 118	104
	2	業 : 業 109 : 111	102	欲 : 欲 59 : 70	119	戌 : 戌 102 : 110	108	彆 : 彆 128 : 114	89
대소	1	即 : 即 92 : 92	100	侵 : 侵 210 : 174	83	洪 : 洪 282 : 294	104	覃 : 覃 18 : 30	167
	2	業 : 業 107 : 126	118	欲 : 欲 120 : 112	93	戌 : 戌 190 : 185	97	彆 : 彆 78 : 85	109
자폭	1	即 : 即 64 : 64	100	侵 : 侵 94 : 97	103	洪 : 洪 80 : 83	104	覃 : 覃 81 : 83	102
	2	業 : 業 81 : 88	109	欲 : 欲 100 : 100	100	戌 : 戌 81 : 83	102	彆 : 彆 76 : 70	92
조세	1	即 : 即 9 : 11	122	侵 : 侵 8 : 8	100	洪 : 洪 10 : 12	120	覃 : 覃 8 : 7	88
	2	業 : 業 8 : 7	88	欲 : 欲 6 : 7	117	戌 : 戌 8 : 9	113	彆 : 彆 12 : 11	92
방향	1	即 : 即 26 : 22.5	87	侵 : 侵 55 : 48	87	洪 : 洪 75 : 70	93	覃 : 覃 12.5 : 10	80
	2	業 : 業 11 : 11	100	欲 : 欲 52 : 52	100	戌 : 戌 24 : 23	96	彆 : 彆 22 : 15	68
계 평균	1	即 : 即 +3	103	侵 : 侵 −4	96	洪 : 洪 +7	107	覃 : 覃 +8	108
	2	業 : 業 +3	103	欲 : 欲 +6	106	戌 : 戌 +3	103	彆 : 彆 −10	90

* 정음편 복원자 : 해례편 원전자 2자간(侵, 彆) −14. 5자간(即, 業, 欲, 洪, 戌, 覃) +30 전체차이 16 자당차이 +2%

3) 정음편 원전부분 한자의 결구미 비교

[축소확대상의 결구미 변화성과 효용성 확증]

정음편 원전부분의 한자 결구상태를 분석하기 위해 3장 앞면에 나오는 洪 자와 3장 뒷면에 나오는 戌 자를 택하여 축소-확대 했을 때 자형이 어떻게 변화하는가를 분석했다. 원형 크기 문자로 기본획 횡획, 종획, 3수점, 쌍두점으로 구성되어 있는 가로폭 18mm의 洪 자와 橫畫, 側點, 撇畫, 捺畫, 鉤畫으로 구성되어 있는 가로폭 18.5mm의 戌 자를 택하여 (도62)와 같이 가로폭을 2배, 1/2배, 1/4배가 되게 확대-축소하여 자형의 특징을 분석해 보았다.

본래 크기의 흑문자를 백문자로 바꾸면 같은 크기라도 서선이 굵고 문자의 크기가 커 보인다. 본래 크기의 문자를 1/2, 1/4로 축소하여 조형성과 판독에는 이상이 없으며 결구미가 돋보인다. 2배 정도로 확대한 문자는 서체교본으로 활용해도 이상이 없을 정도로 점획의 문자구성의 치밀도가 돋보인다.

(도62) 정음편 원전문자의 배율별 자형 실제도

1/2, 1/4 축소문자	원형 흑문-백문 문자	가로폭 2배 확대 문자
3ㄱ-5 홍 9획	원형 가로폭 18mm	가로폭 36mm
洪	洪	洪
洪	洪	
3ㄴ-4 술 6획	원형 가로폭 18.5mm	가로폭 37mm
戌	戌	戌
戌	戌	

2.2.2. 정음해례편 제자해 한자서체[1ㄱ1-14ㄴ4]

(도63) 정음해례편 제자해 제1면(1장ㄱ면)의 배자도

訓民正音解例

制字解

天地之道。一陰陽五行而已。坤復

之間爲太極。而動靜之後爲陰陽。

凡有生類在天地之間者。捨陰陽

而何之。故人之聲音。皆有陰陽之

理。顧人不察耳。今正音之作。初非

智營而力索。但因其聲音而極其

1) 정음해례편 제자해 부분 한자의 종류와 구성적 특징

정음해례편 중 처음부분인 제자해는 분량이 14장 28면이 되며, 한자 종류는279종, 한자수는 2,178자가 된다.

(표18-1) 정음해례편의 제자해 한자 종류 분석표

장-면 \ 종류			자음 분류별 한자					계
			ㄱ 아음류	ㄴ 설음류	ㅁ 순음류	ㅅ 치음류	ㅇ 후음류	
정음해례편-제자해 해설부분	1	ㄱ	顧 고	力類太 력류태	凡 범	捨索地察 사색지칠	營耳後 영이후	12
		ㄴ	鬼根旣 귀근기		附 부	神十稍 신십초	而 이	8
	2	ㄱ		戾通 누통	明半夫不 명반부불 悖패	四邃諸體 사수제체	羽唯潤異因行 우유윤이인행 虛形畫喉 허형획후	21
		ㄴ	角剛季廣 각강계광	斷大土 단대토	萬 만	商屑瑣時實轉 상설쇄시실전 滯蓄 체축	也颺揚銳夏鍜 야양양예하하 含 함	23
	3	ㄱ	管寄 관기	南乃 남내	末門辨北 말문변북	西主 서주	旺源位 왕원위	13
		ㄴ			鼻 비	制冣 제최		3
	4	ㄱ	今 금	老多 로다	萌木 맹목	相尙象屬長全 상상상속장전	芽軟猶柔凝疑 아연유유응의 混혼	18
		ㄴ		濁 탁		乍脣深之淺縮 사순심지천축 丑축		8
	5	ㄱ	交其 교기		闢 벽	張天蹙 장천축	寅 인	7
		ㄴ	口起 구기			生始 생시	亦乎 역호	6
	6	ㄱ	居兼貫 거겸관	內靈統 내령통	八 팔	參者出 삼자출	陽外圓儀以下 양외원의이하	16
		ㄴ	冠九金 관구금	能 능		三水數才次七 삼수수재차칠	矣火 의화	12
	7	ㄱ	盖固 개고	獨論六離 독론륙리		再眞 재진		8
		ㄴ	功具 공구	道 도		著前質唱 저전질창	焉 언	8
	8	ㄱ	肝 간	動禮 동례	脾肺 비폐	信腎靜智淸 신신정지청	運音陰仁互 운음음인호	15
		ㄴ	乾 건	賴 뢰	分 분	財宰 재재		5
	9	ㄱ	1-6행 假啓 가계	端流殆 단류태	復 부	聲聖循心哉貞周 성성순심재정주 春춘	吁元咸環 우원함환	18
소 계			ㄱ ㅋ	ㄴㄷㄹ ㅌ	ㅁ ㅂ ㅍ	ㅅ ㅈ ㅊ	ㅇ ㅎ	14
			29 0	4 7 11 6	6 12 3	31 23 17	36 16	201

(표18-2)의 맨 아래 칸에 나오는 정음해례편 제자해 전체 한자 종류수 279종을 자음종류별로 보면 ㅇ류 52종, ㄱ류 42종, ㅅ류 41종, ㅈ류 30종, ㅊ류 27, ㅎ류 20종 등의 순서로 나온다. 매장의 쪽수별로 나오는 한자 종류수를 보면 2장 뒤쪽이 23종, 2장 앞쪽이 21종, 4장 앞쪽이 18종, 9장 앞쪽 18종, 6장 앞쪽 17종 등의 순서로 나온다.

(표18-2) 정음해례편의 제자해(칠언율시 부분) 한자 종류 분석표

장-면 (종류)			자음 분류별 한자					계
			ㄱ 아음류	ㄴ 설음류	ㅁ 순음류	ㅅ 치음류	ㅇ 후음류	
정음해례편-제자해칠언율시부분	9	ㄱ	7-8행		本 본		化 화	2
	9	ㄴ	加 가	理兩 리량	每物閉 매물폐	取 취	牙業義 아업의	10
	10	ㄱ				序戌知直齒 서술지직치	腭 악	6
	10	ㄴ	宮 궁	冬 다	配 배	秋冲徵 추충치	維協 유협	8
	11	ㄱ			發漂 발표	細慈推侵 세자추침	若 약	7
	11	ㄴ	及 급	連 련			容易 용이	4
	12	ㄱ	厥 궐	立彈 립탄		斯 사	丸 환	5
	12	ㄴ	據見 거견		評 평			3
	13	ㄱ	究 구			彰 창		2
	13	ㄴ	坤 곤			先 선		2
	14	ㄱ	故歸 고귀		反輔比 반보비	成雖伸止初 성수신지초	要韻云 요운운	13
	14	ㄴ	1-4행 巧近畿 교근기	探 탐		賾授綜曾指錯 색수종증지착	言遠爲牖卄何 언원위유입하	16
소 계			ㄱ ㅋ	ㄴ ㄷ ㄹ ㅌ	ㅁ ㅂ ㅍ	ㅅ ㅈ ㅊ	ㅇ ㅎ	14
			13 0	0 1 4 2	2 6 3	10 7 10	16 4	78
제자해 총계 **종류수** 문자수			42 0	4 8 15 8	8 18 6	41 30 27	52 20	**279** 2,178

2) 정음편 원전부분과 정음해례편 제자해 부분 한자의 배자 및 자형 비교

(1) 한자 문자의 직관적 비교

① 배자 및 자형 비교(도64)

정음편의 원전부분 3장 앞쪽과 뒤쪽에 나오는 한자 8종과 정음해례편 제자해 부분에 나오는 8종의 동일한 한자를 대상으로 행간에 배자한 상태와 자형의 형태가 어느 정도로 유사하게 표현했는가를 직관적으로 분석하여 보았다.

정음편의 원전 부분의 한자는 7행 형식 판면에 쓴 문자이고, 정음해례편 제자해부분에 쓴 한자는 8행 형식 판면에 쓴 문자이기 때문에 제자해 부분의 한자크기가 작은 편이다. 그래서 비교도 (도64)에서는 배자-자형을 비교하기 위해서 정음편의 행간-문자 크기를 정음해례편의 제자해 크기와 같게 축소하여 배자하였다. 즉 행간 크기를 같게 조정하였다.

배자의 상태는 행간의 중심을 기준으로 좌편향의 정음편 문자로는 君, 彆 자, 제자해 문자로는 洪, 覃, 君, 業, 彆 자가 있고, 우편향의 정음편 문자로는 呑, 侵, 洪, 戌 자, 제자해 문자로는 呑, 戌 자가 있다. 정음편 문자와 제자해 문자의 행간배자에 있어서 좌편향 문자로의 君, 彆 자, 우편향 문자로의 呑, 戌 자는 동일하게 잘못 배자한 것으로 분석된다. 정상적인 배자방법인 행간 중간 위치에 배자해야 하는데, 이에 해당하는 정음편 문자로는 即, 覃, 業, 欲 자, 제자해 문자로는 即, 侵, 欲 자가 있는데 정음편과 제자해 문자 중 동일하게 중간배자를 한 문자는 即 자와 欲 자 두 자뿐이다.

정음편과 제자해의 같은 문자의 자형이 어느 정도 유사한가를 파악하여 보면[직관적 분석] 다음과 같다. 90% 정도로 거의 유사하게 쓴 문자로는 呑, 侵, 君, 戌 자로 40% 정도가 되고, 유사성이 조금 떨어지는 문자로는 即, 洪, 覃, 業, 欲, 彆 자로 60% 정도가 되지만 서로 다른 자형의 문자는 없는 것으로 분석되었다.

(도64) 정음편과 정음해례편 제자해 부분의 동일문자 배자-자형 비교도

구분 \ 문자		呑 業	即 欲	侵 穰	洪 戌	覃 彆
정음편 모음표기	배자					
	자형					
		탄3ㄱ-2呑 ·	즉3ㄱ-3即 ㅡ	침3ㄱ-4侵 ㅣ	홍3ㄱ-5洪 ㅗ	담3ㄱ-6覃 ㅏ
제자해 자음표기	배자					
	자형					
		탄12ㄱ-1呑	즉11ㄱ-4即	침11ㄱ-5侵	홍11ㄱ-8洪	담12ㄴ-1覃
정음편 자음표기	배자					
	자형					
		군3ㄱ-7君 ㅜ	업3ㄴ-1業 ㅓ	욕3ㄴ-2欲 ㅛ	술3ㄴ-4술 ㅠ	별3ㄴ-5彆 ㅕ
제자해 모음표기	배자					
	자형					
		군8ㄴ-8君	업9ㄴ-8業	욕11ㄴ-3欲	술11ㄱ-4戌	별12ㄴ-7彆

* 실제규격 : 예의편 행간폭 2.25~2.30cm, 해례편 행간폭 1.95~2.00cm

② 다출 문자 관계(도65)

(도65)와 같이 **정음**편 원전문자 부분에 정음해례편 제자해 부분에 여러 번 나오는 동일한 한자[多出文字]의 자형 표현에서 일관성이 있는가를 분석하기 위해 如 자와 字 자를 선택하여 각각 비교하였다.

정음편 如 자 5자는 3, 4, 5번의 문자는 女 부분 좌향 두 개의 별획의 길이를 차이가 나게 나타내어 1, 2 번 문자와 다른 획형으로 보인다.

정음편 5개 문자와 정음해례편 5개 문자 중 如 자의 외형을 전체적으로 비교해 보면 정음편 문자의 세로폭을 정음해례편보다 크게 나타냈다. 즉 정음해례편의 如 자는 가로폭을 크게 나타내어 키가 작아 보인다.

(도65) 정음편 원전부분과 정음해례편 제자해부분의 다출 문자 자형 비교도

유형 \ 문자		如 1 字 1	如 2 字 2	如 3 字 3	如 4 字 4	如 5 字 5
如 자 비교	정음편	如	如	如	如	如
	행	탄3ㄱ-2呑상위	즉3ㄱ-3卽상위	침3ㄱ-4侵상위	홍3ㄱ-5洪상위	담3ㄱ-6覃상위
	해례편	如	如	如	如	如
	행	여2ㄴ-1如	여2ㄴ-3如	여2ㄴ-5如	여2ㄴ-7如	여12ㄱ-2如
字 자 비교	정음편	字	字	字	字	字
	행	탄3ㄱ-2呑하위	즉3ㄱ-3卽하위	침3ㄱ-4侵하위	홍3ㄱ-5洪하위	담3ㄱ-6覃하위
	해례편	字	字	字	字	字
	행	자1ㄱ-2字	자1ㄴ-2字	자1ㄴ-3字	자3ㄴ-5字	자3ㄴ-7字

* 정음편 한자는 원전한자를 제시한 것임. * 해례편 한자는 1장~14장ㄴ-4행까지의 如. 字 자임.

정음편 5개 字 자의 子 부분 가로폭 크기를 宀 부분 가로폭 크기에 비하여 5번 문자는 비슷하게 나타냈으나 나머지 4자는 작게 나타냈다. 그러나 정음해례편은 1, 3번은 크게, 2, 4, 5번 문자는 작게 나타내는 등 정음편과 제자해의 문자는 다르게 나타냈다. 또 두 편 문자의 5자 문자끼리도 세로폭 크기를 정음편은 세로폭을 크게, 정음해례편은 세로폭을 작게 나타냈다. 따라서 정음편 如 자와 字 자가 정음해례편 문자보다 세로폭을 크게 나타냈다.

(2) 한자문자의 수치적 비교

① 문자 배자 관계(도66)

정음편 원전문자와 정음해례편 제자해에 나오는 동일문자의 배자관계를 (도66)과 같이 수치적으로 측정하여 비교하였다. 비교대상 문자 即, 侵, 洪, 覃, 業, 欲, 戌, 彆 8자를 배자한 행간의 크기에 비교되는 각 문자의 가로폭 크기 비율[자폭], 행간에서 문자가 차지한 좌-우편 여백 크기의 비율[여백], 각 문자의 가로획 또는 삐침획[撇畫]의 운필방향을 수치적으로 비교하기 위해 (도66)과 같이정음편 문자는 흑문으로, 제자해 문자는 백문으로 구분이 되게 나타냈다. 각 문자의 비교는 행간의 가로폭 크기를 동일하게 나타내어 원전문자와 복원문자를 비교하였다. 즉 판면 8행에 작게 쓴 제자해 문자는 7행에 크게 쓴 정음편 문자의 자형적 특징을 어느 정도 나타내었는가를 파악하기 위하여 행간의 크기를 동일하게 조정하여 자폭-여백-방향 요소를 수치적으로 측정하였다.

문자별 배자관계를 即 자의 요소별 측정의 예를 들어 해석을 하면

정음편 문자와 제자해 문자의 即 자 자폭이 64 : 57로서 제자해 문자의 가로폭이 좁았고, 정음편과 제자해 문자 即 자의 우측 위치가 91 : 117로서 제자해 문자를 좌측으로 치우치게 나타냈다. 即 자의 첫 가로획의 운필 기울기가 정음편은 26도, 제자해는 28도로 비슷하다.

(도66) 정음편과 정음해례편 제자해부분의 동일문자 배자 비교도

구분 \ 문자		即 業	侵 欲	洪 戌	覃 彆
정음편 문자	即侵 洪覃 즉침 홍담				
자폭		행간 : 자폭 100 : 64	100 : 94	100 : 80	100 : 81
여백		좌측 : 우측 100 : 91	100 : 0	100 : 50	100 : 175
방향		좌측첫가로획 26°	좌측첫삐침 55°	좌측제3획 75°	중간긴가로획 12.5°
제자해 문자	即侵 洪覃 즉침 홍담				
자폭		100 : 57	100 : 88	100 : 74	100 : 75
여백		100 : 117	100 : 134	100 : 300	100 : 250
방향		좌측첫가로획 28°	좌측첫삐침 57°	좌측제3획 67°	중간긴가로획 13°
정음편 문자	業欲 戌彆 업욕 술별				
자폭		100 : 81	100 : 100	100 : 81	100 : 76
여백		100 : 175	100 : 100	100 : 10	100 : 250
방향		중간긴가로획 11°	좌측긴삐침 52°	상측가로획 24°	弓긴가로획 22°
제자해 문자	業欲 戌彆 업욕 술별				
자폭		100 : 80	100 : 100	100 : 72	100 : 68
여백		100 : 500	100 : 100	100 : 60	100 : 138
방향		중간긴가로획 11°	좌측긴삐침 47°	상측가로획 27°	弓긴가로획 27°

실제규격

* 정음편 행간폭 2.25~2.30cm * 해례편 행간폭 1.95~2.00cm
* 유사도(싱크로율 synchro率) : 유사정도 비율-유사율% [복원문자 ÷ 원전문자 = 유사율]

② 문자 자형 관계(도67)

정음편 부분문자와 제자해 부분문자에 나오는 동일문자의 자형관계를 (도67)과 같이 수치적으로 측정하여 비교하였다. 비교대상 문자를 공통으로 나오는 即, 侵, 洪, 覃, 業, 欲, 戌, 彆 8자의 자형을 비교하였다. 즉 각각 문자의 자형 분석을 [외형 外形] [대소 大小] [조세 粗細] 요소에 따라 수치적으로 측정 비교하였다.

문자별 배자관계를 即 자의 요소별 측정의 예를 들어 해석을 하면

即 자의 외형을 비교해 보면 정음편 : 제자해 문자가 132 : 132로 동일하게, 세로획의 조세도 정음편 : 제자해 문자가 9 : 9로 동일하게 분석되었으나, 좌우위치의 기본획 가로폭의 대소관계는 정음편 : 제자해 부분 문자가 92 : 84로 차이가 나는 것으로 분석되었다.

요소별 자형관계 분석을 전체 8종 문자에 대한 통합적인 해석을 하면 다음과 같다.

1. 문자의 외형은 정음편과 제자해 부분 문자 8종 모두 10% 이상의 차이가 나는 문자가 없다.
2. 문자 점획 또는 부수를 상하-좌우간의 위치에서의 대소 관계는 정음편 문자는 5종, 제자해 문자는 3종 등 두 부분간의 차이점이 크게 나타나 통일성이 없다.
3. 문자의 서선 굵기인 조세를 측정한 결과, 두 부분간의 차이점이 아주 적다.

이상 두 부분간의 외형과 조세는 큰 차이점이 없으나 점획 부수의 대소 관계는 차이점이 많이 측정된다.

(도67) 정음편 원전문자와 정음해례편의 제자해부분 동일문자 자형 비교도

구분 \ 문자		即 業	侵 欲	洪 戌	覃 彆
정음편 문자	即侵 洪覃 즉침 홍담				
외형		가로 : 세로 100 : 132	가로 : 세로 100 : 81	가로 : 세로 100 : 88	가로 : 세로 100 : 113
대소		좌측 : 우측 100 : 92	좌측 : 우측 100 : 210	좌측 : 우측 100 : 282	상측 : 하측 100 : 18
조세		자폭 : 수획 100 : 9	자폭 : 수획 100 : 8	자폭 : 수획 100 : 10	자폭 : 수획 100 : 8
제자해 문자	即侵 洪覃 즉침 홍담				
외형		가로 : 세로 100 : 132	가로 : 세로 100 : 80	가로 : 세로 100 : 91	가로 : 세로 100 : 116
대소		좌측 : 우측 100 : 84	좌측 : 우측 100 : 236	좌측 : 우측 100 : 182	상측 : 하측 100 : 29
조세		자폭 : 수획 100 : 9	자폭 : 수획 100 : 8	자폭 : 수획 100 : 9	자폭 : 수획 100 : 9
정음편 문자	業欲 戌彆 업욕 술별				
외형		가로 : 세로 100 : 109	가로 : 세로 100 : 59	가로 : 세로 100 : 102	가로 : 세로 100 : 128
대소		상측 : 하측 100 : 107	좌측 : 우측 100 : 120	상측 : 하측 100 : 190	상측 : 하측 100 : 78
조세		자폭 : 수획 100 : 8	자폭 : 사획 100 : 6	자폭 : 사획 100 : 8	자폭 : 사획 100 : 12
제자해 문자	業欲 戌彆 업욕 술별				
외형		가로 : 세로 100 : 104	가로 : 세로 100 : 60	가로 : 세로 100 : 110	가로 : 세로 100 : 127
대소		상측 : 하측 100 : 88	좌측 : 우측 100 : 147	상측 : 하측 100 : 164	상측 : 하측 100 : 73
조세		자폭 : 수획 100 : 8	자폭 : 사획 100 : 5	자폭 : 사획 100 : 10	자폭 : 사획 100 : 8

③ 문자 배자-자형 수치적 분석 종합 해석(표19)

정음해례편 제자해에 나오는 8종 문자의 배자-자형 수치 분석결과가 정음편 원전문자의 수치적 분석결과와 어느 정도 유사한가를 측정하기 위해 (도66)과 (도67)의 분석 수치를 종합 산출하여 비교하였다.

(도66)과 (도67)의 배자-사형 분석표 요소인 외형, 대소, 자폭, 조세, 방향 분석수치를 (표19)와 같이 정리하여 정음편 원전문자와 정음해례편 제자해의 문자를 비교하고 유사도 [싱크로율]를 산출하였다. 제자해 8자 중 欲, 即, 侵 자가 99.6, 98, 102%로 유사도가 높고, 覃, 洪, 彆 자가 115, 88, 94%로 유사도가 낮은 편이다. 이어 8종의 각각의 문자별 유사도를 종합하여 평균치를 산출하고 이어 8종 전체를 통합하여 1종당 평균치를 환산하면 99.45%라는 유사도가 높게 산출되었다. 이 비율은 일치하는 100%에 0.55%에 해당하는 것으로 유사도가 아주 높다고 할 수 있다.

원전자와 제자해 동일문자의 여백 표현 정도를 (도66)과 같이 유사도를 분석비교해 보면 (표19) 아래 별표와 같이 차이가 크게 나타난다. 특히 業, 覃 자는 차이가 크게 난다.

(표19) 정음편의 원전 : 정음해례편의 제자해 동일문자 자형 유사도 분석표

구 분		원전자 : 제자해	유사율	원전자 : 제자해	유사율	원전자 : 제자해	유사율	원전자 : 제자해	유사율
외형	1	即 : 即 132 : 132	100	侵 : 侵 81 : 80	99	洪 : 洪 88 : 91	103	覃 : 覃 113 : 116	103
	2	業 : 業 109 : 104	95	欲 : 欲 59 : 60	102	戌 : 戌 102 : 110	108	彆 : 彆 128 : 127	99
대소	1	即 : 即 92 : 84	91	侵 : 侵 210 : 236	112	洪 : 洪 282 : 182	65	覃 : 覃 18 : 29	161
	2	業 : 業 107 : 88	82	欲 : 欲 120 : 147	123	戌 : 戌 190 : 164	86	彆 : 彆 78 : 73	94
자폭	1	即 : 即 64 : 57	89	侵 : 侵 94 : 88	94	洪 : 洪 80 : 74	93	覃 : 覃 81 : 75	93
	2	業 : 業 81 : 80	99	欲 : 欲 100 : 100	100	戌 : 戌 81 : 72	89	彆 : 彆 76 : 68	89
조세	1	即 : 即 9 : 9	100	侵 : 侵 8 : 8	100	洪 : 洪 10 : 9	90	覃 : 覃 8 : 9	113
	2	業 : 業 8 : 8	100	欲 : 欲 6 : 5	83	戌 : 戌 8 : 10	125	彆 : 彆 12 : 8	67
방향	1	即 : 即 26 : 28	108	侵 : 侵 55 : 57	104	洪 : 洪 75 : 67	89	覃 : 覃 12.5 : 13	104
	2	業 : 業 11 : 11	100	欲 : 欲 52 : 47	90	戌 : 戌 24 : 27	113	彆 : 彆 22 : 27	123
계평균	1	即 : 即 −2	98	侵 : 侵 +2	102	洪 : 洪 −12	88	覃 : 覃 +15	115
	2	業 : 業 −5	95	欲 : 欲 −0.4	99.6	戌 : 戌 +4	104	彆 : 彆 −6	94

* 예의편 원전자 : 해례편 제자해 5자간(即, 業, 欲, 洪, 彆) −25.4 3자간(侵, 戌, 覃) +21
전체차이 −4.4, 자당차이 −0.55 * 100% 完全合致 101% 超過合致 99% 未達合致

배자(여백) 유사도

구분		원전자 : 제자해	유사율	원전자 : 제자해	유사율	원전자 : 제자해	유사율	원전자 : 제자해	유사율
여백	1	即 : 即 91 : 117	129	侵 : 侵 0 : 134	134	洪 : 洪 50 : 300	6	覃 : 覃 175 : 250	142
	2	業 : 業 175 : 500	286	欲 : 欲 100 : 100	100	戌 : 戌 10 : 60	6	彆 : 彆 250 : 138	55

3) 정음해례편 제자해 부분 한자의 결구미 비교(도68)

[축소 확대상의 결구미 변화성과 효용성 확증]

정음해례편 제자해의 한자 결구상태를 분석하기 위해 11장 앞면 8행에 나오는 洪 자와 11장 앞면 4행에 나오는 戌 자를 택하여 축소-확대 했을 때 자형이 어떻게 변화하는가를 분석했다.

원형 크기 문자로 기본획, 횡획, 종획, 3수점, 쌍두점으로 구성되어 있는 가로폭 15mm의 洪 자와 橫畫, 測點, 撇畫, 捺畫, 鉤畫으로 구성되어 있는 가로폭 14mm의 戌 자를 택하여 (도68)과 같이 가로폭을 2배, 1/2배, 1/4배가 되게 확대-축소하여 자형의 특징을 분석해 보았다. 이어 2배문자 비교로 (도62)의 18mm의 洪, 18.5mm의 戌 자를 비교하여 보았다.

본래 크기의 흑문자를 백문자로 바꾸면 같은 크기라도 서선이 굵고 문자의 크기가 커 보인다. 본래 크기의 문자를 1/2, 1/4로 축소하여 조형성과 판독에는 이상이 없으며 결구미가 돋보인다. 2배 정도로 확대한 문자는 서체교본으로 활용해도 이상이 없을 정도로 점획의 문자구성의 치밀도가 돋보인다.

제자해 부분 문자를 정음편 원전부분 문자와 비교해 본다. 정음편 문자보다 크기가 작지만 전체적인 자형은 유사한 듯 하지만 차이점이 발견된다. 洪 자의 경우 좌측 3수변을 제자해는 연결하여 썼으나 정음편은 연결하지 않았고, 우측 共 부분 우측 세로획을 제자해는 약간 곡선형으로 나타냈으나 정음편은 직선에 가까운 곡선형으로 조금 다르게 나타냈다. 戌 자의 우상향구획 입필부분을 제자해 획형은 유연한 굽은 획형으로 나타냈으나 정음편 원전문자는 날카로운 각진 획형으로 다르게 나타냈다.

(도68) 정음해례편 제자해부분 문자의 배율별 자형 실제도

1/2, 1/4 축소문자	원형 흑문-백문 문자	가로폭 2배 확대 문자
11ㄱ-8 홍 9획	원형 가로폭 15mm	가로폭 30mm
洪	洪	洪
洪	洪	洪 비교문자 : 정음편원전 3ㄱ-5 洪 36mm(도62)
11ㄱ-4 술 6획	원형 가로폭 14mm	가로폭 28mm
戌	戌	戌
戌	戌	戌 비교문자 : 정음편원전 3ㄴ-4 戌 37mm(도62)

2.2.3. 정음해례편 초중종성해 한자서체[14ㄴ5~20ㄴ1]

(도69) 정음해례편 초성해 제1면(14장ㄴ면)의 배자도

正音之字只廿八
探賾錯綜窮深幾
指遠言近牖民易
天授何曾智巧爲

初聲解

正音初聲。即韻書之字母也。聲音由此而生。故曰母。如牙音君字初聲是ㄱ。ㄱ與ᅟᅮᆫ而爲군。快字初聲

1) 정음해례편 초중종성해 부분 한자의 종류와 구성적 특징

정음해례편 중 제자해 다음부분인 초성해-중성해-종성해는 분량이 6장 12면이 되며, 한자 종류는 79종, 한자수는 814자가 된다.

(표20)을 보면 정음해례편 전체 한자 종류수 79종은 자음순으로 보아 ㅇ 류 17종, ㅅ 류 11종, ㅈ 류 10종 등의 순서로 많이 나온다. 쪽수별로 나오는 한자 종류수를 보면 18장 앞쪽이 11종, 19장 뒤쪽이 10종, 20장 앞쪽이 10종 등의 순서로 많이 나온다.

(표20) 정음해례편의 초중종성해 한자 종류 분석표

장-면		종류	자음 분류별 한자					계
			ㄱ 아음류	ㄴ 설음류	ㅁ 순음류	ㅅ 치음류	ㅇ 후음류	
초성해	14	ㄴ	5-8행 快쾌		母 모	即此 즉차	曰由解 왈유해	7
	15	ㄱ	叫 규	閭 려	彌 미			3
		ㄴ	1-6행		步 보	邪 사	挹 읍	3
중성해	15	ㄴ	7-8행					0
	16	ㄱ		同 동				1
		ㄴ	開 개		便 편	字展贊 자전찬	又闔 우합	7
	17	ㄱ		覃 담		須尋從最就 수심종최취	穰 양	7
		ㄴ	1행		徧 편	舌 설		2
종성해	17	ㄴ	2-8행	厲 려		殊承 수승	如 여	4
	18	ㄱ	可 가	淡梨 담리	必 필	絲足且 사족차	餘宜狐花 여의호화	11
		ㄴ		對得 대득		自 자	語諺呼 어언호	6
	19	ㄱ	訣 결	讀 독	文變 문변	俗習 속습	用 용	7
		ㄴ				所是將終只處 소시장종지처	與然欲洪 여연욕홍	10
	20	ㄱ	各急 각급	那迺 나내	鷩 별	第促 제촉	五緩衣 오완의	10
		ㄴ	1행	斗 두				1
소 계			ㄱ ㅋ	ㄴ ㄷ ㄹ ㅌ	ㅁ ㅂ ㅍ	ㅅ ㅈ ㅊ	ㅇ ㅎ	14
종류수 문자수			6 1	2 7 3 0	3 3 3	11 10 7	17 6	**79** 814

2) 정음해례편 초중종성해 부분 한자의 배자 및 자형 비교

(1) 한자문자의 직관적 비교-배자 및 자형 비교(도70)

정음**해례**편의 제자해 부분에 나오는 한자 8종과 정음해례편 초중종성해 부분에 나오는 8종의 동일한 한자를 대상으로 행간에 배자한 상태와 자형의 형태가 어느 정도로 유사하게 표현했는가를 직관적으로 분석하였다.

제자해의 배자상태를 보면 행간의 중심을 기준으로 좌편향의 제자해 문자로는 洪, 覃, 君, 業, 彆 자가 있고, 우편향 문자로는 呑, 戌 자, 중간배자로는 侵, 即, 欲 자로 30%가 있다. 이에 비하여 초성-중성-종성 부분 문자의 행간배자에 있어서 좌편향 문자로는 即, 洪, 覃, 君, 業, 欲, 彆 자 등 16자, 우편향 문자로는 侵, 呑, 戌 자 5자, 중간 배자로는 即, 洪, 侵, 欲, 戌, 彆 자 등 7자가 있는 것으로 보아 전체 28자 중 정상적인 중간배자는 25% 정도밖에 되지 않는 것으로 분석된다.

제자해와 초중종성해의 같은 문자의 자형이 어느 정도 유사한가를 파악하여 보면[직관적 분석] 다음과 같다. 90% 정도로 거의 유사하게 쓴 문자로는 초성해에는 彆 자, 중성해에 呑, 侵, 洪, 覃, 業, 欲 자가 있고, 종성해에는 即, 君, 戌 자가 있다.

(2) 한자 문자의 수치적 비교- 문자 배자 관계(도71)

정음해례편 제자해와 초중종성합자에 나오는 동일문자의 배자관계를 (도71)과 같이 수치적으로 측정하여 비교하였다. 비교대상 문자를 공통으로 나오는 即, 侵, 洪, 覃, 業, 欲, 戌, 彆 8종 문자를 배자한 행간의 크기에 비교되는 각 문자의 가로폭 크기 비율[자폭], 행간에서 문자가 차지한 좌-우편 여백 크기의 비율[여백], 각 문자의 가로획 또는 삐침획[撇畫]의 운필방향[방향]을 수치적으로 측정 비교하였다. (도66)에서 분석한 해례편 제자해에 나온 8종 문자를 비교대상으로 하고 초성해- 중성해-종성해에 각각 나온 8종 문자를 (도71)과 (도72)와 같이 수치적 분석을 하였다, 제자해 : 초성해, 제자해 : 중성해, 제자해 : 종성해로 나누어 자폭, 여백, 방향에 대하여 분석하였다.

문자별 배자관계를 即 자의 요소별 측정의 예를 들어 해석을 하면

제자해 문자와 초성해 문자의 即 자를 분석 비교해 보면 자폭이 57 : 59로 비슷하고, 좌우의 여백이 제자해는 117, 초성해는 110으로 초성해의 문자가 중간위치에 가깝도록 배자하였다. 초성해의 即 자 좌측 첫 가로획 운필 방향을 제자해는 28도, 초성해는 16도로

차이가 크게 나타난다.(도71)

요소별 배자관계를 전체 8종 문자에 대한 통합적인 해석을 하면

제자해와 초성해에 나오는 8종 문자의 가로폭 크기를 측정 비교한 결과 똑 같은 문자가 2자, 제자해 문자가 큰 것이 2자, 초성해 문자가 큰 것이 4자로 나타났다.

행간 사이에 쓴 문자의 배자위치를 제자해-초성해-중성해-종성해 순서로 분석해 보면 좌측으로 쏠린 문자는 8자 중에서 6-6-6-5 자로 가장 많고, 우측으로 쏠린 문자는 1-2-2-1 자로 적은 편이고, 행간 중간에 배자한 문자는 1-0-0-1 자로 아주 적은 편이다. 이렇게 중간 배자는 제자해의 欲 자와 종성해의 洪 자뿐이다.

가로획 및 삐침획 의 운필방향 각도를 보면

초성해 문자의 가로획 또는 삐침획의 운필각도를 제자해 문자와 비교해 보면 侵, 業, 彆 3자는 같거나 비슷하게 나타냈고, 即, 欲, 術 자는 차이가 크게 난다. 중성해는 제자해와 8자의 운필각도를 비교해 보면 같은 문자는 없고, 초성해와 같이 即, 欲, 術 자는 차이가 크게 난다. 종성해의 운필각도를 제자해와 비교해도 即, 欲, 術 자와는 차이가 크게 난다. 초-중-종성해 끼리의 운필각도는 서로 비슷한 편이지만 제자해와 3해의 운필각도는 차이가 더 큰 편이다.

이상과 같이 제자해와 3해의 자폭은 같거나 비슷한 점이 측정되지만, 문자의 여백 표현은 제자해나 3해 모두 행간의 좌측으로 치우치게 잘못 배자한 것으로 분석된다. 제자해와 3해의 공통적으로 나타나는 문자의 행간의 좌우배치를 분석해 보면 洪, 覃, 業, 彆 자는 행간 좌측으로 치우치게, 戌 자는 우측으로 치우치게 배자하였고, 欲 자는 행간에 가득차게 나타낸 반면 即 자는 좌우측에 공간을 크게 두어 중간배자를 하는 등 전체를 3가지 유형으로 배자하였다.

(도70) 제자해부분과 초중종성해부분의 동일문자 배자-자형 비교도

구분 \ 문자		呑 業	即 欲	侵 穰	洪 戌	覃 彆
비교	제자해	탄12ㄱ-1呑	즉11ㄱ-4即	침11ㄱ-5侵	홍11ㄱ-8洪	담12ㄴ-1覃
측정문자	초성해	15ㄱ8	15ㄱ4	15ㄴ2	15ㄴ4	15ㄱ3
	중성해	16ㄱ1	17ㄱ5	17ㄱ8	17ㄱ4	17ㄱ4
	종성해	-	19ㄴ6	-	19ㄴ7	19ㄴ8
비교	제자해	군8ㄴ-8君	업9ㄴ-8業	욕11ㄴ-3欲	술11ㄱ-4戌	별12ㄴ-7彆
측정문자	초성해	15ㄱ7	15ㄱ2	15ㄴ4	15ㄱ4	15ㄱ4
	중성해	17ㄱ5	17ㄱ5	17ㄱ6	17ㄱ6	17ㄱ6
	종성해	19ㄴ8	19ㄴ8	20ㄱ7	20ㄱ7	19ㄴ7

(도71) 정음해례편 제자해와 초중종성해부분의 동일문자 배자 비교도-1

구분		即	侵	洪	覃
제자해 문자	即侵 洪覃 즉침 홍담				
자폭		계간 : 자간 100 : 57	100 : 88	100 : 74	100 : 75
여백		좌측 : 우측 100 : 117	100 : 134	100 : 300	100 : 250
방향		좌측첫가로획 28°	좌측첫삐침 57°	좌측제3획 67°	중간긴가로획 13°
초성해 문자	即侵 洪覃 즉침 홍담				
자폭		100 : 59	100 : 88	100 : 76	100 : 74
여백		100 : 110	[12% : 0]	100 : 200	100 : 225
방향		좌측첫가로획 16°	좌측첫삐침 58°	좌측제3획 72 °	중간긴가로획 10°
중성해 문자	即侵 洪覃 즉침 홍담				
자폭		100 : 57	100 : 88	100 : 82	100 : 80
여백		100 : 120	100 : 50	100 : 350	100 : 500
방향		좌측첫가로획 17°	좌측첫삐침 59°	좌측제3획 66°	중간긴가로획 8°
종성해 문자	即侵 洪覃 즉침 홍담		-		
자폭		100 : 55	100 :	100 : 76	100 : 69
여백		100 : 109	100 :	100 : 100	100 : 300
방향		좌측첫가로획 20°	좌측첫삐침 °	좌측제3획 69°	중간긴가로획 12°

* 여백측정-1안 [100 : 91] 좌측공간을 100으로 보았을 때 우측공간 크기를 나타냄.
2안 [9% : 0] 행간크기를 100으로 보았을 때 좌측 : 우측 공간 크기 %임.

(도72) 정음해례편 제자해와 초중종성해부분의 동일문자 배자 비교도-2

구분 \ 문자		業	欲	戌	彆
제자해 문자	業欲 戌彆 업욕 술별				
자폭		100 : 80	100 : 100	100 : 72	100 : 68
여백		100 : 500	100 : 100	100 : 60	100 : 138
방향		중간긴가로획 11°	좌측긴삐침 47°	상측가로획 27°	弓긴가로획 27°
초성해 문자	業欲 戌彆 업욕 술별				
자폭		100 : 80	100 : 95	100 : 78	100 : 69
여백		100 : 150	[0 : 15%]	100 : 38	100 : 167
방향		중간긴가로획 11°	좌측긴삐침 58°	상측가로획 18.5°	弓긴가로획 27°
중성해 문자	業欲 戌彆 업욕 술별				
자폭		100 : 80	100 : 97	100 : 77	100 : 72
여백		100 : 900	[0 : 11%]	100 : 72	100 : 367
방향		중간긴가로획 10°	좌측긴삐침 55°	상측가로획 19°	弓긴가로획 18°
종성해 문자	業欲 戌彆 업욕 술별				
자폭		100 : 82	100 : 100	100 : 83	100 : 73
여백		100 : 350	100 : 100	100 : 50	100 : 134
방향		중간긴가로획 13°	좌측긴삐침 65°	상측가로획 20°	弓긴가로획 22°

① **문자 자형 관계(도73, 도74)**

초중종성해 3해 문자와 제자해 동일문자의 자형관계를 (도73, 도74)와 같이 수치적으로 측정하여 비교하였다. 비교대상 문자는 공통으로 나오는 即, 侵, 洪, 覃, 業, 欲, 戌, 彆 8자의 자형을 비교하였다. 즉 각 문자의 자형 분석을 [외형 外形], [대소 大小]. [조세 粗細] 요소에 따라 수치적으로 측정 비교하였다.

문자별 자형관계를 即 자의 요소별 측정의 예를 들어 해석을 하면

초성해의 即 자를 제자해에 공통적으로 나오는 即 자의 외형과 비교해 보면

제자해 : 초성해 문자가 132 : 126로 조금 다르게, 좌우위치의 기본획 皀 부분과 卩 부분 가로폭의 대소 관계를 84 : 81로 비슷하게, 조세는 9 : 7 로 외형, 대소, 조세요소 측정결과인 자형이 비슷한 편이다.

요소별 자형관계 분석을 전체 8종 문자에 대한 통합적으로 해석을 하면

문자의 외형 측정 경향을 보면 제자해 문자에 대비하여 초성해 문자 중 분석수치 10% 이상 차이가 나는 문자로 洪 자가 있으나 같은 수치 문자는 없다. 중성해에는 即, 戌 자가 10% 이상 차이가 있는 것으로 분석되었고, 종성해는 即, 覃, 戌 자 등 3자가 10% 이상의 차이가 나는 문자로 분석되었다.

문자를 구성하는 좌우측 또는 상하측 점획의 크기를 비교하는 대소요소로 분석한 수치를 비교하여 본다. 제자해 분석수치를 기준으로 하여 초성해의 대소를 비교해 보면 분석수치 10% 이상의 차이가 나는 문자로는 侵, 業, 欲, 戌 자가 분석되었고, 중성해를 비교해 보면 即, 洪, 覃, 欲, 彆 자 차이가 크게 나는 것으로 분석되었으며, 종성해로는 洪, 欲, 戌 자가 분석되었다.

문자의 점획 굵기를 나타내는 조세요소로 분석 비교해 보면 초성해 侵, 欲 자, 중성해 業, 欲 자, 종성해 覃, 彆 자가 제자해 같은 문자와 조세 표현이 같은 것으로 분석되었다.

(도73) 정음해례편의 제자해와 초중종성해부분의 동일문자 자형 비교도-1

구분 \ 문자	即	侵	洪	覃
제자해 문자 (即侵洪覃 즉침홍담)				
외형	가로 : 세로 100 : 132	가로 : 세로 100 : 80	가로 : 세로 100 : 91	가로 : 세로 100 : 116
대소	좌측 : 우측 100 : 84	좌측 : 우측 100 : 236	좌측 : 우측 100 : 182	상측 : 하측 100 : 29
조세	자폭 : 수획 100 : 9	자폭 : 수획 100 : 8	자폭 : 수획 100 : 9	자폭 : 수획 100 : 9
초성해 문자 (即侵洪覃 즉침홍담)				
외형	가로 : 세로 100 : 126	가로 : 세로 100 : 82	가로 : 세로 100 : 74	가로 : 세로 100 : 124
대소	좌측 : 우측 100 : 81	좌측 : 우측 100 : 225	좌측 : 우측 100 : 190	상측 : 하측 100 : 26
조세	자폭 : 수획 100 : 7	자폭 : 수획 100 : 8	자폭 : 수획 100 : 8	자폭 : 수획 100 : 6
중성해 문자 (即侵洪覃 즉침홍담)				
외형	가로 : 세로 100 : 149	가로 : 세로 100 : 79	가로 : 세로 100 : 85	가로 : 세로 100 : 118
대소	좌측 : 우측 100 : 79	좌측 : 우측 100 : 240	좌측 : 우측 100 : 165	상측 : 하측 100 : 35
조세	자폭 : 수획 100 : 10	자폭 : 수획 100 : 10	자폭 : 수획 100 : 10	자폭 : 수획 100 : 8
종성해 문자 (即侵洪覃 즉침홍담)		–		
외형	가로 : 세로 100 : 144		가로 : 세로 100 : 98	가로 : 세로 100 : 134
대소	좌측 : 우측 100 : 82		좌측 : 우측 100 : 170	상측 : 하측 100 : 25
조세	자폭 : 수획 100 : 8		자폭 : 수획 100 : 10	자폭 : 수획 100 : 9

* 조세 : 即자 세로획 윗부분, 侵자 세로획 아래부분, 洪자 긴세로획 굵은부분, 覃자 세로획 중간부분

(도74) 정음해례편의 제자해와 초중종성해부분의 동일문자 자형 비교도-2

구분 \ 문자		業	欲	戌	彆
제자해 문자	業欲戌彆 업욕술별				
외형		가로 : 세로 100 : 104	가로 : 세로 100 : 60	가로 : 세로 100 : 110	가로 : 세로 100 : 127
대소		상측 : 하측 100 : 88	좌측 : 우측 100 : 147	상측 : 하측 100 : 164	상측 : 하측 100 : 73
조세		자폭 : 수획 100 : 8	자폭 : 사획 100 : 5	자폭 : 사획 00 : 10	자폭 : 사획 100 : 8
초성해 문자	業欲戌彆 업욕술별				
외형		가로 : 세로 100 : 98	가로 : 세로 100 : 58	가로 : 세로 100 : 93	가로 : 세로 100 : 134
대소		상측 : 하측 100 : 113	좌측 : 우측 100 : 129	상측 : 하측 100 : 123	상측 : 하측 100 : 77
조세		자폭 : 수획 100 : 5	자폭 : 사획 100 : 5	자폭 : 사획 100 : 9	자폭 : 사획 100 : 10
중성해 문자	業欲戌彆 업욕술별				
외형		가로 : 세로 100 : 110	가로 : 세로 100 : 63	가로 : 세로 100 : 91	가로 : 세로 100 : 122
대소		상측 : 하측 100 : 97	좌측 : 우측 100 : 116	상측 : 하측 100 : 156	상측 : 하측 100 : 87
조세		자폭 : 수획 100 : 8	자폭 : 사획 100 : 5	자폭 : 사획 100 : 9	자폭 : 사획 100 : 9
종성해 문자	業欲戌彆 업욕술별				
외형		가로 : 세로 100 : 99	가로 : 세로 100 : 56	가로 : 세로 100 : 97	가로 : 세로 100 : 120
대소		상측 : 하측 100 : 80	좌측 : 우측 100 : 115	상측 : 하측 100 : 128	상측 : 하측 100 : 65
조세		자폭 : 수획 100 : 9	자폭 : 사획 100 : 6	자폭 : 사획 100 : 7	자폭 : 사획 100 : 8

② 문자 배자-자형 수치적 분석 종합 해석(표21~표23)

정음해례편 제자해에 나오는 8종 문자의 배자-자형 수치 분석결과가 정음편 원전문자의 수치적 분석결과와 어느 정도 유사한가를 측정하기 위해 (도71, 도72)와 (도73, 도74)의 분석 수치를 종합 산출하여 비교하였다.

배자-자형 분석표 요소인 외형, 대소, 자폭, 조세, 방향 분석수치를 (표21~표23)과 같이 하나의 표로 정리하여 제자해를 기준으로 초성해, 중성해, 종성해의 문자를 비교하고 유사도[싱크로율]를 산출하였다.

가. 재자해 : 초성해 비교(표21)

(표21)과 같이 해례편의 제자해와 초성해의 동일문자 외형, 대소, 자폭, 조세, 방향 등 배자 및 자형 요소를 통합하여 100분율 유사도를 측정 분석해 보면 8자 중 侵, 欲 자가 100, 101%로 유사도가 높고, 即, 戌 자가 86, 85%로 유사도가 낮은 편이다,

이를 종합분석해 보면 제자해와 초성해의 8종 문자의 유사도를 종합하여 평균치를 환산하면 95%라는 유사율이 산출된다. 이 비율은 완전 유사율 100%에 5% 정도가 부족하다는 해석을 할 수 있는데 대체로 유사도가 높다고 해석을 할 수 있다.

나. 재자해 : 중성해 비교(표22)

(표22)과 같이 제자해와 중성해의 유사도 평균치를 측정해 보면 8자 중 即 자가 112% 유사도 차이가 크고, 欲 자는 유사도가 낮은 편이다,

이어 8종의 각각의 문자별 유사도를 종합하여 평균치를 산출하고 이어 8종 전체를 통합하여 1종당 평균치를 환산하면 105%로 5%라는 유사도 차이가 나는 것으로 산출되었다.

다. 재자해 : 종성해 비교(표23)

(표23)과 같이 제자해와 종성해의 유사도의 평균치를 측정해 보면 8자 중 即 자가 99%, 彆 자가 97%로 유사도가 높고, 覃, 欲 자가 106%, 107%,로 유사도가 낮은 편이다.

이어 8종의 각각의 문자별 유사도를 종합하여 평균치를 산출하고 이어 8종 전체를 통합하여 1종당 평균치를 환산하면 102%라는 유사가 높게 산출되였다.

이 수치는 초-중-종성해 3개 유사율 95%, 105%, 102% 중에서 제자해에 가장 가까운 정도로 유사하다.

(표21) 정음해례편의 제자해 : 초성해 동일문자 자형 유사도 분석표

구 분		제자해 : 초성해	유사율	제자해 : 초성해	유사율	제자해 : 초성해	유사율	제자해 : 초성해	유사율
외형	1	即 : 即 132 : 126	95%	侵 : 侵 80 : 82	103	洪 : 洪 91 : 74	81	覃 : 覃 116 : 124	107
	2	業 : 業 104 : 98	94	欲 : 欲 60 : 58	97	戌 : 戌 110 : 93	85	彆 : 彆 127 : 134	106
대소	1	即 : 即 84 : 81	96	侵 : 侵 236 : 225	95	洪 : 洪 182 : 190	104	覃 : 覃 29 : 26	90
	2	業 : 業 88 : 113	128	欲 : 欲 147 : 129	88	戌 : 戌 164 : 123	75	彆 : 彆 73 : 77	105
자폭	1	即 : 即 57 : 59	104	侵 : 侵 : 88 : 88	100	洪 : 洪 74 : 76	103	覃 : 覃 75 : 74	99
	2	業 : 業 80 : 80	100	欲 : 欲 100 : 95	95	戌 : 戌 72 : 78	108	彆 : 彆 68 : 69	101
조세	1	即 : 即 9 : 7	78	侵 : 侵 8 : 8	100	洪 : 洪 9 : 8	89	覃 : 覃 9 : 6	67
	2	業 : 業 8 : 5	63	欲 : 欲 5 : 5	100	戌 : 戌 10 : 9	90	彆 : 彆 8 : 10	125
방향	1	即 : 即 28 : 16	57	侵 : 侵 57 : 58	102	洪 : 洪 67 : 72	107	覃 : 覃 13 : 10	77
	2	業 : 業 11 : 11	100	欲 : 欲 47 : 58	124	戌 : 戌 27 : 18.5	69	彆 : 彆 27 : 27	100
계 평균	1	即 : 即 −14	86	侵 : 侵 0	100	洪 : 洪 −3	97	覃 : 覃 −12	88
	2	業 : 業 −3	97	欲 : 欲 +1	101	戌 : 戌 −15	85	彆 : 彆 +3	107

* 정음해례편 제자해 : 초성해 5자간(即, 業, 洪, 戌, 覃) −47 3자간(欲, 侵, 彆) +4 전체차이 −43 자당차이 −5.4%

(표22) 정음해례편의 초성해 : 중성해 동일문자 자형 유사도 분석표

구 분		초성해 : 중성해	유사율	초성해 : 중성해	유사율	초성해 : 중성해	유사율	초성해 : 중성해	유사율
외형	1	即 : 即 126 : 149	118	侵 : 侵 82 : 79	96	洪 : 洪 74 : 85	115	覃 : 覃 124 : 118	95
	2	業 : 業 98 : 110	112	欲 : 欲 58 : 63	109	戌 : 戌 93 : 91	98	彆 : 彆 134 : 122	91
대소	1	即 : 即 81 : 79	98	侵 : 侵 225 : 240	107	洪 : 洪 190 : 165	87	覃 : 覃 26 : 35	135
	2	業 : 業 113 : 97	86	欲 : 欲 129 : 116	90	戌 : 戌 123 : 156	127	彆 : 彆 77 : 87	113
자폭	1	即 : 即 59 : 57	97	侵 : 侵 88 : 88	100	洪 : 洪 76 : 82	108	覃 : 覃 74 : 80	108
	2	業 : 業 80 : 80	100	欲 : 欲 95 : 97	102	戌 : 戌 78 : 77	99	彆 : 彆 69 : 72	104
조세	1	即 : 即 7 : 10	143	侵 : 侵 8 : 10	125	洪 : 洪 8 : 10	125	覃 : 覃 6 : 8	133
	2	業 : 業 5 : 8	160	欲 : 欲 5 : 5	100	戌 : 戌 9 : 9	100	彆 : 彆 10 : 9	90
방향	1	即 : 即 16 : 17	106	侵 : 侵 58 : 59	102	洪 : 洪 72 : 66	92	覃 : 覃 10 : 8	80
	2	業 : 業 11 : 10	91	欲 : 欲 58 : 55	95	戌 : 戌 18.5 : 19	103	彆 : 彆 27 : 18	67
계 평균	1	即 : 即 +12	112	侵 : 侵 +6	106	洪 : 洪 +5	105	覃 : 覃 +10	110
	2	業 : 業 +10	110	欲 : 欲 −1	99	戌 : 戌 +5	105	彆 : 彆 −7	93

* 정음해례편 초성해 : 중성해 2자간(欲, 彆) −8 6자간(即, 侵, 洪, 覃, 業, 戌) +48 전체차이 40, 자당차이 +5

(표23) 정음해례편의 중성해 : 종성해 동일문자 자형 유사도 분석표

구분		중성해 : 종성해	유사율	중성해 : 종성해	유사율	중성해 : 종성해	유사율	중성해 : 종성해	유사율
외형	1	即 : 即 149 : 144	97	侵 : 侵 79 : -	-	洪 : 洪 85 : 98	115	覃 : 覃 118 : 134	114
	2	業 : 業 110 : 99	90	欲 : 欲 63 : 56	89	戌 : 戌 91 : 97	107	彆 : 彆 122 : 120	98
대소	1	即 : 即 79 : 82	104	侵 : 侵 240 : -	-	洪 : 洪 165 : 170	103	覃 : 覃 35 : 25	71
	2	業 : 業 97 : 80	82	欲 : 欲 116 : 115	99	戌 : 戌 156 : 128	82	彆 : 彆 87 : 65	75
자폭	1	即 : 即 57 : 55	97	侵 : 侵 80 : -	-	洪 : 洪 82 : 76	93	覃 : 覃 80 : 69	86
	2	業 : 業 80 : 82	103	欲 : 欲 97 : 100	103	戌 : 戌 77 : 83	108	彆 : 彆 72 : 73	101
조세	1	即 : 即 10 : 8	80	侵 : 侵 10 : -	-	洪 : 洪 10 : 10	100	覃 : 覃 8 : 9	113
	2	業 : 業 8 : 9	113	欲 : 欲 5 : 6	120	戌 : 戌 9 : 7	78	彆 : 彆 9 : 8	89
방향	1	即 : 即 17 : 20	118	侵 : 侵 59 : -	-	洪 : 洪 66 : 69	105	覃 : 覃 8 : 12	150
	2	業 : 業 10 : 13	130	欲 : 欲 55 : 65	118	戌 : 戌 19 : 20	105	彆 : 彆 18 : 22	122
계 평균	1	即 : 即 −1	99	侵 : 侵 −	−	洪 : 洪 +3	103	覃 : 覃 +7	107
	2	業 : 業 +4	104	欲 : 欲 +6	106	戌 : 戌 −4	96	彆 : 彆 −3	97

* 정음해례편 초성해 : 중성해 3자간(即, 戌, 彆) −8, 자간(洪, 覃, 業, 欲) +20 전체차이 12, 자당차이 +1.7

배자(여백) 유사도

초성해

구분		제자해 : 초성해	유사율	제자해 : 초성해	유사율	제자해 : 초성해	유사율	제자해 : 초성해	유사율
여백	1	即 : 即 117 : 110	94	侵 : 侵 −	비교 불가	洪 : 洪 300 : 200	67	覃 : 覃 250 : 225	90
	2	業 : 業 500 : 150	30	欲 : 欲 100 : 15	−	戌 : 戌 60 : 38	63	彆 : 彆 137 : 167	122

중성해

구분		초성해 : 중성해	유사율	초성해 : 중성해	유사율	초성해 : 중성해	유사율	초성해 : 중성해	유사율
여백	1	即 : 即 110 : 120	109	侵 : 侵 −	비교 불가	洪 : 洪 200 : 350	175	覃 : 覃 225 : 500	222
	2	業 : 業 150 : 900	600	欲 : 欲 15 : 11	−	戌 : 戌 38 : 72	189	彆 : 彆 167 : 367	220

종성해

구분		중성해 : 종성해	유사율	중성해 : 종성해	유사율	중성해 : 종성해	유사율	중성해 : 종성해	유사율
여백	1	即 : 即 120 : 109	91	侵 : 侵 −	비교 불가	洪 : 洪 350 : 100	29	覃 : 覃 500 : 300	60
	2	業 : 業 900 : 350	39	欲 : 欲 11 : 10	−	戌 : 戌 72 : 50	69	彆 : 彆 367 : 134	37

라. 배자(여백) 표현 비교(표23-별표)

초 · 중 · 종성해의 8종 문자의 여백 표현을 비교하여 보면 (표23)의 아래 표와 같이 서로간의 차이가 많이 나는 것으로 분석된다.

초성해의 8자 유사도를 초성해 앞부분 문장인 제자해와 비교해 보면 欲 자가 유사율 150%로 가장 차이가 난다. 중성해의 8자 유사도를 초성해와 비교하여 보면 業 자가 600%, 覃 자가 222%, 彆 자가 220% 로 차이가 크게 난다. 종성해의 8자를 중싱해와 비교해 보면 洪 자가 29%, 業 자가 39%로 다른 부분에 비해 피해가 작게 나타난다.

3) 정음해례편 초성해 부분 한자의 결구미 비교(도75)

[축소확대상의 결구미 변화성과 효용성 확증]

정음해례편 초성해의 한자 결구상태를 분석하기 위해 15장 뒷면 2행에 나오는 侵 자와 15장 앞면 4행에 나오는 彆 자를 택하여 축소-확대 했을 때 자형이 어떻게 변화하는가를 분석했다.

원형 크기 문자로 구성되어 있는 가로폭 17mm의 侵 자와 가로폭 13.5mm의 彆 자를 택하여 (도75)와 같이 가로폭을 2배, 1/2배, 1/4배가 되게 확대-축소하여 자형의 특징을 분석해 보았다.

본래 크기의 흑문자를 백문자로 바꾸면 같은 크기라도 서선이 굵고 문자의 크기가 커 보인다. 본래 크기의 문자를 1/2, 1/4로 축소하여 조형성과 판독에는 이상이 없으며 결구미가 돋보인다. 2배 정도로 확대한 문자는 서체교본으로 활용해도 이상이 없을 정도로 점획의 문자구성의 치밀도가 돋보인다.

(도75) 정음해례편 초성해부분 문자의 배율별 자형 실제도

1/2, 1/4 축소문자	원형 및 1.5배 크기 문자	가로폭 2배 확대 문자
15ㄴ2 침 9획	원형 가로폭 17mm	가로폭 34mm
侵	侵	侵
侵	侵	
15ㄱ-4 별15획	원형 가로폭 13.5mm	가로폭 37mm
彆	彆	彆
彆	彆	

2.2.4. 정음해례편 합자해 한자서체[20ㄴ2~24ㄴ1]

(도76) 정음해례편 합자해 제1면(20장ㄴ면)의 배자도

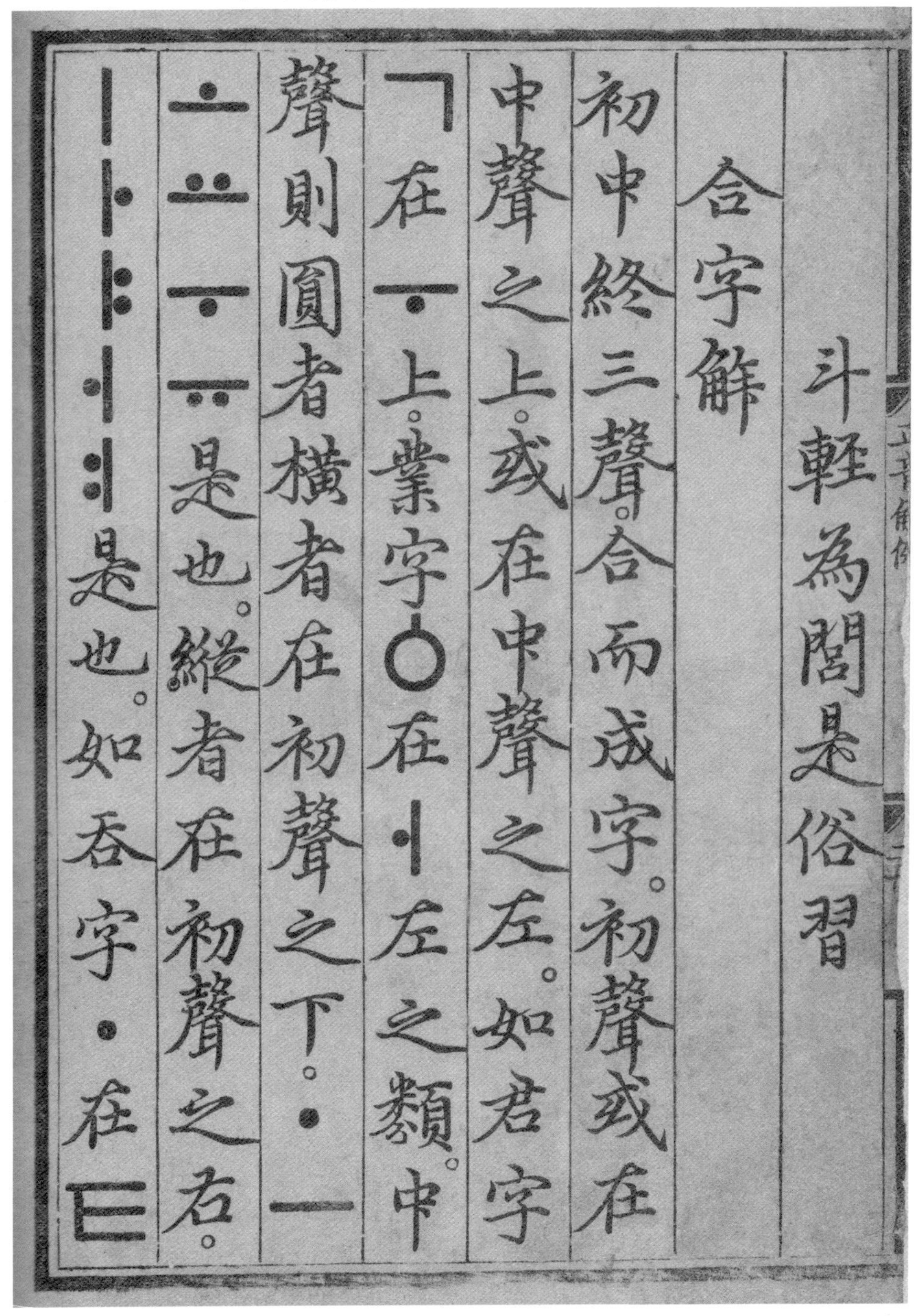

斗輕爲閭是俗習

合字解

初中終三聲。合而成字。初聲或在

中聲之上。或在中聲之左。如君字

ㄱ在ㅜ上。業字ㆁ在ㅓ左之類。中

聲則圓者橫者在初聲之下。ㆍㅡ

ㅗㅛㅜㅠ是也。縱者在初聲之右。

ㅣㅏㅑㅓㅕ是也。如呑字ㆍ在ㅌ

1) 정음해례편 합자해 부분 한자의 종류와 구성적 특징(표24)

훈민정음 정음해례편 합자해 부분은 종성해 다음인 20장 뒤 2행부터 24장 뒤 1행까지 걸친 내용으로 쪽수 분량이 5장 9면이 되며, 한자 종류는 83종, 한자수는 611자가 된다. 전체 한자수의 13.6%에 해당된다.

(표24)을 보면 합자해 전체 한자 종류수 83종은 자음순으로 볼 때 ㅈ류 18종, ㅇ류 15종, ㅅ류 12종, ㄱ류 12종 등의 순서로 많이 나온다. 쪽수별로 나오는 한자 종류수를 보면 22장 앞뒤쪽이 각각 15종, 21장 뒤쪽이 11종, 23장 앞쪽이 10종 등의 순서로 많이 나온다.

(표24) 정음해례편의 합자해 한자 종류 분석표

장-면 \ 종류			자음 분류별 한자					계
			ㄱ 아음류	ㄴ 설음류	ㅁ 순음류	ㅅ 치음류	ㅇ 후음류	
합자해	20	ㄴ	2-8행 君 군	呑 탄		縱中 종중	合或 합혹	6
	21	ㄱ	隙 극		並覆 병복	射隻 사척	我愛引人 아애인인	9
		ㄴ	炬孔弓琴 거공궁금	魯 로	補 보	石子雜釣 석자잡조	酉 유	11
	22	ㄱ	去穀 거곡	刀 도	平筆 평필	似點釘左柱繒 사점정좌주증	安一脅和 안일협화	15
		ㄴ	擧輕 거경	泰 태	備 비	塞舒盛熟壯藏 새서성숙장장 漸重 점중	於依入 어의입	15
	23	ㄱ	國 국	當童 당동	邊 변	在 재	兒野右二橫 아야우이횡	10
		ㄴ		他 타		寫上識悉接着 사상식실접착		7
	24	ㄱ	工 공	俚 리		書定朝 서정조	有 유	6
		ㄴ	1행	東朧 동룡	朦 몽	千 천		5
소 계			ㄱ ㅋ	ㄴ ㄷ ㄹ ㅌ	ㅁ ㅂ ㅍ	ㅅ ㅈ ㅊ	ㅇ ㅎ	14
종류수 문자수			12 0	0 4 3 3	1 5 2	12 18 3	15 5	**83** 611

2) 정음해례편 합자해 부분 한자의 배자 및 자형 비교

(1) 한자문자의 배자관계 수치적 비교(도77)

정음해례편 합자해의 배자관계를 앞에서 분석한 제자해-초성해-중성해-종성해-합자해[합칭=5해]에 나오는 동일문자의 배자관계를 (도77)과 같이 수치적으로 측정하여 비교하였다.

비교대상 문자를 공통으로 나오는 *即*, *侵*, *君*, *業* 4종 문자를 배자한 행간의 크기에 비교되는 각 문자의 가로폭 크기 비율[자폭], 행간에서 문자가 차지한 좌-우편 여백 크기의 비율[여백], 각 문자의 가로획 또는 삐침획[撇畫]의 운필방향[방향]을 수치적으로 측정 비교하였다.

문자별 배자관계를 即 자의 요소별 측정의 예를 들어 해석을 하면

합자해 문자인 *即* 자를 직전 문자인 종성해 문자의 *即* 자를 분석 비교해 보면 자폭이 61 : 55로 합자해가 조금 크게 나타냈고, 좌우의 여백은 163 : 109로 합자해 문자가 종성해보다 더 좌측으로 치우치게 나타냈다. *即* 자 좌측 첫 가로획 운필 방향을 합자해는 18.5도, 종성해는 20도로 차이가 적게 나타낸 것으로 분석되었다.

요소별 배자관계를 전체 5해 문자 4종에 대한 통합적인 해석을 하면

합자해의 행간 사이에 쓴 문자 *即-侵-君-業* 의 가로폭 크기[자폭]를 분석해 보면 61-90-73-76% 로 *侵* 자의 가로폭이 가장 크게 나타냈고, *即* 자를 가장 좁게 나타냈다. 이 합자해의 4자 가로폭 크기를 4해의 문자와 비교해 보면 *即*, *侵*, *君* 자는 가장 크게 나타냈으나, 이에 비하여 *業* 자는 좁게 나타냈다.

합자해의 행간 사이에 쓴 문자의 배자위치[여백]를 다른 4해와 비교 분석해 보면 *即*, *侵* 자는 좌측으로 치우치게 배자하였고, *君*, *業* 자는 두 번째로 좌측으로 치우치게 배자한 것으로 분석된다. 전체 19문자 중 초성해의 *侵* 자를 제외하곤 모두 좌측으로 지나치게 치우치게 배자하였다. 합자해 문자의 가로획 또는 삐침획의 운필각도를 4해 문자와 비교해 보면 *即* 자는 3번째 크기, *侵* 자는 가장 작고, *君* 자는 가장 크고, *業* 자는 다른 4해와 비슷한 것으로 분석된다. 이상과 같이 합자해 문자는 자폭의 크기를 4해에 비해 가장 크게, 문자의 배자를 모두 좌측으로 치우치게 나타냈고, 점획의 운필방향을 4해의 문자와 비슷하게 나타냈다.

(도77) 정음해례편 제자해, 초중종해와 합자해부분의 동일문자 배자 비교도

구분 \ 문자		即	侵	君	業
제자해 문자	즉침군업				
자폭		계간 : 자간 100 : 57	100 : 88	100 : 72	100 : 80
여백		좌측 : 우측 100 : 117	100 : 134	100 : 367	100 : 500
방향		좌측첫가로획 28°	좌측첫삐침 57°	상측가로획 13.5°	중간긴가로획 11°
초성해 문자	즉침군업	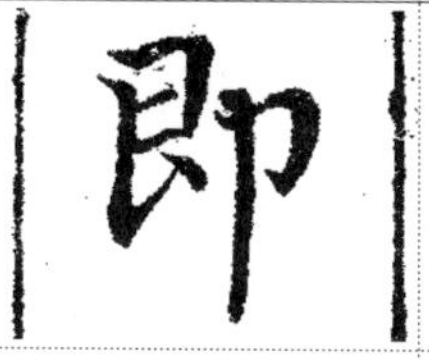			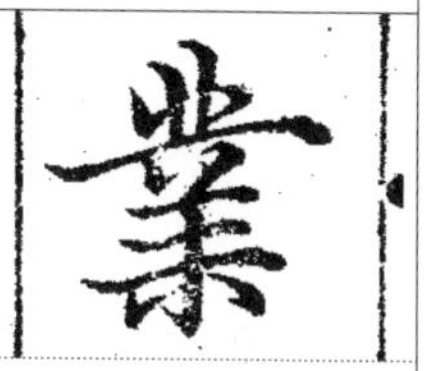
자폭		100 : 59	100 : 88	100 : 68	100 : 80
여백		100 : 110	[12% : 0]	100 : 300	100 : 150
방향		좌측첫가로획 16°	좌측첫삐침 58°	상측가로획 12°	중간긴가로획 11°
중성해 문자	즉침군업				
자폭		100 : 57	100 : 88	100 : 71	100 : 80
여백		100 : 120	100 : 50	100 : 650	100 : 900
방향		좌측첫가로획 17°	좌측첫삐침 59°	상측가로획 15°	중간긴가로획 10°
종성해 문자	즉침군업		-		
자폭		100 : 55	100 :	100 : 68	100 : 82
여백		100 : 109	100 :	100 : 300	100 : 350
방향		좌측첫가로획 20°	좌측첫삐침 °	상측가로획 15°	중간긴가로획 13°
합자해 문자	즉침군업				
자폭		100 : 61	100 : 90	100 : 73	100 : 76
여백		100 : 163	100 : 150	100 : 600	100 : 500
방향		좌측첫가로획 18.5°	좌측첫삐침 51.5°	상측가로획 17°	중간긴가로획 11°

(2) 한자문자의 자형관계 수치적 비교(도78)

합자해 문자를 제자해와 초중종성해 등 4해 문자와 동일문자의 자형관계를 (도78)과 같이 수치적으로 측정하여 비교하였다. 비교대상 문자를 공통으로 나오는 即, 侵, 君, 業 4자의 자형을 비교하었다. 즉 각각 문자의 자형 분석을 [외형 外形], [대소 大小]. [조세 粗細] 요소에 따라 수치적으로 측정 비교하였다.

문자별 자형관계를 即 자의 요소별 측정의 예를 들어 해석을 하면

합자해의 即 자를 종성해에 공통적으로 나오는 即 자의 외형을 비교해 보면

합자해 : 종성해 문자가 135 : 144로 합자해는 세로폭이 크고, 대소 관계는 좌우위치의 기본획 良 부분과 卩 부분 가로폭의 대소 관계는 96 : 82로 차이가 크게 분석되었고, 조세는 7 : 8 로 차이를 적게 나타냈다. 즉 외형, 대소는 크게, 조세요소는 적게 나타냈다.

요소별 자형관계 분석을 전체 4종 문자에 대해 통합적으로 해석을 하면

문자의 외형 측정 경향을 보면 합자해 即 자는 135%기준으로 제일 큰 중성해 문자 149%보다 작고, 侵 자는 84%로 제일 작은 중성해 문자 보다 79% 크고, 君 자는 97%로 제일 큰 초성해 112% 보다 아주 작고, 業 자는 106%로 제일 큰 중성해 110%보다 조금 작은 것으로 분석된다. 즉 합자해의 即, 業 자는 세로폭이 크고, 侵, 君 자는 가로폭이 큰 것으로 분석되었다.

문자를 구성하는 좌우측 또는 상하측 점획의 크기를 비교하는 대소요소분석을 한 수치를 비교하여 본다. 합자해 분석수치를 기준으로 하여 4해별 문자의 분석수치와 비교하여 분석하여 보면, 即 자는 96%로 제일 큰 제자해 84%보다 훨씬 큰 것으로 나타나고, 侵 자는 195%로 중성해의 240%보다 훨씬 작게 나타났다. 君 자는 65%로 다른 4해 문자와 비슷하게 나타났고, 業 자는 111%로 가장 큰 중성해 113%와 비슷하다.

문자의 가로폭에 비하여 세로획의 굵기를 나타내는 조세 분석결과는 합자해 문자의 조세는 4해 문자 4종의 조세와 비슷하게 나타났다.

(도78) 정음해례편 제자, 초중종해와 합자해부분의 동일문자 자형 비교도

구분 \ 문자		即	侵	君	業
제자해	즉침군업				
외형		가로 : 세로 100 : 132	가로 : 세로 100 : 80	가로 : 세로 100 : 96	가로 : 세로 100 : 104
대소		좌측 : 우측 100 : 84	좌측 : 우측 100 : 236	상측 : 하측 100 : 60	상측 : 하측 100 : 88
조세		자폭 : 수획 100 : 9	자폭 : 수획 100 : 8	자폭 : 수획 100 : 10	자폭 : 수획 100 : 8
초성해	즉침군업				
외형		가로 : 세로 100 : 126	가로 : 세로 100 : 82	가로 : 세로 100 : 112	가로 : 세로 100 : 98
대소		좌측 : 우측 100 : 81	좌측 : 우측 100 : 225	상측 : 하측 100 : 69	상측 : 하측 100 : 113
조세		자폭 : 수획 100 : 7	자폭 : 수획 100 : 8	자폭 : 수획 100 : 12	자폭 : 수획 100 : 5
중성해	즉침군업				
외형		가로 : 세로 100 : 149	가로 : 세로 100 : 79	가로 : 세로 100 : 101	가로 : 세로 100 : 110
대소		좌측 : 우측 100 : 79	좌측 : 우측 100 : 240	상측 : 하측 100 : 63	상측 : 하측 100 : 97
조세		자폭 : 수획 100 : 10	자폭 : 수획 100 : 10	자폭 : 수획 100 : 12	자폭 : 수획 100 : 8
종성해	즉침군업		–		
외형		가로 : 세로 100 : 144		가로 : 세로 100 : 100	가로 : 세로 100 : 99
대소		좌측 : 우측 100 : 82		상측 : 하측 100 : 63	상측 : 하측 100 : 80
조세		자폭 : 수획 100 : 8		자폭 : 수획 100 : 7	자폭 : 수획 100 : 9
합자해	즉침군업				
외형		가로 : 세로 100 : 135	가로 : 세로 100 : 84	가로 : 세로 100 : 97	가로 : 세로 100 : 106
대소		좌측 : 우측 100 : 96	좌측 : 우측 100 : 195	상측 : 하측 100 : 65	상측 : 하측 100 : 111
조세		자폭 : 수획 100 : 7	자폭 : 수획 100 : 8	자폭 : 수획 100 : 8	자폭 : 수획 100 : 7

(3) 문자 배자-자형 수치적 분석 종합 해석(표25)

정음해례편 합자해에 나오는 5종 문자의 배자-자형 수치 분석결과가 정음편 원전문자의 수치적 분석결과와 어느 정도 유사한가를 측정하기 위해 (도77)과 (도78)의 분석 수치를 종합 산출하여 (표25)와 같이 비교하였다. 즉 각각의 문자를 배자-자형 분석표 요소인 자폭, 여백, 외형, 대소, 조세, 방향 등을 분석하여 합자해를 기준으로 제자해, 초성해, 중성해, 종성해, 합자해 등 5개해의 문자와 비교하고 유사도[싱크로율]를 산출하였다.

① 문자별 자형비교

가. 합자해 卽 자의 비교

(표25)와 같이 5해 부분에 공통적으로 나오는 卽 자를 자폭, 여백, 외형, 대소, 조세 등 배자 및 자형 요소를 통합하여 제자해-초성해-중성해-종성해-합자해 등 5해의 자폭을 비교해 보면 모두 비슷하되 합자해가 가장 큰 것으로 나타나고, 종성해가 가장 작은 것으로 분석되었다. 외형은 중성해의 문자가 세로폭이 가장 크고, 대소는 합자해가 가장 큰 것으로 나타났으며, 방향은 제자해가 가장 큰 것으로 나타났다.

나. 4해 侵 자의 비교

(표25)와 같이 4해(제자해, 초성해, 중성해, 합자해) 부분에 공통적으로 나오는 侵 자를 배자 및 자형 요소를 통합하여 4해 순서로 비교해 보면 자폭은 3해가 비슷한데 합자해가 조금 큰 것으로 나타났다. 4개해의 외형 표현은 서로 비슷하고, 대소표현은 4해 간에 차이가 큰 편이다. 운필방향의 각도는 큰 편이나 4해 간의 차이는 작은 편이다. 侵 자는 4해 간의 자형적 차이가 작은 편이다.

다. 5해 君 자의 비교

(표25)와 같이 5해 부분에 공통적으로 나오는 君 자를 제자해-초성해-중성해-종성해-합자해 순서로 비교해 보면 자폭의 크기는 비슷한 편이지만 여백의 차이는 초성해 300에 비해 중성해 650이 되는 등 2배 이상 차이가 나는 것으로 분석되었다. 외형도 5해 간에 차이가 다른 문자에 비해 크게 나타난다.

라. 5해 業 자의 비교

(표25)와 같이 5해 부분에 공통적으로 나오는 業 자를 제자해-초성해-중성해-종성해-합자해 순서로 비교해 보면 자폭은 제일 작은 합자해를 제외하고는 나머지 4해는 같거나 비슷한 것으로 나타났다. 여백 표현은 초성해와 중성해의 차이가 6배가 되는 것으로 분석된

다. 5해의 외형과 조세, 방향을 서로 비슷하게 나타냈다. 5해 중 초성해의 業 자가 가장 정상적인 유사율에 가깝고, 중성해의 業 자는 가장 정상적이지 못하다.

② 요소별 문자비교

가. 4종 문자 자폭의 비교

5해에 각각 나오는 卽-侵-君-業자 자폭 평균 비율은 58-89-70-80%로 산출되는데 이 중 侵 자의 자폭이 가장 큰 것으로 분석된다. 즉 행간 폭에 侵 자는 89% 비율 크기로 가장 크게 차지하고, 卽 자는 58% 비율크기로 4자 중 가장 좁게 차지하는 것으로 분석된다.

나. 4종 문자 여백의 비교

5해에 각각 나오는 卽-侵-君-業자 여백 평균 비율은 124-84-443-480%로 산출되는데 행간에 배자된 문자의 좌측여백을 100으로 보았을 때 우측 여백의 비율을 측정한 것이다. 비율이 100 이상이면 우측여백이 크다는 해석인데 위 비율을 다시 해석하면 우측여백이 1,2-0.8-4.4-4.8배로 나타냈다는 뜻이다. 그래서 侵, 君, 業 자는 우측여백이 넓어 좌측으로 치우쳤고, 侵 자는 우측으로 기운 현상을 보여준다. 그래서 정상 배자는 분석수치 100으로 측정이 되어야 한다.

다. 4종 문자 외형의 비교

5해에 각각 나오는 卽-侵-君-業 자 외형 평균 비율은 137-81-101-103%로 산출되는데 이 중 卽 자의 세포폭이 가장 큰 것으로 분석된다. 외형은 문자의 가로폭 크기를 100으로 보았을 때 세로폭 크기를 측정한 것인데 수치가 100이 훨씬 넘는 137의 卽 자는 4자 중 세로폭이 가장 크고, 81인 侵 자는 가로폭이 크다는 의미이다. 君, 業 자는 101, 103으로 외형비율이 100인 정사각형에 가까운 것으로 측정되었다.

라. 4종 문자 대소의 비교

5해에 각각 나오는 卽-侵-君-業 자 대소 평균 비율은 84-224-64-98%로 산출되는데 4자의 비교는 의미도가 없다. 그것은 卽, 侵자는 좌우간 획이고, 君 業 자는 상하간 획의 비교이기 때문이다.

마. 4종 문자의 방향-조세

5해에 각각 나오는 卽-侵-君-業 자의 방향, 대소 비교분석은 비교대상이 다르기 때문에 문자간의 비교는 의의가 없다. (표25)에 나타나는 이상의 분석결과 중 각 문자에 대한 5해별 요소분석 수치비교는 의의가 있으나 평균치 비교는 큰 의의는 없는 편이다. 그러나 5해별 각각의 비교에는 의미성이 있다고 본다.

(표25) 정음해례편의 제자-초성-중성-종성-합자해 자형 유사도 비교 분석표

문자	분석요소		제자해	초성해	중성해	종성해	합자해	평균	비교
即	배자	자폭	57%	59	57	55	**61**	58	+3
		여백	117	110	120	109	**163**	124	+39
	자형	외형	132	126	**149**	144	135	137	+12
		대소	84	81	79	82	**96**	84	+12
		조세	9	7	**10**	8	7	8	+2
	평균		79.8	76.6	83.0	79.6	92.4		
	방향		**28도**	16	17	20	18.5	20	+8
侵	배자	자폭	88%	88	88	-	**90**	89	+1
		여백	134	**0**	50	-	150	84	-
	자형	외형	80	82	79	-	**84**	81	+3
		대소	236	225	240	-	**195**	224	-29
		조세	8	8	**10**	-	8	9	+1
	평균		109.2	100.8	93.4	-	105.4		
	방향		57도	58	59	-	**51.5**	56	-4.5
君	배자	자폭	72%	68	71	68	**73**	70	+3
		여백	367	300	**650**	300	600	443	+207
	자형	외형	96	**112**	101	100	97	101	+11
		대소	60	**69**	63	63	65	64	+5
		조세	10	12	12	**7**	8	10	-3
	평균		121.0	112.2	179.4	107.6	168.6		
	방향		13.5도	12	15	15	17	15	-3
業	배자	자폭	80%	80	80	82	**76**	80	-4
		여백	500	150	**900**	350	500	480	+420
	자형	외형	104	**98**	110	99	106	103	-5
		대소	88	113	97	**80**	111	98	-18
		조세	8	5	8	**9**	7	7	+2
	평균		156.0	89.2	239.0	124.0	160.0		
	방향		11도	11	10	13	11	11	+2
대차 요소 총계			1	5	5	4	9	114/24	

* **짙음** 표시 수치 : 요소별 평균수치보다 가장 차이가 큰 5해 중의 1개를 나타낸 것임.

* 비교수치=5해중 가장 큰수치-평균수치

2.2.5. 정음해례편 용자례 한자서체[24ㄴ2~26ㄴ3]

(도79) 정음해례편 용자례 제1면(24장ㄴ면)의 배자도

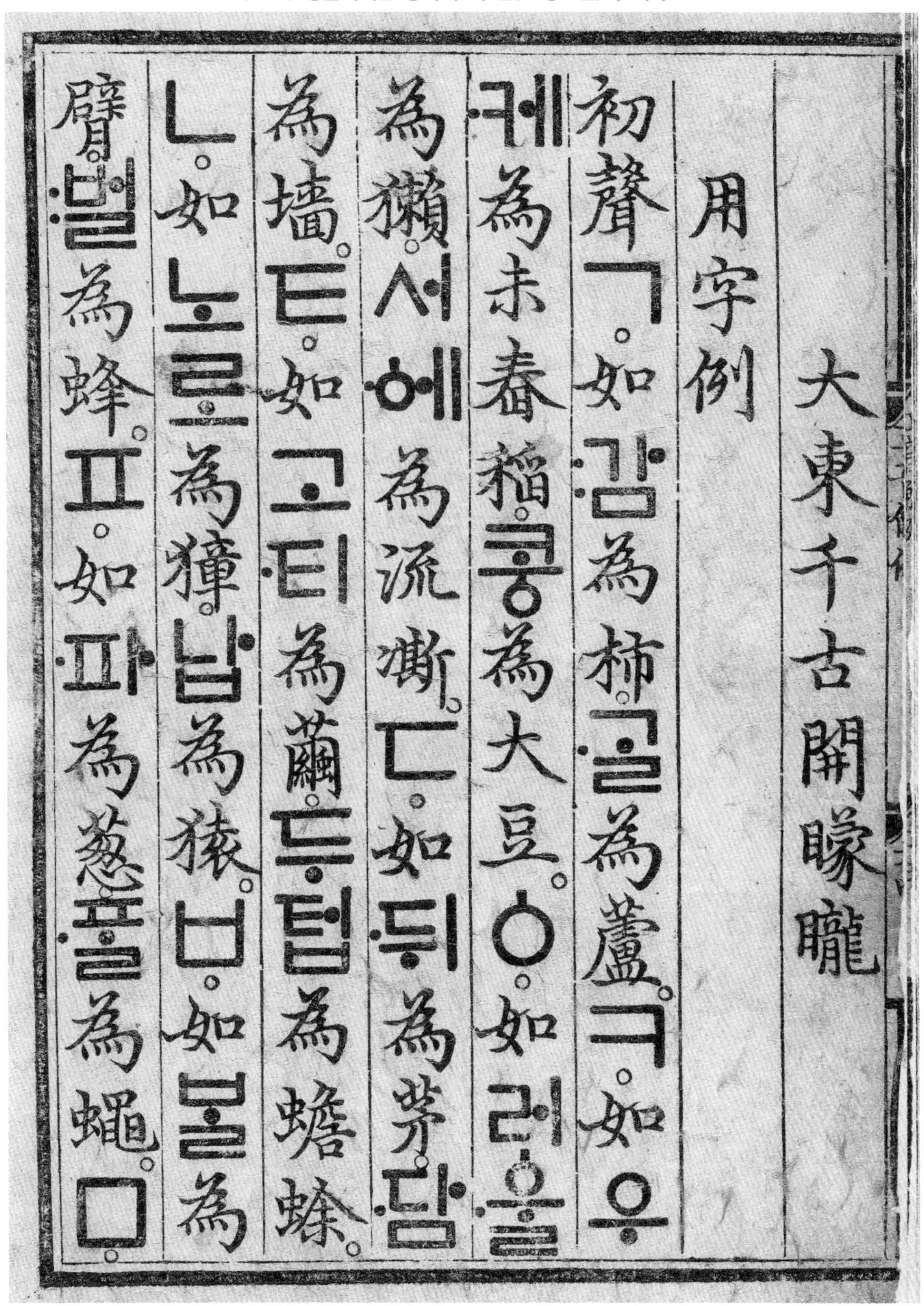

大東千古開曚曨

用字例

初聲ㄱ。如감爲柿。ᄀᆞᆯ爲蘆。ㅋ。如우

케爲未舂稻。콩爲大豆。ㆁ。如러ᇰ

爲獺。서ᇰ爲流凘。ㄷ。如뒤爲茅。담

爲墻。ㅌ。如고티爲繭。두텁爲蟾蜍。

ㄴ。如노로爲獐。납爲猿。ㅂ。如ᄇᆞᆯ爲

臂。벌爲蜂。ㅍ。如파爲葱。ᄑᆞᆯ爲蠅。ㅁ。

1) 정음해례편 용자례 부분 한자의 종류와 구성적 특징(표26)

정음해례편 용자례 부분은 합자해 다음인 24장 뒤 2행부터 26장 뒤 3행까지 걸친 내용으로 쪽수 분량이 3장 5면이 되며, 한자 종류는 110종, 한자수는 259자가 된다. 이는 전체 한자수의 5.4%에 해당된다. 용자례는 해례편의 해례부분인 제자해-초성해-중성해-종성해-합자해 등 5해 다음부분으로 해례 전체의 끝부분인 셈이다. 즉 5해 1례의 한 부분으로 그 다음에 정인지서문이 나온다.

(표26)을 보면 합자해 전체 한자 종류수 110종은 자음순서로 보아 ㅅ류 19종, ㅇ류 17종, ㄱ류 15종, ㅈ류 13종 등의 순서로 많이 나온다. 쪽수별로 나오는 한자 종류수를 보면 26장 앞쪽이 33종, 25장 앞쪽에 25종, 25장 뒤쪽이 23종, 등의 순서로 전체 110종 259자가 나온다.

(표26) 정음해례편 용자례의 한자종류 분석표

장-면 \ 종류			자음 분류별 한자					계
			ㄱ 아음류	ㄴ 설음류	ㅁ 순음류	ㅅ 치음류	ㅇ 후음류	
용자례	24	ㄴ	2-8행 繭 견	獺稻豆蘆 달도두로	茅未蜂臂 모미봉비	蟾蠅柿斯墻獐 섬승시시장장 葱총	蜍舂猿 여용원	19
	25	ㄱ	鷄橋筋 계교근	島鶹 도류	雹鴇氷鞭 박보빙편	籭蛇山薯小手 사사산서소수 弟紙尺雛楸 제지척추추	藇頤蝦瓠鵂 여이하호휴	25
		ㄴ	鉅鎌跟汲器 거겸근급기 箕기	奴銅蠟鹿柳 노동랍록류 籬리炭탄	板 판	霜鉏巢蚕田竈 상서소잠전조 稷직	鴈硯 안연	23
	26	ㄱ	蝌蕎龜屨龜 과교구구귀	餹蚪笠 당두립	麥飯鼊佛楓皮 맥반벽불풍피	寺繖帨楮蠐螬 사산세저제조 蒼菜粟朮 창채초출	燕梬甕牛雨薏 연영옹우우의 匜苡飴 이이이	33
		ㄴ	1-3행			星松薪蹄池泉 성송신제지천	月海螢虎 월해형호	10
소 계 **종류수** 문자수			ㄱ ㅋ	ㄴ ㄷ ㄹ ㅌ	ㅁ ㅂ ㅍ	ㅅ ㅈ ㅊ	ㅇ ㅎ	14
			15 0	1 7 7 1	3 8 4	19 13 9	17 6	110 259

2) 정음해례편 용자례 부분 한자의 비교(표27, 도80)

(1) 한자 문장의 구성(표27)

용자례(用字例) 3자 제목아래 초성자 ㄱ에 대한 용자의 사례를 시작으로 종성자 ㄹ에 대한 용자의 사례까지 94개 어휘에 해당하는 116자의 한자를 (표27)과 같이 제시하였다. 이 숫자는 (표26) 용자례 부분 전체에 나오는 한자종류 109종과 한자수 통계 259자와는 다른 성격의 통계숫자이다.

초성자(자음)부터 중성자, 종성자 쓰임의 사례를 초성자 17종 어휘 34개 42자, 중성자 11종 어휘 44개 57자, 종성자 8종 어휘 16개 19자 등 전체 94개 118자를 (도80)부터 (도83)과 같이 제시하였다.

용자례 전체의 94개 어휘는 1자 짜리 73개, 2자 짜리 18개, 3자 짜리 3개 등으로 구성되어 있다. 118개 문자의 행간배자 상황을 분석해 보면 행간의 좌측으로 쏠리게 배자한 문자가 36자(30.5%), 우측으로 쏠리게 배자한 문자가 36자(30.5%)로 좌—우로 쏠리게 잘 못 배자한 문자가 72자로 무려 61%에 이른다. 정상적인 중간배자는 46자로 겨우 39% 밖에 되지 못한다.

초성자 용자의 사례는 아음-설음-순음-치음-후음-반음의 순서로 초성자인 자음을 제시하였고, 1자인 어휘한자 27개, 2자인 어휘한자 6개, 3자인 어휘문자 1개 등을 제시하였다.

중성자 용자의 사례는 모음 1개당 4개씩의 어휘를 제시하였다. 기본자 3개, 초출자 4개, 재출자 4개 등을 제시하고 이에 해당되는 어휘를 1자 33개. 2자 9개, 3자 2개 등을 제시하였다.

종성자 용자의 사례는 8종성을 제시하되 1종성당 어휘 2종씩을 제시하였다. 어휘 1개당 문자수는 1자 13개, 2자 3개 등을 제시하였다.

용자례 처음부분 초성 ㄱ의 용자에 대한 문구를 보면

'初聲ㄱ, 如감爲柹,골爲蘆.'

[첫소리ㄱ은, 시(柹)가되고, 골은 갈(갈대)로(蘆)가 되는 것과 같다.]

(표27) 정음해례편 용자례의 자모음별 한자 출현분석표

류	분류	종류	수량	1	2	3	4	5	6	7
초성자 42자	아음	6	10	柿 시	蘆 로	未舂稻 미용도	大豆 대두	獺 달	流澌 류시	
	설음	6	7	茅 모	墻 장	繭 견	蟾蜍 섬여	獐 장	猿 원	
	순음	8	9	臂 비	蜂 봉	蔥 총	蠅 승	山 산	薯蕷 서여	蝦 하 / 瓠 호
	치음	6	6	尺 척	紙 지	籭 사	鞭 편	手 수	島 도	
	후음	4	6	鵂鶹 휴류	筋 근	鷄雛 계추	蛇 사			
	반음	4	4	雹 박	氷 빙	弟 제	鴇 보			
중성자 57자	기본 ·	4	5	頤 이	小豆 소두	橋 교	楸 추			
	ㅡ	4	5	水 수	跟 근	鴈 안	汲器 급기			
	ㅣ	4	4	巢 소	蠟 랍	稷 직	箕 기			
	초출 ㅗ	4	5	水田 수전	鉅 거	鉏 서	硯 연			
	ㅏ	4	4	飯 반	鎌 겸	綜 종	鹿 록			
	ㅜ	4	4	炭 탄	籬 리	蚕 잠	銅 동			
	ㅓ	4	4	竈 조	板 판	霜 상	柳 류			
	재출 ㅛ	4	6	奴 노	梬 영	牛 우	蒼朮菜 창출채			
	ㅑ	4	7	龜 구	鼅鼊 구벽	匜 이	蕎麥皮 교맥피			
	ㅠ	4	7	薏苡 의이	飯熏 반초	雨繖 우산	帨 세			
	ㅕ	4	6	飴餹 이당	稻 도	佛寺 불사	燕 연			
종성자 19자	ㄱ	2	2	楮 저	甕 옹					
	ㆁ	2	4	蠐螬 제조	蝌蚪 과두					
	ㄷ	2	2	笠 립	楓 풍					
	ㄴ	2	2	屨 구	螢 형					
	ㅂ	2	2	薪 신	蹄 제					
	ㅁ	2	2	虎 호	泉 천					
	ㅅ	2	3	海松 해송	池 지					
	ㄹ	2	2	月 월	星 성					
계	25	93	118							

(2) 한자문자의 서체적 특징(도80~도83)

(도80~도83)에 제시된 한자의 서체는 대부분 해서체 또는 행서가 포함된 해행체이다. 즉 앞부분에 나온 합자해 풍의 한자서체와 동일하다.

해서체를 제외한 해행체는 다음과 같다.

24장 뒤쪽 未

25장 앞쪽 小 豆 氷 鵂 鶹 鷄 雛

25장 뒤쪽 水 汲 巢 箕 炭 柳

26장 앞쪽 菜 薏 苡 蝌 頭 笠

26장 뒤쪽 蹄 海 池

또 다음과 같이 이체자도 나온다.

24장 뒤쪽 流.....오른쪽 획의 첫점이 없음.

24장 뒤쪽 舂......臼 부분을 旧 형으로 나타냈다.

24장 뒤쪽 稻......臼 부분을 旧 형으로 나타냈다.

25장 앞쪽 島......山 위부분에 一 획을 추가하였음.

25장 앞쪽 頤......臣 부분 왼쪽에 丨획을 추가하였음.

25장 뒤쪽 鉅.....金의 수직선 위로 돌출, 巨의 아래부분 수직점 추가

26장 앞쪽 匜......也 위에 厂획 추가

(도80) 정음해례편 용자례의 초성자 관련 한자 배자도-1

구분	문자	아음류			설음류		
		ㄱ 24ㄴ	ㅋ	ㆁ	ㄷ	ㅌ	ㄴ
초성자 용자례	시미달모견장	시柿감	*별도-도81 참조 찧지 않은 벼 미용도未舂稻	달獺너구리	모茅띠	견繭고치	장獐노루
	로장원	로蘆 갈대			장墻담		원猿원숭이
	대두류시섬여		대두大豆콩	류시流澌		섬여蟾蜍	← 두꺼비

구분	문자	순음류				치음류	
		ㅂ	ㅍ	ㅁ 25ㄱ	ㅸ	ㅈ	ㅊ
초성자 용자례	비총산하척사	비臂팔	총蔥파	산山산	하蝦새우	척尺자	사籭체
	봉승호지편	봉蜂벌	승蠅파리		호瓠뒤웅박	지紙종이	편鞭채찍
	서여			서여薯藇마			

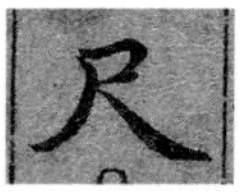

* 초성자(자음)순서는 용자례 배자 순서임.
* 초성자 17종 어휘 34개 42자
  중성자 11종 어휘 44개 57자
  종성자 8종 어휘 16개 19자 전체 94개 118자
* (도80)~(도83) 한자의 한글(정음자) 표기는 한글편 (도58-1)~(도58-3)에 제시되어 있음.

(도81) 정음해례편 용자례의 초성자 관련 한자 배자도-2

구분		치음류	후음류		반음류		아음-보충
구분	문자	ㅅ 25ㄱ	ㆅ	ㅇ	ㄹ	ㅿ	(도80)ㅋ
초성자 용자례	수박제	수手 손	휴류鵂鶹부엉이	계추鷄雛병아리	박雹우박	제弟아우	
	도빙보휴류계추	도島 섬			빙氷얼음	보鴇너새	
	근사미용도		근筋힘줄	사蛇뱀		찧지않은 벼→	미용도未春稻

구분		기본자					초출자
구분	문자	· 25ㄱ		ㅡ 25ㄴ		ㅣ	ㅗ
중성자 용자례	이교수소	이頤턱	교橋다리	수水물		소巢보금자리	
	추근급랍수용		추楸가래	근跟발뒤축	급기汲器	랍蠟꿀밀	수전水田논
	소안직거	소두小豆팥		안雁기러기	↑ 두레박	직稷피	거鉅톱
	기서					기箕키	서鉏호미

(도82) 정음해례편 용자례의 초성자 관련 한자 배자도-3

구분 \ 문자		초출자					
		ㅗ	ㅏ	ㅜ		ㅓ	
중성자 용자례	연반탄동조류	연硯벼루	반飯밥	탄炭숯	동銅구리	조竈부엌	류柳버들
	겸리판		겸鎌낫	리籬울타리		판板널	
	록종잠상	록鹿사슴	종綜잉아	잠蠶누에		상霜서리	
구분 \ 문자		**재출자**					
		ㅛ 26ㄱ		ㅑ		ㅠ	
중성자 용자례	노구이	노奴종		구龜남생이	이匜손대야		
	영의우	영梬고욤				의이薏苡율무	우산雨繖우산
	우창귀세	우牛소	창출채蒼朮菜	귀벽龜鼊거북			세帨걸개
	교반		↑ 삽주	메밀껍질→	교맥피蕎麥皮	반초飯栗주걱	

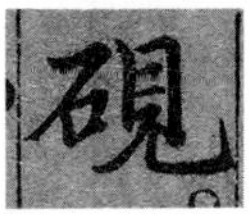

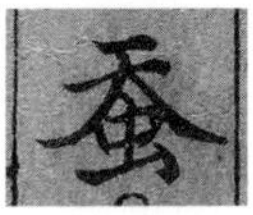

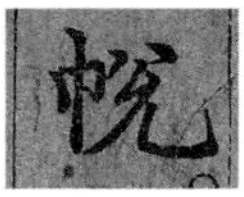

(도83) 정음해례편 용자례의 중-종성자 관련 한자 배자도

구분 \ 문자		재출자		아음류			설음류
		ㅕ		ㄱ 26ㄱ	ㆁ		ㄷ
중성자·종성자 용자례	저립						
				저楮닥나무			립笠갓
	이불옹제과풍						
		이당飴餹엿	불사佛寺절	옹甕독	제조蠐螬	과두蝌蚪	풍楓단풍
	도연				↑굼벵이	↑올챙이	
		도稻벼	연燕제비				

구분 \ 문자			순음류		치음류	반설음류	-
		ㄴ	ㅂ 26ㄴ	ㅁ	ㅅ	ㄹ	
종성자 용자례	구신호월						
		구屨신	신薪섶	호虎범		월月달	
	형제천해성					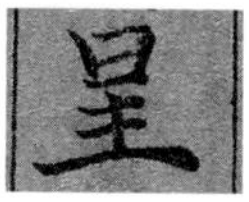	
		형螢반딧불	제蹄굽	천泉샘	해송海松 잣	성星별	
	지				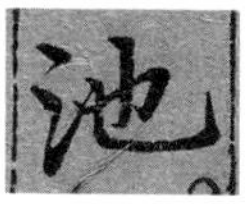		
					지池못		

2.2.6. 정음해례편 정인지서문 한자서체[26ㄴ4~29ㄴ3]

(도84) 정음해례편 정인지서문 제1면(26장ㄴ면)의 배자도

되爲螢。ㅂ。如섭爲薪。굽爲蹄。ㅁ。如
범爲虎。ᄉᆡᆷ爲泉。ㅅ。如잣爲海松。못
爲池。ㄹ。如ᄃᆞᆯ爲月。별爲星之類
有天地自然之聲。則必有天地
自然之文。所以古人因聲制字
以通萬物之情。以載三才之道
而後世不能易也。然四方風土
區別。聲氣亦隨而異焉。蓋外國

1) 정음해례편 정인지 서문 부분 한자의 종류와 구성적 특징(표28)

정음해례편 정인지서문 부분은 훈민정음해례본 전체의 끝부분으로 문장 전체가 한문으로 이루어졌다. 정인지 서문의 전체 한자 종류수 175종은 자음 순서로 보아 ㄱ류 32종, ㅅ류 27종, ㅈ류 22종, ㅇ류 22종, ㅎ류 19종 등의 순서로 많이 나온다.

(표28) 정음해례편 정인지 서문의 한자 종류 분석표

장-면 \ 종류			자음 분류별 한자					계
			ㄱ 아음류	ㄴ 설음류	ㅁ 순음류	ㅅ 치음류	ㅇ 후음류	
정인지서문	26	ㄴ	4-8행 古區고구		方別 방별	隨載情 수재정		7
	27	ㄱ	强皆曲 강개곡	難達羅樂 난달라락	侔病 모병	使昔薛新章折 사석소신장절 旨鑿聽趣治 지착총취치	礙語枘吾獄擬 애어예오옥의 吏華患曉 이화환효	30
		ㄴ	間揭癸官極 간게계관극 氣 기	但略陋 단략루	莫名妙民倣非 막명묘민방비 鄙 비	澁示室殿篆正 삽시실전전정 調則至創 조즉지창	已亥該叶訓 이해해협훈	31
	28	ㄱ	歌簡雞括狗 가간계괄구 窮克 궁극	唳呂律 려려률	鳴無吠風 명무폐풍	訟遂旬聽 송수순청	往愚學鶴諧 왕우학학해 浹換會 협환회	26
		ㄴ	姜塏槩梗觀 강개개경관 敎校 교교	寧敦等例 녕돈등례	命問朴副府簿 명문박부부부 彭 팽	師詳叙庶釋善 사상서서석선 脩叔申臣作精 수숙신신작정 舟注集撰崔 주주집찬최	顔淵悟喩應李 안연오유응이 恒賢希 항현희	44
	29	ㄱ	恭久豈 공구기	年待度 년대도	務百 무백	私述施資祖超 사술시자조초	歟王越惟日澣 여왕월유일한 憲揮 헌휘	22
		ㄴ	客稽館謹 객계관근		拜賓判 배빈판	事世首鄭提曺 사세수정제조 趾 지	麟 린	15
소 계			ㄱ ㅋ	ㄴ ㄷ ㄹ ㅌ	ㅁ ㅂ ㅍ	ㅅ ㅈ ㅊ	ㅇ ㅎ	14
			32 0	3 6 8 0	10 13 4	27 22 9	22 19	175 562

2) 정음해례편 정인지 서문 부분 한자의 비교(표29, 도85, 도86)

(1) 한자 문장의 구성(표29)

용자례 끝부분인 26장 뒷면 4행부터 29장 뒷면 3행까지 7쪽의 내용인데, 용자례까지 행당 13자씩 배자되었다가 정인지 서문 문장에서는 행당 12자씩 1자씩 줄여서 배자하는 것으로 배자방법이 변경되었다. 정인지 서문의 한자 종류수는 175종이고, 한자수는 562자로 11.7%에 해당된다.

정인지 서문은 26장 뒷면 4행에 '有天地自然之聲, 卽必有天地自然之文'-[천지자연의 소리가 있으면 곧 반드시 천자 자연의 글자가 있는 법이니]로 시작하여 29장 뒤쪽 끝부분 2, 3행에 '世子右賓客臣 鄭麟趾拜手稽手謹書'-[세자 우빈객 신 정인지 절하며 머리를 조아려 삼가 씀]라고 밝혔다.

(2) 한자문자의 배자 및 자형적 특징(표29, 도85, 도86)

정인지 서문의 175종의 문자중 한자부수 12종류에 해당하는 문자 64종을 집자하여 부수종류별 특징이 어떻게 나타나는가를 분석하였다.

전체 175종의 문자중 12개 부수별 문자 64종 문자를 (도85, 도86)과 같이 분류하여 행간배자 상황을 분석해 보면 행간의 좌측으로 쏠리게 배자한 문자가 24자(37.5%), 우측으로 쏠리게 배자한 문자가 17자(26.6%)로 좌-우로 쏠리게 잘 못 배자한 문자가 41자로 무려 64.1%에 이른다. 정상적인 중간배자는 23자로 겨우 35.9%밖에 되지 않았다. 정인지 서문 문장의 행간배자를 잘못한 비율 64.1%는 앞에서 밝힌 용자례 부분의 잘못 배자한 61%의 비중보다 더 높은 편이다.

(도85, 도86)의 12개 문자의 부수별 자형을 비교해 보면 다음과 같은 특징이 발견된다.

① 좌우측위치 부수 문자 자형 특징

좌측에 亻 변, 우측에 점획이 좌우위치로 결구된 문자 7종은 우측 점획의 크기 및 상하위치에 따라 여러 자형으로 형성되어 있다. 亻 변의 상하폭이 작고, 우측 점획 상하폭이 큰 좌소우대형 문자로는 作, 使, 侔, 俻 자가 있고, 좌대우소형 문자로는 但, 倣 자가 있으며, 좌우동형 문자로는 例 자가 있다.

좌측에 氵 변, 우측에 점획이 좌우위치로 결구된 문자 6종도 여러 가지 자형을 형성하는 규칙이 분석된다. 氵 변 상하폭이 작고, 우측부분이 더 큰 좌소우대의 자형이 형성되는 문자로는 治, 浹, 淵, 澣 자가 있고, 반대의 좌대우소형은 없으며, 좌우동형으로는 注, 溢 자가 있다.

좌측에 扌 변, 우측에 점획이 좌우위치로 결구된 문자는 모두 우측부분의 윗부분을 좌측부분의 윗부분보다 낮추어 배획하였다. 우측부분은 ㅁ 획[括]이 아닌 사획[換,提], 수직획[折,揮] 경우에는 扌 변의 하단부분보다 아래로 내려가게 크게 나타냈다.

좌측 忄 변, 우측점획과 이루어진 문자는 좌대우소인 恒, 좌우유사인 悟, 惟 자, 좌소우대인 情 등도 좌우측의 크기관계가 획수와 획형에 따라 달라지게 나타냈다.

좌측이 口 인 문자는 오른쪽부분이 획수가 많은 경우[喉, 喩, 鳴]는 좌상위치에 쓰고, 획수가 적은 경우[吐, 吠]에는 좌중위치에 배획하였다.

좌측이 木 인 문자는 亻 변이 있는 문자와 비슷한 규칙으로 자형을 형성한다.

좌측에 言 이 있는 좌우부분 결합문자는 오른쪽 부분에 세로획, 날획이 있는 경우는 크게 쓰고, 좌소우대 자형의 문자[訓, 詳]로 형성되고, 가로획이나 사각형 획형이 있는 문자[謹, 諧]는 좌우동형으로 나타냈다.

우측에 세로획으로 된 刂 획이 있는 문자는 획수가 많은 문자[創]는 좌우동형 또는 좌대우소형으로 나타내지만 대부분 좌소우대형의 문자[別, 則, 判, 副]로 나타냈다.

② 상하위치 부수 문자 자형 특징

상측에 宀 부수와 하측 점획으로 이루어진 문자는 아래 부분에 가로획이 나오는 문자[室, 寧]는 상폭하폭동형의 문자를 형성하고, 하측에 사획인 별, 날획이 들어가는 문자[客]는 상소하대폭의 자형을 이룬다.

상측 ⺮ 부수와 하측 점획으로 이루어진 문자는 모두 상측 가로폭보다 하측 가로폭을 모두 크게 나타낸 문자[等, 篆, 簡, 簿]로 나타냈다.

하측을 口 로, 상측을 여러 점획으로 이루어진 상하획 형성문자[古, 吾, 名, 呂, 善]는 하측을 상측 가로폭보다 작게 나타냈다.

상좌위치로 이루어진 广 안에 점획을 배획하여 이루어진 문자는 배획된 부분의 하단부를 왼쪽 삐침인 별획하단부에 내려가지 않는 문자[府, 庶, 應]나 하단부와 수평으로 맞추어 나타낸 문자[度] 등 广 아래 부분으로 나가지 않게 자형을 구성하였다.

이같이 정인지 서문의 한자 64종을 대상으로 자형형성의 규칙을 정리하여 본다.

③ 좌우위치 형성문자의 규칙 분석

* 좌소우대형 자형 : 우측부분에 세로획, 별획, 날획[丨 丿 乀]이 있는 문자, 점획수가 많은 문자는 우측 세로폭을 크게 나타냈다...............作 淵

* 좌대우소형 자형 : 우측부분에 가로획, 점, 오, 사각자형[一 · 厶 口]으로 결구된 문자. 점획수가 적은 문자는 세로폭을 작게 나타냈다............但, 注

④ 상하위치 형성문자의 규칙 분석

* 상소하대형 자형 : 상측이 宀 ⺮ 이고 하측이 가로획 또는 별, 날획인 문자는 하측 가로폭을 크게 나타냈다.

* 상대하소형 자형 : 상측이 가로획과 사획이고 하측이 ㅁ 인 경우는 상측 가로폭을 크게 나타냈다.

* 상좌하내형 자형 : 상측은 가로획, 좌측은 별획으로 된 广 내부에 점획을 결구시킨 문자는 별획 끝부분 하단 위치로 점획을 배획하지 않게 나타냈다.

(표29) 정음해례편 정인지 서문의 부수별 초출문자 일람표

순	부수	위치	관련 한자
1	亻	좌측	作7 但7 使8 侔8 例8 倣10 脩11
2	氵	좌측	注8 治8 浹10 淵11 澁15 澣16
3	扌	좌측	折7 括9 提12 揭12 揮12 換12 撰15 擬17
4	忄	좌측	恒9 悟10 惟11 情11
5	口	좌측	叶5 吠7 喉11 喩12 鳴14
6	木	좌측	枘8 校10 梗13 極13
7	言	좌측	訓10 訟11 該13 詳13 調15 諧16 謹18
8	刂	우측	判7 別7 則9 副11 創12
9	宀	상위	官8 室9 客9 寧14 窮15
10	⺮	상위	等12 篆15 簡18 簿19
11	口	하위	古5 名6 吾7 呂7 善12
12	广	좌상	府8 度9 庶11 應17 전체 64자
계 12		12	좌측 7종, 우측 1종, 상위 2종, 하위 1종, 좌상 1종

* 대상 부수와 한자는 대표적인 것을 선택한 것임.
* 관련문자 집자는 (도 85,86)에 제시됨.
* 문자 옆 숫자는 해당 문자의 획수를 나타낸 것임.

(도85) 정음해례편 정인지 서문의 한자 부수별 배자 및 자형도-1

번호	좌측 위치 부수					
	亻	氵	扌	忄	口	木
1	 28ㄴ作작7	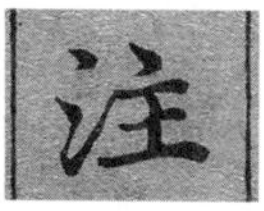 28ㄴ注주8	 27ㄱ折절7	 28ㄴ恒항9	 27ㄴ叶협5	 27ㄱ枘예8
2	 27ㄴ但단7	 27ㄱ治치8	 28ㄱ括괄9	 28ㄴ悟오10	 28ㄱ吠폐7	 28ㄴ校교10
3	 27ㄱ使사8	 28ㄱ浹협10	 29ㄴ提제12	 29ㄱ惟유11	 28ㄱ唳려11	 28ㄴ梗경13
4	 27ㄱ侔모8	 28ㄴ淵연11	 27ㄴ揭게12	 26ㄴ情정11	 28ㄴ喩유12	 27ㄴ極극13
5	 28ㄴ例례8	 27ㄴ澁삽15	 29ㄱ揮휘12		 28ㄱ鳴명14	
6	 27ㄴ倣방10	 29ㄱ瀚한16	 28ㄱ換환12			
7	 28ㄴ脩수11		 28ㄴ撰찬15→	 27ㄱ擬의17		

* 보기 28ㄴ作작7 : 장-쪽-한자-발음-획수 순서표시

(도86) 정음해례편 정인지 서문의 한자 부수별 배자 및 자형도-2

번호	좌측부수	우측부수	상위부수		하위부수	상좌부수
	言	刂	宀	竹	口	广
1	 27ㄴ訓훈10	 29ㄴ判판7	 27ㄴ官관8	 28ㄴ等등12	 26ㄴ古고5	 28ㄴ府부8
2	 28ㄱ訟송11	 26ㄴ別별7	 27ㄴ室실9	 27ㄴ篆전15	 27ㄴ名명6	 29ㄱ度도9
3	 27ㄴ該해13	 27ㄴ則즉9	 29ㄴ客객9	 28ㄱ簡간18	 27ㄱ吾오7	 28ㄴ庶서11
4	 28ㄴ詳상13	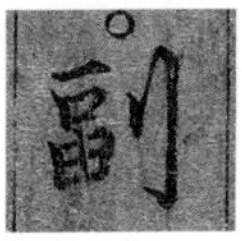 28ㄴ副부11	 28ㄴ寧녕14	 28ㄴ簿부19	 28ㄱ呂려7	 28ㄴ應응17
5	 27ㄴ調조15	 27ㄴ創창12	 28ㄱ窮궁15		 28ㄴ善선12	
6	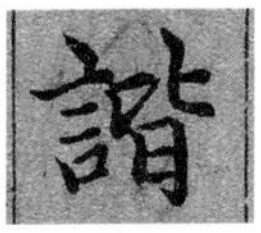 28ㄱ諧해16					
7	 29ㄴ謹근18					

* 비교요소 : 배자 크기, 위치, 부수방향 측정.
* 비교문자 : 정음 참여자 8인 이름 문자, 서미 서명 訓民正音.

3) 정음해례편 정인지 서문 부분 이름 표기의 다양성(도87)

(도87)과 같이 정음해례편 정인지 서문 28장 뒤쪽 2행부터 5행까지 훈민정음창제 참여 학자 7인의 직급과 이름을 제시했고, 29장 뒤쪽 2행에 서문을 쓴 정인지의 직급과 이름 등, 다음과 같이 전체 8인을 밝혔다.

8인을 표기한 순서별로 밝혀보면

집현전 응교 최 항(崔 恒, 1409-1474, 38세, 정4품)
부교리 박팽년(朴彭年, 1417-1456, 30세, 종5품)
부교리 신숙주(申叔舟, 1417-1475, 30세, 종5품)
수 찬 성삼문(成三問, 1418-1456, 29세, 정6품)
돈녕부 주 부 강희안(姜希顔, 1417-1464, 30세, 정6품)
집현전 부수찬 이 개(李 塏, 1417-1456, 30세, 종6품)
부수찬 이선로(李善老, ? -1453, 미상, 종6품)
집현전 대제학 정인지(鄭麟趾, 1396-1478, 51세, 정2품)

8인을 集賢殿 [직급] 臣 [성, 명] 순서로 표기하되 臣 자와 名[이름]은 문자의 가로폭 크기를 姓 크기의 반정도로 줄여서 작게 나타냈다.(도87 참조)

위 7인의 직급과 성명을 해서체가 아닌 행서체로 밝힌 경우가 있다.

직급 표기 應 敎-應자의 心부분 행서
副校理-副자의 刂부분과 理자의 王 부분 행서
注 簿-注簿자의 좌측 氵의 점 사이 연결
副脩撰-副자의 刂부분과 脩의 月자의 점 사이 연결
成三問-成자의 행서체
朴彭年-彭자의 우측 획의 연결
李善老-李자의 木 부분 연결
姜希顔-顔자의 좌측 부분

참고로 훈민정음 창제 작업에 관련 있는 왕족의 생몰, 그리고 반포시기(1446) 당시 연령을 보면 다음과 같다.

4대 임금 이도 (1397~1450) 50세 세종
5대 임금 이향 (1414~1452) 33세 문종
7대 임금 이유 (1417~1468) 30세 세조
안평대군 이용 (1418~1453) 29세
정의공주 - (1415~1452) 32세

(도87) 훈민정음해례본 편찬 참여 학자 명단의 배자 및 서체 비교도

위치	정인지 서문 28쪽ㄴ			
행	2행- 최항	3행-박팽년	3행-신숙주	3,4행-성삼문
직급	應敎	副校理	副校理	脩撰
이름	崔恒	朴彭年	申叔舟	成三問
위치	정인지 서문 28쪽ㄴ			29쪽ㄴ
행	4행-강희안	5행-이개	5,6행-이선노	3행-정인지
직급	注簿	副脩撰	副脩撰	大提學
이름	姜希顔	李塏	李善老	鄭麟趾

* 성명표기 형식 : 성은 본문 크기, 명은 성명 가로폭의 1/2 정도 소문자.

4) 훈민정음해례본 서미 서명 표기방법의 비교(도88, 도89)

훈민정음해례본에는 '訓民正音'이란 표지 서명을 비롯하여 정음편 제목인 訓民正音, 정음해례편 시작부분의 訓民正音解例, 정인지서문 문장 중의 訓民正音, 훈민정음해례본 끝부분의 권미 서명 訓民正音 등 5개의 서명은 크기가 조금씩 다르지만 서체는 같은 것으로 나타난다.

(1) 훈민정음 서명의 규격 및 서체(도88)

훈민정음 책표지의 '訓民正音' 문자는 세로로 배자하였고, 쌍선 광곽안에 배자하였는데 4자 모두 세로선 행간의 중앙에 배자하지 않고, 문자에 따라 좌측으로 치우친것, 우측으로 치우친것, 중간에 배자한 것 등 일정하게 배자하지 않았다. (도88)에서와 같이 다섯 부분에 쓰인 訓民正音 20자를 분석해 보면 왼쪽으로 치우친 문자가 8자, 중간에 배자한 문자가 7자, 오른쪽으로 치우친 문자가 5자 등 정상적으로 중간에 배자 한 것은 7자로 겨우 35% 정도밖에 되지 않았다.

이러한 배자관계로 각각의 훈민정음 4자의 세로배자의 정연미가 적어 보인다. 즉 民 자는 행간 중간으로 치우쳐 보이고, 正音 두 문자는 좌측으로 치우쳐 보인다.

訓民正音 20자의 서체를 보면 訓 자는 5자 모두 해서체이고, 民 자는 해서체 2자, 행서체 3자, 正-音 자는 모두 행서체로 나타내는 등 해서체 7자, 행서체 13자로 행서체가 해서체의 2배 가까이 되는 것으로 분석된다.

5종의 문자별 획형의 특징을 보면 訓 자의 言 부분 첫 점과 첫 가로획과의 접필을 5자 모두 가로획 중간부분의 오른쪽에 나타냈다. 民 자의 경우는 현대 표기의 民 자와는 다르게 오른쪽 부분에 점의 모양을 다르게 나타냈고, 해례편 시작부분의 民 자는 오른쪽 右上向 鉤畫을 다른 4종류 民 자의 곡선형과 다르게 직선형으로 나타내기도 했다. 5종의 正 자는 오른쪽 중간의 점의 모양을 조금씩 다르게 나타냈고, 音 자는 아래 부분을 표지와 서미 부분 획형을 日 자가 아닌 月 자 획형과 비슷하게 나타냈다.

(2) 訓民正音 서체와 역대 영인본 표지 서명서체와 관계(도88, 도89)

(도88)의 5종의 訓民正音 서체와 (도89)와 같이 1946년부터 간행한 훈민정음해례본 영인본의 표지에 나타난 서명 訓民正音 서체와 비교하여 본다.

우선 4종 영인본의 표지양식과 서체를 보면 3종의 제1, 2, 3 영인본의 표지양식과 크기,

서체가 모두 같으나 제4 복간본의 서명인 訓民正音은 문자의 크기와 획형이 조금씩 다른 것으로 분석된다. 그러나 훈민정음해례본 원본이라고 할 수 있는 간송미술관 소장의 책 표지서체 유무는 밝혀지지 않는다.

제1, 2, 3 영인본의 표지 서명체는 훈민정음해례본 원본의 서체가 아니고 해례편 첫장 제1행 제목 訓民正音[(도88)의 예의편 訓民正音]과 같다. 그러나 제4복간본 서명체는 여러 부분의 서체를 집자하여 구성한 것으로 보여진다.

그것은 앞에서 밝힌 바로 원본의 서명이 없기 때문인 것으로 추측할 수 있다. 즉 제4복간본의 訓 자는 29장 뒷장 8행의 訓 자, 民 자와 正 자는 27장 뒤쪽 6행[(도88)의 정인지 서문 訓民正音]의 民 正 자, 音 자는 해례편 2장 앞면 6행 音 자를 집자하여 서명을 구성한 것으로 밝혀졌다.

제4 훈민정음 표지서명은 문자크기와 배자가 쌍선광곽 규격에 가득차게 보여 조화롭지 못하다. 이에 비하여 제1, 2, 3 영인본 서명은 지나치게 작아 역시 조화롭지 않아 보인다. 이러한 현상은 예의편 복원부분 첫행 서명 訓民正音을 제2행 본문서체 크기보다 크게 나타내어 조화롭지 않아 보인다. 이것 역시 복원서체가 잘못 된 사례이다.

(도88)의 정음해례편의 訓民正音체는 제목체로 정인지서문의 訓民正音인 본문서체 자형을 비슷하게 나타냈다. 표지서체도 정인지서문의 본문서체와 가장 비슷하게 나타냈다.

(도88) 훈민정음 제자[訓民正音] 규격 및 서체 비교도

부분	표지	정음편	정음해례편	정인지서문	서미
쪽·행	표지	1ㄱ1	1ㄱ1	27ㄴ6	29ㄴ8
규격	2.7×10.5cm	2,5×8.6cm	2.0×6.7cm	2.0×6.7cm	2.0×6.7cm
비율	100 : 389	100 : 344	100 : 335	100 : 335	100 : 335
규격 비교	訓民正音	訓民正音	訓民正音	訓民正音	訓民正音
서체 비교	訓民正音	訓民正音	訓民正音	訓民正音	訓民正音
비고	책 표지 제목	訓民正音 제목	訓民正音解例	문장 중의 위치	책 끝의 제목

* 규격-[가로폭 : 세로폭]
  가로폭 : 계선의 가로폭 크기
  세로폭 : 訓자 처음부터 音자 끝까지 길이
* 비율-가로폭을 (100)으로 볼 때 세로폭 크기

(도89) 역대 훈민정음 영인본의 제자[訓民正音] 서체 비교도

명칭	제1영인본	제2영인본	제3영인본	제4복간본	원본
시기	1946년 한글학회	1998년 한글학회	2014년 박물관문화재단	2015년 간송미술문화재단	2018년
서명	訓民正音	訓民正音	訓民正音	訓民正音	표지서명 없음
규격	15.24X3.65cm	15.60X3.60cm	15.60X3.60cm	15.70X3.50cm	

3. 훈민정음해례본 한자문자의 서체적 수정 및 복원

훈민정음해례본은 한글과 한자를 혼용한 판본 간행물이다. 일정한 문자와 판형에 따라 간행된 것이 아니기 때문에 한자의 오류가 나오기 마련이다. 특히 정음편 두 장은 1940년도에 필사하여 복원한 부분이므로 원본서체나 판형이 달라 이를 수정 복원할 필요성이 대두된다. 따라서 개인연구에 따라 오탈자 및 이형서체의 수정안을 발표하는가 하면 관이나 연구기관의 주관 아래 복원부분의 수정안을 제정하는 등 활발하게 실태를 깊이 탐색하고 개정하는 복원방법을 제시하는 사례가 나오고 있다. 이에 대한 오류를 검토하고 이를 수정 활용하는 방안을 제시하고자 한다.

이미 한글학회를 비롯한 몇몇 곳에서 1946년 이후 역대 훈민정음해례본을 5차에 걸쳐 사진본과 영인본으로 출간을 했고, 2017년에는 해례본 낙장 복원본 제작을 위한 문화재청 주관-한신대학교 연구로 '국보70호 훈민정음 정본 제작 연구'라는 주제의 합동연구를 수행하여 낙장 복원안 2종을 제작한 바 있다. 검토후, 훈민정음해례본 원형복제본[2015년 간송복간본]과 낙장복원본[2017년 한신대학교 연구본 : 문화재청 주관]에 대한 검토와 낙장부분 복원용 판하본(版下本)으로 활용할 수정시안을 작성하여 제시하고자 한다.

3.1. 역대 훈민정음해례본 영인본의 실태와 수정 방안

5차에 걸쳐 간행한 역대 훈민정음해례본의 사진본이나 영인본에서 (표30, 표31)과 같이 오류가 발생하여 비교 수정하였다.

1446년 훈민정음해례본 원본[간송본]이 처음으로 간행된 이후 500년이 되는 1946년에 한글학회에서 처음으로 영인본을 간행하였고, 1957년에 통문관에서 간송본을 사진 촬영하여 사진본을, 1997년에 한글학회에서 다시 일부를 수정하여 제2차 영인본을 간행하였다. 이후 2014년에 국립박물관문화재단에서 1997년도 한글학회 영인본을 그대로 복제하여 영인본을 간행했고, 2015년에 간송미술관문화재단에서 간송본 원본을 원형대로 영인하여 1957년 사진본과 같은 복간본을 간행하였다.[57]

이렇게 다섯 차례 사진본이나 영인본[복간본]을 간행하는 동안 여러 부분에서 부호

57 구체적 사항 : 본책 제1편 총론편 1.2. 훈민정음해례본 형태서지적 특징 참조.

위치와 한자 표기 등에서 서로 다른 오류부분이 발생하게 되었다. 훈민정음해례본 33장 중에 35종의 문자에서 다음과 같은 부호와 문자에서 오류가 발견되어 (도90~도94)와 같은 수정을 하였다.

구두점(句讀點 : ㅇ 圈點) 바른 위치로 고치기 :
한자 우하위치 구점(句點 : 마침표)
한자 중하위치 두점(讀點 : 쉼 표)

-권성점(圈聲點 : ㅇ 圈點) 바른 위치로 고치기 :
한자 좌상위치 붙이기(上聲 : 제4성)
한자 우상위치 붙이기(去聲 : 제2성)
한자 좌하위치 붙이기(平聲 : 제3성)
한자 우하위치 붙이기(入聲 : 제1성)

-오류문자 수정 : 점획 수정, 점획 보강, 점획 삭제하기

(표30) 역대 훈민정음해례본 영인본의 문자 및 기호표기 수정상황 분석표

<table>
<tr><th colspan="2">구분</th><th>수정 방법</th><th>대상 문자 및 기호(위치)</th><th>수 량</th><th>도판</th></tr>
<tr><td rowspan="13">한자분야</td><td rowspan="5">정음편</td><td>두점으로 수정</td><td>音 國 然 字 言(1ㄱ)</td><td>6</td><td rowspan="3">도90</td></tr>
<tr><td>구점으로 수정</td><td>音(2ㄴ)</td><td>1</td></tr>
<tr><td>문자 교체하기</td><td>矣(1ㄱ) → 耳(1ㄱ)</td><td>1</td></tr>
<tr><td>무점으로 수정</td><td>民 者 予 習(1ㄱ) 舌(2ㄴ)</td><td>4</td><td rowspan="2">도91</td></tr>
<tr><td>거성으로 수정</td><td>爲(1ㄱ) 易(1ㄱ)</td><td>2</td></tr>
<tr><td rowspan="7">정음해례편</td><td>구점으로 수정</td><td>淸(3ㄴ) 去(18ㄱ) 對(18ㄴ) 入(28ㄴ)</td><td>4</td><td rowspan="2">도92</td></tr>
<tr><td>무성으로 수정</td><td>爲(2ㄴ) 待(5ㄴ) 義(8ㄱ) 成(8ㄱ)</td><td>4</td></tr>
<tr><td>평성으로 수정</td><td>夫(2ㄱ) 探(14ㄴ) 縱(20ㄴ) 治(27ㄱ)</td><td>4</td><td rowspan="2">도93</td></tr>
<tr><td>거성으로 수정</td><td>冠(6ㄴ)</td><td>1</td></tr>
<tr><td>점획 수정</td><td>音(3ㄱ)立부분 淸(3ㄴ)月부분</td><td>2</td><td rowspan="3">도94</td></tr>
<tr><td>점획 보강</td><td>與(5ㄴ)좌점, 成(15ㄴ)우점, 中(21ㄴ)중점,
能(29ㄱ)우별, 穡(29ㄴ)우중점</td><td>5</td></tr>
<tr><td>점획 삭제</td><td>喩(28ㄴ)중점</td><td>1</td></tr>
<tr><td>계</td><td>12</td><td>35</td><td>35</td><td></td></tr>
</table>

(표31) 역대 훈민정음해례본 영인본의 쪽별 문자 및 기호 수정 대상 목록표

번호	쪽수	한자부분			번호	쪽수	한글부분		
		문자	소계	수정			문자	소계	수정
1	01ㄱ	音國然字習言	6	두점	13	15ㄴ	成	1	우점
2	01ㄱ	民 者 予	3	무점	14	18ㄱ	去	1	구점
3	01ㄱ	爲易,矣(耳교체)	2,1	거성추가 耳교체	15	18ㄴ	對	1	구점
4	02ㄴ	音 舌	2	구점추가 무점	16	20ㄴ	縱	1	구점
5	2ㄱ	夫	1	평성	17	21ㄴ	中	1	중점추가
6	2ㄴ	爲	1	무성	18	27ㄱ	治	1	평성점
7	3ㄱ	音	1	자형	19	28ㄴ	人	1	구점
8	3ㄴ	清 清	2	구점, 자형	20	28ㄴ	喩	1	점 삭제
9	5ㄴ	待 與	2	무성, 좌점	21	29ㄱ	能	1	삐침
10	6ㄴ	冠	1	거성	22	29ㄴ	稽	1	점 추가
11	8ㄱ	義 成	2	무성		계		35	
12	14ㄴ	探	1	평성					

* 권성점(4성)-좌상 위치 : 상성, 우상 위치 : 거성, 좌하 위치 : 평성, 우하 위치 : 입성

3.1.1. 역대 영인본 문자의 기호 수정 방안(도90~도93)

훈민정음해례본 창제이후 최근 1946년 이후 2015년 사이에 5차에 걸쳐 나온 사진본과 영인본은 한글서체, 한자서체, 각종 부호 등이 일정하지 못하고 오류가 발견되어 이용자들이 많은 혼란을 일으키고 있다. 훈민정음해례본 33장 65쪽에 나오는 한자 4,790자 중에는 완벽하지 않은 부분이 (표30)과 같이 발견된다. 역대 영인본에 나온 문자 및 표기 부호에서 수정 대상이 정음편 부분에 14건, 해례편 부분에 17건이 발견되어 (도90~도93)에 수정안을 제시하였다.[58]

(표30)과 같은 부분별 수정대상을 쪽별로 제시하면 (표31)과 같은데 (도90)과 (도91)에 예의편 부분의 문자 수정 방안을 제시한다.[59]

58 다음 논문의 내용일부를 참조하여 수정하였다. 安秉禧, 1997, 訓民正音解例本과 그 復製에 대하여, 震檀學報 제84호 191-202쪽. 震檀學會. 이 논문은 1957년 통문관이 간행한 훈민정음사진본과 1946년 간행 제1차 영인본을 대상으로 오류를 지적한 자료임. 필자는 이 자료를 기본으로 2,3,4차 영인본의 오류를 찾아냈음.

59 정음편 수정방법은 다음 자료 일부를 참조하였음. 이 자료도 수정할 부분이 발견됨, 한글학회, 1997,훈민정음 영인본

1) 정음편 부호 수정 방법(도90, 도91)

(도90)에서와 같이 훈민정음해례본 정음편 제1장 앞부분에 나오는 音, 國, 然, 字, 言 자의 아래 가운데 부분에 두점(讀點)인 원형점을 표시해야 한다. 앞 5자에는 영인본 시기마다 두점이 아닌 句點이나 讀點 형태의 기호를 잘못 표시하였다. 사진원본, 제1영인본, 제4복간본의 제2장 뒤 부분 7행의 音 자 하단 우측에 구점을 표시해야 한다. 제1장 앞쪽의 矣 자를 耳 자로 고쳐야 한다.

(도91)에서와 같이 제1장 앞쪽의 3행 民 자, 4행 者 자, 4행 予 자, 6행 習 자,제2장 뒤쪽 7행 舌 자 밑의 우측 구점을 모두 없게 해야 한다. 제1장 5행의 爲 자, 6행의 易 자 상위 우측에 거성점(去聲點)인 원모양의 권점을 표시해야 한다.

2) 정음해례편 부호 수정 방법(도92, 도93)

(도92)에서와 같이 역대 영인본들의 정음해례부분의 한자에 표시한 구점, 무점, 무성, 평성표시를 다음과 같이 수정해야 한다. 제18장 앞쪽 1행 去 자, 28장 뒤쪽 1행 人 자의 하단우측에 구점을 표시해야 하고, 3장 뒤쪽 淸(3ㄴ3) 자에는 구점은 보충해야 한다. 문자의 상단좌측, 우측 등에 잘못 나타난 원점들이 표시된 爲(2ㄴ4)자, 待(5ㄴ2)자, 義(8ㄱ7)자, 成(8ㄱ8)자는 모두 원점표시를 삭제해야 한다. (도93)에서와 같이 夫(2ㄱ4), 探(14ㄴ2, 縱(20ㄴ), 治(27ㄱ7), 冠(6ㄴ4)자의 하단 좌측에 평성점을 확실하게 나타내야 한다.

이상의 부호에 대한 시기별 수정 사항에 대한 경향을 분석해 보면 1957년도 사진본과 2015년도 제1차 복간본은 수정 상황이 거의 같고, 1946년도 한글학회에서 간행한 영인본이 오류가 가장 많은 편이다. 그리고 제2차 영인본과 제3차 영인본의 오류 상황도 비슷한 편이다.

(제2차 영인본), 해성사. 부록, 45쪽, 훈민정음 옮김과 해설, [붙임] 간송미술관] '훈민정음' 바로잡기

(도90) 역대 훈민정음해례본 정음편 한자의 두점 · 구점 수정 상황도

부분 \ 종류		사진원본	제1차영인본	제2차영인본	제3차영인본	제4차복간본	수정 방안
		1957년 통문관	1946년 한글학회	1997년 한글학회	2014년 박물관문화재단	2015년 간송미술문화재	2018
두점	音						두점 통일
		×0-전1ㄱ2	×1-전1ㄱ2	○2-전1ㄱ2	○3-전1ㄱ2	×4-전1ㄱ2	
	國						두점 통일
		×0-전1ㄱ2	×1-전1ㄱ2	○2-전1ㄱ2	○3-전1ㄱ2	×4-전1ㄱ2	
	然						두점 통일
		×0-전1ㄱ5	×1-전1ㄱ5	○2-전1ㄱ5	○3-전1ㄱ5	×4-전1ㄱ5	
	字						두점 통일
		×0-전1ㄱ5	×1-전1ㄱ5	○2-전1ㄱ5	○3-전1ㄱ5	×4-전1ㄱ5	
	言						두점 추가
		×0-전1ㄱ3	×1-전1ㄱ3	×2-전1ㄱ3	×3-전1ㄱ3	×4-전1ㄱ3	
구점	音						구점 통일
		×0-전2ㄴ7	×1-전2ㄴ7	○2-전2ㄴ7	○3-전2ㄴ7	×4-전2ㄴ7	
문자 교체	矣 ↓ 耳					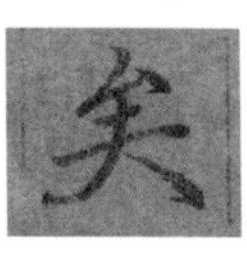	矣를 耳로 교체
		×0-1ㄱ7	×1-1ㄱ7	○2-1ㄱ7	○3-1ㄱ7	x4-1ㄱ7	

* 한자 4 성 표시(○ 圈點-圈發) : 우하점=入聲, 우상점=去聲, 좌하점=平聲, 좌상점=上聲
* 한자 구두점 표시(○ 圈點) : 우하단부=구점(句點=마침표), 중심하부=두점(讀點=쉼표)
* 한글 방점 표시(● 傍點, 좌측) : 1개=去聲, 2개=上聲, 0개=平聲=輕聲, 아래1개=入聲

(도91) 역대 훈민정음해례본 정음편 한자의 구두점 및 성조점 수정 상황도

부분 \ 종류		사진원본 1957년 통문관	제1차영인본 1946년 한글학회	제2차영인본 1997년 한글학회	제3차영인본 2014년 박물관문화재단	제4차 복간본 2015년 간송미술문화재	수정 방안 2018
무점	民						무점
		×0-전1ㄱ3	×1-전1ㄱ3	×1-전1ㄱ3	×3-전1ㄱ3	×4-전1ㄱ3	
	者						무점
		×0-전1ㄱ4	×1-전1ㄱ4	×2-전1ㄱ4	×3-전1ㄱ4	×4-전1ㄱ4	
	予						무점
		×0-전1ㄱ4	×1-전1ㄱ4	×2-전1ㄱ4	×3-전1ㄱ4	×4-전1ㄱ4	
	習						무점
		×0-전1ㄱ6	×1-전1ㄱ6	○2-전1ㄱ6	○3-전1ㄱ6	×4-전1ㄱ6	
	舌	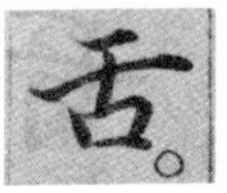					무점
		×0-전2ㄴ7	×1-전2ㄴ7	○2-전2ㄴ7	○3-전2ㄴ7	×4-전2ㄴ7	
거성점	爲						우 상점
		×0-전1ㄱ5	×1-전1ㄱ5	○2-전1ㄱ5	○3-전1ㄱ5	×4-전1ㄱ5	
	易						우 상점
		×0-전1ㄱ6	×1-전1ㄱ6	○2-전1ㄱ6	○3-전1ㄱ6	×4-전1ㄱ6	

(도92) 역대 훈민정음해례본 정음해례편 한자의 구두점 및 성조점 수정 상황도-1

부분 \ 종류		사진원본 1957년 통문관	제1차영인본 1946년 한글학회	제2차영인본 1997년 한글학회	제3차영인본 2014년 박물관문화재단	제4차 복간본 2015년 간송미술문화재	수정안 2018
구점	淸	×0-3ㄴ1	×1-3ㄴ1	○2-3ㄴ1	○3-3ㄴ1	×4-3ㄴ1	구점 통일
	去	○0-18ㄱ1	×1-18ㄱ1	○2-18ㄱ1	○3-18ㄱ1	○4-18ㄱ1	구점 통일
	對	○0-18ㄴ5	×1-18ㄴ5	○2-18ㄴ5	○3-18ㄴ5	○4-18ㄴ5	구점 통일
	人	○0-28ㄴ1	×1-28ㄴ1	○2-28ㄴ1	○3-28ㄴ1	○4-28ㄴ1	구점 통일
무성점	爲	×0-2ㄴ4	×1-2ㄴ4	○2-2ㄴ4	○3-2ㄴ4	×4-2ㄴ4	무성 통일 구멍이 점으로
	待	×0-5ㄴ2	×1-5ㄴ2	○2-5ㄴ2	○3-5ㄴ2	○4-5ㄴ2	무성 통일 뒷면 ㅇ비침
	義	○0-8ㄱ7	×1-8ㄱ7	○2-8ㄱ7	○3-8ㄱ7	○4-8ㄱ7	무점 통일
	成	○0-8ㄱ8	×1-8ㄱ8	○2-8ㄱ8	○3-8ㄱ8	○4-8ㄱ8	무점 통일

(도93) 역대 훈민정음해례본 정음해례편 한자의 구두점 및 성조점 수정 상황도-2

부분 \ 종류		사진원본 1957년 통문관	제1차영인본 1946년 한글학회	제2차영인본 1997년 한글학회	제3차영인본 2014년 박물관문화재단	제4차 복간본 2015년 간송미술문화재	수정안 2018
평성	夫						평성 통일
		○1-2ㄱ4	×1-2ㄱ4	○1-2ㄱ4	○1-2ㄱ4	○1-2ㄱ4	
	探						평성 통일
		○0-14ㄴ2	×1-14ㄴ2	○2-14ㄴ2	○3-14ㄴ2	○4-14ㄴ2	
	縱						평성 통일
		×0-20ㄴ7	○1-20ㄴ7	×2-20ㄴ7	○3-20ㄴ7	×4-20ㄴ7	
	治						평성 통일
		×0-27ㄱ7	○1-27ㄱ7	×2-27ㄱ7	×3-27ㄱ7	×4-27ㄱ7	
거성	冠						거성 통일
		○0-6ㄴ4	○1-6ㄴ4	○2-6ㄴ4	○3-6ㄴ4	○4-6ㄴ4	

3.1.2. 역대 영인본 문자의 자형 수정 방안(도94)

(도90) 정음편 제1장 앞쪽의 矣 자를 耳 자로 고쳐야 한다. (도94)에서와 같이 역대 영인본 전체 문자 중에 잘못 나타낸 점획을 추가, 삭제, 변경 등을 통하여 수정해야 한다. 音(3ㄱ4)자의 둘째 가로획 왼쪽 부분 보충하기, 清(3ㄴ3)자의 일그러진 자형 바르게 고치거나 구점을 없애야 한다. 與(5ㄴ1)자의 왼쪽 세로획 보충, 成(15ㄴ8)자의 오른쪽 점 사이 띄우기, 中(21ㄴ4)자의 가운데 부분 점 추가하기, 能(1차 영인본 29ㄱ1)자의 오른쪽 삐침부분 추가하기, 稽(제1차 복간본 29ㄴ3)자의 오른쪽 日 부분 위 점 추가하기, 喩(28ㄴ1)자의 人 아래 그 부분의 세로획 삭제하기 등의 수정을 해야 한다. 이상의 문자 자형에 대한 시기별 수정 사항을 분석해 보면 1946년도 한글학회가 간행한 영인본이 오류가 가장 많은 편이다. 그리고 제2차 영인본과 제3차 영인본의 오류 상황이 비슷한 편이다.

(도94) 역대 훈민정음해례본 정음해례편 한자의 자형 표기 수정 상황도

부분 \ 종류		사진원본 1957년 통문관	제1차영인본 1946년 한글학회	제2차영인본 1997년 한글학회	제3차영인본 2014년 박물관문화재단	제4차 복간본 2015년 간송미술문화재	수정안 2018
점획 수정	音	○0-3ㄱ8	×1-3ㄱ8	×2-3ㄱ8	×3-3ㄱ8	○4-3ㄱ4	立 횡획 수정
	淸	○0-3ㄴ3	×1-3ㄴ3	×2-3ㄴ3	×3-3ㄴ3	○4-3ㄴ3	靑 부분 수정
점획 보충	與	○0-5ㄴ1	×1-5ㄴ1	×2-5ㄴ1	×3-5ㄴ1	○4-5ㄴ1	왼쪽 수직선 추가
	成	○0-15ㄴ8	○1-15ㄴ8	×2-15ㄴ8	×3-15ㄴ8	○4-15ㄴ8	오른쪽 점위치 띄우기
	中	○0-21ㄴ4	×1-21ㄴ4	○2-21ㄴ4	×3-21ㄴ4	○4-21ㄴ4	중간에 점 붙이기
	能	○0-29ㄱ1	×1-29ㄱ1	○2-29ㄱ1	○3-29ㄱ1	○4-29ㄱ1	오른쪽 아래 삐침 추가
	稽	○0-29ㄴ3	○1-29ㄴ3	○2-29ㄴ3	○3-29ㄴ3	×4-29ㄴ3	ㅗ부분 점 추가 원본 점 있음
점획 삭제	喩	○0-28ㄴ1	×1-28ㄴ1	○2-28ㄴ1	○3-28ㄴ1	○4-28ㄴ1	人부분 그부분 수직선 삭제

* 복간본 (2015) 18ㄱ8행 淡 자의 氵 삼수를 冫 이수로 잘못 나타냈음, 다른 영인본 및 원본 정상임.

3.1.3. 역대 영인본 정음편의 기호 및 문자 수정 방안

훈민정음해례본은 1946년 제1차 영인본을 시작으로 2017년에 문화재청의 주관으로 제작한 낙장복원 정본까지 6번 나오는 동안 (도95)와 같이 정음편 어제서문 부분[제1장 1면] 5행[60]은 문장 전체의 문자자형, 문자 조세, 기호, 배자위치 등을 조금씩 다르게 나타냈음을 볼 수 있다. 이를 행별로 나누어 6종의 복원부분 제1면을 (도96~도100)과 같이 비교하여 보고자 한다.

(도95) 훈민정음해례본 역대 영인본의 제1장 제1면 변천 비교도

1957 사진원본-통문관	1946 제1차 영인본	1997 제2차 영인본
訓民正音 國之語音異乎中國與文字 不相流通故愚民有所欲言 而終不得伸其情者多矣予 為此憫然新制二十八字欲 使人人易習便於日用矣 ㄱ牙音如君字初發聲	訓民正音 國之語音異乎中國與文字 不相流通故愚民有所欲言 而終不得伸其情者多矣予 為此憫然新制二十八字欲 使人人易習便於日用矣 ㄱ牙音如君字初發聲	訓民正音 國之語音異乎中國與文字 不相流通故愚民有所欲言 而終不得伸其情者多矣予 為此憫然新制二十八字欲 使人人易習便於日用耳 ㄱ牙音如君字初發聲
2014 제3차 영인본	**2015 제4차 복간본**	**2017 훈민정음 복원 정본안**
訓民正音 國之語音異乎中國與文字 不相流通故愚民有所欲言 而終不得伸其情者多矣予 為此憫然新制二十八字欲 使人人易習便於日用耳 ㄱ牙音如君字初發聲	訓民正音 國之語音異乎中國與文字 不相流通故愚民有所欲言 而終不得伸其情者多矣予 為此憫然新制二十八字欲 使人人易習便於日用矣 ㄱ牙音如君字初發聲	訓民正音 國之語音異乎中國與文字 不相流通故愚民有所欲言 而終不得伸其情者多矣予 為此憫然新制二十八字欲 使人人易習便於日用耳 ㄱ牙音如君字初發聲

60 정음편의 제1면은 7행이지만, 어제서문에 해당하는 2~6행[54자]만을 선택하여 비교한다.

6차에 걸쳐 간행된 역대 영인본류의 정음편 어제서문 문장에 나타나는 기호표시[구점, 두점, 권점] 상황을 (도96~도100)과 같이 분석하여 (표32)와 같이 비교해 보면 차이점이 크게 나타난다. 즉 어제 서문 부분[제1장 제1면]에 나오는 문자나 문자간의 기호표시를 보면 사진본, 제1차 영인본, 제4차 복간본은 서로 같고, 제2차 영인본과 제3차 영인본은 같으나 최근에 나온 수정 정본은 다른 5종과는 또 다르다.

(표32) 훈민정음해례본 영인본별 어제서문 문장의 기호표시 통계표

행차	사진본	제1차영인본	제2차영인본	제3차영인본	제4차복간본	수정 정본
2	구점 2 音國	2 音國			2 音國	
	두점		2 音國	2 音國		2 音國
	권점					
	무점 9	9	9	9	9	9
3	구점 2 通民	2 通民	1 通	1 通	2 通 民	1 通
	두점		1 民	1 民		1 言
	권점					
	무점 9	9	9	9	9	9
4	구점3者矣予	3 者矣予	1 矣	1 矣	3 者矣予	1 矣
	두점		1 者 1 予	1 者 1 予		
	권점					
	무점 8	8	8	8	8	10
5	구점 2 然字	2 然字			2 然字	
	두점		2 然字	2 然字		2 然字
	권점		1 爲	1 爲		1 爲
	무점 9	9	8	8	9	8
6	구점 1 習	1 習			1 習	
	두점		1 習	1 習		
	권점		1 易	1 易		1 易
	무점 9	9	8	8	9	9
계	句點 10	10	2	2	10	2
	讀點		8	8		5
	圈點		2	2		2
	無點 44	44	42	42	44	45
	計 54	54	54	54	54	54

* 무점(無點)의 숫자는 2행의 11개 문자에 구, 두, 권점의 표시가 없는 문자 수량을 표시한 것임.

1) 역대 해례본 제1면 제2행의 배자 및 서체-기호표시 비교(도96)

정음편 제1장 제1면 7행 중 제2행인 '國之語音○異乎中國○與文字' [낙장 정본안]는 어제서문의 첫 행이 된다. 이 행 문장에는 音, 國 자 다음 가운데 부분에 두점[쉼표 : 가운데 표시]이 있어야 하는데 이렇게 바르게 나타낸 것은 제2차, 제3차 영인본에서부터다. 사진본과 제1차 영인본, 제4차 복간본은 두 영인본의 두점(讀點)을 구점(句點 : 마침표 : 오른쪽 표시]으로 잘못 표시했다. 제2차, 제3차영인본의 國 자와 與 자 사이 간격을 다른 영인본들보다 좁혀서 나타냈다.

양측 계선안에 세로로 배자한 11자의 한자를 배자한 상하단의 간격[國자 위 여백, 字 자 아래 여백]을 보면 제2차, 제3차 영인본은 아래 횡선에 닿을 정도로 나타냈고, 낙장 정본안은 다르게 나타냈다. 양측 계선안의 문자의 좌우배자 간격의 특징을 보면 제1차, 제2차, 제3차 영인본 11자 중 國, 中, 字 자를 제외한 모든 문자를 양측 계선에 닿을 정도로 가로폭 크기를 크게 나타냈으나 낙장 정본안은 11자 모두의 가로폭을 좁게 배자하였다.

문자의 서선 굵기와 크기를 제1차, 제2차, 제3차 영인본은 다른 영인본보다 굵고 크게 나타냈다.

2) 역대 해례본 제1면 제3행의 배자 및 서체-기호표시 비교(도97)

정음편 제1장 제1면 제3행인 '不相流通° 故愚民有所欲言○'[낙장 정본안] 문장의 通° 자의 구점표시는 6종 영인본 모두 표시했으나 위치를 다르게 나타냈다. 사진본과 제4차 복간본은 通 자의 구점을 通 자와 붙을 정도로 나타냈고, 제1,2,3차 영인본은 사이를 띄었다. 言 자 아래의 두점 표시는 낙장 정본안만 나타냈고, 나머지는 표시하지 않았다. 民 자 아래에 제2차, 제3차 영인본은 두점, 사진본과 제4차 복간본은 구점, 낙장 정본안은 무점(無點)으로 각각 나타냈다.

낙장 정본안의 流 자는 오른쪽 윗부분의 점을 다른 영인본들과 자형을 다르게 나타냈다. 즉 낙장 정본안 이외의 영인본의 流 자는 위 점이 없는 문자로 나타냈다. 사진본과 제4 복간본은 欲 자의 오른쪽 부분 欠(흠) 자가 보이지 않고, 言 자의 2획 가로선의 오른쪽이 지워져 보인다. 따라서 제1차, 제2차, 제3차 영인본의 言 자의 긴 가로획의 오른쪽 부분은 짧게 나타냈으나 낙장 정본안은 바르게 나타냈다. 제1차, 제2차, 제3차 영인본의 서체는 필획이 굵고 문자가 큰 반면에 낙장 정본안은 문자 크기가 작고 필획이 가는 편이다.

3행 11자의 세로방향 배자형식의 경우에 낙장 정본안은 다른 영인본과 다르게 상하단의 여백을 크게 나타냈고, 계선 안에서의 문자의 가로폭은 다른 영인본들보다 아주 작게 나타냈다.

(도96) 훈민정음해례본 역대 영인본 정음편 제1장 1면 2행의 서체 비교도

	사진본	제1영인본	제2영인본	제3영인본	제4복간본	복원정본안
제이행 배자배행	國之語音。異乎中國。與文字	國之語音。異乎中國。與文字	國之語音。異乎中國。與文字	國之語音。異乎中國。與文字	國之語音。異乎中國。與文字	國之語音。異乎中國。與文字
기호표시	구점 2 音 國	2 音 國			2 音 國	
	두점		2 音 國	2 音 國		2 音 國
	권점					
	무점 9	9	9	9	9	9

* 무점(無點)의 숫자는 2행의 11개 문자에 구, 두, 권점의 표시가 없는 문자 수량을 표시한 것임.

(도97) 훈민정음해례본 역대 영인본 정음편 제1장 1면 3행의 서체 비교도

	사진본	제1영인본	제2영인본	제3영인본	제4복간본	복원정본안
제삼행 배자배행	不相流通故愚民有所欲言	不相流通故愚民有所欲言	不相流通故愚民有所欲言	不相流通故愚民有所欲言	不相流通故愚民有所欲言	不相流通故愚民有所欲言
기호표시	구점 2 通 民	2 通 民	1 通	1 通	2 通 民	1 通
	두점		1 民	1 民		1 言
	권점					
	무점 9	9	9	9	9	9

3) 역대 해례본 제1면 제4행의 배자 및 서체-기호표시 비교(도98)

정음편 제1장 제1면 제4행인 '而終不得伸其情者多矣° 予'[낙장 정본안] 문장의 구두점을 矣 자의 우측에 구점 하나만 표시하였는데 다른 5종의 영인본들은 3개 문자가 다르게 표시되었다. 사진본, 제1영인본, 제4복간본에는 구점을 者, 矣, 予 3자의 아래 우측에 표시하였고, 제2, 제3 영인본은 矣 자에 구점을, 者와 予 자에는 두 점을 표시하는 등 낙장 복원안에 비해 아주 다르게 나타냈다.

4행 11자의 세로방향 배자형식을 보면 낙장 정본안은 2, 3행과 같이 다른 영인본과 다르게 상하단의 여백을 크게 나타냈고, 계선안에서의 문자의 가로폭이 다른 영인본들보다 아주 작다.

낙장 정본안의 문자 서체에 비해 다른 5종의 영인본의 서체는 모두 같으나 서선의 굵기는 다르게 나타냈다. 앞에서 밝힌 2, 3행과 같이 제2, 제3 영인본의 문자들은 서선의 굵기가 아주 굵은 편이다. 그런데 낙장 정본안의 서체와 다른 5종 영인본 문자들과 서체를 비교하여 보면 다른 점이 발견된다.

해서체로 나타낸 낙장 정본안의 得 자를 다른 5종 영인본들은 행서체로 나타냈고, 낙장 정본안의 행서체로 나타낸 其, 者 자는 다른 5종은 해서체에 가깝고, 해서체로 나타낸 予 자는 다른 5종은 행서체로 나타냈다.

4) 역대 해례본 제1면 제5행의 배자 및 서체-기호표시 비교(도99)

정음편 제1장 제1면 제5행인 '爲°此憫然◦新制二十八字◦欲'[낙장 정본안] 문장의 구두점 표시를 제2차, 제3차 영인본과 낙장 영인본 3종은 두점 2자[然, 字], 권점 1자[爲]로 구성을 같게 하였으나, 사진본, 제1차 영인본, 제4차 복간본은 구점 2자[然, 字]로 다르게 구성되었다.

제5행의 11자를 세로방향으로 배자를 한 낙장 정본안은 앞에서 밝힌 2, 3, 4행과 같이 다른 영인본과 다르게 상하단의 여백이 크고, 계선안에서의 문자의 가로폭을 다른 영인본들보다 아주 좁게 나타냈다.

낙장 정본안의 문자 서체에 비해 다른 5종의 영인본의 서체는 모두 비슷한 편이나 필획의 굵기는 다르게 나타냈다. 앞에서 밝힌 2, 3, 4행과 같이 제2, 제3영인본의 문자들은 서선의 굵기가 아주 굵은 편이다. 낙장 정본안의 新 자는 행서체이나 다른 5종 영인본의 新 자는 해서체이다.

(도98) 훈민정음해례본 역대 영인본 정음편 제1장 1면 4행의 서체 비교도

	사진본	제1영인본	제2영인본	제3영인본	제4복간본	복원정본안
제사행 배자배행	而終不得伸其情者多矣予	而終不得伸其情者多矣予	而終不得伸其情者多矣予	而終不得伸其情者多矣予	而終不得伸其情者多矣予	而終不得伸其情者多矣予
기호표시	구점 3 者 矣 予	3 者 矣 予	1 矣	1 矣	3 者 矣 予	1 矣
	두점		1 者 1 予	1 者 1 予		
	권점					
	무점 8	8	8	8	8	10

(도99) 훈민정음해례본 역대 영인본 정음편 제1장 1면 5행의 서체 비교도

	사진본	제1영인본	제2영인본	제3영인본	제4복간본	복원정본안
제오행 배자배행	爲此憫然新制二十八字欲	爲此憫然新制二十八字欲	爲此憫然新制二十八字欲	爲此憫然新制二十八字欲	爲此憫然新制二十八字欲	爲此憫然新制二十八字欲
기호표시	구점 2 然 字	2 然 字			2 然 字	
	두점		2 然 字	2 然 字		2 然 字
	권점		1 爲	1 爲		1 爲
	무점 9	9	8	8	9	8

5) 역대 해례본 제1면 제6행의 배자 및 서체-기호표시 비교(도100)

정음편 제1장 제1면 제6행인 '使人人易習便於日用耳'[낙장 정본안] 문장은 어제서문 전체 문장의 끝부분이다. 낙장 정본안에는 易 자 상단에 권점이 한 개 있으나 제2, 제3차 영인본에는 있지만, 나머지는 없다. 사진본, 제1차 영인본, 제4차 복간본의 易 자에 권점이 없고, 習 자에는 구점이 있다. 제2, 제3차 영인본에는 習 자 아래에 두점이 있고, 易 자에 권점(圈點)이 있다.

제6행은 앞 행의 11자에 비해 1개 문자가 적은 10자를 세로방향으로 배자를 한 낙장 정본안은 앞에서 밝힌 2, 3, 4행과 다르게 첫 문자인 使 자의 상단 여백을 좁혀서 나타냈다. 즉 2, 3, 4행 첫 자의 여백과 다르게 나타내어 균형이 맞지 않는다.

6행의 문자 중에는 낙장 정본안과 자형이 다른 것이 3자, 서체가 다른 것이 2자가 나온다. 낙장 정본안의 易 자는 日 부분 밑에 가로획이 없으나 사진본, 제1차 영인본, 제4차 복간본은 가로획이 있는 昜 (양)자로 나타냈다. 낙장 정본안의 於 자는 왼쪽 부분을 해서체 方 자로 나타냈으나 다른 영인본 5종 모두는 행서체 才 자로 다르게 나타냈다. 낙장 정본안, 제2, 제3차 영인본의 끝 문자를 耳 자로 나타냈으나 사진본, 제1차 영인본, 제4차 복간본은 矣 자로 나타냈다. 그런데 낙장 정본안의 耳 자는 행서체로 나타냈으나, 제2, 제3차 영인본의 耳 자는 해서체로 서체를 달리했다. 문자의 크기를 제2, 제3차 영인본의 耳 자는 낙장 정본안보다 지나치게 크게 나타냈다. 어제 서문의 끝 문자인 矣 자는 耳 자로 바로 고친 것이다.

(도100) 훈민정음해례본 역대 영인본 정음편 제1장 1면 6행의 서체 비교도

	사진본	제1영인본	제2영인본	제3영인본	제4복간본	복원정본안
제육행 배자배행	使人人易習。便扵日用矣	使人人易習。便扵日用矣	使人人易習。便扵日用耳	使人人易習。便扵日用耳	使人人易習。便扵日用矣	使人人易習便於日用耳
기호표시	구점 1 習	1 習			1 習	
	두점		1 習	1 習		
	권점		1 易	1 易		1 易
	무점 9	9	8	8	9	9

3.2. 훈민정음해례본의 각종 낙장 복원안 실태 분석

훈민정음해례본 정음편에서 소실된 제1장과 제2장의 4면을 1940년에 이용준이 해례본 서체로 필사 복원하였다. 그러나 복원한 부분의 서체나 기호 표시 등의 잘못이 수정되지 않은 채로 간송미술관에 보관되어 오다가, 2015년에 오류가 있는 그대로 영인하여 복간본으로 발간했다. 그동안 오류사항을 수정 복원하기 위한 여러 수정 연구가 이루어져 왔는데, 그 중 대표적인 연구가 2017년에 문화재청이 낙장 부분 복원을 위한 정본 제작 연구를 한신대학교 산학협력단에 의뢰해 작성한 낙장 복원 정본안(定本案)인데 2개의 안이 들어 있다.[61] 이 정본안이 만들어지기까지 복원에 대한 몇몇 연구가 다음과 같이 이루어져 왔다.

해례본의 낙장 복원 문제를 본격적으로 다룬 연구는 안병희(1986)로서, 간송본(1940)의 복원에 여러 개 오류가 있다고 지적한 후, 그에 대한 근거를 마련해 수정 복원안을 제시하였다. 구체적으로 권두서명(→어제훈민정음), 병서행(→앞줄에 이어서 안배), 구두점 · 권점(→모두 복원해야 함), 서체(→해서체) 문제 등이다. 그 후 최세화(1997) 논문에서는 안병희(1986)

---

61 문화재청(2017.12)주관 "국보 제70호 훈민정음 정본 제작 연구" [1-118쪽 분량] 발간등록번호 11-1550000-001754-1. 1쪽 서론 내용 발췌. 한신대학교 산학협력단 : 책임연구원 1인, 연구원 6인, 보조연구원 1인.

1) 정본안 제1안의 당위성(백두현) '훈민정음해례본 낙장의 권두서명과 병서 행 복원 연구' 2018, 어문논총 제75호, 9-41쪽 요약, 한국문학언어학회.

① 병서행 처리에 대한 기준을 찾기 위해서는 먼저 해례본의 행 구분 실태를 정밀하게 분석할 필요가 있다. ....전탁음을 표기한 병서 행을 줄 바꿈했다고 할 수 없다.

② 예의에서 줄 바꿈을 하고 자형을 제시한 것은 '신제이십팔자'에 속하는 글자들이다. 각자 병서 ㄲ, ㄸ 등은 여기에 들어가지 않으므로 자형 제시를 하지 않았다. 자형제시도 하지 않은 병서자를 독립된 행으로 줄 바꿈한 것은 적절치 않다.

③ 한문본인 정음편과 정음해례편 전체 텍스트에서 줄 바꿈을 행한 실태를 분석한 결과, 문장의 기술 내용이 달라지는 곳에 줄 바꿈한 곳이 없다.

④ 해례편 전체에서 5해1례의 각 편 단위와 訣詩를 제외하고 줄 바꿈을 한 예가 전혀 없다.

⑤ ...열성어제에서 병서행은 앞의 내용에 바로 붙여져 있다. 이렇게 붙여 쓴 것은 병서행 문장은 붙여 써야 한문문법에 더 적격하기 때문이다.[논문3.6 병서행 줄바꿈 문제의 해결방안에서 발췌함]

2) 정본안 제2안의 당위성(정우영) ≪훈민정음≫해례본 낙장의 '병서행' 복원에 대한 재론' 2018, 국어학 제88집, 33-73쪽, 국어학회.

① 복원한 근거자료의 동일성 여부를 기준으로 하였다. 2안은 원전과 동일한 훈민정음(해례본)을 근거로 하였는데, 1안은 해례본을 교육용으로 개편한 훈민정음(언해본)을 근거로 하였다.

② 해례본 해설에 따르면 초성규정에 제시될 한글자모는 17자이지만, 음운론적 층위에서는 모두 23자가 제시돼야 한다. 2안은 이를 문자론적, 음운론적 층위를 모두 고려해 각각 17자와 23자를 복원 · 제시했는데, 1안은 훈민정음(언해본)의 체재에 따라 문자론적 층위의 17자만을 대상으로 제시하였다.

③ 2안은 훈민정음해례의 〈제자해〉와 〈초성해〉의 해설을 근거로 하여 초성자모 23자를 청탁(전청 · 전탁 · 차청 · 불청불탁)을 기준으로 계열별로 가지런히 제시하였다. 그러나 1안은 이 중에서 전청 · 차청 · 불청불탁 글자만 제시하였다.

④ 2안은 초성규정의 전체 공시문이 계열별로 일목요연하게 제시됐으나, 1안은 제시 기준이 불명확하고 계열이 불분명하게 혼재되어 있다. 공시문의 디자인 면에서 제2안은 변별성이 뚜렷하지만, 제1안은 변별성이 거의 없다.[논문 필자 요약문]

복원안을 거의 모두 수용하였으며, 구두점 · 권점에 대해서만 부분적 수정안을 내놓았다.

이에 대하여 정우영(2001) 논문에서는 이들을 분석해본 결과, 전체적으로는 간송본(1940)의 복원안이 옳으나, 한글 · 한자를 해례본에서 선별 · 채자하여 교체하고, 구두점 · 권점에 대해서는 수정안을 제시하였다. 간송본(1940)과 한글학회(1997) 복원안을 여러 가지 근거를 들어 뒷받침했다는 점에서 의의가 크다. 이상의 여러 복원안 가운데, 간송본(1940)과 한글학회(1997)영인본, 이정호(1975) 저서에서만 실물로 제작되었고, 기타는 낙장의 복원안만 제안되었을 뿐이다.

이상의 복원안 가운데, 1940년 이용준이 필사하여 복원한 간송 필사본, 1975년 이정호가 활자체로 수정 복원한 활자본, 2017에 문화재청 주관으로 연구 작성된 복원 정본 1안과 정본 2안 등 4종의 복원안을 중심으로, 각 안의 판식 구조, 문장 구성, 자형 · 서체 상황 등 3개 분야로 나누어 상호 비교 분석한다.

3.2.1. 각종 낙장 복원안의 판식 구조 분석

4종 복원안의 판식 구조를 정음편 중 원본부분인 제4장 제1면의 판식(板式)을 기준으로 변란(邊欄), 계선(界線), 판심(版心), 기호(記號) 등으로 나누어 (표33)과 같이 비교하여 본다.[62]

1) 1940년 필사 복원안[간송 2015년 복간본] 판식(도102)

1940년에 훈민정음해례본 원본 낙장부분을 이용준의 필사로 복원한 간송미술관 소장 복간본의 판식 구조는 원본부분의 판식 구조와 차이가 나타난다.

변란의 규격을 비교해 보면 가는 선의 내변과 굵은 선의 외변의 규격은 원본부분 가로폭 크기의 101.7% 정도로 조금 크게 나타냈고, 외변의 굵은 선은 곧은 직선이 아니고 굵기가

---

62 정본안의 판식의 수치는 각주5)의 연구보고서 71-78쪽의 측정수치와 107, 109쪽의 수치를 참고하여 (표33)과 같이 재정리한 것임. 아래 용어 설명(도101) 참조.

변란(邊欄) : 문장을 배열한 상하좌우 4변의 선으로 바깥 선은 외변, 안쪽 선은 내변(內邊)이라고 함, 직사각형 모양의 한쪽 면의 4변을 반쪽 또는 반곽(半郭)이라고 함.

계선(界線) : 반곽의 안쪽 부분을 세로방향으로 여러 행으로 나눈 경계선을 계선이라고함.

판심(版心) : 반곽과 반곽의 사이에 책제목[版心題]과 장 순서[張次]를 나타내는 세로방향의 좁은 공간으로 책 제목의 윗부분 무늬[上黑口]와 아래 부분 무늬[下黑口]를 나타냄.

기호(記號) : 구두점(句讀點) : 문장중 마침표를 구점, 쉼표를 두점이라고 함, 원 모양으로 나타냄.
권점(圈點) : 글자에 성조(聲調)를 원형으로 표시한 것.

일정하지 못하다. 계선은 원본과 같이 내변의 반곽(半郭 : 1면) 가로폭을 7등분하여 7행형식의 세로방향의 선으로 나타냈는데 규격을 보면 매행의 가로폭 크기 차이가 크고 일정하지 못하다. 판심은 원본과 달리 상흑구-하흑구 무늬가 없고, 판심제(版心題)인 '正音'은 있으나 장 순서인 징차(張次)의 숫자는 보이지 않는다. 구두점(句讀點)의 위치, 크기, 둥근 정도, 선의 굵기 등의 구점 형태가 원본의 구점과 차이가 난다.

2) 1975년 활자 복원안(이정호 안) 판식(도103)

이정호가 훈민정음 구조원리(1975) 부록에 제시한 낙장 복원안은 낙장(정음편 1-2장 앞뒷면) 부분을 세종실록(1946.9.29.)에 실린 목활자본을 확대하여 간송본(1940)의 배열 순서대로 행격에 맞추어 완본 형태로 복원하였다.

전체적인 판식 구조가 이용준 필사안이나 정본1, 2안과 차이가 크게 난다. 한 면의 외변반곽의 형태가 세로폭에 비하여 가로폭이 지나치게 큰 형태를 이룬다. 제1,2면 양면의 크기 비율이 원본의 70.8%로 4종 복원안 중 유사도가 가장 뒤떨어지게 나타냈다. 계선은 원본과 같이 내변의 반곽(1면) 가로폭을 7등분하여 7행형식의 계선을 나타냈는데 매행의 행간의 차이가 큰 편이다. 판심의 상흑구, 하흑구, 판심제, 장차 표시가 없고, 구두점, 권점 표시 역시 없다.

3) 2017년 복원 정본 1, 2안 [문화재청] 판식(도104, 도105)

2017년에 문화재청의 학술연구용역 사업으로 한신대 연구팀이 작성한 훈민정음해례본의 낙장부분을 복원한 정본 1안과 정본 2안의 병서행 규정문에 대한 문자 배자방법을 제외한 판식 구조와 규격은 서로 동일하다. 정본1, 2안의 제1장 제1면을 대상으로 정음편 제4장 제1면의 원본부분 판식과 비교하여 보면, 구점 표시방법을 제외하고는 변란, 계선, 판심 구조는 같은 것으로 분석된다.

변란의 규격을 비교해 보면 가는 선의 내변과 굵은 선의 외변의 규격 및 구조를 원본과 같게 나타냈으나 복간본의 가로폭보다 조금 작게 나타냈다. 계선은 내변 가로폭을 7등분으로 나타내는 세로선인데 계선 사이의 규격을 복간본보다 조금 작게 나타냈고, 행간의 간격을 조금씩 다르게 나타냈다. 판심의 상흑구와 하흑구의 형태와 규격, 판심제와 장차 표기서체와 위치 등을 원본부분과 같게 나타냈다, 원형으로 나타내는 11개의 구두점의 위치, 크기, 둥근 정도, 선 굵기 정도를 (표33) 하단부와 같이 원본부분과 아주 다르게 나타냈다.

(표33) 훈민정음해례본의 정음편 복원안 종류별 판식 구조 분석 비교표

구분		항목	1446/2015	1940/2015	1975	2017	
			정음편 원안	복원 필사안	복원 활자안	복원 정본1안	복원 정본2안
			안평대군?	이용준	이정호	문화재청	문화재청
변란	비교위치		제4장 1면	제1장 1면	제1장 1면	제1장 1면	제1장 1면
			가로폭 : 세로폭	가로폭 : 세로폭	가로폭 : 세로폭	가로폭 : 세로폭	가로폭 : 세로폭
	외변반곽		16.45 : 23.3	16.7 : 23.3	11.9 : 14.5	16.45 : 23.3	16.45 : 23.3
			1.00 : 1.42	1.00 : 1.40	1.00 : 1.22	1.00 : 1.42	1.00 : 1.42
	내변반곽		16.05 : 22.5	16.35 : 22.6	11.25 : 13.8	16.05 : 22.5	16.05 : 22.5
			1.00 : 1.40	1.00 : 1.38	1.00 : 1.23	1.00 : 1.40	1.00 : 1.40
	양면전체 1장1,2면		33.6 : 23.3	34..2 : 23.3	23.8 : 14.5	33.6 : 23.3	33.6 : 23.3
			1.00 : 0.69	1.00 : 0.68	1.00 : 0.60	1.00 : 0.69	1.00 : 0.69
	유사도	양면 규격 비교	100%	101.7%	70.8%	100%	100%
			기준	유사	작음	동일	동일
계선	내변반곽	상	가로폭 16.05	가로폭 16.35	가로폭 11.25	가로폭 16.05	가로폭 16.05
		중	가로폭 16.05	가로폭 16.35	가로폭 11.25	가로폭 16.05	가로폭 16.05
		하	가로폭 16.05	가로폭 16.35	가로폭 11.25	가로폭 16.05	가로폭 16.05
	계선	1행	가로폭 2.30	가로폭 2.50	가로폭 1.50	가로폭 2.30	가로폭 2.30
		4행	가로폭 2.30	가로폭 2.25	가로폭 1.65	가로폭 2.30	가로폭 2.30
		7행	가로폭 2.30	가로폭 2.45	가로폭 1.50	가로폭 2.25	가로폭 2.25
	상호 유사도		행별 동일	행별차이	행별차이	행별차이	행별차이
			기준	큼	작음	유사	유사
판심	상흑구		세로 6.2	없음	없음	세로 6.2	세로 6.2
	판심제		가로 0.7 세로 1.6	正音	없음	가로 0.7 세로 1.6	가로 0.7 세로 1.6
	장 차		가로 0.7	一, 二	없음	가로 0.7	가로 0.7
	하흑구		세로 4.7	없음	없음	세로 4.7	세로 4.7
구점 표시	계선과의 사이 간격		ㅇ직경의 반	ㅇ직경의 1배	-	ㅇ직경 2~3배	ㅇ직경 2~3배
	직경 크기		ㅇ기준 100%	조금 작음	-	조금 작음	조금 작음
	둥근정도		원형 100%	크게 일그러짐	-	조금 일그러짐	조금 일그러짐
	선 굵기		가늚	가늚	-	조금 굵음	조금 굵음
	갯수		-	구점 12개	-	구점 5, 두점 6, 권점 2 계13	
자료 문헌			훈민정음해례본 간송본 2015, 교보문고	훈민정음해례본 간송본 2015, 교보문고	훈민정음의 구조원리 1975, 이정호, 233쪽	국보70호 훈민정음 정본 제작연구, 2017, 문화재청,106	국보70호 훈민정음 정본 제작연구, 2017, 문화재청,108

(도101) 훈민정음해례본 복간본 제3.4장과 정본안 제1,2장 판식 실측도

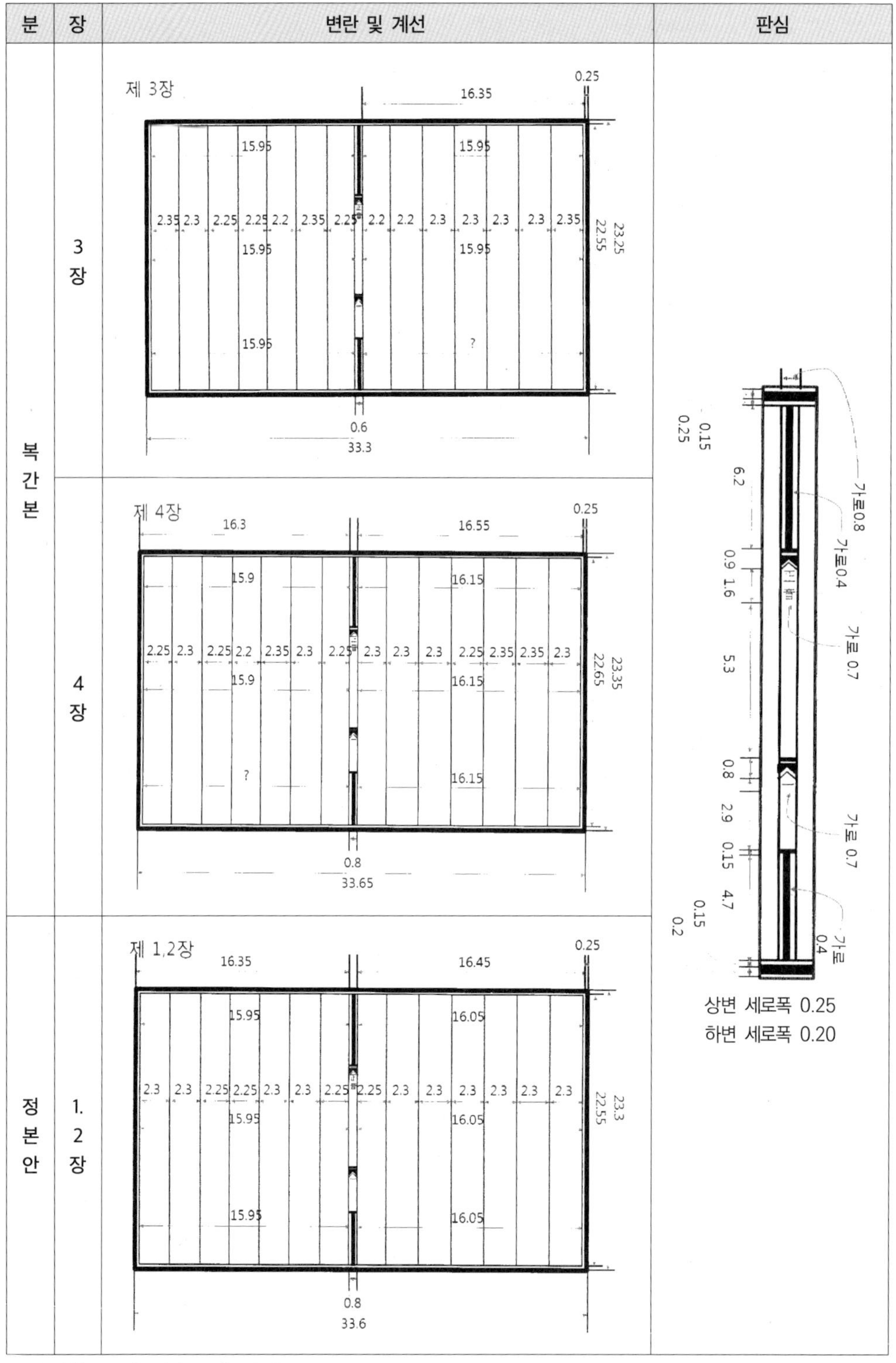

* 문화재청(2017.12)주관 "국보 제70호 훈민정음 정본 제작 연구" 73,74,76쪽 발췌 작성

(도102) 훈민정음해례본(간송본-복간본) 1.2장의 판식 및 문장구조 배면도

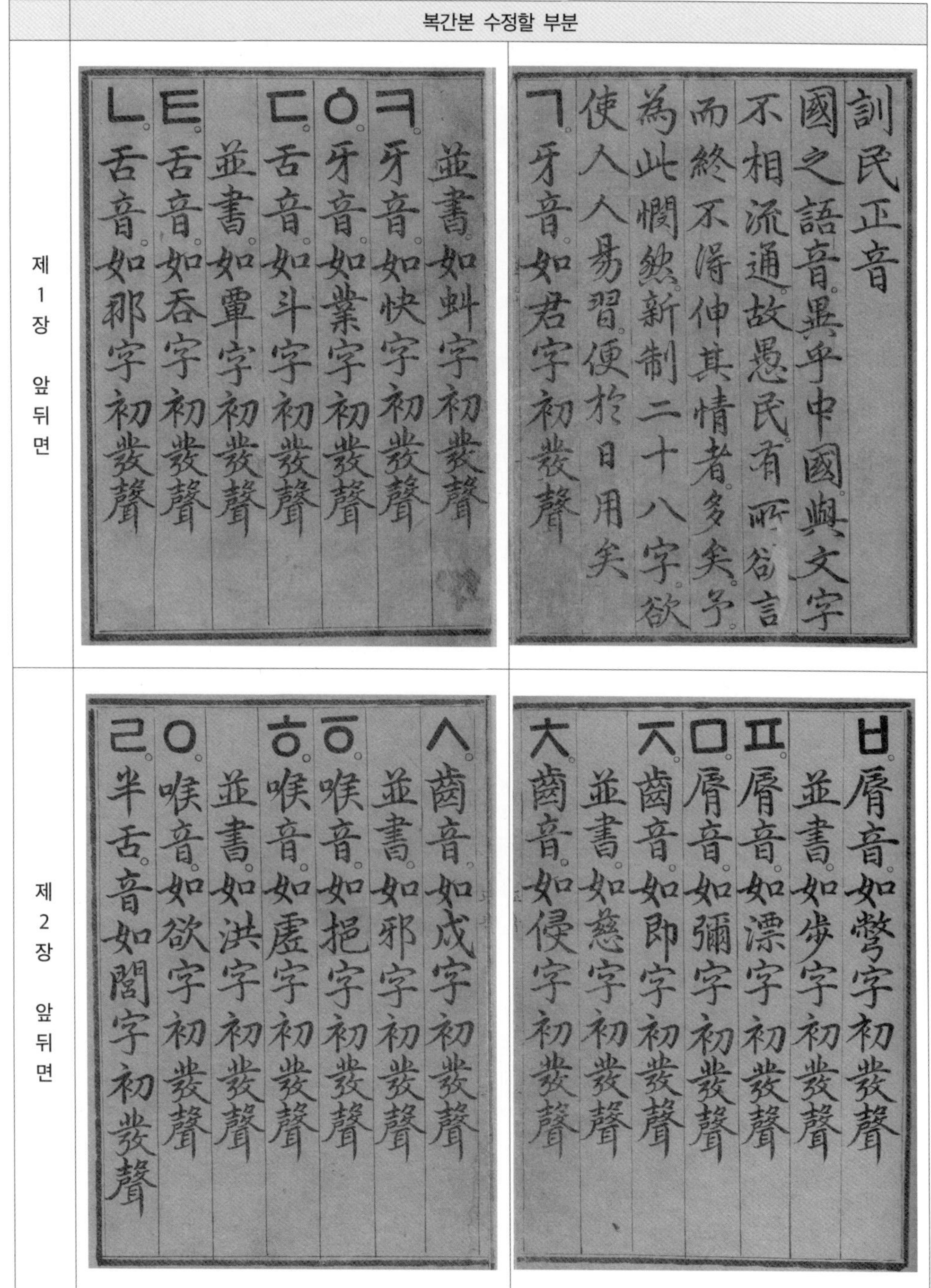

	복간본 수정할 부분	
제1장 앞뒤면	並書。如虯字初發聲 ㅋ。牙音。如快字初發聲 ㆁ。牙音。如業字初發聲 ㄷ。舌音。如斗字初發聲 並書。如覃字初發聲 ㅌ。舌音。如呑字初發聲 ㄴ。舌音。如那字初發聲	訓民正音 國之語音。異乎中國。與文字 不相流通。故愚民。有所欲言 而終不得伸其情者。多矣。予 爲此憫然。新制二十八字。欲 使人人易習。便於日用矣 ㄱ。牙音。如君字初發聲
제2장 앞뒤면	ㅅ。齒音。如戌字初發聲 並書。如邪字初發聲 ㆆ。喉音。如挹字初發聲 ㅎ。喉音。如虛字初發聲 並書。如洪字初發聲 ㅇ。喉音。如欲字初發聲 ㄹ。半舌音。如閭字初發聲	ㅂ。脣音。如彆字初發聲 並書。如步字初發聲 ㅍ。脣音。如漂字初發聲 ㅁ。脣音。如彌字初發聲 ㅈ。齒音。如卽字初發聲 並書。如慈字初發聲 ㅊ。齒音。如侵字初發聲

(도103) 훈민정음해례본 정음편 복원 활자본의 판식 및 문장 구조 배면도

	복원 활자본(이정호 1975)	
제1장 앞뒤면	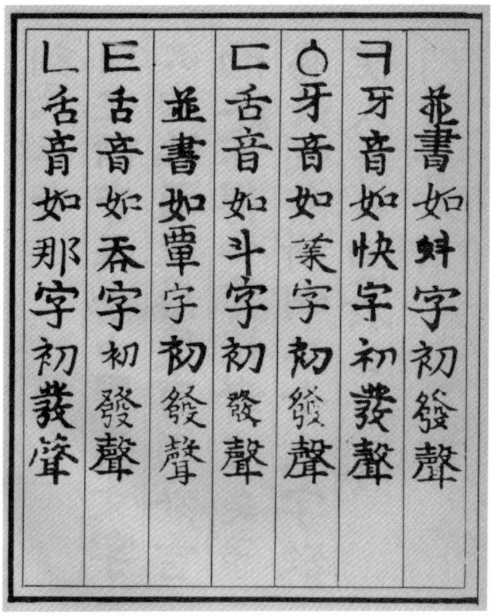 並書如虯字初發聲 ㅋ牙音如快字初發聲 ㆁ牙音如業字初發聲 ㄷ舌音如斗字初發聲 並書如覃字初發聲 ㅌ舌音如呑字初發聲 ㄴ舌音如那字初發聲	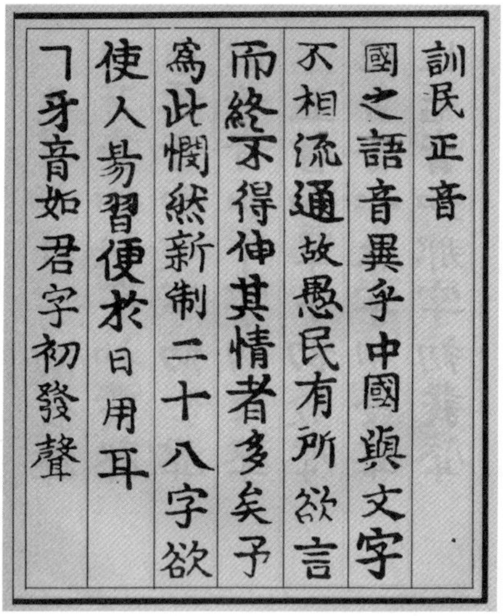 訓民正音 國之語音異乎中國與文字 不相流通故愚民有所欲言 而終不得伸其情者多矣予 爲此憫然新制二十八字欲 使人易習便於日用耳 ㄱ牙音如君字初發聲
제2장 앞뒤면	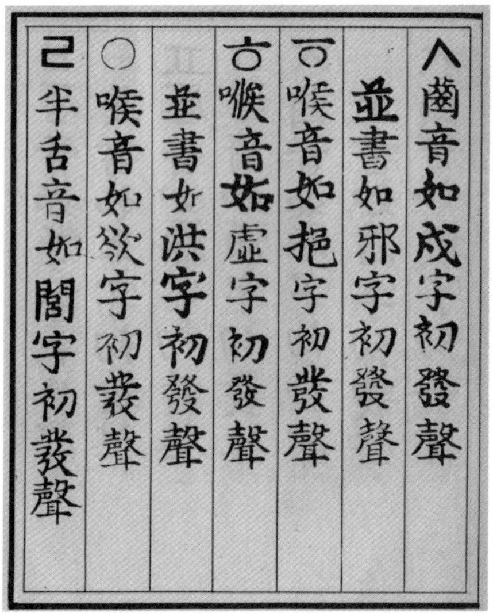 ㅅ齒音如戌字初發聲 並書如邪字初發聲 ㆆ喉音如挹字初發聲 ㅎ喉音如虛字初發聲 並書如洪字初發聲 ㅇ喉音如欲字初發聲 ㄹ半舌音如閭字初發聲	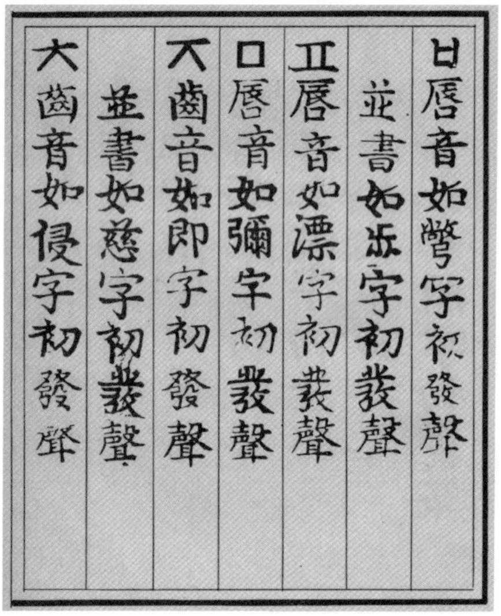 ㅂ脣音如彆字初發聲 並書如步字初發聲 ㅍ脣音如漂字初發聲 ㅁ脣音如彌字初發聲 ㅈ齒音如卽字初發聲 並書如慈字初發聲 ㅊ齒音如侵字初發聲

(도104) 훈민정음해례본 복원 정본1안의 1.2장 판식 및 문장 구조 배면도

	복원 정본1안 부분(문화재청 2017)
제1장 앞뒤면	訓民正音 國之語音。異乎中國。與文字 不相流通。故愚民有所欲言 而終不得伸其情者多矣。予 為此憫然。新制二十八字。欲 使人人易習便於日用耳 ㄱ。牙音。如君字初發聲。並書 正音 一 如虯字初發聲 ㅋ。牙音。如快字初發聲 ㆁ。牙音。如業字初發聲 ㄷ。舌音。如斗字初發聲。並書 如覃字初發聲 ㅌ。舌音。如呑字初發聲 ㄴ。舌音。如那字初發聲
제2장 앞뒤면	ㅂ。脣音。如彆字初發聲。並書 如步字初發聲 ㅍ。脣音。如漂字初發聲 ㅁ。脣音。如彌字初發聲 ㅈ。齒音。如即字初發聲。並書 如慈字初發聲 ㅊ。齒音。如侵字初發聲 正音 二 ㅅ。齒音。如戌字初發聲。並書 如邪字初發聲 ㆆ。喉音。如挹字初發聲 ㅎ。喉音。如虛字初發聲。並書 如洪字初發聲 ㅇ。喉音。如欲字初發聲 ㄹ。半舌音。如閭字初發聲

* 위 판식 제안 논문 - 백두현, 2018.3. 훈민정음해례본 낙장의 권두서명과 병서 행 복원방안 연구, 어문논총, 제75호, 한국문학언어학회.

(도105) 훈민정음해례본 복원 정본2안의 1.2장 판식 및 문장 구조 배면도

	복원 정본2안 부분(문화재청 2017)
제 1 장 앞뒤면	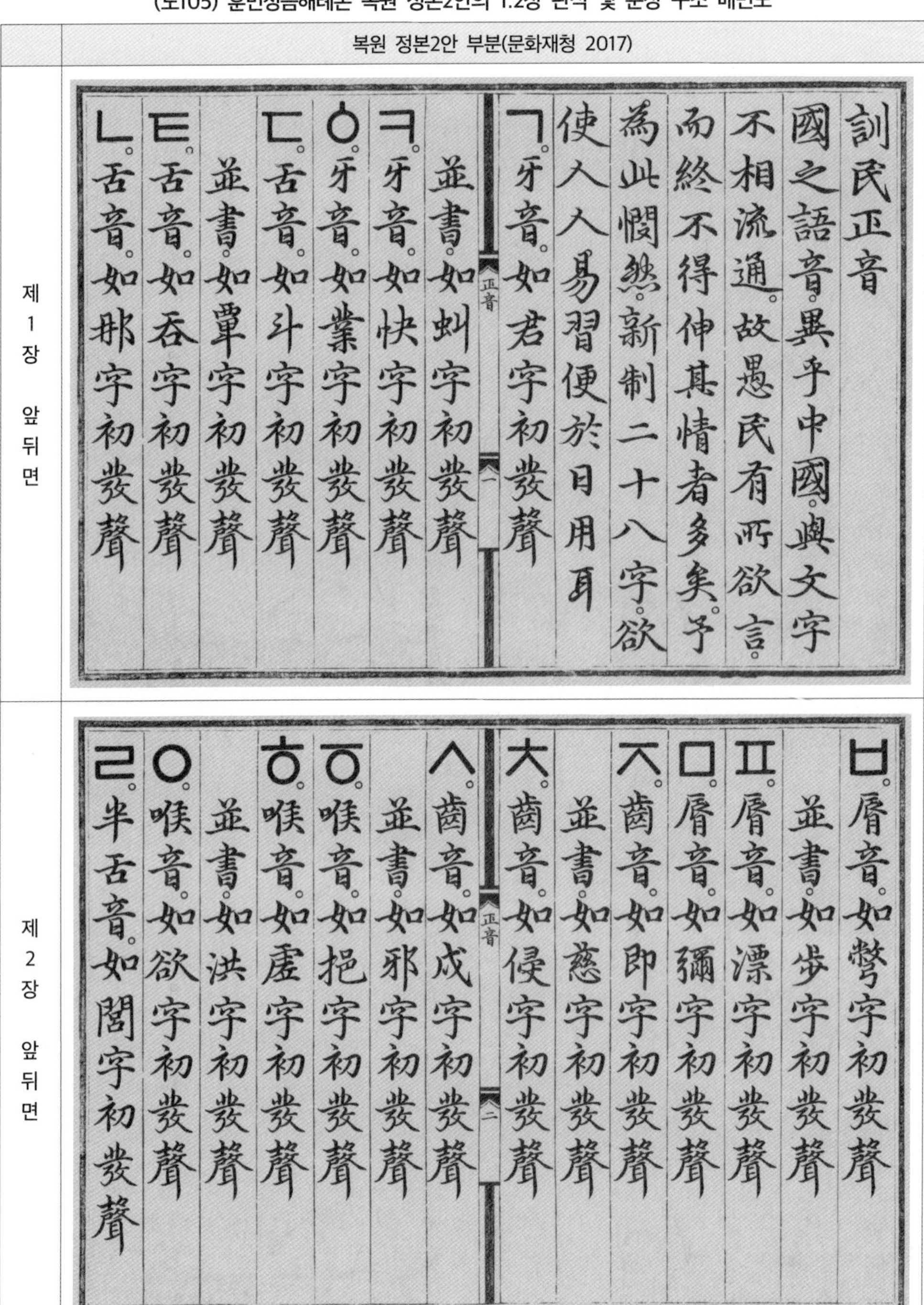
제 2 장 앞뒤면	

訓民正音
國之語音異乎中國與文字
不相流通故愚民有所欲言
而終不得伸其情者多矣予
爲此憫然新制二十八字欲
使人人易習便於日用耳
ㄱ牙音如君字初發聲
並書如虯字初發聲
ㅋ牙音如快字初發聲
ㆁ牙音如業字初發聲
ㄷ舌音如斗字初發聲
並書如覃字初發聲
ㅌ舌音如呑字初發聲
ㄴ舌音如那字初發聲

ㅂ脣音如彆字初發聲
並書如步字初發聲
ㅍ脣音如漂字初發聲
ㅁ脣音如彌字初發聲
ㅈ齒音如即字初發聲
並書如慈字初發聲
ㅊ齒音如侵字初發聲
ㅅ齒音如戌字初發聲
並書如邪字初發聲
ㆆ喉音如挹字初發聲
ㅎ喉音如虛字初發聲
並書如洪字初發聲
ㅇ喉音如欲字初發聲
ㄹ半舌音如閭字初發聲

* 위 판식 제안 논문 - 정우영, 2018.9. 훈민정음해례본과 언해본의 판본-서지-복원연구의 회고와 전망, 국립한글박물관, 18-94쪽.
- 정우영, 2018.12. 훈민정음 해례본 낙장의 병서행 복원에 대한 재론, 국어학 제88집, 33-73쪽.

3.2.2. 각종 낙장 복원안의 문장 구성 분석

훈민정음해례본 낙장부분을 복원한 간송본 [1] 과 이정호가 복원한 활자안[2]와, 문화재청이 복원한 정본 1, 2안 [3, 4] 등의 4종 복원안의 낙장부분 1, 2면의 문장 배행 구조 형식을 분석해 보면 (도106, 도107)과 같다. 4종 복원안의 제1장 제1면의 6행과 제2면의 4, 5행 부분의 배행의 구조를 비교하였다.

1) 복원안 제1장 1면 제6행의 문자와 배자 비교(도106)

복원안의 기본인 1940년도 이용준 필사복원한 간송본의 문장을 보면 4개면 28행에 걸쳐 한글 16자, 한자 235자 등 251자를 배자하여 구성하였다. 이러한 분량의 한글과 한자를 복원한 4종의 복원안 중에서 문자 자형이나 배자 방법이 서로 다른 점이 발견되는 제1면 6행의 10개 문자의 표기 상황이 다음과 같다.

1. 이용준 복원본 : 使 人 人 易 習。 便 於 日 用 矣 ····矣→耳, 易→易。, 習。 구점 삭제
2. 이정호 복원본 : 使 人 易 習 便 於 日 用 耳 ········人 뒤 人 삽입. 易→易 거성 표시
3. 문화재 정본1안 : 使 人 人 易 習 便 於 日 用 耳 ···10자 수정 사항 없음
4. 문화재 정본2안 : 使 人 人 易 習 便 於 日 用 耳 ·····10자 수정 사항 없음

이용준 필사 복원본의 문자 중 矣 자는 耳 자로 고치고, 易 자는 거성 표시를 한 易자로 고쳐야 한다. 이정호 활자 복원안은 人 자 추가삽입, 易 자를 거성을 표시한 易자로 정정 배자해야 하고, 정본 1, 2안은 이용준 필사 복원안을 수정하여 새 한자를 원본에서 선택해 바르게 배자하였다.

2) 복원안 並書 표기행의 문자와 배자 비교(도107)

4종 복원안별 제1장 2면의 'ㄷ。舌音' 의 並書행 문구의 배자 구조를 보면 다음과 같이 나타난다.

1. ㄷ。舌音。如斗字初發聲
並書。如覃字初發聲
2. ㄷ。舌音如斗字初發聲
並書如覃字初發聲
3. ㄷ。舌音。如斗字初發聲。並書◦
如覃字初發聲
4. ㄷ。舌音。如斗字初發聲
並書◦ 如覃字初發聲

4개 복원안의 복원부분 중에 並書 행을 연이어 나타낸 복원안은 정본1안이고 나머지 3개안은 줄 바꾸어 별행으로 가지런히 배행하여 질서정연하게 보인다.

복원부분에는 병서행이 6개 [ㄱ, ㄷ, ㅂ, ㅈ, ㅅ, ㅎ] 행이 있어서 연행으로 나타난 3번의 정본1안은 정연미가 적어 보인다. 특히 구점을 표시한 ...初發聲의 聲。자와 並書의 並 자가 붙어 보임으로써 조화미가 없어 보인다.

(도106) 훈민정음해례본의 정음편 복원안별 서문부분 제6행 배자 구조 비교도

구분 \ 항목		1940/2015	1975	2017	2017
		복원 필사안	복원 활자안	복원 정본1안	복원 정본2안
		이용준	이정호	문화재청	문화재청
비교 위치		제1장 1면 6행	제1장 1면 6행	제1장 1면 6행	제1장 1면 6행
서체	구성	필사	활자	집자	집자
	서체	해〈행서 10자	해〉행서 9자	해〈행서 10자	해〈행서 10자
	수정	昜 ⇄ 易 矣 ⇄ 耳	人 추가 昜 → 易	昜 → 易 矣 → 耳	昜 → 易 矣 → 耳
배자 구조	1장 1면 6행 배자 구조	使人人昜習便於日用矣	使人易習便於日用耳	使人人易習便於日用耳	使人人易習便於日用耳
자형 오류	오류 문자	昜 矣	昜 人		
	정상 문자		↑ 삽입 문자	易 耳	易 耳

* 서체설명 : [해〈행서 10자] 해서체와 행서체로 쓴 문구 중 행서체 문자가 더 많다는 의미.

(도107) 훈민정음해례본의 정음편 복원안별 並書行 부분 배행 구조 비교도

구분 \ 항목		1940/2015	1975	2017	2017
		복원 필사안	복원 활자안	복원 정본1안	복원 정본2안
		이용준	이정호	문화재청	문화재청
비교 위치		제1장 2면 4.5행	제1장 2면 4.5행	제1장 2면 4.5행	제1장 2면 4.5행
배행	구조	별행	별행	연행	별행
	기호	구점 2, 두점 1	없음	구점 3, 두점 1	구점 2, 두점 1
서체	한자	해>행서	해서	해>행서	해>행서
배행구조	1장 2면 4,5행 배행 구조	ㄷ。舌音。如斗字初發聲 並書。如覃字初發聲	ㄷ舌音如斗字初發聲 並書如覃字初發聲	ㄷ。舌音。如斗字初發聲。並書。 如覃字初發聲	ㄷ。舌音。如斗字初發聲 並書。如覃字初發聲
	並書 자 배자 구조	並書。	並書	聲。並書。	並書。

3.2.3. 각종 낙장 복원안의 문자 서체 분석(도108)

4종 복원안의 낙장부분 1, 2장 문장의 자형과 서체의 특징을 복원안 별로 같은 문자를 선택하여 (도108)과 같이 비교해 보고, 끝으로 정본1, 2안과 정음편 원본부분의 판식구조-문장구조-자형-서체 등과의 조화미를 검토해 본다.

1) 훈민정음 정음편 제1면 서문 문장의 서체 비교(도108 위 부분)

복원안의 기본인 1940년도 이용준 필사 복원한 간송본의 문장은 직접 붓으로 쓴 자료의 서체로 4개 안 중에서 가장 유연한 서체로 보인다. 이에 비하여 활자체로 복원안 이정호의 활자안은 경직되고 조화미가 뒤떨어진다. 이에 비하여 훈민정음해례본의 목판본으로 찍은 원본문자를 집자하여 꾸민 정본1, 2안은 앞에서 언급한 이용준 필사체와 이정호 활자체보다 조화미가 앞서 보인다. 그러나 정본1, 2안도 심층적으로 분석하면 완벽하지 않은 편이다.

2) 훈민정음 정음편 복원부분 문자의 자형 및 서체 비교(도108 아래 부분)

4종 복원안에 각각 나오는 어휘문자와 개별문자의 자형적 구조와 서체적 획형을 비교하여 보면 3개 부류로 설명할 수 있다.

이용준이 필사한 訓民正音의 서체는 행간규격에 비해 크게 나타냈고, 이정호의 활자체 訓民正音의 서체는 문자배자에 있어서 訓 과 民 자를 지나치게 붙였고, 정본안 1,2안의 訓民正音은 4종의 권두서명 중 가장 조화로운 서체로 평가된다. 개별문자로 뽑아낸 流, 所, 易, 昜, 於, 脣, 喉, 虯 자 등이 4종 복원안 간에 서로 다른 자형 및 서체의 특징을 보여준다.

3) 정본1,2안과 원본부분 제3,4장과의 연결성 및 조화미 비교(도109)

이상과 같이 4종 복원안의 판식 및 문장 구조, 자형 · 서체 분석 결과로 보아 가장 뛰어난 정본2안을 택하여 원본부분[3.4장]과 바로 연결되는 나열식 문장[도109 윗부분]이나 조목식 문구[도109 아래부분]와 어느 정도 일관성이나 동질감이 있어서 조화롭게 연결되어 나타나는가를 비교하여 보았다.

정본2안의 제1장 1면의 서문 문장과 원본 서체라고 할 수 있는 제4장 1면과 비교해 보면 배자나 문자의 크기와 서체의 표현 등이 조금 다르게 보인다.

정본2안의 제2장 2면 조목식 문구는 원본 제3장 1면 문구와 판식과 자형 · 서체면에서 비교하여 보면 동질감과 조화미가 부족해 연결성이 적어 보인다.

(도108) 훈민정음해례본의 정음편 복원안별 자형 및 서체 비교도

구분	4종 복원안의 서체비교	
서문과 비교문자 자형	訓民正音 國之語音異乎中國與文字 不相流通故愚民有所欲言 而終不得伸其情者多矣予 爲此憫然新制二十八字欲 使人易習便於日用耳 ㄱ牙音如君字初發聲 訓民正音 易 所 流 喉 脣 於 이정호 활자 복원안 서문	訓民正音 國之語音異乎中國與文字 不相流通故愚民有所欲言 而終不得伸其情者多矣予 爲此憫然新制二十八字欲 使人人易習便於日用矣 ㄱ牙音如君字初發聲 訓民正音 易 所 流 喉 脣 於 이용준 필사 복원안 서문
서문과 비교문자 자형	訓民正音 國之語音異乎中國與文字 不相流通故愚民有所欲言 而終不得伸其情者多矣予 爲此憫然新制二十八字欲 使人人易習便於日用耳 ㄱ牙音如君字初發聲 訓民正音 易 所 流 喉 脣 於 문화재청 집자 복원 정본 2안 서문	訓民正音 國之語音異乎中國與文字 不相流通故愚民有所欲言 而終不得伸其情者多矣予 爲此憫然新制二十八字欲 使人人易習便於日用耳 ㄱ牙音如君字初發聲並書 訓民正音 易 所 流 喉 脣 於 문화재청 집자 복원 정본 1안 서문

(도109) 정음편 원본부분과 복원안과의 연결성 및 조화성 비교도

장별	정음편 원본부분	정음편 정본안 부분
제1장 앞·제4장 앞	則並書終聲同ㆍㅡㅗㅜㅛ ㅠ附書初聲之下ㅣㅏㅓㅑ ㅕ附書於右凡字必合而成 音左加一點則去聲二則上 聲無則平聲入聲加點同而 促急	訓民正音 國之語音異乎中國與文字 不相流通故愚民有所欲言 而終不得伸其情者多矣予 爲此憫然新制二十八字欲 使人人易習便於日用耳 ㄱ牙音如君字初發聲
제2장 뒤·제3장 앞	ㅿ半齒音如穰字初發聲 ㆍ如呑字中聲 ㅡ如即字中聲 ㅣ如侵字中聲 ㅗ如洪字中聲 ㅏ如覃字中聲 ㅜ如君字中聲	ㅅ齒音如戌字初發聲 並書如邪字初發聲 ㆆ喉音如挹字初發聲 ㅎ喉音如虛字初發聲 並書如洪字初發聲 ㅇ喉音如欲字初發聲 ㄹ半舌音如閭字初發聲

3.3. 훈민정음해례본의 낙장 복원 정본안 검토 및 개선 방안

훈민정음해례본 정음편에서 낙장 소실된 제1장과 제2장의 4면을 1940년에 필사 복원하였으나 오류 상태라고 지적되어 오던 것을 문화재청 학술연구용역 사업으로 2017년 12월에 한신대학교 산학협력단에서 연구한 결과 낙장 복원 정본안(定本案) 2개안을 완성하였다.[63] 정본안 2개안 제작과 더불어 109쪽 분량[본문 88쪽]의 '국보 제70호 훈민정음 정본 제작 연구'라는 보고서가 완성되어 문화재청에 보관되어 있다. 정본1,2안 제작을 위해 이루어진 방대한 분량의 보고서는 정본제작에 못지않게 중요성을 지니고 있다. 그래서 보고서 검토수정과 더불어 정본 1, 2안의 판식과 서체를 분석 검토하되 정본 제2안을 기본 토대로 보완하여 제3안 격의 새로운 개선안을 작성하고자 한다.

개선안에 필요한 서체 선정은 우선 정음편과 정음해례편에서 주로 집자하되, 차선책으로 복원안 이용준 서체 집자와 조자를 통하여 해결한다.

3.3.1. 낙장 복원 정본 제작 연구 보고서 검토 개선안

이 보고서는 2017년 8월 17일에 첫 모임을 시작하여 당년 12월 15일 학술토론회를 거쳐 12월 22일에 문화재청에 연구결과보고서를 제출한 것으로 확인이 된다. 이 연구는 한신대학교 산학협력단[책임연구원 1인. 연구원 6인, 보조연구원 1인] 연구진에 의거 4개월 만이라는 짧은 기간에 걸쳐 이루어졌다.

1) 낙장 복원 정본 제작 연구 보고서 설명문 내용 검토

'국보 70호 훈민정음 정본 제작 연구' 보고서[문화재청]는 본문 85쪽, 참고문헌 및 부록 25쪽 등 109쪽 분량으로 되어있다. 이 보고서는 표 18개, 도 18개, 부록 5개로 이루어졌고, 내용은 크게 1. 서론, 2. 기본적 논의, 3. 내용에 관한 사항, 4. 판식과 관련된 사항, 5. 복원글자 선정의 문제, 6. 복원안 디자인 작업 진행과정, 7. 결론 등 7개 대분야로 나누었다.

이렇게 구성된 연구 보고서에 제시된 서체 선정 서술내용의 타당성을 검토해 보고, 정본안 작성에 어떻게 반영되었는가를 검토해 보면 다음과 같다.[64]

---

63 문화재청(2017.12)주관 "국보 제70호 훈민정음 정본 제작 연구" 보고서 85쪽 결론부분 : 여섯째, 연구의 성과를 종합하여 연구보고서와 최종적인 정본을 제작하였다. ...복원안은 연구진 내에서의 다수 의견인 (1)안과 소수의 의견인 (2)안의 두 가지로 제작하였다.

64 황선엽, 2017, 훈민정음 해례본의 낙장 복원을 위한 글자체 선정에 대하여.

(1) 정본안 서체 선정

보고서 5, 6, 7장 내용에 정본안의 서체선정 작업에 대하여 '훈민정음해례본에서 집자하고 디자인하였다' 는 것으로 다음과 같이 밝혔다.

*** 5. 복원글자 선정의 문제.**

–복원글자체 선정 (2)안 선택 (보고서 79쪽 10행, 80쪽 3행)

(1) 해례본의 글씨체를 최대한 모방하여 새로 쓰는 방안

(2) 해례본과 기타 전적에서 집자(集字)하는 방안

–두 번째 방안 즉 집자를 하여 복원하는 안을 선택하였다.

*** 6. 복원안 디자인 작업 진행과정**

–복원문자 선정 1차 (보고서 83쪽 9행)

셋째 '훈민정음' 해례본에서 글자를 추출하여 集字한다. 복원안에 반영할 글자들을 모아 (부록2)로 정리하였다.

*** 7. 결론**

–낙장부분 재구성 서체 선정 (보고서 85쪽 2행)

..본 연구에서는 우선 '훈민정음'에 있는 글자를 集字하는 방안을 선택하였다. 하지만 世宗序의 '予'와 '憫'이라는 글자는 해례부분에도 나오지 않아 잠정적으로는 이용준의 모사한 간송본의 글자를 채워 검토하여 보고, 가람본 '용비어천가'에서 해당글자를 집자하여 최종 복원안에 반 영하였다.

이상의 5, 6, 7장의 공통적인 내용은 낙장 부분 문자 재구성에서 문자선정을 어떻게 할 것인가를 제시한 방안이다. 공통적인 내용은 재구성용 문자는 해례본에서 집자하여 활용하기로 했다는 것이다.

그런데 5번 설명 내용 중에 서체의 명칭을 [글자, 글자형, 글자체, 글씨체] [사본, 필사본] 등 통일된 용어를 쓰지 않아 혼선을 빚는다.

(2) 보고서 내용 및 반영 결과 검토

*** 1. 서론 1.2 진행방법 및 작업태도**(보고서 2쪽 13행)

글자들을『훈민정음』해례본의 낙장이 아닌 예의부분에서 가져오는 것은 괜찮지만 해례부분에서 가져온다면 가능한 한 해서체에 가까운 것을 골라야 하였다.

위 논문은 국보 제70호 훈민정음 학술토론회(2017.12.15-주최 : 문화재청, 주관 : 한신대학교 산학협력단. 107-121쪽) 발표 내용으로 정본 제작 보고서 5, 6항에 해당하는 논문임.

정본안의 서체를 가능한 한 해서체를 골라서 집자 작성한다고 하였으나 이미 작성된 정본안의 제1장 1면의 流(1ㄱ3), 所(1ㄱ3), 此(1ㄱ5), 然(1ㄱ5), 耳(1ㄱ6) 자 등은 해서체가 아닌 행서체로 파악된다. 즉 정본안의 집자서체 선정 결과가 집자 선정 원칙과 배치되는 상황으로 분석된다.

*** 2. 2. 5. 서체 관련 문제 1) 낙장 두 장 전체의 서체 문제** (보고서 8쪽)

> 낙장된 2매를 현재 남아 있는 3, 4면의 서체와 동일한 완전 해서체로 복원해야 한다. 제자해 이하는 해행서체이고, 어제 서문은 해서체이기 때문에 제자해 이하의 한자를 가져다가 그대로 쓰는 문제도 신중히 접근할 필요가 있다. 문제는 한자 서체를 바로잡는 것으로 현실적으로는 해례 부분에서 해당 글자를 취한 것을 기본으로 하여 복원할 수 있도록 하였다.

복원 정본안 서체를 '동일한 완전 해서체로 복원해야한다'고 했는데 이 말은 보고서 2쪽의 '가능한 한 해서체에 가까운 것을 골라야 하였다.'라는 주장과 배치된다. 그러나 정본안의 서체는 완전 해서체가 아닌 것으로 나타난다.

*** 2) 어제 서문에만 있는 한자의 서체 처리 문제** (보고서 8쪽)

> 어제 서문은 정자의 해서체이지만 해례의 서체는 해행서체이기 때문에 차이가 있다. 이 점을 고려하여 어제 서문 전체의 한자 서체를 정자 해서체로 함이 옳다는 점에서,......

보고서 8쪽 내용 중에 '정자 해서체'라는 용어가 세 번 등장하는데 정자와 해서체가 중복되는 용어이므로 '정자' '해서' 또는 '해서체' 중에서 한 가지를 선정하여 호칭하여야 한다.

*** 동일서체 집자 지양** (보고서 79쪽)

> 3) '字'와 같이 복원해야 할 글자 중 같은 글자가 여러 번 나오는 경우는 글자체의 다양성을 확보할 수 있도록 각기 다양한 글자를 집자한다.

'5. 복원글자 선정의 문제'(79쪽) 라는 큰 제목아래 '집자할 때 원칙은 다음과 같다.'(80쪽 7행)라는 작은 제목으로 4개항의 문자 집자의 방법을 제시하였는데 그 중 위와 같이 3)항으로 제시한 내용이 실제로 완성된 복원 정본안(도104, 도105)의 문자 집자 및 배자 방법과 일치하지 않는 것으로 나타난다.

그 예로 이러한 원칙과 다르게 복원 정본안 1, 2안에는 '....音,如ㅇ字初發聲' 자가 22번씩이나 똑같이 반복되어 나오는 것을 찾아볼 수 있다. 이외에도 여러 번 나오는 並, 書, 牙, 舌, 脣, 齒, 喉 자와 같은 문자도 똑같은 서체가 반복하여 나왔다. 또한 해례본 원본 3장에 12번씩 나오는 如, 字, 中, 聲 자가 모두 자형을 똑 같게 나타냈기 때문에 다양한 글자 집자는 잘못이라고 본다.

*** '(부록2) 훈민정음해례본 世宗序 및 例義의 글자대조'** (부록 93쪽 3, 7행)

> '김태준 · 이용준이 모사하였다고 생각되는....'

낙장 복원부분의 글씨를 김태준 · 이용준 2인이 모사하였다고 밝힌 내용은 잘못 제시한 것으로 본다. 위와 같은 집자도 작성을 위한 설명문 중의 김태준은 모사(模寫)를 직접 하지 않았고, 이용준 혼자 모사하였다고 한다.[65] 즉 안평대군 서체를 잘 썼던 이용준(鮮展에 입선한 서예가)이 기본적인 낙장부분 내용, 배자 방법 등을 김태준의 지도를 받아 낙장 부분 문장을 썼을 것으로 본다. 따라서 김태준은 직접 모사하지 않았고, 보수를 위한 내용구성에 주도적이었을 것이다. 낙장의 4개 면 서체는 1인의 한 가지 서체이므로 제2인 김태준의 서체가 아닌 것이다.

2) 낙장 복원 정본 제작 연구 보고서 집자도 검토(표34)

낙장 복원안인 정본2안(도105, 448쪽)의 문자가 바르게 집자되었는가를 파악하기 위해 연구보고서의 93-103쪽에 걸쳐있는 집자도(集字圖)를 비교하였다.

보고서 93쪽에 '(부록 2) 훈민정음해례본 世宗序 및 例義의 글자대조'라는 제목아래 (표34)의 아래 부분의 집자도를 도판 제목 없이 세종서 부분의 문자 59종[93-98쪽]과 예의 부분의 문자 49종[99-103쪽]의 관련 한글-한자를 제시하였다. 즉 정음편 낙장 부분에 나오는 이용준이 필사한 것으로 알려진 한글-한자 108종[문자수 251자]을 정음편과 정음해례편에서 집자하여 제시하였다. 집자도의 빨강색 부분은 낙장부분 문자, 회색부분은 반복된 문자, 파랑색 부분은 선정한 집자문자로 나타냈고, 오른쪽 끝 네모칸에는 선택글자 위치를 '訓 : 27ㄴ(6, 8)' [27장 뒤편 6행 여덟 번째 문자] 형식으로 나타냈다.

이렇게 작성된 집자도를 다음과 같은 관점에서 검토한 결과 (표34)와 같이 여러 부분 문자에서 수정해야할 사항을 분석하고, 이를 집자하여 작성한 정본안 서체와의 일치도를 분석하였다. 분석관점을 구체적으로 밝혀보면 다음과 같다.

1. 도판의 서체와 정본안(1,2안)의 서체의 일치도
2. 집자 대상 문자가 아닌 이용준 필사 서체 유무
3. 집자 대상 문자의 전체 문자 수량 정확성
4. 집자도의 문자 밑의 위치 표시의 정확성
5. 집자 서체의 자형 및 서체의 정확성과 조형성

---

65 백두현, 2018, '훈민정음해례본 낙장의 권두서명과 병서 행 복원 연구' 2018, 어문논총 제75호, 10쪽, 이용준이 안평대군 서체를 모방하여 낙장을 보사(補寫)해 넣었다. 이때의 낙장보사는 경학원 교수였던 김태준의 지도아래 이용준의 붓으로 행해진 것이라 추정하고 있다.
정우영, 2018, ≪훈민정음≫해례본 낙장의 '병서행' 복원에 대한 재론' 국어학 제88집, 34쪽 '김태준 · 이용준이 보수해 놓은 상태로 전해지나......'
정철, 1954, 4, 원본 훈민정음의 보존경위에 대하여, 국어국문학 9호, 15쪽.

이상과 같은 관점에서 검토한 결과 집자용 한글-한자에 대한 선정방법을 잘 못 제시한 것이 세종서 부분에서 12건, 예의 부분에서 37건이 발견되는데 이에 관련된 오류문자는 103개에 이른다. 집자도 작성 상황을 세종서 부분과 예의부분으로 나누어 분석한 결과를 보면 다음과 같다.

(1) 世宗序 부분 수정사항

훈민정음해례본을 복원한 정본안의 서체는 집자도의 제1장 앞면 제1행 '訓民正音', 제2행 아래 '國', 제3행 '流, 民', 제6행 '用' 자 등과 다른 것으로 분석된다. 권두서명 '訓民正音' 4자 집자의 위치를 정음해례편 제1장 앞면 1행으로 표시해야 하는데 제27장 뒷면으로 잘못 표시했다. 제27장 뒷면 서체는 정본 2안 서체와 다르지만 서체미는 제1장 앞면 서체보다 뛰어나므로 수정시에는 이를 선택하는 것이 바람직하다. 59종 집자문자 중 12개의 오류사항 중 11개가 집자문자의 위치 표시를 잘못 한 것이다. 세종서 부분의 予, 憫 자는 훈민정음해례본에 집자 문자가 없어 서울대학교 가람문고 용비어천가(2권 26ㄴ, 2권 11ㄴ)에서 집자했다고 하는데 조화성이 뒤떨어진다. 특히 予 자는 유연하지 못하고 경직된 서체로 전후좌우 주변서체와의 조화미가 떨어진다.

(2) 例義 부분 수정사항

예의부분은 49종 문자 중 37개 사항의 수정사항이 발견된다. 특히 피해야 할 낙장부분은 이용준이 쓴 글자를 집자대상으로 잘못 선정한 사례가 6개부분에 나타난다. 이용준 서체에서 如, 初, 發, 聲 자는 22회, 齒 자는 3회, 戌 자는 1회 등으로 모두 92회(글자 자수) 나온다. 이는 낙장 복원부분 전체 한자문자 235자 중 92자로 39.1%라는 큰 비중을 차지하는데 이렇게 많은 글자수를 낙장부분에서 복원하는데 다시 활용하는 방법은 집자 지침에 어긋나는 현상이라고 할 수 있다. 예의부분 집자도[99-103쪽] 전체 49종의 수정해야 할 글자 즉 낙장 부분 문자 아래에 표시하는 위치표시가 공백으로 되어있다. 집자도 글자 중 전체 글자수량 표기가 잘못된 것이 한자가 5종이 되고, 한글이 12종에 이르며, 그 외로 글자별 위치 표기가 잘못된 것이 대부분이다.

전체적인 측면에서 집자도에 의해 이루어진 정본안 서체의 선정이 잘못된 상황을 종합해 보면 전체 251자[한글16자, 한자 235자] 중 정본2안의 서체와 다른 것이 10종[訓民正音國流民用半虛斗] 11자, 이용준 필사체인 것이 6종[如初發聲齒戌] 92자로 모두 16종 103자가 되는데 이는 41.0%에 해당되는 비중으로, 수정해야 할 부분이 많은 것으로 해석된다.

집자도의 例義 끝부분[부록 103쪽]에 제시한 予, 憫 자는 世宗序 끝부분[98쪽]으로 옮겨 제시해야하고, 집자도[99-103쪽] 10번~49번의 50종 한자와 音, 並, 予, 憫 자 등 54종의 글자칸에 크게 쓴 해당 한자의 크기를 축소해야 한다.

(표34) '(부록2) 世宗序 및 例義의 글자대조' 부분 검토 수정표 및 집자도

순		쪽	수정 대상	수정 방안	수정 사유
세종서 부분	1	93	1. 訓 27ㄴ(6,8)	1. 訓 1 ㄱ(1.1)	訓자 위치 수정, 정본체 다름
	2		2. 民 27ㄴ(6,9)	2. 民 1ㄱ(1.2)	民자 위치 수정, 정본체 다름
	3		3. 正 29ㄴ(6,10)	3. 正 1ㄱ(1.3)	위와 같음, 29ㄴ→27ㄴ수정
	4		4. 音 27ㄴ(6,11)	4. 音 1ㄱ(1.4)	音자 위치수정, 정본체와 다름
	5		5. 國 29ㄱ과 27ㄱ	5. 國 27ㄱ, 29ㄱ	國자 나열 위치 교환
	6	94	10. 乎 전체 글자수 13	10. 乎 14	전체 글자수 수정
	7		12. 國 27ㄱ(1,12)	12. 國 22ㄴ(6,3)	國위치 수정, 정본체와 다름
	8	95	18. 流 6ㄱ(6,7)	18. 流 2ㄱ(7,8)	流위치 수정, 정본체와 다름
	9		22. 民 27ㄴ(6,9)	22. 民 1ㄱ(1,2)	27ㄴ民 자 정본체와 다름
	10	96	36. 矣 7ㄴ(1,7)	36. 矣 6ㄴ(1,7)	矣자 위치 수정
	11	98	53. 習 19ㄴ(3,4)	53. 習 19ㄱ(3,4)	習자 위치 수정
	12		57. 用 정3ㄴ(6,4)	57. 用 5ㄴ(2,8)	用위치 수정, 정본서체와 다름
예의 부분	1	99	1. ㄱ~49.閭 위치공백 칸	1. 위치 표시 숫자	49종 글자 빈칸 위치표시 보충
	2	99	1. ㄱ 12	1. ㄱ 17	전체 글자수 수정
	3		2. 音, 4.字 우측 공간	2. 音 80, 4.字 108	집자도 네모칸에 글자수 삽입
	4		3. 如 정3ㄱ(2,2)	3. 如 정2ㄴ(7,5)	위치수정, 이용준 서체임(22자)
	5		4. 君 8ㄴ(1.11)	4. 君 8ㄴ(**8**.11)	위치 표시 수정
	6		4. 字, 5,初, 6.發 끝 칸	5. 5,6,7끝 칸 숫자	위로 한 칸씩 올려야 함
	7		5. 初 정3ㄴ(6,8)	5. 初 정3ㄴ(6.5)	선택글자 정정[두 군데]
	8		5. 初 정3ㄴ(**7**,8)	5. 初 정2ㄴ(**7**,8)	정2ㄴ(7,8)은 **이용준서체(22자)**
	9		6. 發 정3ㄱ(1,9)	6. 發 정2ㄴ(7,9)	위치 수정, **이용준 서체(22자)**
	10		7. 聲 정3ㄱ(2,6)	7. 聲 정2ㄴ(1,9)	위치 수정, **이용준 서체(22자)**
	11		7. 聲 정3ㄱ(1,9)끝칸	7. 聲 정3ㄱ(2,6)	끝 칸 위치 삽입
	12		8. 並 12자[전체글자수]	8. 並자 14자	전체 글자수 수정
	13	100	9. 書 끝 빈칸	9. 書 정음3ㄴ(6,9)	끝 칸 위치 삽입
	14		11. ㅋ 4자[전체글자수]	11. ㅋ 7 자	전체 글자수 수정
	15		11. ㅋ ㄴ(6,13)	11. ㅋ **1**ㄴ(6,13)	ㅋ 자 위치 장수 누락
	16		14. 業15ㄱ(2.8)청색집자	14. 정3ㄴ(1,3)청색	청색표시 누락[순서 변경]
	17		15. ㄷ자9자[전체글자수]	15. ㄷ자 11자	전체 글자수 수정, ㄷ 너무 큼
	18		16. 舌 ㄴ(4,5)	16. 舌 **1ㄴ**(4,5)	舌 자 위치 장수 누락
	19		17. 斗 15ㄱ(3,11)	17. 斗 11ㄱ(3,6)	위치 수정, 청색표시 수정
	20		19. ㅌ 4자[전체 글자수]	19. ㅌ 6 자	전체 글자수 수정

	21	101	21. ㄴ10자[전체 글자수]	21. ㄴ 13자	전체 글자수 수정
	22		23. ㅂ 8자[전체 글자수]	23. ㅂ 10자	전체 글자수 수정
	23		28. ㅍ 3 ㄴ(2,2)	28. ㅍ 3 ㄴ(2,3)	ㅍ 위치 표시 수정
	24		29. ㅁ10자[전체 글자수]	29. ㅁ 12자	전체 글자수 수정
	25		31. ㅈ 7자[전체 글자수]	31. ㅈ 9자	전체 글자수 수정
	26	102	32. 齒 정3ㄱ(1,3)	32. 齒 정2ㄴ(1,2)	위치 수정 **이용준 서체임(3자)**
	27		33. 卽11자[전체 글자수]	33. 卽 12자	전체 글자수 수정
	28		35. ㅊ 4자[전체 글자수]	35. ㅊ 6자	전체 글자수 수정
	29		36. 侵 정3ㄱ(3,4)	36. 侵 정3ㄱ**(4,3)**	청색 위 문자 행 위치 표시
	30		37. ㅅ13자[전체 글자수]	37. ㅅ14 자	전체 글자수 수정
	31		38. 戌 정3ㄴ(4.3)	38. 戌 정2ㄴ(1,5)	위치 수정 **이용준 서체임(1자)**
	32	103	44. 虛 7ㄴ(5,11)	44. 虛 2ㄱ(6,12)	청색 표시 위치 변경
	33		45. 洪10자[전체 글자수]	45. 洪 11 자	전체 글자수 수정
	34		46. ㅇ13자[전체 글자수]	46. ㅇ 15 자	전체 글자수 수정
	35		47. ㄹ10자[전체 글자수]	47. ㄹ 12 자	전체 글자수 수정
	36		48. 半 정3ㄱ(1,2)	48. 半 2ㄱ(2,9)	정본서체는 2ㄱ(2,9)임
	37		48. 半**10ㄴ**(5,3) (5,5)	48. **10ㄱ**(5,3) (5,5)	위치 표시 숫자 수정

세종서 부분 집자도

국보70호 훈민정음 정본제작 연구용역 결과보고서 붙임2 93쪽 세종서 머리부분

	글자	전체글자수	모사	1	2	3	4	5	6	선택글자
世宗序										
1	訓	4								27ㄴ (6,8)
			정음1ㄱ (1,1)	1ㄱ (1,1)	27ㄴ (6,8)	29ㄴ (8,1)				
2	民	7								27ㄴ (6,9)

예의 부분 집자도

국보70호 훈민정음 정본제작 연구용역 결과보고서 붙임2 99쪽 예의 머리부분

例義										
1	ㄱ	12								1ㄴ (7,2)
				1ㄴ (4,3)	1ㄴ (7,2)	3ㄴ (1,5)	17ㄴ (4,4)	17ㄴ (4,5)		
2	牙	17								1ㄴ (4,1)
				1ㄴ (4,1)	2ㄱ (8,6)	3ㄱ (4,11)	3ㄴ (7,10)	4ㄱ (2,9)	4ㄱ (3,7)	

* 정본체 : 훈민정음 낙장 부분을 복원한 정본 1,2안의 서체임.
* 이용준서체 : 훈민정음 낙장 부분 복원시에 이용준이 필사한 서체임[간송본 복원부분 서체].
* 수정대상 : 보고서 93-103쪽 집자도, 수정방안 : 정본 1,2안의 집자서체임.

3.3.2. 낙장 복원 정본2안의 판식 및 서체 개선 방안

정본안(정본1, 2안)의 수정대상 한자 84종 235자와 한글16종 16자 전체 100종 251자 중 158자를 수정하는 방안인 시안 작성 방법을 제시하고자 한다. 또한 구두점 34종의 위치를 수정하는 방법도 제시한다. 수정할 문자와 기호는 전체 285개 중 192개로 67.4%를 수정한다.

정음편 복원 정본안 1, 2장 부분은 정음편 원형 부분인 3, 4장의 서체 및 판형과의 통일성이 요구된다. 정본1, 2안은 원형부분과 비교하여 문자의 크기가 작고, 필력이나 필세가 약하게 보여 통일성-일관성-안정감이 없어 보인다. 즉 문자의 크기, 굵기, 배자 및 배열 등이 조화롭게 어울려야 하는데, 낙장 복원 정본안은 판식이나 문장 배자와 문자 서체 선정에서 오류가 많이 발견되어 수정이 필요하다. 따라서 여기서는 정본안 제2안의 판형을 토대로 제3의 개선안의 사례를 작성하고자 한다.

1) 낙장 복원 정본안의 문자별 수정 방안

자형 및 서체

* 정음편 부분 한자서체는 해서체 또는 해행서체를 위주로 배자한다.

* 문자의 크기를 획수가 많은 것은 크게, 적은 것은 작게 하되 문자간의 서선 굵기를 비슷하게 나타낸다. 반복되는 한자는 자형과 서체를 같게 나타낸다.

* 문자의 중심축 또는 세로획이 기운 문자 [聲, 齒, 牙 등]는 수직방향으로 수정한다. 문자를 구성하는 점획의 방향, 크기, 균형 등이 잘못 이루어진 문자[訓, 習, 使 등]는 점획을 부분 수정한다.

* 문자의 서선이 강하게 나타난 문자 [予]는 유연한 서체로 교체한다.

* 문자 중 원본서체에 해당 문자가 없거나 문자 조형미가 극히 뒤떨어지는 문자의 경우 낙장 복원 필사체인 이용준 필사 문자[愚, 新, 予 등]를 선정한다.

* 亻彳로 이루어진 문자[得, 伸, 使, 便]는 왼쪽삐침의 길이를 길게 통일한다. 단 원본서체 집자. 이용준 필사체 집자로 수정이 불가능한 경우의 [便] 자는 인변[亻] 부분을 다른 문자에서 선택하여 조자(造字)한다.

한글 자음 서체

* 자음의 획형은 수직, 수평, 대칭사향으로 나타내고, 자음들의 크기를 조화롭게 조정해야 하며, 구점은 한자와 같게 나타낸다.

* 자음 획형 중에서 선의 처음과 끝부분은 둥글게 원획형으로 나타낸다.

(1) 낙장 복원 정본안 문자의 자폭, 행간 조정 방안

① 정본안 문자의 자폭 크기 비교 조정(표35, 도110, 도111)

(도110, 도111)과 같이 정본안 복원문자의 크기와 해례본 원본문자 크기와의 유사정도를 비교한 결과 정본안 복원문자가 대부분 작아 보인다. 같은 문자의 가로폭 크기가 행간 간격에 비해 어느 정도 크기로 배자하였는가를 백분율로 환산하여 비교 측정한 결과 (표35)와 같이 나타났다. 따라서 정본안 문자는 원본문자의 크기와 유사하게 문자의 크기와 배자의 위치를 수정해야 한다. 정본안 如 자의 가로획은 짧게 나타내되 배자위치를 좌측으로 치우치게 행간위치를 정해야 아래 두 문자와 배행의 조화가 이루어진다.

행간간격 크기를 100으로 보았을 때 문자의 가로폭 크기를 환산하면 전체 17자 중 원전문자 14자가 복원 정본안 문자보다 더 크고, 3자가 작은 것으로 나타나듯이 원전문자가 더 큰 것으로 나타난다. 覃, 發 자는 원전문자가 10% 이상 크고, 洪, 初, 齒 자는 5% 이상 차이가 난다. 이렇게 차이가 많이 나는 복원 정본안 문자는 원전문자 크기로 확대 배자하여야 한다.

(표35) 훈민장음해례본 정음편 원문과 복원정본안의 문자 자폭 비교표

구분＼문자	단회 출현문자								
	呑	即	侵	洪	覃	君	業	欲	戌
원전문자	**93.1**	**58.6**	**89.7**	**76.7**	**79.3**	**71.2**	82.8	**100**	**81.0**
정본문자	90.0	56.9	86.2	70.9	60.0	71.0	**83.3**	96.7	75.9
수치차이	3.1	1.7	3.5	5.8	19.3	0.2	-0.5	3.3	5.1
비 고				◉	◉				◉

구분＼문자	단회 출현문자						다회 출현문자		계
	彆	初	發	聲	齒	音	如	字	비교
원전문자	**73.3**	**83.9**	**96.4**	89.3	**68.9**	**82.8**	84.4	**70.2**	14자
정본문자	69.5	75.9	86.2	**89.7**	62.1	81.0	**86.3**	69.9	3자
수치차이	3.8	8.0	10.2	-0.4	6.8	1.8	-1.9	0.3	4.1
비 고		◉	◉		◉				평균

(도110) 훈민장음해례본 정음편의 각종 복원부분 문구별 비교도-1

문구	정음편 한자 [3장 1면]				
	如呑字	如即字	如侵字	如洪字	如覃字
낙장복원자	1ㄴ6	2ㄱ5	2ㄱ7	2ㄴ5	1ㄴ5
정음원문자	3ㄱ2	3ㄱ3	3ㄱ4	3ㄱ5	3ㄱ6
	86.2-93.1-68.9	82.8-58.6-68.9	82.8-89.7-68.9	88.3-76.7-73.3	87.9-79.3-68.9
복원정본자	1ㄴ6	2ㄱ5	2ㄱ7	2ㄴ5	1ㄴ5
	83.3-90.0-70.0	86.2-56.9-68.9	91.4-86.2-72.4	83.9-70.9-67.8	81.7-60.0-66.7

(도111) 훈민정음해례본 정음편의 각종 복원부분 문구별 비교도-2

문구	정음편 한자 [3장 1. 2면]				
	如君字	如業字	如欲字	如戌字	如彆字
낙장복원자	如君字	如業字	如欲字	如戌字	如彆字
	1ㄱ7	1ㄴ3	2ㄴ6	2ㄴ1	2ㄱ1
정음원문자	如君字	如業字	如欲字	如戌字	如彆字
	3ㄱ7	3ㄴ1	3ㄴ2	3ㄴ4	3ㄴ5
	88.1-71.2-71.2	82.8-82.8-72.4	86.2-100-68.9	75.9-81.0-68.9	83.3-73.3-71.7
복원정본자	如君字	如業字	如欲字	如戌字	如彆字
	1ㄱ7	1ㄴ3	2ㄴ6	2ㄴ1	2ㄱ1
	84.8-71.2-71.2	83.3-83.3-70.0	86.7-96.7-70.0	93.1-75.9-74.1	88.1-69.5-67.8

* 수치표시 : 행간 가로폭 크기에 대한 문자 가로폭의 비율을 %로 나타낸 수치임.
  수치순서 : 한자의 상-중-하[예 如-呑-字] 순서로 비율[86.2-93.1-68.9]을 나타낸 것임.

② **정본안 문자의 행간 배자 위치 비교 조정(표36, 도112, 도113)**

훈민정음 원본의 행별 사이에 문자를 배자 할때 중간에 배자한 경우, 좌측으로 치우치게 배자한 경우, 우측으로 치우치게 배자한 경우가 있다. 이렇게 모든 문자는 행간 가운데만 배자한 것이 아니라 문자의 균형, 획의 종류 등에 따라 위치와 크기를 다르게 나타낸다.

정본안 1,2,3,4면 문자 235자와 복간본(원본) 5,6,7면 문자 131자의 행간 배자 위치를 (표36)과 같이 분석 비교하였다. 정본안의 배자 상황은 복간본 5,6,7면 문자 배자와 가장 유사하게 구성되어야 하기 때문에 분석 비교한 것이다.

여러 종류의 문자 중 양측(정본안 : 복간원본)에 공통적으로 많이 나오는 5종류(如, 字, 初, 發, 聲)의 문자 배자상황을 분석 비교하여 본다.

-如 자 배자 비교 : 정본안의 如 자는 전체 22자 중 좌측편향 배자수가 12자, 중간 배자수가 7자, 우측편향 배자수가 3자로, 좌측편향의 배자가 54.5%로 가장 많이 나타냈다. 또한 복간본의 如 자는 전체 12자[100%] 모두 좌측편향 배자를 하였으나 정본안의 如 자 전체는 일정한 배자를 하지 않았다.

-字 자 배자 비교 : 정본안의 字 자는 전체 24자 중 좌측편향 배자수가 14자, 중간 배자수가 9자, 우측편향 배자수가 1자로 좌측편향 배자가 58.3%로 가장 많은 것으로 나타났다. 반대로 복간본은 우측편향 7자[53.8%], 중간배자 4자, 좌측편향 배자 2자로 다양하게 배자하였다.

-初 자 배자 비교 : 정본안의 初 자는 전체 22자 중 좌측 편향 배자수가 18자, 중간 배자수가 3자, 우편 편향 배자수가 1자로 좌측편향 배자가 81.8%로 가장 많은 것으로 나타난다. 반면 복간본은 좌편향 배자만 4자로 나타났다.

-發 자 배자 비교 : 정본안의 發 자는 전체 22자 중 좌측편향 배자수가 12자[54.5%]로 가장 많고, 중간배자 8자, 우측편향 배자가 2자로 다양하게 배자하였다.

-聲 자 배자 비교 : 정본안의 聲 자 22자는 중간배자 13자[59.1%], 우측편향 배자 6자, 좌측편향 3자 순으로 나타났다. 반면 복간본은 21자 중 우측편향 배자가 19자[86.3%], 중간배자가 2자로 대부분 우측편향 배자이다.

5종 문자의 전체적인 배자 특징을 보면 정본안은 좌측편향 배자를, 복간본은 우측편향 배자를 가장 많이 한 것으로 양측 간본에 서로 다른 점이 많다. 같은 문자간에도 배자위치가 조금씩 다르게 나타나는데 새로 구성한 정본안의 배자는 훈민정음 원본인 복간본 3,4장 배자의 규칙에 맞게 재구성하여야 할 것이다.

(표36) 정본안과 복간본 정음편 문자의 행간 배자 위치별 분석표

구분 방법	정본안 정음편 1,2장		복간본[원본] 정음편 3,4장	
	장	해당 문자	장	해당문자
1. 우측 편향	1ㄱ	民 民 之 文 流 通 故 終 使 便 牙 予 新 得 愚 音 發 矣 中 情 聲	3ㄱ	聲 聲 聲 聲 聲 聲 聲 字 字 字 字 字 中 中 中 中 中 穰 呑 侵 洪
	1ㄴ	聲 聲 聲 呑 如 牙 發	3ㄴ	聲 聲 聲 聲 聲 聲 聲 聲 中 中 中 復 終 連 之 合 字 字 戌
	2ㄱ	如 初 聲 即 字	4ㄱ	聲 聲 聲 聲 之 凡 點 點 急 成 終 入
	2ㄴ	如 邪 聲 [계 36자 : 15.3%]	-	[계 52자 : 39.7%]
2. 좌측 편향	1ㄱ	訓 有 而 多 制 易 於 用 耳 不 不 正 日 音 國 相 伸 二 異 與 習 憫 字 然	3ㄱ	如 如 如 如 如 如 如 君 半 齒 初 字 音 發 覃
	1ㄴ	字 字 字 字 音 音 音 音 音 書 書 如 如 如 如 如 初 初 初 初 初 初 初 虯 舌 那 並	3ㄴ	如 如 如 如 如 初 初 用 用 脣 脣 彆 下 音 音 書 字 中 即 爲 業
	2ㄱ	字 字 字 字 發 發 發 發 發 書 書 脣 脣 齒 齒 初 初 初 初 初 初 如 如 如 音 音 聲 慈 侵 彌 漂	4ㄱ	書 書 書 上 下 右 左 音 平 加 於 初 則 則 則 則 並 附 附 一 二 無 去 加 同
	2ㄴ	字 字 字 字 字 音 音 音 音 音 書 書 喉 喉 喉 戌 如 如 如 如 虛 發 發 發 發 發 發 發 初 初 初 初 聲 聲 並 洪 半 舌 閭 齒 初 [계 123자 : 52.3%]	-	[계 61자 : 46.6%]
3. 중간 정도	1ㄱ	音 字 十 初 乎 者	3ㄱ	即
	1ㄴ	發 發 發 發 聲 聲 舌 舌 快 業 字 如	3ㄴ	字 字
	2ㄱ	音 音 音 如 如 聲 聲 聲 並 並 脣 發 步 字	4ㄱ	而 而 必 聲
	2ㄴ	字 字 聲 聲 聲 挹 初 如 並 [계 41 : 17.4%]	-	[계 7자 : 5.3%]
4. 중간 배자	1ㄱ	字 語 所 言 其 爲 如 君 國 此	3ㄱ	字 洪
	1ㄴ	字 字 發 發 聲 聲 並 牙 斗 覃	3ㄴ	輕 中
	2ㄱ	發 如 聲 聲 彆 字	4ㄱ	字 同 聲
	2ㄴ	如 聲 初 [계 29자 : 12.3%]		[계 7자 : 5.3%]
5. 만폭 배자	1ㄱ	欲 欲 八 人 人	3ㄱ	
	1ㄴ		3ㄴ	欲 穰
	2ㄱ		4ㄱ	促 合
	2ㄴ	欲 [계 6자 : 2.6%]	-	[계 4자 : 3.1%]
계	쪽별	1ㄱ 66자 2ㄱ 56자 1ㄴ 56자 2ㄴ 57자 계 235자	쪽별	3ㄱ 39자 4ㄱ 46자 3ㄴ 46자 계 131자

비교 문자	정본안 如 字 聲 자 배자수						복간본 如 字 聲 자 배자수					
	우편	좌편	중간		만폭	계	우편	좌편	중간		만폭	계
如	3	12	4	3	-	22	-	12	-	-	-	12
字	1	14	5	4	-	24	7	2	2	2		13
初	1	18	2	1	-	22	-	4	-	-		4
發	2	12	5	3	-	22	-	-	-	-		-
聲	6	3	8	5	-	22	19	-	1	1		21
계	13	59	24	16	-	112	26	18	3	3	-	50
비중	11.6	52.7	21.4	14.3	-	100	52.0	36.0	6	6	-	100%

(도112) 복간본 원본과 정본안의 정음편 如 · 字 자 자형 및 배자 비교도

위치		행별 如 -字 자 자형 · 배자 위치도				
如 자 배자	복간본 3장 앞					
		← 7행	←	←	←	←
	정본안 1장 뒤					
	위치	▣	←	←	▣	→
	복간본 3장 뒤					
	위치	←	←	←	←	←
	정본안 2장 앞					
	위치	▣	→	▣	▣	▣

字 자 배자	복간본 3장 앞					
	위치	→	→	→	▣	▣
	정본안 1장 뒤					
	위치	←	▣	←	▣	▣
	복간본 3장 뒤					
	위치	▣	▣	▣	▣	→
	정본안 2장 앞					
	위치	←	▣	←	←	←

(도113) 복간본 원본과 정본안의 정음편 聲 자 자형 및 배자 비교도

위치		행별 聲 자 자형 · 배자 위치도				
聲자 배자	복간본 3장 앞					
	위치	→	→	→	→	→
	정본안 1장 뒤					
	위치	▣	▣	▣	→	▣
	복간본 3장 뒤					
	위치	→	→	→	→	→
	정본안 2장 앞					
	위치	▣	→	▣	▣	▣

③ 정본안 문자의 행간 방향 비교 조정(도114 하단)

정본안의 행간에 배자한 문자를 보면 문자의 기울기가 위 부분이 좌우측으로 기울어진 문자가 있어 문장배열의 배열미가 조화롭지 않은 부분이 있다.

좌측으로 기운 문자로는 通, 制, 覃, 聲(22자), 脣, 彌, 齒(3자) 등 30자가 나타났고, 우측으로 기운 문자로는 耳, 牙, 虯, 那 자 등 4자가 있는 것으로 분석된다. 이러한 문자는 (도114) 하단과 같이 정음편 문자는 같은 크기로 집자하고, 정음해례편의 문자는 계선의 가로폭 크기로 확대하여 배자하면 된다.

또한 정본안 문자는 문자 크기가 정음편 원본(3,4장) 문자 크기보다 작게 집자하였기에 개선안에서는 (도114)의 원본크기와 같이 조금 크게 키워야 한다.

(도114) 훈민정음해례본 복원부분 문자의 행간위치 및 방향 수정 시안도

요소	문자의 행간 배치[좌우여백 규격] 예시문자					
	左廣右狹 ○ ○			左狹右廣 ○ ○		
정본안			좌측 넓고 우측 좁음			우측 넓고 좌측 좁음
	1ㄱ7	2ㄱ6	잘 못됨	2ㄱ3	1ㄴ2	
수정 보기		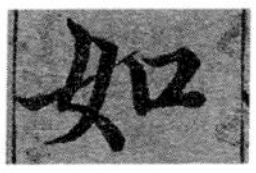	좌측 좁고 우측 너름			행간 중간 행간 가득
	해3ㄴ7	정3ㄴ3	정상배치	정3ㄱ1	해14ㄴ1	정상배치
	좌광우협 ○ ∘				좌협우광 ∘ ○	
정본안		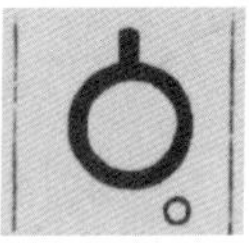				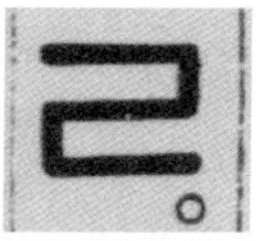
	1ㄴ7 ㄴ	1ㄴ3 ㆁ	2ㄱ1 ㅂ	2ㄴ3 ㆆ	2ㄴ4 ㅎ	2ㄴ7 ㄹ
수정 보기	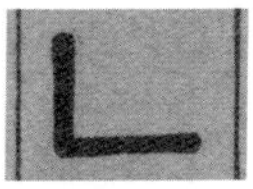	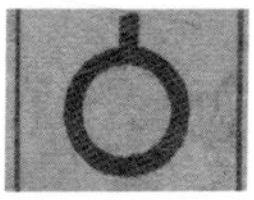				
	해18ㄴ7	해20ㄴ5	해18ㄴ7	해22ㄴ4	해4ㄴ2	해22ㄴ7
요소	문자의 방향 조정[좌우편향 조정]-계43자					
	좌향 ↘			우향 ↙		
정본안			문자 전체 좌측 기욺			세로 서선 우측 기욺
	1ㄱ7 외 21자	2ㄱ5	잘못됨	1ㄱ7	1ㄴ7	
수정 보기			문자 전체 바로 세움			세로 서선 수직 방향
	정3ㄴ6	해2ㄱ3	정상 방향	해4ㄱ2	해11ㄴ3	

(2) 낙장 복원 정본안 문자의 자형 및 서체 조정 방안(도115)

(도115)의 정본안의 복원문자 중 서체를 달리하거나 자형을 달리한 사례를 찾아 새롭게 구성할 문자를 정음편이나 정음해례편에 나오는 문자로 교체하여 보다 정상적으로 변경하여 보았다.

훈민정음해례본 정음편의 서체는 해서체와 행서체[66]가 섞여있다. 그런데 정음해례편도 해서체와 행서체가 섞여 있으나 행서체가 많은 편이다. 정음편 원형부분의 두 체의 섞인 정도가 어느 정도인가를 분석하여 복원부분의 서체를 선정하여 집자하는 것이 바람직하다고 본다.

정음편 원형부분(3ㄱ, 3ㄴ, 4ㄱ) 3면의 서체비중[전체 131자]

해서체 : 齒, 如, 穰, 字...등 113자 [86.3%]
행서체 : 半, 音4, 業, 之2, 爲, 則3, 並, 而2, 平, 點, 急 18자 [13.7%]

정음편 문자가 해서체 위주로 구성되어 있다고 보고, 행서체가 원형부분(3장~4장)에 다소 혼용된 비율[13.7%]을 고려하여 교체 집자를 해야 한다.

훈민정음해례본 정음편의 복원 문자 중에는 (도115) 상측 부분에서와 같이 문자의 점획 크기를 연장하거나 축소해야 할 문자가 발견된다. 즉 여러 문자 중 彳 변의 좌측 끝부분이 짧은 得 자, 亻 변의 좌측 끝부분이 짧은 便 자, 早 부분의 가로획이 짧은 覃 자 등은 서선을 연장시키고, 土 부분 세로획이 긴 者 자는 짧게, 立 부분이 지나치게 큰 新 자와 羽 부분이 큰 習 자 등은 축소하여 조화롭고 안정된 자형을 보여주어야 한다. 이러한 결함사항을 수정해야 할 대체문자를 정음편이나 정음해례편에서 선정하여 (도116)에 제시하였다.

문자의 점획 방향을 변화시켜야 할 문자나 지나치게 강직한 서선의 문자, 자형이 다른 문자, 서체를 바꾸어야 할 문자 등이 발견된다. 그 예로 使 자와 舌 자, 訓 자의 첫 가로획의 기울기가 다음 가로획과 불안한 방향으로 운필한 사례는 다음 선과 평행이 되게 운필해야 한다. 지나치게 행서체로 쓴 流 자는 간결하게, 강직한 서선으로 나타낸 予 자는 유연한 자형의 문자로 (도115) 하측부분 도판의 문자와 교체해야 한다.

66 行書體 정의 : 한 개 문자구조에서 점획간의 연결선이 이어진 획이 있는 문자를 행서체로 정의하고, 연결의 느낌이 있는 문자는 楷書體로 정의하였다.

(도115) 훈민정음해례본 복원부분의 문자 및 점획 수정 시안도

요소	문자점획 연장 및 축소 [不 耳 자 포함 8자]					
	서선 연장			상위 획형 축소		
정본안	得	便	單	者	新	習
	1ㄱ4	1ㄱ6	1ㄴ5,	1ㄱ4	1ㄱ5	1ㄱ6
수정 보기	得	便	單	者	新	習
	해18ㄴ1	정3ㄱ4	해17ㄱ4	해7ㄱ6	해27ㄱ8	해20ㄴ1
	彳의 단별 끝부분 연장하기	亻의 단별 끝부분 연장하기	早 부분 가로획 왼쪽 연장하기	土 부분 상하폭 크기 줄이기	立크기 줄여서 조화롭게 조정하기	羽부분 크기 줄여서 균형조정하기
요소	점획 방향 및 서체 변형 [民 자 포함 8자]					
	점획 방향 변형			서체 변형		
정본안	使	舌	訓	流	矣	予
	1ㄱ6	1ㄴ4,6,7	1ㄱ1	1ㄱ3	1ㄱ4	1ㄱ4
수정 보기	使	舌	訓	流	矣	予
	해28ㄴ7	해22ㄴ8	해27ㄴ6	해9ㄱ1	해6ㄴ1	해24ㄴ5
	吏 부분 가로획 오른쪽 방향 올리기	첫 가로획을 둘째 가로획과 평행되게	言 부분 5개 가로획 평행되게	행서체를 해서체로, 우측의 점 제거	矣자 끝 획을 맺음형 원획으로 변경	정음체로 교체, 予자는 茅자로 재구성하기

(3) 낙장 복원 정본안 문자의 구점 표시 조정 방안(도116)

복원 정본안 문자에 표시한 구점(句點 : 마침표) 표시 위치와 크기를 분석해 보면 원본 3, 4장의 것과 다르게 나타냈다. (도116)과 같이 정본안 구점 표시는 오른쪽 계선과의 간격을 원본의 간격보다 2배 이상 잘못 나타낸 것으로 분석된다. 원본 구점의 크기와 간격을 보면 구점[원] 직경이 2.5~3mm 정도이고, 계선과의 간격은 0.5~1mm로 구점 크기의 1/2 정도인데 정본안은 구점 직경 2.0~2.5mm이고, 계선과의 간격은 2.5~3mm로 구점은 작고, 반대로 간격은 2~3배 정도로 아주 다르게 표시하였다. 이렇게 잘못 표시된 정본안의 구점은 (표37)의 아래 부분과 같이 한글 초성부분 16종 문자, 한자 18종 문자가 된다.

정본1.2안 복원문자 초성자 구점위치 문자[2ㄱㄴ부분-ㅂㅍㅁㅈㅊㅅㆆㅎㅇㄹ].............16자

정본1.2안 복원문자 한자 구점위치 문자[音 16자, 通, 矣 포함]................................18자

[1 안 복원문자 한자 구점위치 문자 聲 6자]

정본안 1, 2안의 한글, 한자 34자에 크기는 작고, 간격이 크게 잘못 나타나는 구점은 크기를 2.5~3mm로 키우고, 계선과의 간격을 0.5~1mm로 좁혀서 나타내는 것으로 수정을 요한다.

(도116) 훈민정음해례본 복원부분 문자의 구점 표시 위치 수정 시안도

	1,2안 복원문자 초성자 구점위치 외 10자 [2ㄱㄴ부분-ㅂㅍㅁㅈㅊㅅㆆㅎㅇㄹ]					
	ㄱ	ㅋ	ㆁ	ㄷ	ㅌ	ㄴ
정본안						
	1ㄱ7	1ㄴ2	1ㄴ3	1ㄴ4	1ㄴ6	1ㄴ7
원문자						
	정3ㄱ2	정3ㄱ3	정3ㄱ4	정3ㄱ5	정3ㄱ6	정3ㄱ7
	1,2안 복원문자 한자 구점위치 외 14자			1안 복원문자 한자 구점위치 외 4자		
	音	音	위치 비교	聲	聲	위치 비교
정본안			구점-계선 사이 간격			구점-계선 사이 간격
	1ㄴ2	1ㄴ3	넓음	1ㄴ4	2ㄱ1	넓음
원문자			구점-계선 사이 간격			구점-계선 사이 간격
	정3ㄴ7	정4ㄱ4	좁음	정3ㄴ6	정4ㄱ5	좁음

문자 / 요소	音		聲	
	복원자	원문자	복원자	원문자
구 점 상하위치	문자 아래 위치	문자 아래 위치	문자 겹치는 부분	문자 겹치는 부분 문자 아래위치
배자위치	좌측 치우침 비정상	3ㄴㄱ 정상 4ㄱ4 좌측 치우침	중간배자 정상	우측 치우침 비정상
문자크기	작음	적당함	작음	적당함
서선방향	정상	정상	위부분 좌사향 비정상	정상

* 위 도판의 [1 안 복원문자 한자 구점위치 외 4자] 聲자 구점은 정본안 1 안에만 표시된 것임.

2) 낙장 복원 정본안의 문구별[행별] 수정 방안

훈민정음해례본 정음편 제1,2장 4면 문구의 배자 및 서체에 대한 수정방안을 제시한다. 훈민정음해례본 낙장부분을 복원한 정본2안의 자형 및 배자 수정을 위해 4면에 걸쳐 나오는 한글-한자-기호 등 298개를 심층 검토한 결과 217개 부분을 수정 대상으로 (표37-1,2)(도117)과 같이 추출해 냈다.

(표37-1,2)과 같이 수정 대상은 모두 217개인데 자형수정이 138자. 행간조정이 32자, 기호수정이 47개에 이른다. 이 수량은 전체 298개(한자 235자, 한글 16자, 기호 47종) 중의 72.8%에 이른다. 수정 대상 문자의 종류는 같은 문자가 많은데 1, 2, 3, 4면에 걸쳐 반복되어 나오는 *如..字初發聲* 5자와 같이 22개행에 이르는 것도 있다. 이렇게 교체해야 할 대상문자는 새로 쓰는 것이 아니고 해례본의 제1,2장 이외의 원본문자들 중에서 찾아 집자하였다. 따라서 (표37-1)의 양식 4항의 삽입문자 칸의 27ㄴ6.8(장수, 면수, 행수, 행별 순서수) 위치에서 집자하여 축소-확대-방향조정-가획 등의 교정방법으로 수정하였다.

(도117)과 같이 (표37-1,2)의 대상에서 서체수정 138자는 노랑색 원, 행간위치 수정 32자는 청색 마름모, 구점 기호수정 34개는 빨강 네모 표시[두점, 권점 13개 수정은 표시 않음 : 대상 문자 아래 별행과 같음]로 하는 등 모두 217개 문자-기호에 표시하였다.

집자 수정을 필요로 하는 대상 문자는 170자로 정음편과, 정음해례편에서 집자하여 수정하였다. 구점(句點) 수정을 요하는 대상문자 34자는 한자 通, 矣, 音 자 등 18자와, 한글 ㄱㅋ ㅇ 등 16자 등인데, 이 34자에 표시하는 구점은 계선에 가깝게 옮겨 나타냈다.

* 두점 수정대상 (11자)....문자 하측 양측 계선 중간에 표시 (크기 확대)

音 (1ㄱ 2,4)　國 (1ㄱ 2,5)　言 (1ㄱ 3.11)　然 (1ㄱ 5,4)　字 (1ㄱ 5,10)
書 (1ㄴ 1,2)　書 (1ㄴ 5,2)　書 (2ㄱ 2,2)　書 (2ㄱ 5,2)　書 (2ㄴ 2,2)
書 (2ㄴ 5,2)

* 권점 수정 대상 (2자)....문자 우측 상단 획에 겹쳐 표시(크기 확대)

爲 (1ㄱ 5.1)　易° (1ㄱ5,4)

정본안의 행간 배자위치 수정을 2가지 이상 상황을 겸하여 수정해야 하는 문자들은 (표37-1, 표37-2)에 위치[짙음표시]를 표시하였고, 위치만을 수정할 문자는 (표37-2) 아래 부분 좌측에 제시하였다.

(표37-1) 정본2안의 쪽수별 수정부분의 문자 및 기호 일람표

순	쪽수	문자	삽입문자	수정대상, 방법	순	쪽수	문자	삽입문자	수정대상, 방법
1	1ㄱ1	訓	27ㄴ6,8	言부분 3획입필	16	1ㄴ4	**如**	정3ㄱ2,2	정2ㄴ7,5 교체
2		民	27ㄴ6,9	세로획 굵기,굽이	17		**初**	**發聲** 1ㄱ7의 **初發聲**과 같음	
3		正	27ㄴ6,10	좌수직획 위치	18	1ㄴ5	書	정3ㄴ-6,9	중심선위치,크게
4		音	27ㄴ6,11	立과 日의 조화	19		如	정3ㄱ2,2	정2ㄴ7,5 교체
5	1ㄱ3	流	09ㄱ1,6	자형조화, 서체	20		覃	17ㄱ4,2	11ㄱ7,6교체,**위치**
6		通	20ㄱ2,3	기울기, 조화미	21		**初**	**發聲**1ㄱ7의 **初發聲**과 같음	
7		民	27ㄴ6,9	세로획 굵기,굽이	22	1ㄴ6	ㅌ	24ㄴ6,3	1ㄴ8,2교체
8	1ㄱ4	得	18ㄴ1,4	좌측두획 삐침	23		舌	10ㄱ5,4	첫가로획 기울기
9		者	07ㄱ6,7	土부분 크기,**위치**	24		如	정3ㄱ2,2	정2ㄴ7,5 교체
10		矣	06ㄴ1,7	予 : 茅 재구성	25		**初**	**發聲**1ㄱ7의 **初發聲**과 같음	
11	1ㄱ5	憫	悖+潤+文	조합 재구성	26	1ㄴ7	ㄴ	24ㄴ7,1	두선 각도수직
12		新	27ㄱ8,6	立부분 과대	27		舌	10ㄱ5,4	첫가로획 기울기
13		制	03ㄴ5,8	세로획 기울기	28		音	27ㄴ6,11	행간 중간위치
14		二	22ㄴ5,6	가로획 기울기	29		如	정3ㄱ2,2	정2ㄴ7,5 교체
15	1ㄱ6	使	28ㄴ7,3	가로획 기울기	30		那	20ㄱ1,2	우측 기울기, **위치**
16		習	20ㄴ1,7	羽 부분 크기	31		字	정3ㄴ-5,4	행간 중간위치
17		便	정3ㄱ4,3	좌측 삐침 크기	32		**初**	**發聲** 1ㄱ7의 **初發聲**과 같음	
18		用	19ㄴ3,5	耳 : 聲 재구성	1	2ㄱ1	ㅂ	18ㄴ7,10	방획을 원획교체
19	1ㄱ7	**ㄱ**	04ㄱ5.9	기울기, 방획수정	2		脣	정3ㄴ7,5	자형,기울기,**위치**
20		牙	09ㄴ7,1	세로획수직,**위치**	3		如	정3ㄱ2,2	정2ㄴ7,5 교체
21		**如**	정3ㄱ2,2	정2ㄴ7,5 교체	4		**初**	**發聲**1ㄱ7의 **初發聲**과 같음	
22		**初**	정3ㄴ7,8	정2ㄴ7,8 교체	5	2ㄱ2	書	정3ㄴ6,9	중심선위치,크게
23		**發**	11ㄱ2,4	정2ㄴ7,9 교체	6		如	정3ㄱ2,2	정2ㄴ7,5 교체
24		**聲**	정3ㄴ6,2	정2ㄴ1,9 교체	7		**初**	**發聲**1ㄱ7의 **初發聲**과 같음	
1	1ㄴ1	如	정3ㄱ2,2	정2ㄴ7,5 교체	8	2ㄱ3	脣	정3ㄴ7,5	기울기수직,**위치**
2		虯	15ㄱ7,3	세로획수직,**위치**	9		如	정3ㄱ2,2	정2ㄴ7,5 교체
3		字	정3ㄴ-5,4	행간 중간위치	10		字	정3ㄴ5,4	행간중간 위치
4		**初**	**發聲** 1ㄱ7의 **初發聲**과 같음		11		**初**	**發聲**1ㄱ7의 **初發聲**과 같음	
5	1ㄴ2	ㅋ	24ㄴ3,11	세로획 수직	12	2ㄱ4	ㅁ	18ㄱ3,6	선굵기, 굽이
6		牙	9ㄴ5,3	세로획수직,**위치**	13		脣	정3ㄴ7,5	기울기수직,**위치**
7		如	정3ㄱ2,2	정2ㄴ7,5 교체	14		如	정3ㄱ2,2	정2ㄴ7,5 교체
8		**初**	**發聲** 1ㄱ7의 **初發聲**과 같음		15		字	정3ㄴ5,4	행간중간 위치
9	1ㄴ3	ㆁ	2ㄱ-2,6	행간 중간위치	16		**初**	**發聲**1ㄱ7의 **初發聲**과 같음	
10		牙	9ㄴ5,3	세로획수직,**위치**	17	2ㄱ5	齒	2ㄱ3,7	기울기 수직
11		音	27ㄴ6,11	행간 중간 위치	18		如	정3ㄱ2,2	정2ㄴ7,5교체
12		如	정3ㄱ2,2	정2ㄴ7,5 교체	19		字	정3ㄴ5,4	행간중간 위치
13		**初**	**發聲** 1ㄱ7의 **初發聲**과 같음		20		**初**	**發聲**1ㄱ7의 **初發聲**과 같음	
14	1ㄴ4	ㄷ	19ㄱ3,1	첫가로획 굵기	21	2ㄱ6	如	정3ㄱ2,2	정2ㄴ7,5 교체
15		舌	10ㄱ5,4	첫가로획기울기	22		**初**	**發聲**1ㄱ7의 **初發聲**과 같음	

(표37-2) 정본2안의 쪽수별 수정부분의 문자 및 기호 일람표

순	쪽수	문자	삽입문자	수정대상, 방법	순	쪽수	문자	삽입문자	수정대상,방법
23	2ㄱ7	ㅊ	21ㄱ1,12	수직획 원획	15	2ㄴ4	音	27ㄴ6,11	행간 중간위치
24		齒	2ㄱ3,7	기울기 수직	16		如	정3ㄱ2,2	정2ㄴ7,5 교체
25		如	정3ㄱ2,2	정2ㄴ7,5교체	17		字	정3ㄴ5,4	행간중간 위치
26		字	정3ㄴ5,4	행간중간 위치	18		**初**	**發聲**1ㄱ7의 **初發聲**과 같음	
27		**初**	**發聲**1ㄱ7의 **初發聲**과 같음		19	2ㄴ5	並	정4ㄱ1,2	행간 중간 위치
1	2ㄴ1	ㅅ	18ㄱ7,3	우측 원획으로	20		書	정3ㄴ6.9	중심선위치,크게
2		齒	2ㄱ3,7	기울기 수직	21		如	정3ㄱ2,2	정2ㄴ7,5 교체
3		如	정3ㄱ2,2	정2ㄴ7,5 교체	22		洪	정3ㄱ5,3	확대, 우측위치
4		戌	정3ㄴ4,3	정2ㄴ1,교체,**위치**	23		字	정3ㄴ5,4	행간 중간 **위치**
5		**初**	**發聲**1ㄱ7의 **初發聲**과 같음		24		**初**	**發聲**1ㄱ7의 **初發聲**과 같음	
6	2ㄴ2	如	정3ㄱ2,2	정2ㄴ7,5 교체	25	2ㄴ6	ㅇ	3ㄴ4,5	크기축소93.7%
7		邪	11ㄱ8,4	阝 세로획수직	26		喉	2ㄱ6,5	행간 중간위치
8		**初**	**發聲**1ㄱ7의 **初發聲**과 같음		27		如	정3ㄱ2,2	정2ㄴ7,5 교체
9	2ㄴ3	ㆆ	2ㄱ1,5	2ㄱ1,4교체	28		**初**	**發聲**1ㄱ7의 **初發聲**과 같음	
10		喉	2ㄱ-6,5	행간 중간위치	29	2ㄴ7	ㄹ	18ㄱ3,8	세로선 수직
11		如	정3ㄱ2,2	정2ㄴ7,5 교체	30		舌	10ㄱ5,4	첫가로획기울기
12		**初**	**發聲**1ㄱ7의 **初發聲**과 같음		31		音	27ㄴ6,11	행간 중간위치
13	2ㄴ4	ㅎ	2ㄱ-1,7	행간 중간 위치	32		如	정3ㄱ2,2	정2ㄴ7,5 교체
14		喉	2ㄱ-6,5	행간 중간위치	33		**初**	**發聲**1ㄱ7의 **初發聲**과 같음	

행간 배자 수정대상 및 방안					구점 위치 수정대상 및 방안					
순	위치	대상문자	배자위치	수정위치	순	위치	수정안	순	위치	수정안
1	1ㄱ4	其	행간중앙	약간좌측	1	1ㄱ3	通이	12	2ㄱ3	ㅍ이
2	4	矣	약간우측	약간좌측	2	4	矣이	13	4	ㅁ이
3	5	爲	행간중앙	약간좌측	3	7	ㄱ이	14	5	ㅈ이
4	6	於	행간중앙	약간좌측	4	7	音이	15	7	ㅊ이
5	7	君	행간중앙	약간좌측	5	1ㄴ2	ㅋ이	16	1,3 4,5,7	音이
6	1ㄴ3	業	행간중앙	약간좌측	6	3	ㆁ이	17	2ㄴ1	ㅅ이
7	4	斗	행간중앙	약간좌측	7	4	ㄷ이	18	3	ㆆ이
8	2ㄱ1	彆	행간중앙	약간좌측	8	6	ㅌ이	19	4	ㅎ이
9	2	步	행간중앙	약간좌측	9	7	ㄴ이	20	6	ㅇ이
10	5	即	약간우측	행간중앙	10	2, 3 4,6,7	音이	21	7	ㄹ이
11	2ㄴ2	邪	약간우측	약간좌측	11	2ㄱ1	ㅂ이	22	1,3 4,6,7	音이

* 정본안 전체 종류수 : 한자 235자, 한글 16자, 기호 47종 [구점 34종, 두점 11종, 권점 2종] 전체 계 298종
* 개선안 문자-기호 수정수 : 문자 170자 [자형수정 138자, 행간조정 32자,] 기호수정 47종. 계 217종
* 기호 수정방법 : 제1차 모두 크기 확대, 2차 위치조정 * 수정대상, 방법 란에 **위치**(질음표시) 좌측편향 문자임.

(도117) 훈민정음해례본 정본2안 문장의 행별 수정부분 표시도

위치	훈민정음해례본 정음편 정본2안 수정 표시
제一장 앞뒤면	訓民正音 國之語音異乎中國與文字 不相流通故愚民有所欲言 而終不得伸其情者多矣予 爲此憫然新制二十八字欲 使人人易習便於日用耳 ㄱ牙音如君字初發聲 並書如虯字初發聲 ㅋ牙音如快字初發聲 ㆁ牙音如業字初發聲 ㄷ舌音如斗字初發聲 並書如覃字初發聲 ㅌ舌音如呑字初發聲 ㄴ舌音如那字初發聲
제二장 앞뒤면	ㅂ脣音如彆字初發聲 並書如步字初發聲 ㅍ脣音如漂字初發聲 ㅁ脣音如彌字初發聲 ㅈ齒音如卽字初發聲 並書如慈字初發聲 ㅊ齒音如侵字初發聲 ㅅ齒音如戌字初發聲 並書如邪字初發聲 ㆆ喉音如挹字初發聲 ㅎ喉音如虛字初發聲 並書如洪字初發聲 ㅇ喉音如欲字初發聲 ㄹ半舌音如閭字初發聲

* 표시구분 : ◯ 자형 및 점획수정[기울기] 문자, ◇ 행간 위치 조정 문자, ■ 구점 위치 수정,
○ 두점 : 문자 밑의 중간에 표시한 원점[11개 표시 생략함]

훈민정음해례본 낙장부분을 복원한 3가지 수정안을 비교 제시해 본다.

* 원본 낙장을 이용준이 필사한 **낙장복원**(복간본-간송본 1940년)-**복원안**

* 낙장복원안을 검토 수정한 **정본안제2안**(문화재청 소장 2017년)-**정본안**

* 정본안 제2안을 검토 수정한 **검토개선안**(필자 수정안 2021년) -**개선안**

훈민정음해례본 정음편 복원부분 4면의 28행에 대한 배자 및 서체 수정 복원한 개선안을 복원안과 정본안과 비교하여 (도118~도131)과 같이 제안한다.

(1) 정음편 제1장 1면의 행별 자형(서체) 및 배자 비교 수정안(도118~121)

① 제1행 '訓民正音' 비교 수정(도118 우)

정본안의 제1행 권두서명 '訓民正音' 서체는 훈민정음해례본의 정음해례편 제1장 제1면의 '訓民正音'을 집자한 것인데, 보고서의 부록 3 집자도에서는 제27장 제2면(27ㄴ 6-8,9,10,11)에서 집자하는 것으로 잘못 제시하였다.

복원안의 제1장 제1행 행간크기는 제2행보다 조금 크게 나타냈고 문자의 크기도 크게 나타냈다. 그러나 정본안의 행간 크기는 제1행과 제2행을 같게 나타냈다. 3개 안의 행간에 상하위치로 나타내는 상하배자는 적당하나 행간의 좌우배자는 문자 크기로 보아 복원안 서체가 큰 편이고, 정본안 서체와 개선안 서체는 적당한 편이다.

4자의 서체로 보아 정본안의 訓 자의 言 부분 2, 3획이 평행이 되어야 하고, 民 자의 왼쪽 세로획이 지나치게 굵고 강한 느낌이 나며, 正 자의 왼쪽 세로획이 지나치게 굵고, 위치가 조화롭지 못하다.

따라서 개선안에서는 정본안의 訓民正音 4자의 서체 모두를 정음해례편 27장 뒷면 6행의 '訓民正音' 서체로 교체하고 배자를 조정하였다.

② 제2행 '國之語音, 異乎中國,與文字' 비교 수정(도118 좌)

제2행의 '國之語音. 異乎中國與文字' 11자 상하배자를 1940년 복원안은 國之語音과 異乎中國의 音, 國 자 아래 오른쪽에 권형(圈形 : 가운데 부분 빈 원형)의 구점(句點 : 마침표)을 표시했는데, 정본안과 개선안은 문자의 가운데 위치에 표시하는 두점(讀點 : 쉼표)으로 수정하였다.

복원안의 문자는 행간 크기에 비해 크게 나타냈고, 音, 國, 字 자 등의 기울기가 바르지 않은데 비하여 정본안과 개선안은 문자 크기와 기울기를 조화롭게 나타냈다. 정본안의 전체 문자 11자를 개선안에서 그대로 활용하였다.

(도118) 정음편 제1장 1면 1,2행의 복원종류별 자형 및 배자 비교도

구분	제2행			제1행		
	개선안	정본안	복원안	개선안	정본안	복원안
문구 비교	國之語音。異乎中國。與文字	國之語音。異乎中國。與文字	國之語音。異乎中國。與文字	訓民正音	訓民正音	訓民正音
문자	–			訓民正音		
기호	音。 國。			–		

* '訓民正音　國之語音，異乎中國，與文字不相流通.[67]
* 훈민정음　국지어음，이호중국　여문자불상유통.
* 훈민정음　우리나라 말이 중국말과 달라 한자와 서로 잘 통하지 않는다.

설명 : (도118)~(도131)까지 문자 칸의 [字]형식의 [　] 안의 문자는 행간의 위치 조정문자임

67 (도118)~(도131)까지 훈민정음 판독과 해설은 '김슬옹, 2018, 훈민정음해례본 입체 강독본'을 인용함.

③ 제3행 '不相流通. 故愚民有所欲言,' 비교 수정{도119 우)

정본안과 개선안 제3행의 不相流通.[구점] 故愚民有所欲言[두점] 부분에 구두점 표시를 같게 나타냈으나 복원안은 不相流通.[구점] 故愚民[구점]과 有所欲言[무점]으로 표시하는 등 구두점을 다르게 표시를 했다. 정본안은 通 자 다음에 구점을, 言 자 아래에 두점을 나타냈다. 계선과 구점 사이를 지나치게 넓게 나타낸 정본안의 구점을 개선안에서는 좁혀서 나타냈다. 복원안의 문자 크기는 정본안과 개선안 서체보다 행간에 가득하게 큰 글자로 나타냈다.

정본안의 流 通 民 자는 복원안 서체보다 문자 결구미가 뒤떨어지는 편인데 流 자는 지나친 흘림체이고, 通 자는 세로획 기울기가 불안하게 왼쪽으로 기울었고, 民 자는 1행의 訓民正音의 民 자와 같게 왼쪽의 굵은 세로획이 지나치게 굵어서 부조화를 보여준다. 따라서 개선안에서는 流 通 民 자를 훈민정음해례본 (9ㄱ1,6) (20ㄱ2,3) (27ㄴ6,9)쪽에서 각각 집자하여 확대 활용하고, 愚 자는 조금 확대하였다.

④ 제4행 '而終不得伸其情者多矣.予' 비교 수정(도119 좌)

복원안에서는 구점 3개를 而終不得伸其情者.[구점]多矣.[구점]予.[구점] 형식으로 나타냈으나 정본안과 개정안에서는 구점 1개인 而終不得伸其情者多矣.[구점]予 문장으로 나타냈다.

11자 중 得 者 矣 予 자를 수정하였다, 복원안의 得 자는 지나친 행초서이고, 정본안의 得 자는 왼쪽 사향 삐침 2개의 끝부분 획형이 끊어진 듯 어색하게 보인다. 이러한 단점을 보완할 수 있는 정음해례편(18ㄴ1,4)의 得 자를 확대하여 활용하였다. 정본안에서 중간배자한 其 자와 약간 우측 배자한 矣 자를 개선안에서는 약간 좌측으로 위치를 수정하였다.

정본안의 者 자는 土 부분의 결구가 어색하여 정음해례편[7ㄱ6,7]의 者 자를 집자 확대 활용하였다. 矣 자는 끝 획을 원획으로 쓴 정음해례편(6ㄴ1,7)의 矣 자로 교체하였다.

개선안의 予 자는 해례본에는 서체가 없어 정음해례편(24ㄴ5,2)의 茅 자를 재구성하여 활용하였다.

자형 수정		수정 예시		자형 수정	
得	→	得	者	→	者

(도119) 정음편 제1장 1면 3,4행의 복원종류별 자형 및 배자 비교도

구분	제4행			제3행		
	개선안	정본안	복원안	개선안	정본안	복원안
문구 비교	而終不得伸其情者多矣。予	而終不得伸其情者多矣。予	而終不得伸其情者。多矣。予。	不相流通。故愚民有所欲言。	不相流通。故愚民有所欲言。	不相流通。故愚民。有所欲言
문자	得[其]者 [矣]予			流通民		
기호	矣。			通。 言。		

* 不相流通. 故愚民有所欲言, 而終不得伸其情者多矣.予
* 부상유통. 고우민유소욕언, 이종부득신기정자다의.여
* 이런 까닭으로 어린 백성이 말하고자 하는 바가 있어도 끝내 제 뜻을 펴지 못하는 사람이 많다.

설명 : (도119)~(도131)의 도판 아래 부분 문자 란의 [ ] 한자는 행간위치 조정문자임.

⑤ 제5행 '爲此憫然, 新制二十八字, 欲' 비교 수정(도120 우)

복원안에서는 구점 2개를 爲此憫然,[구점] 新制二十八字.[구점] 欲 과 같이 나타냈으나 정본안과 개선안에서는 然, 字 자의 구점(句點)을 같은 문자에 두점(讀點)으로 바꾸어 나타냈다. 또 복원안 爲 자는 우상(右上) 부분에 거성 표시가 없으나 정본안과 개선안 爲 자는 원형의 권점(圈點)을 표시하였다. 정본안 5,6,7행의 중간배자를 한 爲, 於, 君 자를 개선안에서 약간 좌측으로 수정하였다.

복원안과 정본안의 11자 문자 중 憫 新 制 二 4자의 자형이 조화롭지 않다. 그래서 憫 자는 해당 문자가 없어 정음해례편에 나오는 悖, 潤, 文 자를 조합 재구성하였다. 新 자는 立 부분이 너무 커서 키를 낮추었고, 制 부분은 오른쪽 세로획 굵기와 기울기가 조화롭지 않아 정음해례편[3ㄴ5.8]에서 집자 교체하였으며, 二 자는 두 가로획이 수평의 불균형이 이루어져 있어서 아래 가로획을 조화롭게 수정을 하였다.

자형 수정		수정 예시		방향 수정	
新	→	新	制	→	制

⑥ 제6행 '使人人易習便於日用耳' 비교 수정(도120 좌)

복원안은 使人人易習 에 구점을 표시했으나 정본안과 개선안은 구점을 삭제하였다. 복원안은 易 자의 우상부분에 거성 표시를 하지 않았으나 정본안과 개선안에는 표시하였다.

자형 수정		수정 예시		자형 수정	
使	→	使	便	→	便

11자 중 使 習 便 用 耳 자의 자형이 조화롭지 않아 개선안에서는 교체하였다. 정본안에 나온 使 자의 亻 변의 짧은 삐침은 길게 하고, 吏 부분 첫 가로획 오른쪽 기울기를 약간 올라가게 나타냈다. 정본안 習 자의 羽 부분이 白 부분에 비해 지나치게 커서 불균형으로 보여 바른 자형의 習 자로 교체하였다. 使, 便 자의 亻 변의 짧은 삐침을 길게 수정하는 것은 伸 侵 促 자의 亻 변의 긴 삐침과 동일하게 통일시키기 위함이다. 耳 자는 정음해례편에 독립문자가 없어 聲 자의 耳 부분을 활용하여 재구성하였다.

(도120) 정음편 제1장 1면 5,6행의 복원종류별 자형 및 배자 비교도

구분	제6행			제5행		
	개선안	정본안	복원안	개선안	정본안	복원안
문구 비교	使人人易習便於日用耳	使人人易習便於日用耳	使人人易習。便於日用矣	爲此憫然。新制二十八字。欲	爲此憫然。新制二十八字。欲	爲此憫然。新制二十八字。欲
문자	使習便 [於]用耳			[爲]憫新 制二		
기호	易			然。 字。 爲		

* 予爲此憫然, 新制二十八字, 欲使人人易習便於日用耳
* 여위차민연, 신제이십팔자, 욕사인인이습편어일용이
* 내가 이것을 가엾게 여겨 새로 스물여덟 글자를 만드니,
  모든 사람들로 하여금 쉽게 익혀서 날로 쓰는 데 편안하게 하고자 할 따름이다.

⑦ 제7행 'ㄱ.牙音. 如君子初發聲' 비교 수정(도121 우)

정본안의 ㄱ 의 가로선의 방향을 수평으로 정상적으로 나타냈으나 세로선은 수직으로 나타내지 않았고, 굵기도 일정하지 않으며 끝부분을 방획으로 잘못 나타냈다. 개선안에서는 세로선의 운필 방향을 수직으로 나타내고, 선 굵기가 일정하며, 끝부분이 원획으로 된 정음해례편의 문자[4ㄱ5,9]를 집자 활용하였다.

牙자의 기울기가 복원안은 좌측으로, 정본안은 우측으로 기울게 보이기 때문에 개선안에서는 정상적으로 표현한 문자[09ㄴ7]를 집자하여 수정하였다. 또 정본안의 '如-初發聲' 자는 해례본의 원본체로 집자하여 교체하지 않고[68] 정음편의 이용준이 필사한 복원체를 그대로 잘못 활용하였다. 그래서 개선안에서는 如-初聲' 자는 정음편에서, 發 자는 정음해례편의 정상적인 문자를 활용하였다.

특히 정본안의 君, 初, 如[정1ㄱ7.4]자의 행간 배자위치의 수정이 필요하다. 수정부분 4면에 걸쳐 나오는 22개의 初, 如 자를 정본안에서는 대부분 행간 중간에 배자하였다. 개선안에서는 정음편 원본 3장의 앞뒤에 나오는 初, 如 자의 배자형식과 같게 행간의 좌측 위치에 배자하여 수정하였다. 개선안에서 ㄱ 과 音 자의 구점 위치를 오른쪽 계선에 가깝도록 수정하였다.

(2) 정음편 제1장 2면의 행별 서체 및 배자 비교 수정안(도121~124)

① 제1행 '並書, 如虯字初發聲' 비교 수정(도121 좌)

3종 안의 2면 제1행 문구는 제1면 제7행의 연속 문장으로 복원안은 並書.[구점] 如虯字初發聲 으로 並書 문자 다음에 구점을 표시했으나, 정본안과 개선안에서는 구점을 두점(讀點)으로 수정하였다.

정본안의 '如-初發聲'은 해례본 원본체로 집자하여 교체하지 않고 정음편의 이용준이 필사한 복원체를 그대로 잘못 활용하였다. 그래서 제1장 제1면 7행에서와 같이 수정안에서는 如-初聲' 자는 정음편에서, 發 자는 정음해례편에서 집자 활용하였다.

정본안에서 如 자를 행간의 중간에 배자한 것을 왼쪽으로 치우치게 수정하였고, 행간의 왼쪽으로 치우치게 배자한 字 자를 행간의 중간으로 배자하였다. 개선안에서는 오른쪽으로

---

68 국보70호 훈민정음 정본제작 연구, 2017.12. 문화재청, 93쪽 부록2, '훈민정음 해례본의 세종서 및 예의의 글자 대조도'의 99쪽 도판에 나타나는 선택글자 표시를 보면, '如-初發聲 문자는 이용준 필사체가 아닌 정음편 3ㄱ, 3ㄴ 부분으로 되어 있다. 그런데 실제 정본안의 서체는 정음편 2ㄴ1,9(聲)을 비롯한 4자가 복원안의 이용준 필사 서체인 것으로 밝혀져 잘못 집자한 것으로 확인된다. 보고서 105쪽 부록40 글자복원 사례의 도판에 제시된 聲 자도 훈민정음해례본의 복원안이 아닌 서체여야 하는데 이 서체 역시 이용준이 쓴 복원안의 서체인 것으로 확인되었다.

기울어진 虯 자의 방향을 수직방향으로 수정하였다. 복원안이나 정본안에서 왼쪽으로 기울어지게 잘못 배자한 聲 자를 기울지 않은 서체로 교체하여 개선안 서체로 바르게 나타냈다. 이렇게 개선안에서 교정한 '如-初發聲' 문자는 제1장 2면의 제1행부터 제7행까지 같은 방법으로 수정하였다.

② 제2행 'ㅋ. 牙音. 如快字初發聲' 비교 수정(도122 우)

제2행의 ㅋ 에 대한 문구는 제1면 제7행 아음 행과 같은 형식으로 ㄱ→ㅋ, 君→快 만 다르고 나머지 문구는 같은 서체와 배자방법을 취하였다. 정본안 ㅋ의 세로획을 수직으로 방향을 수정하였고, 오른쪽으로 기울어진 정본안의 牙 자를 개선안에서는 수직방향으로 바르게 수정하였다.

정본안에서 如 자를 행간의 중간에 배자한 것을 개선안에서는 해례본 원본의 정음편 3장 1면의 배자와 같게 행간의 좌측으로 치우치게 배자하였다. 정본안에서 나타낸 初發聲 문자를 개정안에서는 제1행과 같이 해례본 서체로 교체하였다.

자형 및 방향 수정			수정 예시	자형 및 위치 수정	
牙	→	牙	如	→	如

개선안에서는 정음편 제2면 제3행부터 제7행까지 반복하여 나오는 如....初發聲 부분을 위와 같이 제2행 수정방법과 같게 수정하였다.

③ 제3행 'ㆁ. 牙音. 如業字初發聲' 비교 수정(도122 좌)

정본안의 ㆁ 배자를 행간에서 약간 우측으로 치우치게 나타낸 것을 개선안에서는 중간에 배자하였고, 좌측으로 치우치게 배자한 音 자를 중간에 배자하도록 수정하였다. 정본안에서 중간배자한 제3,4행의 業, 斗 자를 개선안에서는 약간 좌측 배자하였다. 제2행과 같이 오른쪽으로 기울어진 정본안의 牙 자를 개선안에서는 수직방향으로 바르게 수정하였다. 정본안에서 나타낸 如....初發聲 자를 개선안에서 제2행과 같은 방법으로 수정하였다.

위치 및 구점 수정			수정 예시	위치 및 구점 수정	
ㆁ。	→	ㆁ。	音。	→	音。

(도121) 정음편 제1장 1면 7행, 2면 1행의 복원종류별 자형 및 배자 비교도

구분	제2면 제1행			제1면 제7행		
	개선안	정본안	복원안	개선안	정본안	복원안
문구 비교	並書。如虯字初發聲	並書。如虯字初發聲	並書。如虯字初發聲	ㄱ。牙音。如君字初發聲	ㄱ。牙音。如君字初發聲	ㄱ。牙音。如君字初發聲
문자	如虯[字] 初發聲			ㄱ牙如 [君]初發聲		
기호	書。			ㄱ。 音。		

* ㄱ.牙音.如君子初發聲 並書.如虯字初發聲

* ㄱ 아음.여군자초발성 병서.여뀨자초발성

* ㄱ는 어금니소리이니 **군**[君 : 군] 자의 처음 나는 소리와 같다.
나란히 쓰면 **뀨**[虯 : 규] 자의 처음 나는 소리와 같다.

(도122) 정음편 제1장 2면 2,3행의 복원종류별 자형 및 배자 비교도

구분	제3행			제2행		
	개선안	정본안	복원안	개선안	정본안	복원안
문구 비교	ㆁ。牙音。如業字初發聲	ㆁ。牙音。如業字初發聲	ㆁ。牙音。如業字初發聲	ㅋ。牙音。如快字初發聲	ㅋ。牙音。如快字初發聲	ㅋ。牙音。如快字初發聲
문자	[ㆁ]牙[音]如[業] 初發聲			ㅋ牙如 初發聲		
기호	ㆁ。 音。			ㅋ。 音。		

* ㅋ.牙音. 如快字初發聲　ㆁ.牙音. 如業字初發聲
* ㅋ.아음. 여쾌자초발성　ㆁ.아음. 여업자초발성
* ㅋ는 어금닛소리이니 쾡[快 : 쾌] 자의 처음 나는 소리와 같다.
  ㆁ는 어금닛소리이니 업[業 : 업] 자의 처음 나는 소리와 같다.

④ 제4행 'ㄷ. 舌音. 如斗字初發聲' 비교 수정(도123 우)

정본안의 ㄷ 은 첫 가로획이 다른 획보다 가늘고, 끝부분을 방획으로 잘못 나타냈기 때문에 개선안에서는 첫 가로획을 다른 획 굵기와 비슷하게 굵게 나타내고, 방획(方畫)을 원획(圓畫)으로 수정하였다.

정본안의 舌 자 첫 가로획 방향을 균형에 맞게 수정하였고, 如....初發聲 부분은 제1행 수정방법과 같게 수정하였다.

⑤ 제5행 '竝書, 如覃字初發聲' 비교 수정(도123 좌)

복원안에서 書 자 아래 부분 오른쪽에 구점을 나타냈으나 정본안에서는 아래부분 가운데에 표시하는 두점으로 바꾸어 나타냈다. 개선안에서는 정본안과 같이 나타내되 계선의 왼쪽으로 치우친 書[두점] 자를 가운데 위치로 수정하였다.

정본안에서 짧은 가로획으로 이루어진 覃 자를 개선안에서는 긴 가로획으로 교체하였고, 如....初發聲 부분은 제1행 수정방법과 같게 수정하였다.

⑥ 제6행 'ㅌ.舌音. 如呑字初發聲' 비교 수정(도124 우)

정본안에서 ㅌ 의 첫 가로획 처음부분을 방획으로 나타낸 것을 개선안에서 원획으로 수정하였다. 정본안의 舌 자는 4행에서와 같이 수정하였고, 如....初發聲 부분은 제1행 수정방법과 같게 수정하였다.

개선안은 ㅌ 과 音 자의 구점 위치를 오른쪽 계선 가깝게 옮겨 수정하였다.

⑦ 제7행 'ㄴ.舌音. 如那字初發聲' 비교 수정(도124 좌)

정본안에서 ㄴ 의 가로선 오른쪽을 상향으로 나타낸 것을 개선안에서 수평으로 수정하고, 행간의 왼쪽으로 치우친 音 자의 위치를 가운데로 배자하였다. 개선안에서는 행간의 왼쪽으로 치우친 字 자를 가운데로 배자하였고, 행간의 오른쪽으로 기우러진 那 자의 방향을 수직으로 바로 잡았다.

정본안의 舌 자는 제6행과 같은 방법으로 수정하였고, 如....初發聲 부분은 제1행 수정방법과 같게 수정하였다.

첫 가로획 방향 및 획형 수정			수정 예시	세로획 방향 수정	
舌	→	舌	那	→	那

(도123) 정음편 제1장 2면 4,5행의 복원종류별 자형 및 배자 비교도

구분	제5행			제4행		
	개선안	정본안	복원안	개선안	정본안	복원안
문구 비교	並書。如覃字初發聲	並書。如覃字初發聲	並書。如覃字初發聲	ㄷ。舌音。如斗字初發聲	ㄷ。舌音。如斗字初發聲	ㄷ。舌音。如斗字初發聲
문자	[書]如覃 初發聲			ㄷ舌如 [斗]初發聲		
기호	書。			ㄷ。 音。		

* ㄷ.舌音. 如斗字初發聲　　並書,如覃字初發聲
* ㄷ.설음. 여두자초발성　　병서,여담자초발성
* ㄷ는 혓소리이니 **두**[斗 : 두] 자의 처음 나는 소리와 같다.
  나란히 쓰면 **땀**[覃 : 담] 자의 처음 나는 소리와 같다.

(도124) 정음편 제1장 2면 6,7행의 복원종류별 자형 및 배자 비교도

구분	제7행			제6행		
	개선안	정본안	복원안	개선안	정본안	복원안
문구 비교	ㄴ。舌音。如那字初發聲	ㄴ。舌音。如那字初發聲	ㄴ。舌音。如那字初發聲	ㅌ。舌音。如呑字初發聲	ㅌ。舌音。如呑字初發聲	ㅌ。舌音。如呑字初發聲
문자	ㄴ舌[音]如那 [字]初發聲			ㅌ舌如 初發聲		
기호	ㄴ。 音。			ㅌ。 音。		

* ㅌ.舌音.如呑字初發聲　　ㄴ.舌音.如那字初發聲

* ㅌ.설음.여ᄐᆞᆫ자초발성　　ㄴ.설음.여나자초발성

* ㅌ는 혓소리이니 **ᄐᆞᆫ**[呑 : 탄] 자의 처음 나는 소리와 같다.
ㄴ는 혓소리이니 **나**[那 : 내] 자의 처음 나는 소리와 같다.

(3) 정음편 제2장 1면의 행별 서체 및 배자 비교 수정안(도125~도128)

① 제1행 'ㅂ.脣音. 如彆字初發聲' 비교 수정(도125 우)

정본안의 ㅂ 의 방획 획형을 원획으로 수정하고, 왼쪽으로 약간 기울어진 脣 자를 수직방향으로 안정감 있게 이루이진 脣 자로 교체하였다.

정본안의 '如-初發聲' 자를 개선안에서는 제1장 제1번 7행의 如-初發聲' 자 수정방법으로 수정하였다. 정본안 제2장 제1,2면의 행간 중간에 배자한 彆, 步 자를 개선안에서는 중간에서 약간 좌측에 배자하였다.

② 제2행 '並書, 如步字初發聲' 비교 수정(도125 좌)

복원안에서 書 자 아래 오른쪽에 구점을 나타냈으나 정본안에서는 아래 가운데 부분에 두점으로 바꾸어 나타냈다. 개선안에서는 정본안과 같이 나타내되 계선의 왼쪽으로 치우친 書[두점] 자를 가운데 위치하도록 수정하였다.

정본안의 如....初發聲 부분은 제1행 수정방법과 같게 수정하였다.

③ 제3행 'ㅍ. 脣音. 如漂字初發聲' 비교 수정(도126 우)

정본안에서 왼쪽으로 기울어진 脣 자를 바르게 세운 脣 자로 교체하였고, 행간의 왼쪽으로 치우치게 배자한 정본안의 字 자를 계선의 중간에 배자되도록 하였다.

정본안의 如....初發聲 부분은 제1행 수정방법과 같게 수정하였다.

④ 제4행 'ㅁ. 脣音. 如彌字初發聲' 비교 수정(도126 좌)

정본안에서 ㅁ 에 나타나는 가로획과 세로획의 굵기와 굽이를 개선안에서 바르게 수정하였다. 정본안에서 왼쪽으로 기울어진 脣 자를 바르게 세운 脣 자로 교체하였고, 행간의 왼쪽으로 치우치게 배자한 字 자를 계선의 중간에 배자하였다. 정본안의 如....初發聲 부분을 개선안에서 제1행 수정방법과 같게 수정하였다.

⑤ 제5행 'ㅈ. 齒音. 如即字初發聲' 비교 수정(도127 우)

정본안의 왼쪽으로 기울어진 齒 자를 개선안에서는 수직방향으로 바르고 조금 크게 나타냈다. 정본안에서 계선의 왼쪽으로 치우친 字 자를 계선 중간에 배자하였고, 약간 우측에 치우친 即 자는 행간 중간위치로 수정하였다. 정본안의 如....初發聲 부분은 개선안에서 제1행 수정방법과 같게 수정하였다.

⑥ 제6행 '並書, 如慈字初發聲' 비교 수정(도127 좌)

복원안의 書 자 아래 부분에 표시한 구점을 정본안과 개선안에서는 두점으로 수정하였고, 如....初發聲 부분은 제1행 수정방법과 같게 수정하였다.

(도125) 정음편 제2장 1면 1,2행의 복원종류별 자형 및 배자 비교도

구분	제2행			제1행		
	개선안	정본안	복원안	개선안	정본안	복원안
문구 비교	並書。如步字初發聲	並書。如步字初發聲	並書。如步字初發聲	ㅂ。脣音。如彆字初發聲	ㅂ。脣音。如彆字初發聲	ㅂ。脣音。如彆字初發聲
문자	[書]如 [步]初發聲			ㅂ脣如 [彆]初發聲		
기호	書。			ㅂ。 音。		

* ㅂ.脣音.如彆字初發聲　並書,如步字初發聲

* ㅂ.순음.여별자초발성　병서,여보자초발성

* ㅂ는 입술소리이니 **볃**[彆 : 별] 자의 처음 나는 소리와 같다.
나란히 쓰면 **뽀**[步 : 보] 자의 처음 나는 소리와 같다.

(도126) 정음편 제2장 1면 3,4행의 복원종류별 자형 및 배자 비교도

구분	제4행			제3행		
	개선안	정본안	복원안	개선안	정본안	복원안
문구 비교	ㅁ脣。音。如彌字初發聲	ㅁ脣。音。如彌字初發聲	ㅁ脣。音。如彌字初發聲	ㅍ脣。音。如漂字初發聲	ㅍ脣。音。如漂字初發聲	ㅍ脣。音。如漂字初發聲
문자	ㅁ脣如[字] 初發聲			脣如[字] 初發聲		
기호	ㅁ。 音。			ㅍ。 音。		

* ㅍ.脣音如漂字初發聲 ㅁ.脣音.如彌字初發聲

* ㅍ.순음여표자초발성 ㅁ.순음.여미자초발성

* ㅍ는 입술소리이니 **표**[漂 : 표] 자의 처음 나는 소리와 같다.
ㅁ는 입술소리이니 **미**[彌 : 미] 자의 처음 나는 소리와 같다.

(도127) 정음편 제2장 1면 5,6행의 복원종류별 자형 및 배자 비교도

구분	제6행			제5행		
	개선안	정본안	복원안	개선안	정본안	복원안
문구 비교	並書。如慈字初發聲	並書。如慈字初發聲	並書。如慈字初發聲	ㅈ。齒音。如即字初發聲	ㅈ。齒音。如即字初發聲	ㅈ。齒音。如即字初發聲
문자	如 初發聲			齒如[卽] [字]初發聲		
기호	書。			ㅈ。 音。		

* ㅈ.齒音.如卽字初發聲　並書,如慈字初發聲
* ㅈ.치음.여즉자초발성　병서,여자자초발성
* ㅈ는 잇소리이니 즉[卽 : 즉] 자의 처음 나는 소리와 같다.
  나란히 쓰면 ㅉ[慈 : 자] 자의 처음 나는 소리와 같다.

⑦ 제7행 'ㅊ. 齒音. 如侵字初發聲' 비교 수정(도128 우)

정본안에 제시된 ㅊ 의 첫 획의 처음 부분 방획 획형을 원획 획형으로 수정하였다. 정본안의 왼쪽으로 기울어진 齒 자를 수정안에서는 수직방향으로 바르고 조금 크게 나타냈다. 정본안에서 행간의 왼쪽으로 치우친 字 자를 계선 중간에 배자하여 수정하였다. 如....初發聲 부분은 제1행과 같게 수정하였다.

(4) 정음편 제2장 2면의 행별 서체 및 배자 비교 수정안(도128~도131)

① 제1행 'ㅅ.齒音. 如戌字初發聲' 비교 수정(도128 좌)

정본안에 제시된 ㅅ 의 우측 획의 처음 부분 방획 획형을 원획 획형으로 수정하였다. 정본안의 왼쪽으로 기울어진 齒 자를 수정안에서는 수직방향으로 바르고 조금 크게 나타냈다. 정본안에서 이용준 필사체인 戌 자를 해례본 정음편에서 바른 戌 자를 집자하여 수정하였다.

정본안의 이용준 필사체인 '如-初發聲' 자를 제1장 제1면 7행에서와 같이 '如-初聲' 자는 해례본 정음편에서, 發 자는 정음해례편에서 집자하여 수정하였다.

② 제2행 '並書, 如邪字初發聲' 비교 수정(도129 우)

복원안의 書 자 밑의 오른쪽에 구점을 나타냈으나, 정본안에서는 밑의 가운데 위치에 두점으로 바꾸어 나타냈다. 정본안에서 오른쪽으로 약간 기운 邪 자를 수직방향으로 수정하여 행간 중간의 좌측으로 위치를 수정하였다.

정본안의 如....初發聲 부분은 제1행과 같게 수정하였다.

③ 제3행 'ㆆ. 喉音. 如挹字初發聲' 비교 수정(도129 좌)

정본안에서 행간 왼쪽으로 치우치게 나타낸 喉 자를 계선 중간에 위치하도록 수정 배자하였다.

정본안의 如....初發聲 부분을 제1장 제1행 수정방법과 같게 수정하였다.

④ 제4행 'ㅎ. 喉音. 如虛字初發聲' 비교 수정(도130 우)

정본안에서 ㅎ, 喉, 音 자는 행간의 왼쪽으로 치우치게 배자한 것을 개선안에서는 행간 중간에 위치하도록 수정하였다.

정본안의 如....初發聲 부분을 제1행 수정방법과 같게 수정하였다.

위치 및 구점 수정			수정 예시	서체 및 위치 수정	
ㅎ。	→	ㅎ。	初	→	初

(도128) 정음편 제2장 1면 7행. 2면 1행의 복원종류별 자형 및 배자 비교도

구분	제2면 제1행			제1면 제7행		
	개선안	정본안	복원안	개선안	정본안	복원안
문구 비교	ㅅ。齒音。如戌字初發聲	ㅅ。齒音。如戌字初發聲	ㅅ。齒音。如戌字初發聲	ㅊ。齒音。如侵字初發聲	ㅊ。齒音。如侵字初發聲	ㅊ。齒音。如侵字初發聲
문자	ㅅ齒如戌 初發聲			ㅊ齒如[字] 初發聲		
기호	ㅅ。 音。			ㅊ。 音。		

* ㅊ.齒音.如侵字初發聲 ㅅ.齒音.如戌字初發聲
* ㅊ.치음.여침자초발성 ㅅ.치음.여술자초발성
* ㅊ는 잇소리이니 **침**[侵 : 침] 자의 처음 나는 소리와 같다.
ㅅ는 잇소리이니 **숧**[戌 : 술] 자의 처음 나는 소리와 같다.

(도129) 정음편 제2장 2면 2,3행의 복원종류별 자형 및 배자 비교도

구분	제3행			제2행		
	개선안	정본안	복원안	개선안	정본안	복원안
문구 비교	ㆆ。喉音。如挹字初發聲	ㆆ。喉音。如挹字初發聲	ㆆ。喉音。如挹字初發聲	並書。如邪字初發聲	並書。如邪字初發聲	並書。如邪字初發聲
문자	ㆆ[喉]如 初發聲			如邪 初發聲		
기호	ㆆ。 音。			書。		

* 並書.如邪字初發聲　ㆆ.喉音.如挹字初發聲
* 병서,여사자초발성　ㆆ.후음.여읍자초발성
* 나란히 쓰면 쌰[邪 : 사] 자의 처음 나는 소리와 같다.
  ㆆ는 목구멍소리이니 ᅙᅳᆸ[挹 : 읍] 자의 처음 나는 소리와 같다.

(도130) 정음편 제2장 2면 4,5행의 복원종류별 자형 및 배자 비교도

구분	제5행			제4행		
	개선안	정본안	복원안	개선안	정본안	복원안
문구 비교	並書。如洪字初發聲	並書。如洪字初發聲	並書。如洪字初發聲	ㅎ。喉音。如虛字初發聲	ㅎ。喉音。如虛字初發聲	ㅎ。喉音。如虛字初發聲
문자	[並][書]如[洪] [字]初發聲			[ㅎ][喉][音]如 [字]初發聲		
기호	書。			ㅎ。 音。		

* ㅎ.喉音.如虛字初發聲 並書.如洪字初發聲
* ㅎ.후음.여허자초발성 병서,여홍자초발성
* ㅎ는 목구멍소리이니 **허**[虛 : 허] 자의 처음 나는 소리와 같다.
  나란히 쓰면 **ᅘᅩᆼ**[洪 : 홍] 자의 처음 나는 소리와 같다.

⑤ **제5행 '並書, 如洪字初發聲' 비교 수정(도130 좌)**

복원안의 書 자 아래 오른쪽에 표시된 구점 위치를 정본안과 개선안에서는 書 자 중간 아래에 배치하여 바르게 나타냈다. 정본안의 문자 중 행간 왼쪽으로 치우치게 배자한 並, 書, 洪, 字 자를 개선인에서는 행간 중간에 위치하도록 배치하여 나타냈다. 그리고 洪 자는 조금 크게 나타냈다.

정본안의 如....初發聲 부분을 제1행 수정방법과 같게 수정하였다.

⑥ **제6행 'ㅇ. 喉音. 如欲字初發聲' 비교 수정(도131 우)**

정본안에서 가로폭이 크고, 다른 자음보다 선의 굵기가 굵어 보이는 ㅇ 을 개선안에서 바른 획형으로 교체하였다. 정본안에서 행간의 왼쪽으로 치우치게 배자한 喉 자를 개선안에서는 오른쪽으로 약간 옮겨 중간 배자를 하였다.

정본안의 如....初發聲 부분을 개선안에서 제1행 수정방법과 같게 수정하였다.

⑦ **제7행 'ㄹ, 半舌音. 如閭字初發聲' 비교 수정(도131 좌)**

복원안의 舌 자에 표시한 구점을 정본안에서는 音 자에 표시하는 것으로 수정하였다. 정본안의 ㄹ 의 첫 세로선이 기울어진 부분을 수직방향으로 수정하였고, 첫 가로선이 조화롭지 못한 舌 자를 정음편 1ㄴ4, 1ㄴ6, 1ㄴ7[도123, 도124]의 舌 자 수정방법과 같게 수정하였다. 행간 왼쪽으로 치우친 音 자를 중간위치로 배자하였다.

위치 및 구점 수정	수정 예시	첫 가로획 방향 및 획형 수정
ㄹ → ㄹ		舌 → 舌

(도131) 정음편 제2장 2면 6,7행의 복원종류별 자형 및 배자 비교도

구분	제7행(끝)			제6행		
	개선안	정본안	복원안	개선안	정본안	복원안
문구 비교	ㄹ。半舌音。如閭字初發聲	ㄹ。半舌音。如閭字初發聲	ㄹ。半舌。音如閭字初發聲	ㅇ。喉音。如欲字初發聲	ㅇ。喉音。如欲字初發聲	ㅇ。喉音。如欲字初發聲
문자	ㄹ舌[音]如 初發聲			ㅇ[喉]如 初發聲		
기호	ㄹ。 音。			ㅇ。 音。		

* ㅇ.喉音.如欲字初發聲 ㄹ.半舌音.如閭字初發聲
* ㅇ.후음.여욕자초발성 ㄹ.반설음.여려자초발성
* ㅇ는 목구멍소리이니 **욕**[欲 : 욕] 자의 처음 나는 소리와 같다.
ㄹ는 반혓소리이니 **려**[閭 : 려] 자의 처음 나는 소리와 같다.

(5) 정음편 제1,2장 4면의 행별 구두점 비교 수정안

① 구점 위치 및 크기 표시 수정(표 37-2하)

정본안 제1,2장 4면에 걸쳐 16자의 ㄱ, ㅋ, ㅇ 과 같은 자음과 通, 矣, 音 자와 같은 18자의 한자 아래의 오른쪽에 표시한 원형의 구점(句點 : 마침표)의 위치를 모두 잘못 나타냈다. 즉 구점과 오른쪽 계선사이의 간격을 구점 가로폭보다 약간 작게 나타내야 하는데 정본안에서는 구점 직경의 1배~2배 정도로 불규칙하게 잘못 나타냈다. 개선안에서는 구점 크기를 약간 키우고, 계선과의 간격을 구점 직경 크기의 1배 이하로 줄여서 좁게 나타냈다.

② 두점 위치 및 크기 표시 수정(도132~도133)

정본안의 복원부분 2장 4면에 걸쳐 있는 11개의 두점(讀點) 표시 문자 중 4개 한자의 두점 표시가 잘못되었다. 즉 정본안 제1,2장 4면에 걸쳐 나오는 두점 표시는 제1장의 音, 言, 然, 字 자의 아래 중간부분에 표시한 두점은 바르게 나타냈으나 國 자는 오른쪽으로 조금 치우치게 나타냈다. 또 3개 면에 걸쳐 나타낸 6개의 書 자 두점 표시 중 1장2면 2행, 2장2면 6행, 2장2면 5행 등 3개의 書 자 두점 표시를 왼쪽으로 치우치게 나타냈기 때문에 수정하였다. 두점 직경 크기도 구점과 같이 약간 키웠다.

3) 정음편 복원 정본안과 개선안의 전면 비교(도132~도133)

(1) 정본안과 개선안 제1장 1,2면의 전면비교

* 판식 및 배행 : 정본안과 개선안 모두의 변란 및 판심 등 판식이 같고, 1장 1면 예의부분과 1장 2면 병서행의 상단 및 하단 공간 구조가 동일하다.

* 자형 및 기호 : 개선안이 정본안에 비해 문자 크기가 조금 크고, 점획의 굵기가 굵은 편이다. 정본안을 구성한 집자 문자 중에는 이용준 필사 문자체가 그대로 남아있어 정음편 원본 문자와 어울림이 어색한 편이다. 또 개선안의 구두점(句讀點) 크기가 크고, 배치한 위치가 안정감이 있어 보인다.

(2) 정본안과 개선안 제2장 1,2면의 전면비교

* 판식 및 배행 : 정본안과 개선안의 판식과 배행방법은 똑같다. 그러나 개선안은 개별 문자의 행간 배자위치를 바르게 나타내어 안정감이 더 있어 보인다.

* 자형 및 기호 : 개선안의 문자는 정본안보다 크고 결구미가 뛰어난 원본서체를 많이 집자 활용하여 전체적으로 자형미가 더욱 돋보인다. 개선안의 구두점 크기를 조금 크게 나타내고, 배치를 정본안보다 바르게 나타냈다.

(도132) 정음편 복원 정본안과 개선안의 제1장 부분 비교도

종류	정본안과 개선안의 제1장 앞뒤면
정본안	訓民正音 國之語音異乎中國與文字 不相流通故愚民有所欲言 而終不得伸其情者多矣予 爲此憫然新制二十八字欲 使人人易習便於日用耳 ㄱ牙音如君字初發聲 正音 一 並書如虯字初發聲 ㅋ牙音如快字初發聲 ㆁ牙音如業字初發聲 ㄷ舌音如斗字初發聲 並書如覃字初發聲 ㅌ舌音如呑字初發聲 ㄴ舌音如那字初發聲
개선안	訓民正音 國之語音異乎中國與文字 不相流通故愚民有所欲言 而終不得伸其情者多矣予 爲此憫然新制二十八字欲 使人人易習便於日用耳 ㄱ牙音如君字初發聲 正音 一 並書如虯字初發聲 ㅋ牙音如快字初發聲 ㆁ牙音如業字初發聲 ㄷ舌音如斗字初發聲 並書如覃字初發聲 ㅌ舌音如呑字初發聲 ㄴ舌音如那字初發聲

(도133) 정음편 복원 정본안과 개선안의 제2장 부분 비교도

종류	정본안과 개선안의 제2장 앞뒤면
정본안	ㅂ。脣音。如彆字初發聲 並書。如步字初發聲 ㅍ。脣音。如漂字初發聲 ㅁ。脣音。如彌字初發聲 ㅈ。齒音。如即字初發聲 並書。如慈字初發聲 ㅊ。齒音。如侵字初發聲 正音 二 ㅅ。齒音。如戌字初發聲 並書。如邪字初發聲 ㆆ。喉音。如挹字初發聲 ㅎ。喉音。如虛字初發聲 並書。如洪字初發聲 ㅇ。喉音。如欲字初發聲 ㄹ。半舌音。如閭字初發聲
개선안	ㅂ。脣音。如彆字初發聲 並書。如步字初發聲 ㅍ。脣音。如漂字初發聲 ㅁ。脣音。如彌字初發聲 ㅈ。齒音。如即字初發聲 並書。如慈字初發聲 ㅊ。齒音。如侵字初發聲 正音 二 ㅅ。齒音。如戌字初發聲 並書。如邪字初發聲 ㆆ。喉音。如挹字初發聲 ㅎ。喉音。如虛字初發聲 並書。如洪字初發聲 ㅇ。喉音。如欲字初發聲 ㄹ。半舌音。如閭字初發聲

3.3.3. 정음편 정본안에 대한 개선안 작성 및 복원 활용

이상과 같이 정본안을 검토 수정하여 작성한 개선안(도135~도138)은 목판에 판각(板刻)하는 판하본(板下本)으로 활용하면 된다. 이어서 판각한 목판을 한지에 인쇄하여 훈민정음 낙장부분을 복원-제본하는데 활용되길 기대한다.

(도134) 훈민정음해례본 정음편 정본안에 대한 개선안 장별 축소도

개선안 제1장 양면	訓民正音 國之語音。異乎中國。與文字 不相流通。故愚民有所欲言 而終不得伸其情者多矣。予 爲此憫然。新制二十八字。欲 使人人易習便於日用耳 ㄱ。牙音。如君字初發聲 正音 一 並書。如虯字初發聲 ㅋ。牙音。如快字初發聲 ㆁ。牙音。如業字初發聲 ㄷ。舌音。如斗字初發聲 並書。如覃字初發聲 ㅌ。舌音。如呑字初發聲 ㄴ。舌音。如那字初發聲
개선안 제2장 양면	ㅂ。脣音。如彆字初發聲 並書。如步字初發聲 ㅍ。脣音。如漂字初發聲 ㅁ。脣音。如彌字初發聲 ㅈ。齒音。如卽字初發聲 並書。如慈字初發聲 ㅊ。齒音。如侵字初發聲 正音 二 ㅅ。齒音。如戌字初發聲 並書。如邪字初發聲 ㆆ。喉音。如挹字初發聲 ㅎ。喉音。如虛字初發聲 並書。如洪字初發聲 ㅇ。喉音。如欲字初發聲 ㄹ。半舌音。如閭字初發聲

1) 정음편 개선안의 제1장 1면 문장 축소도(도135)

(도135) 훈민정음해례본 정음편 개선안의 제1장 1면 문장 축소도

訓民正音

國之語音。異乎中國。與文字不相流通。故愚民有所欲言。而終不得伸其情者多矣。予爲此憫然。新制二十八字。欲使人人易習便於日用耳

ㄱ。牙音。如君字初發聲

正音 一

* 판식 내선 실제 규격 : 우편 16.05×22.55cm, 행간 2.3cm, 판심 0.8cm, 행간의 크기는 일정하지 않음.

2) 정음편 개선안의 제1장 2면 문장 축소도(도136)

(도136) 훈민정음해례본 정음편 개선안의 제1장 2면 문장 축소도

並書如虯字初發聲
ㅋ。牙音如快字初發聲
ㆁ。牙音如業字初發聲
ㄷ。舌音如斗字初發聲
並書如覃字初發聲
ㅌ。舌音如呑字初發聲
ㄴ。舌音如那字初發聲

* 판식 내선 실제 규격 : 좌편 15.95×22.55cm, 행간 2.3cm, 판심 0.8cm

3) 정음편 개선안의 제2장 1면 문장 축소도(도137)

(도137) 훈민정음해례본 정음편 개선안의 제2장 1면 문장 축소도

ㅂ。脣音。如彆字初發聲
並書。如步字初發聲
ㅍ。脣音。如漂字初發聲
ㅁ。脣音。如彌字初發聲
ㅈ。齒音。如卽字初發聲
並書。如慈字初發聲
ㅊ。齒音。如侵字初發聲

正音 二

* 판식 내선 실제 규격 : 우편 16.05×22.55cm, 행간 2.3cm, 판심 0.8cm

4) 정음편 개선안의 제2장 2면 문장 축소도(도138)

(도138) 훈민정음해례본 정음편 개선안의 제2장 2면 문장 축소도

ㅅ。齒音。如戌字初發聲

並書。如邪字初發聲

ㆆ。喉音。如挹字初發聲

ㅎ。喉音。如虛字初發聲

並書。如洪字初發聲

ㅇ。喉音。如欲字初發聲

ㄹ。半舌音。如閭字初發聲

正音 二

* 판식 내선 실제 규격 : 좌편 15.95×22.55cm, 행간 2.3cm, 판심 0.8cm

도 목차

제 I 부 총 론 —— 서지 사항, 문자 개황

제 II 부 한글 서체 —— 한글문자, 한글서체, 서체적 변용

표 목차

제Ⅰ부 총 론 —— 서지 사항, 문자 개황

제Ⅱ부 한글 서체 —— 한글문자, 한글서체, 서체적 변용

제Ⅲ부 한자 서체 —— 한자 문자, 한자 서체, 한자 서체 수정 및 복원

참고문헌

훈민정음해례본 영인본 관련 문헌

1. 사진원본(축소영인), 1957.8.25, 통문관, 동아출판사. [크기 : 29.3 × 20.1cm]
2. 제1차 영인본, 1946.10.9, 조선어학회, 보진재. [크기 : 30.6 × 21.7cm]
3. 제2차 영인본, 1997.12.25, 한글학회, 해성사. [크기 : 28.5 × 20.4cm]
4. 제3차 영인본, 2014.10.8, 국립박물관문화재단. [크기 : 30.1 × 20.6cm]
5. 제4차 복간본, 2015.10.9, 간송미술문화재단. [크기 : 29.1 × 20.2cm]

일반 참고 문헌

강신항, 1974, 2008, 훈민정음(역주), 신구문화사.

강신항, 2003, 훈민정음 연구(수정증보), 성균관대 출판부.

강창석, 1996, 한글의 제자원리와 글자꼴, 새국어생활 6-2, 국립국어원.

강헌규, 1998, '상형이자방고전'에 대하여, 개교50주년기념 인문사회과학연구, 공주대 부설사회교육연구소.

공재석, 1967, 한글고전기원설에 대한고찰, 중국학보 7, 한국중국학회 재수록, 2002, 중국언어학, 신서원.

권재선 엮음, 1991, 한글연구 1, 우골탑.

김광해, 1982, 훈민정음의 우연들, 대학신문, 1982.11.19, 서울대학교.

김광해, 1989, 훈민정음과 108, 주시경학보 4, 탑출판사.

김광해, 1990, 훈민정음 창제의 또 다른 목적, 강신항 교수 회갑기념 국어학논문집, 태학사.

김광해, 2000, 풀리지 않는 한글의 신비, 새국어소식 27, 국립국어원.

김동구 편집, 1967, 1985, 훈민정음, 명문당.

김두식, 2003, 한글자형의 변천에 관한 연구, 단국대학교 박사학위논문.

김미미, 2012, 한글 자모자 배열의 역사적 변천과 그 수정의 필요성, 국어사연구 제14호, 국어사학회.

김봉태, 2002, 훈민정음의 음운체계와 글자모양, 삼우사.

김민수, 1957, 주해 훈민정음, 통문관.

김석환 해석, 1997, 훈민정음연구, 한신문화사.

김세호, 박병천, 윤양희 공저, 조선시대 한글서예, 예술의 전당.

김슬옹 해제, 2015, 훈민정음해례본, 교보문고.

김슬옹, 2017, 훈민정음 교육을 위한 도형 제작론과 실제, 국립국어원.

김슬옹, 2018, 훈민정음해례본 입체 강독본, (주)박이정.

김영만, 1987, 훈민정음 자형의 원형과 생성체계연구, 장태진 회갑논문집 국어국문학논총, 삼영사.

김영황, 림종률, 1982, 훈민정음에 대하여, 조선어문연구회, 김일성종합대학 출판사.

김완진, 1975, 훈민정음 자음자와 가획의 원리, 어문연구 7, 한국어문교육연구소.

김정남, 2016, 조선조 어필에 관한 연구, 성균관대학교 박사학위논문.

김진아, 1983, 훈민정음 창제당시 한글문자꼴의 연구, 이화여자대학교 석사학위논문.

김홍련, 1980, 한글문자 한글디자인, 미진사.

노마히데기 지음, 김진아 외2인 옮김, 2011, 한글의 탄생, 돌베개.

문화재청, 2017, 국보 제70호 훈민정음 정본 제작 연구, 한신대학교 산학협력단.

문효근, 2015, 훈민정음 제자원리, 경진출판.
박병천, 1983, 한글궁체연구, 일지사.
박병천, 1990, 중국역대명비첩의 서예미연구, 미술문화원.
박병천, 2000, 한글판본체연구, 일지사.
박병천, 2014, 한글서체학연구, (주)사회평론아카데미.
박병천, 1997, 훈민정음해례본 한글문자의 자형학적 분석, 겨레문화 11, 한겨레문화연구원.
박병천, 2000, 조선시대 서예의 출판사적 효능고찰, 한국서예학회, 학술대회논문집.
박병천, 2006, 훈민정음해례본의 한글자형 수정방안에 대한 연구, 세종학연구 14, 세종대왕기념사업회.
박상원, 2016, 도상체계로 본 한글창제의 철학적원리, 동양예술 제33호, 한국동양예술학회.
박정숙, 2017, 조선의 한글편지, 도서출판 다운샘.
박정숙 외, 2017, 한국서예사, 미진사.
박종국, 2007, 훈민정음종합연구, 세종학연구원.
박준호, 2011, 조선중기 전서의 유행과 그 의미, 숙명신한첩, 청주박물관.
박준호, 2016, 서명과 인장, (주)박이정.
박창원, 2005, 훈민정음, 신구문화사.
박형우, 2009, 훈민정음 '象形而字倣古篆'의 의미, 한민족어문학 53, 한민족어문학회.
방종현, 1947, 훈민정음 통사, 일성당서점.
백두현, 2012, 융합성의 관점에서 본 훈민정음의 창제원리, 어문론총 제57호, 한국문학언어학회.
백두현, 2014, 훈민정음해례의 제자론에 대한 비판적 고찰, 語文學 123, 한국어문학회.
백두현, 2015, 한글문헌학, 태학사.
백두현, 2017, 훈민정음해례본의 낙장 복원을 위한 권두서명과 병서행 문제의 해결 방안 연구, 국보70호 훈민정음 정본 제작연구, 학술대회 논문, 한신대학교 산학협력단.
백두현, 2018, 훈민정음해례본의 낙장 복원을 위한 권두서명과 병서행복원방안 연구, 어문론총 제75호, 한국문학언어학회.
서병국, 1981, 신강 훈민정음, 학문사.
서예문화연구원, 2013, 훈민정음을 통해본 한글서예원형 찾기, 월간서예문화 183호, 단청.
송종관, 2010, 조맹부의 송설체와 한국서예에 관한 연구, 한양대학교 박사학위논문.
신경철, 1994, 한글 모음자의 자형변천 고찰, 한국언어문학 33, 한국언어문학회.
심경호, 2018, 안평, 알마출판사.
안병희, 1986, 훈민정음해례본의 복원에 대하여, 약천 김민수교수회갑기념, 국어학신연구, 탑출판사.
안병희, 1997, 훈민정음 해례본과 그 복제에 대하여, 진단학보 84, 진단학회.
안병희, 2007, 훈민정음해례본과 그 복제, 훈민정음 연구, 서울대출판부.
안상수, 2004, 한글 디자인과 어울림, 디자인학연구 57, 한국디자인학회.
안상수, 2006, 타이포그라픽디자인, 안그라픽스.
안상수, 2009, 한글디자인, 안그라픽스.
안춘근, 1983, 훈민정음 해례본의 서지학적 고찰, 추강 황희영 박사 송수 기념 논총 간행위원회편, 한국어계통론, 훈민정음 연구, 집문당.
안휘준, 2009, 안견과 몽유도원도, 사회평론아카데미.
안휘준, 1987, 몽유도원도, 운경산업사.
안휘준, 2018, 안평대군(安平大君, 1418~1453) : 그의 인물됨과 문화적 기여, "안평대군 이용의 삶과 예술" 학술대회 기조강연, 한국서예학회.
양해승, 2012, 훈민정음의 상형설과 육서의 관련에 대한 연구, 관악어문.

연호탁, 2000, 훈민정음의 제자 기원 재론, '古篆'의 정체 파악을 중심으로, 사회언어학 8-2, 사회언어학회.

유영준, 2013, 훈민정음의 제자원리에 담긴 이미지 한글시스템 연구, 연세대커뮤니케인션 대학원 석사학위논문.

유창균, 1966, '象形而字倣古篆' 에 대하여, 진단학보 29,30합병호, 진단학회.

유창균, 1993, 훈민정음 역주, 형설출판사.

윤형두, 2003, 옛책의 한글판본, 범우사.

이강미, 2014, 훈민정음 구조성과 변천에 관한 연구, 호남대학교 석사학위논문.

이근수, 1995, 훈민정음신연구, 보고사.

이동석, 2016, 훈민정음의 음운론적 연구 2(자음), 훈민정음 연구의 성과와 전망 2, 국립한글박물관.

이성구, 1985, 훈민정음연구, 동문사.

이정호, 1975, 훈민정음의 구조원리-그 역학적 연구, 아세아문화사.

이정호, 1975, 훈민정음의 올바른 자체, 논문집, 국제대학교.

이현희 외, 2014, 훈민정음의 한 이해, 역락.

이혜숙, 2005, 디자인으로서의 한글과 디자이너로의 세종, 국민대 테크노대학원 석사학위논문.

임용기, 2004, 훈민정음의 제자원리와 방법을 다시 생각함, 제16회 국어사학회, 겨울학술대회논문집.

장영길, 2008, 한글의 문자학적 우수성, 국제언어문학 17, 국제언어문학회.

전몽수-홍기문, 1949, 훈민정음 역해, 조선어문연구회.

정 광, 2008, 훈민정음 자형의 독창성, 한국학중앙연구원.

정복동, 2007, 훈민정음의 구조와 한글서예의 심미적연구, 성균관대학교 박사학위논문.

정우영, 2000, 훈민정음 한문본의 원본복원에 대한 연구, 동악어문논집 36, 동악어문학회.

정우영, 2001, 훈민정음 한문본의 낙장복원에 대한 재론, 국어국문학 129, 국어국문학회.

정우영, 2016, 훈민정음초성 제자원리의 '이체자'관련문제점 분석, 국어학 80호, 국어학회.

정우영, 2017, <훈민정음> 해례본의 정본제작에 관한 연구, 국보70호 훈민정음 정본 제작연구, 한신대학교 산학협력단.

정우영, 2018, <훈민정음> 해례본 낙장의 '병서행' 복원에 대한 재론, 국어학 88, 국어학회.

정우영, 2018, 훈민정음 해례본과 판본-서지, 복원연구의 회고와 전망, 훈민정음 연구의 성과와 전망, 국립한글박물관.

정희성, 1989, 수학적 구조로 본 훈민정음의 창제원리, 1989년도 한글날 기념 학술대회 논문집, 한국인지과학회.

조규태, 2010, 번역하고 풀이한 훈민정음(개정판), 한국문화사.

천혜봉, 1989, 고인쇄, 대원사.

천혜봉, 1991, 한국서지학, 민음사.

최세화, 1997, 훈민정음 낙장 복원에 대하여, 국어학 29, 국어학회.

최영호, 2014, 한글서예의 정체와 변천에 관한 연구, 호남대학교 미술디자인대학원 석사학위논문.

한글학회, 1997, 훈민정음(영인본), 부록별책, 해성사.

한애희, 2010, 훈민정음과 용비어천가의 서체미연구, 경기대학교 미술디자인대학원 석사학위논문.

한재준, 2001, 한글 글꼴개발의 미래, 세종대왕기념사업회 주최 학술대회 논문.

한재준, 1996, 훈민정음에 나타난 한글의 디자인적 특성에 관한 연구, 디자인학연구 17, 한국디자인학회.

허경무, 2006, 조선시대 한글서체연구, 부산대학교 박사학위논문.

허경무, 2012, 한글 제자원리에서 변모된 문자 활용 양상과 앞으로의 과제, 예술문화비평, 한국예술문화비평가협회.

현용순, 1998, 훈민정음 서체의 조형적 특성에 관한 연구, 생활문화예술론집 21, 건국대생활문화연구소.
홍기문, 1946, 정음발달사, 서울신문사 출판국.
홍윤표, 2005, 훈민정음의 '象形而字倣古篆'에 대하여, 국어학 46, 국어학회.
홍윤표, 2012, 훈민정음체에서 궁체까지, 갈물한글서회 강연자료.
홍윤표, 2016, 한글, 세창출판사.
홍윤표, 2017, 훈민정음에 대한 종합적 고찰, 한국어사 연구 3, 한국어사연구회.
황병오, 1994, 훈민정음 '자방고전'에 대한 한 시론, 한국외국어대학교 석사학위논문.

부록 1 : 훈민정음해례본 쪽수별 한글 일람표 및 집자도

1.1.1 [25쪽]

(표1) 훈민정음해례본의 부분별 한글 문자 분석표

부분(면) ＼ 자수			5	10	15	20	25	계
정음편	1	ㄱ	ㄱ					1
		ㄴ	ㅋㆁㄷㅌㄴ					5
	2	ㄱ	ㅂㅍㅁㅈㅊ					5
		ㄴ	ㅅㆆㅎㅇㄹ					5
	3	ㄱ	ㅿㆍㅡㅣㅗ	ㅏㅜ				7
		ㄴ	ㅓㅛㅑㅠㅕ	ㅇ				6
	4	ㄱ	ㆍㅡㅗㅜㅛ	ㅠㅣㅏㅓㅑ	ㅕ			11
	소계							**40**
해례편	1	ㄴ	ㄱㄴㅁㅅㅇ	ㅋㄱㄴㄷㄷ	ㅌㅁㅂㅂㅍ	ㅅㅈㅈ		18
	2	ㄱ	ㅊㅇㆆㆆㅎ	ㆁㄹㅿ		「ㅇㅅ	ㅈㅅㅈㆁㅇ	8
	3	ㄴ	ㄱㄷㅂㅈㅅ	ㆆㅋㅌㅍㅊ	ㅎㄲㄸㅃㅉ	ㅆㆅㆁㄴㅁ	ㅇㄹㅿㄴㅁ	32
제자해	4	ㄱ	ㆁㅇㄱㅋㄲ					5
		ㄴ	ㆆㅎㆆㅇㆍ	ㅡㅣ				7
	5	ㄱ	ㅗㆍㆍㅡㅏ	ㆍㅣㆍㅜㅡ	ㅡㆍㅓ		「ㅏㅜㅓ	13
		ㄴ	ㅡㆍㅣㅛㅗ	ㅣㅑㅏㅣㅠ	ㅜㅣㅕㅓㅣ	ㅗㅏㅜㅓㅛ	ㅑㅠㅕㅣㅗ	28
	6	ㄱ	ㅛㅑㅠㅕㅗ	ㅏㅛㅑㅜㅓ	ㅠㅕㆍㅛㅑ	ㅠㅕ		17
		ㄴ	ㆍㅡㅣㆍㅗ	ㅏㅜㅓㅛㅑ				10
	7	ㄱ	ㅠㅕㆍㅡㅣ					5
	소계							**143**
초성해	14	ㄴ	ㄱㄱ ㄷ 군					4
	15	ㄱ	ㅋㅋ쾌쾌ㄲ	ㄲㅠ뀨ㆁㆁ	ㅂ업		「ㅡㄲㅠ	12
중성해	16	ㄱ	ㆍㆍㅌㄴ툰	ㅡㅡㅈㄱ즉	ㅣㅣㅊㅁ침	ㅗㅏㆍㅘㅛ	ㅑㅣㆇㅜㅓ	28
		ㄴ	ㅕㅣㆊㅣㆎ	ㅢㅚㅐㅟㅔ	ㆉㅒㆌㅖㅣ	ㅙㅞㆈㆋㅣ		20
종성해	17	ㄴ	ㄱㄱ즈즉ㆁ	ㆁ홋뽕				8
	18	ㄱ	ㆁㄴㅁㅇㄹ	ㅿㄱㆁㄷㄴ	ㅂㅁㅅㄹ빗	곶엸의갗ㅅ	ㅅㅇ	22
		ㄴ	ㄷ볃ㄴ군ㅂ	업ㅁ땀ㅅ옷	ㄹ실ㆁㄱㆁ	ㄱㄱㆁㄴㄷ	ㅁㅂㅿㅅㅇ	26
	19	ㄱ	ㄹㄷㄹㄷㄹ				「ㆆ	5
	소계							**125**
합자해	20	ㄴ	ㄱㅜㆁㅓㆍ	ㅡㅗㅛㅜㅠ	ㅣㅏㅑㅓㅕ	ㆍㅌ		17
	21	ㄱ	ㅡㅈㅣㅊㄴ	구ㅂ어ᄯᅡ빡	쁨혀ᅘᅧ괴여	괴ᅇᅧ소다쏘	다	21
		ㄴ	과홰홁낛돐	ᄢᅢㅣㅅ사롬	활돌			12
	22	ㄱ	갈붇긷녑낟	깁몯입				8
		ㄴ	ㆆㅇㅇㄹㆍ	ㅡ				6
	23	ㄱ	ㅣ기긔					3
	소계							**67**
용자례	24	ㄴ	ㄱ감골ㅋ우	케콩ㆁ러울	서에ㄷ뒤담	ㅌ고티두텁	ㄴ노로납ㅂ	31
			볼벌ㅍ파풀	ㅁ				
	25	ㄱ	뫼마붕사빙	드뵈ㅈ자죠	히ㅊ체채ㅅ	손셤ㅎ부헝	힘ㅇ비육ㅸ	44
			얌ㄹ무뤼어	름ㅿ아ᅀᅳ너	ᅀᅵㆍ톡폿ᄃᆞ	리ᄀᆞ래ㅡ		
		ㄴ	믈발측그력	드레ㅣ깃밀	피키ㅗ논톱	호미벼로ㅏ	밥낟이아사	45
			ᄉᆞᆷㅜ숫울누	에구리ㅓ브	섭널서리버	들ㅛ죵고욤		
	26	ㄱ	쇼삽됴ㅑ남	샹약다야쟈	감ㅠ율믜쥭	슈룹쥬련ㅕ	엿뎔벼져비	39
			ㄱ닥독ㆁ굼	벙올창ㄷ갇	싣ㄴ신반			
		ㄴ	되ㅂ섭굽ㅁ	범심ㅅ잣못	ㄹ돌별			13
	소계							**172**
계			방점표시 생략				229종	**547**

관련본문 2.1.2

(표2) 훈민정음해례본 쪽 순서별 한글문자 집자일람표

도	도1	도2	도3	도4	도5	도6	도7	도8
장	01ㄱ~03ㄴ	03ㄴ~05ㄴ	05ㄴ~16ㄱ	16ㄱ~18ㄴ	18ㄴ~21ㄴ	21ㄴ~25ㄱ	25ㄱ~25ㄴ	25ㄴ~26ㄴ
내	예의-제자	제자해	제자-초성해	중성해-종성	종성해-합자	합자해-용자	용자례	용자례
1행	ㄱ01ㄱ-7ㄱ ㅋ01ㄴ-2ㅋ ㆁ01ㄴ-3ㆁ ㄷ01ㄴ-4ㄷ ㅌ01ㄴ-6ㅌ ㄴ01ㄴ-7ㄴ ㅂ02ㄱ-1ㅂ	ㅂ03ㄴ-1ㅂ ㅈ03ㄴ-1ㅈ ㅅ03ㄴ-1ㅅ ㆆ03ㄴ-1ㆆ ㅋ03ㄴ-2ㅋ ㅌ03ㄴ-2ㅌ ㅍ03ㄴ-2ㅍ	ㅗ05ㄴ-5ㅗ ㅏ05ㄴ-5ㅏ ㅜ05ㄴ-5ㅜ ㅓ05ㄴ-6ㅓ ㅛ05ㄴ-6ㅛ ㅑ05ㄴ-6ㅑ ㅠ05ㄴ-6ㅠ	즉16ㄱ-3즉 ㅣ16ㄱ-3ㅣ ㅣ16ㄱ-3ㅣ ㅊ16ㄱ-4ㅊ ㅁ16ㄱ-4ㅁ 침16ㄱ-4침 ㅗ16ㄱ-6ㅗ	볃18ㄴ-1볃 ㄴ18ㄴ-1ㄴ 군18ㄴ-2군 ㅂ18ㄴ-2ㅂ 업18ㄴ-2업 ㅁ18ㄴ-2ㅁ 땀18ㄴ-2땀	홇21ㄴ-2홇 낛21ㄴ-2·낛 ᄃᆞᆰ21ㄴ-2ᄃᆞᆰ ᄣᅢ21ㄴ-2·ᄣᅢ ㅣ21ㄴ-6ㅣ ㅅ21ㄴ-7ㅅ 사21ㄴ-7 : 사	체25ㄱ-3·체 채25ㄱ-3·채 ㅅ25ㄱ-3ㅅ 손25ㄱ-3·손 셤25ㄱ-4 : 셤 ㅎ25ㄱ-4ㅎ 부25ㄱ-4·부	리25ㄴ-7·리 버25ㄴ-8버 들25ㄴ-8·들 ㅛ25ㄴ-8ㅛ 죵25ㄴ-8 : 죵 고25ㄴ-8·고 욤25ㄴ-8욤
2	ㅍ02ㄱ-3ㅍ ㅁ02ㄱ-4ㅁ ㅈ02ㄱ-5ㅈ ㅊ02ㄱ-7ㅊ ㅅ02ㄴ-1ㅅ ㆆ02ㄴ-3ㆆ ㅎ02ㄴ-4ㅎ	ㅊ03ㄴ-2ㅊ ㅎ03ㄴ-2ㅎ ㄲ03ㄴ-2ㄲ ㄸ03ㄴ-2ㄸ ㅃ03ㄴ-2ㅃ ㅉ03ㄴ-2ㅉ ㅆ03ㄴ-2ㅆ	ㅕ05ㄴ-6ㅕ ㅣ05ㄴ-7ㅣ ㅗ05ㄴ-7ㅗ ㅏ05ㄴ-7ㅏ ㅜ05ㄴ-8ㅜ ㅓ05ㄴ-8ㅓ ㅛ06ㄱ-1ㅛ	ㅏ16ㄱ-6ㅏ ㆍ16ㄱ-6ㆍ ㅘ16ㄱ-6ㅘ ㅛ16ㄱ-6ㅛ ㅑ16ㄱ-7ㅑ ㅣ16ㄱ-7ㅣ ㆇ16ㄱ-7ㆇ	ㅅ18ㄴ-3ㅅ 옷18ㄴ3·옷 ㄹ18ㄴ-3ㄹ 실18ㄴ3 : 실 ㆁ18ㄴ-5ㆁ ㄱ18ㄴ-5ㄱ ㆁ18ㄴ-5ㆁ	롱21ㄴ-7롱 활21ㄴ-8활 돌21ㄴ-8 : 돌 갈22ㄱ-1·갈 붇22ㄱ-1·붇 긷22ㄱ-5긷 녑22ㄱ-5녑	형25ㄱ-4형 힘25ㄱ-4·힘 ㅇ25ㄱ-5ㅇ 비25ㄱ-5·비 육25ㄱ-5육 ᄫᅳ25ㄱ-5·ᄫᅳ 얌25ㄱ-5얌	쇼26ㄱ-1·쇼 삽26ㄱ-1삽 됴26ㄱ-1됴 ㅑ26ㄱ-1ㅑ 남26ㄱ-2남 샹26ㄱ-2샹 약26ㄱ-2약
3	ㅇ02ㄴ-6ㅇ ㄹ02ㄴ-7ㄹ ㅿ03ㄱ-1ㅿ ㆍ03ㄱ-2ㆍ ㅡ03ㄱ-3ㅡ ㅣ03ㄱ-4ㅣ ㅗ03ㄱ-5ㅗ	ㆅ03ㄴ-3ㆅ ㆁ03ㄴ-3ㆁ ㄴ03ㄴ-3ㄴ ㅁ03ㄴ-3ㅁ ㅇ03ㄴ-3ㅇ ㄹ03ㄴ-3ㄹ ㅿ03ㄴ-3ㅿ	ㅑ06ㄱ-1ㅑ ㅠ06ㄱ-1ㅠ ㅕ06ㄱ-1ㅕ ㅗ06ㄱ-2ㅗ ㅏ06ㄱ-2ㅏ ㅛ06ㄱ-2ㅛ ㅑ06ㄱ-2ㅑ	ㅜ16ㄱ-7ㅜ ㅓ16ㄱ-8ㅓ ㅡ16ㄱ-8ㅡ ㅝ16ㄱ-8ㅝ ㅠ16ㄱ-8ㅠ ㅕ16ㄴ-1ㅕ ㅣ16ㄴ-1ㅣ	ㄱ18ㄴ-6ㄱ ㄱ18ㄴ-6ㄱ ㆁ18ㄴ-6ㆁ ㄴ18ㄴ-7ㄴ ㄷ18ㄴ-7ㄷ ㅁ18ㄴ-7ㅁ ㅂ18ㄴ-7ㅂ	낟22ㄱ-6 : 낟 깁22ㄱ-6 : 깁 몯22ㄱ-7·몯 입22ㄱ-7·입 ㆆ22ㄴ-4ㆆ ㅇ22ㄴ-4ㅇ ㅇ22ㄴ-7ㅇ	ㄹ25ㄱ-5ㄹ 무25ㄱ-6·무 뤼25ㄱ-6뤼 어25ㄱ-6어 름25ㄱ-6·름 ㅿ25ㄱ-6ㅿ 아25ㄱ-6아	다26ㄱ-2다 야26ㄱ-2·야 쟈26ㄱ-2쟈 감26ㄱ-3감 ㅠ26ㄱ-3ㅠ 율26ㄱ-3율 믜26ㄱ-3믜
4	ㅏ03ㄱ-6ㅏ ㅜ03ㄱ-7ㅜ ㅓ03ㄴ-1ㅓ ㅛ03ㄴ-2ㅛ ㅑ03ㄴ-3ㅑ ㅠ03ㄴ-4ㅠ ㅕ03ㄴ-5ㅕ	ㄴ03ㄴ-4ㄴ ㅁ03ㄴ-4ㅁ ㅇ03ㄴ-4ㅇ ㅅ03ㄴ-6ㅅ ㅈ03ㄴ-6ㅈ ㅅ03ㄴ-6ㅅ ㅈ03ㄴ-6ㅈ	ㅜ06ㄱ-3ㅜ ㅓ06ㄱ-3ㅓ ㅠ06ㄱ-4ㅠ ㅕ06ㄱ-4ㅕ ㆍ06ㄱ-5ㆍ ㅛ06ㄱ-6ㅛ ㅑ06ㄱ-6ㅑ	ᆑ16ㄴ-1ᆑ ㅣ16ㄴ-3ㅣ ㆎ16ㄴ-3ㆎ ㅢ16ㄴ-3ㅢ ㅚ16ㄴ-3ㅚ ㅐ16ㄴ-4ㅐ ㅟ16ㄴ-4ㅟ	ㅿ18ㄴ-7ㅿ ㅅ18ㄴ-8ㅅ ㅇ18ㄴ-8ㅇ ㆆ18ㄴ-8ㆆ ㄹ19ㄱ-1ㄹ ㄷ19ㄱ-3ㄷ ㄹ19ㄱ-3ㄹ	ㄹ22ㄴ-7ㄹ ㆍ22ㄴ-8ㆍ ㅡ22ㄴ-8ㅡ ㅣ23ㄱ-1ㅣ ᄀᆝ23ㄱ-3ᄀᆝ 긔23ㄱ-3긔 ㄱ24ㄴ-3ㄱ	ᄉᆞ25ㄱ-6ᄉᆞ 너25ㄱ-7 : 너 ᅀᅵ25ㄱ-7ᅀᅵ ㆍ25ㄱ-7ㆍ ᄐᆞᆨ25ㄱ-7·ᄐᆞᆨ ᄑᆞᆺ25ㄱ-8·ᄑᆞᆺ ᄃᆞ25ㄱ-8ᄃᆞ	쥭26ㄱ-3쥭 슈26ㄱ-4슈 룹26ㄱ-4·룹 쥬26ㄱ-4쥬 련26ㄱ-4련 ㅕ26ㄱ-4ㅕ 엿26ㄱ-5·엿
5	ㅇ03ㄴ-6ㅇ ㆍ04ㄱ-1ㆍ ㅡ04ㄱ-1ㅡ ㅗ04ㄱ-1ㅗ ㅜ04ㄱ-1ㅜ ㅛ04ㄱ-1ㅛ ㅠ04ㄱ-2ㅠ	ㆁ03ㄴ-7ㆁ ㅇ03ㄴ-8ㅇ ㆁ04ㄱ-3ㆁ ㅇ04ㄱ-4ㅇ ㄱ04ㄱ-5ㄱ ㅋ04ㄱ-6ㅋ ㄲ04ㄱ-6ㄲ	ㅠ06ㄱ-6ㅠ ㅕ06ㄱ-7ㅕ ㆍ06ㄴ-2ㆍ ㅡ06ㄴ-2ㅡ ㅣ06ㄴ-3ㅣ ㆍ06ㄴ-3ㆍ ㅗ06ㄴ-4ㅗ	ㅔ16ㄴ-4ㅔ ㆉ16ㄴ-4ㆉ ㅒ16ㄴ-4ㅒ ㆌ16ㄴ-4ㆌ ㅖ16ㄴ-4ㅖ ㅣ16ㄴ-5ㅣ ㆈ16ㄴ-5ㆈ	ㄷ19ㄱ-3ㄷ ㄹ19ㄱ-4ㄹ ㄱ20ㄴ-5ㄱ ㅜ20ㄴ-5ㅜ ㆁ20ㄴ-5ㆁ ㅓ20ㄴ-5ㅓ ㆍ20ㄴ-6ㆍ	감24ㄴ-3 : 감 ᄀᆞᆯ24ㄴ-3·ᄀᆞᆯ ㅋ24ㄴ-3ㅋ 우24ㄴ-3우 케24ㄴ-4·케 콩24ㄴ-4콩 ㆁ24ㄴ-4ㆁ	리25ㄱ-8리 ᄀᆞ25ㄱ-8·ᄀᆞ 래25ㄱ-8래 ㅡ25ㄱ-8ㅡ 믈25ㄴ-1·믈 발25ㄴ-1·발 측25ㄴ-1·측	뎔26ㄱ-5·뎔 벼26ㄱ-5·벼 져26ㄱ-5 : 져 비26ㄱ-6비 ㄱ26ㄱ-6ㄱ 닥26ㄱ-6닥 독26ㄱ-6독
6	ㅣ04ㄱ-2ㅣ ㅏ04ㄱ-2ㅏ ㅓ04ㄱ-2ㅓ ㅑ04ㄱ-2ㅑ ㅕ04ㄱ-3ㅕ 상-예의편 하-해례편	ㆆ04ㄴ-1ㆆ ㅎ04ㄴ-2ㅎ ㆆ04ㄴ-2ㆆ ㅇ04ㄴ-3ㅇ ㆍ04ㄴ-5ㆍ ㅡ04ㄴ-7ㅡ ㅣ04ㄴ-8ㅣ	ㅏ06ㄴ-5ㅏ ㅜ06ㄴ-6ㅜ ㅓ06ㄴ-6ㅓ ㅛ06ㄴ-7ㅛ ㅑ06ㄴ-8ㅑ ㅠ07ㄱ-1ㅠ ㅕ07ㄱ-2ㅕ	ㅞ16ㄴ-5ㅞ ᆅ16ㄴ-5ᆅ ᆒ16ㄴ-5ᆒ ㅣ16ㄴ-6ㅣ ㄱ17ㄴ-4ㄱ ㄱ17ㄴ-4ㄱ ᄌᆞ17ㄴ-4ᄌᆞ	ㅡ20ㄴ-6ㅡ ㅗ20ㄴ-7ㅗ ㅛ20ㄴ-7ㅛ ㅜ20ㄴ-7ㅜ ㅠ20ㄴ-7ㅠ ㅣ20ㄴ-8ㅣ ㅏ20ㄴ-8ㅏ	러24ㄴ-4러 울24ㄴ-4·울 서24ㄴ-5서 에24ㄴ-5·에 ㄷ24ㄴ-5ㄷ 뒤24ㄴ-5·뒤 담24ㄴ-5·담	그25ㄴ-1그 력25ㄴ-1력 드25ㄴ-1드 레25ㄴ-2·레 ㅣ25ㄴ-2ㅣ 깃25ㄴ-2·깃 밀25ㄴ-2 : 밀	ㆁ26ㄱ-7ㆁ 굼26ㄱ-7 : 굼 벙26ㄱ-7벙 올26ㄱ-7·올 창26ㄱ-7창 ㄷ26ㄱ-7ㄷ 갇26ㄱ-8·갇
7	ㄱ01ㄴ-4ㄱ ㄴ01ㄴ-4ㄴ ㅁ01ㄴ-5ㅁ ㅅ01ㄴ-6ㅅ ㅇ01ㄴ-6ㅇ ㅋ01ㄴ-6ㅋ ㄱ01ㄴ-7ㄱ	ㅗ05ㄱ-2ㅗ ㆍ05ㄱ-3ㆍ ㆍ05ㄱ-3ㆍ ㅡ05ㄱ-3ㅡ ㅏ05ㄱ-4ㅏ ㆍ05ㄱ-4ㆍ ㅣ05ㄱ-5ㅣ	ㆍ07ㄱ-4ㆍ ㅡ07ㄱ-5ㅡ ㅣ07ㄱ-6ㅣ ㄱ14ㄴ-8ㄱ ㄱ14ㄴ-8ㄱ 구14ㄴ-8구 군14ㄴ-8군	즉17ㄴ-4즉 ㆁ17ㄴ-5ㆁ ㆁ17ㄴ-5ㆁ ᅘᅩ17ㄴ-5ᅘᅩ ᅘᅩᇰ17ㄴ-5ᅘᅩᇰ ㆁ18ㄱ-3ㆁ ㄴ18ㄱ-3ㄴ	ㅑ20ㄴ-8ㅑ ㅓ20ㄴ-8ㅓ ㅕ20ㄴ-8ㅕ ㆍ20ㄴ-8ㆍ ㅌ20ㄴ-8ㅌ ㅡ21ㄱ-1ㅡ ㅈ21ㄱ-1ㅈ	ㅌ24ㄴ-6ㅌ 고24ㄴ-6고 티24ㄴ-6·티 두24ㄴ-6두 텁24ㄴ-6텁 ㄴ24ㄴ-7ㄴ 노24ㄴ-7노	피25ㄴ-2·피 키25ㄴ-3·키 ㅗ25ㄴ-3ㅗ 논25ㄴ-3·논 톱25ㄴ-3·톱 호25ㄴ-4호 믜25ㄴ-4·믜	싣26ㄱ-8싣 ㄴ26ㄱ-8ㄴ 신26ㄱ-8·신 반26ㄱ-8·반 되26ㄴ-1되 ㅂ26ㄴ-1ㅂ 섭26ㄴ-1섭
8	ㄴ01ㄴ-7ㄴ ㄷ01ㄴ-7ㄷ ㄷ01ㄴ-7ㄷ ㅌ01ㄴ-8ㅌ ㅁ01ㄴ-8ㅁ ㅂ01ㄴ-8ㅂ ㅂ01ㄴ-8ㅂ	ㆍ05ㄱ-5ㆍ ㅜ05ㄱ-7ㅜ ㅡ05ㄱ-7ㅡ ㅡ05ㄱ-7ㅡ ㆍ05ㄱ-7ㆍ ㅓ05ㄱ-8ㅓ ㅡ05ㄴ-1ㅡ	ㅋ15ㄱ-1ㅋ ㅋ15ㄱ-1ㅋ ㅙ15ㄱ-1ㅙ 쾌15ㄱ1·쾌 ㄲ15ㄱ-2ㄲ ㄲ15ㄱ-2ㄲ ㅠ15ㄱ-2ㅠ	ㅁ18ㄱ-3ㅁ ㅇ18ㄱ-3ㅇ ㄹ18ㄱ-3ㄹ ㅿ18ㄱ-3ㅿ ㄱ18ㄱ-5ㄱ ㆁ18ㄱ-5ㆁ ㄷ18ㄱ-5ㄷ	ㅣ21ㄱ-1ㅣ ㅊ21ㄱ-1ㅊ ㄴ21ㄱ-2ㄴ 구21ㄱ-3구 ㅂ21ㄱ-3ㅂ 어21ㄱ-3어 ᄶᅡ21ㄱ-4·ᄶᅡ	로24ㄴ-7로 납24ㄴ-7납 ㅂ24ㄴ-7ㅂ ᄇᆞᆯ24ㄴ-7ᄇᆞᆯ 벌24ㄴ-8 : 벌 ㅍ24ㄴ-8ㅍ 파24ㄴ-8·파	벼25ㄴ-4벼 로25ㄴ-4·로 ㅏ25ㄴ-4ㅏ 밥25ㄴ-4·밥 낟25ㄴ-5·낟 이25ㄴ-5이 아25ㄴ-5·아	굽26ㄴ-1·굽 ㅁ26ㄴ-1ㅁ 범26ㄴ-2 : 범 ᄉᆡᆷ26ㄴ-2 : ᄉᆡᆷ ㅅ26ㄴ-2ㅅ 잣26ㄴ-2 : 잣 못26ㄴ-2·못
9	ㅍ01ㄴ-8ㅍ ㅅ01ㄴ-8ㅅ ㅈ01ㄴ-8ㅈ ㅈ01ㄴ-8ㅈ ㅊ02ㄱ-1ㅊ ㅇ02ㄱ-1ㅇ ㆆ02ㄱ-1ㆆ	ㆍ05ㄴ-1ㆍ ㅣ05ㄴ-1ㅣ ㅛ05ㄴ-3ㅛ ㅗ05ㄴ-3ㅗ ㅣ05ㄴ-3ㅣ ㅑ05ㄴ-3ㅑ ㅏ05ㄴ-4ㅏ	뀨15ㄱ-2뀨 ㆁ15ㄱ-2ㆁ ㆁ15ㄱ-3ㆁ ᅌᅥ15ㄱ-3ᅌᅥ 업15ㄱ-3업 ㆍ16ㄱ-1ㆍ ㆍ16ㄱ-1ㆍ	ㄴ18ㄱ-5ㄴ ㅂ18ㄱ-5ㅂ ㅁ18ㄱ-5ㅁ ㅅ18ㄱ-5ㅅ ㄹ18ㄱ-5ㄹ ᄇᆡᆺ18ㄱ-6ᄇᆡᆺ 곶18ㄱ-6곶	ᄡᅡᆨ21ㄱ-5ᄡᅡᆨ ᄣᅳᆷ21ㄱ5·ᄣᅳᆷ 혀21ㄱ-6·혀 ᅘᅧ21ㄱ-6·ᅘᅧ 괴21ㄱ-6괴 여21ㄱ-6·여 괴21ㄱ-7괴	ᄑᆞᆯ24ㄴ-8·ᄑᆞᆯ ㅁ24ㄴ-8ㅁ 뫼25ㄱ-1 : 뫼 마25ㄱ-1·마 ㅸ25ㄱ-1ㅸ 사25ㄱ-1사 ᄫᅵ25ㄱ-1·ᄫᅵ	사25ㄴ-5사 ᄉᆞᆷ25ㄴ-5·ᄉᆞᆷ ㅜ25ㄴ-5ㅜ 숫25ㄴ-6숫 울25ㄴ-6·울 누25ㄴ-6누 에25ㄴ-6·에	ㄹ26ㄴ-3ㄹ 돌26ㄴ-3·돌 별26ㄴ-3 : 별 총계 547자
10	ㆆ02ㄱ-1ㆆ ㅎ02ㄱ-1ㅎ ㆁ02ㄱ-2ㆁ ㄹ02ㄱ-2ㄹ ㅿ02ㄱ-3ㅿ ㄱ03ㄴ-1ㄱ ㄷ03ㄴ-1ㄷ	ㅣ05ㄴ-4ㅣ ㅠ05ㄴ-4ㅠ ㅜ05ㄴ-4ㅜ ㅣ05ㄴ-5ㅣ ㅕ05ㄴ-5ㅕ ㅓ05ㄴ-5ㅓ ㅣ05ㄴ-5ㅣ	ㅌ16ㄱ-1ㅌ ㄴ16ㄱ-1ㄴ ᄐᆞᆫ16ㄱ-2ᄐᆞᆫ ㅡ16ㄱ-2ㅡ ㅡ16ㄱ-2ㅡ ㅈ16ㄱ-2ㅈ ㄱ16ㄱ-3ㄱ	ᅇᅧᆺ18ㄱ-6ᅇᅧᆺ 의18ㄱ-6·의 갗18ㄱ-6갗 ㅅ18ㄱ-7ㅅ ㅅ18ㄱ-7ㅅ ㅇ18ㄱ-8ㅇ ㄷ18ㄴ-1ㄷ	ᅇᅧ21ㄱ-7·ᅇᅧ 소21ㄱ-7소 ᄃᆞ21ㄱ-7·ᄃᆞ 쏘21ㄱ-8쏘 ᄃᆞ21ㄱ-8·ᄃᆞ 과21ㄴ-1·과 홰21ㄴ-1·홰	드25ㄱ-2드 ᄫᅴ25ㄱ-2·ᄫᅴ ㅈ25ㄱ-2ㅈ 자25ㄱ-2·자 죠25ㄱ-2죠 히25ㄱ-2·히 ㅊ25ㄱ-3ㅊ	구25ㄴ-6구 리25ㄴ-6·리 ㅓ25ㄴ-7ㅓ 브25ㄴ-7브 섭25ㄴ-7섭 널25ㄴ-7 : 널 서25ㄴ-7서	

* 보기 : **죵25ㄴ-8 : 죵.** 문자(죵), 해당 장수(25), 장의 뒤(ㄴ),-해당 행수(8) 해당본문자(:죵), 사성기호(:죵)

(도1) 훈민정음해례본 정음-해례편 한글 쪽수별 집자도 [01ㄱ-03ㄴ]

01ㄱ-7ㄱ	ㅋ01ㄴ-2ㅋ	ㆁ01ㄴ-3ㆁ	ㄷ01ㄴ-4ㄷ	ㅌ01ㄴ-6ㅌ	ㄴ01ㄴ-7ㄴ	ㅂ02ㄱ-1ㅂ
ㅍ02ㄱ-3ㅍ	ㅁ02ㄱ-4ㅁ	ㅈ02ㄱ-5ㅈ	ㅊ02ㄱ-7ㅊ	ㅅ02ㄴ-1ㅅ	ㆆ02ㄴ-3ㆆ	ㅎ02ㄴ-4ㅎ
ㅇ02ㄴ-6ㅇ	ㄹ02ㄴ-7ㄹ	ㅿ03ㄱ-1ㅿ	· 03ㄱ-2 ·	ㅡ03ㄱ-3ㅡ	ㅣ03ㄱ-4ㅣ	ㅗ03ㄱ-5ㅗ
ㅏ03ㄱ-6ㅏ	ㅜ03ㄱ-7ㅜ	ㅓ03ㄴ-1ㅓ	ㅛ03ㄴ-2ㅛ	ㅑ03ㄴ-3ㅑ	ㅠ03ㄴ-4ㅠ	ㅕ03ㄴ-5ㅕ
ㅇ03ㄴ-6ㅇ	· 04ㄱ-1 ·	ㅡ04ㄱ-1ㅡ	ㅗ04ㄱ-1ㅗ	ㅜ04ㄱ-1ㅜ	ㅛ04ㄱ-1ㅛ	ㅠ04ㄱ-2ㅠ
ㅣ04ㄱ-2ㅣ	ㅏ04ㄱ-2ㅏ	ㅓ04ㄱ-2ㅓ	ㅑ04ㄱ-2ㅑ	ㅕ04ㄱ-3ㅕ	예의편 문자 자음 : 17 모음 : 23 계 : 40	전체 원본집자
ㄱ01ㄴ-4ㄱ	ㄴ01ㄴ-4ㄴ	ㅁ01ㄴ-5ㅁ	ㅅ01ㄴ-6ㅅ	ㅇ01ㄴ-6ㅇ	ㅋ01ㄴ-6ㅋ	ㄱ01ㄴ-7ㄱ
ㄴ01ㄴ-7ㄴ	ㄷ01ㄴ-7ㄷ	ㄷ01ㄴ-7ㄷ	ㅌ01ㄴ-8ㅌ	ㅁ01ㄴ-8ㅁ	ㅂ01ㄴ-8ㅂ	ㅂ01ㄴ-8ㅂ
ㅍ01ㄴ-8ㅍ	ㅅ01ㄴ-8ㅅ	ㅈ01ㄴ-8ㅈ	ㅈ01ㄴ-8ㅈ	ㅊ02ㄱ-1ㅊ	ㅇ02ㄱ-1ㅇ	ㆆ02ㄱ-1ㆆ
ㆆ02ㄱ-1ㆆ	ㅎ02ㄱ-1ㅎ	ㆁ02ㄱ-2ㆁ	ㄹ02ㄱ-2ㄹ	ㅿ02ㄱ-3ㅿ	ㄱ03ㄴ-1ㄱ	ㄷ03ㄴ-1ㄷ

(도2) 훈민정음해례본 정음해례편 한글 쪽수별 집자도 [03ㄴ-05ㄴ]

ㅂ03ㄴ-1ㅂ	ㅈ03ㄴ-1ㅈ	ㅅ03ㄴ-1ㅅ	ㆆ03ㄴ-1ㆆ	ㅋ03ㄴ-2ㅋ	ㅌ03ㄴ-2ㅌ	ㅍ03ㄴ-2ㅍ
ㅊ03ㄴ-2ㅊ	ㅎ03ㄴ-2ㅎ	ㄲ03ㄴ-2ㄲ	ㄸ03ㄴ-2ㄸ	ㅃ03ㄴ-2ㅃ	ㅉ03ㄴ-2ㅉ	ㅆ03ㄴ-2ㅆ
ㆅ03ㄴ-3ㆅ	ㆁ03ㄴ-3ㆁ	ㄴ03ㄴ-3ㄴ	ㅁ03ㄴ-3ㅁ	ㅇ03ㄴ-3ㅇ	ㄹ03ㄴ-3ㄹ	ㅿ03ㄴ-3ㅿ
ㄴ03ㄴ-4ㄴ	ㅁ03ㄴ-4ㅁ	ㅇ03ㄴ-4ㅇ	ㅅ03ㄴ-6ㅅ	ㅈ03ㄴ-6ㅈ	ㅅ03ㄴ-6ㅅ	ㅈ03ㄴ-6ㅈ
ㆁ03ㄴ-7ㆁ	ㅇ03ㄴ-8ㅇ	ㆁ04ㄱ-3ㆁ	ㅇ04ㄱ-4ㅇ	ㄱ04ㄱ-5ㄱ	ㅋ04ㄱ-6ㅋ	ㄲ04ㄱ-6ㄲ
ㆆ04ㄴ-1ㆆ	ㅎ04ㄴ-2ㅎ	ㆆ04ㄴ-2ㆆ	ㅇ04ㄴ-3ㅇ	·04ㄴ-5·	ㅡ04ㄴ-7ㅡ	ㅣ04ㄴ-8ㅣ
ㅗ05ㄱ-2ㅗ	·05ㄱ-3·	·05ㄱ-3·	ㅡ05ㄱ-3ㅡ	ㅏ05ㄱ-4ㅏ	·05ㄱ-4·	ㅣ05ㄱ-5ㅣ
·05ㄱ-5·	ㅜ05ㄱ-7ㅜ	ㅡ05ㄱ-7ㅡ	ㅡ05ㄱ-7ㅡ	·05ㄱ-7·	ㅓ05ㄱ-8ㅓ	ㅡ05ㄴ-1ㅡ
·05ㄴ-1·	ㅣ05ㄴ-1ㅣ	ㅛ05ㄴ-3ㅛ	ㅗ05ㄴ-3ㅗ	ㅣ05ㄴ-3ㅣ	ㅑ05ㄴ-3ㅑ	ㅏ05ㄴ-4ㅏ
ㅣ05ㄴ-4ㅣ	ㅠ05ㄴ-4ㅠ	ㅜ05ㄴ-4ㅜ	ㅣ05ㄴ-5ㅣ	ㅕ05ㄴ-5ㅕ	ㅓ05ㄴ-5ㅓ	ㅣ05ㄴ-5ㅣ

(도3) 훈민정음해례본 정음해례편 한글 쪽수별 집자도 [05ㄴ-16ㄱ]

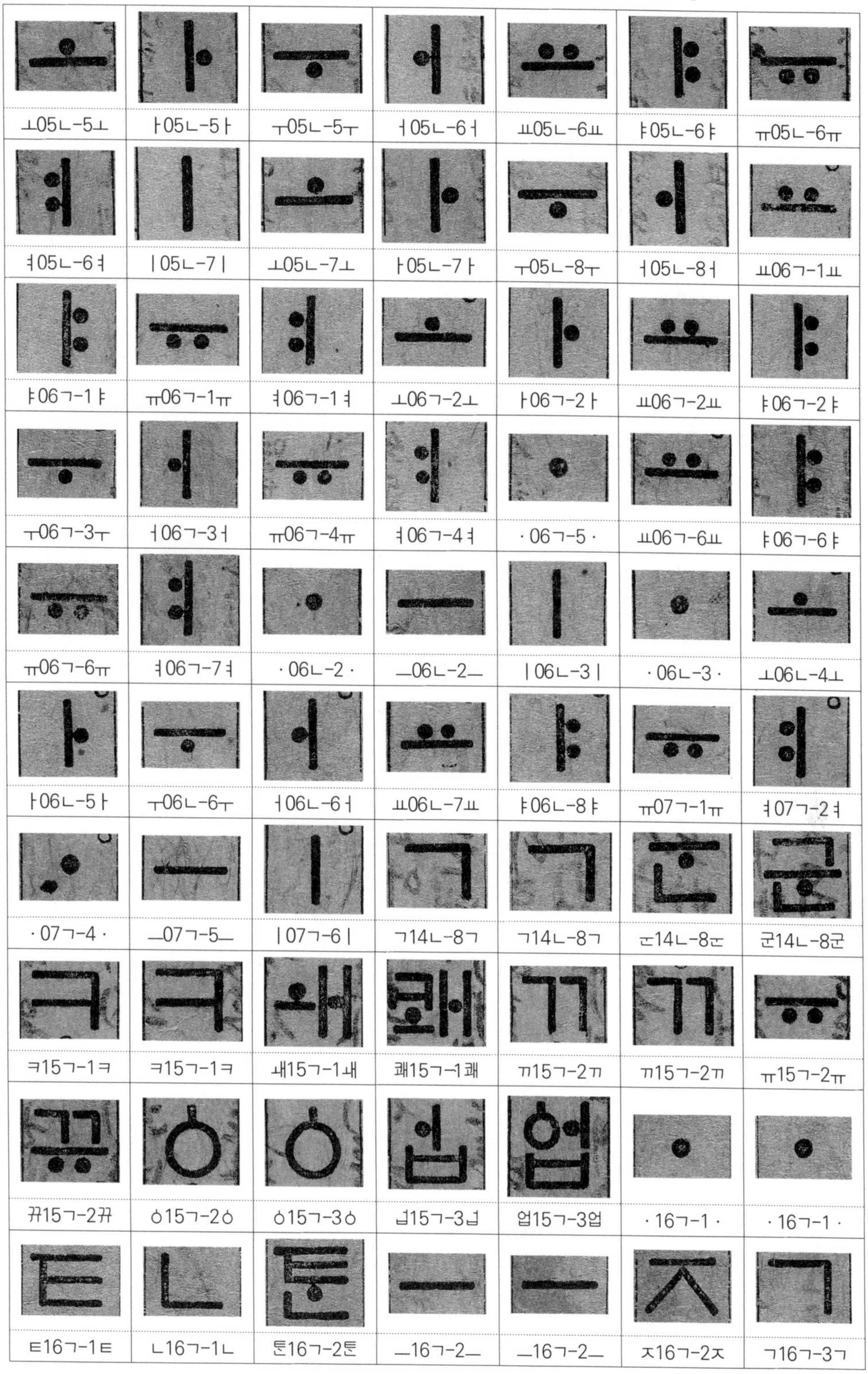

ㅗ05ㄴ-5ㅗ	ㅏ05ㄴ-5ㅏ	ㅜ05ㄴ-5ㅜ	ㅓ05ㄴ-6ㅓ	ㅛ05ㄴ-6ㅛ	ㅑ05ㄴ-6ㅑ	ㅠ05ㄴ-6ㅠ
ㅕ05ㄴ-6ㅕ	ㅣ05ㄴ-7ㅣ	ㅗ05ㄴ-7ㅗ	ㅏ05ㄴ-7ㅏ	ㅜ05ㄴ-8ㅜ	ㅓ05ㄴ-8ㅓ	ㅛ06ㄱ-1ㅛ
ㅑ06ㄱ-1ㅑ	ㅠ06ㄱ-1ㅠ	ㅕ06ㄱ-1ㅕ	ㅗ06ㄱ-2ㅗ	ㅏ06ㄱ-2ㅏ	ㅛ06ㄱ-2ㅛ	ㅑ06ㄱ-2ㅑ
ㅜ06ㄱ-3ㅜ	ㅓ06ㄱ-3ㅓ	ㅠ06ㄱ-4ㅠ	ㅕ06ㄱ-4ㅕ	·06ㄱ-5·	ㅛ06ㄱ-6ㅛ	ㅑ06ㄱ-6ㅑ
ㅠ06ㄱ-6ㅠ	ㅕ06ㄱ-7ㅕ	·06ㄴ-2·	ㅡ06ㄴ-2ㅡ	ㅣ06ㄴ-3ㅣ	·06ㄴ-3·	ㅗ06ㄴ-4ㅗ
ㅏ06ㄴ-5ㅏ	ㅜ06ㄴ-6ㅜ	ㅓ06ㄴ-6ㅓ	ㅛ06ㄴ-7ㅛ	ㅑ06ㄴ-8ㅑ	ㅠ07ㄱ-1ㅠ	ㅕ07ㄱ-2ㅕ
·07ㄱ-4·	ㅡ07ㄱ-5ㅡ	ㅣ07ㄱ-6ㅣ	ㄱ14ㄴ-8ㄱ	ㄱ14ㄴ-8ㄱ	ㄷ14ㄴ-8ㄷ	군14ㄴ-8군
ㅋ15ㄱ-1ㅋ	ㅋ15ㄱ-1ㅋ	ㅙ15ㄱ-1ㅙ	쾌15ㄱ-1쾌	ㄲ15ㄱ-2ㄲ	ㄲ15ㄱ-2ㄲ	ㅠ15ㄱ-2ㅠ
뀨15ㄱ-2뀨	ㆁ15ㄱ-2ㆁ	ㆁ15ㄱ-3ㆁ	ㅂ15ㄱ-3ㅂ	업15ㄱ-3업	·16ㄱ-1·	·16ㄱ-1·
ㅌ16ㄱ-1ㅌ	ㄴ16ㄱ-1ㄴ	툰16ㄱ-2툰	ㅡ16ㄱ-2ㅡ	ㅡ16ㄱ-2ㅡ	ㅈ16ㄱ-2ㅈ	ㄱ16ㄱ-3ㄱ

(도4) 훈민정음해례본 정음해례편 한글 쪽수별 집자도 [16ㄱ-18ㄴ]

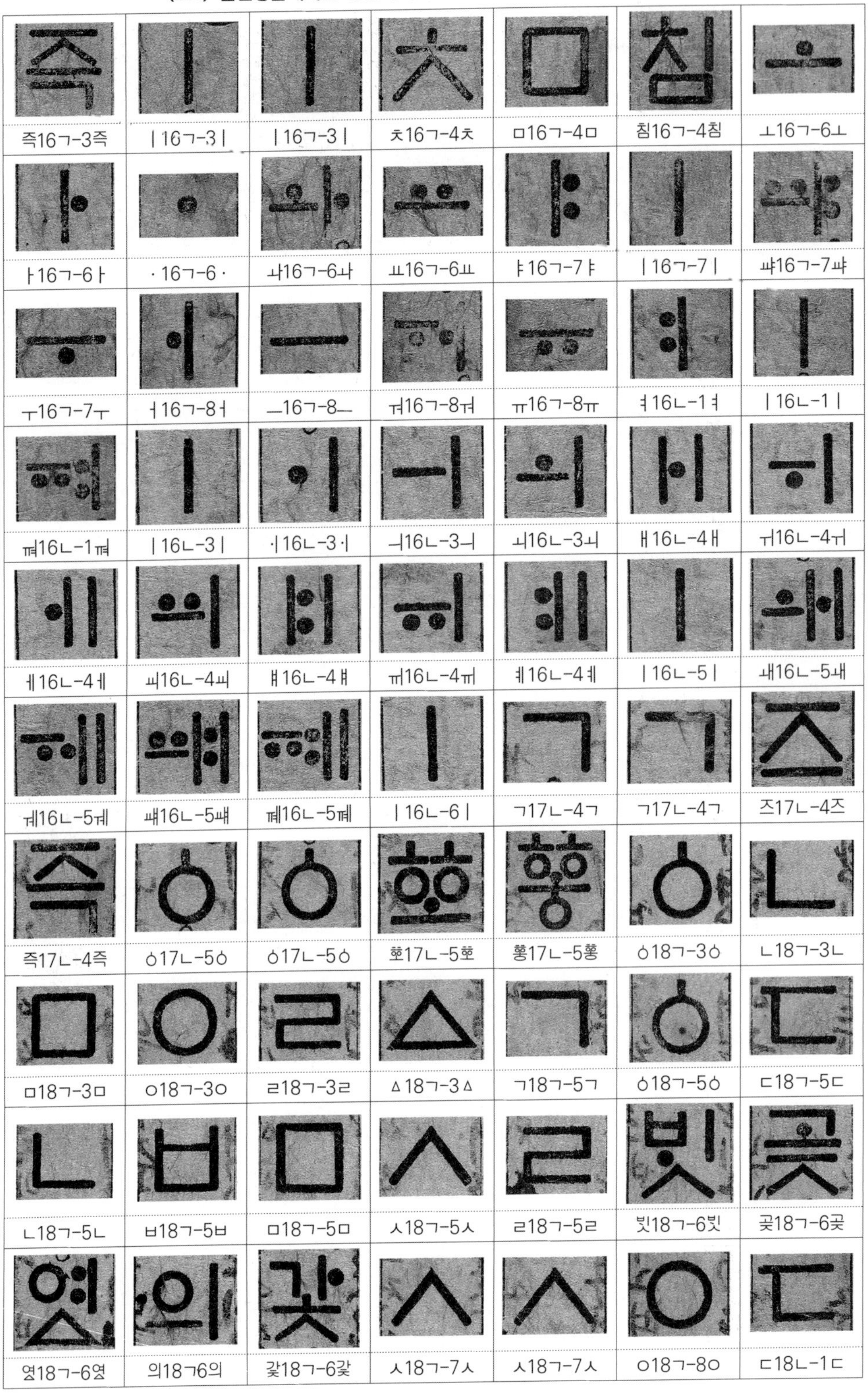

즉16ㄱ-3즉	ㅣ16ㄱ-3ㅣ	ㅣ16ㄱ-3ㅣ	ㅊ16ㄱ-4ㅊ	ㅁ16ㄱ-4ㅁ	침16ㄱ-4침	ㅗ16ㄱ-6ㅗ
ㅏ16ㄱ-6ㅏ	·16ㄱ-6·	ㅘ16ㄱ-6ㅘ	ㅛ16ㄱ-6ㅛ	ㅑ16ㄱ-7ㅑ	ㅣ16ㄱ-7ㅣ	ㆇ16ㄱ-7ㆇ
ㅜ16ㄱ-7ㅜ	ㅓ16ㄱ-8ㅓ	ㅡ16ㄱ-8ㅡ	ㅝ16ㄱ-8ㅝ	ㅠ16ㄱ-8ㅠ	ㅕ16ㄴ-1ㅕ	ㅣ16ㄴ-1ㅣ
ㆊ16ㄴ-1ㆊ	ㅣ16ㄴ-3ㅣ	ㆎ16ㄴ-3ㆎ	ㅢ16ㄴ-3ㅢ	ㅚ16ㄴ-3ㅚ	ㅐ16ㄴ-4ㅐ	ㅟ16ㄴ-4ㅟ
ㅔ16ㄴ-4ㅔ	ㆉ16ㄴ-4ㆉ	ㅒ16ㄴ-4ㅒ	ㆌ16ㄴ-4ㆌ	ㅖ16ㄴ-4ㅖ	ㅣ16ㄴ-5ㅣ	ㅙ16ㄴ-5ㅙ
ㅞ16ㄴ-5ㅞ	ㆈ16ㄴ-5ㆈ	ㆋ16ㄴ-5ㆋ	ㅣ16ㄴ-6ㅣ	ㄱ17ㄴ-4ㄱ	ㄱ17ㄴ-4ㄱ	즈17ㄴ-4즈
즉17ㄴ-4즉	ㆁ17ㄴ-5ㆁ	ㆁ17ㄴ-5ㆁ	ᅘᅩ17ㄴ-5ᅘᅩ	ᅘᅮᆼ17ㄴ-5ᅘᅮᆼ	ㆁ18ㄱ-3ㆁ	ㄴ18ㄱ-3ㄴ
ㅁ18ㄱ-3ㅁ	ㅇ18ㄱ-3ㅇ	ㄹ18ㄱ-3ㄹ	ㅿ18ㄱ-3ㅿ	ㄱ18ㄱ-5ㄱ	ㆁ18ㄱ-5ㆁ	ㄷ18ㄱ-5ㄷ
ㄴ18ㄱ-5ㄴ	ㅂ18ㄱ-5ㅂ	ㅁ18ㄱ-5ㅁ	ㅅ18ㄱ-5ㅅ	ㄹ18ㄱ-5ㄹ	빗18ㄱ-6빗	곶18ㄱ-6곶
ᅌᅧᇫ18ㄱ-6ᅌᅧᇫ	의18ㄱ6의	ᄀᆞᆽ18ㄱ-6ᄀᆞᆽ	ㅅ18ㄱ-7ㅅ	ㅅ18ㄱ-7ㅅ	ㅇ18ㄱ-8ㅇ	ㄷ18ㄴ-1ㄷ

(도5) 훈민정음해례본 정음해례편 한글 쪽수별 집자도 [18ㄴ-21ㄴ]

볃18ㄴ-1볃	ㄴ18ㄴ-1ㄴ	군18ㄴ-2군	ㅂ18ㄴ-2ㅂ	업18ㄴ-2업	ㅁ18ㄴ-2ㅁ	땀18ㄴ-2땀
ㅅ18ㄴ-3ㅅ	옷18ㄴ-옷	ㄹ18ㄴ-3ㄹ	실18ㄴ-3 : 실	ㆁ18ㄴ-5ㆁ	ㄱ18ㄴ-5ㄱ	ㆁ18ㄴ-5ㆁ
ㄱ18ㄴ-6ㄱ	ㄱ18ㄴ-6ㄱ	ㆁ18ㄴ-6ㆁ	ㄴ18ㄴ-7ㄴ	ㄷ18ㄴ-7ㄷ	ㅁ18ㄴ-7ㅁ	ㅂ18ㄴ-7ㅂ
ㅿ18ㄴ-7ㅿ	ㅅ18ㄴ-8ㅅ	ㅇ18ㄴ-8ㅇ	ㆆ18ㄴ-8ㆆ	ㄹ19ㄱ-1ㄹ	ㄷ19ㄱ-3ㄷ	ㄹ19ㄱ-3ㄹ
ㄷ19ㄱ-3ㄷ	ㄹ19ㄱ-4ㄹ	ㄱ20ㄴ-5ㄱ	ㅜ20ㄴ-5ㅜ	ㆁ20ㄴ-5ㆁ	ㅓ20ㄴ-5ㅓ	· 20ㄴ-6 ·
ㅡ20ㄴ-6ㅡ	ㅗ20ㄴ-7ㅗ	ㅛ20ㄴ-7ㅛ	ㅜ20ㄴ-7ㅜ	ㅠ20ㄴ-7ㅠ	ㅣ20ㄴ-8ㅣ	ㅏ20ㄴ-8ㅏ
ㅑ20ㄴ-8ㅑ	ㅓ20ㄴ-8ㅓ	ㅕ20ㄴ-8ㅕ	· 20ㄴ-8 ·	ㅌ20ㄴ-8ㅌ	ㅡ21ㄱ-1ㅡ	ㅈ21ㄱ-1ㅈ
ㅣ21ㄱ-1ㅣ	ㅊ21ㄱ-1ㅊ	ㄴ21ㄱ-2ㄴ	구21ㄱ-3구	ㅂ21ㄱ-3ㅂ	어21ㄱ-3어	ᄯᅡ21ㄱ-4·ᄯᅡ
ᄧᅡᆨ21ㄱ-5ᄧᅡᆨ	ᄢᅳᆷ21ㄱ-5·ᄢᅳᆷ	혀21ㄱ-6·혀	ᅘᅧ21ㄱ-6·ᅘᅧ	괴21ㄱ-6괴	여21ㄱ-6·여	괴21ㄱ-7괴
ᅇᅧ21ㄱ-7·ᅇᅧ	소21ㄱ-7소	다21ㄱ-7·다	쏘21ㄱ-8쏘	다21ㄱ-8·다	과21ㄴ-1·과	홰21ㄴ-1·홰

(도6) 훈민정음해례본 정음해례편 한글 쪽수별 집자도 [21ㄴ-25ㄱ]

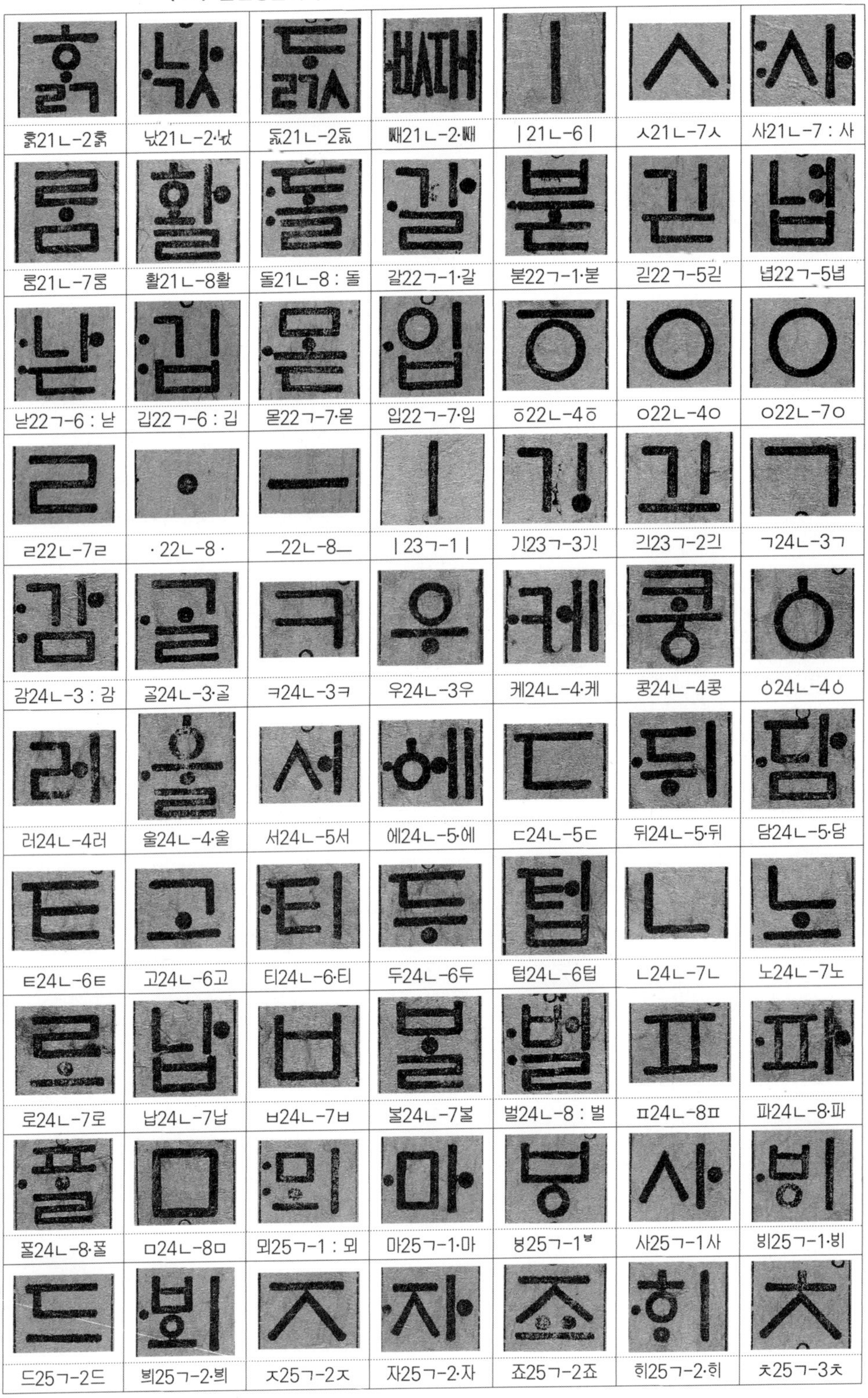

ᄒᆞᆰ21ㄴ-2ᄒᆞᆰ	ᄂᆞᆪ21ㄴ-2·ᄂᆞᆪ	ᄃᆞᆳ21ㄴ-2ᄃᆞᆳ	ᄣᅢ21ㄴ-2·ᄣᅢ	ㅣ21ㄴ-6ㅣ	ㅅ21ㄴ-7ㅅ	사21ㄴ-7 : 사
ᄅᆞᆷ21ㄴ-7ᄅᆞᆷ	활21ㄴ-8활	ᄃᆞᆯ21ㄴ-8 : ᄃᆞᆯ	갈22ㄱ-1·갈	붇22ㄱ-1·붇	긷22ㄱ-5긷	녑22ㄱ-5녑
ᄂᆞᆮ22ㄱ-6 : ᄂᆞᆮ	깁22ㄱ-6 : 깁	몯22ㄱ-7·몯	입22ㄱ-7·입	ㆆ22ㄴ-4ㆆ	ㅇ22ㄴ-4ㅇ	ㅇ22ㄴ-7ㅇ
ㄹ22ㄴ-7ㄹ	·22ㄴ-8·	ㅡ22ㄴ-8ㅡ	ㅣ23ㄱ-1ㅣ	ᄀᆝ23ㄱ-3ᄀᆝ	ᄀᆜ23ㄱ-2ᄀᆜ	ㄱ24ㄴ-3ㄱ
감24ㄴ-3 : 감	ᄀᆞᆯ24ㄴ-3·ᄀᆞᆯ	ㅋ24ㄴ-3ㅋ	ᅌᅮ24ㄴ-3ᅌᅮ	ᄏᆡ24ㄴ-4·ᄏᆡ	ᄏᆞᆼ24ㄴ-4ᄏᆞᆼ	ㆁ24ㄴ-4ㆁ
ᄅᆡ24ㄴ-4ᄅᆡ	ᅌᅮᆯ24ㄴ-4·ᅌᅮᆯ	서24ㄴ-5서	ᅌᅦ24ㄴ-5·ᅌᅦ	ㄷ24ㄴ-5ㄷ	뒤24ㄴ-5·뒤	ᄃᆞᆷ24ㄴ-5·ᄃᆞᆷ
ㅌ24ㄴ-6ㅌ	고24ㄴ-6고	티24ㄴ-6·티	두24ㄴ-6두	텁24ㄴ-6텁	ㄴ24ㄴ-7ㄴ	노24ㄴ-7노
로24ㄴ-7로	납24ㄴ-7납	ㅂ24ㄴ-7ㅂ	ᄇᆞᆯ24ㄴ-7ᄇᆞᆯ	벌24ㄴ-8 : 벌	ㅍ24ㄴ-8ㅍ	파24ㄴ-8·파
ᄑᆞᆯ24ㄴ-8·ᄑᆞᆯ	ㅁ24ㄴ-8ㅁ	뫼25ㄱ-1 : 뫼	마25ㄱ-1·마	ㅸ25ㄱ-1ㅸ	사25ㄱ-1사	ᄫᅵ25ㄱ-1·ᄫᅵ
드25ㄱ-2드	ᄫᅬ25ㄱ-2·ᄫᅬ	ㅈ25ㄱ-2ㅈ	자25ㄱ-2·자	ᅐᅭ25ㄱ-2ᅐᅭ	히25ㄱ-2·히	ㅊ25ㄱ-3ㅊ

(도7) 훈민정음해례본 정음해례편 한글 쪽수별 집자도 [25ㄱ-25ㄴ]

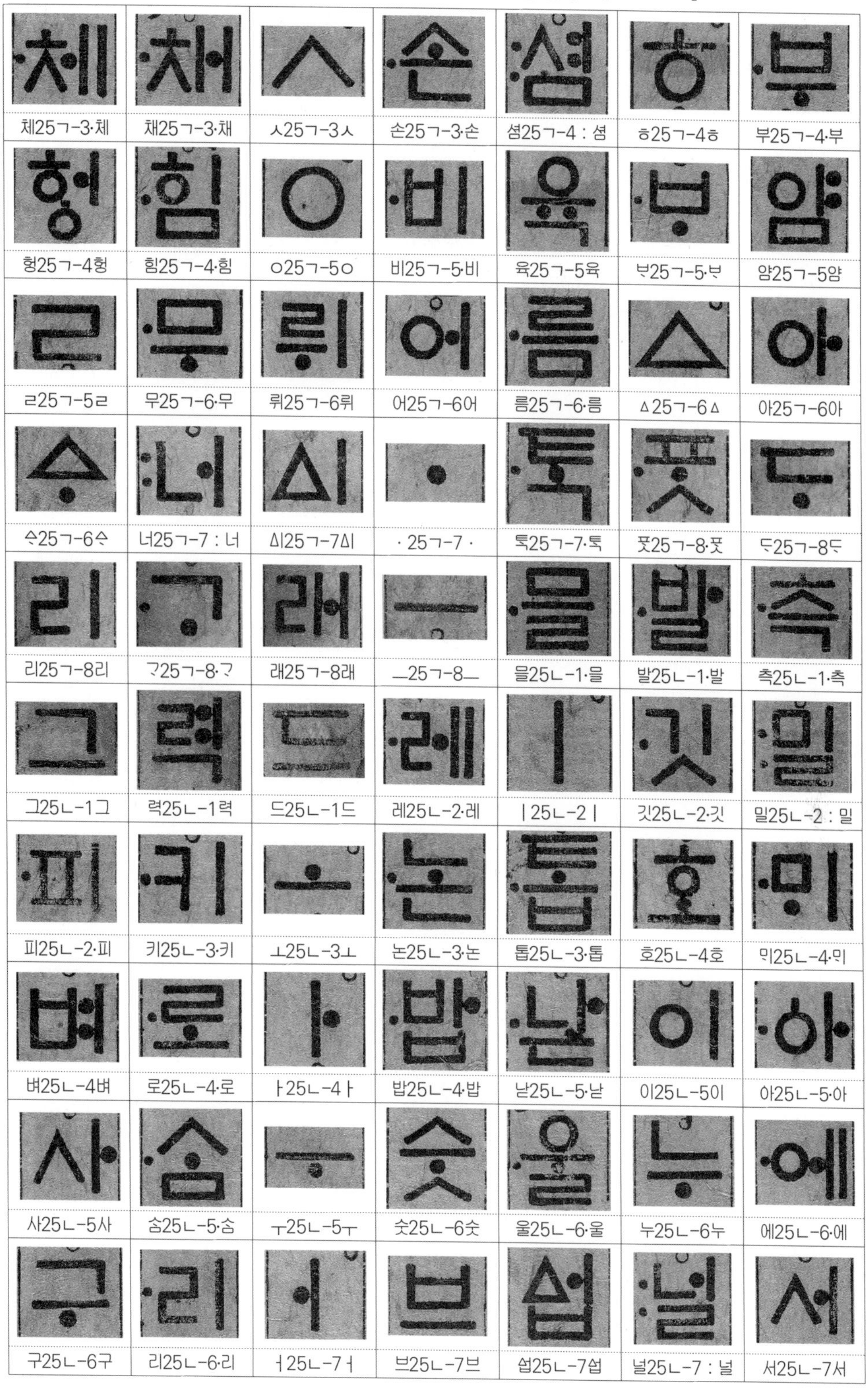

체25ㄱ-3·체	채25ㄱ-3·채	ㅅ25ㄱ-3ㅅ	손25ㄱ-3·손	셤25ㄱ-4 : 셤	ㅎ25ㄱ-4ㅎ	부25ㄱ-4·부
헝25ㄱ-4헝	힘25ㄱ-4·힘	ㅇ25ㄱ-5ㅇ	비25ㄱ-5·비	육25ㄱ-5육	ᄫ25ㄱ-5·ᄫ	얌25ㄱ-5얌
ㄹ25ㄱ-5ㄹ	무25ㄱ-6·무	뤼25ㄱ-6뤼	어25ㄱ-6어	름25ㄱ-6·름	ㅿ25ㄱ-6ㅿ	아25ㄱ-6아
ᅀᆞ25ㄱ-6ᅀᆞ	너25ㄱ-7 : 너	ᅀᅵ25ㄱ-7ᅀᅵ	· 25ㄱ-7 ·	톡25ㄱ-7·톡	픗25ㄱ-8·픗	ᄃᆞ25ㄱ-8ᄃᆞ
리25ㄱ-8리	ᄀᆞ25ㄱ-8·ᄀᆞ	래25ㄱ-8래	ㅡ25ㄱ-8ㅡ	믈25ㄴ-1·믈	발25ㄴ-1·발	측25ㄴ-1·측
그25ㄴ-1그	력25ㄴ-1력	드25ㄴ-1드	레25ㄴ-2·레	ㅣ25ㄴ-2ㅣ	깃25ㄴ-2·깃	밀25ㄴ-2 : 밀
피25ㄴ-2·피	키25ㄴ-3·키	ㅗ25ㄴ-3ㅗ	논25ㄴ-3·논	톱25ㄴ-3·톱	호25ㄴ-4호	믜25ㄴ-4·믜
벼25ㄴ-4벼	로25ㄴ-4·로	ㅏ25ㄴ-4ㅏ	밥25ㄴ-4·밥	낟25ㄴ-5·낟	이25ㄴ-5이	아25ㄴ-5·아
사25ㄴ-5사	숨25ㄴ-5·숨	ㅜ25ㄴ-5ㅜ	숫25ㄴ-6숫	울25ㄴ-6·울	누25ㄴ-6누	에25ㄴ-6·에
구25ㄴ-6구	리25ㄴ-6·리	ㅓ25ㄴ-7ㅓ	브25ㄴ-7브	섭25ㄴ-7섭	널25ㄴ-7 : 널	서25ㄴ-7서

(도8) 훈민정음해례본 정음해례편 한글 쪽수별 집자도 [25ㄴ-26ㄴ]

리25ㄴ-7·리	버25ㄴ-8버	듦25ㄴ-8·들	ㅛ25ㄴ-8ㅛ	죵25ㄴ-8 : 죵	고25ㄴ-8·고	욤25ㄴ-8욤
쇼26ㄱ-1·쇼	삽26ㄱ-1삽	됴26ㄱ-1됴	ㅑ26ㄱ-1ㅑ	남26ㄱ-2남	샹26ㄱ-2샹	약26ㄱ-2약
다26ㄱ-2다	야26ㄱ-2·야	쟈26ㄱ-2쟈	감26ㄱ-3감	ㅠ26ㄱ-3ㅠ	욜26ㄱ-3욜	믜26ㄱ-3믜
쥭26ㄱ-3쥭	슈26ㄱ-4슈	룝26ㄱ-4·룝	쥬26ㄱ-4쥬	련26ㄱ-4련	ㅕ26ㄱ-4ㅕ	엿26ㄱ-5·엿
뎔26ㄱ-5·뎔	벼26ㄱ-5·벼	져26ㄱ-5 : 져	비26ㄱ-6비	ㄱ26ㄱ-6ㄱ	닥26ㄱ-6닥	독26ㄱ-6독
ㆁ26ㄱ-7ㆁ	굼26ㄱ-7 : 굼	벙26ㄱ-7벙	올26ㄱ-7·올	창26ㄱ-7창	ㄷ26ㄱ-7ㄷ	갇26ㄱ-8·갇
싄26ㄱ-8싄	ㄴ26ㄱ-8ㄴ	신26ㄱ-8·신	반26ㄱ-8·반	되26ㄴ-1되	ㅂ26ㄴ-1ㅂ	섭26ㄴ-1섭
급26ㄴ-1·급	ㅁ26ㄴ-1ㅁ	범26ㄴ-2 : 범	심26ㄴ-2 : 심	ㅅ26ㄴ-2ㅅ	잣26ㄴ-2 : 잣	못26ㄴ-2·못
ㄹ26ㄴ-3ㄹ	돌26ㄴ-3·돌	별26ㄴ-3 : 별	정음편 40자 해례편 507자 전체 547자			

부록 2 : 훈민정음해례본 발음별 한자 일람표 및 집자도

(표1) 훈민정음해례본 가나다별 한자통계표

종류 \ 구분		정음편 한자		정음해례편 한자		계	
		종류수	자수	종류수	자수	종류수	자수
자음종류별 한자수	ㄱ	9	12	107	390	107	402
	ㄴ	1	1	10	34	10	35
	ㄷ	5	7	32	121	32	128
	ㄹ	3	3	36	96	36	99
	ㅁ	5	6	25	121	26[憫]	127
	ㅂ	9	41	47	195	47	236
	ㅅ	15	74	110	671	110	745
	ㅇ	28	97	123	1383	124[予]	1480
	ㅈ	13	70	93	755	93	825
	ㅊ	5	34	55	290	55	324
	ㅋ	1	1	1	3	1	4
	ㅌ	2	3	12	57	12	60
	ㅍ	5	5	19	55	19	60
	ㅎ	7	12	56	253	56	265
총계		108	366	726	4,424	726(728)	4,790

* 총계 726(728)의 (728) 숫자는 정음편에만 더 나오는 종류 2종 [憫, 予]을 더한 숫자임.
* 2021.2.23 본문 243, 347쪽 통계와 통일.

1. 훈민정음해례본 정음편 한자 종류별 출현 일람표

加	去	輕	故	國	君
가04ㄱ-4加	거04ㄱ-4去	경03ㄴ-7輕	고01ㄱ-3故	국01ㄱ-2國	군01ㄱ-7君
虯	急	其	那	多	覃
규01ㄴ-1虯	급04ㄱ-6急	기01ㄱ-4其	나01ㄴ-7那	다01ㄱ-4多	담01ㄴ-5覃
同	斗	得	閭	連	流
동04ㄱ-1同	두01ㄴ-4斗	득01ㄱ-4得	려02ㄴ-7閭	련03ㄴ-6連	류01ㄱ-3流
無	文	彌	民	憫	半
무04ㄱ-5無	문01ㄱ-2文	미02ㄱ-4彌	민01ㄱ-3民	민01ㄱ-5憫	반02ㄴ-7半
發	凡	彆	並	步	不
발02ㄴ-2發	범04ㄱ-3凡	별03ㄴ-5彆	병04ㄱ-1並	보02ㄱ-2步	부01ㄱ-4不
復	附	使	邪	相	上
부03ㄴ-6復	부04ㄱ-3附	사01ㄱ-6使	사02ㄴ-2邪	상01ㄱ-3相	상04ㄱ-4上
書	舌	聲	成	所	脣
서04ㄱ-3書	설01ㄴ-4舌	성04ㄱ-5聲	성04ㄱ-3成	소01ㄱ-3所	순02ㄱ-1脣
戌	習	伸	新	十	牙
술02ㄴ-1戌	습01ㄱ-6習	신01ㄱ-4伸	신01ㄱ-5新	십01ㄱ-5十	아01ㄱ-7牙
穰	語	於	言	業	與
양03ㄴ-3穰	어01ㄱ-2語	어04ㄱ-3於	언01ㄱ-3言	업01ㄴ-3業	여01ㄱ-2與

2. 훈민정음해례본 정음편 한자 종류별 출현 일람표 계108종

予	如	然	欲	用	愚
여01ㄱ-4予	여01ㄴ-4如	연01ㄱ-5然	욕01ㄱ-5欲	용03ㄴ-6用	우01ㄱ-3愚
右	爲	有	音	挹	矣
우04ㄱ-3右	위03ㄴ-7爲	유01ㄱ-3有	음01ㄱ-7音	읍02ㄴ-3挹	의01ㄱ-4矣
異	二	易	耳	而	人
이01ㄱ-2異	이01ㄱ-5二	이01ㄱ-6易	이01ㄱ-6耳	이04ㄱ-3而	인01ㄱ-6人
日	一	入	者	慈	字
일01ㄱ-6日	일04ㄱ-4一	입04ㄱ-5入	자01ㄱ-4者	자02ㄱ-6慈	자03ㄴ-4字
點	正	情	制	終	左
점04ㄱ-4點	정01ㄱ-1正	정01ㄱ-4情	제01ㄱ-5制	종03ㄴ-6終	좌04ㄱ-4左
中	即	則	之	此	初
중03ㄴ-2中	즉02ㄱ-5即	즉04ㄱ-4則	지03ㄴ-7之	차01ㄱ-5此	초02ㄱ-2初
促	齒	侵	快	呑	通
촉04ㄱ-6促	치02ㄱ-5齒	침02ㄱ-7侵	쾌01ㄴ-2快	탄01ㄴ-6呑	통01ㄱ-3通
八	便	平	漂	必	下
팔01ㄱ-5八	편01ㄱ-6便	평04ㄱ-5平	표02ㄱ-3漂	필04ㄱ-3必	하03ㄴ-7下
合	虛	乎	洪	喉	訓
합03ㄴ-7合	허02ㄴ-4虛	호01ㄱ-2乎	홍02ㄴ-5洪	후02ㄴ-4喉	훈01ㄱ-1訓

加	可	假	歌	角	各
가09ㄴ-4加	가18ㄱ-7可	가9ㄱ-6假	가28ㄱ-5歌	각02ㄴ-2角	각20ㄱ-4各
肝	間	簡	剛	强	姜
간08ㄱ-8肝	간27ㄴ-3間	간28ㄱ-1簡	강02ㄴ-4剛	강27ㄱ-4强	강28ㄴ-4姜
盖	開	皆	塏	槩	客
개07ㄱ-6盖	개16ㄴ-8開	개27ㄱ-3皆	개28ㄴ-5塏	개28ㄴ-7槩	객29ㄴ-2客
居	據	炬	去	擧	鉅
거06ㄱ-4居	거12ㄴ-8據	거21ㄴ-2炬	거22ㄱ-8去	거22ㄴ-2擧	거25ㄴ-4鉅
揭	乾	見	繭	訣	兼
게27ㄴ-5揭	건08ㄴ-8乾	견12ㄴ-6見	견24ㄴ-6繭	결19ㄱ-5訣	겸06ㄱ-7兼
鎌	輕	梗	季	啓	鷄
겸25ㄴ-5鎌	경22ㄴ-5輕	경28ㄴ-6梗	계02ㄴ-8季	계09ㄱ-5啓	계25ㄱ-5鷄
癸	雞	稽	顧	固	故
계27ㄴ-4癸	계28ㄱ-7雞	계29ㄴ-3稽	고01ㄱ-7顧	고07ㄱ-7固	고14ㄴ-7故
古	穀	曲	坤	功	孔
고26ㄴ-5古	곡22ㄱ-6穀	곡27ㄱ-7曲	곤13ㄴ-4坤	공07ㄴ-7功	공21ㄴ-6孔
工	恭	蝌	管	貫	冠
공24ㄱ-8工	공29ㄱ-1恭	과26ㄱ-7蝌	관03ㄱ-3管	관06ㄱ-5貫	관06ㄴ-4冠

2. 훈민정음해례본 정음해례편 한자 종류별 출현 일람표

관28ㄴ-7觀	관27ㄴ-1官	관29ㄴ-2館	괄28ㄱ-1括	광02ㄴ-8廣	교05ㄱ-4交
교14ㄴ-4巧	교25ㄱ-8橋	교26ㄱ-3蕎	교28ㄴ-2教	교28ㄴ-2校	구05ㄴ-1口
구06ㄴ-8九	구07ㄴ-5具	구13ㄱ-5究	구26ㄱ-8屨	구26ㄴ-8區	구26ㄱ-2龜
구28ㄱ-8狗	구29ㄱ-6久	국23ㄱ-1國	군20ㄴ-4君	궁10ㄴ-8宮	궁21ㄴ-8弓
궁28ㄱ-1窮	궐12ㄱ-5厥	귀01ㄴ-2鬼	귀14ㄱ-6歸	귀26ㄱ-2 龜	규15ㄱ-7虯
극21ㄱ-5隙	극27ㄴ-8極	극28ㄱ-6克	근01ㄴ-4根	근14ㄴ-3近	근25ㄱ-5筋
근25ㄴ-1跟	근29ㄴ-3謹	금04ㄱ-1今	금06ㄴ-7金	금21ㄴ-1琴	급11ㄴ-3及
급20ㄱ-4急	급25ㄴ-2汲	기01ㄴ-1旣	기03ㄱ-6寄	기05ㄱ-3其	기05ㄴ-4起
기14ㄴ-2幾	기25ㄴ-2器	기25ㄴ-3箕	기27ㄴ-8氣	기29ㄱ-4豈	ㄱ류 107종 390자

那 나20ㄱ-1那	難 난27ㄱ-7難	南 남03ㄱ-5南	乃 내03ㄱ-3乃	內 내06ㄱ-4內	迺 내20ㄱ-5迺
年 년29ㄱ-8年	寧 녕28ㄴ-4寧	奴 노25ㄴ-8奴	能 능06ㄱ-8能	ㄴ류 10종 34자	
多 다04ㄱ-1多	斷 단02ㄴ-4斷	端 단09ㄱ-2端	但 단27ㄴ-2但	獺 달24ㄴ-5獺	達 달27ㄱ-3達
覃 담17ㄱ-4覃	淡 담18ㄱ-8淡	當 당23ㄱ-2當	餹 당26ㄱ-5餹	大 대02ㄴ-8大	對 대18ㄴ-5對
待 대29ㄱ-7待	道 도07ㄴ-3道	刀 도22ㄱ-1刀	稻 도24ㄴ-4稻	島 도25ㄱ-4島	度 도29ㄱ-2度
獨 독07ㄱ-6獨	讀 독19ㄱ-3讀	敦 돈28ㄴ-4敦	動 동08ㄱ-4動	冬 동10ㄴ-3冬	同 동16ㄱ-8同
童 동23ㄱ-1童	東 동24ㄴ-1東	銅 동25ㄴ-7銅	斗 두20ㄴ-1斗	豆 두24ㄴ-4豆	蚪 두26ㄱ-7蚪
得 득18ㄴ-1得	等 등28ㄴ-8等	ㄷ류 32종 121자			
羅 라27ㄱ-8羅	樂 락27ㄱ-5樂	蠟 랍25ㄴ-2蠟	略 략27ㄴ-5略	兩 량09ㄴ-1兩	戾 려02ㄱ-6戾

4. 훈민정음해례본 정음해례편 한자 종류별 출현 일람표

閭	厲	呂	唳	力	連
려15ㄱ-5閭	려17ㄴ-8厲	려28ㄱ-6呂	려28ㄱ-7唳	력01ㄱ-8力	련11ㄴ-5連
靈	禮	例	老	魯	蘆
령06ㄱ-8靈	례08ㄱ-7禮	례28ㄴ-6例	로04ㄱ-6老	로21ㄴ-7魯	로24ㄴ-3蘆
鹿	論	賴	朧	陋	類
록25ㄴ-5鹿	론07ㄱ-8論	뢰08ㄴ-6賴	롱24ㄴ-1朧	루27ㄴ-2陋	류01ㄱ-5類
流	鶹	柳	六	律	離
류09ㄱ-1流	류25ㄱ-4鶹	류25ㄴ-8柳	륙07ㄱ-1六	률28ㄱ-6律	리07ㄱ-3離
理	梨	俚	籬	立	笠
리09ㄴ-2理	리18ㄱ-6梨	리24ㄱ-5俚	리25ㄴ-6籬	립12ㄱ-5立	립26ㄱ-8笠
ㄹ 류 36종 96자					
莫	萬	末	每	麥	萌
막27ㄴ-8莫	만02ㄴ-7萬	말03ㄱ-6末	매09ㄴ-4每	맥26ㄱ-3麥	맹04ㄱ-4萌
明	名	鳴	命	母	茅
명02ㄱ-7明	명27ㄴ-6名	명28ㄱ-8鳴	명28ㄴ-1命	모14ㄴ-6母	모24ㄴ-5茅
侔	木	矇	妙	無	務
모27ㄱ-5侔	목04ㄱ-5木	몽24ㄴ-1矇	묘27ㄴ-8妙	무28ㄱ-6無	무29ㄱ-6務

門 문03ㄱ-3門	文 문19ㄱ-2文	問 문28ㄴ-4問	物 물09ㄴ-1物	彌 미15ㄱ-4彌	未 미24ㄴ-4未
民 민	ㅁ류 25종 121자				
朴 박28ㄴ-3朴	雹 박25ㄱ-6雹	半 반02ㄱ-2半	反 반14ㄱ-6反	飯 반26ㄱ-4飯	發 발11ㄱ-2發
方 방26ㄴ-7方	倣 방27ㄴ-7倣	配 배10ㄴ-1配	拜 배29ㄴ-3拜	百 백29ㄱ-3百	凡 범01ㄱ-5凡
闢 벽05ㄱ-2闢	鼊 벽26ㄱ-2鼊	辨 변03ㄱ-3辨	變 변19ㄱ-3變	邊 변23ㄱ-1邊	鷩 별20ㄱ-1鷩
別 별26ㄴ-8別	並 병21ㄱ-4並	病 병27ㄱ-7病	輔 보14ㄱ-4輔	步 보15ㄴ-1步	補 보21ㄴ-6補
鴇 보25ㄱ-7鴇	覆 복21ㄱ-8覆	本 본09ㄱ-7本	蜂 봉24ㄴ-8蜂	附 부01ㄴ-5附	夫 부02ㄱ-4夫
復 부09ㄱ-3復	副 부28ㄴ-5副	府 부28ㄴ-4府	簿 부28ㄴ-4簿	北 북03ㄱ-5北	分 분08ㄴ-8分
不 불02ㄱ-5不	佛 불26ㄱ-5佛	鼻 비03ㄴ-8鼻	脾 비08ㄱ-8脾	比 비14ㄱ-1比	備 비22ㄴ-7備

6. 훈민정음해례본 정음해례편 한자 종류별 출현 일람표

臂 비24ㄴ-8臂	非 비27ㄴ-2非	鄙 비27ㄴ-2鄙	賓 빈29ㄴ-2賓	氷 빙25ㄱ-6氷	ㅂ류 47종 195자
捨 사01ㄱ-5捨	四 사02ㄱ-5四	乍 사04ㄴ-4乍	斯 사12ㄱ-6斯	邪 사15ㄴ-2邪	絲 사18ㄴ-4絲
射 사21ㄱ-8射	似 사22ㄱ-6似	寫 사23ㄴ-2寫	籭 사25ㄱ-3籭	蛇 사25ㄱ-5蛇	寺 사26ㄱ-5寺
使 사27ㄱ-4使	師 사28ㄴ-7師	私 사29ㄱ-5私	事 사29ㄴ-2事	山 산25ㄱ-1山	繖 산26ㄱ-4繖
參 삼06ㄱ-8參	三 삼06ㄴ-3三	澁 삽27ㄴ-2澁	商 상02ㄴ-6商	相 상04ㄱ-4相	尙 상04ㄱ-5尙
象 상04ㄱ-7象	上 상23ㄴ-6上	霜 상25ㄴ-8霜	祥 상28ㄴ-1祥	塞 새22ㄴ-3塞	索 색01ㄱ-8索
賾 색14ㄴ-2賾	生 생05ㄴ-8生	西 서03ㄱ-5西	序 서10ㄱ-8序	舒 서22ㄴ-1舒	書 서24ㄱ-6書
薯 서25ㄱ-1薯	鉏 서25ㄴ-4鉏	敍 서28ㄴ-6敍	庶 서28ㄴ-7庶	石 석21ㄴ-8石	昔 석27ㄱ-8昔
釋 석28ㄴ-1釋	先 선13ㄴ-2先	善 선28ㄴ-5善	屑 설02ㄴ-5屑	舌 설17ㄴ-6舌	薛 설27ㄱ-8薛

蟾	聲	聖	成	盛	星
섬24ㄴ-6蟾	성09ㄱ-3聲	성09ㄱ-6聖	성14ㄱ-3成	성22ㄴ-2盛	성26ㄴ-3星
細	帨	世	所	小	巢
세11ㄱ-2細	세26ㄱ-4帨	세29ㄴ-2世	소19ㄴ-4所	소25ㄱ-8小	소25ㄴ-2巢
屬	俗	松	訟	瑣	邃
속04ㄱ-3屬	속19ㄱ-3俗	송26ㄴ-2松	송28ㄱ-4訟	쇄02ㄴ-5瑣	수02ㄱ-6邃
水	數	授	雖	須	殊
수06ㄴ-4水	수06ㄴ-8數	수14ㄴ-4授	수14ㄱ-7雖	수17ㄱ-3須	수17ㄴ-6殊
手	隨	遂	脩	首	熟
수25ㄱ-4手	수26ㄴ-8隨	수28ㄱ-8遂	수28ㄴ-3脩	수29ㄴ-3首	숙22ㄴ-2熟
叔	脣	循	旬	戌	述
숙28ㄴ-3叔	순04ㄴ-3脣	순09ㄱ-1循	순28ㄱ-3旬	술10ㄱ-7戌	술29ㄱ-3述
習	承	蠅	時	始	是
습19ㄱ-3習	승17ㄴ-3承	승24ㄴ-8蠅	시02ㄴ-2時	시05ㄴ-6始	시19ㄴ-1是
柿	澌	示	施	識	神
시24ㄴ-3柿	시24ㄴ-5澌	시27ㄴ-6示	시29ㄱ-2施	식23ㄴ-8識	신01ㄴ-2神
信	腎	伸	薪	新	申
신08ㄱ-7信	신08ㄱ-8腎	신14ㄱ-6伸	신26ㄴ-1薪	신27ㄱ-8新	신28ㄴ-3申

8. 훈민정음해례본 정음해례편 한자 종류별 출현 일람표

臣	實	悉	室	深	心
신28ㄴ-3臣	실02ㄴ-1實	실23ㄴ-4悉	실27ㄴ-2室	심04ㄴ-6深	심09ㄱ-6心
尋	十	ㅅ류 110종 671자			
심17ㄱ-3尋	십01ㄴ-3十				
芽	牙	我	兒	腭	安
아04ㄱ-4芽	아09ㄴ-7牙	아21ㄱ-7我	아23ㄱ-1兒	악10ㄱ-1腭	안22ㄱ-8安
鴈	顔	愛	礙	也	野
안25ㄴ-1鴈	안28ㄴ-4顔	애21ㄱ-7愛	애27ㄱ-3礙	야02ㄴ-8也	야23ㄱ-2野
若	颺	揚	陽	穰	語
약11ㄱ-5若	양02ㄴ-3颺	양02ㄴ-3揚	양06ㄱ-6陽	양17ㄱ-6穰	어18ㄴ-3語
於	鋙	焉	諺	言	業
어22ㄴ-4於	어27ㄱ-3鋙	언07ㄴ-5焉	언18ㄴ-3諺	언14ㄴ-3言	업09ㄴ-8業
如	餘	與	蜍	藇	歟
여17ㄴ-3如	여18ㄱ-4餘	여20ㄱ-2與	여24ㄴ-6蜍	여25ㄱ-1藇	여29ㄱ-7歟
亦	軟	然	硯	燕	淵
역05ㄴ-2亦	연04ㄱ-5軟	연19ㄴ-2然	연25ㄴ-4硯	연26ㄱ-6燕	연28ㄴ-8淵
營	梬	銳	枘	五	吾
영01ㄱ-8營	영26ㄱ-1梬	예02ㄴ-2銳	예27ㄱ-2枘	오20ㄱ-4五	오27ㄱ-5吾

옥27ㄱ-7獄	오28ㄴ-7悟	옹26ㄱ-6甕	완20ㄱ-4緩	왈14ㄴ-7曰	왕03ㄱ-6旺
왕28ㄱ-7往	왕29ㄱ-3王	외06ㄱ-3外	요14ㄱ-3要	욕19ㄴ-4欲	용11ㄴ-8容
용19ㄱ-1用	용24ㄴ-4春	우02ㄱ-8羽	우09ㄱ-4吁	우16ㄴ-1又	우23ㄱ-8右
우26ㄱ-1牛	우26ㄱ-4雨	우28ㄱ-3愚	운08ㄱ-8運	운14ㄱ-3韻	운14ㄱ-7云
원03ㄱ-1源	원06ㄱ-4圓	원09ㄱ-2元	원14ㄴ-3遠	원24ㄴ-7猿	월26ㄴ-3月
월29ㄱ-2越	위03ㄱ-5位	위14ㄴ-4爲	유02ㄱ-2唯	유04ㄱ-4猶	유04ㄱ-5柔
유10ㄴ-3維	유14ㄴ-3牖	유14ㄴ-7由	유21ㄴ-3酉	유24ㄱ-6有	유28ㄴ-1喩
유29ㄱ-1惟	윤02ㄱ-6潤	음08ㄱ-1音	음08ㄱ-4陰	읍15ㄴ-3挹	응04ㄱ-8凝
응28ㄴ-2應	의04ㄱ-1疑	의06ㄱ-8儀	의06ㄴ-1矣	의09ㄴ-8義	의18ㄱ-1宜

10. 훈민정음해례본 정음해례편 한자 종류별 출현 일람표

의20ㄱ-3衣	의22ㄴ-7依	의26ㄱ-3薏	의27ㄱ-5擬	이01ㄱ-7耳	이01ㄴ-8而
이02ㄱ-3異	이06ㄱ-4以	이11ㄴ-8易	이23ㄱ-2二	이25ㄱ-7頤	이26ㄱ-2匜
이26ㄱ-3苡	이26ㄱ-5飴	이27ㄴ-3已	이27ㄱ-8吏	이28ㄴ-5李	인02ㄱ-1因
인05ㄱ-1寅	인08ㄱ-7仁	인21ㄱ-6引	인21ㄱ-7人	인29ㄴ-2麟	일22ㄱ-2一
일29ㄱ-7日	입14ㄴ-1廿	입22ㄴ-4入	ㅇ류 123종 1383자		
자06ㄱ-7者	자11ㄱ-8慈	자18ㄴ-4自	자16ㄴ-6字	자21ㄴ-6子	자29ㄱ-8資
작28ㄴ-6作	잠25ㄴ-6蚕	잡21ㄴ-5雜	장04ㄱ-6長	장05ㄱ-5張	장19ㄴ-3將
장22ㄴ-2壯	장22ㄴ-3藏	장24ㄴ-6墻	장24ㄴ-7獐	장27ㄱ-5章	재06ㄴ-1才
재07ㄱ-1再	재08ㄴ-5財	재08ㄴ-8宰	재09ㄱ-5哉	재23ㄱ-5在	재26ㄴ-6載

著	楮	轉	全	前	展
저07ㄴ-6著	저26ㄱ-6楮	전02ㄴ-3轉	전04ㄱ-7全	전07ㄴ-8前	전16ㄴ-7展
田	殿	篆	折	點	漸
전25ㄴ-3田	전27ㄴ-5殿	전27ㄴ-7篆	절27ㄱ-8折	점22ㄱ-7點	점22ㄴ-2漸
接	靜	貞	釘	定	情
접23ㄴ-2接	정08ㄱ-5靜	정09ㄱ-2貞	정22ㄱ-7釘	정24ㄱ-3定	정26ㄴ-6情
正	精	鄭	諸	制	第
정27ㄴ-6正	정28ㄴ-8精	정29ㄴ-2鄭	제02ㄱ-5諸	제03ㄴ-5制	제20ㄱ-1第
弟	蠐	蹄	提	釣	朝
제25ㄱ-7弟	제26ㄱ-7蠐	제26ㄴ-1蹄	제29ㄴ-1提	조21ㄴ-3釣	조24ㄱ-7朝
竈	螬	調	祖	曺	足
조25ㄴ-7竈	조26ㄱ-7螬	조27ㄴ-8調	조29ㄱ-3祖	조29ㄴ-1曺	족18ㄱ-6足
綜	從	終	縱	左	主
종14ㄴ-2綜	종17ㄱ-7從	종19ㄴ-7終	종20ㄴ-7縱	좌22ㄱ-2左	주03ㄱ-4主
周	柱	舟	注	中	重
주09ㄱ-1周	주22ㄱ-5柱	주28ㄴ-3舟	주28ㄴ- 4注	중20ㄴ-4中	중22ㄴ-5重
即	則	曾	繒	地	之
즉14ㄴ-6即	즉27ㄴ-3則	증14ㄴ-4曾	증22ㄱ-6繒	지01ㄱ-5地	지04ㄴ-6之

지08ㄱ-7智	지10ㄱ-4知	지14ㄱ-2止	지14ㄴ-3指	지19ㄴ-3只	지25ㄱ-3紙
지26ㄴ-3池	지27ㄴ-3至	지27ㄱ-7旨	지29ㄴ-2趾	직10ㄱ-3直	직25ㄴ-3稷
진07ㄱ-7眞	질07ㄴ-7質	집28ㄴ-2集	ㅈ류 93종 755자		
차06ㄴ-5次	차14ㄴ-6此	차18ㄱ-8且	착14ㄴ-2錯	착23ㄴ-2着	착27ㄱ-1鑿
찬16ㄴ-8贊	찬28ㄴ-5撰	찰01ㄱ-7察	창07ㄴ-8唱	창13ㄱ-8彰	창26ㄱ-1蒼
창27ㄴ-5創	채26ㄱ-1菜	처19ㄴ-4處	척21ㄱ-5隻	척25ㄱ-2尺	천04ㄴ-7淺
천05ㄱ-6天	천24ㄴ-1千	천26ㄴ-2泉	청08ㄱ-1淸	청28ㄱ-4聽	체02ㄱ-3體
체02ㄴ-5滯	초01ㄴ-7稍	초14ㄱ-7初	촉20ㄱ-5促	총24ㄴ-8葱	초26ㄱ-4 栗
초29ㄱ-2超	총27ㄱ-8聰	최03ㄴ-4㝡	최17ㄱ-8最	최28ㄴ-2崔	추10ㄴ-6秋

추11ㄱ-2推	추25ㄱ-5雛	추25ㄱ-8楸	축02ㄴ-7蓄	축04ㄴ-7縮	축04ㄴ-8丑
축05ㄱ-7戱	춘09ㄱ-2春	출06ㄱ-3出	출26ㄱ-1朮	충10ㄴ-1冲	취09ㄴ-7取
취17ㄱ-3就	취27ㄱ-7趣	치10ㄱ-3齒	치10ㄴ-5徵	치27ㄱ-7治	칠06ㄴ-8七
침11ㄱ-5侵	ㅊ 류 55종 290자	-	-	쾌14ㄴ-8快	ㅋ 류 1종 3자
타23ㄴ-8他	탁04ㄴ-3濁	탄12ㄱ-2彈	탄20ㄴ-8呑	탄25ㄴ-6炭	탐14ㄴ-2探
태01ㄱ-4太	태09ㄱ-5殆	태22ㄴ-1泰	토02ㄴ-7土	통02ㄱ-7通	통06ㄱ-6統
ㅌ 류 12종 57자					
판25ㄴ-7板	판29ㄴ-1判	팔06ㄱ-5八	패02ㄱ-5悖	팽28ㄴ-3彭소	편17ㄴ-1偏
편16ㄴ-7便	편25ㄱ-3鞭	평12ㄴ-8評	평22ㄱ-8平	폐08ㄱ-8肺	폐09ㄴ-7閉

吠	漂	楓	風	皮	必
폐28ㄱ-8吠	표11ㄱ-5漂	풍26ㄱ-8楓	풍28ㄱ-7風	피26ㄱ-3皮	필18ㄱ-8必
筆	ㅍ 류 19종 55자				
필22ㄱ-1筆					
夏	鍛	下	何	蝦	學
하02ㄴ-4夏	하02ㄴ-5鍛	하06ㄱ-4下	하14ㄴ-4何	하25ㄱ-2蝦	학28ㄱ-3學
鶴	澣	含	咸	闔	合
학28ㄱ-7鶴	한29ㄱ-8澣	함02ㄴ-7含	함09ㄱ-5咸	합16ㄴ-6闔	합20ㄴ-2合
恒	海	亥	該	諧	解
항28ㄴ-2恒소	해26ㄴ-2海	해27ㄴ-4亥	해27ㄴ-8該	해28ㄱ-6諧	해14ㄴ-5解
行	虛	憲	賢	協	脅
행02ㄱ-5行	허02ㄱ-7虛	헌29ㄱ-8憲	현28ㄴ-2賢	협10ㄴ-2協	협22ㄱ-5脅
叶	浹	形	螢	乎	互
협27ㄴ-7叶	협28ㄱ-3浹	형02ㄱ-3形	형26ㄴ-1螢	호05ㄴ-7乎	호8ㄱ-4互
狐	呼	瓠	虎	或	混
호18ㄱ-7狐	호18ㄴ-5呼	호25ㄱ-2瓠	호26ㄴ-2虎	혹20ㄴ-3或	혼04ㄱ-1混
洪	火	化	花	和	華
홍19ㄴ-7洪	화06ㄴ-8火	화09ㄱ-7化	화18ㄱ-6花	화22ㄱ-8和	화27ㄱ-5華

環	丸	患	換	會	畫
환09ㄱ-2環	환12ㄱ-2丸	환27ㄱ-6患	환28ㄱ-1換	회28ㄱ-3會	획02ㄱ-1畫
橫	曉	後	喉	訓	揮
횡23ㄱ-8橫	효27ㄱ-7曉	후01ㄱ-4後	후02ㄱ-6喉	훈27ㄴ-6訓	휘29ㄱ-1揮
鵂	希	ㅎ 류 56종 253자			
휴25ㄱ-4鵂	희28ㄴ-4希				
		전체통계	정음편 108종[+2] 366자	해례편 726종 4,424자	전체 728종 4,790자

부록 3 : 박병천의 서예-미술분야 학술 및 창작 활동[1962~2021년]

성　　명 : 박 병 천 (朴 炳 千)　文谷, 흔슬, 흔내

생년월일 : 1942.2.14.일생 (음 1941.12.18.)
출 생 지 : 충북 음성군 금왕읍 봉곡길 42번길 4-7 한내골옛글집
주　　소 : 충북 음성군 금왕읍 봉곡길 42번길 4-7 한내골옛글집
연 구 실 : 서울특별시 종로구 경운동 89-4 운현궁 SK 오피스텔 1409호
소　　속 : 경인교육대학교 미술교육과 명예교수 (서예 : 교육학 박사)

실적

1. 서예관련 단체 활동

1) 기관관련 활동

1. 1972~2004　문교부(교육부) 미술과교과서, 교육과정 심의위원 및 집필위원
2. 2001~2004　문화관광부 -21세기 세종계획 수행 글꼴분과 연구 운영위원
3. 2002~2004　문화부 ((사)한국어세계화 재단 디지털박물관 운영위원(서예부문)
4. 2002~2004　문화부-세종문화상 및 한글공로자 선발 심사위원 2차
5. 2005~2006　특허청 글꼴 개발분야 심사위원 및 자문위원
6. 2011.02.18　정부(행정안전부) 제5대 국새인문부문 모형 심사위원장
7. 2011.04.07　서울특별시 관인제정 자문위원회 위원장 및 관인공모 심사위원
8. 1981~1996　예술의 전당 서예관, 미술관 전시기획 및 운영위원, 서예과정 강사
9. 2008~2011　한국학중앙연구원 서간체 연구과제(한국연구재단) 수행 공동연구원
10. 1996~2019　사단법인 세종대왕기념사업회 상무이사 겸 한국글꼴개발연구원장
11. 2020~2021　(주)윤디자인-한글과 컴퓨터 위촉 훈민정음체폰트개발담당 자문위원

2) 학회관련 활동

1. 1977~ 현재　(사)한국미술협회 이사, 서예분과 부위원장, 현 회원. 서예공모전 심사 감정위원 역임
2. 2003~ 현재　한국동양예술학회 회장 역임. 현 명예회장
3. 1999~ 역임　한국서예비평학회 이사, 부회장 역임. 자문위원
4. 1986~ 역임　(사)한국서학회 이사, 부이사장, 현 고문 역임
5. 1998~ 역임　(사)한국서예학회 이사, 부회장 역임. 자문위원
6. 2003~ 역임　(사)세종한글서예큰뜻모임 회장 역임. 현 자문위원

3) 기관, 단체 행사 기획 및 추진 활동

(1) 전시행사 (국가 및 국제급 전시행사 기획 및 추진) -기저 논문

1. 1991. 한글서예 변천전(주최-예술의 전당 장소-예술의 전당 서예관)
   -한글서예의 변천사적 고찰(예술의 전당, 한글서예변천전 도록, pp.89-127)
2. 1992. 오늘의 한글서예작품 초대전
   (주최-한국서학회, 장소-예술의 전당 서예관, 11월)

-한글서예 작품경향에 대한 변천사적 고찰
(오늘의 한글서예전논문집1. pp.129-162)
3. 1993. 아름다운 한글서예 초대전(주최-문화체육부, 장소-세종문화회관, 10월)
-공공기관의 한글현판 실태와 조형미 고찰
(문화부, 한글서예큰잔치도록 논문집, pp.59-97)
4. 1995. 해외 동포 서예전-한민족서예큰잔치
(주최-예술의 전당, 장소-예술의 진당 서예관)
-해외 동포 서예작품 경향에 대한 분석고찰(예술의 진당, 해외동포서예전도록, pp.135-152)
5. 1996. 문자의 세계전 (주최-예술의 전당, 장소-예술의 전당 미술관)
-한글 문자의 창제와 조형적 변천(예술의 전당, 문자의 세계전, pp.36-56)
6. 1996. 한글반포 550돌 '한글서예의 오늘과 내일전' 초대전
(개최-예슬의 전당 장소 : 서예관, 8월)
-근현대 한글서예 작품 경향 분석고찰
(한글반포550주년기념도록논문집, pp.223-256)
7. 1999. 중국 연변대 예술대학 한글서예작품전
(개최-연변대학교예술대학, 장소-연변대 미술관, 5.15)
-중국 조선족 한글서예의 변천과 전망, 월간서예 연재 99년 10,11월분)
8. 2007. 세종 한글서예 세계화전 중국전
(세종한글큰뜻모임-중국 연변대학교 미술학부 초청, 9.12)
-기획 추진 및 작품 출품(중국 연변 연길시 연변미술관)
9. 2007. 07 중국 월수 국제 한글문화 큰잔치
(주최-중국 월수외국어대학, 장소-도서관 전시실, 10.25-31)
-종합보고서와 보도자료집 기획 작성 및 편집, 행사 총진행-월수대학 초빙교수 재직시
10. 2008~2009. 08~09, 중국월수 국제 한글문화 큰잔치
(중국 월수외국어대학 주최, 10.25~31)
-행사 추진 운영자문위원-중국 월수외국어대학 석좌교수 재임시 추진
11. 2011. 세종 한글서예 세계화전 중국전
(세종한글큰뜻모임-중국 소흥 난정박물관 초청, 10.27~11.3)
-행사기획 추진 및 작품출품-세종한글서예큰뜻모임회장 재임시 추진

* 위 행사 추진 중 1,2,3,4,6 번 논문주제는 **2. 서예관련 연구활동** 논문목록과 중복됨

(2) 학술행사 (국가 및 국제급 학술행사 기획 및 추진) -기저논문

1. 2003. 조선시대 언간서체의 조형성과 작품화 경향 고찰
(세종한글큰뜻모임 학술대회, pp.1-78)
주최 : 세종한글서예큰뜻모임, 장소 : 예술의 전당
2. 2004. 컴퓨터 글자체 개발 실태와 조형성 고찰
(세종한글서예큰뜻모임, 글꼴 2004, pp.385-436)
주최 : 세종한글서예큰뜻모임, 장소 : 세종문화회관
3. 2004. 한글글꼴의 생성-변천과 현대적 전개 고찰
(중국연변대학교 국제학술발표, pp.45-69)
주최 : 중국 연변대학교 예술대학, 한국동양예술학회 장소 : 연변대학
4. 2009. 세종어제훈민정음[언해본]과 오대산상원사 중창권선문의 서체 비교고찰(세종한글서예큰뜻모임, 10년사 pp.87-120)
(사) 세종한글서예큰뜻모임, 장소 : 예술의 전당 1. 국가 및 국제행사기획 및 추진 활동
5. 2011, 세종한글서예 세계화전 중국 전시회 및 학술대회
-중국 소흥 난정박물관 초청 행사. 10.27~11.2. 기획추진운영 및 발표

* 위 행사 추진 중 1,2,3,4번 논문주제는 2. 서예관련 연구활동 논문목록과 중복됨

4) 강연회 행사 -한글서예 초청강연

1. 2011.8.23. 현대 한국대표 서예가 10인 디지털서체 개발,
   (사)세종대왕기념사업회 주최
2. 2015.3.- 한글서체 명칭 분류와 개념정의에 대한 고찰,
   서예단체연합회 주최
3. 2015.9.30. 한글서체 변천사와 작품창작.
   대구서예단체, 대구 예술의 전당 주최
4. 2016.5.27. 조선시대 4대 한글서체의 특징 분석과 감상-평가방법,
   갈물한글서회 주최
5. 2016.11.18. 조선후기 왕실 한글자료의 문헌학 및 서예학적 특징
   국립한글박물관 주최
6. 2017.4.21. 꽃뜰 이미경 선생의 생애와 서예 작품세계 특강
   갈물한글서회 주최
7. 2019.10.5. 한글서예작품 감상-분석-창작 방법론,
   (사)제주한글서예사랑모임 주최

2. 서예관련 연구 활동

1) 서예관련 전문서적 저술활동

(1) 일반 서예 관련 저서(단독 12종, 공저 4종)

(2) 초,중,고 서예 교과서 저서(단독 3종, 공저 6종)

* 위 저서 목록 25종은 본 책 앞부분 저자 소개서에 제시되었음.

2) 서예 관련 논문작성 활동

(1) 한문 서예학 논문 (한글서예 연구 기저논문)

1. 1980. 한글과 한자서체의 필법에 관한 비교연구
   (인천교대논문집 15집, pp.423-431)
2. 1987. 중국역대 명비첩 서예미 분석과 교학상 응용연구
   (박사학위논문, pp.1-412)
3. 1991. 중국 역대 명비첩의 서예미 분석적 고찰
   (대구서학회, 서학논집1, pp.11-29)
4. 1995. 중국 서론가의 필법론에 대한 분석 고찰
   (강암서예학술, 동양예술논총 2집 pp.167-197)
5. 2000. 조선시대 서예의 출판사적 효능 고찰
   (한국서예학회, 2000년도 국제학술세미나. pp.1-25)
6. 2001. 중국 서예술의 유입과 서체적 영향에 관한 고찰
   (동양예술 4호, pp.115-146)
7. 2002. 한국 역대 명필가의 고문헌 자본 필사의 역할과 서체고찰
   (동양예술논총 6집, pp.35-102)
8. 2018. 훈민정음과 안평대군 한자서체와의 관계성 고찰
   (한국서예학회 18년도 논문집, pp.65-112)

(2) 한글 서예학 논문

* 한글 서예사 분야

1. 1989. 역대국전 및 대전 운영제도의 변천사적 고찰
(한국서예협회 학술발표회 논문집, pp.36-43)
2. 1991. 한글서예의 변천사적 고찰
(예술의 전당, 한글서예변천전 도록, pp.89-127)
3. 1992. 한글서예 작품경향에 대한 변천사적 고찰
(한국서학회, 오늘의 한글서예전 논문집1, pp.129-162)
4. 1994. 우리글 서예의 변천사적 고찰 1, 2, 3
(중국 연변문학예술연구소-문학과 예술, pp.50-75)
5. 1996. 근현대 한글서예 작품 경향 분석고찰
(예술의전당, 한글반포 550주년도록 논문집, pp.223-256)
6. 1999. 최근 서예작품의 경향과 전망
(세종한글서예큰뜻모임, 한글학술대회 논문집, pp.33-59)
7. 2010. 명성황후 한글편지의 서예사적 위상과 가치성
(국립고궁박물관, 『명성황후 한글편지와 조선왕실의 시전지』, pp.168-189)

* 한글 고전 서예체 분야

1. 1978. 한글궁체 서체미 분석연구
(석사학위논문, pp.1-184)
2. 1986. 한글서체미의 변천과 개발의 일 방안
(한국서학회, 학술발표회 주제발표 논문, pp.13-16)
3. 1990. 한글필사체의 분류와 변천사
(문화부, 한글글자체 600년전 도록, pp.56-74)
4. 1991. 서체미의 분석적 고찰 방안
(대구서학회, 서학논문집, pp.11-29)
5. 1992. 추사언간글씨의 서체미 분석과 작품화 응용방안
(인천교대논문집, 26집, pp.535-581)
6. 1992. 추사 언간글씨의 조형성
(예술의 전당, 추사탄신기념학술발표회)
7. 1995. 한글 고전궁체와 현대 궁체 문자결구 형식 비교 고찰
(문체부, 한글글자본제정, 5, pp.21-44)
8. 2000. 한글서체의 유형적 역동성에 대한 탐색
(한국동양예술학회, 동양예술 2호, pp.1-46)
9. 2003. 조선시대 언간서체의 조형성과 작품화 경향 고찰
(세종한글큰뜻모임 학술대회, pp.1-78)
10. 2004. 청주 순천김씨 출토 언간의 서예적 조형성 고찰
(충북대학교, 학술대회, pp.1-24)
11. 2004. 추사가의 언간서체 형성과 조형성 비교 고찰
(예술의 전당 학술대회 논문집, pp.25-48)
12. 2005. 조선시대 한글서간의 실태와 조형성 고찰
(월간 서예문화 주최 학술대회 논문집, pp.1-49)
13. 2009. 세종어제훈민정음[언해본]과 권선문에 대한 서체비교 고찰
(세종한글서예큰뜻모임 10년사, pp.87-120)
14. 2009. 한글편지 서체자전의 편찬방법에 대한 연구
(한국학중앙연구원 학술대회 논문집, pp.27-56)
15. 2011. 조선시대 한글편지의 장법적 형식고찰

(한국서학회,서예학연구, 제18호, pp.141-190)

16. 2011. 조선시대 한글편지수집-정리와 어휘-서체 사전의 편찬연구
(한국학중앙연구원, 한국연구재단 선정 토대기초연구 공동연구원 참여논문 : 독립보고서 및 조선시대 한글편지 자전 집필)
17. 2013. 조선조 국문명필 서기이씨의 생애와 글씨의 검증
(한국서예학회, 서예학연구 22, pp.101-134)
18. 2016. 조선후기 왕실 한글자료의 문헌 및 서체학적 특징 탐구. (1-43쪽. 특강자료)
덕온공주가의 한글[도록게재 526-543쪽 첨부 축소논문], 2019. 12. 국립한글박물관 발행
19. 2019. 내방가사 서체의 서예학적 위상과 조형미 탐색
(한국국학진흥원 국제학술발표지, pp.168-213)

* 한글 현대 서예체 분야

1. 1993. 공공기관의 한글현판 실태와 조형미 고찰
(문화부, 한글서예큰잔치도록 논문집, pp.59-97)
2. 1994. 한글서제의 문자 결구형식에 대한 분석 고찰
(원광대 서예술논문집 1집, pp.547-573)
3. 1994. 한글쓰기체의 정자 문자 결구형식에 대한 비교고찰
(문체부, 한글글자본제정 4, pp.39-68)
4. 1995. 해외 동포 서예작품 경향에 대한 분석고찰
(예술의 전당, 해외동포서예전도록, pp.135-152)
5. 1996. 한글서예와 한글폰트 작품의 조형성 비교 고찰
(예술의 전당, 한글서예 세미나)
6. 1996. 한글 쓰기체의 변천과 조형적 특징 분석
(윤디자인연구소, 정글지)
7. 2004. 컴퓨터 글자체 개발 실태와 조형성 고찰
(세종한글서예큰뜻모임, 글꼴 2004, pp.385-436)
8. 2004. 한글서체의 분류방법과 용어개념 정의에 대한 논의제안
(성균관대 학술발표회논문집, pp.15-44)
9. 2006. 한글서예와 춤사위와의 관계성 고찰
(한국서학회, 모스크바대학 학술발표회논문집, pp.1-35)

(3) 한글 출판 서체학 논문

* 한글 고전 출판 서체 분야

1. 1992. 한글 고활자본의 문자 조형미 연구〈월인편〉
(예술의 전당, 서예관 논문집 2, pp.51-113)
2. 1992. 월인천강지곡 문자의 조형성 고찰
(세종대왕기념사업회, 한글글자본제정 2, pp.18-37)
3. 1994. 한글 고활자본의 문자 조형미 고찰〈오륜편〉
(강암서예학술재단-동양예술논총1, pp.17-38)
4. 1995. 한글 고전판본과 현대출판서체의 조형미 비교고찰
(출판과 미술, 학술발표 논문집, pp.10-27)
5. 1995. 한글 고전궁체와 현대궁체의 문자 결구형식 비교고찰
(세종사업회,한글글자본제정5. pp.21-44)
6. 1996. 한글 문자의 창제와 조형적 변천
(예술의 전당, 문자의 세계전, pp.36-56)
7. 1997. 훈민정음 한글서체 연구
(세종대왕기념사업회, 겨레문화, pp.69-170)

8. 1998. 탈네모꼴 자형의 한글 판본체 개발방안
(한국서예학회, 고전서예학술대회, pp.1-20)
9. 2000. 탈 바른네모꼴 자형의 한글 판본서체 개발방안
(한국서예학회, 서예학 창간호, pp.5-28)
10. 2000. 월인석보의 한글글꼴 분석과 기초적 개발방안
(세종기념사업회, 글꼴 2000, pp.199-248)
11. 2002. 월인석보 한글문자의 조형성 고찰
(태학사, 한국어와 정보화, pp.849-907)
12. 2001. 한글 글꼴개발 결과 종합보고
(문화관광부, 21세기 세종계획 책임연구보고서)
13. 2001. 한글의 창제원리와 구조적 조형성
(한국서학회, 미국 하와이대학 초청 학술대회, pp.137-162)
14. 2001. 옛문헌 한글글꼴 발굴복원 연구
(문광부, 21세기 세종계획, 책임연구, 01.보고서, pp.1-303)
15. 2002. 옛문헌 한글글꼴 발굴복원 연구
(문광부, 21세기 세종계획, 책임연구, 02.보고서, pp.1-303)
16. 2003. 옛문헌 한글글꼴 발굴복원 연구
(문광부, 21세기 세종계획, 책임연구, 03.보고서, pp.1-380)
17. 2004. 옛문헌 한글글꼴 개발 실용화 방안연구
(문광부, 세종계획, 책임연구, 04.보고서, pp.1-136)
18. 2004. 한글글꼴의 생성-변천과 현대적 전개 고찰
(중국연변대학교 국제학술발표, pp.45-69)
19. 2005. 한글 출판서체의 변천과정과 현대적 형성
(한국언어학회 학술발표대회 발표논집, pp.1-24)
20. 2006. 훈민정음해례본의 한글자형 수정방안에 대한 연구
(세종대왕기념사업회 학술발표집, pp.15-35)
21. 2018. 훈민정음의 한글문자 생성구조와 서체적 응용
(외솔회, 제10회 집현전 학술대회. pp.43-62)
22. 2019. 훈민정음의 구조와 오묘성
(한국서예기록전승원, 훈민정음 573주년기념학 술발표집, pp.15-41)
23. 2020. 한글 인쇄 서체의 발전과정
(국립 한글박물관, 한-독 문자이야기 특별전 도록, pp.296-315)

* 한글 현대 출판 서체 분야
1. 1997. 통합체계로의 한글폰트개발에 관한 기초연구-공동연구
(홍대디자인연구소, pp.1-285)
2. 2000. 한글 글꼴개발 현황, 2인 공동연구
(세종대왕기념사업회, 글꼴 2000, pp.5-86)
3. 2001. 중국 조선족 한글글꼴 개발의 실태와 전망
(세종대왕기념사업회, 글꼴 2001, pp.31-48)
4. 2001. 글꼴개발과 협력방안
(국어정보학회, 한국어 정보학 제3집, pp.64-68)
5. 2001. 남북 글꼴 개발교류 방안
(중국 연길, 2001. Korean 정보처리국제학술대회)
6. 2002. 한글글꼴의 조형성
(디지털 한글박물관 구축운영사업 결과보고서, 집필위원, pp.525-554)
7. 2002. 세계문자 조형의 예술

(디지털한글박물관구축운영사업 2002,보고서,집필위원, pp.577-605)

8. 2004. 현대-한국대표 서예가의 한글서체 컴퓨터체 개발, 책임연구
(세종대왕기념사업회, pp.49-86)
9. 2005. 남북 한글폰트의 글꼴용어 비교
(중국하얼빈공과대학 다국어학술대회 논문집, pp.192-205)
10. 2005. 남북한 한글폰트의 글꼴용어와 조형성에 대한 비교 고찰
(통일문화학회지 4호, pp.13-47)
11. 2013. 한글글꼴의 조형적 변천사
(국립국어원, 새국어생활, 2013, 가을호 특집 '한글 다시보기')

(4) 서예비평 및 일반서예 분야

1. 1985. 서예의 정의와 특성에 대한 고찰
(인천교대논문집, 19집, pp.219-248)
2. 1991. 서예비평의 실천적 방법론에 대한 시고(試考)
(인천교대논문집, 25집, pp.425-459)
3. 1991. 추사의 원교서론 비평에 관한 분석적 고찰
(예술의 전당, 서예관 논문집 1, pp.69-194)
4. 1999. 중국 조선족 한글서예의 변천과 전망
(월간서예 99년 10,11월-박병천 기획 정리)
5. 2001. 북한 서예술의 동향분석과 전망
(한국동양예술학회, 동양예술 3호, pp.1-32)
6. 2007. 한국서단 서예비평의 풍토와 개선방안
(한국서예비평학회 제1회 학술대회 논문집, pp.1-10)
7. 2008. 국내 박사학위 논문의 체계성 비평
(한국서예비평학회 제2회 학술대회 논문집, pp.77-93)
8. 2009. 〈한글궁체사〉 논저의 체제와 내용에 대한 비평
(한국서예비평학회 제5회 발표집, pp.31-50)
9. 2020. 원곡 김기승 : 특유의 서풍을 창안하고 응용하다
(국립현대미술관, 한국근대서예전, 미술관에 書, pp.185~187)

(5) 한글 서예 교육학 논문

* 공모 및 선정 논문 분야 (미술 및 서예교육)

1. 1962. 미술과 조형교육의 효과적인 방안 (62,6월호 교육자료-월간지 게재)
(대한교육연합회 논문공모 입상작, 제5회 전국연구대회 선정논문)
2. 1970. 서예학습의 과학적인 지도방법
(한국의 교육 제8집, 96-102, 대한교육연합회 발행)
제14회 전국연구대화 발표논문, 문교부장관상, 푸른기장)
(한국교육개발원 논문집, 우수연구 사례논문 선정)
3. 1971. 서예교육자료 제작 방안
(제1회 전국교육자료전, 문교부장관상, 푸른기장)
4. 1971. 호흡식 서예학습지도방법
(제1회 서울교육청 교원 현장연구논문 금상 수상-교육감상)

* 월간지 연재 논문 분야 (서체 및 서예교육)

1. 1971. 서예학습의 지도방법- 서예론 1-3회
(시청각교육-월간지 71.4 5, 6월호)
2. 1971. 서예학습의 지도방법- 학습지도론 4-6회

(시청각교육-월간지 71.7,8,9월호)
3. 1972. 서예학습의 지도방법- 학습평가론 7회
(시청각교육-월간지 72.1월호)
4. 1972. 서예학습의 지도방법- 행사론
(시청각교육-월간지 72.6월호)
5. 1972. 호흡식 서예학습지도의 실제-투시자료 제작법
(시청각교육-월간지 72.7월호, pp.79-92)
6. 1972. 호흡식 서예학습지도의 실제-투시자료 제작의실, 제4,5,6회
(시청각교육-월간지 72.7,9,10월호)
7. 1973. TP활용 호흡식서예학습지도 방법(6학년 대상)
(1-7회 시청각교육-월간지 73.6,7,9,11-74.1,7,8월호)
8. 1974. 새교육과정에 의한 서예교육의 실제
(1-9회 시청각교육-월간지 74. 3,4,5,6,9,10,11,12-75.1월호)
9. 2011-2016. 한글 서예사적 측면에서 본 고전자료 해설 연재 42회 연재
(1-42회 월간서예지 기획연재)

* 서예교육 분야
1. 1994. 서예 임모 교수-학습의 효과적인 방안
(요약발표문-94 아주예술교육- 대만 대북시 INEA ASIA발표회)
2. 1995. 서예 임모 교수-학습의 효과적인 방안
(인천교대 논문집 29집, pp.129-149)
3. 1997. 미술과 서예교육의 문제점과 발전방향 모색
(한국조형교육학회, 조형교육, pp.267-271)
4. 2000. 서예 임모 교수-학습의 효과적인 일 방안
(한국의 미술교육 과제, 예경출판사, pp.160-190)
5. 2000. 초중등 서예교육의 실태와 발전방안 모색
(경희대교육대학원, 서예교육학술대회 논문집)
6. 2011. 한국 초중등서예교육의 실태 및 발전방향
(일본 동경학예대학 서예교육논총 창간호, pp.3-41)

* 미술(서예)교육 분야
1. 1984. 한-중 양국의 미술과 교육과정 비교 연구
(인천교대논문집, 18집, pp.129-167)
2. 1989. 교육대학에서의 미술교육 시설 및 교구에 관한 연구
(미술교육연구 5호, pp.111-150)
3. 1994. 초등미술 교육학의 본질과 성격
(인천교대 초등교육연구소 논문집1, pp.105-117)
4. 1995. 초등미술교육과 교재개발연구
(인천교대논문집, pp.125-140)
5. 1997. 미술교과서의 개발 및 심의기준 연구
(한국교육개발원, 7차 교육과정개발연구 1, pp.226-247)
6. 1998. 고등학교 미술과 평가기준 및 도구 개발연구-공동-
(한국교육과정평가원,서예담당, pp.1-190)
7. 1999. 고등학교 미술과 수행평가 이론과 실제연구-공동-
(한국교육과정평가원,서예담당, pp.1-321)
8. 2002. 중한 양국 미술교육 용어 분석 비교 고찰
(인천교대논문집, 20집, pp.59-87)

3) 한글분야 외주 연구사업 참여활동

(1) 한글글자본 제정 연구

* 지원기관 : 문화부
* 연구기관 : (사) 세종대왕기념사업회
* 연구기간 : 1991~1995(5차년 계획)
* 책임연구자 : 박종국(기념사업회 회장)
* 전문연구자 : **박병천**(서체개발운영위원, 전문위원, 검토위원, 경인교대교수)
* 연도별 실천 과제
  1. 1991년 제1차년도 : 교과서 본문용 한글글자본 연구제작
  2. 1992년 제2차년도 : 한글네모체 글자본과 본문용 옛한글 글자본
  3. 1993년 제3차년도 : 제목용 한글 글자본 및 옛한글 글자본
  4. 1994년 제4차년도 : 한글 쓰기체 글자본 및 옛한글 글자본
  5. 1995년 제5차년도 : 한글 궁체 글자체 글자본
* 작성 자료
  1. 5년차 분 보고서 : 한글 글자본 제정 보고서 5권(139,150?, 131,163,112쪽)
  2. 5년차 분 글꼴자본 : 한글글자본 견본 10권

(2) 21세기 세종계획-글꼴개발 연구-옛문헌 한글글꼴 발굴 · 복원연구-

* 지원기관 : 문화관광부, 국립국어원
* 연구기관 : (사) 세종대왕기념사업회 한국글꼴개발연구원
* 연구기간 : 2001~2004(4차년 계획)
* 책임연구자 : **박병천**(한국글꼴개발원장, 경인교대 교수)
* 연도별 실천 과제
  1. 2001년 제1차년도 : 15,16세기 옛문헌 한글글꼴 발굴 · 복원연구
  2. 2002년 제2차년도 : 17,18세기 옛문헌 한글글꼴 발굴 · 복원연구
  3. 2003년 제3차년도 : 19, 20세기 옛문헌 한글글꼴 발굴 · 복원연구
  4. 2004년 제4차년도 : 옛문헌 한글글꼴 개발 실용화 방안 연구
* 작성 자료
  1. 3개년분 보고서 : 옛문헌 한글글꼴 발굴 · 복원연구(303쪽, 297쪽, 373쪽)
  2. 4년차분 보고서 : 옛문헌 한글글꼴 개발 실용화 방안 연구(136쪽)
  3. 종합보고서 : 성과 발표 및 토론회 자료집(163쪽)
* 사업행사
  1. 문화부주최-종합보고 발표회 2004. 2.23
  2. 연구측 주최-학술발표회-한글글꼴개발의 미래, 2001.10.9. (사업개시년도 행사)

(3) 디지털(사이버) 한글박물관 구축 운영사업

* 지원기관 : 문화관광부, 한국어세계화재단
* 연구기관 : 디지털(사이버)한글박물관
* 연구기간 : 2001~2005(5차년 계획)
* 책임연구자 : 홍윤표(연세대 교수)
* 연구원 : **박병천**(경인교대 교수) 담당 : 한글예술사 및 생활사 자료조사
* 연구조직 : 연구책임자 1인, 전임연구원 3인, 연구원 4인, 보조연구원 6인, 전문개발연구위원 3인 계17인
* 연도별 실천 과제
  1. 2001년 제1차년도 : 준비단계-기초자료 종합수집 가공
  2. 2002년 제2차년도 : 준비단계-기초자료 종합조사 수집입력
  3. 2003년 제3차년도 : 실행단계-기초자료 종합조사 수집입력
  4. 2004년 제4차년도 : 실행단계-기초자료 종합조사 수집입력

5. 2005년 제5차년도 : 성숙단계-국내외 한글정보이용의 활성화

* 작성자료
  1. 연도별 결과보고서 작성, 2002.12. 605쪽

(4) 컴퓨터 글자체 개발사업

* 지원기관 : 한국문화콘텐츠진흥원
* 연구기관 : 사단법인 세종대왕기념사업회 한국글꼴개발연구원
* 제작업체 : 산돌커뮤니케이션(대표 석금호)
* 연구기간 : 2003.11~2004.10(1차년 계획)
* 연구사업 : 현대 한국대표 서예가의 한글서체 컴퓨터 글자체 개발
* 책임수행자 : 박종국(세종대왕기념사업회 회장)
* 책임연구원(개발총괄) : **박병천**(경인교대 교수, 한국글꼴개발원장)
* 연구조직 : 개발위원, 개발전문위원, 개발연구진
* 연도별 실천 과제
  1. 2003년 제1차년도 : 준비단계, 개발처 공모
  2. 2004년 제2차년도 : 개발연구, 개발완료
* 작성자료
  1. 개발결과 보고서 작성
  2. 김기승, 김충현, 서희환, 이미경, 이철경 5종 서체 CD개발
  3. 5인 서예가 글자본 5권 발행

(5) 한글폰트개발 기초연구 사업

* 지원기관 : 삼성전자
* 연구기관 : 홍익대학교 산업디자인연구소
* 연구기간 : 1996.11 ~1997.6(2차년 계획)
* 연구사업 : 통합체계로서의 한글폰트개발에 관한 연구
* 책임연구원 : **박병천(인천교대)**, 안상수(홍익대학), 김진평(서울여대), 한재준(대유공전) -공동연구자
* 연구조직 : 책임연구원 4인, 연구보조원 4인
* 연도별 실천 과제
  1. 1996년 제1차년도 : 기초조사, 인사면담
  2. 1997년 제2차년도 : 자료수집정리, 보고서 작성
* 작성자료
  1. 종합 결과보고서 작성(288쪽)
  2. 한글폰트별 판짜임새 보기지 3권(768, 825, 602쪽)

(6) 한글 편지 어휘-서체사전 편찬 연구 사업

* 지원기관 : 한국학술진흥재단(현 한국연구재단) 선정
* 연구기관 : 한국학중앙연구원
* 연구기간 : 2008.7.1~2011.6.30(3차년 계획)
* 연구사업 : 한글편지 수집정리와 어휘-서체사전 편찬 연구
* 연구업무 : **박병천**(공동연구원-서체사전분야 책임연구위원)
* 연구조직 : 책임연구자(한국학중앙연구원 황문환 교수) 등 공동 및 전임연구원 10인
* 연도별 실천 과제
  1. 2008-2009 제1차년도 : 자료수집 및 기초연구
  2. 2009-2010 제2차년도 : 자료 수집 및 서체 분석연구
  3. 2010-2011 제3차년도 : 분석정리 및 보고서 작성

(7) 세종문화상 제도 개선연구(한글날 기념 행사 시상제도 개선 연구)

* 주최기관 : 문화체육관광부
* 연구기관 : (사단법인)세종대왕기념사업회
* 연구기간 : 2009.10~2010.3.30(3차년 계획)
* 연구사업 : 문체부 주관행사 세종문화상 제도개선 연구
* 연구업무 : **박병천**(공동연구원-공청회 주제발표자)
* 연구조직 : 책임연구자(세종대왕기념사업회 회장 박종국) 등 공동연구 및 토론자
* 임무과제 : 2010.2.3. **박병천** -'세종문화상 운영제도 개선방안' 주제 연구 및 발표

3. 한글 서체 창작 및 작품전시 출품 활동

1) 한글 서예 국내 전시 활동

1. 1974. 한국교육서예가 협회전 7차 출품-국립 중앙공보관미술회관(74-80년)
2. 1974. 국전 서예부문 2차 입선-국립 현대미술관(74, 76년)
3. 1978. 한국미술협회 회원전 출품4회-국립 현대미술관 (78-86년)
4. 1978. 충북지구 초대 작품전-충청북도-청주문화원(78-81년)
5. 1980. 인천교대 교수작품전 인천교육대학-인천시 문화원(80-81년)
6. 1987. 남한강전 연3회-충주 충주문화원(87-90년)
7. 1992. 오늘의 한글서예작품 초대전-한국서학회-예술의 전당(11월)
8. 1993. 아름다운 한글서예 초대전-문화체육부-세종문화회관(10월)
9. 1995. 인천교대 교수작품전-인천교육대학- 인천 종합문화회관
10. 1996. 한글반포 550돌 한글서예의 오늘과 내일전 초대전-예슬의 전당(8월)
11. 1997. 경인교대 교수작품전-경인교육대학교-인천 계양구 문화회관
12. 1998. 일원서단 회원전-서울 백악예원
13. 1999. 일월서단 회원전(12월)-서울 백악예원
14. 2000. 한글날기념 서예작품전시회-덕수궁전시장-세종대왕기념사업회(10.8일)
15. 2000. 일월서단 회원전-예술의 전당-예술의 전당(12.4일)
16. 2000. 경인교대 교수작품전-경인교육대학교-인천 진화랑(11.10일)
17. 2001. 미국 하와이대 전시 귀국전-서울 백악미술관(5.17일)
18. 2004. 한국서학회 제주도 초청전-한글작품 출품(4월)
19. 2004. 경인교대 교수작품전-경이교육대학교-한글작품 출품(10월25일)
20. 2005. 광복60주년기념 한글서예특별전-한글서예큰뜻모임-천안독립기념관(8.9일)
21. 2008. 한글학회 100주년기념 초대전
22. 2008. 일원서단전-예술의 전당 서예박물관
23. 2009-18. 세종한글서예큰뜻모임 창립 10주년 기념전(백악예원) 회원전 4회
24. 2012. 제주도 규당미술관 개관기념 초대전(5월)
25. 2020. 학-예 병진전 초대전, 강암서예학술재단(9월10일-16일 백악미술관)

2) 한글 서예 국제 전시 활동

1. 1977. 아세아 서화 명가전 출품-한국교육서예가협회-국립 중앙공보관
2. 1978. 한중일 서화교류전-한중문화교류회-국립 중앙공보관
3. 1994. 한중 아름다운 한글서예연합전-한국서학연구회-중국 연변박물관(7월)
4. 1999. 중국 연변대 예술대학 한글서예작품전 초대-연변대학교 미술관(5,15일)
5. 2001. 미국 하와이대 초청 한글서예전(3.3일)-사단법인 한국서학회
6. 2005. 모스크바대학초청 아름다운한글 서예전-한글서예작품 출품(10.7일)
   -사단법인 한국서학회
7. 2007. 한글서예 중국전-세종한글큰뜻모임
   -중국 연변대학교 미술학부 초청(9월12일)
8. 2007. 아름다운 한글서예 중국전-한국서학회
   -중국소홍월수외국어대학 초청(10.25일)
9. 2009. 중국연변대학교 예술대학 초정 한글서예작품전
10. 2011. 중국 소홍 왕희지 난정박물관 초청 중한 한글서예전(10월)

찾아보기

용어 및 사항분야

ㅅ

ㅇ

인물 분야

훈민정음 서체연구

초판 1쇄 인쇄 2021년 12월 8일
초판 1쇄 발행 2021년 12월 18일

저 자 박병천
펴 낸 이 이대현

책임편집 권분옥
편 집 이태곤 문선희 임애정 강윤경
디 자 인 안혜진 최선주 이경진
마 케 팅 박태훈 안현진

펴 낸 곳 도서출판 역락
주 소 서울시 서초구 동광로 46길 6-6(반포4동 문창빌딩 2F)
전 화 02-3409-2060(편집부), 2058(영업부)
팩 스 02-3409-2059
등 록 1999년 4월 19일 제303-2002-000014호
이 메 일 youkrack@hanmail.net
홈페이지 www.youkrackbooks.com

I S B N 979-11-6742-204-0 93710

* 사전 동의 없는 무단 전재 및 복제를 금합니다.
* 파본은 구입처에서 교환해 드립니다.

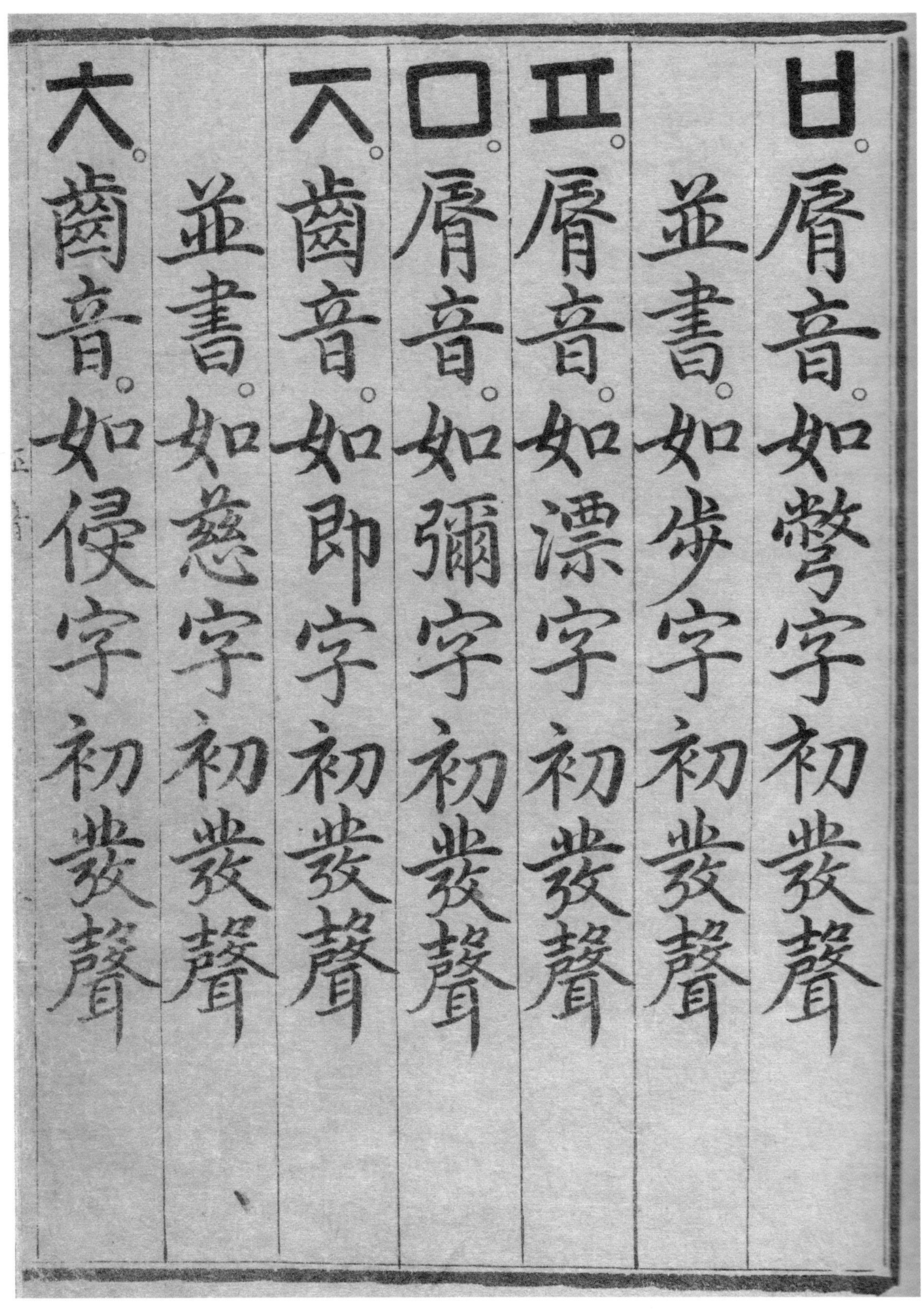

ㅂ。脣音。如彆字初發聲
並書。如步字初發聲
ㅍ。脣音。如漂字初發聲
ㅁ。脣音。如彌字初發聲
ㅈ。齒音。如卽字初發聲
並書。如慈字初發聲
ㅊ。齒音。如侵字初發聲

훈민정음 첫 부분 정음편(제2장 1면) 1446년, 국보70호, 이용준 1940년. 훈민정음 보사 부분.
본책 508쪽 관련자료, [훈민정음 해례본, 간송미술문화재단, 주식회사 교보문고 발행, 2015.]

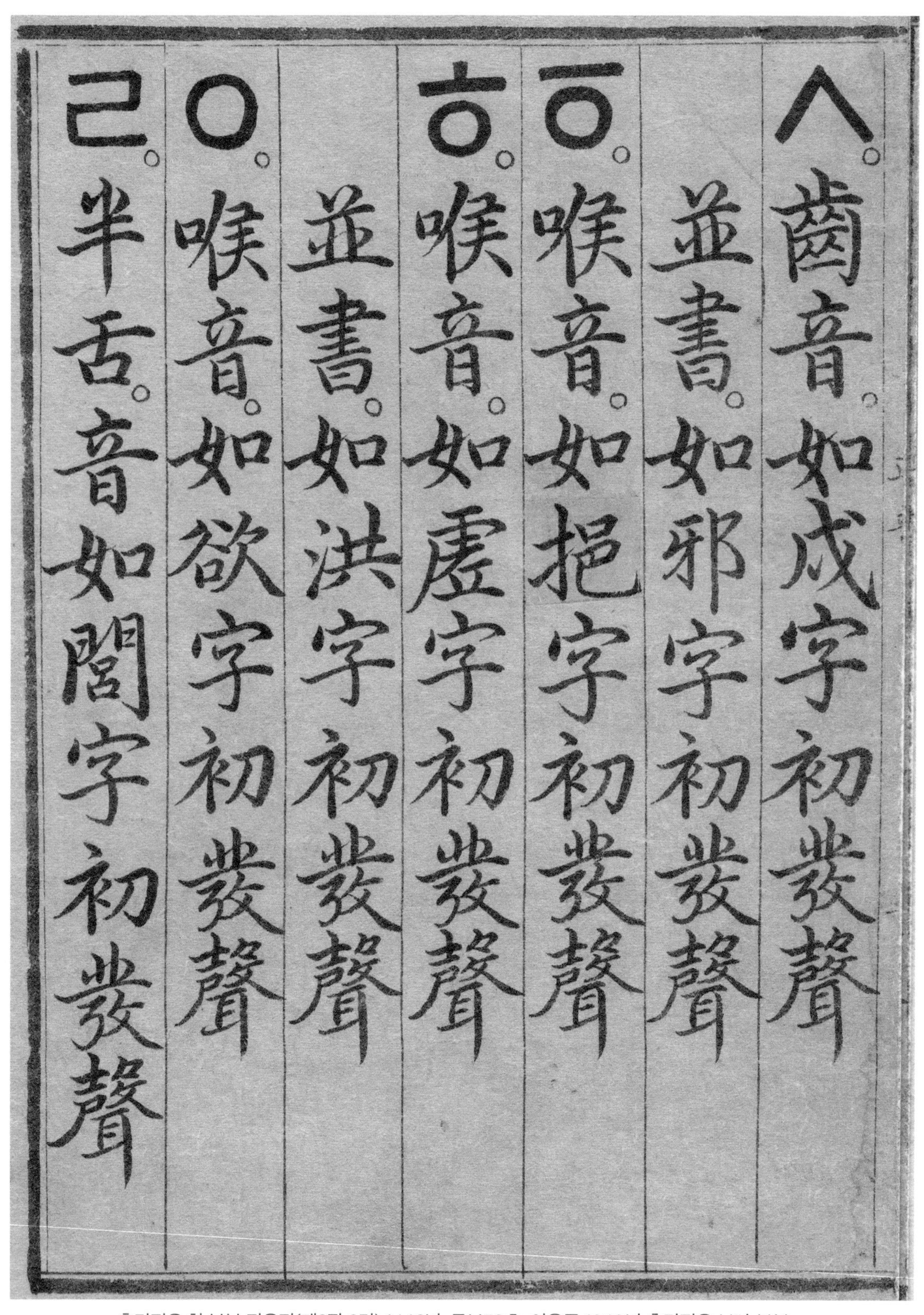
ㅅ。齒音。如戌字初發聲
並書。如邪字初發聲
ㆆ。喉音。如挹字初發聲
ㅎ。喉音。如虛字初發聲
並書。如洪字初發聲
ㅇ。喉音。如欲字初發聲
ㄹ。半舌音。如閭字初發聲

훈민정음 첫 부분 정음편(제2장 2면) 1446년, 국보70호, 이용준 1940년 훈민정음 보사 부분.
본책 509쪽 관련자료, [훈민정음 해례본, 간송미술문화재단, 주식회사 교보문고 발행, 2015.]